国家社科基金重点项目“俄罗斯刑法总则制度研究”（批准号：16AFX008）

俄罗斯
刑法总则制度研究

Research on the General Principles of
Russian Criminal Law System

庞冬梅 著

法律出版社
LAW PRESS·CHINA
北京

图书在版编目(CIP)数据

俄罗斯刑法总则制度研究 / 庞冬梅著. -- 北京 :
法律出版社, 2023
ISBN 978-7-5197-7743-2

Ⅰ. ①俄… Ⅱ. ①庞… Ⅲ. ①刑法-研究-俄罗斯
Ⅳ. ①D951.24

中国国家版本馆CIP数据核字(2023)第055192号

俄罗斯刑法总则制度研究
ELUOSI XINGFA ZONGZE ZHIDU YANJIU
庞冬梅 著
责任编辑 韩满春
装帧设计 李 瞻

出版发行 法律出版社
编辑统筹 学术·对外出版分社
责任校对 张翼羽
责任印制 陶 松
经 销 新华书店
开本 710毫米×1000毫米 1/16
印张 31.25 字数 624千
版本 2023年5月第1版
印次 2023年5月第1次印刷
印刷 北京新生代彩印制版有限公司

地址:北京市丰台区莲花池西里7号(100073)
网址:www.lawpress.com.cn
投稿邮箱:info@lawpress.com.cn
举报盗版邮箱:jbwq@lawpress.com.cn
销售电话:010-83938349
客服电话:010-83938350
咨询电话:010-63939796

书号:ISBN 978-7-5197-7743-2
定价:128.00元
凡购买本社图书,如有印装错误,我社负责退换。电话:010-83938349

序　言

俄罗斯法律术语“刑法”（уголовное право）一词，源于古罗斯时代的“以头答责”（отвечать головой）概念，意指应当以生命为所实施的最严重社会危害行为承担责任。[①] 这与其他国家刑法的词源不同：一般情况下，各个国家有关刑法的词源都源于“犯罪”或“刑罚”的表述，即有关犯罪的法或者有关刑罚的法，比如我国“刑法”的词源就是“有关刑罚的法律”，故称为“刑法”。俄刑法学界关于刑法概念的界定并未达成一致意见，大致可以分为这样几种立场：(1)“刑法是确定哪些社会危害行为是犯罪、规定刑事责任的根据和原则以及刑罚种类和其他刑法性质措施的体系化法律规范总和的部门法”；[②](2)“刑法是俄罗斯最高立法机关根据法定程序通过的、有关行为的犯罪形式、刑事责任和刑罚的种类和限度以及其他刑法性质措施和替代性措施的法律规范总和”；[③](3)“刑法是确定刑事责任根据、原则、条件，刑罚的目的，犯罪及其所适用刑罚的俄罗斯部门法律体系”[④]。

根据俄学界通说立场，“刑法”（уголовное право）概念包括

---

① Игнатов А. Н. и др. Уголовное право России. Учебник для вузов. В 2-х томах. Т. 1. Общая часть. Ответственные редакторы и руководители авторского коллектива—доктор юридических наук, профессор А. Н. Игнатов и доктор юридических наук, профессор Ю. А. Красиков. —М.: Издательство НОРМА (Издательская группа НОРМА—ИНФРА · М), 2000. С. 3.

② Плотников А. И. Уголовное право России. Общая часть: учебник для бакалавров /отв. ред. А. И. Плотников. -Оренбург: ООО ИПК《Университет》, 2016. С. 13.

③ Ревин В. П. Уголовное право России. Общая часть: Учебник / Под ред. В. П. Ревина. -М.: Юстицинформ. 2016. С. 14.

④ Игнатов А. Н. и др. Уголовное право России. Учебник для вузов. В 2-х томах. Т. 1. Общая часть /от. ред. А. Н. Игнатов; Ю. А. Красиков. —М.: Издательство НОРМА, 2000. С. 4.

四层含义：(1)部门立法(отрасль законодатльства)；(2)部门法(отрасль права)；(3)刑法学(наука)；(4)刑法学科(учебная дисциплина)。其中，部门立法意义上的刑法，指的是国家最高当局纳入法律规范体系的、确定行为的犯罪性和可罚性以及规定刑事责任一般原理、刑罚种类和其他刑法性质措施的、具有普遍约束力的行为规则总和。根据《俄罗斯联邦刑法典》[①]第 1 条第 1 款的规定，俄罗斯联邦刑事立法由《俄罗斯联邦刑法典》构成，国家杜马通过的新的刑事法律应当纳入本法典；作为部门法层面的刑法，除包括刑事立法规定以外，还包括根据刑事立法产生的、与立法和执法相关的刑事法律关系，即部门法意义上的刑法相较于刑事立法层面的刑法概念，当属广义概念范畴；刑法学则是指理论观点、思想以及刑法制度规定的总和，此外，刑法学还涵盖刑事立法发展史以及俄罗斯和外国司法实践的内容；学科意义上的刑法，指的是教学机构讲授的、建构于系统，体现刑事立法和刑法学基本原理及其释义基础之上的课程。部门法是法律体系的构成要素，是国内法律体系的基本构成单位。因此，对部门法概念的界定不能脱离法律体系的整体范畴。相应地，刑法作为部门法，其特征的阐明当然要以整个法律体系的属性以及其他部门法的构成要素为依据。作为独立的部门法范畴，刑法孕育诞生的最基本标志，是某些特别类型违法行为及相应刑罚种类的出现。

俄罗斯有关犯罪的规定最早出现于古罗斯时期的法律文件，具有代表性的当属《罗斯法典》《普斯科夫审判规则》《诺夫哥罗德审判规则》。当时已经出现了犯罪概念的界定和犯罪种类的区分，其中，最常见的犯罪有杀人、盗窃和抢夺，[②]但是彼时并未出现明确的部门法分类。直到 19 世纪初，俄罗斯立法领域才出现了部门法的划分，其中，刑法作为独立部门法出现，是以《俄罗斯帝国法律汇编》为标志的。《汇编》第 15 卷单独命名为“刑罚规定”。此卷分为若干编，编下设章，每章规定不同种类的犯罪，其中包括“侵犯信仰及保护信仰法令的犯罪”(第 2 编)、“国事罪”(第 3 编)、“妨害管理秩序的犯罪和轻罪”(第 4 编)、“国家和社会职务犯罪和轻罪”(第 5 编)等。第 1 编可以看成是总则式规定，主要包括刑法制度的总括性规定：犯罪及轻罪、罪过及具体的故意、犯罪预备和犯罪未遂、共同犯罪、刑罚、故意程度不同的量刑、未遂措施、共犯措施、加重或减轻罪过和刑罚的情节、本法规定对俄罗斯本国人及外国人的效力等。当然，俄罗斯刑法作为单独的部门法典正式出现，当以《1845 年刑罚和感化法典》的出台为标志。

刑法作为俄罗斯联邦法律体系的组成部分及其主要部门法之一，既具有法律体系整体所固有的特征，也具有一系列有别于其他部门法(包括相邻部门法)的专门特征。这些独有特征主要体现为以下几个方面：

---

① 本书除特别注明时间的以外，《俄罗斯联邦刑法典》为 2022 年版，在下文中为行文方便有时简称“俄刑法”“俄罗斯刑法典”等。

② Наумов А. В. Преступление и наказание в истории России. В 2 ч. Ч. I. М.，2014. С. 9–14.

第一,刑法旨在保护最重要的社会和国家利益,保护通常情况下由宪法、民法、劳动法等其他部门法所调整的社会关系。当侵害这些社会关系的行为具有严重的社会危害性时,刑法便开始发挥效力。因此,刑法可以对与社会生活的各个领域密切相关的多种社会关系产生影响,并且此种影响产生的前提必须是存在犯罪发生或者可能发生的情况。可见,刑法调整所有社会关系,但这种调整功能只能通过打击犯罪的路径予以实现。这是任何其他部门法所不具备的法律调整机制(这里特指刑法所独具的、将行为认定为犯罪以及适用相应刑罚或以刑罚相威胁的机能),比如,民法规范调整财产关系,而刑法规范则保护财产不受诸如盗窃、抢夺、抢劫、诈骗等犯罪(《俄罗斯联邦刑法典》第 21 章规定的各种侵财型犯罪)的侵害。

第二,只有在刑事立法框架内,才能规定犯罪和行为的应受刑罚惩罚性、确定适用刑罚的根据以及免除刑事责任和免除刑罚的条件。

第三,刑法的调整功能根植于刑事法律规范特有的内容之中。这些规范主要指命令性规范、禁止性规范和特别授权规范。这里的“特别授权规范”,意指《俄罗斯联邦刑法典》第 8 章规定的排除犯罪性行为制度。

由此可见,刑法在调整对象、调整方法及其任务等方面,都有别于其他部门法。根据俄法理学的一般立场,法律调整的对象是指法律所调整的社会关系总和,而社会关系所固有的属性特征和多样性特点,则决定了整个法律体系需分离出不同部门法范畴。刑法的对象是非常广泛的社会关系,这些社会关系通常由其他部门法所调整,但当它们与行为所实施的犯罪及其所应适用的刑罚和其他刑法性质措施相关联时,则需要将其纳入刑法的调整范畴。刑法对社会关系发生作用的特有方式,能够提高刑法调整社会关系的有效性,同时,还衍生出与所实施犯罪相关联的特别关系(犯罪事实的确定、量刑以及适用其他刑法性质措施、行刑等)。基于此种特别关系的内涵特征,可以将其区分为两类:一是刑法保护关系;二是刑法调整关系。

刑法保护关系,指的是保护个人、社会和国家免受犯罪的侵害。刑法保护关系产生于以特别授权机关所代表的政府当局(国家)和实施了符合《俄罗斯联邦刑法典》所规定犯罪要件的行为之间。从表面上看,此种刑法关系呈现出单向性,即权利的掌握者是政府(国家),责任归于犯罪人。国家在此种法律关系中扮演的是掌权者的角色,即国家有权对犯罪人追究刑事责任和适用相应处罚,而犯罪人则因为违反了《俄罗斯联邦刑法典》所规定的禁止性规范,而应当承受不利后果。然而,根据俄学者立场,实施了不法行为的行为人,拥有获得与其不法行为相当的判罪和适用公正刑罚处罚的权利,而国家则担负着与前述犯罪人权利相对应的义务,即国家应当严格根据现行刑法规定,追究行为人的责任和判处刑罚,或者适用其他刑法性质措施。

刑法调整关系构建的基础是刑法规定的、为社会所容许的行为。刑法调整关系产生于公民行使刑事立法所规定的相应权利的过程中。此种正当权利指的是《俄罗斯联邦刑法典》第 8 章所规定的正当防卫、紧急避险、拘捕犯罪人造成损害以及其他排除行为有罪性的正当事由。此种刑法关系体现出刑事法律所具有的双重作用属性：一方面，此类刑法规范激励公民为保护自己的权利和利益以及保护他人利益免受犯罪侵害而实施积极的合法行为；另一方面，又对那些意图实施犯罪的人创设了附加的抑制因素。在此种情形下，比如，行使正当防卫权的人，不仅和政府当局(国家)之间形成了一种法律关系，而且也与实施社会危害行为的行为人之间构建了法律关系。

除了前述两种特定的刑事法律关系以外，俄刑法领域还客观存在其他各类社会关系，比如因法律施加于人的行为而产生的社会关系(如行为人因刑罚的威慑而抑制了其实施犯罪侵害的想法)，以及因免除刑事责任和免除刑罚而产生的社会关系。刑事法律关系产生的根据(法律事实)是实施了符合《俄罗斯联邦刑法典》所规定的犯罪构成要件的行为。刑法法律关系的主体包括：以其授权机关为代表的国家；实施犯罪的行为人(在存在刑法调整关系的情况下，还包括《俄罗斯联邦刑法典》第 8 章“排除行为有罪性的情节”所规定的行为的实施者)。刑事法律关系的内涵要旨，指的是参与此类关系的主体所特有的主观权利和法律责任。

刑法的特点是由其所具有的特殊调整方法所决定的。所谓特殊调整方法，意指法规范对刑事法律关系主体的行为发生作用的方式。如果说其他部门法规定的内容主要是某种许可、规制和限制，那么在刑法领域，普遍适用的则是为保护社会和国家利益免受犯罪侵害的禁止性规定，即以适用国家强制措施(刑罚)相威胁而禁止社会危害行为的实施。刑法中包含对社会危害行为的实施予以规制的刑事禁止性规范，只有刑法才可以规定犯罪和行为的应受刑罚惩罚性，因此，刑法对保护关系的调整方式，是其他任何一个部门法所不具备的。

俄罗斯刑法由总则和分则两部分构成，即总则和分则共同建构了俄罗斯联邦现行刑法体系。《俄罗斯联邦刑法典》总则的内容包含三大刑法基本制度：刑事法律制度、犯罪制度和刑罚制度，其规范内容体现了犯罪和刑罚所具有的普遍适用特征。具体而言，俄罗斯刑法总则制度包括：刑事立法的任务、原则；刑事责任的根据；刑法的时间效力和空间效力；犯罪的概念和分类；罪过的形式和种类；承担刑事责任的一般条件(刑事责任年龄、刑事责任能力)；排除行为犯罪性的情节；犯罪实施阶段的概念和特征；共同犯罪；刑罚的目的和体系；量刑制度；免除刑事责任和刑罚制度；未成年人刑事责任特别制度，以及其他刑法性质措施。

本研究以俄罗斯现行刑事立法总则所涵盖的刑法三大基本制度为依托，在结构体例上分设三编，即刑事法律制度(本体论)、犯罪制度(犯罪论)和刑罚制度(刑罚论)。编下设章，具体论述俄刑法中所规定的各种具体刑法制度的内涵、通说立场及相关争议问题。

目　录

第三编　刑　罚　论

绪　论

一、俄罗斯刑法总则制度核心体系建构

只有通过对部门法诸制度的结构和功能问题进行分析，才能对刑法制度体系及其在整个法律体系中的地位有一个清楚的认知。我们不能将“总则制度”的称谓，简单地赋予任何规范总和，更不能将某些单个规范或者规定称为“总则制度”。法律制度具有严格确定的实质特征和形式特征，只有在具备了这些特征的前提下，才能将某一类规范认定为“制度”。如果在毫无体系性且没有足够根据的情况下将某类规范认定为“制度”，则会造成对制度自身理念的曲解，进而从根本上破坏目前正在形成的刑法体系的教义学理念。正如俄罗斯当代著名刑法学者马里采夫（Мальцев）所言，不能在刑事立法的所有概括层面上使用相同的术语，因为这样将导致法律用语层面的混乱，并造成对现行规定的误解。①

法律是一个动态的开放体系，其内部结构要素及其联系都是可以发生变化的，而且当代立法实践也表明，这种变化很快的，而且有时候相当迅速。与此同时，刑法的动态变化，是以其内含的某些原则性规定来维持平衡的，正是这些原则性规定的存在，决定着刑法适时地涵盖着某些具体的规定和规范，这与法制原则和禁止类推的理念之间是相互协调的。因此，研究人员的任务应当是构建逻辑严密的理论框架，并制定一份详尽的刑法制度清单。

有学者认为，需要对立足于《俄罗斯联邦刑法典》相应部分结构分析刑法总则制度体系的传统进行批判，并且应当进行回顾性审视。根据俄罗斯传统刑法理论，刑法总则制度的核心是

---

① Мальцев В. В. Принципы уголовного права. Волгоград, 2001. С. 250.

由那些规范描述的非结构性制度构成的，比如犯罪制度和刑罚制度。对此持反对立场的学者则认为，犯罪和刑罚，作为刑法总则中具有核心地位的非结构性要素，其自身即是法律范畴的内容，即它们是“对某一特定领域知识乃至法学整体进行概括限定的最深刻和最基本的概念”①。更何况，犯罪和刑罚是否可以被视为刑法边际概念的问题也是需要进一步探讨的，因为刑法中的“社会危害行为”是比“犯罪”更广义的概念，而与此同时，刑罚则远不是国家对犯罪行为作出反应的唯一形式，它只是刑事责任的部分内容（俄罗斯联邦现行刑法不仅规定了刑事责任和刑罚的内容，而且还规定有其他刑法性质措施）。基于此，就可能预设这样一种可能，即刑法范畴的结构性要素并非犯罪和刑罚，而是社会危害行为和刑事责任（刑法性质措施）。俄学界对此问题进行了相应探讨，认为这样的替代是不可能成立的，因为“社会危害行为范畴之于刑事立法的有益性，体现为它是社会不法行为的概括限制，即具有跨部门法和一般社会层面的意义”。“刑事责任则很难成为大众普遍认知的刑法学范畴，因其‘学术’性的特质而很少为社会公众所知晓，它之于刑罚的作用也是辅助性的”。“由此，刑事立法的边际概念只能是‘犯罪’和‘刑罚’范畴”。②

俄学界普遍认为，“犯罪”是刑法的边际概念的立场是毋庸置疑的，因为正是犯罪，即有罪过地实施刑法所禁止并为刑罚相威胁的社会危害行为（含有犯罪构成要件的行为），是产生刑事法律关系的法律事实，而其他社会危害行为（其中包括未达到刑事责任年龄的人实施的行为、无责任能力状态下实施的行为）则处于刑事法律调整范畴之外，实施这些行为并不会引起刑事法律后果。因此，“社会危害行为”不能充当刑事法律范畴的边际概念，它超出了刑法的边界，故只有“犯罪”才是具备刑法危害行为特征的边际概念。③

有关“刑罚”范畴的界定，则更显复杂。有学者认为：首先，仅基于刑事责任的“学术性”及其社会“寡闻性”特点，还不足以预判“责任”不具有法律范畴的特质；其次，那种认为“刑事责任之于刑罚的辅助性作用”的观点未必是成立的。另有学者认为，刑事责任是“犯罪与刑罚之间的联系纽带”④。但对此持反对意见的学者则认为：此种主张实际上是将刑事责任与刑罚对立起来，因此是具有实质性错误的认知路径，刑罚是刑事责任的组成部分（虽然此种组成部分的属性并不总是必然的，也不总是唯一的），因此，从此种意义上来说，刑事责任是比刑罚更具普遍性特质的范畴，理应将其归属于刑法范畴之列。此外，有关“刑事责任”与“刑法性质措施”（此为俄罗斯现行刑法中新出现的概念）之间的关系问题，俄学界也有不同的

---

① Васильев А. М. Правовые категории. М. , 1976. С. 87.

② Мальцев В. В. Принципы уголовного права. Волгоград, 2001. С. 251, 252.

③ М. С. Жук. Теоретические проблемы. Исследования институтов. Общей части уголовного. Права // LEX RUSSICA. 2014. № 1. С. 111.

④ Мальцев В. В. Введение в уголовное право. Волгоград, 2000. С. 186.

主张,[1]甚至出现了截然相反的立场:有学者认为,刑事责任是一个不必要的、多余的术语,它的使用不仅导致实践中出现不必要的冲突,而且让理论界产生无休止的争议,因此,建议放弃在法律上使用这个概念,而代之以通用术语“刑法性质措施”;[2]另有学者认为,应当同时保留“刑事责任”和“刑法性质措施”这两个概念术语,但对于这两个术语之间的关系问题则提出了不同主张,概括而言有这样两种不同的立场——一种认为刑法性质措施是责任的组成部分;[3]另一种则正好相反,主张“刑法性质措施”概念包含“刑事责任”概念的内容。[4]

俄罗斯当代刑法学界之所以在此问题上产生争议,最主要的原因是缘于立法者的立场:他们在某些情况下将此类措施(比如教育性质措施、医疗性质措施等)看作刑事责任的组成部分,即将其视为因实施犯罪并基于法院有罪判决而施加的不利后果的一部分;在另一种情况下,则将这些措施看成是刑事责任框架之外的、针对那些不构成犯罪的社会危害行为所适用的措施。

俄学界通说认为,刑法的外延,在一定程度上取决于刑事法律关系的内涵。因此,必须认识到:那些规制非犯罪行为的法律措施(无论《俄罗斯联邦刑法典》中是否规定了这些措施)并不具有刑法本身所特有的属性,所以应当将它们置于刑法范畴之外,而那些得以存留的刑法性质措施则属于刑事责任的内涵要素。无论是刑罚,还是刑法性质措施,都不是对刑法所规定的规制犯罪人措施的精准概括,而只有刑事责任才能担当此任。因此,犯罪和刑事责任当属刑法的核心范畴,而刑法总则制度体系应当围绕此核心范畴予以构建。

二、俄罗斯刑法犯罪论体系建构

俄罗斯现行刑事立法详细规定了犯罪论体系,即在《俄罗斯联邦刑法典》第二

---

① 俄罗斯关于此问题的论述主要集中在这样一些论著中:Звечаровский И. Э. Меры уголовно-правового характера: понятие, система, виды // Законность. 1999. N 3; Землюков С. В. Понятие и содержание мер уголовно-правового характера // Государство и право на рубеже веков (материалы Всероссийской конференции). М., 2001; Пудовочкин Ю. Е. Меры уголовно-правового характера: проблемы теории и законодательной регламентации // Криминологический журнал. 2006. N 2(10); Курганов С. И. Меры уголовно-правового характера // Уголовное право. 2007. N 2; Гребенкин Ф. Б. Понятие, признаки и виды мер уголовно-правового характера // Системность в уголовном праве: Материалы II Российского конгресса уголовного права. М., 2007; Келина С. Г. “Иные меры уголовно-правового характера” как институт уголовного права // Уголовное право: стратегия развития в XXI веке: Материалы Четвертой международ. научн.-практ. конф. М., 2007; Пунигов А. С. К вопросу о понятии “мер уголовно-правового характера” // Уголовное право: стратегия развития в XXI веке: Материалы Четвертой международ. научн.-практ. конф. М., 2007 и др。

② Щедрин Н. В., Кылина О. М. Российское уголовное право в контексте доктринальных моделей построения уголовно-правовых санкций // Криминологический журнал Байкальского государственного университета экономики и права. 2008. N 3. С. 46.

③ Наумов А. В. Российское уголовное право. Общая часть. Курс лекций. М., 1996. С. 243, 246.

④ Мальцев В. В. Введение в уголовное право. Волгоград, 2000. С. 184-185.

编第 3 章至第 8 章规定了相对完整和体系化的犯罪制度，其中包括犯罪的概念和种类（第 3 章）、应当承担刑事责任的人（第 4 章）、罪过（第 5 章）、未完成的犯罪（第 6 章）、共同犯罪（第 7 章）、排除行为有罪性的情节（第 8 章）。与此同时，有俄罗斯学者认为，在《俄罗斯联邦刑法典》第二编的规定中，只有处于“编”位阶的有关犯罪的概括性规定才是犯罪制度本身，而处于较低位阶的、构成本编内容的各“章”的概括性规范规定（未完成犯罪、主体、共同犯罪等制度），当属犯罪制度的次级制度，即犯罪制度的子集。① 持反对立场的学者则指出，刑法制度外在体现的主要形式应当是刑事法律中“章”的内容，而刑法中“编”的设置仅是立法技术层面的需要，它并不能导致刑法自身体系结构的变化。② 因此，只有《俄罗斯联邦刑法典》第二编中各章的规定，才真正揭示着“犯罪”的内涵，是总则制度的构成要素。同时，在探讨刑法制度问题时，不能只关注《俄罗斯联邦刑法典》的结构要素，这对于分析《俄罗斯联邦刑法典》第 3 章内容时尤为重要，因为，此章是两个制度的结合体：一是犯罪的概念与种类制度；二是多重犯罪制度。有关规定多重犯罪问题的规范具备法律制度特征的这一事实，俄学界早有关注。③ 此外，在《俄罗斯联邦刑法典》制定过程中，俄罗斯联邦司法部制定的《刑法草案》以及苏联科学院国家与法研究所拟定的《模范刑法典》中，均以单独一章的形式规定了多重犯罪问题。目前，乌克兰、乌兹别克斯坦、格鲁吉亚等国家的《刑法典》仍然是以单章的形式规定多重犯罪制度。基于此，有俄罗斯学者指出，按照“一章一制度”的逻辑，《俄罗斯联邦刑法典》应当充分考虑国内有关多重犯罪制度建构的经验，以单独一章规定此种制度。

《俄罗斯联邦刑法典》第 8 章“排除行为有罪性的情节”的规定体例，引发了关于统一制度属性问题的讨论。伊万诺夫教授（Н. Г. Иванов）认为，此章关于正当防卫、紧急避险和拘捕犯罪人的规定，不只是排除行为犯罪性的情节，同时也是社会有益行为、道德正当行为、合法行为，其有别于本章规定的其他情节（执行命令、心理或身体受到强制的行为、合理风险）。④ 俄学者茹克（М. С. Жук）完全赞同伊万诺夫的观点，同时还进一步指出前述两组“情节”之间还存在一个显著区别：因为犯罪是指含有立法所规定的犯罪构成的行为，那么，排除行为的犯罪性在任何情况下都应当与构成要件之间存在着某种联系，确切地说，应当证明这些行为中不含犯罪构成要件；如果说在进行正当防卫、紧急避险和因侵害社会关系而拘捕犯罪人的情况下，缺少法律保护关系（缺少犯罪客体），那么，在正当风险、强制和执行命令的情形下，就是造成损害的意志缺失，从而排除了行为人的罪过。因此，不仅可以将第

---

① Бойко А. И. Система и структура уголовного права. В 3 т. Т. 1. Системология и структурализм в современной познавательной культуре. Ростов-на-Дону, 2007. С. 430.

② Иванов Н. Г. Модельный уголовный кодекс. Общая часть. Опус N 1. М., 2003. С. 10 -12.

③ См.：Галиакбаров Р., Ефимов М., Фролов В. Множественность преступных деяний как институт советского уголовного права // Советская юстиция. 1967. N 2. С. 5 -6.

④ Иванов Н. Г. Модельный уголовный кодекс. Общая часть. Опус N 1. М., 2003. С. 81.

8 章规定的内容分为两类(排除行为社会危害性的情节和排除罪过性的情节),而且还可以据此而探讨此章规定(所有规定总体或者按照分类标准)构建独立刑法制度的问题:第一类情节归属于犯罪概念和种类制度的组成部分(此制度的子制度);相应地,第二类情节归属于罪过制度的组成部分。① 此种对"排除行为犯罪性情节"的体系进行外部"解构"的范式,不仅不会降低此项法律规定的品质,而且会更充分地体现这些"情节"自身所具有的社会法律本质,保障有关社会危害性和罪过相关规定体系的完整性和"独立性",避免将具备排除行为犯罪性的情节下实施的行为,定位为产生刑事法律关系之法律事实。另外,此种路径还可以解决在具备排除行为有罪性情节时刑事案件终止问题的诉讼根据选择问题,即在具备第一组"情节"的情况下,因犯罪事件的缺失而终止案件;在具备第二组"情节"的情况下,则因犯罪构成的缺失而终止案件。②

在探讨有关犯罪种类的刑法制度体系时,需要重点讨论的问题不只限于其分类标准和命名,而且还应当关注其在刑法条文中的表述顺序。当代俄罗斯学界对此问题的探讨很少,只是在几本刑法教科书中有所体现,并且基本上都是按照俄罗斯联邦现行刑事立法的体例顺位进行排列的,只是在有关罪数制度章节的位置问题上有所差别:莫斯科国立大学于 2002 年出版的《刑法教程》中,将罪数制度置于"排除行为有罪性的情节"之后;③布里连托夫教授(А. В. Бриллиантов)于 2008 年出版的《俄罗斯刑法:总论和分论》,以及韦特罗夫(Н. И. Ветров)、利亚普诺夫(Ю. И. Ляпунов)于 1997 年主编的《刑法总论》,罪数制度排在"犯罪的概念和种类"之后;④加利阿克巴罗夫(Р. Р. Галиакбаров)、纳乌莫夫(А. В. Наумов)以及圣彼得堡国立大学刑法教研室主编的刑法学教科书,均将罪数制度放在"共同犯罪"之后和"排除行为犯罪性的情节"之前;⑤伊万诺夫于 2003 年出版的《模范刑法典》,其总则中犯罪论制度的排列顺序是这样的:犯罪的概念和种类、罪数、既遂犯罪和未完成犯罪、合法行为、排除行为犯罪性的情节、应当承担刑事责任的人、罪

---

① М. С. Жук. Теоретические проблемы. Исследования институтов. Общей части уголовного. Права // LEX RUSSICA. 2014. № 1. С. 115-116.

② 有关研究排除行为犯罪情节问题的论著,参见 Баулин Ю. В. Обстоятельства, исключающие преступность деяния. Харьков, 1991; Блинников В. А. Система обстоятельств, исключающих преступность деяния, в уголовном праве России: Автореф. дис. ... д-ра юрид. наук. Нижний Новгород, 2002; Пархоменко С. В. Деяния, преступность которых исключается в силу социальной полезности и необходимости. СПб., 2004 以及其他学者的相关论著。

③ Курс уголовного права. Общая часть. Том 1. Учение о преступлении / Под ред. Н. Ф. Кузнецовой, И. М. Тяжковой. М., 2002.

④ Уголовное право России. Части Общая и Особенная / Под ред. А. В. Бриллиантова. М., 2008; Уголовное право. Общая часть / Под ред. Н. И. Ветрова, Ю. И. Ляпунова. М., 1997.

⑤ Галиакбаров Р. Р. Уголовное право. Общая часть. Краснодар, 1999; Наумов А. В. Российское уголовное право. Курс лекций. В 3 т. Т. 1. Общая часть. М., 2007; Уголовное право России. Общая часть / Под ред. Н. М. Кропачева, Б. В. Волженкина, В. В. Орехова. СПб., 2006.

过、共同犯罪。[①] 此外，还有学者认为，在确定刑法制度的排列顺序时，应当遵循这样的逻辑顺序：从一般到个别、从单数到复数、从一般规则到例外规定。如果按照这样的逻辑顺序，俄罗斯刑法中犯罪论部分的制度排列应当是这样的：犯罪的概念和种类制度（包含排除行为社会危害性情节的子制度）、应当承担刑事责任的人（犯罪主体）制度、罪过制度（包含排除有罪性情节的子制度）、未完成犯罪制度、罪数制度、共同犯罪制度。[②]

三、俄罗斯刑事责任制度体系建构

《俄罗斯联邦刑法典》以若干编的体例规定了有关刑事责任范畴问题，其中包括第三编“刑罚”、第四编“免除刑事责任与免除刑罚”、第六编“其他刑法性质措施”，以及第五编“未成年人的刑事责任”。考虑“未成年人的刑事责任”制度属于特殊措施范畴的功能性制度，属于特别规定的范畴，因此，我们主要分析《俄罗斯联邦刑法典》第三编、第四编和第六编规定的制度范畴。

刑事责任是犯罪的后果，而特定的刑法性质措施是其内含要旨。根据俄罗斯现行刑事立法的规定，这些刑法性质措施包括：刑罚、没收财产、针对具有一定责任能力的精神障碍者适用的医疗性强制措施、针对免除刑罚的未成年人适用的教育感化措施。此外，对于免除刑事责任、缓刑、免除刑罚，以及那些作为缓刑和假释构成要素的强制措施和限制措施是否应当归于刑法性质措施之列这一问题，俄学界存在不同的立场。

延多里采娃（А. В. Ендольцева）认为，免除刑事责任制度并非刑事责任实现的形式，[③]因此，无论是责任免除制度本身，还是可能适用于被免除刑事责任的行为人的任何措施，都不可能被认定为刑法性质措施，将它们归于刑法性质措施之列是毫无根据可言的。免除刑事责任制度应当是《俄罗斯联邦刑法典》第 3 条第 1 款所规定之实施犯罪的“刑法后果”的内容。[④] 在缓刑制度的归属问题上，俄刑法学界通说立场认为，其属于免除刑罚制度范畴。[⑤] 与此同时，有学者认为，免除刑罚制度并

---

① Иванов Н. Г. Модельный уголовный кодекс. Общая часть. Опус N 1. М. , 2003.

② М. С. Жук. Теоретические проблемы. Исследования институтов. Общей части уголовного. Права // LEX RUSSICA. 2014. № 1. С. 117.

③ Ендольцева А. В. Институт освобождения от уголовной ответственности: теоретические, законодательные и правоприменительные проблемы: Автореф. дис. ... д-ра юрид. наук. М. , 2005. С. 25.

④ 《俄罗斯联邦刑法典》第 3 条规定的是法制原则，其中，第 1 款的立法内容是：“行为是否构成犯罪，以及是否应受刑罚以及发生其他刑法后果，只能由本法典规定。”

⑤ 持此种立场的俄罗斯代表学者及其论著有：Кригер Г. А. Условное осуждение и роль общественности в его применении. М. , 1963. С. 9; Зельдов С. И. Освобождение от наказания и его отбывания. М. , 1982. С. 22; Яковлева Л. В. Институт освобождения от наказания в российском уголовном праве. М. , 2002. С. 40; Михайлов К. В. Уголовно-правовой институт освобождения от наказания. М. , 2008. С. 207。这里需要指出的是：俄立法者将缓刑制度规定在《俄罗斯联邦刑法典》第 10 章“量刑”部分，而不是第 12 章的“免除刑罚”部分。

非刑法性质措施的内容,因为只有刑罚才是刑法性质措施的内容,而免除刑罚则指的是对犯罪人免予处刑或者犯罪人免予服刑。[①] 持反对立场的学者则认为,免除刑罚并非措施,而是刑事责任实现的方式,但是,在适用免除刑罚制度时,针对被免除刑罚的人所适用的那些权利限制措施则起着替代刑罚的作用,因此应当将这些替代性的权利限制措施归于刑法性质措施之列。因此,刑法性质措施和国家谴责措施一样,都是刑事责任的组成部分,其内容应当包括:刑罚、刑罚替代措施、法院所判处刑罚的其他附带措施。刑事立法中体现这些措施内容及其适用规则和不适用规则(免除适用规则)的一系列规范性规定,构成了刑事责任范畴内的制度大厦。

在研究刑法总则制度的过程中,还应当关注有关前科制度、大赦和特赦制度的立法规范。有关前科制度的法律属性问题,俄刑法学界的立场并不统一,[②]即使是著名的《俄罗斯联邦宪法法院决议》也没能最终解决前科制度一直以来存在的争议,尽管此部《决议》通过《俄罗斯联邦宪法》的相关规定揭示了前科的本质,[③]甚至还援引了著名法官维特鲁克(Н. В. Витрук)和科诺诺夫(А. Л. Кононов)的专门意见。主要原因在于俄罗斯现行刑事立法有关前科制度的规定本身存在问题:俄现行刑法一方面规定,被法院作出有罪判决的人认定为有前科;另一方面又只将前科的具备与服刑的事实相关联,既规定在解决量刑以及累犯认定的刑法问题时应当考虑前科,又对有前科的人强加某些刑事法律中没有直接规定的权利限制。有俄罗斯学者指出,针对前科制度,最合理的解决方案应当是以法院判决所确定的行为人的法律地位为根据,即前科制度适用于那些被判处刑罚、其他刑法性质措施以及个别化预防性质措施(包括对受刑人采取行政监督措施的情况)的行为人。这样一来,前科本身就不再属于刑法性质措施的范畴,而只是表明了那些被追究刑事责任的行为人地位所体现出来的特征而已。基于俄刑法界对前科制度存在争议的事实,可以认为《俄罗斯联邦刑法典》中有关前科制度的法律规定是有缺陷的,并且可能在很多方面存在漏洞,需要进一步修改、完善。

根据俄罗斯学界通说立场,俄罗斯刑法规定的大赦和特赦制度,当属独立的刑

---

① 俄学界也有对此持反对立场的学者,参见 Денисов Ю. Д. Освобождение от наказания в связи с изменением обстановки: Автореф. дис. … канд. юрид. наук. Владивосток, 2007. С. 5-6。

② 俄罗斯当代刑法学文献中研究前科制度的论著主要有:Шаутаева Г. Х. Судимость в уголовном праве России и ее правовое значение: Автореф. дис. … канд. юрид. наук. Ижевск, 2000; Грамматчиков М. В. Судимость: исторический, уголовно-правовой и уголовно-исполнительный аспекты: Автореф. дис. … канд. юрид. наук. Красноярск, 2002; Маршенов А. Ю. Развитие института судимости в уголовном праве Российской Федерации: Автореф. дис. … канд. юрид. наук. Ростов-на-Дону, 2002; Абдурахманова А. А. Проблемы института судимости в уголовном праве России: Автореф. дис. … канд. юрид. наук. Махачкала, 2005; Гришко А. Я. , Потапов А. М. Амнистия. Помилование. Судимость. М. , 2009。

③ 参见 Постановление Конституционного Суда Российской Федерации от 19 марта 2003 г. N 3-П по делу о проверке конституционности положений Уголовного кодекса Российской Федерации, регламентирующих правовые последствия судимости лица, неоднократности и рецидива преступлений, а также пунктов 1 -8 Постановления Государственной Думы "Об объявлении амнистии в связи с 55-летием Победы в Великой Отечественной войне 1941 -1945 годов // СПС "КонсультантПлюс"。

法制度。与此同时,也有学者提出不同观点,认为有关大赦和特赦问题的调整(如作出决定的主体、根据、程序等问题)更多涉及的是宪法层面应当解决的问题,而刑法规定解决的只是宣布大赦或者特赦的后果。与此同时,俄现行《刑法》中所规定的有关大赦的后果并不全面,比如,大赦中还可以包含免除行政责任和免除刑罚等方面的规定。因此,大赦和特赦制度不仅具有刑法范畴的制度属性,同时也可以将其看作具有跨部门法属性的制度。正如某俄罗斯学者所言,"大赦和特赦不属于任何一个单一部门法的制度。有关大赦和特赦的规范包含在宪法、行政法、刑法、刑事执行法、刑事诉讼立法中……大赦和特赦属于跨部门法建构并且属于国家谴责制度范畴,而国家谴责制度广泛适用于各种不同的部门立法当中"。[①] 因此,有关大赦和特赦的立法规定模式问题,仅体现于刑法框架(直接通过刑法条文)内的做法未必是合理的。俄学界也不断有学者提出,需要出台专门的《大赦法》和《特赦法》来调整大赦和特赦问题。[②] 由此可见,就本质属性而言,大赦和特赦属于跨部门法内容,并不专属于刑法制度范畴。

通过对前述俄学界关于刑事责任和刑法性质措施的内涵探讨,可以概括出俄刑法中规定的刑事责任范畴的刑法制度体系,即刑事责任的概念和目的、免除刑事责任制度、刑罚的概念和目的、量刑制度、免除刑罚制度、没收财产制度及其规则、医疗性强制措施及适用规则、前科制度。

综上所述,俄罗斯刑法总则制度体系的核心是犯罪制度和刑事责任制度,同时,还包含刑事法律的总括性制度,比如刑法的效力制度等。此外,俄现行刑事立法中还规定了一项具有独立属性特征的功能型制度体系——未成年人刑事责任制度。此项刑法制度的设立,主要是考虑到已满 14 周岁未满 18 周岁实施犯罪的行为人所具有的心理学、法学和犯罪学地位的特点,而就此类人群的刑事责任免除、量刑及刑罚的免除、前科等问题专门设立的刑事立法规则。同时考虑到有关未成人刑事责任制度是俄刑事立法中唯一一种功能性制度,所以将其设置在《俄罗斯联邦刑法典》总则的最后一章。具体而言,俄罗斯刑法总则制度包括:刑法的效力范畴;犯罪的概念和种类(包括罪数制度),其中包含排除行为社会危害性情节的下位制度;应当负刑事责任的人;罪过制度,其中包含排除罪过性情节的下位制度;未完成犯罪;共同犯罪;刑事责任的概念和目的;免除刑事责任制度;刑罚的概念和种类;量刑制度;免予服刑制度;没收财产制度及其没收规则;医疗性强制措施制度及其适用规则;前科制度;未成年人刑事责任制度。本研究以俄现行刑事立法关于总则制度规定的逻辑顺序为主线,同时,为论述需要将其中的某些制度进行了类别化处理,比如,将未成年人刑事责任制度、赦免制度等离散于免责制度、免刑制度框架之内。

---

① Марогулова И. Л. Законодательное регулировании амнистии и помилования: генезис, сущность, теория, правоприменение: Автореф. дис. … д-ра юрид. наук. М. , 1999. С. 7.

② 参见 Яковлева Л. В. Институт освобождения от наказания в российском праве: Автореф. дис. … д-ра юрид. наук. М. , 2003. С. 34-36。

第一编　本　体　论

第一章　俄罗斯刑事立法发展历程追溯

俄罗斯刑事立法的历史分期问题，与俄整体立法的分期一样，是存在争议的，其分期标准一般与俄罗斯社会的分期方法一致，不过俄罗斯社会分期在学界也并未达成共识。根据《俄罗斯大百科全书》的记载，俄罗斯社会的发展历史一般分为这样几个阶段：古罗斯国家、俄罗斯殖民地时期、俄罗斯国家和民族时期（15 世纪—17 世纪）、沙皇俄国和俄罗斯帝国时期、苏联、俄罗斯联邦。[①] 与此同时，俄罗斯刑法学者在俄罗斯社会和俄罗斯刑法的分期问题上也存在不同立场，其中，俄罗斯当代著名刑法学者纳乌莫夫教授将俄刑法发展历史分为三个时期，即前苏维埃时期、苏维埃时期和后苏维埃时期。[②] 毋庸置疑，俄罗斯刑法的历史分期与其社会历史发展阶段是密不可分的。俄罗斯刑事立法发展周期的划定，取决于其形成和发展过程中具有里程碑意义的立法文件，而后者的形成又取决于俄罗斯国家和社会发展的社会经济和政治因素。因此，可以认为俄罗斯刑事立法的发展时期通常与俄罗斯国家的发展阶段相一致。基于此，本研究即采用纳乌莫夫教授的分期法对俄罗斯刑法发展历程进行介绍。

第一节　前苏维埃时期的刑事立法

一、古罗斯时期的刑法

俄罗斯现存最早的法律文献可以追溯到 10 世纪，这些里程

---

① Большая Российская энциклопедия：В 30 т.《Россия》М.，2004. С. 6.

② Наумов А. В. Уголовное право. Общая часть：Курс лекций. М.，2006. С. 60.

碑式的法律文献,可以使我们大致了解当时刑法规范所规制的社会关系样态。古罗斯和拜占庭之间贸易关系的发展以及伴随其中的频繁军事冲突,使得古罗斯在这一时期出台了一系列条约性质的法律文件,其中包括 907 年和 911 年奥列格统治时期、945 年伊戈尔时期以及 971 年斯维亚托斯拉夫时期签署的法令。这些法律文件规定了侵害人身犯罪的刑事责任,如杀人罪(《奥列格法令》第 40 条、《伊戈尔条法令》第 13 条)、身体伤害罪、侮辱罪和盗窃罪(《奥列格法令》第 6、7 条,《伊戈尔法令》第 9 条);在刑罚方面,规定了血亲复仇、赎金刑;在其他侵犯人身犯罪方面,规定了剥夺自由刑("奴役人")。

古罗斯习惯法的第一个里程碑式的成文法典是《罗斯法典》。迄今为止,《罗斯法典》有一百多个版本,这主要是因为此《法典》历经几代王朝且每个朝代都有修订。现存的主要有三个版本:短版本、长版本和缩减版。《罗斯法典》对于犯罪概念的界定,不仅限于对违反法律或者王室的意志,还包括"冒犯"行为,即对个人或群体造成精神损害或物质损害的行为。此外,《罗斯法典》的规定内容还呈现这样一些特点:(1)没有对犯罪和民事违法行为进行区分;(2)犯罪客体是个人和财物;(3)客观方面涵盖了犯罪未遂(对拔剑,但未实施刺杀行为的人予以处罚)和犯罪既遂;(4)规定了共犯概念(如"集体"抢劫);(5)规定了防卫过当(杀害被捉小偷的情形,因为其行为届时已经不存在直接危险性了);(6)将醉酒状态规定为从轻处罚情节,而将犯罪人贪利的故意规定为从重处罚情节。根据《罗斯法典》的规定,所有自然人都可以成为犯罪主体,并且没有规定年龄限制,也没有规定刑事责任能力制度,但已经奠定了刑事责任和刑罚个别化制度的基础,即对抢劫杀人规定的刑罚要重于打架杀人的刑罚,而且量刑轻重取决于犯罪是单个人实施的还是几个人一起实施的,即共犯制度萌芽。犯罪主观方面包括故意和过失,没有规定罪过概念。

《罗斯法典》(长版)第 6 条规定了杀人事件("在宴会上发生的杀人"),第 7 条规定的是"没有任何理由的抢劫杀人"。前者的主观方面为非故意,后者则是贪利性的预谋式的抢劫杀人。《罗斯法典》所规定的财产型犯罪包括抢劫、盗窃、毁坏他人财物、盗用交通工具、破坏边界标志、放火、盗马、恶意不偿还债务等;主要刑罚措施有血亲复仇、流放和掳掠、赎金刑,虽然没有明确规定死刑,但实践中此种极刑有适用的余地。《罗斯法典》规定的颇为严厉的刑罚措施是"流放和掳掠",即没收财产和流放犯罪人及其家人,将犯罪人变成奴隶。此种刑罚措施只适用于这样三种犯罪:抢劫杀人、放火和盗马。次严厉的刑种是仅适用于杀人罪的"赎金刑"(罚金)。《罗斯法典》中保留着古老的同态复仇的习惯法元素,但刑罚的主要目的已转变成赔偿损失(物质损失和精神损失)。[1]

---

① 参见 Исаев И. А. История государства и права России: Учебник для юридических вузов. 3-е изд., перераб. и доп. М., 1996. С. 21-23。

《诺夫哥罗德审判规则》(1471 年)和《普斯科夫审判规则》(1397—1467 年)中载有大量的刑法条文。此两部法典在规定民法和刑事诉讼问题的同时,规定了某些政治犯罪和国事罪的刑事责任内容。《普斯科夫审判规则》不仅规定了侵害私人的犯罪,而且还规定了侵犯国家利益的犯罪,其规定的犯罪种类有:国事罪(背叛国家罪);侵犯司法当局的犯罪(受贿罪或“承诺”法官罪、暴力侵入审判场所罪、对司法官员实施暴力罪);财产刑犯罪(普通盗窃、加重犯罪构成的盗窃和多次盗窃,盗窃教堂财物,放火,盗马,抢夺——暴力抢夺和公开抢夺,抢劫——武装暴力抢夺);侵害人身类犯罪(杀人、殴打、侮辱)。在《普斯科夫审判规则》中除了罚金刑外,还规定了适用死刑的内容。

俄罗斯中央集权国家的建立、对农民奴役的进一步加强,以及社会经济和政治领域的其他变化,导致了刑事立法发生重大变化。这主要体现于《伊万·瓦西里耶维夫审判规则》(1497 年,共 68 条)和《伊凡四世审判规则》(1550 年,共 100 条)的立法规定中。此类审判规则主要规定的是程序问题,但其中也涉及一系列刑法条款的规定,比如“诈骗罪”“逃避审判罪”“伪证罪”等。《1550 年审判规则》(国内有译成《1550 年律书》,以下简称《审判规则》)第 52 条还规定特别审判程序,此特别程序衍生出一种特殊主体——“恶人”,与此相对应的都是一些危害性特别严重的犯罪,其中包括抢劫罪、抢夺罪、放火罪、故意杀人罪以及特殊类型的盗窃罪。此外,上述文件还规定专门的反政府犯罪行为,比如叛乱罪,投敌卖城罪。《审判规则》中首次出现了职务犯罪的概念,这是之前的俄罗斯立法中从来没有过的,其中包括贿赂罪、明知不公正判决罪、贪污罪等。《审判规则》在侵害人身犯罪方面规定具有加重责任构成要件的杀人罪以及由行为和言语实施的侮辱罪;在财产犯罪方面,特别规定了具有加重责任构成要件的盗窃教堂罪、绑架罪等,并且首次明确区分了公开进行的抢夺罪和使用暴力实施的抢劫罪。在刑罚方面,与之前适用的立法相较,《审判规则》则凸显出更严厉的特性,彼时的财产刑已退居次要地位,死刑和鞭刑等严酷刑种适用更为频繁,刑罚的目的主要体现为恐吓和隔离、报复和谋求财产利益。

二、中央集权国家形成时期的刑法

(一)《1649 年会典》(以下简称《会典》)

《会典》对于俄罗斯刑事立法的后续发展产生过重大影响。此部法典是俄罗斯法律历史发展进程中具有里程碑意义的重要法典之一,其条文涉及了许多刑法问题。《会典》共有 25 章,其中有两章是专门规定刑法问题的,即第 21 章“抢劫和盗窃案件”(第 104 条)和第 22 章“死刑的罪过问题”(第 26 条)。

《会典》中没有规定犯罪概念的一般界定,但从其条文规定的内容可以得出犯罪的概念,即犯罪是违背沙皇意志、违反法律规定的行为,任何阶层的代表都可能成为犯罪主体。《会典》还增加规定了一些新的刑法制度，比如对犯罪故意和犯罪过失进行区分的制度、意外行为不受刑罚处罚制度（第 10 章第 223 条、第 225 条、第 226 条、第 228 条），以及免除刑事责任的正当防卫制度（第 10 章第 200 条）、紧急避险制度。此外，《会典》还规定了详细的共同犯罪制度及与其相关的教唆犯（第 22 章第 19 条）、帮助犯（第 10 章第 198 条）、包庇犯（第 21 章第 20 条）。与之前的立法相比较，《会典》对于犯罪种类的规定体现出一定的体系特征，即侵犯信仰的犯罪（亵渎神明、扰乱教会秩序）；国事罪（此部法律对于叛国罪、谋反罪、叛乱罪予以了特别关注，还对伪造印章罪、伪造货币罪等扰乱管理秩序的犯罪进行了详细的界定）；军职罪；侵犯司法当局的犯罪；侵害人身的犯罪。在财产型犯罪方面，较为具体地规定了盗窃罪（秘密窃取）、抢夺罪（暴力夺取财物）和抢劫罪（侵害被害人生命和健康的抢夺行为）。

《会典》对于各种犯罪的规定，从整体上看可以说是比较明确的，但在表述方面还是存在一定的任意性。在国事罪的犯罪构成中，体现了对于沙皇权力、政府及其国家暴力机器作用的进一步加强。刑罚的主要目的仍然体现为威吓。刑罚制度的规定，体现出彼时惩罚政策的过度严酷：广泛适用死刑、身体刑、监禁刑、流放刑、劳役刑、财产刑、剥夺军衔、解职、教堂忏悔，甚至有许多条款中并没有规定确定的刑罚种类，而是采用了一种极其不确定的表述方式，即“由国王钦定严刑酷罚”。此外，《会典》还体现出刑罚处罚多样性特征，即对于不同社会阶层的人适用不同的刑罚处罚（第 10 章第 5 条、第 74 条，第 21 章第 9 条、第 69 条、第 71 条）。

（二）彼得一世时期的刑法

俄罗斯刑事立法在彼得一世时期得到进一步发展。这一时期的特点是阶级矛盾加剧导致刑事镇压加强。在彼得一世统治期间，通过了《军事条令》（1715 年）和《海事条令》（1720 年）以及一系列包含刑法规范的法令。《军事条令》中有关刑法的部分，即所谓的军事条款，也适用于“地方自治统治机构”，即它不只是适用于军队。原则上，这是一部没有总则体例的军事刑法典。[①] 尽管《军事条令》中没有设置总则，但其中包含关于行为与犯罪结果之间因果关系、罪过、刑罚目的和任务、正当防卫和紧急避险等内容的规定。《军事条令》共有 24 章，包含 209 个条文，其中的许多条文都有专门的释义，以阐明法律含义及其适用程序，并且这些解释都具有法律效力。

在彼得一世时期，术语“犯罪”一词得以第一次在法典中出现，意指应受惩罚的行为。根据《军事条令》的规定，犯罪是违反法律和不服从沙皇意志的行为。这一时期，开始区分故意行为、过失行为和偶然行为（случайнные деяния），只有实施故意行为或者过失行为，才追究责任，偶然行为不负刑事责任；适用刑罚的轻重取决

① Наумов А. В. Российское уголовное право. Общая часть：Курс лекций. М. ，1996. С. 64.

于罪过程度;个人责任原则执行得不是很彻底,某些犯罪的责任承担者不仅限于犯罪人本人,而且还涉及完全没有罪过的犯罪人近亲属——妻子和孩子(如国事罪)。

《军事条令》规定了实施犯罪的行为人的刑事责任能力问题,即对于处于精神病状态下实施犯罪的人,须减轻刑罚甚至不适用刑罚。然而,对于醉酒状态下实施犯罪的人,则有别于《会典》,规定了加重责任的处罚原则,并且在个别情况下醉酒行为本身可以构成犯罪。某些犯罪,不仅对其既遂规定刑罚,而且对仅显现犯罪故意也进行处罚,在某些个别情形下,对于犯罪预备也规定了刑罚措施。团伙犯罪被认为是最危险的犯罪,对各共同犯罪人判处一样的刑罚,而不考虑每个犯罪人的罪过程度如何。

《军事条令》规定的犯罪种类有:侵犯信仰的犯罪(巫术、偶像崇拜、亵渎神灵、不遵守教会的仪式、不参加礼拜、醉酒进入教堂、煽动分裂等);国事罪(企图杀害或俘虏沙皇的行为,处以武装叛乱罪;侮辱国王、他的妻子和继承人的行为,被视为重罪;禁止"一切可疑的骚乱活动";背叛国家的行为);职务犯罪(贿赂罪、贪污罪、纵容犯罪分子罪、玩忽职守罪、违反行政机关和司法机关的工作秩序罪等);妨害管理秩序罪(违反和破坏法令和命令罪、伪造货币罪、伪造印章罪——这些犯罪被处以严厉的身体刑、流放为奴、死刑或者火刑);侵犯司法罪(伪誓、伪证罪——被处以切断两个手指的刑罚);财产型犯罪(盗窃罪、抢夺罪、放火罪、暴力损坏或者毁灭他人财物罪);侵害人身的犯罪(侵害生命的犯罪、身体不可侵犯型犯罪、侵犯荣誉罪)。侵害生命的犯罪,指的是杀人罪,包括故意杀人、过失杀人和偶然杀人,其中,最严重的故意杀人罪包括:雇凶杀人罪、投毒罪、杀害父母兄弟罪、杀害军官罪,对这些犯罪处以轮刑。

彼得一世时期的刑罚体现出这样一些特征:刑罚个别化原则缺失、立法规定具有不确定性、法律面前不平等。这一时期的刑事立法尤其以刑罚残酷、广泛适用死刑而著称。《军事条令》规定了 122 种判处死刑的情形,其中有 62 种情况直接规定了死刑的行刑方式。彼时的死刑分为普通死刑(砍头、绞刑、枪毙)和极刑(肢解、绞刑、轮刑、活埋、金属浸喉、灼刑、钩刑)。刑罚的目的体现为:(1)恐吓;(2)报复;(3)消灭罪犯或隔离罪犯;(4)利用罪犯的劳动使国家获益。

俄罗斯刑事立法在叶卡捷琳娜二世统治时期得到迅速发展。叶卡捷琳娜二世注重发展刑事古典学派的刑法学思想,反对严厉的刑罚和酷刑,反对政治犯罪概念的扩张,倡导平等、罪刑相适应和限制适用死刑。然而,根据国王命令于 1767 年成立的立法委员会,虽然直至 1774 年才解散,但并没有取得任何成果,主要原因是当时不存在现实的经济和政治基础。之后的亚历山大一世继续了叶卡捷琳娜二世的立法改革,他在 1801 年任命扎瓦多夫斯基(П. В. Завадовский)领导法律编撰委员会的工作,1804 年由当时的司法部长诺瓦细里采夫(Н. Н. Новосильцев)接任委员会的领导职务。这一时期法律编撰委员会工作的特点是:进程迟缓、矛盾、混乱和保守。之所以会出现这样一种负面局面,主要是因为当时几乎所有的法律工作都是由参赞兼总书记罗森坎普夫(Розенкампф)负责的,他坚持要开除委员会的大部分俄罗斯官员,而取而代之的是一些外国人(法国和德国人),而这些外国专家和他一样,既不懂俄罗斯帝国的语言和法律也不懂俄罗斯帝国的习俗。1808 年斯佩兰斯基(М. Н. Сперанский)被任命为该委员会的负责人。斯氏的名字与所有后续立法工作密切相关,其中包括《1845 年的刑罚和感化法典》。他在开展立法工作的过程中,广泛借鉴了外国经验,特别是 1810 年的《法国刑法典》、1813 年的《巴伐利亚刑法典》、1830 年的《普鲁士刑法典》和 1831 年的《巴伐利亚刑法典》。在刑法草案起草时,斯佩兰斯基还特别邀请了 19 世纪初著名的刑法学家边沁和费尔巴哈担任咨询委员会委员。斯氏在 1810 年邀请德国著名的雅各比教授(G. Jacobi)负责起草《刑法典(草案)》,1813 年,起草工作完成。此部《刑法典(草案)》可以被看作对费尔巴哈拟定的《巴伐利亚刑法典》的改编,它也是俄罗斯刑事立法发展历程中第一部规定"总则"的刑法。然而,遗憾的是,此部立法草案并没有正式颁布实施。

《俄罗斯帝国法律汇编》(Свод законов Российской империи)(以下简称《法律汇编》)于 1832 年得以批准通过,并于 1835 年 1 月 1 日开始生效。刑法规范集中规定于此部《法律汇编》第 15 卷第 1 册,此册由编、章和条构成,共有 765 个条文。《法律汇编》的刑事规范部分首次采用了总则和分则分立的立法模式,因此刑法规范也相应地分为两册内容。上册为"犯罪和刑罚的一般规定",分为 11 编:第一编是有关刑法总则规范的规定,其他各编则规定分则内容。《法律汇编》是俄罗斯刑法发展历史中第一部将总则内容予以单独规定的法典,其总则部分对刑法制度的一般规则内容进行了界定;第 2 册名为"刑事诉讼"(О судопроизводстве по преступлениям),其中包含俄罗斯现行刑事诉讼立法的内容(包括刑事诉讼法和司法制度内容)。

《法律汇编》第 15 卷第 1 册"总则"是有关犯罪和各种刑罚处罚实质内容的规定,其框架结构中涵盖这样几章内容:"犯罪和各种罪过程度的本质""各种刑罚处罚类型""根据被告人的现状免除自体刑""根据罪过程度划分的刑罚措施""免除刑罚、延期服刑和免予服刑""关于犯罪的刑罚处罚和民事处罚的后果""刑法的空间效力"。

《法律汇编》根据刑罚的严厉程度不同,分别规定了两类刑事处罚行为:犯罪和轻罪(проступок)。所有犯罪分为故意犯罪、过失犯罪和偶然犯罪,其中,以极其审慎的态度规定了过失的概念(第 5 条)。过失犯罪需要追究刑事责任的情况有两种:其一,"犯罪人轻易能够预见自己的行为可能造成违法后果"(当代刑法规定的"过于自信的过失");其二,"犯罪人实施了法律所不禁止的行为,自己不认为能够发生违法后果,但是在尽到应尽的注意义务时,则可以避免违法后果的发生"(当代刑法中的“疏忽大意的过失”)。

《法律汇编》中有关于年幼行为人实施犯罪、减轻罪过和刑罚的规定(第126条),尽管立法条文并未对刑事责任年龄进行明确界定。同时,该文件还存在关于免除刑事责任情节的“精神错乱”(безумие и сумасшествие)概念的规定。它还借鉴《会典》和《军事条令》的立法体例,规定了正当防卫制度(第133条)和紧急避险制度(彼时称为“暴力强制”,其不仅包含暴力强制,也包含不可抗拒的强制)。此外,《法律汇编》还涉及数罪的情况,将罪数命名为“偶合犯罪”(стечение преступлений),并且将此种情况视为加重罪过的情节,同时将其与累犯相关联(第123条)。[①]

(三)1845年《刑罚与感化法典》

1845年,沙皇尼古拉一世批准了《刑罚与感化法典》,于1846年生效。此部刑法典共12编,还包含附则内容(“关于被撤销身体刑的人”),编下设章和条。第一编“犯罪、轻罪和刑罚的一般规定”集中规定了总则规范,其他各编(第2-12编)规定分则规范。1845年《刑罚与感化法典》共有2224个条文,其中,犯罪概念的界定借鉴了《俄罗斯帝国法律汇编》第15卷的相关规定,但没有对犯罪和轻罪概念进行明确的区分,其第4条规定:“犯罪或者轻罪,指的是违法行为本身或者对于法律所规定的、以刑罚相威胁之行为的不履行行为”,即犯罪和轻罪包括作为和不作为两种,但追诉时效只适用于犯罪,不适用于轻罪。此外,还规定了罪过的形式、犯罪实施阶段、共同犯罪的种类、减轻和加重罪过的情节。

1845年《刑罚与感化法典》在免除刑事责任的根据方面,规定了这样一些事由:意外事件、年幼、精神错乱、精神病、无意识、错误、强制、不可抗力和正当防卫;在犯罪主观方面的内容上,规定了故意和过失;将共同犯罪区分为有事先合议的共犯和无事先合议的共犯,共犯人分为煽动犯、同谋犯、教唆犯、帮助犯、纵容犯、窝藏犯。

在刑罚制度上,1845年《刑罚与感化法典》规定的刑罚分为主刑、附加刑和替代刑,其中包含复杂的刑罚和感化措施的阶梯体系,共规定了11类刑罚,分为35级刑罚阶梯(从训诫至死刑)。刑罚措施包括:剥夺一切权利和死刑;剥夺一切权利和流放为奴;剥夺一切权利和流放西伯利亚;剥夺一切权利和流放高加索。剥夺一切权利,意指民事权利地位的死亡,即剥夺权利、优先地位、财产、终止夫妻权和父母权。感化措施则指的是:剥夺所有特别权利和优先权,驱逐,改造营服刑,监狱、要塞、拘禁所或济贫院关押,拘役,当庭谴责,金钱处罚,训诫。剥夺一切特别权利和优先权,包含剥夺荣誉头衔、贵族地位、官职等级、优秀徽章、担任公职的权利、工

---

① 参见 Наумов А. В. Российское уголовное право: Курс лекций: В 2 т. Т. 1: Общая часть. 3-е изд., перераб. и доп. М., 2004. С. 69-70。

会注册权利、成为证人和监护人的权利,还包括对于某些权利和优先权的部分剥夺。

犯罪论体系一共涵盖了12编立法内容,其中,最重要的犯罪包括:侵犯信仰的犯罪、国事罪、妨害管理秩序罪、职务犯罪、财产犯罪、违反公共秩序和国家法律的犯罪行为、侵害私人的生命、健康、自由和荣誉的行为、侵害家庭的行为、侵犯所有权的行为。

1845年《刑罚与感化法典》在俄罗斯十月革命前历经了两次比较重大的修订,这两次修订的时间分别是1866年和1885年,其最后一次修订的版本一直沿用至1917年10月。

俄国通过1864年司法改革,在有地方自治政府的地方设立陪审团和一个地方法院(治安法官),同年还颁布了一项专门赋予治安法官判处刑罚的特别法规,规定对不那么严重的罪行可以判处两年以下剥夺自由刑。该《刑罚法规》(Устав о наказаниях)就立法技术层面而言,在当时是比较先进的,其突出特点是:对分则罪状进行了非常具体的规定,增强了刑事立法的可操作性;在犯罪主体方面,除了规定自然人可以成为犯罪主体外,还规定法人(村社-крестьянские общины)也可以成为适格的犯罪主体;在概念的界定方面,以犯罪所具有的形式特征为根据,将犯罪概念界定为法律所规定的应受刑罚处罚的作为或者不作为,同时,对刑法进行了总则和分则的界分。根据此部《刑罚法规》的规定,犯罪分为重罪(指被判处死刑、劳役、流放的犯罪)、普通犯罪(指被判处在要塞、监狱、改造营服刑的犯罪)和轻罪(指被判处拘役或者罚金刑的犯罪)三类。犯罪主体是指达到刑事责任年龄(最低刑事责任年龄为7岁)、具备刑事责任能力的人;主观方面体现为实施犯罪时故意或者过失的心态。

(四)1903年《刑法典》

随着俄国国内经济的发展、阶级斗争的升级,需要制定新的刑事法律来适应社会生活的变化。对尽管1845年《刑罚与感化法典》进行了修改和补充,但并不符合俄罗斯20世纪初的经济和社会政治现实。因此,俄罗斯帝国于1881年开始起草新刑法典,该法典历经12年编撰完成。沙皇尼古拉二世于1903年批准了新《刑法典(草案)》,然而,此部法典并未全部得以实施,只是其中规定政治犯罪和宗教犯罪的条文得以生效,其中,1904年6月7日正式出台《法律》宣布第3章("侵犯最高权力的暴动罪和侵犯皇权和皇室成员的犯罪")、第4章("叛国罪")和第5章("暴乱罪")开始生效。

1903年《刑法典》共有37章687个条文:总则172个条文、分则615个条文。总则部分规定了犯罪概念、故意、过失、犯罪预备、犯罪未遂、共同犯罪;分则规定了宗教犯罪、国事罪、职务犯罪以及其他各类犯罪。此部法典首次规定了刑法的空间效力,效力范围及于整个俄罗斯帝国领域内,同时,还规定刑法的效力适用于所有进入俄罗斯帝国境内的外来人(第 4-13 条)。根据《1903 年刑法典》的规定,犯罪是"其实施时法律所禁止并以刑罚相威胁的行为";犯罪主体是年满 10 岁且具有刑事责任能力的自然人;主观方面为故意或者过失;对于预备犯罪和未遂犯罪,只有在法律有规定的情况下,才受刑罚处罚(这主要是相对于重罪而言的);犯罪中止免除刑罚;共犯指的是自愿合作或者共同商议实施行为的行为人,同时还对实行犯、教唆犯和帮助犯进行了界定。《1903 年刑法典》简化了刑罚体系,所有刑罚分为主刑、附加刑和替代刑,其中包含八种主刑和八种附加刑。

从立法技术上讲,《1903 年刑法典》与以往俄罗斯历史上颁行的刑事立法相比,已经具备了相当高的立法水平,完全达到了当时欧洲国家刑事立法的标准,并且对苏维埃时期刑事立法的形成和发展产生了一定影响。

第二节　苏维埃社会主义时期的刑事立法

一、苏维埃政权早期的刑法

苏联法律基础的形成,始于全俄第二次全国代表大会通过的第一批法令,正是这些法令构建了苏联法的原则。十月革命胜利后颁布的 1 号《法院令》废除了那些与"革命法律意识"相背离的旧法规定。此部法令成为当时新的成文法规范缺失条件下的主要法律渊源。此外,在地方法院,习惯法规范仍然是当时俄国的法律渊源之一。在法律渊源方面,"革命法律意识"具有优先地位,其主要原因是十月革命后的最初几年内法律心理学理论在当时占主导地位,而根据此种学说立场,法律得以实现的最重要因素是法律意识,而不是法律规定,也不是法律关系。当时的苏维埃政权通过了一系列与刑法直接相关的法令,其中包括 17 个专门的刑事法令和 15 个有关刑事责任的单行法案,而到了 1918 年,这些法令和法案数量急剧增加,共有 40 个《刑事法令》、69 部《单行法案》。

苏维埃国家第一部刑法法案是第二次全俄代表大会于 1917 年 10 月 28 日颁布的《关于废除死刑的决议》。1917 年 11 月 28 日,又颁布了由人民司法委员会制定的《革命法庭组织手册》,首次规定了法庭可以适用的刑罚措施种类:罚金、公开谴责、剥夺公众信任、强制社会劳动、剥夺自由、驱逐出境。人民司法委员会的《细则》规定,革命法庭审理那些组织对抗"工农政府权力"的起义、积极反对政府或不服从政府、煽动他人反对政府或不服从政府、蓄意破坏、滥用权力等案件。这是首次针对法庭审理的案件进行刑法分则规范系统化的尝试,《细则》中还规定了革命法庭适用刑罚措施的清单。因苏俄社会政治局势的不断升级,1918 年 7 月 16 日人民司法委员会颁布了一项特别决议,赋予革命法庭适用死刑的权利。之后的 1918

年11月6日,又对革命法庭所管辖犯罪涉及的分则规范进行了系统化规定,尝试着对革命法庭有权进行管辖的罪名予以明确界定,这里首先指的是那些与反革命活动相关案件的管辖。

二、1919年《苏俄刑法指导原则》

1919年人民司法委员会在总结立法以及普通法院和革命法庭审理案件所积累的司法实务经验的基础上,开始准备起草刑法总则草案,并且于1919年12月12日正式批准了《苏俄刑法指导原则》(以下简称《指导原则》)。此部《指导原则》是以人民司法委员会《决议》的方式发布的,这是苏联时期首次实质意义上对刑法总则进行系统化规定。《指导原则》包含序言和八编内容,具体而言,此八编分别规定了刑法、刑事司法、犯罪与刑罚、犯罪实现的阶段、共同犯罪、刑罚种类、缓刑、刑法的空间效力。《指导原则》中首次将犯罪界定为侵害社会关系的行为,此外,还规定了追究刑事责任的最低年龄为14周岁,将刑罚界定为强制性影响措施,即当局通过这种措施确保维护社会关系秩序免受犯罪的侵害。刑罚体系包括:训诫、公开谴责、强制培育政治素养、抵制、集体排斥、损害赔偿、没收财产、剥夺政治权利、宣布"人民的敌人"、强迫劳动、禁止自由、剥夺个人的法律保护、枪决。

法院在量刑时应当考量的情况包括:犯罪人的社会地位、犯罪动机的政治性或个别化特征、犯罪人对其行为的认识程度、共犯情况、是否为职业罪犯、是否具有暴力性、犯罪客体的性质以及其他情节。在空间效力方面,《指导原则》的效力及于本国所有领域,并且适用于在苏俄境内或者领域外实施犯罪的本国公民和外国人。

苏维埃法律文献中对于《指导原则》的评价并不一致,但是当代俄罗斯刑法学者则认为,它在改善司法机关活动以及促进刑法发展方面起到了重要作用,是之后制定1922年《苏俄刑法典》所历经的一个重要阶段。

三、1922年《苏俄刑法典》

此部刑法典于1922年5月26日被批准通过,并且从1922年7月1日起生效。1922年《苏俄刑法典》由序言、总则和分则构成,总则、分则下设各章,章下设具体刑法条文,共有227个条文。

根据1922年《苏俄刑法典》的规定,犯罪指的是威胁苏维埃基础和工农政权在向共产主义过渡时期所建立的法秩序的、所有具有社会危害性的作为或不作为(第5条)。[①]《苏俄刑法典》的效力范围是本国公民以及不享有治外法权的外国人在苏俄境内实施的所有犯罪。刑罚的目的是预防新的违法行为,并通过劳动改造剔除

---

① 1922年《苏俄刑法典》关于犯罪概念的界定原文是:"всякое общественно опасное действие или бездействие, угрожавшее основам советского строя и правопорядку, установленному рабоче-крестьянской властью на переходный к коммунистическому строю период времени。"

犯罪人实施新罪的可能性，以使违法者适应社会生活条件；刑事责任最低年龄为14周岁，对于已满14周岁、不满16周岁的未成年人判处医疗—教育感化措施（меры медико-педагогического воздействия）；刑罚体系种类繁多，从广义上的公开谴责至驱逐出境都有规定。对于革命法庭审理的案件，还规定特殊的刑罚措施，即枪决。除《苏俄刑法典》总则规定的刑罚种类之外，法院还可以适用社会防卫措施（俄文原文是：меры социальной защиты，相当于我们现在所说的“保安处分”）即从指定地方予以驱逐和禁止从事特定活动，同时还规定在量刑时要考虑犯罪人及其所实施犯罪之危害性的性质和程度。

1922年《苏俄刑法典》规定的罪名体系包括：国事罪，妨害管理秩序罪，经济犯罪，职务犯罪，侵害生命、健康、自由和个人尊严的犯罪，财产犯罪和军人犯罪。对于《苏俄刑法典》没有直接规定的个别犯罪种类，可以根据类推原则适用刑罚（第10条）。此外，第3章还规定了教会与国家相分离的规则。

四、1924年《苏联及各加盟共和国刑事立法纲要》

1924年10月13日，苏联中央执行委员会通过了第一个全联盟法案，此法案中没有使用“刑罚”术语的表述，而是使用了“社会防卫措施”概念。之所以在术语使用上进行修订，主要体现的是立法者想要回避刑罚所含的报复之义。在此期间，还颁布了关于军人犯罪的全联盟《条例》（1927年通过了新版《条例》）。1924年还出台了第一部《苏维埃劳动改造法典》（советский Исправительно－трудовой кодекс），此部法典的构建是以当时对于特定犯罪适用阶级方法为基础的（第47条、第101条），其源于先进的剥夺自由刑的服刑制度，而且还规定了假释制度（第16条）。1927年出台的《国事犯罪条例》和《军人犯罪条例》，作为独立的各章体例被纳入各加盟共和国《刑法典》。

1926年11月22日，全俄中央执行委员会通过了《苏俄刑法典》，于1927年1月1日生效。此部刑法相对于1922年《苏俄刑法典》而言，并没有重大变化。其之所以出台，主要是为了使苏俄刑事立法与全联邦的苏联刑事立法规定相协调。1926年《苏俄刑法典》总则部分并没有完全复制1924年《刑事立法纲要》的条文，而是对纲要的某些规定进行了发展并且还补充规定了一些新的条款，比如，立法者规定了有关流放和驱逐刑，并且明确地规定了可以适用流放措施（第36条）的各具体条文。

1926年《苏俄刑法典》与《纲要》之间的差别只体现于一小部分规范，并且仅涉及私人问题的调整。在接下来的几年时间里，1926年《苏俄刑法典》进行了多次修改和补充。此部法典生效期间，通过了一系列反人道以及公开反人民的法律规定。这些法律规定为当局进行镇压活动提供了法律根据，从而导致了很多人遭到迫害。比如，对于窃取国家或者公共财产的行为，无论罪行大小，都会被追究刑事责任，以至于被判处枪决。

1935 年废除了《纲要》第 8 条有关赋予各加盟共和国确定最低刑事责任年龄权力的规定,因此,根据 1935 年 4 月 7 日出台的《未成年人犯罪法》的规定,对于实施盗窃、暴力犯罪和杀人行为之刑事责任追究的最低年龄为 12 周岁。

五、1958 年《苏联及各加盟共和国刑事立法纲要》

1958 年 12 月,苏联最高委员会通过了《苏联及各加盟共和国刑事立法纲要》(以下简称《立法纲要》)。《立法纲要》由 4 编共 47 条构成,其主要任务是"保护苏维埃和国家制度、社会主义财产、社会主义法律秩序、公民的人身和权利"。

1958 年《立法纲要》规定了犯罪概念、共犯的种类、正当防卫和紧急避险制度,废除了类推制度,此外,还规定了刑法的溯及力问题——规定行为的可罚性或加重刑罚的法律不具有溯及力,即新法规不得适用于其生效以前实施的行为,而免除或者减轻行为可罚性的法律,则具有溯及力。

《立法纲要》规定刑事责任年龄从 16 周岁起算,之前立法中所规定的从 14 周岁起算的几类犯罪的规范继续有效(《立法纲要》第 10 条第 2 款);废除了这样几种刑罚措施:宣布为"人民的敌人"、逐出苏联、剥夺政治权利。与此同时,剥夺自由刑的最高刑期从 25 年减至 15 年,并且对于服刑期间表现良好并且诚实参加劳动的被判刑人,规定适用假释制度。

1958 年《刑事立法纲要》要求苏维埃刑事立法及其目的、原则和基本制度之间要协调统一。1960 年 10 月 27 日,在《立法纲要》基础上通过了新的《苏俄刑法典》,取代了 1926 年《苏俄刑法典》。1960 年《苏俄刑法典》体现出《立法纲要》的优势与不足,具有严格中央集权的社会主义计划经济以及国家和社会管理领导制度的鲜明印记。

1960 年《苏俄刑法典》的显著特征,主要体现为:过度政治化以及毫无根据的镇压性(最为明显的是第 64 条和第 70 条的规定),以及想要通过刑法手段改变经济关系的反自然发展现状(第 152、152. 1、153、154、154. 1 条)。这一特征以 20 世纪 60 年代相继出台的一系列加重刑罚法令得以凸显。这些法令包括:《关于加强打击特别危险犯罪的命令》《关于计划执行情况报告张贴和其他虚假陈述责任的命令》《关于加强侵犯警员和执勤民警生命、健康和尊严的责任命令》《关于加强强奸罪刑事责任的命令》《关于加强贿赂罪责任的命令》。在这些法令中都规定了死刑的适用。

1965 年,由苏联最高苏维埃主席团颁布的《关于惩治反和平、反人类和战争罪犯罪人》的第 3332-Ⅵ号命令具有特殊意义,其中规定"犯有最严重的危害和平与人类罪、战争罪的纳粹罪犯,无论其何时犯有这些罪行,都将受到审判和惩罚"。

苏联转型期所发生的经济、政治、社会和精神领域的变革,也在当时的刑事立法中有所体现。比如,关于进行反苏联煽动和宣传,以及故意散布危害苏联社会和国家名誉的虚假信息行为的刑事责任被废除。此外,1971 年和 1977 年出台的《命令》扩大了缓刑和强制参加劳动刑的适用范围。

1991 年 7 月 2 日,苏联最高委员会通过了新的《刑事立法纲要》,这是俄罗斯刑事立法合规律性发展历程的体现。《纲要》中明确规定了联盟刑事立法的任务(第 1 条),通过引入犯罪构成要件明确了刑事责任的根据问题(第 2 条)。《纲要》第 9 条根据犯罪的严重程度对犯罪进行了分类,即引入犯罪分级制度;第 15 条引入了限制刑事责任能力的概念;第 20 条对有组织团伙进行了界定;第 21、22、23 条揭示了重复犯罪、多数犯罪和累犯的概念;第 25 条规定了拘捕犯罪人制度;第 26、27 条规定了合理的职业风险和经济风险概念;第 28-40 条完善了刑罚种类的规定。此外,《纲要》还引入了有关未成年人刑事责任的单独一编内容(第八编,第 60-71 条)。

上述这些规定虽然具有进步意义,但由于苏联的解体和独联体的建立,此部《纲要》的规范并没有正式生效,不过其中包含的具有先进理念的立法内容并没有被湮没,而是在新俄罗斯(俄罗斯联邦)刑事立法制定时成为得以借鉴的有益要素。

第三节　后苏维埃时期的刑事立法

根据俄罗斯法律文献中所体现的通说立场,这一阶段的正式开始时间应当是 1993 年新《俄罗斯联邦宪法》的通过,但是针对这一时期刑事立法而言,俄刑法学界则存在另一种解读,即认为后苏维埃时期刑法改革应当始于 1991 年对《苏俄刑法典》进行的第一次修订。俄刑法学界将这一时期的刑事立法改革分为这样几个主要阶段:第一,选择刑事立法创新的合理路径,强化打击犯罪的刑事法律措施;第二,全面实施法制原则、公正原则、平等原则、罪过原则、个人责任原则、人道原则和民主主义原则;第三,确立价值优先保护原则,即根据国际法原则和准则,人的生命和权利、全人类价值是优先保护的价值内含;第四,坚持遵循两大刑事政策方针,一方面应当对严重犯罪和刑事累犯规定严厉责任,另一方面针对那些并不严重的犯罪,应当予以非犯罪化和自由化处理;第五,应当根据社会危害性的性质和程度,对犯罪行为进行全面细化;第六,应当进行细致的刑事责任和刑罚的个别化;第七,提高刑法的预防功能。

前述刑事政策的实现,首先体现为对于粗暴侵犯人的权利和自由的刑法规范的废除,即废除了 1960 年《苏俄刑法典》第 142、198、209 条和第 277 条的规定。刑法人道原则的实现主要体现为:(1)1991 年 12 月 5 日修订的苏俄刑法对于违反货币交易规则罪、数额特别巨大的贪污罪、具有特别严重情节的受贿罪死刑的废除;

(2)1993年4月29日通过的《关于修订苏俄刑法典、刑事诉讼法典和劳动改造法典》第4901－Ⅰ号联邦法律,对于妇女以及65周岁以上男人死刑的废除。与此同时,俄罗斯经济改革及其向市场关系的过渡,客观上要求废除《苏俄刑法典》规定的某些不合理规范,因为这些规定阻碍了俄罗斯经济改革的步伐。基于此,原苏俄刑法中规定的某些罪名被废除,其中包括:商业中介罪(第153条),生产质量不合格、不符合标准或者不配套产品罪(第152条),计划执行虚假报告罪(第152.1条),投机倒把罪(第154条)。此外,为了更好地调整向市场过渡时期所产生的新型经济关系,1991年《苏俄刑法典》又补充规定了某些新罪名,其中包括:拒不提交个人收入申报罪(第162.1条)、隐瞒收入(收益)或其他应税项目罪(第162.2条)、违反反垄断立法罪(第175.1条)、为隐瞒收入(收益)或不缴纳税款而对抗或不履行税务机关要求罪(第162.3条)等。在此次刑事立法改革过程中,还取消了原《苏俄刑法典》第2章关于侵犯社会主义财产犯罪的规定,将其归入第5章侵犯财产罪中,即侵犯财产罪的犯罪对象,不仅包含私人财产,也包含公共财产。此外,还明确规定了具有刑事可罚性的走私罪的概念以及其他海关犯罪行为的刑事责任。

1991年《苏俄刑法典》还进行了其他修改和补充,主要体现为:在危害公共安全、妨害秩序和居民健康罪一章中,补充规定了第213.3条、第213.4条有关恐怖主义以及散布明知虚假恐怖活动信息罪;在妨害司法罪一章中,补充规定了第176.2条、第184.1条;在妨害管理秩序罪一章中增加规定了第194.4条、第191.5条;在侵犯公民政治权利、劳动权利、其他权利和自由罪一章中,增加规定了第133.1条、第133.2条。

虽然1991年《苏俄刑法典》对1960年《苏俄刑法典》进行了一系列修改和补充,但此部刑法典已经不能适应俄罗斯当时社会迅速变化的社会政治和经济发展进程。俄罗斯社会和国家生活各个领域发生的根本性变革和转型,使国家迫切需要制定和通过一部新的刑法典。根据当时俄罗斯学界的通说立场,此部新刑法典应当根植于崭新的刑法基本原则,即首先应当在承认全人类价值优先的宪法原则基础上予以构建,同时应当坚定地对人的权利和自由进行刑法保护,并将其作为刑事立法的基本思想,而且应当使现行刑法规范与向市场经济过渡时期的现实条件相适应。因此,俄罗斯接下来进行的立法改革,其基本理念为:保护人和公民的权利和自由,保护宪法制度,平等保护所有形式的财产、社会制度和公共安全,与一切刑事犯罪做斗争,首要的是打击暴力犯罪、有组织犯罪和腐败犯罪。新刑法的基本任务应当包括:(1)俄罗斯立法必须遵循《俄罗斯联邦宪法》第1条所规定的民主法治国家所采用的当代社会价值观,即法治国家的最高价值是人及其权利和自由(《俄罗斯联邦宪法》第2条);(2)俄罗斯立法必须与犯罪现实情况相适应,新《刑法典》旨在填补现有法律空白,并为执法机构提供打击当代犯罪所必需的法律规范,其中包括有关共同犯罪、累犯、犯罪主体、排除行为犯罪性情节等方面的创新式刑法规范;(3)确保刑事责任的一贯性细化原则;(4)俄罗斯刑法应当遵循公认的国际法准则;(5)必须将意识形态因素从刑法中予以排除,因为刑法属于法令范畴,刑事立法的任务应当通过法律手段来解决;(6)应当借鉴其他国家立法和司法实践的经验和判例。

俄罗斯联邦现行《刑法典》于1996年5月24日由国家杜马通过,于1996年7月5日由联邦委员会予以批准,1996年7月13日由俄罗斯联邦总统签署,并于1997年1月1日正式生效。俄罗斯联邦新刑法虽然已颁布实施,但俄刑事立法的进程并没有就此停滞,仅在1997年至2002年,俄罗斯联邦议会国家杜马就提交了160多个法律草案,共涉及《刑法典》中近200个条文的修订。其中,第一轮审议阶段共否决30个草案,撤回40个草案,通过19个法律草案。在通过的联邦法律中,一共增加了7个新的刑法条文,且对50个刑法条文进行了修改和补充,这50个条文中有14个总则条文、36个分则条文。

2003年12月,1996年《俄罗斯联邦刑法典》又历经了非常重大的修订,其修订的主要特点是赋予俄现行刑法典诸多规定人道化内涵,其主要体现在以下几个方面。

第一,废除了《俄罗斯联邦刑法典》原第16条关于多次犯罪应当承担相对较重刑事责任的规定。

第二,明确了累犯的概念、限缩了危险累犯和特别危险累犯的认定范围。实质扩张并且使不得认定为累犯的情形具体化,其中包括:实施故意轻罪的前科;年满18周岁之前实施犯罪的前科;被判处缓刑或延期服刑被判刑人,如果缓刑或延期服刑的判决没有被撤销且犯罪人未被押送到剥夺自由刑服刑场所服刑情况下的前科;依照本法典第86条已经消灭或被撤销的前科(《俄罗斯联邦刑法典》第18条)[①]。

第三,进一步明确了正当防卫的界限,即对《俄罗斯联邦刑法典》第37条补充规定了第2-1款:"如果防卫人由于侵害的突发性而不能客观地判断侵害危险性的程度和性质,则防卫人的行为并非超过防卫限度。"

第四,扩张了罚金刑的适用范畴,其中包括对于重罪和特别重罪也可以适用罚金刑的规定。废除了之前用作附加刑的没收财产刑。

第五,进一步明确了陪审团裁定被告人有罪但应得到宽大处理的刑法规定的具体内容。

第六,在主审法官确定刑罚的种类和轻重时,对于甚至在法庭审判过程中已经得以确证的从重处罚情节(第63条),也可以不予考虑。

---

① 根据俄罗斯现行刑事立法的规定,前科的具备是累犯成立的前提条件。

第七,俄刑事立法的人道化还体现在对一系列犯罪构成(中国刑法语境中的罪名)予以非犯罪化的情况。

2003年的刑法修订还将某些侵犯人的自由、荣誉和尊严的行为予以犯罪化,其中包括贩卖人口罪(第127-1条)、利用奴隶劳动罪(第127-2条)、侵犯人和公民权利与自由平等罪(第136条)。此外,其补充规定的罪名还有第285-1条的“滥用资金罪”和第285-2条的“滥用国家预算外资金罪”。

除了前述2003年对《俄罗斯联邦刑法典》进行了大规模修订外,2006年7月27日出台的第153号《联邦法律》也对其进行了大范围的修订,主要体现为:(1)对第12、20、37、75、205、205.1、208、277条规定的内容进行了较大修改;(2)在第六编中增加规定了第15-1章“没收财产”;(3)新增加了第205-2条“公开号召进行恐怖主义活动或公开为恐怖主义辩护罪”。此外,2006年12月30日通过的第283号《联邦法律》还对损毁石油管道的犯罪进行了加重刑事责任的规定(其中涉及第158、175、215-3条)。

俄罗斯社会经济关系的不断发展,以及俄刑法传统、理论学说的发展变化,决定着俄刑事立法的发展进程。2010年至2014年,俄罗斯共出台93个《联邦法律》对刑法进行修订,其中仅2011年颁布的第420号《联邦法律》就对《俄罗斯联邦刑法典》总则进行了19处修改,分则的修订达417处。

俄立法机关对于刑法所做的频繁修订,严重影响了俄现行刑法的稳定性,并且导致了各刑法规范之间及其与其他规范法律之间的不协调。应当说,这种情况的出现,主要是因为俄立法者忽视了立法活动的一项最重要原则——立法活动的科学性,此即俄罗斯立法机关在今后的立法活动中应当着重关注和力图改进的地方。

第二章　俄罗斯刑法的渊源、任务和功能

第一节　俄罗斯刑法的渊源

在法理学领域,法的渊源一般区分为实质渊源和形式渊源。所谓实质渊源,通常指的是创造法律的力量、为法规范提供动力的源泉以及为特定立法奠定基础的物质载体。刑法的实质渊源是一个颇具争议的问题,若抛开其他相关因素的探讨,则刑法的实质渊源首先应当是国家权力。法规范是在立法进程中得以创建的,而立法则是国家活动的组成部分。根据《俄罗斯联邦宪法》的规定,立法倡议权当属国家的立法、行政或司法当局以及俄罗斯联邦各主体立法机构。只有国家权力机关才具有立法职能,因此,法规范的内容是得到国家机关力量予以支持和保障的国家有权命令。国家的立法活动根植于法律意识基础,从此种立场出发,则可以把法律意识看作刑事法律规范的实质渊源之一。法律意识是一种相对独立的特殊形式的社会意识,指的是人们对法律所持的思想、观点、观念和感受的总和。法律意识包含两个要素:法律思想和法律心理。法律意识在立法进程中起着非常重要的作用,因为在国家权力机关创制法律规范之前,需要了解社会发展规律以及对其进行法律调整的必要性问题。法的形式渊源,指的是法规范在现实生活中的外部形象。如果说实质渊源所体现的是刑事法律规范的内涵,形式渊源则是刑事法律规范的外在表现形式。

有俄罗斯学者指出,刑事法律是刑法的唯一来源,其根据首先体现为《俄罗斯联邦刑法典》第 1 条第 1 款的规定,即“俄罗斯联邦的刑事立法由本法典构成。规定刑事责任的新法律,应列入本法典”;其次,《俄罗斯联邦刑法典》第 3 条也进一步佐证了前述立场,即“行为是否构成犯罪,以及是否应受刑罚处罚和承担其他刑事法律后果,只能由本法典规定”。应当说,刑法是

刑事法律唯一来源的立场,在俄刑法理论界被广泛接受,已成为公理式论断。与此同时,也有学者提出,前述论点需要进一步证实,因为根据法的一般理论,法的渊源包括规范法案、习惯、国际法规范和司法实践。在当代社会,习惯已经不再是刑法的正式渊源,而在刑法发展历史进程中,习惯是先于成文法存在的,正如帝俄时代著名刑法学家塔甘采夫(Н. С. Таганцев)所言,“在源初时代,这种习惯法构成了法的唯一渊源,它以口头非成文法形式存在了几个世纪之久,并且即使是将它规定为成文法形式,也未曾丧失其基本特质”①。在俄罗斯国家的形成和独立立法权出现的晚近时代,习惯法成为立法者的主要借鉴对象,即习俗变成了法律,可见,只有当得到国家承认和批准时,习俗才得以成为刑法的来源。因此,习俗当是刑法规范的实质渊源,而非形式来源。据此,持此种立场的学者进一步指出,《俄罗斯联邦宪法》也应当归于刑法的实质渊源,而非形式渊源。

根据《俄罗斯联邦宪法》第 15 条第 1 款的规定,宪法“具有最高法律效力,直接适用于俄罗斯联邦全境”。根据前述规定,司法机关在作出判决时就应当直接遵循《俄罗斯联邦宪法》的规定。在俄罗斯以往的审判实践中发生过这样一个案例:俄罗斯别尔哥罗德地区法院根据《1960 年苏俄刑法典》第 180 条的规定,对一位明知自己丈夫和两个兄弟以极其残忍的手段实施了谋杀行为而未报告的妇女判了刑,此案中实施谋杀行为是出于被判刑妇女与被害人之间的私人恩怨,所以本案的妇女若向执法部门报案,则涉案的不仅是她的丈夫和近亲属,而且她自己也会卷入其中。根据《俄罗斯联邦宪法》第 51 条有关对近亲属作证豁免原则的规定,则此妇女可以被免除对此案的作证义务,然而,俄刑法规范并未对“近亲属”有相应的例外规定,因此,别尔哥罗德地区法院根据当时俄刑事立法的规定,对此妇女因未报告犯罪行为而判处此女有罪,而之后的最高法院则根据《宪法》第 51 条的规定终止了此刑事案件。

从上述案例的最终判决结果看,此案判决所依据的并非刑法规范,而是宪法规范。俄学界普遍认为,虽然有前述判例的存在,但单纯一个案件的判决并不能得出宪法规范就是刑法的渊源的结论,因为《宪法》本身并不包含刑法规范以及任何带有保护性质的规范。然而,根据《俄罗斯联邦刑法典》第 1 条第 2 款的规定,《俄罗斯联邦宪法》是刑法的根据,而正是《宪法》的规定在很大程度上决定着刑事法律的规定。例如,《俄罗斯联邦宪法》中规定的个人利益优先保护的规范就在很大程度上决定了《俄罗斯联邦刑法典》分则的结构体例,即《俄罗斯联邦刑法典》分则最先规定的是侵害人身的犯罪,而不是危害国家安全的犯罪,也不是社会危害性极其严重的侵犯人类和平与安全的犯罪。此外,基于《俄罗斯联邦宪法》的某些规定,俄刑事立法相应地增加了许多新的法律规范,其中包括刑法的空间效力、对人效力问

---

① Таганцев И. С. Русское уголовное право. Лекции. Часть Общая: В 2 т. Т. 1. М., 1994. С. 68.

题以及其他一系列其他新规定。因此，根据俄刑法学通说，《俄罗斯联邦宪法》并非俄刑法的形式渊源，而是体现其规范内容的实质渊源。

俄学界除将《俄罗斯联邦宪法》认定为刑法渊源以外，还认为公认的国际法原则和准则以及国际条约均可认定为刑法的渊源。有关是否应当承认国际法准则作为刑法渊源问题的论争，在2003年俄罗斯联邦最高法院通过的一个《决议》和之后出台的一部《联邦法律》后变得异常激烈。① 俄学界普遍认为，国际法原则、准则和国际条约是否可以作为刑法渊源的问题，应该分别予以探讨。根据《俄罗斯联邦刑法典》第1条第2款的规定，俄现行《刑法典》的根据是《俄罗斯联邦宪法》和公认的国际法原则和准则。其中，公认的国际法原则是指国际社会所普遍接受和认可的、不允许偏离的强制性国际法基本规范。根据国际法和俄罗斯联邦最高法院全体会议的立场，公认的国际法原则包括普遍尊重人的权利和自由原则、自愿履行国际义务原则。所谓公认的国际法准则，是指作为国际社会将其作为法定义务接受和认可的行为规则。公认的国际法原则和准则，规定在《联合国宪章》、1970年10月24日《关于各国依联合国宪章建立友好关系和合作的国际法原则宣言》、1990年11月21日《新欧洲巴黎宪章》以及其他一些文件。涉及刑法内容的公认的国际法原则和准则主要指的是这样一些国际性法律文件：2001年11月12日联合国安全理事会通过的《全球努力打击恐怖主义的宣言》、联合国大会在第二十届关于世界毒品问题特别会议上通过的《1998年政治宣言》、1996年12月12日通过的《联合国关于犯罪和公共安全问题的宣言》、1992年12月18日关于《保护所有人不遭受强迫失踪宣言》以及联合国和处理国际犯罪问题特设委员会的一些其他文件。

应当指出的是，俄罗斯联邦现行《刑法典》体现并规定了公认的主要国际法原则和准则。其中，国际法和国际社会普遍承认的充分尊重人权原则在俄《刑法典》第2条第1款规定的刑法任务中得以体现，即俄刑法任务之一便是保护公民的权利和自由。此外，第4条的公民在法律面前平等原则、第6条和第7条作为刑法基本原则的公正原则和人道原则，也集中体现了前述公认的国际法原则。这一普遍承认的国际法原则在很大程度上决定了《俄罗斯联邦刑法典》分则部分的结构体例，即将“侵害人身的犯罪”一编设定为俄刑法分则第一章。那么，是否可以据此将国际法原则和准则认定为刑法的形式渊源呢？俄学界的答案是否定的，其理由主要是基于《俄罗斯联邦刑法典》第2条第2款的相关规定，即根据本款的规定，刑事法律规范决定着“哪些危害个人、社会或国家的行为是犯罪，并规定处罚犯罪的刑罚种类和其他刑法性质的措施”，而前述所论及的国际法原则和准则均不是对于社

---

①　这里的《决议》和《联邦法律》分别指的是2003年10月10日俄罗斯联邦最高法院通过的《关于法院适用俄罗斯联邦承认的公认的国际法原则和准则以及国际条约的普遍管辖》第5号决议和2003年12月8日出台的《关于修订俄罗斯联邦刑法典》第162号联邦法律。

会危害行为种类的描述,对于犯罪处罚方面的规定更无从谈起。因此,根据俄学界通说立场,公认的国际法原则和准则是俄刑事立法的实质渊源,并非刑法规范的形式渊源。

国际条约是否能够认定为刑法渊源则是更加难以解决的问题。在俄现行《刑法典》起草过程中,曾试图将国际法准则规定为刑法的形式渊源。其中一个《草案》就曾规定:俄罗斯批准的国际法准则对于俄政府、法院和公民而言,具有优先于俄刑事立法的地位,并且在俄刑事立法规范与国际法冲突的情况下,应当优先适用国际法准则规范。乍看起来,此项规定与《俄罗斯联邦宪法》相符合,即俄《宪法》第15条所规定的"公认的国际法原则、准则和俄罗斯联邦签署的国际条约是俄罗斯联邦法律体系的组成部分。如果俄罗斯联邦签署的国际条约规定的规则与俄罗斯联邦法律规定的规则有不同之处的话,则以国际条约中的规则为准"。但是,前述《草案》的此项规定并没被列入俄现行《刑法典》的最终文本。因此,可以得出结论:俄《刑法典》其实是有关国际法准则优先于国内立法的通用宪法原则的唯一一个例外。根据1995年7月15日出台的第101号《关于俄罗斯联邦签署国际条约》联邦法律的规定,俄罗斯联邦的国际条约应当理解为俄罗斯联邦与外国(或地区)或者与国际组织之间签订的书面形式的,并且由国际法予以调整的国际协定,而不论此种协定是载于一个文件中或是多个相互关联的文件中,也不论此种协定的具体名称如何。根据此部《联邦法律》的规定,俄罗斯联邦正式公布的国际条约直接适用于俄罗斯联邦境内。与此同时,俄罗斯联邦所签署的国际条约中其他规定的适用,则需要通过相应法案予以确认。因此,俄罗斯现行立法将俄罗斯联邦签署的国际条约区分为两种:一是在俄罗斯境内具有直接法律效力的条约;二是必须纳入国内立法才得以实施的国际条约。

根据俄罗斯联邦最高法院的《意见》,在俄罗斯联邦境内不能直接适用的国际条约规定,其中包括条约中载明的各缔约方有义务对其国内立法予以相应修订才能适用的规定。根据俄罗斯联邦最高法院所作的解释,规定有刑事可罚行为构成要件的国际条约,不得由法院直接适用,因为此类条约明确规定了各缔约方需通过内部(国内)法律规定特定犯罪的刑事可罚性,来保障条约所规定义务的履行。例如,2000年11月15日通过的《联合国打击跨国有组织犯罪公约》第6条规定的"洗钱行为的刑事定罪"中,直接规定了"各缔约方均应依照其本国法律基本原则采取必要的立法及其他措施,将下列故意行为规定为刑事犯罪……"1999年12月9日第54届联合国大会通过的《制止向恐怖主义提供资助的国际公约》也有类似的规定,即"每一缔约方应酌情采取措施:(1)在本国国内法中规定第二条所述犯罪为刑事犯罪;(2)根据罪行的严重性质,以适当刑罚惩治这些犯罪"。

包含刑法性质规范的国际条约,因其内涵的特征和属性,也决定了它在原则上不能直接适用于俄罗斯领域内,这方面的原因主要体现为:第一,并非所有国际公约都载有国际社会公认为犯罪之行为的定义,《条约》中往往只表明缔约方打击某些社会危险现象的意旨;第二,即使公约对犯罪行为的主、客观要件有所界定,但也往往不会为此类犯罪行为规定制裁规范,比如,1970 年 12 月 16 日通过的《关于制止非法劫持航空器的公约》(海牙)规定"每个缔约方应当对此类犯罪适用严厉的刑罚措施";第三,即使国际法准则规范在某些情况下规定了应当适用于犯罪人的刑罚种类,也往往不会规定刑罚的尺度,比如,根据 1961 年 3 月 30 日通过的《麻醉品单一公约》的规定,严重犯罪"应当科以适当的刑罚,尤应科以徒刑或其他褫夺自由的刑罚"。任何刑法规范的适用,都至少需要相对确定的制裁(法定刑)。根据《俄罗斯联邦刑法典》第 8 条的规定,实施了含有《俄罗斯联邦刑法典》所规定犯罪构成要件行为的行为人,应当在俄罗斯联邦境内承担刑事责任。因此,即使是俄罗斯国家批准的、含有刑法性质规范的国际条约和公约,也不会成为俄罗斯刑事立法的组成部分,在俄罗斯领域内不具有直接效力并且也不是俄刑法的形式渊源。与此同时,国际法准则对于俄罗斯国内刑法规范的形成具有非常重要的影响,因为其国内刑法规范应当符合俄罗斯国家在打击犯罪领域内所承担的国际法义务。个别国际公约还是国内刑事立法具体刑法规范制定和实施的直接原因。这方面的例子很多,比如,加入《麻醉品单一公约》和《精神药物公约》,就意味着必须将一系列与贩毒有关的犯罪列入本国《刑法》;签署《保护核材料公约》则必须在本国《刑法》中规定对于非法处理放射性材料行为的刑事责任。此类例子不胜枚举,基于此,各缔约方根据相应国际条约的要求而进行国内刑事立法的修改和补充,应当以国际条约规定的相关内容为依据。俄现行《刑法典》中含有许多直接规定或内含国际法规范要旨的刑法规范,比如,《俄罗斯联邦刑法典》第 11 条第 3、4 款①,第 12 条第 2、3 款②和第 13 条第 2 款③的规定,就直接体现了国际法准则规范的内容。第 34 章"破坏人类和平和安全的犯罪"以及俄刑法分则其他各编的某些条文规定的犯罪,都隐含国际法规范的相关要素。

国际法理论凸显某些国家国内立法规范,这些规范不仅包括直接援引国际公

---

① 《俄罗斯联邦刑法典》第 11 条第 3 款规定:"当在俄罗斯联邦港口注册的船舶、航空器处在公海或俄罗斯联邦境外的空中时,在该船舶或航空器上实施犯罪的人,应该依照本法典承担刑事责任,但俄罗斯联邦签署的国际条约有不同规定的除外。在俄罗斯联邦的军舰或军用航空器上实施犯罪的人,不论军舰或军用航空器在何处,均应依照本法典承担刑事责任";第 4 款规定:"关于外国的外交代表和享有豁免权的公民在俄罗斯联邦境内实施犯罪时的刑事责任问题,依照国际法准则解决。"

② 《俄罗斯联邦刑法典》第 12 条第 2 款规定:"驻扎在俄罗斯联邦境外的俄罗斯联邦军人,在俄罗斯联邦境外实施犯罪的,应该依照本法典承担刑事责任,但俄罗斯联邦签署的国际条约有不同规定的除外";第 3 款规定:"不在俄罗斯联邦境内常住的外国公民和无国籍人在俄罗斯联邦境外实施犯罪的,如果犯罪侵害的是俄罗斯联邦、俄罗斯联邦公民或常住俄罗斯联邦的无国籍人的利益,以及在俄罗斯联邦签署的国际条约的情况下,犯罪人在国外未被判刑和正在俄罗斯联邦境内被追究刑事责任的,应依照本法典承担刑事责任。"

③ 《俄罗斯联邦刑法典》第 13 条第 2 款规定:"俄罗斯联邦公民在外国境内实施犯罪的,不得引渡给该外国。"

约规范的国内立法规定,还包括那些虽未直接援引国际公约规范,但为了阐释其所规定犯罪构成的客观或主观要件而必须参照国际法准则的默示援引范式的国内立法规范。在俄现行刑事立法中,含有默示援引国际法规范的刑法规范远远多于直接援引国际法规范的条文。比如,《俄罗斯联邦刑法典》第252条"污染海洋环境"或第253条"违反关于俄罗斯联邦大陆架和专属经济区的俄罗斯联邦立法"的规定中并没有关于援引国际公约规范的内容,但实际上这两个条文的司法适用离不开对1958年4月29日出台的《领海与毗连区公约》《公海公约》《大陆架公约》所规定的相关内容的分析。国际公约中规定社会危害行为的刑事责任的规范,就其实质而言当属保护性规范的范畴,并且在没有将其内化为国内立法的情况下,这些规范是不能在一国领域内予以直接适用的。相应地,那些规定某种客体的法律地位、对某些法律现象予以界定、规定国际法或国内法主体行为规则的国际公约,当属调整性规范(或称为规范性规范)的范畴。此类国际公约在俄罗斯境内的适用程序,由《俄罗斯联邦宪法》第15条及其他部门立法予以规定。《俄罗斯联邦刑法典》中含有直接或默示援引国际公约规范的立法规定,就其本质而言应当是空白规范。此种情形下对于国际公约中调整规范的适用路径,与交通规则、劳动保护规则或技术安全规则适用的属性是没有什么差别的。正是基于此种思维模式,前述俄罗斯联邦最高法院的《全体会议决议》第3项才规定"法院在审理民事、刑事或者行政案件时,直接适用已经生效并对俄罗斯联邦具有约束力的俄罗斯联邦所缔结的国际条约,直接适用不要求颁布国内法案即可适用并且能够为国内法主体产生权利和义务的国际公约的规定"。此外,本《决议》第5项也有相类似的规定。基于此,俄学界普遍认为,国际公约规范是俄刑法规范的实质渊源。

在俄罗斯,无论是从法理学的角度,还是基于刑法学理论的视角,都反对将司法判例看作法的渊源,这是无可争议的。然而,有关高等法院出台的解释,包括俄罗斯联邦最高法院《全体会议决议》的法律属性问题,迄今为止仍然是有争议的。俄法律界最常见的立场是高等法院的解释当属解释法律的特殊活动,但也有学者认为前述立场过于理想化,因为最高法院往往逾越解释的限度,因此不可避免地染指立法范畴。事实上,根据《俄罗斯联邦宪法》的规定,制定法律规范的权力只属于立法当局,而最高法院仅可以对司法实践中出现的问题给予解释,此其一;最高法院还有权就司法机关在执法活动中发现的法律漏洞和法律冲突的解决提出立法动议,此其二。因此,根据俄刑法理论、《俄罗斯联邦宪法》和俄罗斯联邦现行《刑法典》所体现的立场是:刑事法律才是俄刑法规范的唯一形式渊源。目前,以成文刑事法律而存在的俄罗斯现行刑事立法即是《俄罗斯联邦刑法典》,其于1996年5月24日由国家杜马通过,并于1997年1月1日开始正式施行。

综上所述,根据俄罗斯刑法学通说立场,俄刑法渊源区分为形式渊源和实质渊源。俄罗斯刑法的形式渊源指的是其现行刑事立法——《俄罗斯联邦刑法典》,其主要体现于《俄罗斯联邦刑法典》第 1 条第 1 款的规定，即“俄罗斯联邦的刑事立法由本法典构成，规定刑事责任的新法律，应列入本法典”。与此相对应，俄罗斯刑法的实质渊源指的是《俄罗斯联邦宪法》和国际法规则和准则。正如俄罗斯联邦现行《刑法典》第 1 条第 2 款所规定的：“本法典所依据的是《俄罗斯联邦宪法》和公认的国际法原则和准则。”

第二节　俄罗斯刑法的任务和功能

俄罗斯刑法的任务明确规定于《俄罗斯联邦刑法典》第 2 条第 1 款。[①] 根据俄现行刑事立法规定，现阶段俄刑法面临的主要任务包含两个方面的内容：一是保护重要的社会关系免受犯罪侵害；二是预防犯罪。保护社会免受犯罪侵害是刑法的一项具有传统理念的任务类型，而刑法的存在原则上即是以实现此项任务为己任。刑法的保护任务具有历史传承性和相对稳定性特征，即在不失其保护重要社会关系之实质特征的前提下，因受国家政治制度以及社会经济发展等因素的影响，刑法所保护的社会价值在优先性方面也在不断地发生变化。

俄现行刑事立法所保护价值阶层体系的构建，是以国际法准则为基础，并且立足于《俄罗斯联邦宪法》的规定。在所保护价值的优先性方面，《俄罗斯联邦刑法典》是有别于 1960 年《苏俄刑法典》的：《苏俄刑法典》最优先保护的价值是国家利益，而 1996 年《俄罗斯联邦刑法典》所保护的价值层级次序则体现为个人—社会—国家。人及其权利和自由是俄罗斯宪法层面认可的最高价值(《俄罗斯联邦宪法》第 2 条)，因此，俄刑法保护的首要任务便是前述价值所涉及的社会关系。这里的人和公民的权利和自由是广义层面的权利和自由，其体现在《俄罗斯联邦宪法》第 17-64 条的规定当中。

俄刑法所保护的重要客体还包括社会秩序和公共安全以及俄罗斯宪法制度，并且 1996 年《俄罗斯联邦刑法典》还首次将环境保护以及人类的和平与安全纳入刑法所保护的客体之列。此外，俄现行刑法还首次正式将预防任务纳入刑事立法调整范畴，虽然此项任务一直都应当是刑法任务的要素。刑法的预防任务体现为两个方面：一是基于《俄罗斯联邦刑法典》第 2 条第 1 款的规定，对于任何公民实施犯罪的预防；二是基于《俄罗斯联邦刑法典》第 43 条第 2 款的规定，对于重复实施犯罪行为的预防。犯罪预防的手段体现为说服和恐吓等方法，主要是通过这些手段对公民选择合法行为的动机产生影响，而这些手段的适用主要取决于人们对于刑法禁止规范的态度。比如有些人是对可能面临的刑罚产生恐惧而抑制自己的犯

---

① 即“本法典的任务是：保护人和公民的权利和自由，保护财产，维护社会秩序和公共安全，保护环境，捍卫俄罗斯的宪法制度，以防犯罪行为的侵害，保障人类和平和安全，以及预防犯罪”。

罪意愿;有的则是基于本人所具有的道德品质和坚守的生活原则而不去实施违法犯罪行为,对于此类人来讲,刑法只是行为的辅助性调节器。因此,刑法规范主要针对两类公民:一类是因惧怕刑罚处罚而不实施犯罪的公民;另一类是实施犯罪行为的公民。与此同时,刑法规范对于守法公民而言,会对他们的法律意识产生积极影响,并且起到强化其道德价值取向的作用。

刑法的任务与其功能之间存在非常密切的联系。所谓刑法功能,指的是刑法对于社会关系产生影响的主要方向。在刑法功能方面,除了与刑法任务同质的保护功能外,还可以区分为激励功能、调整功能和教育功能。所有这些功能的内涵都是由俄刑法学界在分析俄现行刑事立法的基础上总结、概括出来的。

刑法的保护功能与《俄罗斯联邦刑法典》第 2 条所规定的"对社会关系予以直接保护"之间密切相关。而所谓刑法的预防功能,首先,针对的是那些在某种条件下具备实施刑事违法行为能力的不稳定性公民,旨在抑制他们实施犯罪——这里指的是刑法的一般预防功能;其次,刑法的预防功能还体现于对已经实施犯罪的行为人追究刑事责任,即通过判处刑罚的方式对这些公民的行为进行社会防控——这里所体现的则是刑法的特殊预防功能。

俄罗斯刑法的激励功能,主要体现于刑法在公民积极参与制止犯罪和消除犯罪后果方面的激励性规范,此类激励性刑法规范主要分为这样几种类型:(1)《俄罗斯联邦刑法典》总则第 8 章关于"排除行为有罪性情节"的规定,其中包括正当防卫、拘捕犯罪人造成损害、紧急避险、身体或心理受到强制、合理风险、执行命令或指令。(2)《俄罗斯联邦刑法典》总则第 31 条有关犯罪中止的规定,即"……如果行为人自愿并彻底中止将犯罪进行到底,则不应对犯罪承担刑事责任……如果组织犯和教唆犯及时向权力机关报告或者采取其他措施阻止了实行犯将犯罪进行到底,不负刑事责任……如果帮助犯采取了他能采取的一切措施以阻止犯罪的实施,则不负刑事责任……"(3)《俄罗斯联邦刑法典》总则第 75 条"因积极悔过而免除刑事责任",即"初次实施轻罪和中等严重犯罪的人,如果在犯罪之后主动自首,协助揭露犯罪,赔偿所造成的损失或以其他方式弥补犯罪所造成的损害,从而因积极悔过而不再具有社会危害性,则可以被免除刑事责任"。(4)《俄罗斯联邦刑法典》分则某些条款"附注"中所包含的规范,比如第 126 条"绑架罪"附注规定:"主动释放被绑架人的,如其行为不含有其他犯罪构成,可以免除刑事责任";第 204 条"商业贿买"附注规定:"实施本条第 1 款、第 2 款规定行为的人员,如果曾受到勒索或者主动向有权提起刑事案件的机关检举有关贿买的情况,则免除刑事责任";第 205 条"恐怖主义行动罪"附注规定:"参与准备实施恐怖主义行动的人员,及时向权力机关报告或采取其他措施协助预防恐怖主义行为发生的,如果其行为中不含有其他犯罪构成,则免除其刑事责任"。

刑法的调整功能主要指对于基于犯罪实施而产生的、各刑事关系主体之间法律关系的调整,即此类刑事法律关系的主体分别是实施犯罪的人和以护法机关为代表的国家,并且每个刑事法律关系的主体都有相应的权利和义务。刑法教育功能的本质是公民守法行为的形成,重点是引导公民严格遵守法律和社会规范,认真对待个人、社会和国家的利益。此项功能主要通过对刑事法律规定的遵守以及对违法行为进行制裁的路径得以实现。此外,刑事立法存在的本身赋予社会成员以信心,使他们坚信其权利和自由可以得到保护,违法犯罪行为必将得到相应的制裁。

总之,刑法的任务和功能不是一个静止的范畴。在俄罗斯国家政治和社会经济战略变革的某些阶段,其内容也会随之发生相应的变更、补充或重新解释。

第三章　俄罗斯刑事政策

第一节　俄罗斯刑事政策概述

一、俄罗斯刑事政策的概念、任务和特征

政策,意指国家管理艺术,是国家在指导某一社会领域中所体现出来的功能。人类社会自产生之时起,便试图借助于某种规范(行为规则)对其内部既存的各种关系进行调整和协调。起初,人类社会关系的调整依靠传统规范和仪式规范(中国语境中的"典范"),之后是道德规范和宗教规范,而自国家产生之时起法律规范成为调整社会关系的主要手段。自此,一切与法律规范相冲突的现象,即被社会认定为不法,因为此类现象不仅侵犯了社会赖以存在的正常条件,而且还破坏了已经形成的社会关系体系。因此,与这些不法现象作斗争便构成了社会活动与国家活动的实质组成部分。

从社会和国家的角度出发,具有严重危害性的不法现象应当认定为犯罪并对其予以相应的处罚,因为犯罪会给社会关系造成最严重的损害。国家为了减少犯罪现象的发生,不得不制定和实施一整套措施予以应对,其中包括法律措施、社会措施、组织措施和技术措施等。如果从犯罪学的角度,则打击犯罪的措施包括两类,即一般措施和专门措施,而刑事政策则与打击犯罪的专门措施的实现相关联。俄罗斯打击犯罪的专门措施,主要是由其护法机关予以实现。俄罗斯联邦护法机关包括检察院、调查机关、侦查机关、维护社会秩序机构、税务和海关机构、内务部和联邦安全部所属的业务部门以及其他相关职能机构。前述所列各机关和机构在履行其工作职能时,应当严格遵守相应的限制性规定,即应当遵守《俄罗斯联邦宪法》和刑事诉讼立法的相关规定,并且要以俄现行刑事立法规定为其执法根据。

在当代俄罗斯联邦的宏观社会背景下，打击犯罪是其国家政策之内涵要旨中最重要的构成要素，并且打击犯罪成效的有无和大小，往往取决于国家对内和对外政策总体方针的制定和推行。尽管俄罗斯政府所面临的减少犯罪现象发生的任务非常艰巨，但在其为此而制定的"一揽子"措施当中，其中必然包含旨在为打击犯罪提供指导的专门措施，这部分专门措施即是俄法律文献中所称的刑事政策。因此，可以认为，刑事政策所最终作用的对象，应当是犯罪现象，即"事实上发生的、以刑罚予以规制的一切违法行为的总和以及具有待定的质的规定性和量的规定性的大量社会不法现象"。[①] 俄学界通常将刑事政策界定为"国家根据刑事法律对专门的有组织性地打击犯罪活动的管理"。[②] 基于此，俄罗斯当代刑事政策的内容应当包括打击犯罪的任务、方针和手段，以及国家对打击犯罪活动的领导、监督和协调。

俄罗斯当代刑事政策的主体，首先是俄罗斯联邦总统，因为俄罗斯联邦总统是"根据俄罗斯联邦宪法和联邦法律确定国家内外政策的基本方向"的主体(《俄罗斯联邦宪法》第80条)，其中包括向国家杜马提出打击犯罪的立法草案，签署和颁布相关联邦法律(《俄罗斯联邦宪法》第84条)，颁布赦免令(《俄罗斯联邦宪法》第89条)。其次是俄最高立法机关和代议机关——联邦议会的两院(联邦委员会和国家杜马)也是出台国家刑事政策的主体。最后，俄罗斯联邦政府也属于颁行刑事政策的主体范畴(《俄罗斯联邦宪法》第114条)。

俄罗斯刑事政策的客体是护法机关以及直接负责实施打击犯罪措施的组织和机构。国家对前述所列部门进行管理，并且根据其所制定刑事政策设定的目的和任务积极推动这些部门打击犯罪的活动。刑事政策旨在合目的性地组织打击犯罪活动，以期将犯罪现状及其他犯罪指标控制在社会所期待的客观合理范畴。刑事政策拟实现的任务是：明确打击犯罪活动的方向并且负责打击犯罪活动的组织工作。在打击犯罪的过程中，应当立足于现有的社会因素、经济因素、法律因素和思想因素。

如果对俄罗斯刑事政策的特征进行概括，则应当具有以下几个特点：(1)立足科学研究的先进成果；(2)以社会现实为实施依据；(3)以最大限度减少犯罪为目标；(4)刑事政策适用于国家打击犯罪活动领域。

刑事政策所确立的基本方向，拟定的目的、任务及其得以实现的手段，都必须立足于哲学、社会学、犯罪学、心理学、民族学等学科所取得的科学成果之上。在制定刑事政策纲要时，必须考虑犯罪现状、犯罪结构特征、犯罪发展水平以及犯罪产生的条件，此外还应当对犯罪发展的趋势进行预测。之所以要考虑前述这些因素，主要是为了使现有的犯罪现象得以正向发展，确切地说，是为了减少犯罪数量和改

① Энциклопедический юридческий словарь / под общ. ред. В. Е. Круских. 2-е изд. М. , 1999. С. 256.

② Уголовное право России. Части Общая и Особенная：учебник / под ред. А. В. Бриллиантова. -2-е изд. , перераб. И доп. Москва：Проспект, 2016. С. 26.

变犯罪结构,尽量减少严重犯罪和特别严重犯罪在所有犯罪中的比重。以各学科前沿科学研究成果为根据,可以使刑事政策朝着更有效的方向发展,将其变成国家同犯罪做斗争的最强有力工具。如果刑事政策的制定脱离社会因素、社会机制和社会发展的客观规律,便无任何有效性可言。换言之,俄罗斯正在发生的各种社会变化,都应当在俄刑事政策所确定的目的和任务中得以体现,而且这些社会因素均应在刑事政策的实现过程中得到关注。刑事政策实现的最根本目的是最大限度地减少犯罪。当然,俄学界也存在另外一种声音,即主张刑事政策实现的目的应当是完全剔除犯罪。然而,大多数俄罗斯学者认为,就俄罗斯目前的社会现状而言,要完全消灭犯罪是不可能达到的目标,并且俄罗斯当下的任务不仅仅体现于其刑事政策有效性和刑事立法的完善程度方面,而且还在于不断提高公民个人法律意识发展水平方面。事实上,当代俄罗斯社会多数守法公民之所以不去实施犯罪,不是因为惧怕受到刑事责任追究,而是因为违法犯罪是他们本身所不能接受的行为。此外,社会生活中还存在行为人被迫实施犯罪的情况,比如他们是由于他人的不法行为或是极端不道德行为而不得已实施犯罪。相对于这些情形而言,单纯依靠刑事政策的力量是无法彻底解决问题的。因此,在防控犯罪方面,需要采取综合性措施,即必须采取刑事政策与俄罗斯国家的对内、对外政策,与俄国内政党和社会组织活动以及大众媒体之间相互结合,互动发力。在打击犯罪活动中,国家的角色是不可替代的,这也是刑事政策所具有的最强有力和最重要的内涵要旨。

从刑事政策所具有的上述各项特征来看,刑事政策是俄罗斯国家立足于俄社会现状并以科学为依据,在打击犯罪领域所采取的旨在降低犯罪水平、最大限度减少犯罪对社会产生负面影响的活动。其中,刑事政策有效性的最显著指标,不仅体现在犯罪数量的减少方面,更要体现在犯罪结构的变化方面,即最大限度地降低重罪和特别重罪在总体犯罪水平中所占的比重。

二、俄罗斯刑事政策原则

刑事政策与刑事法律一样,都必须建立在特定原则基础之上,即刑事政策也同样需要公认的基本原理和指导思想作为根本支撑,以便确立国家在打击犯罪活动领域内的政策内容和方向。根据俄罗斯学界的通说立场,当代俄罗斯国家刑事政策的原则主要包括法制原则、刑事政策统一协调原则、合目的性原则、刑事责任细化原则、刑事责任不可避免原则、刑事政策科学根据原则、社会相当性原则。下面简单介述一下俄罗斯刑事政策各项原则的实质内涵。

(1)法制原则。任何政策,其中包括刑事政策,其最大效用的发挥均需以特定的框架限制为前提。不言而喻,法律应当是刑事政策得以存在的基础,同时,刑事政策应当为剔除打击犯罪领域之立法缺陷指明方向,即法律与刑事政策之间当是一种双重互动的关系:法律对刑事政策产生影响的路径,主要体现为法律决定刑事政策的根本任务以及刑事政策实现的方针和形式;刑事政策作用于法律的目的是使法律成为打击犯罪的最有效工具。如果刑事政策忽视法律的存在,试图逾越法律的框架,则会使国家偏离民主制度的轨道,而国家一旦脱轨法制路径、走上任意专横的道路,那么首先受害的是普通民众,其权利和自由便无法得以保障。换言之,若以脱离法制轨道的代价来打击犯罪,则此种打击犯罪活动自身便是犯罪。这一点当是俄罗斯国家制定刑事政策的各主体所应当了解的,因为刑事政策的出台主要取决于他们所做出的决定。

(2)刑事政策统一协调原则。无论是在立法领域还是司法领域,刑事政策得以实现,都必须具备协调统一性,即不能自相矛盾,其统一性主要体现在刑事政策基本方针的制定以及总体目的、任务和最重要优先事项的拟定方面。刑事政策体系,无论是在形式上,还是在相对更重要的内容层面,都不能相互冲突。刑事政策的最终目的是最大限度地减少犯罪,如果刑事政策体系自身一旦发生冲突,那么其终极目的便无法得以实现。

(3)合目的性原则。刑事政策与任何其他政策一样,并不是一种自足式现象,而应当追求某种特定目的,刑事政策存在的目的就是实现其打击犯罪的任务。即使刑事政策所设定的终极目标因当今社会发展的局限无法全面实现,其实施的宗旨也是为了将社会中的犯罪降至尽可能低的水平,即引导犯罪状况向着正面的方向发展,尽可能避免犯罪对国家、社会和个人造成严重损害。应当说,俄罗斯推行的刑事政策目前在打击犯罪方面的成效并不十分理想,因为近年来俄罗斯社会犯罪现象依旧严峻,犯罪数量总体呈上升态势。其中,除传统型犯罪(杀人、盗窃、暴力犯罪等)以外,一些新型犯罪的数量也呈持续上升态势,比如网络犯罪、生态犯罪、恐怖主义犯罪等。如果谈到近年来俄刑事政策的成效,那就是俄罗斯将犯罪现状、犯罪质量和数量结构方面的数据,通过大众媒体以及互联网等途径公开,使社会公众对其有所认知。

(4)刑事责任细化原则。所谓刑事责任细化,指的是"立法者对刑事责任范围予以区别、划分和厘定"。[1] 刑事政策领域内的刑事责任细化,主要是为了保障对于公正之刑法基本原则的遵循以及最大限度地实现刑事政策自身体现的合目的性原则。

(5)刑事责任不可避免原则。通常情况下,实施犯罪的人所惧怕的并非刑罚的严厉性,而是刑罚处罚的不可避免性。因此,刑事责任不可避免原则作为刑事政策原则之一,其可以归于最有效的预防犯罪手段之列。

(6)刑事政策的科学根据原则。任何活动,其中包括国家打击犯罪的活动,如果不以科学研究及其成果为基础,则其效用不可能得以充分发挥。反之,就任何有

---

① Сидоренко Э. Л. Отрицительное поведение потерпевшего и уголовный закон. СПб. , 2003. С. 110.

关犯罪原因以及打击犯罪路径方面的理论而言,只有将其适用并助力于执法机构打击犯罪的司法实践,才能真正发挥其内在价值。这种存在于科学与国家打击犯罪实践活动之间的互动联系,体现了理论与实践之间相互关系之一般规律的哲学基础。

(7)社会相当性原则。国家所拟定的打击犯罪的规划,若想卓有成效地予以实施,则其规划内容必须对影响犯罪现象的社会因素和机制予以考量。当代科学实际上已经证明,犯罪首先是一种社会现象,因为具体犯罪侵犯某种社会关系,而保护社会关系免受犯罪侵害的法规范,其实质特征则体现为社会性。因此,正确考量当下的社会因素,解决偏离正轨的社会问题,对于降低当下社会的犯罪率起着非常重要的作用,这在防控犯罪方面有时甚至比规定任何最严酷的刑罚更有成效。正如德国著名刑法学家李斯特所言:“最好的社会政策即最好的刑事政策”,[①]即在犯罪预防方面,具有更重要作用的不是刑法和刑事政策,而是社会大环境。

第二节 俄罗斯刑事政策结构特征及优化路径

一、俄罗斯刑事政策之建构特征

刑事政策结构,是指刑事政策的构造、形式和方针。[②] 所谓刑事政策构造,是指整体及其单个刑事政策的结构要素。根据俄罗斯学界通说立场,刑事政策的构成要素分为两部分内容:思想要素和执行要素。刑事政策的思想要素包括国家对于犯罪所持的态度,其在犯罪属性、犯罪原因以及依据刑法打击犯罪的可能性方面的立场;刑事政策的执行要素,指国家旨在实现刑事政策思想而在打击犯罪方面所采取的活动。

刑事政策的形式,意指刑事政策的体现方式。俄罗斯社会目前存在的刑事政策,表现为这样三种形式:立法层面的刑事政策、执法层面的刑事政策和司法层面的刑事政策。每种形式的刑事政策,都有其相对独立的实现方式。其中,立法层面的刑事政策占主导地位,因为刑事政策的基本思想是通过立法规定予以体现的。然而,法律本身并不具有打击犯罪的功能,它只有通过执法机构和司法机关活动,才能保证其所体现的刑事政策得以实现。

刑事政策方针,意指刑事政策的宏观组成部分,即刑事政策在实现打击犯罪目

---

① 出自李斯特于1898年12月10日在德累斯顿为格赫基金会所做名为“作为社会病理现象的犯罪”的主题演讲,同名文章收录到李斯特《刑法学文章与学术报告集(第2集)》。

② См.: Тер-Акопов А. А. Уголовная политика Российской Федерации: учеб. Пособие. М., 1999. С. 16-21.

标过程中所涉及的具体领域的活动。俄罗斯刑事政策的主要方针,一般体现为以下几个方面:刑事法律政策、刑事执行政策、刑事诉讼政策、刑事侦查政策、犯罪学政策和执法政策。此外,还存在一系列其他辅助性方针,即人才、信息、技术、科学等方面的导向指引。这些辅助性方针本身并不构成刑事政策的内容,但却具有保障刑事政策形成和实现的功能。刑事政策各分支方针,与整体刑事政策的结构一样,都可以区分出两部分结构要素,即思想结构要素和执行结构要素。思想结构要素,指的是国家在使用此类方针手段打击犯罪过程中的立场;执行结构要素,则指的是国家在此类打击犯罪方针取向中的活动。

(一)刑事法律政策

刑事法律政策在所有刑事政策中占有重要地位,其主要原因是刑事法律政策决定犯罪的概念、种类和犯罪构成,与其他类型刑事政策相比较而言,具有方法论基础的功能。刑事法律政策的本质特征,主要体现于制定与社会危害行为所造成的威胁相适应的,旨在保护个人、社会和国家的利益免受犯罪侵害的刑法规范。

刑事法律政策的内容体现为多个方面,其中主要包括:(1)官方在犯罪领域以及用刑法手段打击犯罪的可能性方面的立场体现;(2)研究犯罪活动,旨在实现对个别生活领域中正在发生变化的犯罪及现行刑事立法执行情况进行监控,以便发现新型社会危害行为,并且对现行刑法的有效性进行评价;(3)根据社会生活中新的社会政治和经济发展现状,制定和颁布新的刑事立法,或者根据社会生活以及犯罪所发生的新变化而对刑法进行修改和补充,以提高刑法打击犯罪的有效性。

刑事法律政策的制定主体,主要是俄罗斯联邦代议机关和立法机关,即俄罗斯联邦议会,其分为上、下两院:联邦委员会和国家杜马。两院的职责是通过联邦法律,其中包括刑事法律。刑事法律政策的主体还应当包括俄罗斯联邦总统,其决定着两院所通过法律的签署和颁布(《俄罗斯联邦宪法》第 107 条)。刑事法律政策的客体,是需要刑法保护而免受社会危害行为侵害的个人、社会和国家的重要生活利益,以及实现此保护职责的俄现行刑事立法。刑事法律政策的实现路径,是行为的犯罪化和非犯罪化、刑罚化和非刑罚化。刑事法律政策的目的,是制定与保护个人、社会和国家免受犯罪侵害的社会需求相适应的刑事立法。

基于前述目的的实现路径,刑事法律政策的任务主要体现为以下几个方面:第一,构建有关以刑法手段打击整体犯罪及个别领域犯罪之目的实现可能性的概念、立场;第二,尽可能全面考量需要保护而免受犯罪侵害的个人、社会和国家的利益;第三,尽可能全面且明确地在刑法规范中对构成犯罪的社会危害行为要件予以界定和规制;第四,根据所实施行为的社会危害性的性质,对刑事责任进行细化;第五,保证以所实施行为的危害性程度为依据对犯罪人责任进行个别化处理;第六,规定足以反映犯罪社会危害性的刑罚(制裁);第七,设置保障打击犯罪任务得以实现的其他刑法性质措施。

(二)刑事执行政策

刑事执行政策,从某种意义上讲当属刑事法律政策实现的专门方式,其目的是促使刑事措施的有效实现,从而达到使被判刑人重返正常社会生活的目的。

刑事执行政策的任务主要包括:(1)通过适用刑罚和其他刑法性质措施的方式,对实施犯罪的被判刑人进行改造并且预防其实施新的犯罪,从而构建有关改造犯罪人和预防新罪的观念和立场;(2)拟定和建构刑事执行立法,使其最大限度地符合刑事执行政策的目的;(3)根据刑事执行政策所设定的目标,对国家机关在刑罚和其他刑法性质措施的执行过程中的活动进行组织和管理。总之,刑事执行政策实现的路径,即通过构建服刑制度和执行其他刑法性质措施的路径,对被判刑人进行改造和预防他们实施新的犯罪。

刑事执行政策的主体分为两类:一是俄罗斯联邦立法机关和俄罗斯联邦总统——主要负责和保障刑事执行立法的制定;二是俄罗斯联邦政府,其主要职责是制定刑事执行立法得以实现的相关措施,即通过颁布相应的规范文件和管理专门的刑事执行机构及其他国家机关的途径,来保证刑事执行政策目的的实现。刑事执行政策的客体,是立法机关和负责制定、实施旨在改造犯罪人和预防其实施新罪措施的其他机构的活动。

(三)刑事诉讼政策

刑事诉讼政策,指的是旨在制定用以调整负责侦查和裁判刑事案件的侦查机关、检察机关和法院的活动以保障司法和刑事诉讼管理方面的刑事政策。所谓管理刑事诉讼,意指在确定案件真相、揭露犯罪、对犯罪人予以定罪和追究刑事责任、保证公民免受无根据的追诉以及避免在刑事案件审理过程中侵犯公民权利和自由等方面的活动。

刑事诉讼政策的内容主要包括以下三个方面:(1)在建构刑事诉讼规范体系和解决刑事责任问题过程中对案件真相和公正审判的保证体系之官方立场和观念;(2)刑事诉讼立法;(3)对侦查机关和法院的刑事诉讼活动进行管理。

刑事诉讼政策的主体也分为两类:一是制定刑事诉讼法的立法机关;二是领导刑事诉讼活动的最高司法机关(俄罗斯联邦最高法院)和俄罗斯联邦检察院。刑事诉讼政策的客体,是指由立法机关、司法机关、检察院和犯罪侦查机关予以实施的刑事诉讼法的制定、完善和适用活动。刑事诉讼政策的方法论路径,是对现行刑事诉讼立法及司法实践进行国家监督,并且对其进行必要的修订。

(四)刑事侦查政策

刑事侦查政策,意指有关侦查犯罪(发现、收集、研究证据和推理)和预防犯罪,以及侦查机关和法院在刑事诉讼立法框架内的活动得以实现的目的、方式和手段之立场构建领域内的刑事政策。刑事侦查政策的主要目的、任务和内容体现为:

(1)根据刑事诉讼法律的规定,向侦查机关和司法机关提供有效侦破和审理犯罪方面的建议;(2)研究犯罪规律、揭示典型犯罪;(3)制定完善策略、方法和技术手段的方针,以便客观、全面地揭露犯罪,使刑事案件的真相得以确定;(4)对用于侦查犯罪活动的刑事侦查手段和方法的适用程序进行有效管理。

刑事侦查政策的主体是审判机关、调查机关以及预审机关的领导机构;客体是审判机关和调查机关在侦查和审判刑事案件过程中,使用的刑事侦查策略、方法以及专门侦查技术的活动。刑事侦查政策的方法论路径,是对刑事侦查活动及其有效性进行研究,并且对已有的刑事案件的侦查和审判的手段和方法进行相应地调整。

(五)执法和司法政策

执法和司法政策,指的是执法机关和司法机关的组织以及对其职权范围内打击犯罪活动进行管理的刑事政策。执法和司法政策的基本目的、任务和内容包括:(1)实现刑事法律政策和刑事诉讼政策的内涵要旨;(2)形成刑法立法和刑事诉讼立法适用的实践范式,以最大限度地回应打击犯罪的任务目标及其现实可能性;(3)拟定完善刑法和刑诉法及其适用实践方面的建议。

执法和司法政策的主体包括三类:(1)最高司法机关,这里首先指的是俄罗斯联邦最高法院,其职责是收集司法实践案例、制定指导整个司法系统以及预备侦查机关和预审机关的指导性司法解释,并且对法院审理刑事案件的工作予以监督;(2)负责对预备侦查机关和预审机关活动的合法性进行监督的司法机关;(3)负责对调查机关和预审机关活动的合法性进行监督的检察机关。执法和司法政策的客体,是执法机关和审判机关在履行其侦查和审判职责的活动,其实现的路径是对执法和司法活动进行监督和提出相应的完善建议。

(六)犯罪学政策

犯罪学政策,是旨在形成关于犯罪现象及犯罪原因、犯罪人身份、预防犯罪方法和研究犯罪方法等方面的思想,以及国家机关在实现前述思想而进行管理的刑事政策。犯罪学政策的目的,是制定有效的方法来查明犯罪原因和预防犯罪,使犯罪保持在与社会打击犯罪的客观能力相符的水平。

犯罪学政策的任务体现为三个方面:一是形成和传播关于犯罪的实际性质、原因和状态的思想和观念;二是确定研究犯罪及其原因、罪犯人身特性以及预防犯罪措施的基础、路径和方法;三是研究制定预防犯罪各主体(这里指国家权力机关和管理机关,其他教养机构和组织)的管理形式和方法,以便履行其所面临的打击犯罪的职责。

犯罪学政策的主体是负责解决某些犯罪学政策问题的当局立法机关。根据《俄罗斯联邦刑事诉讼法典》的相关规定,应当查明每个刑事案件的原因以及促使犯罪实施的条件,并且还需要通过做出适当的陈述对案件作出回应。此规定当属犯罪学政策范畴,因为它体现的是立法在有关查明犯罪原因和犯罪实施条件以及调查机关和审判机关对此应当做出官方回应等方面的规定。然而,当代俄罗斯并没有完全意义上的犯罪学立法,因此,有关犯罪现象及其原因和条件以及预防犯罪方法的立场,并不能以官方正式的形式得以全面体现。根据《俄罗斯联邦宪法》第114条的规定,俄罗斯联邦政府应当在保障法制、公民的权利和自由、保护财产和社会秩序、打击犯罪方面采取措施。应当承认,俄罗斯联邦政府不仅动用相应力量和手段,用以完成前述所列任务,而且还制定了相应的刑事政策,其中包括旨在研究犯罪现象及其原因和条件,以及预防犯罪方面的刑事政策。俄罗斯联邦政府负责制定针对整体犯罪形势以及个别社会生活领域存在的个别犯罪情况的防控犯罪规划,而这些规划无疑具有政策性质。

犯罪学政策的客体种类繁多,除了依职责解决犯罪学问题、履行预防犯罪和其他防控犯罪任务的审判机关、检察机关、调查机关以及护法机关以外,其他政府机构和组织以及非政府组织和机构也可以承担前述所列的犯罪防控任务,可见,后者也当属犯罪学政策客体之列。

二、俄罗斯刑事政策优化路径——刑事法律政策之合理建构

根据俄罗斯学界通说立场,刑事政策的形成和发展应当历经三个阶段,即形成阶段、产生阶段和实现阶段。在刑事政策的形成阶段,着重研究犯罪现象及与其相关的社会现象,并在此基础上产生对某些行为当予以犯罪化或非犯罪化的需求,相应地,需要对现行立法和司法实践进行修订和变更,完善现有的打击犯罪的结构、组织和形式。这就需要研究一系列相关问题,其中包括社会公众的意见、科研机构及学者的结论和建议、执法实践的效果、实务机构的建议,以及各政党、组织的态度等。当然,俄学界对于此阶段的内涵释义也存在不同观点,但总体来说达成的共识是:在刑事政策形成阶段,最重要的是应当尽可能全面地收集和考量一切相关机关、机构和组织在犯罪防控方面的观点、立场和建议。在拟定的立场获得国家意志之前,它必须与实现它的可能性相关联。要充分考量那些可能促进或阻碍所拟定立场实现的条件,这些条件涉及物质、财政、组织、法律、人才、技术等方方面面因素。

刑事政策的产生阶段,主要应当考察公众对于某种刑事政策措施的意见,拟定推行此种政策措施所需的方法,并且还应当对政策措施的思想内容进行相应的修订。某种刑事政策思想,在历经其形成与产生阶段之后,便进入实现阶段,即着手建构刑事政策自身内容的活动,其始于相应法律、规范法案或管理法案的出台,止于具体实践活动中的应用。

刑事政策是一个历史渐变的范畴,其内涵取决于既存的一切主、客观因素。决定刑事政策内涵的客观因素主要包括:(1)生产方式和生产关系所属历史类型,以

及生产力和生产关系之间的矛盾和冲突；(2)国内政治关系和国际政治关系；(3)法律关系和法规范的现状，其中，法规范是社会关系(首先体现为生产关系、政治关系和道德伦理关系)实现的法律形式；(4)其他社会关系类型，即思想关系以及个人之间的伦理道德关系等。相应地，影响刑事政策内涵的主观因素主要有：(1)刑事政策主体和法律关系主体的利益和需求；(2)社会政治和国家领导人以及法律关系主体的个人素养、心理特征、属性、现实状况和结构；(3)刑事政策主体的决策和行为；(4)社会意识及其水平和形式，包括法律意识、法律心理和法律思想。①

尽管刑事政策应当解决其内涵范畴的一切任务，但不同历史时期，不同社会背景下刑事政策所面临的任务中总是会有需要优先解决的事项，那么，俄罗斯国家刑事政策目前所面临的亟待解决的现实问题当是：(1)强化有组织犯罪的打击力度；(2)反腐败；(3)防止非法贩运毒品和精神药物；(4)打击恐怖主义犯罪；(5)防止破坏自然环境。解决刑事政策优先事项的前提是为此构建相应的法律基础，从这个意义上讲，刑事法律政策应当是刑事政策的重要组成部分，因此，刑事法律政策本身所固有的方法(犯罪化、非犯罪化、刑罚化、非刑罚化)就成为刑事政策优先事项得以实现的最重要路径。下面我们就了解一下此类路径的基本要旨。

犯罪化，意指在立法层面承认某种社会危害行为是犯罪。随着学界对于犯罪化问题研究的不断深入，决定设立刑事禁止行为的因素范围也呈扩展趋势。综观当代俄罗斯法学文献的研究成果，可以认为决定其犯罪化范围、性质和方式的因素主要包括：行为具有较高的社会危害性程度；此类行为作为反社会行为的体现形式，具有相对普遍性和典型性特征；涵盖产生原因和条件要素的此类行为的发展态势；此类行为所造成的物质损害和精神损害；依据现行刑法对此类行为的责任无法规制；用程度较轻的处罚措施不足以有效打击此类行为；具有以刑法手段对其进行调整的可能性；刑事司法体系具备打击此类行为的能力；具备刑法规制所需的物质基础；拟纳入刑法的禁止性规范不会产生负面后果；有必要将某些宪法权利和建制纳入刑法保障范畴；国际法义务；社会和生活发展的客观规律；管理的一般规律；科学和技术发展水平；社会在犯罪化领域客观需求的意识；公众的法律意识水平；社会心理水平；历史上形成的有关罪与非罪的传统观念；法律术语体系的确定性和统一性；结构的完整性；制裁和惩罚经济性的相称性；行为具备最为典型性和危害性

---

① См.：Гребцов О. В. Уголовная политика современной России и предупреждение преступности. Автореф. дис. …канд. юрид. наук. СПб.，2000. С. 13.

的主、客观要件;行为主体的人身特征;被害人行为。①

行为的犯罪可以通过各种不同的路径予以实现,其中包括这样几种方式:第一,明确刑事责任的一般根据和条件。比如,降低某种行为主体的刑事责任年龄,假设从原来的16周岁降低至14周岁,这就是犯罪化路径中的一种方式。第二,通过在现行刑法中规定相应犯罪构成要件的方式,将某些社会危害行为纳入犯罪行为之列。比如,在2006年7月27日第153号联邦法律出台以前,《俄罗斯联邦刑法典》中并没有规定帮助实施恐怖主义活动罪的罪名,而2006年《联邦法律》则将帮助实施恐怖主义活动的行为规定为犯罪,并将此罪名纳入俄现行刑法,自此俄《刑法典》中多了一个新的犯罪构成——第205-1条的"帮助实施恐怖主义活动罪"。第三,扩大俄现行刑法中已有犯罪构成中的某个构成要件的范畴。第四,从现有的刑法规范罪状中剔除若干要件的规定。

非犯罪化,则是与前述犯罪化相对应的范畴,意指将以前规定为犯罪的行为作无罪化处理。比如,1996年《俄罗斯联邦刑法典》原第200条规定的是"欺诈消费者罪",之后随着2003年12月8日第162号《联邦法律》的生效,此种欺诈行为就不再构成犯罪,因为此部《联邦法律》直接宣布此第200条失效。

可见,无论是行为的犯罪化,还是其无罪化,均是反映犯罪一般客体动态变化与其明确其边界的双向进程。

刑罚化,是指对所实施犯罪行为之刑事责任的确定。刑事政策中的刑罚化路径,是与行为的犯罪化平行实现的,其体现为在相应条文的罪状之后规定含有确定刑罚种类和尺度的制裁规范。非刑罚化,则与刑罚化正好相反,意指取消某种行为之刑事责任方面的规定。

上述四种刑事政策的方法论路径均通过立法得以实现。刑事政策实施的另外一种形式,则是执法,即正是通过执法活动,才能将前述立法内容带入现实,将其适用于具体的社会关系。

综上所述,当前俄罗斯国家刑事政策所面临的现实问题,首先无疑是其实现路径问题,其中,最为迫切的并非刑事政策的立法实现,而是其司法实现。俄罗斯近

---

① 俄罗斯学界关于决定犯罪化不同因素的阐述详见这些论著:Дагель П. С. Условия установления уголовной наказуемости // Правоведение. 1975. № 4. С. 68-71; Гальперин И. М. Уголовная политика и уголовное законодательство // Основные направления борьбы с преступностью. М., 1975. С. 58; Курляндский В. И. Уголовная политика, дифференциация и индивидуализация уголовной ответственности // Основные направления борьбы с преступностью. М., 1975. С. 82; Беляев Н. А. Уголовно-правовая политика и пути ее реализации. Л., 1986. С. 80; Гаврилов Б. Я. Современная уголовная политика России: цифры и факты // Велби, Проспект, 2008; Елинский В. В. Конституционные основания криминалтизации общественно опасных деяний в свете решений Коннституционного Суда России // Российский следователь. 2010. № 17; Петин И. А. Проблемы криминализации: реальные и виртуальные // Российский следователь. 2009. № 21; Соктоев З. Учет принципов и оснований криминализации при конструировании уголовно-правовых норм // Законность. 2008. № 3。

年来的犯罪率一直居高不下,这已经对其国家活动,特别是在打击犯罪领域内的国家活动产生了现实影响,这自然使得刑事政策的"犯罪最小化"的目标和任务之实现变得异常艰难。其次是俄罗斯刑事政策推行过程中遇到的难题,还体现于应当将哪些问题列为优先解决事项,政府为解决这些事项当如何分配财力、物力,如何有效预防犯罪等。

第三节　俄罗斯刑事政策的立法、司法实现

各国刑事立法与其国内推行的刑事政策之间密切关联。打击犯罪的策略和方针是国家内部政策的组成部分。如果刑法可以被视为决定人类行为的犯罪性和可惩罚性并确保其在刑事案件司法审判中得以实现的法律规范机制,那么刑事政策的目的就是通过确定国家组织活动的宏观目标和方向,以便最大限度地降低控制犯罪规模及成本。俄罗斯国家推行刑事政策,旨在确保俄罗斯社会和国家的刑事安全。俄罗斯刑事政策的发展是以其社会和国家的价值观体系和新兴的法律体系为基础的。其中,新兴法律体系自身也应当归属于优先的社会价值之列。刑事政策的适用范畴比刑法更加广泛,其调整对象不仅包括所有规制犯罪行为的立法禁令,还包括对打击犯罪的目标、内容和形式的确定,以及预防犯罪、控制犯罪和对犯罪判处公正刑罚。因此,刑事政策决定着"国家在此特殊领域的活动方针,以及国家及其机构在打击犯罪及与之密切相关的其他反社会行为活动中的任务、内容和形式"。①

俄罗斯刑事政策的任务、内容和形式主要体现为以下几个层面:(1)构建理论基础;(2)基于既有理论形成国家刑事政策理念;(3)发展刑事政策的法律基础;(4)在俄罗斯、俄罗斯联邦各主体及其各个领域推行刑事政策;(5)刑事政策执行领域的直接执法活动。

俄罗斯刑事政策内含的犯罪预防措施通常并不与刑事追诉直接相关,而主要体现为对那些潜在违法者以及其他行为人采取教育措施或者行政法律措施。此外,预防措施还体现为《俄罗斯联邦刑法典》第 31 条规定的犯罪中止制度,此项制度主要是鼓励违法者在犯罪预备与犯罪未完成状态下自动中止犯罪,旨在宣传刑法对于犯罪预备或犯罪未完成阶段之中止行为的非刑罚处罚处遇。俄现行刑事立法第 126 条、第 205 条和第 206 条"附注"中有关既遂犯罪免除刑罚事由的规定,也是俄刑事政策在犯罪预防措施领域的体现。尽管对于已经开始实施的犯罪进行查明具有复杂特性,并且对于引起自动中止行为的条件在认定上存在一定局限性,但

---

① Алексеев А. И., Овчинский В. С., Побегайло Э. Ф. Российская уголовная политика: преодоление кризиса. М.: Норма, 2006. С. 14.

此项刑法制度措施却有其存在的合理性,尤其是对于那些未成年违法犯罪人来说则更为重要。与此同时,鼓励罪犯真诚悔过也是一项犯罪预防措施:当此种悔过是基于此类悔过行为法律后果的彰显而得以实现时,则其便属刑法的一般预防范畴;当基于行为人的悔过而防止了既遂犯罪损害后果的发生,则此项措施便属犯罪的个别化预防范畴,即是犯罪的特殊预防。申言之,此项犯罪预防措施的实质,在于鼓励犯罪人依法选择免除其刑事责任或减轻其刑事责任的行为,而在刑事立案后,鼓励当事人积极悔过的措施则可以适用于所有被告人。当然,为了提高此项刑事法律措施适用的有效性,必然要求在犯罪人积极悔过行为的认定上具有充分的理由,同时还要求处理案件的各执法、司法机关之间所作出的法律评价具有一致性。

俄罗斯防控犯罪的刑法措施的特点,是通过对犯罪人适用合法的刑事法律强制措施来达到预防犯罪的目的。采取正当防卫和拘捕犯罪人的方法制止犯罪,其正当根据则源于俄罗斯《宪法》规定的个人不受侵犯的社会权利,以及刑法所容许的对违法犯罪者可以造成一定损害的相关规定。国家和社会均鼓励公民与政权当局代表积极、有效、合法地适用排除行为犯罪性的正当防卫和拘捕犯罪人的手段和措施。要实现前述目的,则需要确保司法实践中此类出罪的法定事由得以有效适用。其中,最重要的是要确保对正当防卫、拘捕罪犯以及其他排除行为犯罪性情节的行为(正当行为)进行正确的法律评价。相应地,协助服刑完毕者适应社会生活政策措施的目的则是防止有过犯罪经历的人重新走上犯罪道路,此类政策措施的实现路径,是通过向服刑完毕者提供就业机会和施加各种形式的预防性影响,引导他们过上正常的社会生活。

俄司法实践中追究犯罪预备或犯罪未遂行为的刑事责任,也是治理犯罪的有效措施之一,其根据源于《俄罗斯联邦刑法典》第 29 条第 3 款关于"犯罪预备活动"之可罚性的刑法规范。此项立法规范要求执法人员在打击犯罪活动中应当尽量防止损害后果的发生;在打击犯罪的时间节点选择以及在不可能制止犯罪的情况下,执法人员可以遵循获取控方证据的利益原则进行执法活动。这一刑法规范适用的有效性如何,取决于是否能够及时发现犯罪的准备活动或是犯罪未遂情况,而这需要执法机构和当地居民之间的密切沟通。

近年来,俄罗斯立法机关对于某些社会危害行为进行了非犯罪化处理,其中包括流浪行为、非医疗用途使用麻醉品等行为的非犯罪化,而这些行为则是滋生严重犯罪的潜在土壤。对前述行为进行非犯罪化处理,必然会降低刑事立法潜在的预防功能,因此,这些被非犯罪化的行为应当通过其他部门立法予以规制,比如通过行政法规制前述被非犯罪化的社会危害行为。

犯罪的查明和登记、刑事案件的起诉和侦破,均应当以刑事法律为依据,此外,其法律根据还包括规定执法机关职能和提起初步调查程序的相关法律、法规。有些犯罪之所以没有被查明和侦破,其原因各不相同,但其中的一个原因应当是执法机关的力量有限和执法手段方面存在局限。这就决定了执法部门在查明和侦破案件的问题上,需要区分轻重缓急,即将有限的力量和手段首先用于打击重罪和特别重罪。

俄罗斯现行刑事立法中规定了易科制度,即在能够保证遵循刑事责任一般目的实现的前提下,可以将原判刑事责任替代为较轻的责任类型。此种易科制度的适用可以节省刑法强制措施资源,其在司法实务中的有效性如何,是根据犯罪的特别预防和一般预防目标来确定的。此种易科制度的实施,主要是以不太严重犯罪的动态变化样态为参照,同时兼顾司法实务中此类犯罪易科较轻责任的数量多寡。与此同时,还应当将这些指标与易科后重新犯罪的人的犯罪比率进行比较。近年来,基于多种原因,在俄罗斯司法实务中将刑事责任替代为其他较轻措施的易科制度适用得特别少,实际上只保留了对于未成年人以教养类措施替代其刑事责任的易科类型,这就造成了被判刑人在俄人口总量中占比上升的现状。

总之,俄罗斯刑事政策的有效实现,除需要具备组织、管理、实现路径和资源保障措施外,还涵盖这样一些具体而明确的执法措施:利用刑法的教育和预防功能以及所谓的“双重预防”模式进行预防;追究犯罪分子的刑事责任;对适用刑罚措施或替代措施的人进行改造,并对其后续的社会化进行帮扶。因此,俄罗斯国家的刑事政策,旨在确保制定和执行有助于有效打击犯罪的方针和任务,以及利用社会和国家可利用的法律、管理、教育和感化等措施有效防控犯罪。

第四章　俄罗斯刑法原则

第一节　俄罗斯刑法原则概述

一、俄罗斯刑法原则研究历史追溯

在犯罪快速增长，亟须一部真正有效刑事立法的当代形势下，俄罗斯社会之前立法的思想基础已经消逝，而在意识形态空白之上重建一个具有新思想指导方针的新社会的背景之下，对作为刑法思想基础之法律原则的研究变得尤为重要。从历史比较的视角研究刑法原则的流变，即是用发展的、动态的眼光去审视、解读和借鉴刑法原则学说发展进程中的有益元素。

俄罗斯刑法原则的研究起步较晚，到了20世纪才出现与此相关的文献论著。在此之前，法律原则没有以特别规范的形式在立法中得以确定，在司法实践和学说中也没有被提及。中世纪或奴隶社会时期，探寻刑法中的原则体系是非常困难的，因为在这些时代法的特点是系统化水平较低，这便决定了不可能实现对任何刑法原则的追踪研究。相比较而言，从现代立场去探究不同历史时期法律原则的内涵则是较为客观的研究路径，因为研究者身处其外，没有必要通过所研究时代的意识形态棱镜而歪曲当时的存在。与此同时，此种研究路径也有一定的缺陷，由于研究者在探索过往时代的法律中具有一定的思想导向，其进行选择的标准相对于当代而言通常是确定的。如果所研究历史时期的意识形态与研究者所处的时代完全不同，那么就可能会出现按照相同选择标准揭示出代表完全相悖的社会和法律立场的原则。比如，俄著名刑法学者格林娜（С. Г. Келина）和库德里亚夫采夫（В. Н. Кудрявцев）教授，从公民在法律面前平等（20世纪80年代得以发展）的立场出发，将“平等—不平等”的标准运用到自己的研究当中。根据他们的主张，人与人之间的不平等是奴隶社会的基本原则,此项原则决定了刑罚的不平等,即针对不同阶层因实施相同犯罪而规定不同的刑罚,其具有代表性的立法例是《汉穆拉比法典》(《Законах Хаммурапи》,公元前 18 世纪)、《查氏丁尼法典》(《Дигестах Юстиниана》,公元前 6 世纪)、《摩奴法典》(《Зако-нах Ману》,公元前 2—1 世纪)等。①

在刑法原则研究领域,主观主义特征是避免不了的,正如博伊科(А. И. Бойко)所言,将哪些刑法原则置于主导地位,起主要作用的往往是指引研究者意识形态倾向的次生因素:"法教义学派和具有保守倾向的学者总是会将法制思想置于首位,而法自由派和自然法学派则往往更认可人道原则。"②这方面的主观评价是无法避免的,因为法律原则属法意识范畴,而法意识又是人或者社会团体对于现存的和过去时代的法所持的观点和看法。因此,在研究过往时期的法律原则时,将其相应思想与现行法律原则进行比较的路径并非错误,而恰恰相反,此种比较研究方法是研究不同历史时期刑法原则的主要路径之一。比较研究的结果可能会以"反原则"的形式予以凸显,即根据同一标准进行比较,却得出完全相悖的思想。从形式逻辑的角度,我们所研究的逻辑进程含有二分法特征。后者的实质在于,将某个概念的外延区分成两个相互冲突的概念,而这两个相互冲突的概念完全穷尽了整体概念的外延。此种区分的根据,是所研究对象具备或者缺失某种特征要件。比如,如果 A 是被区分的整体概念,那么二分的两个概念就是"B"或者"非 B"。基于此,所有国家都可以区分为民主国家和非民主国家,所有公民都可以区分为成年人和未成年人。③ 然而,以"纯正"的二分法来研究和解释社会意识形态的动态发展是难以实现的,因为此种路径是将世界简单区分为黑、白两面,而没有考虑世界表现形式的多样化,以及社会关系存在连续性等诸多要素。

根据俄学者的研究和考察,20 世纪 90 年代,在俄罗斯从极权政治制度向民主制度(将政治制度类型分为民主和反民主也是采二分法标准)过渡时期,④法学文献中也出现了某些"反原则"立场,其中具有代表性的学者是戈林别而克(М. С. Гринберг)。他反对个人责任原则,认为 20 世纪 20—50 年代苏维埃刑事立法中体现的是集体责任原则,但后来随着社会的发展和刑法理念的不断更新,集体责任原则逐渐消亡,个人责任原则日益凸显。

二、俄罗斯刑法原则的概念界定

刑法原则受社会现象的制约,其形成是社会现象直接作用的结果。刑法原则

① Келина С. Г. , Кудрявцев В. Н. Принци-пы советского уголовного права. М. , 1988. С. 36.

② Бойко А. Теория принципов уголовно-го права // Уголовное право. 2005. № 4. С. 121.

③ Кириллов В. И. , Старченко А. А. Логи ка: Учеб. для юрид. вузов. М. , 2004. С. 57-59.

④ Сабитов Т. Р. История принципов уголовного права: методологический аспект // Вестник НГУ. Серия: Право. 2006. С. 126.

与宪法原则并行，甚至有些原则的产生先于宪法原则。① 所谓原则（源于拉丁语principium，意指根据、基础），是指“某种理论、学说、世界观……的基本的本原规定”②。《苏维埃大百科全书》将原则界定为“某种理念、学说、科学、世界观、政治组织的基本的本原规定”；③俄罗斯《哲学词典》对“原则”概念进行了相似的界定，即认为原则是“本原根据、指导思想、行为基本规则”④。

俄罗斯法理学界，其中包括刑法学界，在法律原则属性的理解方面存在不同的立场。早在19世纪，舍尔舍涅维奇（Г. Ф. Шершеневич）就曾论道，“应当将法律原则理解为法律规范所揭示的总体方向”⑤；阿列克谢耶夫（С. С. Алексеев）将法原则界定为“法律所体现的、反映法内涵特征的指导原理”⑥，他后来的论著中又承认，法律原则“不总是在具体规范规定中得以特别规定”⑦。利夫希茨（Р. З. Лившиц）认为，“原则涵盖所有法律要素——思想、规范、关系，并且赋予这些要素以逻辑性、一致性和协调性；法律原则综合了世界法律发展的经验、文明的经验；原则就是最丰富的法律要素的‘干残留’（сухой остатов），是从最细节中释放出来的法要素的实质；原则在法律的形成中发挥着指导方针的作用。法律演变是从思想到规范，然后通过规范实施导向社会实践；法律原则源于思想，而思想的形成又往往以法律原则为载体，法律原则决定着法律的发展进程”⑧。维亚佐夫（А. Л. Вязов）指出，“原则——首先指的是思想，但又不仅仅是思想，还包括那些体现人类文化元素的规范和关系，因为所有这些都是在整个人类社会发展的历史长河中缔造出来的。这是维持社会发展的客观必要性和立法者的主观自由裁量权之间平衡的手段之一”⑨。拜京（М. И. Байтигн）将法律原则界定为，“……为法的产生、发展和功能构建道德和组织基础的、界定思想的原初规定、机制；法律原则即是法律形成、动态发展和运作的根基所在，决定着民主国家或者极权国家的法律属性”⑩。伊万诺夫则从遗传学、认识论、本体论和功能学等不同视角进行分析，得出“法律原则是涵盖在不同法源或者体现在稳定的法律实践中的公认的基本思想，它充分体现出对法律的普遍

---

① Сорокин В. П. Принцип равенства граждан перед законом сквозь призму принципа гуманизма в уголовном праве // Юридический мир. 2012. № 4. С. 32-34.

② Ожегов С. И. , Шведова Н. Ю. Толковый словарь русского языка. М. , 1993. С. 614.

③ Большая Советская Энциклопедия. М. , 1975. Т. 20. С. 558.

④ Философский словарь / Под ред. М. М. Розенталя. М. , 1972. С. 329.

⑤ Макрецова А. А. Принципы гражданского права переходного периода: Дис. ... канд. юрид. наук. М. , 1996. С. 25.

⑥ Алексеев С. С. Общая теория социалистического права. Свердловск, 1963. Вып. 1. С. 150.

⑦ Алексеев С. С. Общая теория социалистического права. Свердловск, 1963. Вып. 1. С. 51.

⑧ Лившиц Р. З. Теория права. М. , 1994. С. 195-196.

⑨ Вязов А. Л. Принцип справедливости в современном российском праве и правоприменении (теоретико-правовое исследование): Автореф. дис. ... канд. юрид. наук. М. , 2001. С. 15.

⑩ Байтин М. И. О принципах и функциях права: новые моменты // Правоведение. 2000. № 3. С. 43.

社会规律和法律所固有的特别规律的认知水平，推动内部协调一致且有效的法律规范体系的建立，并且在存在漏洞和冲突的情况下履行直接调整社会关系的功能"①。此外，还有学者从国际法规范的视域出发，将法律原则的属性概括为如下几个方面。

(1)原则，即是准则，其不仅限于程序的政治法律规定或者规范的法理概括。

(2)原则是普遍规范——并非所有普遍适用的规范都是原则，但所有原则只能是普适规范。

(3)基本原则不同于其他普遍适用的规范，因为它们反映了历史发展的某些基本规律。

(4)原则是强制性规范，即意味着所有其他规范必须与其一致。

(5)原则不仅是其他规范合法性的标准，也是国际法及其揭示和实现这些原则的具体规范进一步发展的指导方针。②

俄刑法理论界在刑法原则概念的界定上同样存在不同的主张。有学者认为，法律原则之所以"……存在，是社会规律使然，而不可能是什么其他别的，原则不是人们发明的，而是从所研究现象中提取出来的"，③"是具有积极的道德伦理、政治和刑法实质，并且被大多数刑事法律关系主体所接受的，作为俄罗斯刑法学基础原理的指导思想"④。普多沃奇金(Ю. Е. Пудовочкин)和皮尔瓦吉多夫(С. С. Пирвагидов)认为，原则是"规定在刑法规范中，并为立法者、执法机关和公民在打击犯罪中强制执行的，客观上决定刑法的内容和方向的基本原理、指导思想"⑤。根据洛帕神科(Н. А. Лопашенко)的界定，"刑法原则是带有意识形态、政治和道德特征的刑法指导思想，其源于社会属性并被社会所制约，反映刑法作为社会关系之特定人群的特殊调解器的实质，旨在实现对社会制度、政治和经济机制、财产、人身、公民的权利和自由以及整个法秩序的保护，使其免受犯罪侵害，以及保证刑法的统一性和系统性"⑥。别利亚耶夫(Н. А. Беляев)认为，"原则是上层建筑的组成部分，是指导某种社会现象发展方向的思想总和。一般意义上的原则可以界定为

---

① Иванов Р. Л. О понятии принципов права // Вестник Омского университета. 1996. Вып. 2. С. 118.

② Грефрат Б. О месте принципов в системе современного международного права // Правоведение. 1969. № 2. С. 109.

③ Кривенков О. В. Общие начала назначения наказания по российскому уголовному праву: Дис. … канд. юрид. наук. М., 2001. С. 15.

④ Шоткинов С. А. Принципы уголовного права Российской Федерации: понятие, система // Актуальные проблемы общественной безопасности: Тезисы всерос. научн.-практ. конф. Иркутск, 1996. С. 46.

⑤ Пудовочкин Ю. Е., Пирвагидов С. С. Понятие, принципы и источники уголовного права: сравнительно-правовой анализ законодательства России и стран Содружества Независимых Государств. СПб., 2003. С. 78.

⑥ Лопашенко Н. А. Принципы кодификации уголовно-правовых норм. Саратов, 1989. С. 28.

反映客观现实、决定体现为各种不同意识形态的生活进程内容的基本思想"[①]。克里格尔(Г. А. Кригер)将法律原则界定为"法律所规定的意识形态、政治和道德基础(指导思想),旨在指导法的调整和保护功能,并且决定着国家强制性措施以及其他措施适用的性质、根据和范围,以确保社会关系的有序发展"[②]。波波夫(А. Н. Попов)对刑法原则所作的界定为:"……是由社会发展规律和需求所决定的、体现于刑法规范并且具有最高规制权的规范性要求。就刑法目的(任务)而言,其不仅强制适用于立法、执法活动,而且兼具规制公民行为的功能"[③]。兹韦察罗夫斯基(И. Э. Звечаровский)认为,刑法原则是此部门法领域具有普适性、强制性和普遍性的本原规范指导原理、思想。[④] 塔尔巴加耶夫(А. Н. Тарбагаев)将原则理解为"……赋予社会发展客观规律与立法者主观酌量之间的平衡机制,作为部门法及其制度和规范之基础的指导思想"[⑤]。克列诺娃(Т. В. Кленова)认为,应当将刑法原则理解为指导法律调整的基本性思想或指导性思想。维利耶夫(С. А. Велиев)指出,"法律原则是法律规范中所规定的,体现法内涵特征且在国家机关的立法和执法活动中得以实现的指导(基本)原理"[⑥]。菲利莫诺夫(В. Д. Филимонов)将刑法原则界定为:"刑事立法所体现的,以国际人权法案、俄罗斯联邦宪法的规定以及打击犯罪的任务为根据的,规制立法和执法活动以及公民行为的、决定全部或一系列法规范内容并将其整合为独立刑法体系的规定。"[⑦]

果列里克(А. С. Горелик)将原则分为两类,即法原则(思想)和法律原则(规范)。[⑧] 斯密尔诺夫(О. В. Смирнов)则正好相反,认为原则—思想当属法意识,而非法律原则。[⑨] 韦利耶夫强调,"原则所体现的当是由最重要的公共需求所决定的社会要求,其中包括社会机制在民主化和人道化方面的进一步完善和发展。为确保理论和实践活动的正当性和有效性,相应需求以科学思维的路径、以某种规范规定、外化要求的方式得以体现,换言之,即以原则的形式予以体现"[⑩]。持反对立场的纳日莫夫(В. П. Нажимов)则认为,法律思想实际上是最基本的定在,在后续的

---

① Беляев Н. А. Уголовно-правовая политика и пути ее реализации. Л. , 1986. С. 30.

② Кригер Г. А. Место принципов советского уголовного права в системе принципов права // Советское государство и право. 1981. № 2. С. 102.

③ Попов А. Н. Принцип справедливости в уголовном праве: Дис. ... канд. юрид. наук. СПб. , 1993. С. 27.

④ Звечаровский И. Э. Современное уголовное право России. СПб. , 2001. С. 36.

⑤ Горобцов В. И. Актуальные проблемы теории борьбы с преступностью и правоприменительная практика: Межвузовский сборник научных трудов. Красноярск, 2000. С. 117.

⑥ Велиев С. А. Принципы назначения наказания. СПб. , 2004. С. 94.

⑦ Филимонов В. Д. Принципы уголовного права. М. , 2002. С. 34.

⑧ Горелик А. С. Реализация принципа справедливости в правилах назначения наказания // Уголовное право. 2001. № 1. С. 3.

⑨ Смирнов О. В. Основные принципы советского трудового права. М. , 1977. С. 16.

⑩ Велиев С. А. Принципы назначения наказания. СПб. , 2004. С. 97.

法律工作中才能内化为法律原则："法律科学应当超越立法的发展：其应当在研究社会关系及其发展趋势的过程当中，创造和形成新的思想，即未来的法律原则，同时还应当对立法者已接受的思想，即现行法律原则的实现予以发展和深化。"①

如前所述，俄法学理论界对于刑法原则本质的理解不尽相同。别利亚耶夫认为，原则当属主、客观范畴；韦利耶夫主张原则反映的是客观存在的规律，即其不是由人们发明的，而是从所研究现象中抽离出来的②，而斯密尔诺夫则认为，原则是主观的，因为它们是由人创造的，通过人的意识形成的，是意识形态类别的衍生品。③菲利莫诺夫则对刑法原则内、外关系之内涵意义进行了特别关注，他指出，"在最初的概念形成阶段即表明刑法原则具有两方面特征：内涵和实现方式"④。根据菲利莫诺夫的观点，刑法原则实现方式的特征要件包括以下几个方面："（1）原则是刑法首要和起始的规定，刑法规范的内容即依此而形成；（2）原则是立法机关、执法机关和公民打击犯罪的必然性要求；（3）原则是具有贯穿整部刑事立法要素的规定；（4）原则是具有稳定性的规定，它不受制于局势的暂时升级（战时等），而是以立法者对国内社会需求的既定认知为依据；（5）刑法原则是在刑事法律规范中得以体现的法律规定。"⑤

综合前述俄学界有关刑法原则的不同立场，可以概括出刑法原则的内涵与法律属性。刑法原则是证成其法律规定、确定法律调整总体方向以及确保高质和（或）高效法律实践的普遍或基础规则（原理、要求、命令、具有普遍约束力的基本指导思想）。刑法原则的法律属性体现为以下几个方面：（1）刑法原则是刑事立法得以形成、实施和发展的基本的本原规定、思想、原理；（2）刑法原则体现出某些刑事立法规范存在的社会法律条件和犯罪学条件；（3）刑法原则明确了所有刑法制度和刑事立法规范的统一要求；（4）刑法原则确保立法和执法活动的统一性。

三、俄罗斯刑法原则的哲学基础

俄刑法学界通说立场认为，人的权利和自由作为最高社会价值，⑥只有通过"利用国家工具保障个人自由、企业自由、公民社会制度发展自由"的路径，建立"法律专政"背景下尊重人的权利和自由之强大国家，才可能真正得以实现。⑦ 毋

① Нажимов В. П. О системе принципов организации и деятельности советского уголовного суда. Калининград, 1970. С. 162.

② Велиев С. А. Принципы назначения наказания. СПб., 2004. С. 95.

③ Смирнов О. В. Основные принципы советского трудового права. М., 1977. С. 7.

④ Филимонов В. Д. Принципы уголовного права. М., 2002. С. 28.

⑤ Филимонов В. Д. Принципы уголовного права. М., 2002. С. 30-32.

⑥ 此为《俄罗斯联邦宪法》第 2 条规定内容之应有之义，即"人和人的权利与自由具有至高无上的价值。承认、遵循和维护人和公民的权利与自由是国家的责任"。

⑦ Путин В. В. Какую Россию мы строим / В. В. Путин // Рос. Газета. 2000. 11 июля.

庸置疑，刑法在保护人的权利、保障个人自由、企业和公民社会制度自由领域起着非常重要的作用。与此同时，为了能够全方位实现社会公众的期待，刑法应当适当反映社会经济发展现实状况，并且做到最大限度的公正，因为只有这样，刑法才得以履行自己的使命，即保护社会、国家及其公民不受犯罪侵害，努力实现人类发展的人道主义取向。

在哲学和社会学的历史上，公正总是被界定为涵盖社会生活方方面面（“直至以什么样的方式埋葬逝者并赋予其何种荣誉”①）并且决定社会根基（“立法活动的指路明星”②）的一种社会现象。③ 社会现象的产生、存在和变化都是特定社会发展的结果，因此，广义的公正可以理解为揭示社会发展内部规律以及个别制度形成基础的哲学和社会学的基本范畴之一。从这个意义上讲，可能“社会公正”范畴相较于“公正”概念而言，更具有准确性，因为后者对于此种现象的实质内涵与外延的体现，在广度上较前者要逊色得多。古代哲学家以及刑事古典学派的诸多代表学者都主张将公正界定为法律产生的渊源之一，比如，苏格拉底所说的“公正的人就是遵守法律的人”，后来演绎成古罗马法学的名言：“公正的人就是遵守法律的人，法律必须看得见，司法必须以看得见的方式实现公平”；④柏拉图曾言：“立法者应当观察，哪里实现公平正义，哪里没有”；⑤亚里士多德认为“法律是公正的尺子”；⑥黑格尔说：“公正是公民社会的壮举：良法使国家走向繁荣”。⑦ 哲学领域的平等是公正和法律之不可分割的品质，正如亚里士多德所言，“公正意指同一时代的法制和平等”，并因此而区分出两类特殊类型的公正：“平等公正和分配公正。”⑧

公正与法律之间存在非常密切的内在联系，这在俄历代刑法学家的论著中均有所体现。他们从公正存在的社会前提出发，认为公正理念对刑法内涵的形成产生了巨大的影响。帝俄时代著名刑法学家斯巴索维奇（В. Д. Спасович）在对刑罚和犯罪人特征进行界定的过程中，频繁使用“社会良心”“公正思想”等词汇，并且赋予这些术语以非常相近的含义；⑨卡尔梅科夫（П. Д Калмыков）实际上是将法律等同于公正，认为“法律即内含公正的思想”；⑩洛赫维兹基（А. Лохвицкий）认为

---

① Платон. Законы / Плотон. М. , 1999. С. 79.

② Гегель Г. В. Ф. Политические произведения / Г. В. Ф. Гегель. М. , 1978. С. 379.

③ Мальцев В. В. Принципы уголовного права в законодательстве и философско-правовых учениях // Публичное и частное право, 2009. Вып. 2. С. 125-126.

④ Козлихин И. Ю. Позитивизм и естественнноое право / И. Ю. Козлихин // Государство и право. 2000. № 3. С. 6.

⑤ Платон. Законы / Плотон. М. , 1999. С. 19.

⑥ Аристотель. Этика. Политика. Риторика. Поэтика. Категории / Аристотель. Минск. 1998. С. 415.

⑦ Гегель. Г. В. Ф. Философия права / Г. В. Ф. Гегель. М. , 1990. С. 264.

⑧ Аристотель. Этика. Политика. Риторика. Поэтика. Категории / Аристотель. Минск. 1998. С. 246, 251.

⑨ Спасович В. Учебник уголовного права / В. Спасович. СПб. , 1863. Т. 1. С. 66.

⑩ Калмыков П. Д. Учебник уголовного права: Часть общая / П. Д. Калмыков. СПб. 1866. С. 24.

“不道德性,即行为与当时人们所认可的法律与公正原理相背离”,是刑事可罚行为的必要要件之一。[①] 当代俄罗斯法律文献一致认可的是,社会公正具有非常重要的刑法学意义,正如雅拉夫列夫(А. М. Яковлев)所言,“无强制措施,则刑事司法将变得软弱无力;无教育感化,则刑事司法便是不人道的;然而,若无公平正义的存在,则所谓的司法便完全无从谈起”。[②] 科林娜(С. Г. Келина)和库德里亚夫采夫则将“平等原则、人道原则、法制原则、个人社会责任原则”看作“社会公正的不可分割要素”;[③]纳乌莫夫教授则强调,“刑法中的公正,集所有其他最重要刑法原则于自身,其中首先指的是法制原则、民主原则(公民在刑法面前平等原则)、责任和刑罚个别化原则、责任不可避免原则、人道原则”。[④]

可见,俄罗斯不同历史时期对公平正义理念及其与法律之间的关系问题,都进行过非常深入的研究,其共识立场体现为:公认公正理念在刑法原则建构中起着非常重要的作用,甚至可以涵盖其他刑法原则之内含理念。

刑法原则作为刑法本原的、基础性思想,自然与一般法原则以及各部门法的原则之间存在密切关系。通过对俄罗斯法学文献的分析,俄学界一般将刑法原则划分为一般原则和特殊原则、基本原则和非基本原则、一般法原则和调整性原则。[⑤]此类划分方法无疑可以帮助我们认识整个法律体系的结构,明确刑法在整个法律体系中的地位及其各原则的意义。该分类更具学理性,与立法实践之间的脱节,因此,不能直接应用于立法实践。当然,这并非意味着对刑法原则进行阐释和说明是不必要的,而正好相反,这种学理阐释是非常有益的,只是在一定条件下,一般法原则具有社会层面和学理层面的特质,而非思想层面的根本所在。

我们所说的刑法原则体系,指的是作为俄罗斯“主要的”“永久性的”部门法意义上的原则体系,因此,它并非仅指刑事立法原则。此刑法原则体系至少包含这样三个层面的原则:刑法原则、刑事立法原则、单个刑法范畴(刑法制度)原则。此原

---

① Лафарг П. Сочинения / П. Лафарг. М., Л., 1931. Т. 3. С. 39.

② Яковлев А. М. Принцип социальной справедливости и основания уголовной ответственности / А. М. Яковлев // Советское государство и право. 1982. № 3. С. 93.

③ Келина С. Г. Принципы советсткого уголовного права / С. Г. Келина, В. Н. Кудрявцев. М., 1988. С. 16.

④ Наумов А. В. Принципы советского уголовного права / А. В. Наумов // Советское уголовное право: Общая часть / Под ред. Г. А. Кригера, Н. Ф. Кузнецовой, Ю. М. Ткачевского. М., 1988. С. 21.

⑤ Виттенберг Г. Б. Развитие основных принципов советского уголовного права в новом Уголовом кодексе РСФСР / Г. Б. Виттенберг // Правоведение. 1962. № 4. С. 88; Демидов Ю. А. Основные принципы советского уголовного права / Ю. А. Демидов // Вопросы борьбы с преступностью. М., 1969. С. 8–18, 21, 22; Загородников Н. И. Принципы советского социалистического права / Н. И. Загородников // Советское государство и право. 1966. № 5. С. 9–65–74; Кригер Г. А. Место принципов уголовного права в системе принципов права / Г. А. Кригер // Советское государство и право. 1981. № 2. С. 103; Наумов А. В. Реализация уголовного права и деятельность следователя / А. В. Наумов. Вполград. 1983. С. 69–82; Фефелов П. А. Принципы советского уголовного права / П. А. Фефелов // Правоведение. 1989. №2. С. 37–39.

则体系依存于刑法对象而存在,否则其便不具备自身的刑法学内容,也就是说,若脱离刑法对象,刑法原则和刑法之间的直接联系便无从谈起。

基于刑法原则体系归于社会意识和法律意识范畴的立场,可以得出结论:其体系结构不仅应当体现这些原则的内部结构和内容,还应当反映出此类原则与已知的社会意识之间所存在的外部联系,即刑法原则体系是作为法律意识的子系统存在于法律意识和社会意识的总系统之内的。因此,刑法原则即是法律意识原则,因为“纯正意义上的法律意识”是根本不存在的。法律意识,就其所涵盖的思想和心理层面而言,它的形成只能根植于具体的社会生活现象。通常,人们对于保护人身、财产、社会秩序等免受犯罪侵害问题的关注,是其法律意识的重要组成部分。相应地,刑事法律意识对于整个法律意识而言,刑法原则对于法律意识原则而言,均具有重要意义。因此,若将刑法原则从法律意识原则中予以排除,则是对后者实质内涵的破坏。

基于俄学者的前述主张,我们可以构建这样一个示意图,对刑事法律原则中的社会公正理念予以进一步阐释。(见图1)

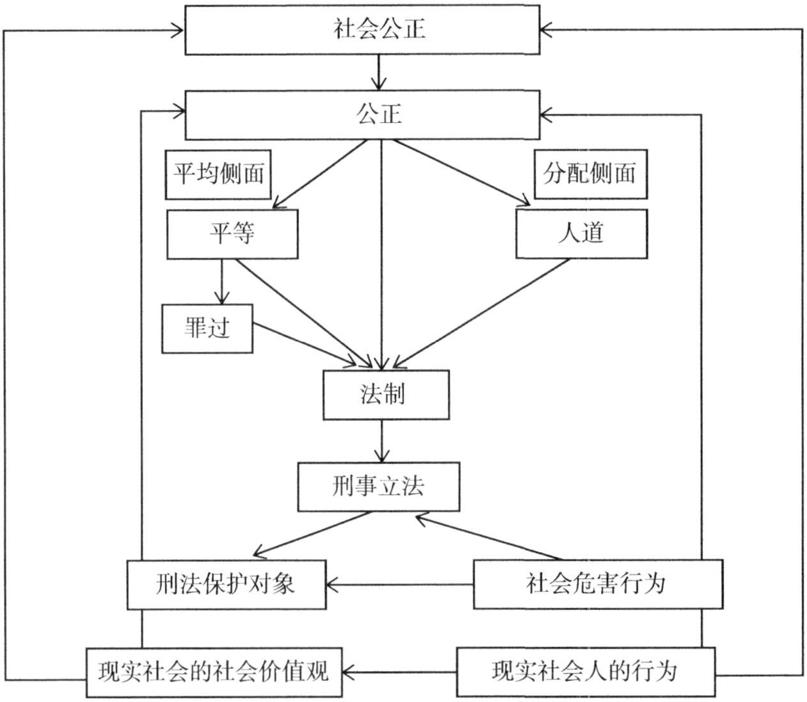

图1　刑事法律原则中的社会公正理念

如图1所示,社会公正作为社会意识核心范畴的组成部分,其内涵最终取决于现实社会的具体条件(经济基础)、人们的行为及基于这些行为所建构的社会价值观(包括精神和物质两个层面),以及在其所构建的价值观基础之上形成的社会成员之间的关系。换言之,"社会公正"范畴的内涵,是由社会价值观和现实社会中人们的行为决定的。可见,作为刑法原则范畴的公正,其内涵取决于刑法的适用对象(这里的刑法对象指的是刑法保护对象和社会危害行为)的"社会公正"内涵,因为"社会公正"正是现实生活中最重要社会价值观和各种行为类型的体现。因此,公正原则,就其社会意义而言,是最丰富而广泛的,其所具有的平均正义和分配正义侧面,分别建构了平等原则和人道主义原则的内涵。与此同时,平等原则又是以罪过原则的根据为前提条件的,因为罪过原则正是刑法中公民平等的主观根据(或者称为内部根据、心理根据)。因为公正的刑事法律内涵并非穷尽平等原则和人道原则,因此不能排除其对法制原则产生直接影响。除此之外,刑法中的所有其他内涵原则(公正原则、平等原则、罪过原则、人道原则),都只能通过法制这一形式的、功能性原则直接或间接地作用于刑事立法内容。申言之,刑法原则作为刑事立法的基本思想,其至少应当在刑事立法中得以体现。因此,如果没有刑事法律的规定性(此为法制原则之实质)存在,那么其他刑法原则意欲构建为刑事立法原则便是枉然。

正因为刑事立法是为保护最重要社会关系免受人们所实施的社会危害行为的侵害而建构的,所以刑事立法自身即包含着这两种社会现象(刑法保护对象和社会危害行为)的内容。与此同时,刑事立法的内涵也正是在社会法律意识思想(公正、平等和人道、罪过和法制)的彰显下形成的。因此,刑事立法原则不可能不体现有关刑法保护对象和社会危害行为的社会法律意识思想。基于此,刑法基本原则应当是刑事立法自身所涵盖的内容。

第二节　俄罗斯刑法原则的体系构建

一、俄罗斯刑法原则体系构建之相关争议问题

(一)刑法原则架构要素类别化争议问题

刑法原则是以统一的完整体系得以呈现的,俄学界关于刑法原则体系方面的问题并未达成共识。学理层面的刑法原则可以根据不同的根据作出不一致的分类。苏联时期,俄刑法学者通常将刑法原则区分为:所有部门法本质上所固有的一般原则和仅刑法本身所独具的特殊原则,①有时还会单独区分出一种跨部门原则。20世纪90年代,格琳娜和库德里亚夫采夫提出,特殊原则指的并非他物,而正是一

① Кузнецов А. В. Уголовное право и личность. -М. , 1977. -С. 110-113.

般原则在具体部门法中的反映。[①] 基于此，纳乌莫夫指出："应当同意这种立场，即它不仅考虑到部门法分立进程是法律体系发展的必然趋势，而且也反映出了体现相反趋势的各部门法的同步整合进程。"[②]

俄学者菲利莫诺夫根据不同的标准对刑法原则进行了相应分类。他根据原则的内涵将其分为刑法的宪法性原则和其他刑法原则。[③] 俄学者对此种分类法提出了质疑，指出"很难同意这种分法，最直观的理由就是这种区分的原因是什么。认可一类原则为宪法性原则，其结果必然会导致将另外一类原则评价为非宪法性原则"。[④] 菲利莫诺夫则对自己所提出的分类法进行了论证，他认为第一类原则（宪法性原则）是刑事立法所必须具备的原则，而第二类原则正好相反，不具有这种严格的强制适用特性，此类原则可以根据具体的阶段和任务的不同而具有可变性。[⑤] 这里其实就会产生一个问题：如果某种原则对于整个刑法而言不具有强制适用的特征，那么又如何能将其认可为刑法原则呢？菲利莫诺夫提出的第二种刑法原则分类，其所依据的标准是原则所具有的内涵特征。他据此将刑法原则分为两类：一类是相对于规定具体犯罪责任之法律规范的内容和体系的原则；另一类是调整犯罪人刑事责任之根据、内容和限度的原则，或者称为刑事责任原则。[⑥] 根据菲利莫诺夫的主张：第一类原则包括两个方面，即保护个人，以及防卫社会和国家（决定刑法分则法律规范内容的原则）；[⑦]第二类原则指的则是俄《刑法典》第3-8条以及某些其他条文规定的原则。[⑧] 俄学者洛芭神科（Н. А. Лопашенко）认为，菲氏的此种分类法是不成立的，如果根据菲氏的此种分类法，则他所区分的第一类刑法原则仅能适用于部分刑法内容，也就是说，仅适用于刑法分则，而不能适用于刑法总则。[⑨]

俄学者纳比耶夫也对刑法原则体系进行过一定研究，他将刑法原则分为两种：一种是专门规定于《刑法典》单独规范中的原则，如平等原则、罪过原则、公正原则、人道原则；另一种是通过对《刑法典》相应系列条文规范进行分析而得出的原则，如责任不可避免原则、刑事责任细化原则、刑法调整的经济性原则、不再犯的激励原

---

① Келина С. Г., Кудрявцев В. Н. Указ. соч. С. 61-62.

② Наумов А. В. Российское уголовное право. Общая часть. -М., 1996. -С. 47.

③ Филимонов В. Д. Принципы уголовного права. -М., 2002. -С. 35.

④ Лопашенко Н. А. Основы уголовно-правового воздействия. -СПб.: Издательство《Юридический Центр Пресс》, 2004. -С. 161.

⑤ Филимонов В. Д. Указ. соч. С. 35-36.

⑥ Филимонов В. Д. Указ. соч. С. 56-77.

⑦ Филимонов В. Д. Указ. соч. С. 78-137.

⑧ Филимонов В. Д. Указ. соч. С. 78-137.

⑨ Лопашенко Н. А. Указ. соч. С. 162.

则和犯罪后正面行为原则。[①] 可见,纳比耶夫所区分的第二种原则即是刑事责任原则。

扎果罗德尼科夫(Н. И. Загородников)将刑法原则区分为一般原则和特殊原则,其中,一般刑法原则包括民主主义原则、法制原则、人道主义原则和国际主义原则;特殊刑法原则内涵更加广泛,指的是这样一些内容:充分保护劳动者收益原则、个人责任原则和罪过责任原则、人民代表参与刑法规范的应用和实施原则、预防犯罪原则、犯罪行为否定性的刑事法律评价与道德评价相符合原则。[②]

费费洛夫(П. А. Фефелов)则对刑法原则制度进行了这样三段式的区分:一般法原则(法制原则、民主主义原则和人道主义原则),刑法的基本(最重要)原则(刑罚的必然性和个别化原则),特别(辅助)刑法原则(所实施犯罪的严重性和刑罚相适应原则、强制措施经济性原则)。[③] 可见,费氏所主张的原则体系属于"一般—特殊"型的刑法原则分类法。正如马里采夫(В. В. Мальцев)曾指出的:一般法原则、跨部门法原则和特殊法原则作为法原则体系,体现的是一般和特殊之间的关系;这些原则之间相辅相成并且将其法律思想予以具体化,共同形成一个统一整体。"只有在此种情形下,这些原则才能够最大限度地促进其所调整社会关系的进一步发展"。[④]

克里格(Г. А. Кригер)将刑法原则分为一般法原则、跨部门法原则和部门法原则(特殊原则),其中,一般法原则决定"对整个社会主义法制进行法律调整的组织方针和基本特征";跨部门法原则和部门法原则则体现的是"若干部门法领域以及每个部门法中法律调整的特点,以及在若干部门法和每个部门法领域法律调整组织具体化特征"[⑤]。克氏指出,"刑法中存在一些不需要通过特殊原则建构而直接体现出来的一般法原则,如阶级性原则、苏维埃爱国主义原则和无产阶级国际主义原则;而刑法中的其他一般法原则,在对个别制度和规范的形成和应用产生直接影响的同时,具体内化为特殊法原则和跨部门法原则"[⑥]。

纳乌莫夫认为:刑法的一般原则包含法制原则、民主主义原则、人道主义原则和国际主义原则;跨部门法原则指的是预防犯罪原则和责任与刑罚个别化原则;专门原则(特殊原则)指的是责任自负原则(принцип личной виновности только

---

① Набиев И. Г. Принципы назначения наказания: автореф. дис. ... канд. юрид. наук. - Казань, 2004. -С. 7.

② Загородников Н. И. принципы советского социалистического права // Советское государство и право. 1966. №5 С. 65-74.

③ Фефелов П. А. Понятие и система принципов советского уголовного права / Высш. школа МВД СССР. Свердл. отд-ние. -Свердловск: Сред. -Урал. кн. изд-во, 1970. С. 13, 15, 87.

④ Мальцев В. В. Принципы уголовного права. -Волгоград, 2001. -С. 98.

⑤ Кригер Г. А. Место принципов уголовного права // Советское государство и право. 1981. № 2. С. 106.

⑥ Кригер Г. А. Указ. соч. С. 105.

виновного），又称为主观责任原则（принцип субъективной ответственности）。[①]

戈雷利克（А. С. Горелик）将原则分为一般社会原则、一般法原则、跨部门法原则和部门法原则，据此，他认为每个部门法内部法原则的分类也可以是层级式的，包括部门法的下位法原则、法制度原则和法规范原则。[②]

就我们的认知范围而言，以上所述的各法原则类别以及将刑法原则区分为一般和特殊、基本原则和非基本原则等一系列做法，更具有学理特性，由于与立法实践相距甚远，因而往往不能直接适用于立法实践。比如民主主义原则，就其性质而言，并不属于刑法原则的范畴。之所以会有学者主张将其认定为刑法原则，主要是其与俄罗斯社会政治领域发生的根本性变革密切相关。其根源在于《苏俄刑法典》包含许多有关公民和劳动集体部门参与那些不具有严重社会危害性的犯罪人改造活动方面的规定，比如有关因免除刑事责任而将案件分别转到和解法庭（《苏俄刑法典》第51条）、予以保释（第52条）、将案件材料转至未成年人案件委员会审理（第10条）等方面的规范。此外，《苏俄刑法典》还有关于社会公众参与被判刑人再教育以及参与前科期限减少问题裁定方面的规定。1996年《俄罗斯联邦刑法典》对前述所列苏俄时期的规范适用采取了否定的立场，即拒绝适用此类规范。后苏维埃时期的立法机关还专门出台过一部联邦法律，对政府机关和社会团体的活动范围进行了严格界分。根据1995年5月19日出台的《关于社会团体联邦法律》第17条的规定，"除本联邦法律另有规定外，不允许国家权力机关及其公职人员干涉社会团体活动，同时，社会团体也不得干涉国家权力机关活动"。[③] 当然，俄刑事立法拒绝适用前述含义的民主主义原则，并非意味着现行《俄罗斯联邦刑法典》是一部不具备民主特征的法典，而正好相反，现代意义的民主思想在俄刑事法律的许多规范中都有所体现，最为明显的体现是俄刑事立法中所规定的公正原则和公民在法律面前平等原则。

（二）刑法原则体系要素之内涵理念争议

有关"刑事责任和刑罚的必然性"是否可以归属于刑法原则之列的问题，俄学界基本上是持否定的立场。兹维察罗夫斯基认为，"责任必然性思想，首先，是法律实施机关的任务，而且并不限于刑事法律领域；其次，其含义指的是每个违法行为，其中包括犯罪行为，都不应当不被揭露，也不应当缺失后续的国家和社会的应然回应"[④]。

马尔科夫认为，"保证刑事责任和刑罚的不可避免性，是刑事司法的重要任务

---

① Наумов А. В. Реализация уголовного права и деятельность следователя. –Волгоград, 1983. С. 69–82.

② Горелик А. С. Назначение наказания по совокупности преступлений. –Красноярск, 1975. С. 19.

③ Федеральный. Закон от 19 мая 1995 г. №82–ФЗ《Об общественных объединениях》.

④ Звечаровский И. Э. Современное уголовное право России. –СПб. , 2001. С. 40.

之一,其应当归于刑事责任原则范畴”。[①] 有学者指出,同样不应当将刑事责任必然性思想完全归于刑事诉讼领域,此举有损它的实体法根据,因为刑事责任必然性理念在公民在法律面前平等、罪刑法定和公正等刑法诸原则的内涵中均占有重要地位。因此,多数学者认为,刑事责任不可避免思想虽然不宜构建为独立的刑法原则,但它却属于法制原则、公民在法律面前平等原则和公正原则的应有内涵。

将刑事责任、刑罚的细化和个别化视为刑法原则的主张也同样受到俄学界的质疑。他们认为,刑事责任细化属于立法规定的方法,不是司法活动原则,因为它是由立法者予以实现的;“责任细化原则在俄现行刑事立法中并没有适当的立法根据”。[②]

相对于责任细化原则而言,责任个别化问题是更加复杂的学理问题。有学者认为,责任个别化原则属于刑法原则范畴,而且还有学者试图将此原则构建成为一种“超级原则”,比如索洛维耶夫(А. Д. Соловьев)就认为个别化原则汇集了所有其他刑法原则。[③]

俄学者克里盖尔(Г. А. Кригер)认为,“刑罚个别化原则可以界定为:法院根据法律和犯罪人的法律意识确定的、与具体条件下所实施行为和犯罪人人身的社会危害性程度相适应的刑罚措施”。在刑罚个别化原则内涵方面持相同立场的还有苏联著名刑法学者卡尔别兹(И. И. Карпец)[④]和别利亚耶夫(Н. А. Беляев)[⑤],他们在此种立场基础上,又在量刑原则体系中增加了法制和人道的要素,即这里的法制原则和人道原则为刑罚个别化原则所吸收。克鲁格里科夫(Л. Л. Кругликов)在论及刑罚个别化特征时指出,刑罚个别化原则“毋庸置疑,是最重要的法律规定,因为刑法中的责任是人格化的,它所针对的仅是有罪过地实施了具体犯罪的特定行为人”。[⑥] 由此可见,刑事责任和刑罚个别化是法院基于每个具体事件和案件具体情况作出相应刑法性质措施所要考虑的那些独立思想、规则和条件的集合。维里耶夫(С. А. Велиев)指出,所谓“超级原则”,应当满足这样两个要求:一是它所反映的应当是现实的、客观的联系,而不是被我们的意识所结构化了的要素之间的关系;二是所使用的综合概念应当具有区别于其组成部分的自身内涵。那么,从“超级原则”所应具备的两个要求来看,“刑罚个别化”不符合其中的任何一个要求,因此,

---

① Уголовное право. Часть общая. -М. , 1999. С. 39.

② Лесниевски-Костарева Т. А. Дифференциация уголовной ответственности. Теория и законодательная практика. -М. , 1998. С. 72.

③ Соловьев А. Д. Вопросы применения наказания по советскому уголовному праву. М. , 1968. С. 7.

④ Карпец И. И. Индивидуализация наказания в советском уголовном праве. - М. : Юрид. лит. , 1961. С. 12.

⑤ Курс советского уголовного права. Часть Общая. -Л. , 1970. Т. 2. С. 321-322.

⑥ Кругликов Л. Л. Проблемы теории уголовного права: Избранные статьи (1982 - 1999 гг.). Ярославль, 1999. С. 102.

它不具备此种综合概念的特点，因而它不可能是量刑的“超级原则”。[①] 与此同时，俄学界还指出，同样不能对个别化原则冠之以“刑法原则”的称谓，因为作为其他各原则内在要求的集合，应当涵盖所有原则的内容并且本身并不具有独立原则的意义；刑罚个别化，其实指的是法院对于具体案件裁定相应刑法性质措施的活动。

马里采夫[②]以原则间的体系性互动模式为基础，将刑法原则放在体现刑事立法意义的体系中予以研究，其前提是社会中存在的不同层次的社会价值观，其中，“公正、公民在法律面前平等、人道，是更深层次的社会价值观，其超越法律规范范畴并因此成为刑事立法的基本原则，体现于法制原则之中（反过来以其所包含的社会内容来丰富法制原则），并且通过责任自负原则和责任必然性原则具体适用于刑法”。[③] 对此持反对立场的学者则指出，刑法原则之间的互动式理解，并不能正确回应各原则所体现的自身功能，因为原则在系统内部是动态的协调状态，与此同时，各个原则在其“自己的”属性内部又是各自独立的，那么，在此种情况下认定法制是人道或（和）公正之体现的说法是很难成立的。刑法各原则，应当建立在相对平等的原理基础之上，其功能有机地相互交织，具有整个体系相统一所必需的一致取向。[④]

综上，俄通说立场认为，《俄罗斯联邦刑法典》第 3 条至第 7 条所规定的刑法原则体系是合理的，除此之外的其他原则都不可能归入刑法基本原则之列。俄罗斯联邦现行刑法只规定了五个原则：法制原则、公民在法律面前平等原则、罪过原则、公正原则和人道原则（《俄罗斯联邦刑法典》第 3-7 条）。

（三）俄罗斯刑法原则体系要素之位阶争议

应当说，刑法思想体系相较于刑事立法规范思想体系而言，其形式和表达方式都可以是同一的。虽然刑法思想体系，各要素之间的相互联系以及法律意识思想都是现实存在的，但作为科学思维对象，其内容更具抽象性。虽然刑事立法规范思想体系也具有一定抽象性，但它是现行立法的组成部分，因此须严格限制于已知的表现形式构架中，即应当遵从规范思想在刑事立法中定位的有序性，也就是说，这种有序性不仅应当体现刑法原则体系，而且还要与每一个刑事立法原则的含义相符。

基于前述理念支撑，有俄罗斯学者认为，正因为作为具有最显著内涵意义的思想，公正在刑事立法中是通过其平均正义侧面（平等原则）和分配正义侧面（人道

---

① Велиев С. А. Принципы назначения наказания. СПб. , 2004. С. 112.

② См. : Мальцев В. В. Принципы уголовного права и их реализация в правоприменительной деятельности. СПб. , 2004. С. 141.

③ Мальцев В. В. Принципы уголовного законодательства и общественно опасное поведение // Государство и право, 1997. № 2. С. 98.

④ Кияйкин Д. В. Принцип законности в уголовном праве. Дисс. канд. юрид. наук. М. , 2001. С. 114.

原则）予以实现的，所以规定法律面前平等原则的规范就应当位于刑法典所规定的所有原则之首，此原则在刑事立法中应得到全面且最深入的体现。即使是人道原则，也只能在平等的框架内得以实现，即所有具有诸如年龄、健康状况、出身等人文要素实质特征的人，在法律面前责任平等的前提即满足前述人文特征的性质和内涵。刑事立法规定的第二顺位的原则是人道原则，因为正是公正所内含的人道主义组成部分，才是对社会危害行为犯罪化的广度和严厉程度、刑罚的体系和种类的确定，以及对每一个刑事案件最终刑罚措施的选择产生重要影响的要素。

公正原则的内涵可以通过平等原则和人道原则得以近乎完整地体现，若缺乏对前述两原则地应然关注，则会出现对公正原则含义的不正确理解。因此公正原则也应当以单独规范的形式予以体现，其在刑事立法中的位置当紧随于平等原则和人道原则之后。

罪过原则是平等原则的体现形式之一，其相较于公正、平等、人道原则而言，在社会法律内涵方面略逊一筹，因此就其在刑事立法中的意义当属第四顺位的刑事立法原则。

法制原则是社会法律意义框架之内其他所有原则的法律形式，体现着刑事立法原则之于刑法其他范畴、制度、概念和规范的优先地位。它将所有原则联合成一个统一的原则体系，从这个意义上讲，法制原则可以被看作刑事立法原则体系建构的法律根据。

综上，有俄罗斯学者提出了刑事立法原则的重构模式，即将俄现行刑事立法中规定的法制原则，从第一顺位调整至刑法原则的最后一位，即刑法原则在刑事立法的排序是：平等原则、人道原则、公正原则、罪过原则、法制原则。①

二、俄罗斯刑法原则体系传统理念评价

如前所述，在俄罗斯法学界的传统观念中，一般将刑法原则体系按照不同的等级序列进行划分，即将刑法原则区分为不同层次。然而，俄法学文献在刑法原则体系的层级结构问题上并未达成共识，学界提出了二阶层、三阶层、四阶层，甚至于更多层级结构的主张。

刑法原则体系二阶层说的代表学者是维滕贝格（Г. Б. Виттенберг）。他认为，刑法规范所依据的基本原则可以划分成两个层级：第一层级当属刑法之一般法律原则序列，此层级原则体系适用于所有部门法且在刑法规范中得以发展；第二层级原则体系则专属于或者主要适用于刑法规范的特别刑法原则。② 扎戈罗德尼科夫

① Мальцев В. В. Принципы уголовного прав в законодательстве и философско-правовых учениях // Публичное и частное право. 2009. Вып. II. С. 142.

② Виттенберг Г. Б. Развитие основных принципов советского уголовного права в новом уголовном кодексе РСФСР // Правоведение. 1962. № 4. С. 90.

(Н. И. Загородников)是此刑法原则体系二层级结构的拥护者。[①]

刑法原则体系三阶层说的提出者是克里格尔(Г. А. Кригер),他在所有法律调整所共同具有的一般法律原则之外,又划分出跨部门法律原则(межотраслевые правовые принципы)和部门(特别)法原则(отраслевые либо специальные правовые принципы),其中,跨部门法律原则体现的是若干相邻部门法之法律调整的特征,而部门法原则(或称特别法原则)则反映特定部门法规范的调整特点。[②]此外,俄著名刑法学者别利亚耶夫还提出了另外一种路径的三阶层结构刑法原则体系,即一般法律原则、一般刑法原则和特别(专门)刑法原则。根据别利亚耶夫的观点,刑法是建筑于一般法原则、一般刑法原则的和特别(专门)刑法原则基础之上的。其中,一般法原则在刑法效力范围内即变成一般刑法原则,与此同时,刑法还立足于体现刑事法律政策之特别(专门)刑法原则之上。[③]

刑法原则体系四阶层说的代表学者是阿列克谢耶夫(С. С. Алексеев),他将刑法原则区分为一般法律原则、跨部门法原则、部门法原则和部门法之法律制度原则(принципы правовых институтов)。[④] 对刑法原则进行类似分类的还有其他一些刑法学者。[⑤] 俄著名刑法学家马里采夫的主张总体上等同刑法原则四分法说,但他在刑法作为部门法的内部原则层面(部门法内部的法律制度原则)又区分出两类原则:范畴原则(在具体刑法制度原则的划分上,将"犯罪论"和"刑罚论"作为两个范畴区别对待)和具体制度原则(比如量刑原则)。[⑥]

前述刑法原则体系的划分呈现出不同层次结构,虽然每种学说主张的层次结构数量各不相同,但却都呈现出一个相类似的划分标准,即各不同阶层说都是按照法律体系的结构划分出多层次的刑法原则机制,即所依据的结构层次越多,所划分出来的刑法原则体系的层级数量就越多。由此可见,法律体系的每一结构要素(甚至于每个法律制度)的创建,都要考虑其所依据的具体原则,抑或先创建法律结构要素或法律制度,然后在既有框架之内再进一步"制定"其适用的原则。此种研究问题的路径自然引起了俄学界的疑虑,因此,有学者提出,如果一个原则适用的刑法制度不是一个,而是两个,那么这个原则当属部门法层级的,还是制度层级的原则序列?首先,这里所列原则不可能是部门法层级的,因为它仅适用于部门法很小

---

① Загородников Н. И. Принципы советского социалистического уголовного права // Советское государство и право. 1966. № 5. С. 71-74.

② Кригер Г. А. Принципы советского уголовного права // Демократия и право развитого социалистического общества: Материалы всесоюз. науч. конф. / Под ред. А. И. Денисова, Г. В. Иванова, Г. А. Кригера. М., 1975. С. 355.

③ Беляев Н. А. Избр. тр. СПб., 2003. С. 39.

④ Алексеев С. С. Общая теория социалистического права. Свердловск, 1963. Вып. 1. С. 152-153.

⑤ Козюбра Н. И. Социалистическое право и общественное сознание. Киев, 1979. С. 188; Явич Л. С. Право развитого социалистического общества (сущность и принципы). М., 1978. С. 165.

⑥ Мальцев В. В. Принципы уголовного права. Волгоград, 2001. С. 247-265.

部分范畴;其次,它也不属于制度层级原则,因为它超出了单个制度的范畴。基于此,有俄学者便提出,既然存在跨部门法的原则体系,那么以此类推,也可以单独划分出跨制度层级的原则系统,即将刑法原则体系划分成七个层级,即一般法原则、跨部门法原则、刑法原则(部门法原则)、跨制度原则、制度原则、跨规范原则和刑法规范原则(单个刑法规范原则)。[①]

上述划分所依据的理论前提是刑法原则体系的建构根据是法律体系的分类,这便会产生一个几乎是无解的问题,即刑法原则体系细化的层级界限到底是什么,是所有规范的总和,还是一个单个规范,抑或还可能是某一具体规范的结构要素(预测、罪状、制裁)?此外,如果我们预设存在某种跨规范原则,即此种原则全部适用于若干具体规范,则这便意味着部门(跨部门)原则就毫无例外地适用于此部门法(多部门法)的全部规范,但这是不可能实现的,因为总是会存在某些规范与既定原则相"疏离",此类规范或者从属于其他原则,或者因为某种其他原因而疏离于既定原则,甚至会存在有的规范与既定原则相冲突的情形。俄学者还从另外一个角度质疑前述刑法原则的划分路径,并且提出刑法原则的定位问题。他们指出,如果刑法原则层级的划分依据是法律体系之结构,那么"一般"法律原则应当属于哪个部门法领域?一般法原则作为抽象的"一般"的部门法,其与刑法之间又是怎样一种关系?基于此,许多学者对前述刑法原则的划分路径提出了反对意见,他们认为,"一般法原则不可能适用于刑法领域,因为它们不能与部门法原则同时在各部门法领域发生效力,它们并非直接,而只是通过这些部门法原则发挥作用"[②]。因此,他们得出结论认为,一般法原则并不是依据法律结构体系而划分为刑法原则的类别,其理由如下。

首先,此种划分路径违反了原则本身所具有的属性。原则作为普遍适用思想,因其具有普遍性特征,故很难受制于任何框架性束缚。这就是为什么思想具有普遍性,因而其可以延伸适用于单一要素的无限集合中。这些元素在原则的影响下不断产生,甚至成倍增长。因此,原则体系构建的根基应当是其体系内部的各个层级,而绝不是所从属和其所衍生现象(这里的现象指的是部门法及其制度、规范或者范畴)的层级。俄学者由此而得出结论认为,并非原则构建于法律制度框架之下,而是法律制度"源于"原则,并且同一原则之下可以涵盖若干法律制度或者尚未形成制度的规范集合。

其次,原则是人所创制的,其所在之处必定会有某种社会活动,相对于刑法而言,则指的是刑事法律政策的实施活动。因此,必然凸显的,或者是活动原则,或者

---

① Попов А. Н. Принцип справедливости в уголовном праве: Дис. … канд. юрид. наук. СПб., 1993. С. 26.

② Дагель П. С. Принципы советского уголовного права // Советское государство и право. 1972. № 3. С. 143.

是此种活动结果的原则。

最后，基于上述理由，俄学者将法律原则体系“绑定”于法律体系的结构要素（而非法律体系自身）。他们将此结构要素区分为静态要素和动态要素，其中，静态要素的下位组成部分有规范要素、组织要素、意识形态要素；动态要素则指立法活动和司法活动。基于此派学者的主张，依托于对静态、动态要素的区分，可以相应地得出各自属性的原则分类，即“静态”原则包括：法律原则，政权机关的组织原则、功能原则和互动原则，法律观念—原则、法律习俗和法律成规。动态原则包括：立法原则和司法原则。[①] 相应地，刑法原则的排列即依据活动的水平和种类（指的是一般、组织层面，具体活动方向层面，活动结果层面）。这里的活动原则指的便是动态原则，而此类活动结果的原则即对应的是静态原则。

根据前述学者的立场，既然现行刑事法律制度是刑事政策的既定结果，则刑法原则实质上是一种静态原则。其中，基本的刑事政策方针当包含规范创制、犯罪化和非犯罪化以及行为的刑罚化和非刑罚化、刑事法律行为的定罪、量刑、刑法激励机制。与此同时，基于刑事政策方针的内容，可以分列出这样五组动态原则：立法原则、犯罪化和非犯罪化与刑罚化和非刑罚化原则、定罪原则、量刑原则、激励原则。

谈及刑法原则机制，必须关注这样一个事实，即俄学界还提出了一个特殊类别的刑法原则——刑法专门原则（специфические принципы уголовного права），即此类原则是仅为刑法所具备，并且正因为具有此特征，才使得此类原则成为专门原则。[②] 根据俄学界立场，此类原则一般包括：犯罪责任不可避免和个别化原则，[③]国家强制措施经济原则、个人责任原则。[④] 此外，还有部分俄罗斯学者认为，“只有在刑法范畴和刑法制度框架下，才有专门刑法原则的存在”[⑤]。与此同时，俄法学文献中还有另外一种观点，即认为根本就不存在什么专门原则，因为所谓的专门原

---

① Скурко Е. В. Правовые принципы в правовой системе, системе права и системе законодательства: теория и практика // Пра воведение. 2006. № 2. С. 59.

② Крысин Л. П. Толковый словарь иноязычных слов. М., 1998. С. 658.

③ Фефелов П. А. Уголовно-правовой механизм и проблема специфических принципов // Проблемы совершенствования законодательства по укреплению правопорядка и усилению борьбы с правонарушениями: Межвуз. сб. науч. тр. / Под ред. Р. Р. Галиакбарова, М. И. Ковалева, И. Я. Козаченко и др. Свердловск, 1982. С. 48.

④ Непомнящая Т. В. Назначение уголовного наказания: общие начала, принципы, критерии: Учеб. пособие. Омск, 2003. С. 18.

⑤ Пудовочкин Ю. Е., Пирвагидов С. С. Понятие, принципы и источники уголовного права: сравнительно-правовой анализ законодательства России и стран Содружества Независимых государств. СПб., 2003. С. 79.

则，指的就是部门法原则，是一般法律原则的特别反映。①

在刑法原则问题上，俄学界对同一层面各原则之间关系的问题上也一直未达成一致意见。比如，俄著名刑法学家格林娜和库德里亚夫采夫认为，起主导作用的原则应当是法制原则和公民在法律面前平等原则，其理由主要体现在两个方面：一是这两个刑法原则都直接源于宪法规定的同名原则（《苏联宪法》第4条和第34条）；二是此二原则是其他刑法原则的基础，即其他刑法原则实质上是法制原则和公民在法律面前平等原则的变体和具体化。比如，责任不可避免原则的存在根据即是公民在法律面前平等原则。② 同时，法制原则在刑法原则中的主导、优先地位也得到俄学界其他学者的认同。③ 此外，俄刑法学界还存在另外一种立场，即赋予公民在法律面前平等原则以至高无上的地位，其根据是"因为它可以看成是所有其他原则的基础，当我们谈及公正、罪过及所有其他原则时，必须先将个人身份置于某个统一平面，而此平面即体现的是公民在法律面前平等原则"④。对前述立场持反对意见的学者则认为，将人道原则、民主原则、公正原则、责任原则所依存的基础认定为法制原则和公民在法律面前平等原则的主张是缺乏合理性的，因为实际上恰恰相反，法制和法律面前人人平等的要求正是源于公正、民主和人道的理念。⑤

除了上述立场外，俄学界在刑法原则方面还提出了其他各种不同主张，比如科干（В. М. Коган）将许多具有刑法原则意义的规定归于三大基本原则：法制原则（含责任不可避免原则）、公正原则（涵盖法律面前平等原则和责任个别化原则，此为公正原则的两个方面）和人道原则。⑥ 马里采夫和纳芙罗兹基（В. О. Навроцкий）则赋予公正原则以优先地位，认为"公正原则是包含最广泛社会意义

① Фефелов П. А. Уголовно-правовой механизм и проблема специфических принципов // Проблемы совершенствования законодательства по укреплению правопорядка и усилению борьбы с правонарушениями: Межвуз. сб. науч. тр. / Под ред. Р. Р. Галиакбарова, М. И. Ковалева, И. Я. Козаченко и др. Свердловск, 1982. С. 143; Пудовочкин Ю. Е., Пирвагидов С. С. Понятие, принципы и источники уголовного права: сравнительно - правовой анализ законодательства России и стран Содружества Независимых государств. СПб., 2003. С. 19; А. Понятие и система принципов советского уголовного права. Свердловск, 1970 // Советское государство и право. 1972. № 3. С. 60.

② Уголовный закон: опыт теоретического моделирования / Под ред. С. Г. Келиной, В. Н. Кудрявцева. М., 1987. С. 64-65.

③ Строгович М. С. Курс советского уголовного процесса. М., 1968. Т. 1. С. 175.

④ Семенова И. С. Принцип равенства перед законом в уголовном праве Российской Федерации: Автореф. дис. ... канд. юрид. наук. Саратов, 2004. С. 3.

⑤ Фефелов П. А. Принципы советского уголовного права // Правоведение. 1989. № 2. С. 41.

⑥ Коган В. М. Принципы советского уголовного права // XXVII съезд КПСС и укрепление законности и правопорядка. М., 1987. С. 93-95.

的原则,其所涵盖的平均与分配的实质侧面分别决定着平等原则与人道原则的内涵”。①

综上所述,俄罗斯刑法学界在刑法原则的分类及层级划分等方面存在不同的立场和主张,可以说,俄刑法原则体系之建构与解构的分析路径呈现百花齐放、百家争鸣的局面,其所有争议均以俄罗斯联邦现行刑事立法规定的五大原则为终结,即法制原则、公民在法律面前平等原则、罪过原则、公正原则和人道原则。

三、俄罗斯现行刑事立法中刑法原则体系之构建

俄学界普遍认为,刑法原则是一个统一的整体系统,“所有原则之间紧密关联,缺少其中任何一个原则,都将导致整个法律体系的功能解体”②。基于此,俄刑法学者裘恰耶夫(А. И. Чучаев)指出,“刑法不可能仅基于其中任何一个原则而存在,即使这个原则是最有意义且最重要的”③;俄当代著名刑法学者洛芭神科也阐述过相似立场,认为“不能贬低其他刑法原则的意义,每一个原则就其自身意义和内涵而言都是刑法的基本构成要素”④;鲍伊科(И. И. Бойко)也曾指出,应当排除“所有原则之间或者个别原则之间的从属关系,以及其中一个原则相对于其他原则的从属(附加)价值”⑤。

如前所述,俄罗斯现行刑事立法首次明确规定了五大刑法基本原则,这些原则和本法典其他规范一样,具有强制性和实践特性。刑法基本原则适用于立法者、司法者、潜在违法者及其受害人,以及那些受刑法、刑事诉讼法和刑事执行法调整的所有公民。⑥

俄现行刑事立法原则规定在《俄罗斯联邦刑法典》第 1 章“俄罗斯联邦刑法典的任务和原则”中。此章头两条涉及的是刑事立法的本体结构和任务,接下来的五条规定了刑法原则,最后一条(第 8 条)规定的是刑事责任的根据。有俄罗斯学者根据前述立法模式,甚至提出将第 8 条也归于刑法原则之列的主张。⑦ 此种立场得到菲利莫诺夫⑧的赞同,但多数学者提出反对意见,认为不应该将第 8 条“刑事责任的根据”归于刑法原则的范畴,而应将其规定在第 4 章“应当承担刑事

---

① Мальцев В. В. Принципы уголовного права. Волгоград, 2001. С. 131; Навроцький В. О. Теоретичні проблеми кримінально-правовоі кваліфікації. Київ, 1999. С. 297.

② Келина С. Г. , Кудрявцев В. Н. Указ. соч. С. 61-62.

③ Уголовное право. Общая часть / под ред. проф. А. И. Рарога. М. , 1997. С. 9-10.

④ Лопашенко Н. А. Основы уголовно-правового воздействия. СПб. : Издательство《Юридический Центр Пресс》, 2004. С. 163.

⑤ Уголовное право. Общая часть / под ред. В. Н. Петрашева. М. , 1999. С. 43.

⑥ Кузнецова Н. Ф. Новый Уголовный кодекс России // Юридический мир. 1997. № 3. С. 27-28.

⑦ Лопашенко Н. А. Основы уголовно-правового воздействия. -СПб. : Издательство《Юридический Центр Пресс》, 2004. С. 163.

⑧ Филимонов В. Д. Принципы уголовного права. -М. , 2002. С. 56-77.

责任的人”[1]。洛巴神科则认为，基于刑事责任根据理念，第 4 章的立法内涵过于“狭义”，而如果依正确的逻辑思维，则应当在刑法典中以单章的形式规定刑事责任的概念、根据及其原则。[2]

关于俄现行刑事立法所规定的刑法原则之间的相互关系问题，俄学界也存在不同观点。有学者认为，“《刑法》第 3-7 条规定的刑事责任原则，在作用于较为具体的规范建构或在司法实践中适用具体案件时，可能会产生相互冲突，或者与《刑法》第 2 条规定的‘刑法任务’之间发生冲突。解决此种冲突的方法是立法者建构新规范予以妥协，而涉及具体案件时，则需要法官、侦查人员、检察官、调查人员作出某种妥协”。[3] 持反对立场的学者则指出，之所以会出现法律冲突，特别是原则性规定方面的冲突问题，主要是因为立法水平较低。这种情况下，修订原则性规定的任务不应当由执法者来完成，因为这是立法者的特权。此外，在构建新的法规范时，立法者应当立足于刑事法律的现有规范，尽量新规范与现有规定之间相协调。[4]

综上，根据俄学界通说立场，刑法的每个原则都具有其独立意义，因此，刑法遵循的不应当是其中的一个原则而忽视其他原则（无论所要遵循的那个原则有多重要），因为每个原则对于刑事政策的实现都具有同等重要的意义。[5] 因此，有必要揭示每个刑法原则的内涵要旨。

（一）法制原则

俄罗斯刑法中的法制原则起源于罗马法，其当代释义为“Nullum crimen, nulla poena sine lege”原则（нет преступления, нет наказания без закона），此即中国刑法中的罪刑法定原则（法无明文规定不为罪，法无明文规定不处罚）。法制原则，作为一项普遍适应的法律原则，是文明社会正常生活、活动的基础。俄罗斯传统对于法制原则的理解，其与准确且一致地遵守法律要求和适用法规范相关联。

根据《俄罗斯联邦刑法典》第 3 条的规定，“行为是否构成犯罪，是否应受刑罚惩罚以及发生其他刑法后果，只能由本法典规定”。同时，俄立法者还规定不允许类推适用刑事法律（本条第 2 款）。此项规定源于宪法关于政府当局、公职人员和公民遵守《俄罗斯联邦宪法》和《俄罗斯联邦刑法典》义务的规定。

---

① Звечаровкский И. Э. Современное уголовное право России. -СПб. , 2001. С. 40.

② Лопашенко Н. А. Основы уголовно-правового воздействия. -СПб. : Издательство《Юридический Центр Пресс》, 2004. С. 163.

③ Комментарий к Уголовному кодексу Российской Федерации / Отв. ред. А. А. Чекалина. - М. , 2002. С. 22.

④ Лопашенко Н. А. Основы уголовно-правового воздействия. -СПб. : Издательство《Юридический Центр Пресс》, 2004. С. 164-165.

⑤ Кудрявцев В. Н. , Келина С. Г. О принципах советского уголовного права // Проблемы советского уголовного права // Проблемы советской уголовной политики: межвуз. тематич. сб. -Владивосток, 1985. С. 9.

俄刑法学界关于法制原则的理解范畴相当广泛。加里阿克巴罗夫从以下几个侧面理解法制原则：(1)刑事案件的裁定应当适用统一的刑事法律和解释；(2)刑事法律的公布实施应当以《俄罗斯联邦宪法》为根据；(3)所有打击犯罪的执法活动的实施都应当以刑法为根据；(4)认定一个人是否犯罪人只能依据刑法的规定；(5)行为是否构成犯罪和是否应受刑罚处罚，只能根据刑法予以确定，即"法无明文规定不为罪，法无明文规定不处罚"；(6)禁止类推适用刑法；(7)只能根据刑法规定的限度和程序确定刑罚；(8)只能根据刑法的规定免除刑事责任和免除刑罚；(9)适用刑法规范过程中司法自由裁量的限度问题，只能由刑法通过自身规范内涵予以平衡决定；(10)每个公民都必须准确且一致地遵守刑事法律。[①] 俄学界基本赞同法律原则含义的此种理解模式，但其中也有学者对于将"公民准确且一致地遵守刑事立法"看作法制原则的基本特征提出异议。他们认为，如果从一般的法理视角来理解法制原则，则法制指"要求一切主体，即公民、公民团体、公职人员、国家机关都应当严格和一致地遵守和执行所有法律规范、所有法律规定"[②]，对此是没有任何选择余地的。然而，就刑法框架而言，则前述所列要求不应当是原则，而应当归于此部门法的任务范畴。

萨曼达罗夫(Ф. Ю. Самандаров)论及法制原则时，将其特征概括为六个方面：(1)包括法院在内的执法机关活动，只能根据法律进行组织和开展；(2)行为认定为犯罪，以及实施此种行为的行为人认定为犯罪人，都只能根据法律予以实现；(3)只能根据法律，才能对认定为犯罪人的行为人适用刑罚；(4)行为人实施符合犯罪构成的社会危害行为，是认定行为人刑事责任的根据，行为人的犯罪性和应受刑罚处罚性，只能根据刑事法律予以确定；(5)如果一个人的行为认定为犯罪，并且其实施此种行为的罪过得以确证，则可以在规定此行为责任条文的制裁限度内对其适用刑罚；(6)只有在刑法有规定的情况下，才能对行为人适用其他刑法性质措施、免除其刑事责任和免除刑罚。[③] 俄学界对萨曼达罗夫有关法制原则特征的论述给予了较高的评价，认为他的主张反映出法制原则与刑法其他原则之间的相互关系，同时认为其不足之处是没有提及国际刑法相对国内刑法所具有的优先地位。

库兹涅佐娃(Н. Ф. Кузнецова)教授有关法制原则的立场得到俄罗斯多数学者的赞同，也可以将其立场看作俄学界在法制原则内涵上的通说立场。她认为，法制原则应当符合六个方面的法律要求：(1)国际刑法之于国内刑法的优先地位；(2)刑法的合宪性；(3)很多世纪以来全人类普遍适用的道德和法律规则："法无明文规定不为罪，法无明文规定不处罚"；(4)全面构建刑法典中犯罪的责任规范；

---

① Галиакбаров Р. Р. Уголовное право. Общая часть. С. 16–17.

② Алексеев С. С. Право：азбука –теория –философия：Опыт комплексного исследования. М.，1999. С. 38.

③ Самандаров Ф. Ю. Уголовное право. Общая часть：учебник. 2002. С. 29.

(5)禁止刑法的类推适用;(6)立法者只能将给个人、社会、国家利益造成损害的行为(作为、不作为)规定为犯罪。[①] 总之,合法性(法制)作为刑法原则适用于刑事法律适用的各个阶段,其在每个阶段的效力都是具体的。

(二)公民在法律面前平等原则

《俄罗斯联邦刑法典》第 4 条明确规定了公民在法律面前平等原则。[②] 俄罗斯刑法中确立此项原则的法律基础是《世界人权宣言》和《俄罗斯联邦宪法》的相关规定。

根据《世界人权宣言》第 7 条的规定,"法律面前人人平等,并有权享受法律的平等保护,不受任何歧视"[③]。《俄罗斯联邦宪法》第 19 条第 1 款规定,"在法律和庭审面前人人平等",本款规定在接下来的本条第 2 款得以具体化,即"国家保障人和公民的权利和自由的平等,无论其性别、种族、民族、语言、出身、财产、职务、居住地、宗教态度、信仰、社会团体属性以及其他情况如何"。《俄罗斯联邦刑法典》第 4 条规定的公民在法律面前一律平等的刑法原则,实际上是对《俄罗斯联邦宪法》第 19 条规定的重现,只是将宪法中的"国家保障人和公民的权利和自由"的表述,改成了"实施犯罪的人在法律面前一律平等并且应当承担刑事责任"。

公民在法律面前一律平等原则是内涵比较丰富的刑法原则,包括以下几方面内容。

(1)所有人都有权受到平等的保护。

(2)保护关系的主体对于刑法保护的对象和犯罪行为要平等对待。

(3)同等的刑事责任根据。

(4)在犯罪化和刑罚化过程中,刑法应当适当体现行为和行为人的社会危害性。

(三)罪过原则

罪过原则属于公认的国际法准则和宪法原则范畴之列,它要求立法者只有在行为具备故意或者过失要素的情况下,才能对行为进行入罪处理以及确定行为人的刑事责任。罪过原则,意指无罪过则不能追究刑事责任,即罪过是追究刑事责任和判处刑罚所必须具备的主观上的前提条件。罪过原则的目的,是保证在必须且充足的界限范围内将犯罪后果归责于行为人。根据罪过原则,只有故意或者过失是构成罪过原则的前提,意外致害则是排除罪过和责任的条件。

俄学界并非所有学者都赞同将罪过原则作为刑法的一个独立原则的立法模式,比如,菲利莫诺夫就认为,"罪过原则……应当属于更具普适性的犯罪之归责原

① Курс уголовного права. Общая часть. Том 1: Учение о преступлении: учебник для вузов / под ред. Н. Ф. Кузнецовой и И. М. Тяжковой. -М.: ЗЕРЦАЛО, 1999. С. 67-70.

② 《俄罗斯联邦刑法典》第 4 条规定:"实施犯罪的人,不分性别、民族、语言、出身、财产状况和职务地位、居住地、对宗教的态度、信仰和社会团体属性以及其他情况,在法律面前一律平等,均应承担刑事责任。"

③ Всеобщая декларация прав человека, принята 10. 12. 1948.

则的组成部分"[①]。对此持反对立场的学者则认为,此种观点是毫无根据地用刑事责任根据框架对罪过原则的效力予以限定。与此同时,还应当指出的是,俄刑法界将罪过在刑法中的体现方式区分为两种:其一,适用于行为犯罪性判定的罪过,即罪过是犯罪构成要素(刑事责任的根据);其二,适用于应受刑罚惩罚性的罪过,此处的罪过影响着刑罚措施的选择。

俄刑法通说认为,罪过原则贯穿于整个刑法范畴以及每一个刑法制度。如果说刑法的中心概念是"犯罪"和"刑罚",则罪过就是此二者得以认定的根据所在。罪过还影响着责任的细化,就客观要件相同但罪过形式不同的犯罪行为而言,对其社会危害性的区分,只能依据犯罪行为的主观罪过形态进行判断。比如,《俄罗斯联邦刑法典》第 105 条规定的故意杀人罪与第 109 条规定的过失致人死亡罪之间的区别,就在于主观罪过的不同。

(四)公正原则

公正原则规定在俄罗斯现行刑事立法第 6 条。[②] 刑法中的"non bis in idem"原则,意指不能为同一犯罪重复承担刑事责任,即俄现行刑法第 6 条第 2 款的规定。

公正原则是一项普遍适用的社会原则,其适用的范畴是整个法律体系。然而,俄学界持不同观点的学者认为,公正原则的适用范围仅限于量刑制度。持此种立场的学者指出,公正原则体现于以下几个方面:(1)公正原则的宗旨是特定行为人之责任和刑罚的个别化;(2)法院在确定责任措施时,应当遵循的准则是对犯罪以及实施犯罪主体之特征要件进行准确评价;(3)刑罚应当与所实施犯罪相适应;(4)刑罚的目的应当是恢复社会公正;(5)在具备特殊情节的情况下,应当适用比法定刑更轻的刑罚;(6)不允许针对同一个犯罪行为进行刑事责任的双重追诉。[③] 诚然,公正原则在量刑制度中体现得更为鲜明,比如,《俄罗斯联邦刑法典》第 60 条第 1 款就直接体现了判处公正刑罚的立法规定,即"对被认定犯罪的人,应在本法典分则相应条款的限度内,并考虑本法典总则的规定,判处公正的刑罚"。此外,《俄罗斯联邦刑法典》第 6 条第 1 款所规定的公正原则直接在第 60 条第 3 款的规定中得以体现,即"量刑时应当考虑犯罪的社会危害性质和程度以及犯罪人的人身特性,其中包括从轻处罚和从重处罚的情节,以及所判处刑罚对于犯罪人改造及其家庭生活条件的影响"。然而,公正原则在刑法中的效力不仅体现于量刑制度范畴。

俄学界还有一种立场直接将公正原则和刑罚个别化原则相混同,认为公正就

---

① Филимонов В. Д. Принципы уголовного права. –М. , 2002. –С. 98.

② 该条规定:"对实施犯罪的人适用的刑罚和其他刑法性质的措施,应该是公正的,即与犯罪的社会危害性质和程度、实施犯罪的情节以及犯罪人的人身特性相当(第 1 款)。任何人不得因为同一犯罪而两次承担刑事责任(第 2 款)。"

③ Галиакбаров Р. Р. Уголовное право. Общая часть. –Краснодар, 1999. С. 18–19.

是“法院判处具体刑法措施所内含的平均正义与分配正义的要求，也就是说，刑罚的种类和限度，应当根据犯罪的社会危害性质和程度、犯罪人的人身特性、减轻和加重责任的情节予以确定”①。然而，俄刑法学界多数学者并不赞同此种主张，他们认为“公正原则和刑罚个别化原则虽然意义较为相近，但它们并不是完全重合的两个原则。个别化常常是相对于犯罪人的人身特性而言的，而公正的概念则更加广义：它既涉及个人利益，也涵盖社会利益”②。

俄著名刑法学者库兹涅佐娃教授认为，“公正原则具有两方面含义，即刑事法律的公正和法院对犯罪所判处刑罚的公正，符合行为犯罪化和犯罪刑罚化之社会根据要求的法律，才是公正的法律”③。俄当代著名刑法学者格琳娜和库德里亚夫采夫教授在其论著中也曾提道：“此原则范畴在刑法中的体现至少包含三个层面。第一个层面是最为明了的，指的是量刑的公正。所谓量刑公正，指的是所判处刑罚的种类和限度，与所实施犯罪的严重性、被判刑人的人身特性以及所发生具体犯罪事件的一切客观和主观情况相符合。然而，为了使审理具体案件的法院能够做出公正的刑罚裁量，立法者就应当为其所禁止的行为规定公正的制裁措施（法定刑），此为公正原则体现于刑法中的第二个层面问题。所谓公正的制裁，不仅指制裁要与法律所规定犯罪行为的严重性相适应，还应当与法定的其他犯罪的制裁之间相互协调。此外，还应当赋予法院在量刑时进行刑罚个别化考量的职权，即法院在量刑过程中得以充分考虑具体犯罪实施的一切可能情况，以便作出公正裁决。第三个层面指的是公正原则在犯罪形成中的体现，即立法者在对某种行为进行犯罪化（非犯罪化）时，应当充分考虑公民关于待定行为的正当性与非正当性的道德、伦理判断。”④

公正原则还体现为刑事法律手段对于犯罪的反应以及此种反应和犯罪之间的适当性。量刑公正的前提条件，是在对犯罪裁量刑法措施时适用刑罚的细化和个别化原则。俄罗斯当代著名刑法学者纳乌莫夫也曾指出，“刑罚或其他刑法性质措施应当公正，即应当与犯罪的严重性和犯罪人人身特点相适应”，“从某种意义上讲，刑法中的公正原则，其实包含了其他几个重要刑法原则，这些原则包括法制原则、公民在法律面前平等原则 和人道原则”⑤。

（五）人道原则

人道原则，是俄罗斯现行刑法的基本原则之一，其特征主要体现在以下几个方

---

① Ласточкина Р. Н. Явная несправедливость наказания как основание к отмене или изменению приговора. -Казань, 1983. С. 30.

② Келина С. Г.，Кудрявцев В. Н. Указ. соч. С. 136.

③ Курс уголовного права. Общая часть. Т. 1：Учение о преступлении：учебник для вузов / под ред. Н. Ф. Кузнецовой，И. М. Тяжковой. М.，2002. С. 73.

④ Келина С. Г.，Кудрявцев В. Н. Указ. соч. С. 134-135.

⑤ Наумов А. В. Российское уголовное право. Общая часть. М.，2000. С. 47.

面:(1)保证社会和国家的安全(刑法应当保护多数守法公民的利益);(2)刑法严厉措施具有经济性适用,其中的刑罚被看作最后的强制措施;(3)对实施犯罪的人不适用酷刑、残害肢体刑和羞辱刑;(4)刑罚体系的构建按照从轻刑至重刑的排列顺序,在具体条文的制裁(法定刑)中刑种的设置也按照此种模式建构;(5)明确暂停适用死刑的规定,总统负责此种判决合法性的监督,即使是在没有特赦申请的情况下也是如此;(6)法律明确规定假释制度、缓刑制度、大赦和特赦制度等,以及免除刑事责任制度或者对于首次实施犯罪、偶然犯罪的情况适用较轻缓措施的相关立法规定;(7)针对未成年人犯罪,规定特殊的刑事责任和刑罚制度措施。①

人道原则规定在《俄罗斯联邦刑法典》第 7 条,本条一开始就规定“俄罗斯联邦刑事立法保障人的安全”(第 7 条第 1 款)。人道原则在刑法中的实现路径具有双重特性:一方面,保护人及其权利和利益不受犯罪侵害;另一方面,保护那些虽然实施了犯罪,但也具有基本的公民权利和义务的犯罪主体,因为这些人虽然是犯罪人,但他们同时具有基本人权,因此,也应当受到法律的保护。

俄罗斯联邦现行刑法通过之前,刑法人道的争议焦点主要集中于有关犯罪人的人道化标准范畴,当时有关刑事立法的人道性或者非人道性的讨论也往往是有关此类问题的。彼时的法学学术文献中的主流观点也认为,刑事法律是否人道首先体现在对于犯罪人的态度方面。② 俄罗斯联邦现行刑法,则正好相反,将人道原则正面价值的体现,归于用一切可能的刑事法律手段保护守法公民。因此,根据俄现行刑事立法的理念,人道原则,首先指的是用刑法手段保护守法公民作为人的永恒价值,其次才是对犯罪人的保护,即国家对人作为个体的永恒价值予以保护。③

有关刑事处罚的经济性原则是否能够成为一个独立刑法原则的问题,也是俄学界曾经热议的问题。有的学者认为,“苏维埃刑法中的社会主义人道,指的是为保护社会利益不受犯罪侵害并且实现改造和再教育犯罪人的目的而适用最低限度的刑罚”④,基于此,他们将人道原则的内涵区分为两个层面,其中之一便指的是刑事立法适用刑罚手段的经济性原则。⑤ 持此种观点的兹维察罗夫斯基指出,“刑事处罚经济性原则和刑事责任、刑罚个别化原则,虽然都体现出俄罗斯刑法的属性特

---

① Галиакбаров Р. Р. Указ. соч. С. 20

② Звечаровский И. Э. Современное уголовное право России: понятие, принципы, политика. СПб.: Изд-во《Юридический центр Пресс》, 2001. С. 69.

③ Ююкина М. В. Противоречия, связанные с реализацией принципа гуманизма при назначении наказания в отношении несовершеннолетних // Вестник Тамбовского университета, Серия《Гуманитарные науки》. Выпуск 4 (44) Тамбов, 2006. С. 45.

④ Советское уголовное право. Общая часть: учебник / под ред. В. Д. Меньшагина, Н. Д. Дурманова, Г. А. Кригера. М.: Изд-во МГУ, 1969. С. 15.

⑤ Филимонов В. Д. Принципы уголовного права. М.: АО《Центр ЮрИнфоР》, 2002. С. 119.

征，但它们只是诸如人道原则和公正原则等原则的某个侧面"[①]。对此持不同观点的学者则认为，"法律中所反映的法律、国家之于犯罪的人和全体社会成员之间关系的人道主义思想，是在刑法手段的经济性原则中得以具体体现的"[②]，甚至有学者将刑事处罚经济性原则称为"另一种称谓的人道原则"[③]。

洛芭诺娃也将刑事处罚措施的经济性原则看作一个专门刑法原则。她认为此经济性原则指的是："刑罚并不是对犯罪侵害作出反应的唯一一种形式；规定免除刑事责任和刑罚的规范；刑罚阶梯体系的特殊建构，即只有在适用较轻缓刑种不能保证刑罚目的的实现的情况下，才适用法律规定的较重刑种"[④]。有学者认为，洛芭诺娃对于刑罚经济原则内涵的阐述，正说明此项原则是人道原则在量刑制度中的体现。格琳娜和库德里亚夫采夫教授认为，人道原则与所谓的处罚经济原理之间存在非常密切的联系。根据某些学者的观点，处罚经济指的是"只有在通过其他路径不能保证犯罪人的矫正和再教育以及一般预防目的的实现时，才能追究刑事责任……而处罚经济性则应当在立法阶段就有所体现，即在决定将哪些行为纳入刑法规制范围（犯罪化）以及采取哪些刑罚措施（刑罚化）的问题时，就应考虑处罚经济性原则。处罚经济性——是立法者予以体现的人道主义（但不仅限于人道主义）"[⑤]。

综上，俄刑法学界一般认为，《俄罗斯联邦刑法典》第 3-7 条规定的刑法原则，其中的每一个原则，无论就其所涵盖的内容，还是就其所体现的特征而言，都是独具特色的。正因如此，各原则之间的相互作用所体现的并非"整体—部分"或"一般—特殊"的关系，而是彼此互为条件的协调关系。[⑥] 刑法的各原则[⑦]之间彼此相互联系，其中任何一个原则的缺失都将对整体法律功能产生不利影响。立法者的主观选择越是接近于特定历史阶段所固有的社会发展的客观规律，刑法原则及其整个法律体系的运行就会越高效。

---

① Звечаровский И. Э. Современное уголовное право России：понятие，принципы，политика. СПб.：Изд-во《Юридический центр Пресс》，2001. С. 39.

② Российское уголовное право：курс лекций. Т. 1. преступление / под ред. А. И. Коробеева. Владивосток，1999. С. 142.

③ Мальцев В. В. Принципы уголовного права и их реализация в правоприменительной деятельности. СПб.：Изд-во《Юридический центр Пресс》，2004. С. 277.

④ Лобанова Л. В. Целевое усмотрение и экономия мер уголовной репрессии как принципа уголовного права // Уголовно-правовые，пенитенциарные принципы и их реализация：правотворческий，правоприменительный уровни. -Саратов：Изд-во ГОУ ВПО《Саратовская государственная академия права》，2005. Ч. 1. С. 60-61.

⑤ Келина С. Г.，Кудрявцев В. Н. Указ. соч. С. 152.

⑥ Жидких К. В. К вопросу о законодательном определении принципа справедливости // Вестник Адыгейского государственного университета. Серия 1：Регионоведение：философия，история，социология，юриспруденция，политология，культурология. 2007. С. 14.

⑦ 即法制原则、公民在法律面前一律平等原则、罪过原则、公正原则和人道原则。

第三节 俄罗斯刑法原则的功能定位

刑法原则的功能不仅体现于法律理论的研究中,而且在执法机关打击犯罪的活动中同样起着非常重要的作用。俄学界一般将刑法原则界定为刑事立法所体现的,反映人们关于刑法在调整社会关系的方向、根据和范畴方面所持的思想、政治、道德、伦理和法律观念。[①] 为了确定刑法原则在执法活动中的意义,则必须考察法律原则本质所固有的功能范畴。社会现象范畴内的功能,指特定社会制度(或私人社会进程)相对于更高层次组织之社会机制的需求所发挥的作用。[②] 因此,我们所说的法律原则的功能,指的便是其在社会调整机制中所起的作用。

尽管法律原则本身所固有的属性非常重要,但作为其属性之一的功能问题在俄学界一直没有得到应有的关注。若对俄学界迄今为止有关刑法原则功能的研究成果进行梳理,则可以将刑法原则功能概括为以下几个方面:(1)社会意识形态(思想)导向功能;[③](2)政治纲领功能(刑事立法是刑事政策实现的手段之一,而刑事政策又指导着刑法和刑事司法基本原则的创建,故基本原则即是“纲领性要求”);[④](3)调整公民行为的功能(虽然原则本身并没有规定某种具体行为方式);[⑤](4)对法律规定在执法机关活动中的正确实施产生影响;[⑥](5)有助于对现行立法具体规范的意义进行更深入理解;[⑦](6)稳定执法实践的功能(因为刑法原则是一种不变的规定,即其具有持久性,从而能够有效避免某些犯罪活动或犯罪种类之定罪规则的频繁变化);[⑧](7)实现法律结构系统化功能,即原则是促进法律完整性和统一性、保障法律内部协调一致的手段;[⑨](8)对立法发展和完善、法律规范

① Советское уголовное право. Общая часть / под ред. Н. А. Беляева, М. И. Ковалева. М. : Юрид. лит. , 1977. С. 19 - 20; Уголовный закон. Опыт теоретического моделирования / отв. ред. В. Н. КудКудрявцев и С. Г. Келина. М. : Наука, 1987. С. 16.

② Философский энциклопедический словарь. М. : Советская энциклопедия, 1989. С. 554.

③ Васильев А. М. О правовых идеях-принципах // Советское государство и право. 1975. № 3. С. 11-18.

④ Ковалев М. И. , Воронин Ю. А. Криминология и уголовная политика: учеб. пособие. Свердловск: Изд-во Свердл. юрид. ин-та, 1980. С. 16.

⑤ Беляев Н. А. Избранные труды. СПб. : Юрид. центр Пресс, 2003. С. 37.

⑥ Казимирчук В. П. Социальный механизм действия права // Советское государство и право. 1970. № 10. С. 12.

⑦ Смирнов О. В. Соотношение норм и принципов в советском праве // Советское государство и право. 1977. № 2. С. 13.

⑧ Навроцький В. О. Теоретичніпроблеми кримінально - правовоікваліфікаціі. Киів: Атіка, 1999. С. 284.

⑨ Черданцев А. Ф. Системообразующие связи права // Советское государство и право. 1974. № 8. С. 11.

制定的指导功能。[①]

根据俄刑法学界的通说立场，在执法部门打击犯罪活动领域中，刑法原则能够发挥的最直接的功能可以概括为以下几个方面：思想功能、政治功能、调整功能和解释功能。

一、思想功能

刑法原则的思想功能主要体现为对负责打击犯罪的国家机关工作人员的法律教育，敦促其法律意识的形成，因为法律原则即是法律思想的体现，其本身即是法律意识的构成要素。正如有俄学者所言，“在公众意识当中，对法律规范相对较弱的认知和对于一般法律原则超稳定的认知之间是存在实质差别的。通常情况下，公民对于法意识当中所体现的社会价值观、社会要求、总体思想等一般法律上的要求都是知道并且熟练掌握的，与此同时，许多条款中的惯常性规定却不为他们所知。换言之，相较于一般权利和义务，社会成员对于具体法规范内容的认知程度很弱”。[②] 苏联时期刑法学家格林娜（С. Г. Келина）也赞同此种立场，她指出，“原则规范对于公民的影响，体现为这些规范有利于公民的教育，促使他们社会主义法律意识的形成”。[③] 相应地，刑法原则的思想功能之于执法机构而言，不仅涉及那些参与刑事诉讼的官方工作人员，即履行程序文本所规定定罪工作的检察官、调查人员、调查机构领导和调查机构公职人员，而且还关涉刑侦人员。立足于统一的法律原则对参与刑事审判和刑侦工作的人员进行培训，可以更有效地促进各执法部门之间的职业共识。特别是针对俄罗斯当下所存在的侦查人员法律职业素养普遍不高，有时在对社会危害行为进行法律评价时不求甚解的现实情况，则更需要在法律思想方面达成共识。

二、政治功能

刑事法律原则是国家在打击犯罪领域推动政策实施的“名片”，它不仅对刑事法律及其司法实践的发展起着指导作用，而且决定着刑事政策的实施范围。正如俄学者所指出的那样，《俄罗斯联邦刑法》第 3-7 条规定的刑法原则，其实质内容首先指的是刑事政策，因为“它们关涉刑事法律主体（个人和国家）在政治法律关系中……的基本利益：（1）是国家制定和遵守针对个人之惩罚权界限的旨趣所在；（2）保护个人免受惩罚权的恣意滥用”。[④] 俄学界认为，刑法原则的政治功能具有

---

① Филимонов В. Д. Принципы уголовного права：монография. М.：ЮрИнфоР, 2002. С. 33.

② Казимирчук В. П. Социальный механизм действия права // Советское государство и право. 1970. № 10. С. 39.

③ Келина С. Г.，Кудрявцев В. Н. Принципы советского уголовного права. М.：Наука, 1988. С. 31.

④ Шигина Н. В. Отражение интересов субъектов уголовного права и субъектов уголовно-правовых отношений в Уголовном кодексе РФ：монография. Владимир：Сервис-Принт, 2008. С. 21-22.

合目的性和前景广阔的属性,“……原则是现行立法规范所体现的思想和主要政策规定,其不仅具有大家所熟知的规范性特征,还指明了法律对社会关系予以调整的目的和总体方向”,①此即俄学界所指的“法律原则的纲领功能”。② 如果执法人员对于法律原则具备正确的认知,则有助于他们理解俄罗斯国家刑事政策实施过程中存在的主要争议问题,因此,特定公职人员的法律意识可以转化为社会有益结果,并且有助于与此结果相适应的行为模式的构建。

三、调整功能

调整功能有别于政治功能,其着眼点在于“当下”“现在”,而非政治功能所体现的前瞻性。俄学界在刑法原则的调整功能问题上是存在争议的:有些学者对刑法原则的调整功能持反对立场,③但大多数学者还是肯定刑法原则具有调整功能的;④还有一些学者认为,刑法原则的调整功能只是相对于原则性规范而言的。⑤后一种主张是俄学界的通说立场,即认为刑法原则都具有调整功能。持此种立场的学者指出,法律意识具有调整功能这一论断,是法学理论界的共识,⑥而法律原则作为法律意识的结构性要素,自然承继了这一调整功能。正是基于此种原则,法律文献中才强调“法律原则的调整作用有别于法律规范调整,其体现得不那么具体”,“其不同于法律规范的调整功能”⑦。法律原则“虽然并未规定某种具体的行为方案,但其对公民的行为却起着调整作用”⑧。对法律原则的此种理解是符合理论法学关于法律意识调整功能的概念界定的,即“当谈及绝大多数……社会成员基于深

---

① Смирнов О. В. Соотношение норм и принципов в советском праве // Советское государство и право. 1977. № 2. С. 15.

② Навроцький В. О. Теоретичніпроблеми кримінально-правовоікваліфікації. Київ: Атіка, 1999. С. 281.

③ Пеньков Е. М. Социальные нормы - регуляторы поведения личности. Некоторые вопросы методологии и теории. М.: Мысль, 1972. С. 23-25.

④ Беляев Н. А. Избранные труды. СПб.: Юрид. центр Пресс, 2003. С. 37; Келина С. Г., Кудрявцев В. Н. Принципы советского уголовного права. М.: Наука, 1988. С. 23; Навроцький В. О. Теоретичніпроблеми кримінально - правовоікваліфікації. Київ: Атіка, 1999. С. 281 - 283; Теория государства и права: учебник / под ред. П. В. Анисимова. М.: ЦОКР МВД, 2005. С. 97.

⑤ Чередниченко Е. Е. Принципы уголовного законодательства: понятие, система, проблемы законодательной регламентации: монография. М.: Волтерс Клувер, 2007. С. 17-19.

⑥ Бура Н. А. Функции общественного правосознания. Киев: Наукова думка, 1986. С. 23 - 24; Лукашева Е. А. Социалистическое правосознание и законность. М.: Юрид. лит., 1973. С. 105 - 106; Марксистско-ленинская общая теория государства и права. Социалистическое право. М.: Юрид. лит., 1973. С. 145-146; Покровский И. Ф. Формирование правосознания личности: автореф. дис. ... д-ра юрид. наук. Л., 1971. 43 с.; Фарбер И. Е. Правосознание как форма общественного сознания. М.: Юрид. лит., 1963. С. 56-60.

⑦ Смирнов О. В. Соотношение норм и принципов в советском праве // Советское государство и право. 1977. № 2. С. 13-14.

⑧ Беляев Н. А. Избранные труды. СПб.: Юрид. центр Пресс, 2003. С. 37.

刻的内在信仰而自愿履行法律规定时,即指的正是……社会主义法律意识的调整作用……”[①]与此同时,刑法领域原则的调整功能不仅体现于公民对法律规定的一贯遵守,还与法的构建密切相关,“因为法律构建的过程即体现为通过法律意识对法律调整社会关系中的需求予以客观化的过程”[②]。此项调整功能在刑法领域发挥着相当广泛的作用。俄罗斯刑法学文献有关此项功能的论述,经常与负责实施相应刑法规范的国家职权部门的活动相关联。此外,俄学者还提出这样一种观点,即认为法律原则调整功能的本质,只是在法律存在漏洞、法律规范之间不协调或者法规范适用困难的情况下,才得以适用法律规则来进行相应调整。[③] 对此持反对立场的学者则认为,前述所论情形指的并非法律原则的调整功能,而是它的解释功能。[④]

刑法原则对于刑侦人员以及调查人员活动的调整功能,主要体现为对那些肩负刑事定罪职责人员行为所产生的独立影响。“掌握法律原则有助于调查人员、检察官、法官作出正确的法律评价,在他们所不熟知必要规则或者刑法理论还未能解决疑难问题的情况下,更能凸显法律原则的重要作用。因此,刑事定罪原则具有独具一格的潜在可靠性,可以用来评估在执法实践中尚未遇到的情况……所以,了解和掌握定罪原则的法律职业者,在遇到一些新的不寻常法律状况时,能够直接从刑法原则出发解决其所面临的具体问题。”[⑤]此外,“内务机构工作人员,对于法院量刑时所应遵循的规则以及对法院裁定刑罚措施具有重要意义的情况都必须有明确的认知,其在采取调查、侦查活动或采取其他措施时,应当收集所有有价值的情况材料,既包括从轻情节,也包括那些加重犯罪人责任的从重情节”[⑥]。

总之,根据大多数俄学者立场,刑法原则不仅具有直接调整功能,而且还以一种特殊方式指导着调查人员、刑侦人员的执法活动。

四、解释功能

刑法原则的解释功能,往往与执法者发现法律漏洞或者在刑法规范适用过程中出现其他困难的情况下才得以体现,正如俄学者所言,在出现法律漏洞、法规范

---

① Бура Н. А. Функции общественного правосознания. Киев: Наукова думка, 1986. С. 19-23.

② Бура Н. А. Функции общественного правосознания. Киев: Наукова думка, 1986. С. 19-23.

③ Зажицкий В. И. Правовые принципы в законодательстве Российской Федерации // Государство и право. 1996. № 11. С. 93; Чередниченко Е. Е. Принципы уголовного законодательства: понятие, система, проблемы законодательной регламентации: монография. М. : Волтерс Клувер, 2007. С. 20.

④ Сабитов Т. Р. Значение принципов уголовного права в деятельности правоохранительных органов по борьбе с преступностью // Юридическая наука и правоохранительная практика. 2012. № 2. С. 86.

⑤ Навроцький В. О. Теоретичніпроблеми кримінально - правовоіквaліфікації. Київ: Атіка, 1999. С. 280-281.

⑥ Васильев И. М. Наказание по советскому уголовному праву: учеб. пособие. М. : Типография им. Воровского, 1970. С. 31.

不协调或适用难题的情况时，执法者应当遵循法律原则解决问题。① 俄学界认为，在发现刑法存在漏洞的情况下，不考虑适用刑法原则来解决问题是不合理的，因为此种做法忽略了刑法原则所具有的解释功能，因此，有学者指出，“原则层面的法类推可以适用于法律存在漏洞的所有情况，因为原则就其效力而言既涵盖具体规范所调整的领域，也及于法律出现漏洞的情形”②。

所谓在刑法出现漏洞的情况下可以适用刑法原则来解决问题，指的是以原则为依据适用含义相近的法规范，比如，俄教科书中曾举过这样一个例子：“被害人在受侵害时已不具有执法机关工作人员身份或者军人身份（退役到预备役或者因健康原则退伍等情况），但并不能因此而排除依照《俄罗斯联邦刑法典》第 317 条对所实施行为进行定罪。”③这里需要指出的是，第 317 条规定的是“侵害执法机关工作人员生命罪”，即“为妨碍执法机关的工作人员、军人维护社会秩序和保障公共安全的合法活动或为报复此种活动而侵害上述人员及其亲属生命的……”如果从第 317 条所规定罪状的字面意思理解，则此罪的被害人身份应当是执法机关工作人员、现役军人或者他们的近亲属，而前述所举案例中的被害人已不具有法定身份，即不具备第 317 条罪状中所规定的被害人所应符合的构成要件，那么，根据罪刑法定原则，即使这种侵害生命的行为是出于对被害人过去职务活动的报复，也不能按照第 317 条定罪。针对此案例，有俄学者从刑法原则解释功能的角度出发，认为出于对其任职期间合法职务活动的报复，侵害对已不具备执法部门工作人员身份的人的生命，其社会危害性程度与侵害现职执法机关工作人员生命类似。因此，根据《俄罗斯联邦刑法典》第 6 条所规定公正原则的刑法“精神”，按照第 317 条对所实施行为予以定罪处罚是合法的。当然，这只是部分俄罗斯学者的观点。笔者认为，此种原则层面的法类推适用与罪刑法定原则之间是否存在根本冲突问题，是值得我们进一步思考的。

在刑法规范不协调或其适用过程中出现困难情况下，应当如何发挥刑法原则解释功能的问题，俄刑法学文献中也有相应的探讨。赞同此项解释功能的学者，在 2014 年对刑法进行修订以前，经常以俄罗斯刑事立法所规定的拘役刑为例来佐证自己的观点。根据《俄罗斯联邦刑法典》第 87 条的规定，“犯罪时年满 14 岁，但不满 18 岁的人，是未成年人”，此外，第 88 条还对未成年人科处的刑罚种类进行了专门规定，共七种刑罚：罚金、剥夺从事某种活动的权利、强制性劳动、公益劳动、劳动改造、限制自由、剥夺一定期限自由。也就是说，俄现行刑事立法针对未成年人

---

① Алексеев С. С. Общая теория права: курс лекций: в 2 т. М.: Юрид. лит., 1981. Т. 1. С. 262.

② Кауфман М. А. Пробелы в уголовном праве: понятие, причины, способы преодоления. М.: Юрлитинформ, 2007. С. 254.

③ Российское уголовное право. Преступления против государственной власти: курс лекций: в 8 т./ под ред. А. И. Коробеева. Владивосток: Изд-во Дальневост. ун-та, 2002. Т. 6. С. 305.

所规定的刑种当中,并没有拘役刑。与此同时,第 54 条第 2 款规定(2014 年刑法修订以前①),对在法院作出刑事判决之时未满 16 岁的人,不得判处拘役,即根据此款规定,拘役刑是可以适用于年满 16 岁不满 18 岁的未成年人的。这样,就出现了刑法规范的冲突问题,即此规范允许对未成年人适用拘役刑,而彼规范却是禁止规定。针对此种冲突情况,俄学者提出适用刑法原则的解释功能,即根据刑法人道原则作出有利于未成年犯罪人的解释,即对未成年人适用更人道的第 88 条的规定。②

综上所述,刑法原则在打击犯罪的执法活动中起着非常重要的作用,其功能主要体现在各执法部门人员的法律素养和法律意识的培养等方面。执法人员对法律原则的深入理解和运用,不仅有助于他们对国家所推行刑事政策的正确理解,而且有助于他们在针对刑事疑难案件执法活动中精准适用法律规定。换言之,在调查人员、刑侦人员不熟悉既定规则或刑法理论研究领域没有定论的情况下,可以借助刑法原则对行为作出正确的法律评价;在出现法律漏洞或法律规范不协调以及司法适用疑难问题时,也应当遵循刑法原则寻求合理且合法的解决路径;刑法原则在某些特定情况下,可能直接发挥其调整功能或者以其他方式为调查机关和刑侦部门工作人员指明办案方向。

第四节　俄罗斯刑法原则的立法、司法实现

一、俄罗斯刑法原则立法体现的历史表征

刑法原则作为基础性的、本源性原理,在俄刑事立法中体现为三种表现形式:一是通过俄罗斯联邦刑法分则规范予以体现;二是通过俄刑法总则规范中所规定的相关概念和制度予以间接体现;三是通过立法专门规定予以直接体现。

刑法原则的第一种表现形式恰恰与分则中规定的各种具体犯罪密切相关,即通过立法者的法意识,对刑法分则规范中的罪状和制裁(法定刑)内容产生实质影响,而此类规范的适用对象正是行为人实施的社会危害行为和刑事违法行为。此种表现形式,无论是从历史的视角,还是相对于刑法原则的其他表现形式而言,都可以被看作刑法原则的法律特性及其基本属性的具体体现。

刑法原则,作为刑法较高层次的文化要素,其在刑法形成之初并不被立法者所直接理解和适用。当然,在不同历史时期,人们对于公正、平等、人道的理解并非整

---

① 2014 年 11 月 24 日出台的《联邦法律》对此款规定进行了修订,将原来的 16 周岁改为 18 周岁。

② Верина Г. Ограничение свободы как вид уголовного наказания в свете законодательных новелл // Уголовное право. 2010. № 5. С. 9.

齐划一，但从整体上体现出与俄罗斯社会相应时期的经济和社会发展水平相适应。

以古罗斯的《罗斯法典》为例，在其所规定的总则第43条中，大多数条款中都有关于被禁止行为之不同责任程度的规定，这既是罪刑相适应原则的明确体现，同时也是刑法公正原则的反映。当然，在古罗斯所处的社会制度之下，因为贵族及其奴仆、自由民和霍洛仆（奴隶）等身份关系的存在，公民在法律面前完全平等是不可能实现的，但同时我们也应当认识到，《罗斯法典》的出现最起码在相应社会阶层内部确定了需要共同遵守的规则和承担责任的统一根据，这说明在一定程度上实现了局部社会成员的平等。此外，《罗斯法典》特别注重对于个人人身的保护，这不仅体现于有关人身规定的条文数量上，而且体现在这方面规范的严厉程度。根据《罗斯法典》的规定，对于故意杀人、致他人身体伤害和侮辱行为，规定的刑罚是最严厉的，而刑法对于个人人身进行优先保护的态度，即是刑法人道主义的体现。

《罗斯法典》中有关罪过原则的思想理念，主要体现于其关于刑事可罚行为的规定范畴。《罗斯法典》所规定的大多数刑事可罚行为的认定，是要求行为人对于其行为的社会意义具有明确的认知，即行为人在具有健全的头脑并且能够认识到自己行为性质的前提下，依然实施了违反社会规则而对被害人造成损害的行为，才是刑事可罚行为。[①] 与此同时，《罗斯法典》有关刑事可罚行为的明确规定，也正是法制原则（罪刑法定原则）的体现。

在俄罗斯国家和法发展的每一个历史阶段，刑法原则在其刑事立法分则规范中都有所体现。整体而言，在俄罗斯国家的发展历程中，刑法原则在不同时代所体现的作用也各不相同，即越是平和、稳定的社会，刑法原则所起的作用就越大，与此相反，越是社会矛盾和冲突非常尖锐的年代，刑法原则的作用就越小。[②]

刑法原则的第二种表现形式（抽象的法律形式）是通过刑法总则规范的介质得以实现的，这甚至可以追溯到未区分总则和分则年代的刑法。刑法原则的此种存在方式，是以有关犯罪人与非犯罪人进行区分的实践要求为前提的。基于此，某些规定具体犯罪构成的规范，会以特别规定的方式或者以单独规范形式对各规范之间存在的共性特征予以明确。比如，俄罗斯沙俄时代的《会典》就对故意、过失和因火灾而毁灭他人财产的意外事件进行了区分。[③] 当然，随着俄刑事立法的发展、刑法总则的出现，此种刑法原则的体现形式得以凸显。

刑法原则的第三种表现形式，即刑事立法对刑法原则内容直接予以规定，其前提是全人类价值观在社会大众中的意义得以日益彰显，并因此而促使国家肩负起对公民的权利和自由提供最大限度的刑事法律保障的任务。此种形式的刑法原

---

① Российское законодательство X–XX веков. М., 1984. Т. 1. С. 33, 43, 47, 66, 67, 70, 83.

② Мальцев В. В. Принципы уголовного прав в законодательстве и философско-правовых учениях // Публичное и частное право. 2009. Вып. II. С. 130.

③ Российское законодательство X–XX веков. М., 1984. Т. 3. С. 223–228.

则，要求在相应规范的抽象性及其对刑事立法整体内容的影响方面均要达到最高水平的限度，因此，此类刑法原则，毫无疑问，具有社会——方法论意义并显示出抽象的社会法律属性。俄罗斯刑事立法发展进程中，最先采用明确的刑事立法规范对刑法原则进行规定的是 1991 年颁布实施的《苏联和各加盟共和国刑事立法纲要》。[①]

二、俄罗斯刑法原则之当代立法实现——宏观视角

俄罗斯立法层面的刑法原则最先出现于 1996 年《俄罗斯联邦刑法典》中。俄罗斯法理学界以及刑法理论界传统理念上将法的原则区分为一般原则(整个法体系所固有)和特殊原则或部门法原则(各部门法所特有的、反映此部门法调整的专门特征)。针对此种思维路径的合理性问题，当代俄罗斯学界提出了反对立场，认为既然法的一般原则是通过各部门法的特殊原则发生作用，而后者又是前者的特殊体现，那么自然会得出各部门法原则之间极度相似的结论，基于此，各部门法原则便不可能具备独具特色的属性。[②] 当然，诸如此类的理念论争只停留于法学理论界，当代俄罗斯各部门法基本都规定了对本部门法规范具有统领作用的基本原则。

(一)法制原则的立法实现

法制原则规定在《俄罗斯联邦刑法典》第 3 条，即“行为是否构成犯罪，以及应否受刑罚处罚或发生其他刑法后果，只能由本法典规定；不允许类推适用刑事法律”。此原则的内涵，意指只有当所实施行为是刑法明确规定为犯罪的情况，才能追究行为人的刑事责任，与此同时，行为人所受的刑罚也必须是刑事法律所特别规定的，换言之，即“法无明文规定不为罪，法无明文规定不处罚”。《俄罗斯联邦宪法》第 15 条第 2 款规定了国家各级权力机关、地方自治机关、公职人员、公民及其团体的义务。刑事法律的适用必须遵守宪法的规定，如果偏离这一规则，即在俄刑法法律规定框架外的定罪和处罚都是违宪的，也是违反法制原则的。法制原则还体现于《俄罗斯联邦宪法》第 45-54 条的规定中，因此，可以说法制原则既具有法的一般原则属性，同时也是刑法作为部门法的特别原则之规定。

有关“‘行为是否构成犯罪，以及应否受刑罚处罚’只能依照《俄罗斯联邦刑法典》规定”含义的理解，俄罗斯联邦宪法法院对此作出了官方释义，即在 2003 年 7 月 10 日所作出的“关于驳回库尔干州库尔干市法院有关《俄罗斯联邦刑法典》第 3

---

① Ведосости Съезда народных депутатов СССР и Верховного Совета СССР. 1991. № 30. Ст. 862.

② См.: Кудрявцев В. Н., Келина С. Г. Принципы советского уголовного права. М., 1988. С. 61, 62; Наумов А. В. Российское уголвоное право: курс лекций. Т. 1. Общая часть. М., 1996. С. 46, 47.

条第1款和《俄罗斯联邦刑事诉讼法典》第397条第13项之合宪性审查诉求的决定"①中指出：某种行为的非犯罪化处理路径不仅限于对刑事立法的修订，而且可以通过对刑事立法空白罪状所援引的其他部门法规范的废除得以实现，或者基于刑事立法认定某种行为不再具有构成犯罪的社会危害性，而应当对其追究行政责任或其他更轻责任的情况，从而限缩刑法调整范围的路径予以实现。

俄学界普遍认为，俄罗斯联邦宪法法院关于俄刑法第3条第1款和第10条以及俄刑诉法第397条规定的释义，不仅与俄罗斯联邦宪法所规定的"免除或减轻责任的任何法律都具有溯及力"（《俄罗斯联邦宪法》第54条第2款）的要求相适应，而且与《俄罗斯联邦宪法》所规定的"公正原则"以及"权利和自由的限制应与宪法目的相适应的原则"（《俄罗斯联邦宪法》序言及第55条第3款）之间相互呼应。此外，"不允许类推适用刑法"的规范应当是罪刑法定原则自身应有之义。

（二）平等原则的立法实现

公民在法律面前平等原则，与前述法制原则一样，都兼具一般原则和特殊原则的属性，其宪法根据是《俄罗斯联邦宪法》第19条规定的"在法律和法庭面前人人平等"。公民在法律面前平等原则的实质在于，确立追究刑事责任之条件的平等，而并不是指犯罪人所应承担刑事责任和刑罚的平等。犯罪人刑事责任和刑罚的不平等，其根据可能是各不相同的，如性别、年龄、社会地位、是否累犯等。比如，对未满18周岁的未成年人判处剥夺自由刑的刑期，就不同于对年满18周岁成年人的刑期，因为根据俄刑事立法规定，对未成年人判处剥夺自由刑的刑期不能高于10年；利用职务地位实施某些犯罪可能被判处更严厉的刑罚等。公民在法律面前平等原则的例外，主要体现于《俄罗斯联邦宪法》第91、98、122条的规定，即俄罗斯联邦总统的豁免权，对联邦议会议员、国家杜马代表、法官追究刑事责任的特别程序原则等。

（三）罪过原则的立法实现

《俄罗斯联邦刑法》第5条规定的是罪过原则，即只有在所实施的社会危害行为（不作为）和发生的社会危害后果确定有罪过的情况下，才能追究行为人的刑事责任；不允许客观归罪，即对于无罪过致害行为不得追究刑事责任。也就是说，追究刑事责任的必要条件之一，是必须具备罪过要素，即行为人对其所实施的社会危害行为及后果所持的心理态度体现为故意或者过失。罪过要素缺失，则排除刑事责任，即无刑事责任能力人不应当承担刑事责任，与此同时，心理健康的人，其无罪过致害行为也排除刑事责任的适用。也就是说，刑事法律不允许对无罪过行为进

---

① 此《宪法法院决定》的俄文原文表述为：《Определение Конституционного Суда РФ от 10 июля 2003 г. № 270-О об отказе в принятии к рассмотрению запроса Курганского городского суда Курганской области о проверке конституционности ч. 1 ст. 3 УК РФ и п. 13 УПК РФ》。

行归罪,而无论此种无罪过行为所致的损害多么严重。俄学界一般将罪过原则称之为主观归罪原则(принцип субъективного вменения),此种称谓主要针对的是俄刑法发展历史进程中曾经长期居于主导地位的客观归罪(объективное вменепис)。俄罗斯现行刑事立法中所规定的罪过原则,其实质上即是主、客观相统一原则之内涵。

(四)公正原则的立法实现

俄现行刑事立法第6条揭示的是公正原则的内容。公正原则首先体现为适用的刑罚和其他刑法性质措施应当与所实施的犯罪相适应,即此层面意义上的公正原则与中国刑法的罪责刑相适应原则相对应。此种适应性的确定,应当以所实施犯罪社会危害性程度,即犯罪所侵害的客体和造成或可能造成损害的严重程度为依据。如果刑罚的适用完全不考虑诸如时间、地点、方式、动机、目的等犯罪实施的情节,则所适用的刑罚便不可能是公正的。基于此,《俄罗斯联邦刑法典》第61条第1款规定了一系列从轻处罚的法定情节:由于各种情况的偶合而初次实施犯罪、由于生活窘迫或者出于同情的动机而实施犯罪等。此外,犯罪人的人身特性对于刑罚适用的公正与否也具有重要意义,比如,若针对未成年人实施的犯罪与成年人实施的犯罪适用同样的刑罚,就是不公正的,那么,此处的年龄便是犯罪人人身属性特征。应当说,公正的外延是非常广泛的,其自身涵盖着诸多要素,比如,若所判处的刑罚是不法的或是违反了公民在法律面前平等的要求,抑或所处刑罚过于严厉,所有这些情形均违背了公正原则。因此,可以说公正原则集所有其他刑法原则于一体,其旨在使刑罚和其他刑法性质措施个别化程度达到最大化。《俄罗斯联邦刑法》第6条第2款有关"任何不得为同一犯罪两次承担刑事责任"的规定直接源于《俄罗斯联邦宪法》第50条第1款的规定,因此,此项刑法原则可以被看作宪法内涵的直接体现。

(五)人道原则的立法实现

《俄罗斯联邦刑法》第7条规定的人道原则,意旨俄罗斯联邦刑事立法保障人的安全,而对实施犯罪的人适用刑罚和其他刑法性质措施,不得以造成其身体痛苦或贬低其人格为目的。

俄罗斯联邦刑事立法的人道原则,主要体现为国家适用刑罚的目的是改造犯罪人,给予其合法生活的技能,引导其参与社会有益活动,并因此以健全的人格重返社会,而非以向犯罪分子复仇、对其造成身体或心理痛苦、贬低其人格尊严为最终目标。申言之,刑法人道原则项下的刑罚,不只是为了惩罚犯罪,同时也是为了预防犯罪。俄罗斯刑事立法坚持人道原则,其规定的刑罚种类以不给人造成过多痛苦、不含有贬低、羞辱和折磨要素为限度。《俄罗斯联邦宪法》第21条明确规定,"个人尊严受国家保护。任何事都不得成为贬低个人尊严的理由。任何人都不应受到拷打、暴力、其他残酷的或贬低个人尊严的对待或惩罚"。反对使用严刑酷罚也被国际社会所广泛接受,诸多国际公约对此进行了明示规定,例如 1984 年 12 月 10 日由联合国大会第 39/46 号决议通过并供各国签署、批准和加入的《禁止酷刑和其他残忍、不人道或有辱人格的待遇或处罚公约》、《欧洲防止酷刑、不人道和有辱人格的待遇或惩罚公约》(1987 年 11 月 26 日,斯特拉斯堡)、《保障人权和基本自由公约》(1950 年 11 月 4 日,罗马)。

俄罗斯刑法人道原则,体现在许多刑法总则制度当中,诸如俄刑法明文规定的法定从轻处罚情节、免除刑罚制度、免除刑事责任制度、延期服刑制度等,其宗旨是国家从人道原则出发,在没有必要适用刑罚惩罚措施的情况下,尽量不动用刑罚。因此,可以将人道原则的基本内涵界定为:刑法以适用最小限度的刑法强制措施,力图达成犯罪人社会化的目标。

三、俄罗斯刑法原则之当代立法实现——微观视角

基于我国现行刑事立法中并没有直接规定"人道主义原则",故微观视角下俄罗斯刑法原则的立法实现将以人道原则的论述为切入点。人道主义原则对于不同层次和方向的立法进程的重要性几乎不容置疑。它作为法制、法律秩序、法律意识、法律责任和其他法律范畴及法律现象的属性特征,不仅贯穿于法律规定本身,而且贯穿整个法律体系,是国家机关立法活动和司法活动不可分割的因素。俄罗斯学术文献中存在一个广为流传的立场,认为人道主义是法律意识的构成要素,[①]只有通过它人们才能形成对于法律的正确认识和理解,从而认定某法是"……完善或不完善,有效或无效……公正或不公正……"但是给予这样的评价,只能基于广泛的道德立场、人道主义立场和社会公众的立场。[②]

人道主义原则是一种带有道德特质的法律制度。此种制度在追究行为人的刑事责任、量刑和行刑过程中发挥作用。这一制度建立在尊重人权、自由、荣誉和尊严的基础之上,不容许残酷地对待和漠视个人的权利和利益,同时促进这些权益的保护。俄罗斯刑法规定的人道主义原则的主要目标,是保护俄罗斯联邦宪法和其他规范性法律规定的人权和自由,并且保护社会利益免受侵犯。人道原则的实现体现为两个层面:立法层面和司法层面。

"实现"这一概念,是法理学和刑法学理论通用共识的一个概念,意指某种既定目标的实现或者任务要求的完成。国家实现法律的最初形式是立法,在一般法理论框架下,法规范的适用(执法活动),通常理解为"以法律专门规定的形式、通过组织国家主管当局和国家授权的公共当局进行具体法律规定实施活动而实现国家

---

① Сабо И. Социалистическое право. – М., 1964; Фарбер И. Е. Правосознание как форма общественного сознания. М., 1963.

② Матузов Н. И. Социалистическое право и коммунистическая мораль и их взаимодействие. Саратов, 1969. С. 54.

权力的活动”[①]。无论如何定义，“实现”均指的是一种活动，意即体现、执行或者达到某种结果的进程。俄学界对于“法律适用”的理解并不统一：有学者认为法律适用指的是“主管当局通过发布单独具体规定来实现法规范的活动”[②]；另有学者认为法律适用的实质，是指“有权主体通过对个别情况下一般规定具体化的路径实现法规范要求的有权组织活动”[③]；还有学者倾向于通过概括性的概念界定方式，认为法律适用是“旨在实现法律规定的一种国家活动形式”[④]。虽然俄学界在法律适用的界定上存在分歧，但在法律适用目的方面的见解却趋于一致，即认为法律适用的目的，并不是为了满足司法者的个人需要，并且也不仅是为了满足行使权利和义务的个别人的需求，而是为了满足整个社会的需要和利益。因此，执行活动，相较于其他法律实现方式，具有更重要的社会意义。[⑤]

立法阶段揭示着刑事法律政策的内容，[⑥]反过来，刑事法律政策又是立法机关和执法机关的活动方向，这主要体现于刑事立法的一般规定的制定、犯罪圈和刑罚体系的确定，以及具体罪名制裁（法定刑）的制定和针对犯罪人所应适用措施的选择等方面。[⑦] 没有对刑事政策构建原则的了解，就不可能理解刑事政策本身。此外，在所适用原则体系之外实施刑事法律政策也是不可能的。[⑧] 犯罪和打击犯罪是任何国家刑事政策的主要目标。这些现象不仅会引起学者和司法实务工作者的关注，而且也会引起其他公民的关注。正是这种对犯罪的强烈负面社会评价，决定了打击犯罪的多样性和严厉程度。从另一角度讲，像人道原则和公正原则这类普遍适用的法律原则，与以暴制暴和惩罚性刑事政策之间是不兼容的。[⑨]

俄学界认为，刑法原则与刑事政策原则之间是非常接近的，但却不是同一的。刑法政策原则通常被定义为表征打击犯罪核心思想的基本规定。[⑩] 刑事立法只是打击犯罪的其中一个领域。俄学界通常将刑法学原则（принципы уголовного права）界定为刑法制度和整体刑法调整机制得以建立的基本的原初根据。[⑪] 与此同时，刑法原则（принципы уголовного закона），则通常定义为法规范中所规定

---

① Дюрягин И. Я. Применение норм советского права. Свердловск, 1973. С. 19.

② Лазарев В. В. , Липень С. С. Теория государства и права. М. : изд-во《Спарк》: 1998.

③ Комаров С. А. Общая теория государства и права. М. : Юрайт, 1998. С. 304.

④ Лазарев В. В. Социально-психологические аспекты применения права. Казань, 1982. С. 64.

⑤ Кияйкин Д. В. Принцип законности в уголовном праве. Дисс. канд. юрид. наук. Саратов, 2001. С. 154.

⑥ Коробеев А. И. Советская уголовно-правовая политика. Владивосток, 1987. С. 51.

⑦ Беляев Н. А. Уголовно-правовая политика и пути ее реализации. Л. , 1982. С. 23.

⑧ Дагель П. С. Проблемы советской уголовной политики. Владивосток, 1982. С. 31.

⑨ Калинкин С. Обратная сила уголовного закона и принцип ответственности // Журнал Российского права. 2008. № 1.

⑩ Коробеев А. И. Советская уголовно-правовая политика. Владивосток, 1987. С. 13.

⑪ Наумов А. В. Российское уголовное право. Общая часть: Курс лекций. М. , 1996. С. 46.

的、表示法律内含特征并且在国家机关的立法和执法活动中被客观化的指导原理(思想)。① 有关刑法原则与刑事政策原则之间的相互关系问题,俄学界并没有形成统一立场。有学者指出,“虽然刑事法律政策原则和刑法原则的意义比较接近,但它们之间还是存在区别的。刑法原则是首位的,而刑事政策原则具有从属性和服务特性,并且刑事政策原则内涵主要通过刑法原则的内容在刑事立法中得以更准确、更充分地体现”②。

“从刑事政策的目标和内涵的角度看,人道主义的重点是实现人类利益、提高人民福祉、改善人民的生活条件、促进社会公平与和平。基于此,最人道化的政策应当是为满足个人需求和自由发展提供最佳条件”③。有俄罗斯学者指出,“刑法原则取决于刑事政策”④;“如果刑事政策原则得以在刑事法律规范中予以规定,则它们就变成了刑法原则”⑤;“不应该将刑事法律政策仅归于为刑法原则服务的地位”⑥;“当有必要通过国家当局和刑法的规定解决预防犯罪问题时,应彰显刑事政策原则的作用”⑦。因此,如果刑事法律政策原则得以在立法中予以规定,则它们就成为刑法原则;如果这些政策原则没有规定于立法中,则它们就成为影响刑事法律规范内容的要素。⑧ “比如,法院仅适用刑法分则条文规定的最高刑或者最低刑,这与责任不可避免原则和公民在法律面前一律平等原则之间并不冲突,但是,这种做法将会违反公正和人道原则,而这些原则体现的却正是对刑罚实践予以修正的作用。”⑨因此,有必要准确且一致地执行《俄罗斯联邦刑法典》中所规定的刑法原则。

社会危害行为的犯罪化(非犯罪化)原则,是刑法规范的最抽象,同时也是最普遍的科学保障和基础。犯罪化原则实质上是确定刑事责任的规则和标准体系,⑩最重要和公认的犯罪化标准,是人的行为是否具有社会危害性。只有这样,才能依据刑法规范保护诸如公民的权利和自由、所有权、社会秩序和公共安全、环境、宪法制

---

① Алекссев С. С. Общая теория права. Т. 1. М. , 1981. С. 98.

② Мальцев В. В. Принципы уголовного права. Волгоград, 2002. С. 113.

③ Ююкина М. В. Принцип гуманизма в уголовном, уголовно-исполнительном праве, уголовной политике и его реализации при назначении наказания: дис. ... к. ю. н. Тамбов, 2006. С. 43.

④ Галиакбаров Р. Р. Уголовное право. Общая часть: учебник. Краснодар, 1999. С. 15.

⑤ Беляев Н. А. Уголовно-правовая политика и пути ее реализации. Л. , 1986. С. 31.

⑥ Пудовочкин Ю. Е. , Пирвагидов С. С. Указ. соч. С. 74.

⑦ Арендаренко А. В. Принцип социальной справедливости в системе уголовного права Российской Федерации // КонсультантПлюс.

⑧ Беляев Н. А. Указ. соч.

⑨ Беляев Н. А. Указ. соч. С. 215.

⑩ Злобин Г. А. Основания и принципы уголовно-правового запрета // Советское государство и право. 1980. № 1. С. 71-76.

度等重要的社会关系。[①] 俄罗斯联邦刑事立法思想明确地体现于其刑法条文中，体现于俄罗斯《刑法典》所规定的任务和诸原则中。“公正原则、人道原则和公民在法律面前一律平等原则，对于俄刑法分则条文中所规定的制裁（法定刑）结构提出了明确要求：首先，这些制裁规范应当是相对确定的，而有时又应当是具有选择性的，以便兼顾具体行为和行为人的特点以及那些不属于相应犯罪构成要件的减轻和加重刑罚的情节；其次，应当明了的是，决定行为危害性和行为人人身特性的那些基本情节正是犯罪构成所体现的内容，而根据这些情节进行刑罚裁量则是前述刑法原则在各具体情形中的实现”[②]。

刑法中的人道原则，是通过保护人及其权利和合法利益的路径得以实现的，即通过保护人的安全，使其免受犯罪侵害。刑法的人道目的和对于被害人保护的宗旨，体现于俄刑法所规定的侵犯人身犯罪的规定，以及刑法总则和分则规定的其他一些规范和制度（如有关未成年人、怀孕妇女、处于孤立无援状态中的人所规定的特别保护）。与此同时，对于被害人权利与合法利益的诸多保护性规定均体现于俄刑事诉讼法中。此外，刑法人道原则不仅仅体现于对被害人的保护，同时也体现为对犯罪人的保护，因为犯罪人也是具有公民权利和义务并且受法律保护的个体。“参与刑事法律关系的各方可能是相互冲突的关系，其中，仅仅对于被害人、证人应当体现出人性化的人道关怀，而对于另外一方的被告人则不适用人道原则的做法，是违反法制、公正和人道原则的。更何况，正是对于所实施犯罪的行为人体现出来的态度，才是世界范围内衡量刑法人道原则实现程度的公认指标。”[③]

刑法制裁部分的人道化体现于免除刑事责任制度（真诚悔过、与被害人和解、时效届满）和免除刑罚制度（假释、以较轻刑种替代未服完刑期、疾病、延期服刑）中。其中，俄立法者对于怀孕的妇女和有幼年子女的妇女，以及家有未满 14 周岁的未成年子女且是唯一家长的男子所规定的延期服刑制度（《俄罗斯联邦刑法典》第 82 条），是人道原则最鲜明的体现。此类刑法制度的存在，是俄罗斯刑法人道以及《俄罗斯联邦宪法》第 38 条中所规定的国家对于母亲和儿童保护的原则性规定的体现。俄刑法制裁部分的人道性还体现在《俄罗斯联邦刑法》第 84 条和第 85 条规定的大赦和特赦制度。此外，在具备减轻刑罚情节时适用的减轻处罚和从轻处罚制度也是相对于犯罪人适用的人道原则的体现。

俄学界还存在另外一种主张，认为“不应当在刑事责任和刑罚中探寻人道要素，因为无论在任何情况下，刑罚与人道都是相冲突的。刑罚具有处罚属性，因此，

---

① Яковлев А. М. Социальные функции процесса криминологизации // Советское государство и право. 1980. № 2. С. 95.

② Волженкин Б. В. Оценка состояния Уголовного кодекса Российской Федерации и перспективная характеристика законодательной деятельности С. 658.

③ Уголовный кодекс РФ. Комм. В. Н. Кудрявцева // СПС КонсультантПлюс.

人道的体现不应当在于刑罚本身，而在于对被害人的保护，以及对其所造成损害予以恢复任务之执行和刑罚所面临任务之履行之间的相互关系中”①。然而，我们并不应当忽视刑罚自身所体现出来的人道思想，正如有俄学者所言，刑罚处罚应当是“公正的判决，对犯罪人的公正谴责所体现的应该是与其所实施行为相当的报复，而这种报复完全不应当伴有被判刑人的痛苦”②。从人道主义的立场出发，在对违法者适用惩罚措施时，不允许贬低其人格、适用残忍和不人道的待遇和刑罚。“惩罚并非目的本身……为了惩罚而惩罚是毫无意义的”③。

《俄罗斯联邦刑法典》第7条规定，“对实施犯罪的人适用刑罚和其他刑法性质的措施，不得以造成其身体痛苦或侮辱其人格为目的”，第43条又补充规定“适用刑罚的目的是恢复社会公正，矫正被判刑人和预防实施新的犯罪”。这充分表明，刑事政策对于实施犯罪的人的态度是人道的，因为“……刑罚的目的不是对人的折磨……”④换言之，刑罚的实现不应当追求给被判刑人造成身体痛苦或贬低人格目的。

人道原则是俄罗斯现行刑法总则出现的新规定，这些规定体现在其刑法分则的诸条文中，比如《俄罗斯联邦刑法典》第110条规定的“迫使他人自杀罪”、第302条规定的“逼供罪”。其中，第302条相较于《苏俄刑法典》第179条的规定，更详细、具体，本条以列举的方式规定了逼供受害人的对象，其中包括犯罪嫌疑人、被告人、被害人、证人、鉴定人，同时对逼供的手段也规定得非常具体，包括威胁、恐吓、其他非法行为（第302条第1项）和暴力、侮辱或酷刑（第302条第2项）。这种具体化的立法规定模式，在某种程度上是与这样一些国际公约和准则相适应的：《世界人权宣言》（第5条）、《公民权利和政治权利国际公约》（第7条）、《反对酷刑和其他残忍、不人道或者贬低人格的待遇和刑罚国际公约》（1987年6月26日生效），以及《欧洲人权公约》（第3条）。

人道原则还体现于《俄罗斯联邦刑法典》有关刑法溯及力的规定中，即根据俄罗斯现行刑法第10条第1款的规定，“规定行为不构成犯罪，减轻刑罚或以其他方式改善犯罪人状况的刑事法律有溯及既往的效力，即可以适用于在该法律生效之前实施相应行为的人，其中包括正在服刑或已经服刑完毕但有前科的人”，并且“规定行为构成犯罪，加重刑罚或以其他方式恶化犯罪人状况的刑事法律，没有溯及既往的效力”；本条第2款规定，“如果犯罪人因犯罪行为正在服刑，而新的刑事法律

---

① Коршиков И. В. Принцип гуманизма в уголовном праве Российской Федерации: дис. … канд. юрид. наук. Саратов, 1999. С. 20.

② Дуюнов В. К. Наказание в уголовном праве России -принуждение или кара? // Государство и право. -М., 1997. № 11. -С. 61-68.

③ Ной И. С. Сущность и функции уголовного наказания в советском государстве. Саратов, 1973. С. 45.

④ Беккариа Ч. О преступлениях и наказаниях. М., 1995. С. 105.

对该行为规定了较轻的刑罚，则应在新刑事法律规定的限度内减轻刑罚”（本条第2项）。诚然，此项原则是世界公认的刑法原则，其在诸多国际条约中均有体现，比如著名的《公民权利和政治权利国际公约》（第15条第1项）。[①] 人道主义体现了适用法律时普遍的思想内涵，然而，在打击犯罪方面，刑法相较于其他任何一种国家法律活动形式而言，是对人们的权利和利益触动最多的手段。因此，在探讨公认的刑法原则时，人道与公正和法制原则一起，是建构所有刑事法律规范特征要旨的基本原理。鉴于前文已对公正原则理念进行了较为充分的论述，所以下文有关俄刑法原则司法适用部分的介绍论述，将仅以法制原则和人道原则在俄执法活动中的具体体现为阐释对象。

四、俄罗斯刑法原则之司法实现

（一）法制原则司法实现路径

在当代刑法学中，法制原则在相当多的情况下被赋予了独特的“超原则”地位，正如俄罗斯学者卡努勃利科夫（В. А. Канубриков）所言，“法制并没有什么具体内容，而是体现一般法基本原则以及整体法律存在的手段（形式）。刑法中的法制原则则是刑事法律中平等、人道、公正和罪过之社会法律思想的具体形式”[②]。对前述主张持反对立场的学者则指出，从方法论的视角，在原则体系中试图寻找一个集成的并且占主导地位的原则是不现实的，因为每个原则都具有其独特的效力范围、立法保障和实现方法。突出一个主要原则而弱化其他原则，则会破坏整个原则体系及其内部的统一性。刑法原则，应当按照法律体系的构成要素进行“纵向”式划分，才可被视为合理的划分路径。[③] 因此，刑法原则之间是相互联系的，它们同处于一个统一的原则体系当中，是体系的组成要素。

法制原则的集成特质，主要体现为它在刑事立法其他诸原则相互联系之间的作用，即刑法诸原则以规范的形式被规定在刑法中，若违反这些原则，则意味着对法制原则的违背。然而，每个刑事法律原则都有其特定的内涵和适用范畴，因此，如果因为违反罪过原则而间接违反法制原则，则意味着此原则对自身内涵的背反。从此种意义出发，我们所探讨的并非“法制原则”，而是作为原则体现形式的法律。那么，对于那些在刑法中没有予以明确规定，仅体现于刑法局部规定中的原则（如刑罚个别化原则），则对此类规定的违反即是违反法律，是对某种刑法原则的违反。此种情况下至多是对于某种原则自身内容的触犯，而无涉法制原则。

---

① Ледях И. Новый Уголовный кодекс РФ и международные стандарты по правам человека // Российская юстиция. 1997. № 1.

② Канубриков В. А. Принцип законности в уголовном праве России: теоретические и правоприменительные проблемы: автореф. дис. … канд. юрид. наук: Волгоград, 2011. С. 4.

③ Воронин В. Н. Законность как принцип назначения наказания: качественный, количественный и процедурный элементы // Юридический вестник ДГУ. 2014. № 2. С. 86.

俄学界还对作为《俄罗斯联邦刑法》第3条规定的作为刑法基本原则之一的“法制原则”和作为刑法量刑制度特别原则意义上的“法制原则”进行了区分。从整体上看，俄多数学者，比如纳乌莫夫①、维利耶夫②、萨温科夫③，都将刑法原则划分为一般法原则（общеправовые принципы）、特殊法原则（部门法原则）［специально－правовые （отраслевые）принципы］、部门法个别制度原则（принципы отдельных институтов отрасли права）。俄当代著名刑法学者格琳娜和库德里亚夫采夫教授则进一步强调，“主要的并不是找到和突出那些仅刑法本身所固有的且不被其他部门法所重复的原则，而在于凸显出那些反映刑法真正属性、决定其功能和任务的原则”④。基于此种论断可以得出：在探寻量刑原则历程中，我们的主要任务是凸显那些体现量刑制度真正属性的原则，而无论这些原则是否在其他地方有所体现。因此，将法制原则视为一般刑法原则的同时，也可以将其视为个别刑法制度的原则，这种立场是合理的。这里最重要的是应当阐明刑法原则和个别刑法制度原则之间的关系。俄学者纳毕耶夫（И. Г. Набиев）指出，刑法的一般原则“因其自身属性决定了其扩展适用于所有的或者是多数刑法制度，其中包括量刑制度……我们在分析制度原则的同时，也需要研究部门法原则。刑法原则的内容和特性均在量刑领域得以体现，因此，这些原则也应该在量刑原则的体系中进行探讨”⑤。与此同时，将刑法的部门法原则看作量刑原则，还应当具有这样一系列特征：首先，这些原则应当在刑法的量刑规范中直接或间接地得以体现；其次，这些原则应当贯穿整个量刑制度并且对法院的量刑活动具有指导作用。此外，将部门法原则用作其子系统量刑制度原则，其根据之一是这些原则得以在量刑过程中得以具体实现。

俄刑法学论著还对保障法制原则实现路径问题进行了探讨，认为“刑法中的法制原则只有在具备一定保障的条件下才能得以实现，而此种保障源于刑事立法的规范体系，以及执法机关适用刑法活动的合法性”⑥。只有刑事法律中规定保障法制原则得以实现的条件，才能完整体现此刑法原则之内涵要旨。持此种立场的学者，将法制原则实现的保障界定为：立法和司法活动中对法制原则的针对性功能予以保障的规范体系。俄学者杜达里（Н. Н. Дударь）在揭示作为量刑原则的法制原则的内涵时指出，“根据此原则，法院在裁量刑罚时应当考虑刑法总则的规定（基本原理），以便对所实施的犯罪作出正确评判，然后在分则条款所规定的制裁范围内

---

① Наумов А. В. Реализация уголовного права и деятельность следователя. Волгоград. 1983. С. 82.

② Велиев С. А. Принципы назначения наказания. СПб. , 2004. С. 106.

③ Велиев С. А. , Савенков А. В. Индивидуализация уголовного наказания. 2-е изд. М. , 2010. С. 22.

④ Келина С. Г. , Кудрявцев В. Н. Принципы уголовного права. М. , 1988. С. 61.

⑤ Набиев И. Г. Принципы назначения наказания：дис. … канд. юрид. наук. Казань, 2004. С. 70-71.

⑥ Олейник О. В. Принцип законности и гарантии его реализации в уголовном праве Российской Федерации：автореф. дис. … канд. юрид. наук. Рязань, 2003. С. 4.

(下一个基本原理)选择适用现行刑法所规定的特定刑罚”①。根据杜达里的立场,应当在量刑一般原理范畴内体现法制原则的内涵,即法制要素总是体现于法律的要求和规范中,而量刑一般原理就规定在法律当中,并且是其原则性要求。根据日德基赫(И. В. Жидких)的主张,制度层面的法制原则有两个必备条件:一是“对有罪过实施犯罪的人,只能适用刑事法律直接规定的那些刑罚种类”;二是“在确定行为的可罚性时,禁止类推”。② 由此可见,日德基赫所理解的适用于量刑制度的法制原则,其范围更窄,仅指刑法总则规定的刑种。

前述提及的有关刑法法制原则的探讨,仅限于俄刑法总则所规定之法制原则范畴,即只是对《俄罗斯联邦刑法典》第3条规定的重复阐释。对此持反对立场的学者则认为,应当揭示量刑制度层面法制原则所特有的属性特征,即可以尝试通过其独特的保障体系来体现其独特属性,而建构此保障体系需要具备三项功能要素,即质量要素、数量要素和程序要素。

(1)质量要素。量刑制度法制原则实现之保障体系的质量要素,是法院可能判处的刑罚只能是俄罗斯刑法第44条所列刑种,即法院无权酌定判处前述所列刑种以外的其他刑罚,而且法院也无权变更适用刑罚的顺序(从轻刑到重刑依次进行选择适用)。此外,法院不能将只能作主刑的刑种判处为附加刑,相反情形亦然;法院同样不能任意变更刑法规范中所规定的刑罚的名称。根据质的规定性要素,法院不能适用尚未开始生效的刑种,比如,俄罗斯联邦最高法院审判委员会就曾改判过A案的判决。原法院根据《俄罗斯联邦刑法典》第33条第5款和第209条第2款并且在数罪并罚的情况下,除了判处被告人A剥夺自由刑,而且还并处为期6个月限制自由刑的附加刑。俄最高法院改判的理由是:2010年1月10日生效的限制自由刑,不能适用于A,因为A实施犯罪的时间是2002年,彼时此种刑罚尚未生效。③

(2)程序要素。量刑制度法制原则实现保障体系的程序要素,主要是对量刑所必须遵守的规则、属性和标准相关的特定要求的遵守。比如,2007年1月11日出台的《俄罗斯联邦法院量刑实践》第3项规定:法院在判处非隔离型刑种时,应当遵守此类刑种的适用属性,④俄罗斯联邦最高法院在此后的司法实践过程中,曾多次重申此种要求,比如在其出台的《俄罗斯联邦最高法院关于2011年下半年刑事案件审判委员会监督实践综述》第2.1.1项中强调:法院在判处劳动改造的刑种时,

---

① Дударь Н. Н. Общие начала назначения наказания: дис. … канд. юрид. наук. М., 2004. С. 34.

② Жидких И. В. Реализация принципов уголовного права в общих началах назначения наказания: дис. … канд. юрид. наук. Ростов-на Дону, 2007. С. 42-43.

③ Обзор практики Судебной коллегии по уголовным делам Верховного Суда Российской Федерации за первое полугодие 2013 года (Сайт Верховного Суда Российской Федерации). URL: http://www.vsrf.ru/second.php (дата обращения: 05. 03. 2020).

④ О практике назначения Судами Российской Федерации уголовного наказания: Постановления Пленума Верховного Суда РФ от 11.01.2007 г. № 2 // Бюллетень Верховного Суда РФ. 2007. № 4.

应当在判决书中确定从被判刑人工资中扣除收缴国库的数额比例。①

(3)数量要素。量刑制度保障体系的第三个功能要素,体现为刑罚的数量特征,意指对立法所规定刑罚限度的遵守,换言之,就是应当遵守刑法总则条文规定的每种刑罚的最低限度和最高限度,以及刑法分则所规定制裁的限度。整体而言,此项保障要素的内容与《俄罗斯联邦刑法典》第 60 条第 1 款关于量刑一般原则的规定相适应。根据第 60 条第 1 款规定,应当“在本法典分则相应条文所规定的限度内并且考虑本法典总则规定”判处刑罚。根据俄学界通说立场,“法院在量刑时适用刑法总则的规定,体现为这样两个方面:一是明确立法规定的范围、阐明刑事法律规范制裁的界限;二是独立适用刑法总则规定”。② 决定量化功能要素特征的重要因素,是那些相对于刑法分则条文所规定法定刑具有提高或降低制裁限度产生影响的法律规范。正如俄学者所言,《俄罗斯联邦刑法典》第 60 条“但书”中所规定的有关选择刑罚适用时,在刑法分则条文缺乏关于刑罚具体限度规定时应当考虑总则的相关规定,即是对所适用刑罚限度予以具体化的例证。③ 此外,量化因素还体现为,法官必须无条件遵守那些法律所规定的、对可能判处刑罚最高限度和最低限度产生影响的规则,既应当遵守量刑的一般原则,也必须遵守量刑的特殊规则。基于犯罪的多样性特性,法律中往往规定着各种不同的特殊量刑规则,这些特殊规则的适用有时会导致司法实践中的适用难题。各种不同的特殊规则之间会出现不同的结合方式,从而对刑罚措施的确定产生影响。司法者的任务,就是要使最终适用的刑罚措施与特定情形下所要求适用的所有必要的特殊规则之间相适应。也就是说,首先必须结合条文所规定法定刑和量刑的一般原则来考虑法定的刑罚限度;其次揭示所有应当适用的特殊原则,标明它们适用的顺序;最后确定所适用刑的具体限度,并且在遵循刑罚个别化标准的前提下,在已然确定的刑罚限度内确定最终应当适用的刑罚措施。

有关刑罚适用过程中禁止类推的问题,源于有关刑事立法禁止类推适用的一般性规定,这即意味着对刑罚类推以及量刑规则类推的禁止。然而,这似乎与《俄罗斯联邦刑法典》第 10 章第 61 条所规定的从轻处罚情节的开放式规定的事实之间存在冲突。因此,有俄学者指出,“从轻处罚情节的范围应当进行扩张解释,也就是说,法院可以将《刑法》第 61 条第 1 款没有规定的,但其性质与立法所规定情节相类似的情节认定为从轻处罚情节。在这种情况下,自然会提出刑法中存在法律

---

① Обзор надзорной практики Судебной коллегии по уголовным делам Верховного Суда Российской Федерации за 2 полугодие 2011 года (Сайт Верховного Суда Российской Федерации). URL: http://www.vsrf.ru/second.php (дата обращения: 05.03.2020).

② Энциклопедия уголовного права: Назначение наказания. Т. 9. С. -Пб., 2007. С. 219.

③ Благов Е. В. Применение общих начал назначения уголовного наказания: монография. М., 2013. С. 61.

类推适用的问题(而正统的刑事学说是坚决反对刑法的类推适用的)”①。但是,从另一个方面来看,之所以在此种情况下提出类推适用的建议,其前提主要是遵循人道原则,因为将法定列举之外的情形认定为从轻处罚的情节可以视为微不足道的小事,但却能够改善犯罪人的处境。

综上所述,法制原则作为一项刑法基本原则,适用于量刑制度范畴时,在其内涵要素有所扩张的前提下,被纳入量刑原则的子系统内。此原则实现的保障体系是一系列质的规定性、量的规定性和程序性功能要素构建的统一体。

(二)人道原则司法实现路径

刑法人道原则在执法活动中得以实现时,其质的规定性和完整程度,主要取决于其在立法中的体现,即此项原则在《俄罗斯联邦刑法典》所规定原则之实质特征层面的立法成果。各项原则之于不同的具体刑法制度的建构具有各自不同的意义,人道原则的意义着重体现于刑事责任免除和刑罚免除制度的调整。

人道原则体现于量刑制度调整范畴时,其与量刑时所涉及的刑事惩罚措施经济性原则之间存在密切关系。这两项原则体现于这样两种基本规定中:第一,对实施犯罪的人判处的刑罚,不能以造成身体痛苦或者贬低人格作为目的。此项规定体现立法者在刑法规定中的价值取向,其首要的价值当属个人的人身及权利。换言之,所判处的刑罚应当足以实现刑罚的目的。如果过于严酷,则会侵犯犯罪人的权利和合法利益;如果所判处的刑罚不够严厉,则相对于被害人而言,则是对人道原则的违反,即意味着对被害人权利的侵犯。第二,判处刑罚是公认的保障人的安全的路径。因此,对于那些参与有组织团伙实施犯罪、实施重罪和特别重罪、多次犯罪等情形下的犯罪人,判处比较严厉刑罚的做法是符合人道原则的,因为对这些行为人判处较重刑罚,能够体现出对于被害人和所有其他公民安全的保障,体现出的是另一个层面的人道。因此,人道原则体现的不仅是对于犯罪人利益的保护,也是对被害人以及社会利益和国家利益的保护。

上述对于人道原则的理解,明确地体现出其与《俄罗斯联邦刑法典》第 2 条第 1 款所规定的刑法任务之间的契合:第一,《俄罗斯联邦刑法典》所规定的任务和原则之间本就存在非常密切的相互联系;第二,《俄罗斯联邦刑法典》第 2 条第 1 款列举规定的刑法保护客体,②将人和公民的权利和自由的保护列在首位,这也是人道原则的应有之义。

下面我们着重探讨一下有关人道原则在量刑制度中如何实现的问题。俄学界对于量刑制度原则应当普遍适用的问题上存在几种不同立场:(1)量刑原则是“刑

---

① Арямов А. А. Назначение уголовного наказания судом. Челябинск, 1999. С. 62.

② 即“本法典的任务是:保护人和公民的权利和自由,保护所有权,维护社会秩序和公共安全,保护环境,捍卫俄罗斯的宪法制度,以防犯罪行为的侵害,保障人类和平和安全,以及预防犯罪”。

法所规定的、法院在量刑时应当遵循的要求”①;(2)量刑原则是“法律所规定的、执法机关针对每个具体刑事案件裁定公正责任措施时所应当遵守的普遍调整规范体系”②;(3)量刑原则是“揭示此种活动内涵一切最实质侧面的规定总和,即指的是对于所有刑事案件适用刑罚具有普遍意义的原则,无论是行为人因何罪判处刑罚,也无论对什么人适用什么样的刑罚”③。

量刑制度中的人道原则,要求对犯罪人所施加刑事法律影响时进行个别化处理,主要考量犯罪的严重程度、犯罪人的人身特质、减轻刑罚情节和加重刑罚情节。个别化,是量刑一般原则的基本特征,而人道主义则着重体现于在案件具备这些情节时对犯罪人予以某种减轻刑罚的处罚,这些情节包括犯罪人曾经对社会所做出的突出贡献、犯罪人是未成年人或者相反的情况,犯罪人是老年人、患有严重的慢性疾病、生活特别困难等情况。然而,量刑的人道原则指的并不是对犯罪人的从宽处罚,而是要求适用最小限度的惩罚措施,但此惩罚措施必须能够足以全面保障俄罗斯社会利益以及公民权利免受犯罪侵害,以及保证刑罚目的的实现。与此同时,人道原则还要求刑法惩罚的经济性原则,这明确体现于《俄罗斯联邦刑法典》第60条第1款的规定,即“对被认定犯罪的人,应在本法典分则相应条款规定的限度内,并考虑本法典总则的规定,判处公正的刑罚。在对犯罪规定的所有刑罚种类中,只有在较轻刑种不能保证达到刑罚的目的时才得以判处较重的刑种”。可以说,人道主义思想贯穿于整个俄罗斯联邦刑法,当然也贯穿于整个刑罚措施体系中。

至于裁量刑罚和其他刑法性质措施的人道性问题,应当说用剥夺自由刑替代死刑,以及适用更轻缓刑种的情况,指的并非人道主义,而是刑法的另外一个范畴问题,即公正性或者非公正性。换言之,从法律视角研究刑罚人道化问题,应当得出这样的结论:公正的刑罚总是人道的。“如果判决因所处刑罚过于轻缓,从而作为不公正的判决而被撤销,那么就意味着所判处轻刑的做法是不人道的,所以也是不公正的;如果判决因其过于严厉而被撤销,则说明所判处的刑罚对于犯罪人来说是不人道的(没有遵守社会公正原则)。因此,对于刑罚特征的描述,正确的做法是从社会公正或不公正的角度,而非从人道的角度去评价。”④

有俄罗斯学者在谈及作为刑罚措施适用的死刑和长期剥夺自由刑时指出,“有时这种规定被认为是人道的,即相对于社会来说是人道的。我们认为,这毕竟还是不人道的,是一种为了社会利益而被迫偏离对此原则的一贯执行”⑤。持反对意见的学者则指出,“将前述两种刑罚的适用归于人道的评价是正确的,并且不应当将

---

① Гаверов Г. С. Общие начала наказания по советскому уголовному праву. -Иркутск, 1976. -С. 45.

② Кропачев Н. М. Общие начала применения мер ответственности за преступления // Вопросы уголовной политики. Красноярск, 1991. С. 120.

③ Новоселов Г. Л. Уголовное наказание: понятие, виды, назначение. Екатеринбург, 1994. С. 71.

④ Арендаренко А. В. Указ. соч. С. 226.

⑤ Карпец И. И. Наказание. Социальные, правовые и криминологические проблемы. М., 1973. С. 87.

人道解释为对犯罪人的爱与关怀。然而，我们认为，同样正确的是在死刑之后设置最不人道的刑种——剥夺自由刑，而如果从犯罪人的利益角度，则适用任何期限的剥夺自由刑都可能是不受欢迎的。从犯罪人利益角度，刑罚可能体现为绝对不人道的刑罚（如死刑）和相对不人道的刑罚（其他刑种），那么此种意义上的人道原则适用于刑事立法则是不可想象的，因为这只意味着对犯罪人免除刑事责任，而无须再适用其他法律措施"①。基于此，要想明确人道原则在刑事立法中的适用范畴，则可以构建这样的理念模式："人道原则应当体现为对于人的优先刑法保护以及对刑罚严厉性的限制，即所适用的刑罚应当是足以保护人的最低限度的刑罚，同时相对于犯罪人来说应当是足以实现矫正目的和预防新罪的最人道的刑法措施。"②

人道原则中最鲜明的本质特征，就是其所体现出的人道性，例如，正当性刑罚措施的人道性质即是人道原则实现方式之一，这里的刑罚措施的正当性，体现出刑法规定和人文关怀以及对人的尊重之间的相互联系。③ 有学者认为，死刑和终身监禁刑是完全不符合人道原则的，因为从保障被判刑人安全的角度看，它们显然没有将矫正被判刑人作为其目的，刑罚的目的应当是矫正犯罪人，而不是对其所造成的恶进行报复。④ 人道原则当是刑法中"人爱"理念的体现，即不允许对犯罪人造成身体痛苦或者贬低其人格。此外，人道原则与俄刑法中的法制原则之间存在密切关系，因为只有现行刑法才能规定刑罚和其他刑法性质措施，而这些措施的规定当遵守人道原则的立场，即不能将造成身体痛苦或者贬低人格作为其目的。相应地，人道原则与公正原则之间关系密切，刑罚应当同时体现其公正性和人道性，如前述提及的俄现行刑法第 7 条和第 43 条中的相应规定。

对被害人进行损害赔偿是人道原则司法实现的另一条路径。根据俄学界部分学者的主张，损害赔偿与其他打击犯罪的传统措施一样，是促进法制和社会公正得以恢复的最重要和有效的手段。⑤ "在保护犯罪被害人的一般问题框架下，损害赔偿居于中心位置并且可能是其中的最重要问题。这里集中体现着法律思想的实现、国家法律政策以及公民的权利和利益。因此，损害赔偿在社会秩序恢复中起着重要作用，并且最终成为司法体系的支撑要素。正是基于此种理念，损害赔偿的有效性和必要性才与公众意识中有关善、恶和公正理想的观念相符合。"⑥应当说，被

---

① Мальцев Н. Н. Равенство и гуманизм как принципы уголовного законодательства // Правоведение. 1995. № 2.

② Мальцев Н. Н. Равенство и гуманизм как принципы уголовного законодательства // Правоведение. 1995. № 2.

③ Попков В. Д. Гуманизм советского права. М. , 1972. С. 75.

④ Нагорный Р. С. Смертная казнь: принципы гуманизма и справедливости // КонсультантПлюс.

⑤ Галактионов С. А. Принцип справедливости: дис. … канд. юрид. наук. Рязань, 2003. С. 127.

⑥ Вавилов Л. В. , Мухамедьянов Н. О практике возмещения ущерба жертвам преступлений // Следователь. 1998. № 1. С. 53-56.

害人的损害赔偿问题,是目前俄罗斯刑事立法所面临的、亟须探讨的现实问题。

就被害人视角而言,社会公正得以恢复的路径是通过对犯罪所侵害的合法利益和权利的保护予以实现的。为实现这一目的,刑罚应当具有在合理的限度内对所造成损害予以赔偿的保障功能,即保证对被判刑人所适用的剥夺或限制权利和自由与被害人因犯罪所遭受的痛苦之间的符合性。在此种情形下,刑罚内容的确定,应当以社会认定哪些剥夺和限制措施是必要的和充足的为前提。人道性不仅体现为对犯罪人的人道,也体现为对普通公民的人道,这些公民的利益或者直接受法律保护,或者通过保护国家和社会整体利益的方式得到保护。刑法中的人道原则应当扩展至其权利和利益因犯罪而受到侵害的公民。俄多数学者认为,《俄罗斯联邦刑法典》应当专门引入"被害人"范畴,因为在刑事法律关系框架内,此类范畴的人有权要求恢复自己被犯罪侵害前的法律地位。俄罗斯现行刑法典实际上已经体现了对被害人利益的保护,比如,《俄罗斯联邦刑法典》第 76 条"免除刑事责任"中就有关于"如果与被害人和解并弥补给被害人造成的损害"的相关规定,这便意味着在此种情形下,恢复被害人的法律地位是免除刑事责任的必备条件。[①] 可见,被害人利益的保护,在《俄罗斯联邦刑法典》中的规定是很明显的。

根据俄学界立场,俄刑法规范中所体现的刑法人道原则,就其内容而言,应当扩展至被害人保护范畴。俄现行刑法规定的刑法任务仅限于对社会关系保护和预防犯罪的保障,并未将恢复受犯罪行为侵害的被害人法律地位明确列入刑法任务。有俄学者认为这种做法体现了《俄罗斯联邦刑法典》的局限性,即此部法典体现的仍然是社会主义国家对于人权的实证主义立场,即保护国家赋予的人的权利已足够,而对于人权的恢复则属次要问题。[②]

《俄罗斯联邦宪法》第 52 条规定,"犯罪和滥用职权的受害者的权利受法律保护。国家保障受害者诉诸司法机关并得到赔偿的权利"。根据俄罗斯联邦宪法的规定,国家应当保证公民因犯罪所遭受任何损害而获得赔偿的权利,而无论所实施的犯罪性质如何。这便意味着,如果出现犯罪不能被侦破或者犯罪人没有支付能力的情况,国家应当承担对被害人进行赔偿的义务。然而,俄罗斯目前并没有此类赔偿规划,损害赔偿一般规定在俄《刑事诉讼法典》和《民法典》中,但实际情况是,在俄罗斯刑事诉讼程序中并不经常适用对被害人的损害赔偿措施。因此,在俄罗斯目前刑事司法中,人道原则主要还是根据现行刑事立法规定的司法适用路径得以体现。

---

① 此外,第 75 条虽然没有直接提及被害人利益,但其规定中明确指出"赔偿所造成的损失或以其他方式弥补犯罪所造成的损害";第 61 条第 1 款第 10 项还明确地将从轻处罚情节与"提供医疗救助或其他帮助、自愿赔偿犯罪所造成的财产损失和精神损害以及其他旨在弥补对被害人所造成损失的行为"相关联。

② Коршиков И. В. Принцип гуманизма в уголовном праве Российской Федерации: дис. … к. ю. н. –Саратов, 1999. С. 120.

总之,俄罗斯人道原则的立法和司法体现主要集中于俄现行刑法所规定的刑法的溯及力、减轻刑罚、免除刑事责任和免除刑罚制度、量刑制度及以上制度的司法适用中。俄刑事立法中所体现的有关被害人权利保护方面的规定值得我国刑事立法借鉴。

第五章　俄罗斯刑法的效力和解释

第一节　俄罗斯刑法的效力

一、俄罗斯刑法的时间效力

俄罗斯刑法的时间效力问题规定在《俄罗斯联邦刑法典》第9条和第10条。[①] 实施犯罪时间的确定，对于解决实施相应行为的行为人的刑事责任问题具有重要意义。我们在这里引入俄司法实践中与此相关的真实改判案例：行为人甲于1993年12月实施了挪用股份公司资金的行为，并因此于1994年7月至1995年6月给该股份公司造成了物质损失，甲也因此被判处侵占财产罪。之后，俄罗斯联邦最高法院刑事审判委员会撤销了根据1960年《苏俄刑法典》第148-3条的规定所作的判决，并且基于所实施行为在当时并不存在相应罪名的理由终止了该案件。其改判的具体理由为：行为人给股份公司造成物质损失的行为是1993年12月实施的，而调整此行为的罪名在当时的刑事立法中并没有明确规定，并且此类行为的犯罪化是1994年7月1日才得以确定，即1960年《苏俄刑法典》第148-3条是1994年7月1日才开始生效的。[②]

根据1994年6月14日实行的《关于联邦宪法、联邦法律和联邦议会各院法案的公布和生效程序》第5号联邦法律的规定，

---

① 《俄罗斯联邦刑法典》第9条第1款规定："行为是否构成犯罪和是否应受刑罚处罚，由实施该行为时生效的刑事法律决定"；本条第2款规定："实施犯罪的时间，指的是实施社会危害行为（不作为）的时间，与发生后果的时间无关。"这里的"实施犯罪"，既指已完成犯罪，也指实施构成初步犯罪活动（犯罪预备和犯罪未遂）而应受刑罚处罚的行为。

② 因为根据俄罗斯刑法的规定，实施犯罪的时间指的是实施社会危害行为（作为或不作为）的时间，而不是指犯罪后果发生的时间，所以1994年生效的刑事法律规定对于本案没有溯及力。

联邦法律在正式公布后 10 日起在俄罗斯联邦全境同时生效,除非法律本身为其生效规定了不同的程序(第 6 条)。根据该法第 4 条的规定,联邦法律的“正式公布”指提在《议会报》《俄罗斯报》或《俄罗斯联邦立法大会》《俄罗斯报纸》或《俄罗斯联邦立法集》上首次刊登其全文。生效的刑法在其被废除或被新法取代之前,都是具有法律效力的,从其生效之时起,旧刑法即被废除并且不再适用。

《俄罗斯联邦刑法典》第 10 条规定了刑法的溯及力原则,本条是前述第 9 条规定的例外。根据本条规定的刑法溯及力原则,那些规定行为不构成犯罪、减轻刑罚或以其他方式改善犯罪人状况的法律,具有溯及既往的效力,即在前述所列情况下,俄罗斯刑法的溯及力适用于该法生效前实施相应行为的人,其中包括正在服刑的人或者已经服刑完毕但有前科的人。此项刑法原则源于《俄罗斯联邦宪法》第 54 条的规定。

根据俄罗斯刑法规定,如果法律宣布对某项行为予以非刑事化,则意味着此项行为的犯罪性已从《俄罗斯联邦刑法典》中废除,即将其排除在俄罗斯现行刑事立法的规制以外,因此再实施该项行为便不会被追究刑事责任和判处刑罚。此即《俄罗斯联邦刑法典》第 10 条第 1 款中规定的“……规定行为不构成犯罪”的含义。本条中规定的“减轻刑罚”,是指原刑法中规定的某个刑种(刑罚措施)的最高刑和(或)最低刑,低于原来刑法中规定的限度,或者规定了可选择的较轻的刑罚种类。然而,在评价新刑法的严苛或轻缓以及对于犯罪人状况是改善抑或恶化时,不仅要从制裁(法定刑)的角度来看,而且还要考虑那些影响加重或减轻刑事责任和刑罚的其他情节方面的规定,比如,俄罗斯新刑法(1996 年《俄罗斯联邦刑法典》)对假释制度刑期以及前科消灭和撤销制度的规定都进行了相应的调整,这些方面的修订内容也是判断新刑法是否具有溯及力的根据所在。此外,俄罗斯现行刑法还涉及新法中有关较轻刑罚规定的溯及力问题,即新法中较轻刑罚的规定对于那些已经按照旧刑法被判处较重刑罚的被判刑人、正在服刑的人或已经服刑完毕的人均具有溯及既往的效力。

根据俄现行刑法的规定,如果新法已经废除了某项行为的有罪性规定,即对此项行为进行了非犯罪化处理,则与此类行为相关的刑事诉讼程序必须终止,即使是案件处在预备侦查阶段,也须终止程序。如果是新法减轻刑罚的情况,则法院在量刑时就应当遵循新法的规定(此项规则同样适用于法院在上诉审和监督审的刑事诉讼程序)。

《俄罗斯联邦刑法典》第 10 条第 1 款,针对新法中对行为予以犯罪化以及有加重刑罚或以其他方式恶化犯罪人状况的相关规范,明确规定了其不具有溯及力的规则,即“规定行为构成犯罪、加重刑罚或以其他方式恶化犯罪人状况的刑事法律,没有溯及既往的效力”。这里的“规定行为构成犯罪”,是指新法施行以前没有规定为犯罪的行为,在新法中予以犯罪化的处理;“加重刑罚”,指的是新法提高了原刑法中所规定刑罚的上限或下限,或者一并提高了原法定刑的最高刑和最低刑的限度,此外,还包括不改变原来主刑的规定,只是补充规定了附加刑的情况,或者增加规定了法院量刑时可以选择适用的、相较于旧法而言比较严厉的制裁方式;“其他恶化犯罪人状况”的情形,指的是那些以提高假释、前科消灭和撤销等刑法制度的法定服刑期限的方式,加重对犯罪人的处罚,从而不利于犯罪人的法律规定。

俄罗斯刑法中规定的溯及力规则,在俄司法实践适用过程中遭遇诸多困境。其中,最常见的问题是其空白罪状中有关行为可罚性条件是以其他部门法规定为前提的情况。当其他部门法修订时,有关此类行为适用新、旧刑法的问题就显露出来了。我们以《俄罗斯联邦刑法典》和《俄罗斯联邦行政处罚法典》中有关窃取他人财物行为的规定为例,根据俄罗斯现行法律的规定,非法攫取他人少量财物的行为属行政违法行为,是《俄罗斯联邦行政违法法典》的规制范畴,但若攫取他人财物数额较大,超过了行政法规定的数额限制,则属于俄刑法的规制范畴。

俄司法实践中的实际情况使得近年来《俄罗斯联邦行政违法法典》在这方面规定呈变动状态。起初,在《苏俄行政违法法典》第 49 条中规定,以盗窃、诈骗、侵占或者挪用的方式而攫取他人财物的,若所攫取财物的价值未超过俄罗斯联邦立法所规定的最低工资标准额度的,是数额较小的盗取行为,属小偷小摸范畴,当追究行为人的行政责任,而俄刑法中存在一种“隐性”的空白罪状的规定模式,即某种行为是否为刑事可罚行为,是以其行政法规范的相关规定为前置条件的。也就是说,根据当时的立法规定,若行为人盗取他人财物的价值超过了最低工资标准额度,则其行为便不再是行政法调整的范畴,而行为人应当被追究刑事责任。然而,后续所颁布的《俄罗斯联邦行政违法法典》,则大幅提高了其所调整的“小偷小摸”数额的上限,将其规定为最低工资标准的 5 倍,即只要行为人实施的盗取数额在最低工资标准数额 5 倍限度内,则属行政法规制的行为范畴。在《俄罗斯联邦行政违法法典》实施一段时间后,又将此类盗取行为的最高限调整回原来的一个最低工资标准额度,接下来,又分别调整为 100 卢布和 1000 卢布的额度。

俄罗斯行政立法有关盗取数额限度规定的频繁变化,必定会将俄刑法所规定的溯及力原则的实现产生实质影响。如果将此类盗取行为追究刑事责任的下限予以提高,当行为人以盗窃、诈骗、侵占或挪用方式实施盗取他人财物的行为,其数额低于法定最低限额时,则会产生对此类行为予以非犯罪化处理的情况。因此,《俄罗斯联邦刑法典》第 10 条第 1 款规定的刑法溯及力原则的实现,在某些情况下需要同时考虑《俄罗斯联邦行政违法法典》第 7. 27 条的相关规定。

《俄罗斯联邦刑法典》第 10 条第 2 款对正在服刑的人,在刑法溯及力原则的适用方面予以进一步明确的规定,即“如果犯罪人因犯罪行为正在服刑,而新的刑事法律对该行为规定了较轻的刑罚,则应在新刑事法律规定的限度内减轻刑罚”。

综上所述,历史上俄罗斯的传统刑法并没有规定溯及力的问题,直到《1958 年苏联及各加盟共和国刑事立法纲要》和1960年《苏俄刑法典》才首次将其正式纳入刑事立法,但仅限于"免除和减轻刑罚的刑事法律"有溯及力。1996年《俄罗斯联邦刑法典》则更进了一步,将"以其他方式改善犯罪人状况的刑事法律"也列为刑法溯及力的效力范围,这充分体现了当代俄罗斯刑事立法的轻刑化刑事政策导向,以及注重保障被判刑人和其他犯罪人之人权的价值取向。特别是对于正在服刑的罪犯和服刑完毕前科未消灭的罪犯群体的溯及力方面的新规定,体现出俄罗斯刑法已经将溯及力原则的适用推到了极致。

二、俄罗斯刑法的空间效力

俄罗斯现行刑事立法规定的刑法空间效力原则包括:属地原则(第11条)、国籍原则(第12-1条)、现实原则和普遍原则(第12-3条,相当于中国刑法中的保护原则和普遍管辖原则)。

(一)属地原则(территориальный принцип)

世界各国刑法的效力范围总是限于某一空间领域,因此,刑法空间效力中的主要原则是属地原则。这一原则规定在《俄罗斯联邦刑法典》第11条第1款中,即"在俄罗斯联邦境内实施犯罪的人,应依照本法典承担刑事责任",也就是说,无论是俄罗斯公民、外国公民或是无国籍人,只要是在俄罗斯联邦境内实施了犯罪行为,就应当根据《俄罗斯联邦刑法典》追究其刑事责任。

根据2002年5月31日出台的第62号联邦法律——《俄罗斯联邦国籍法》的规定,俄罗斯公民,是指在本法生效之时具有俄罗斯联邦国籍的人,以及根据本法获得俄罗斯联邦国籍的人。该法还规定了获得国籍身份、接受和恢复国籍身份以及终止俄罗斯联邦国籍身份的程序;外国公民,是指拥有外国国籍而没有俄罗斯联邦国籍的人;无国籍人,是指不属于俄罗斯联邦国籍且没有另一国家国籍证明的人。

俄罗斯联邦的国家领土范围包括:俄罗斯联邦国界内的陆地、水域、底土及其上层空间。根据1993年4月1日出台的第4730-1号联邦法律——《俄罗斯联邦国界法》的规定,俄罗斯联邦国界,是指由现行国际条约和苏联立法法案规定的苏俄边界(若国际法未划定俄罗斯联邦与各邻国之间的边界,则由双边条约予以规定)。

除俄罗斯联邦缔结的国际条约另有规定,实施非法穿越行为所涉及的地域当属俄罗斯国界:

(1)陆地上具有明显标志性特征的界点、边线或明晰可见的标志处;

(2)俄罗斯联邦领海的外部边界;

(3)可通航的河流——为主航道或者河床沿线;不可通航的河流和溪流——指河流的中心线沿线或沿河流的主要支流的中心线;在湖泊和其他水体中——为沿

着国界与湖岸或其他水体连接起来的等距线、中线、直线或其他划定线路;

(4)水库和其他人工水体中——洪水前划定的国界线沿线;

(5)桥梁、水坝和其他贯穿河流、溪流、湖泊和其他水体的建筑——在这些建筑的中心线或技术轴线上,而无论国界线在水中的位置如何。

俄罗斯联邦领海,包括宽度为12海里的沿海水域,从大陆和属于俄罗斯联邦的岛屿的低水线或从地理坐标经俄罗斯联邦政府批准的连接点的直接基线测量。在某些情况下,俄罗斯联邦的领海宽度可以由俄罗斯联邦缔结的国际条约确定;在没有国际条约的情况下,可以根据公认的国际法原则和准则划定。俄罗斯联邦的内海水域,按照俄罗斯联邦领海宽度所采用的基线至海岸方向的海水。

根据《俄罗斯联邦刑法典》第11条第2款的规定,“在俄罗斯联邦领海或领空内实施的犯罪,认定为俄罗斯联邦境内实施的犯罪。本法典的效力及于在俄罗斯联邦的大陆架和专属经济区内实施的犯罪”。

根据1995年11月30日出台的第187号联邦法律——《俄罗斯联邦大陆架法》,大陆架包括位于俄罗斯领海以外的整个陆地领土的自然延伸,直至大陆的水下边缘外部边界的海底和地下区域。海底边缘是俄罗斯大陆的延伸,包括大陆架和上、下坡道的地表和底土,与此同时,大陆架的范围也囊括了俄罗斯的所有岛屿。该法还界定了大陆架内部和外部边界的空间界限。俄罗斯法律中有关大陆架的特别法律规定,主要目的是保护其自然资源,同时也是体现了在勘探和开发矿产资源、捕捞生物资源、倾弃废物和其他材料方面保护海洋环境的需要。

俄罗斯联邦专属经济区设在位于俄罗斯联邦领水(领海)以外并与其毗邻的海域,包括属于俄罗斯联邦的岛屿周围地区。此专属经济区的外部边界位于从与俄罗斯联邦领海相同的基线测量200海里的距离。俄罗斯联邦与其海岸和俄罗斯联邦海岸相对或毗邻国家之间的经济区划定,是根据俄罗斯联邦缔结的国际条约或公认的国际法原则和准则进行的。

从《俄罗斯联邦刑法典》第11条第2款规定的措辞来看,它适用于在俄罗斯联邦大陆架或专属经济区犯下的所有罪行。然而,《俄罗斯联邦刑法典》的这一规定,违背了国际法律准则关于大陆架和专属经济区的法律属性和法律制度的相关规定,即1982年《联合国海洋法公约》对此种法律制度作了充分详细的规定。根据该公约,沿海国的权利和司法管辖权不是无限的,而是限于这些领土的预期用途。根据这一规定,我们应该同意这样的立场,即实际上,俄罗斯联邦的刑事管辖权并不适用于在专属经济区和大陆架内实施的所有罪行,而只适用于其中的某些罪行。

关于俄罗斯具有刑事管辖权的专属经济区内的犯罪,主要包括以下这些涉及侵犯俄罗斯国家主权的犯罪行为:(1)在专属经济区内非法建立安全区或违反海上工事和确保航运公司安全设施的建设、运营、维护和拆除规则的行为;(2)未经适当授权而在专属经济区内进行自然资源的研究、勘探和开发。有关大陆架上俄罗斯具有刑事管辖权的犯罪行为,主要指的是那些与勘探和利用大陆架资源以及保护大陆架环境及其上的人工设施相关的罪行。

基于公认的国际法准则和传统,《俄罗斯联邦刑法典》第 11 条第 3 款规定了有关在俄罗斯联邦港口注册的船舶和航空器作为拟制领土方面的规定,即"在俄罗斯联邦港口注册的船舶、航空器处在公海或俄罗斯联邦境外的空中时,在该船舶或航空器上实施犯罪的人,应该依照本法典承担刑事责任,但俄罗斯联邦签署的国际条约有不同规定的除外。在俄罗斯联邦的军舰或军用航空器上实施犯罪的人,不论军舰或军用航空器在何处,均应依照本法典承担刑事责任"。此外,根据 1967 年 1 月 27 日《关于各国探索和利用包括月球和其他天体在内外层空间活动所应遵守原则的条约》,各国(因此也包括俄罗斯联邦)对其射入外层空间的物体及其机组人员行使司法管辖权。

在俄罗斯联邦领域内犯罪,包括在俄领域内开始和结束的犯罪行为,既包括刑法规定的犯罪后果发生在俄领域内的情形,也包括犯罪行为发生在俄罗斯联邦领域内而犯罪结果发生在俄境外的情况。

《俄罗斯联邦刑法典》第 11 条第 4 款规定了俄刑法空间效力属地原则的例外情况,即"外国的外交代表和享有豁免权的其他公民在俄罗斯联邦境内实施犯罪时的刑事责任问题,依照国际法准则解决",即对于此款中规定的外交人员及享有豁免权的其他公民,一旦发生刑事案件,俄罗斯联邦法院是没有刑事管辖权的。其中,享有外交豁免权的外交代表包括:大使级外交使团团长、特使或代办及使团外交工作人员;顾问、销售代表及其副手;陆军,海军和空中的武官和他们的助手;一、二、三秘书、武官和档案秘书,以及代表团团长和外交人员的家属,并且这些家属应当与前述指定的人一起生活并且不具有俄罗斯公民的身份。外国代表、议会和政府代表团成员以及在互惠基础上前往俄罗斯参加国际谈判或执行其他公务或为前述目的从俄罗斯联邦过境的外国代表团成员,以及不具有俄罗斯公民身份的、前述所列人员陪同家属,也享有外交豁免权。国际非政府组织官员和进驻这些组织的外国代表的外交豁免权,由俄罗斯联邦缔结的有关国际条约予以确定。

领事官员的公务活动享有俄罗斯联邦刑事管辖豁免。外交信使在履行公务时享有个人豁免(不受逮捕或拘留)。根据与外国签订的特别协定,外交豁免原则可以根据对有关国家的互惠原则,充分适用于领事官员以及外交使团的行政和技术人员(俄罗斯联邦公民除外)。不过,应当指出的是,实施了刑事可罚行为的享有豁免权(外交)的相关人员,其不受东道国刑事管辖的豁免(外交)并不是绝对的。例如,根据 1961 年 4 月 18 日《维也纳外交关系公约》的规定,委派国可以放弃对特定个人的这种豁免,只是这种放弃必须以明示的方式表达出来。此外,外交代表(和适用该豁免权的其他人员)的豁免并不能使这些人免于委派国的司法管辖。

(二)国籍原则(принцип гражданства)

俄罗斯刑法在空间效力原则方面,仅仅适用《俄罗斯联邦刑法典》第 11 条第 1

款规定的属地原则是不能够完全解决其刑法的空间效力问题的，这不只是因为外交豁免权相关规则的存在，还因为刑法应当保护功能，特别是应当敦促预防教育功能的实现。为了前述功能的实现，立法者就应当考虑对于身处俄罗斯境外的本国公民刑事责任的调整问题，于是便产生了《俄罗斯联邦刑法典》第 12 条第 1 款有关刑法空间效力问题的国籍原则（中国刑法语境中的“属人原则”），即“俄罗斯联邦公民和常住俄罗斯联邦的无国籍人在俄罗斯联邦境外实施犯罪侵害本法所保护的利益的，如果外国法院未对该人该罪作出判决，则应该依照本法典承担刑事责任”。

根据《俄罗斯联邦刑法典》第 12 条第 2 款的规定，“驻扎在俄罗斯联邦境外的俄罗斯联邦军人，在俄罗斯联邦境外实施犯罪的，应该依照本法典承担刑事责任，但俄罗斯联邦签署的国际条约有不同规定的除外”。之所以对于驻外军人做例外规定，主要是考虑到军人的特殊身份。根据本款规定，对于俄罗斯驻外军人在俄境外实施犯罪行为的，原则上仍旧适用俄罗斯联邦法律追究其刑事责任，但若是俄罗斯联邦与军人驻在国有国际条约的特别规定的，则根据条约规定执行。

（三）现实原则和普遍原则（реальный и универсальный принцип）

除前述的领土原则和国籍原则外，《俄罗斯联邦刑法典》第 12 条第 3 款还规定了另外两个空间效力原则：现实原则（相当于中国刑法中的保护原则）和普遍原则（中国刑法的普遍管辖原则）。①

1995 年 7 月 15 日出台的第 101 号联邦法律《俄罗斯联邦国际条约法》，从术语和语义含义的角度对国际条约的概念进行了阐释，即根据本法第 2 条的规定，“俄罗斯联邦缔结国际条约是指俄罗斯联邦与外国（或若干国家）、国际组织或有权签订国际条约的其他实体之间以书面形式缔结的、受国际法管辖的国际协定，不论此种协定是载于一份文件还是载于若干相关文件，也不论其具体名称为何”。在术语表达上，打击犯罪的国际条约（международный договор）通常会以公约（конвенция）的形式进行缔结，比如，1970 年 12 月 16 日于海牙签定的国际条约——《关于制止非法劫持航空器的公约》。此外，《俄罗斯联邦国际条约法》第 1 条还明确了俄罗斯联邦为苏联承继者的法律地位，即该法“适用于俄罗斯联邦作为苏联继承国加入的国际条约”，此处的立法澄清是非常重要的，因为大多数打击犯罪方面的国际公约都是苏联时期缔结的，而俄罗斯联邦作为苏联的主要承继者当然是此类条约（公约）的法律上的主体国。

还应当关注本法第 1 条规定中国际条约缔结对象的范围，即不仅包括国家主

---

① 《俄罗斯联邦刑法典》第 12 条第 3 款规定：“不在俄罗斯联邦境内常住的外国公民和无国籍人在俄罗斯联邦境外实施犯罪的，如果犯罪侵害的是俄罗斯联邦、俄罗斯联邦公民或常住俄罗斯联邦的无国籍人的利益，以及在俄罗斯联邦签署的国际条约的情况下，犯罪人在国外未被判刑和正在俄罗斯联邦境内被追究刑事责任的，应依照本法典承担刑事责任。”

体,还包括相关国际组织。这对于理解刑法在空间效力中的普遍适用问题至关重要。实际上,随着国际犯罪在内的全球犯罪的日益增加,许多国际组织的功能逐渐发生改变,有些国际组织旨在开展打击犯罪,特别是预防犯罪的活动。其中包括:主要机构(联合国大会、国际法院等);各附属机构(联合国经济及社会理事会预防犯罪委员会、国家研究机构和联合国中心)和一些联合国专门机构(如劳工组织、卫生组织、教科文组织、原子能机构);各种国际非政府机构和组织(国际刑法协会、国际社会保护协会、国际社会学协会等)。

三、犯罪人的引渡

国际法中的引渡(或遣返)是指将犯有罪行的人(指犯罪嫌疑人、被告人或被判刑人)由一国移送给另一国,以便对其进行刑事追诉或对其执行有罪判决。根据《俄罗斯联邦宪法》的规定,此种引渡只能适用于外国公民或无国籍人,因为其第61条第1款规定,“不得将俄罗斯联邦公民驱逐出俄罗斯联邦或引渡给他国”。俄罗斯宪法中的这一规定体现在《俄罗斯联邦刑法典》第13条第1款中,即“俄罗斯联邦公民在外国境内实施犯罪的,不得引渡给该外国”。因此,本条规范对于在俄罗斯联邦境外实施犯罪的俄罗斯公民来说,只是对第12条第1款所规定的国籍原则的一种加强式规定,是其实现的条件。

《俄罗斯联邦刑法典》第13条第2款规定了引渡外国公民和无国籍人问题,即“在俄罗斯联邦境外实施犯罪而处在俄罗斯联邦境内的外国公民和无国籍人,可以依照俄罗斯联邦签署的国际条约引渡给外国,以便追究刑事责任或者服刑”。此条规范源于《俄罗斯联邦宪法》第63条第2款规定:“引渡被控实施犯罪的人以及交出被判刑人以便在他国服刑应根据联邦法律或俄罗斯联邦缔结的国际条约进行。”

关于引渡罪犯的国际条约可以是多边或双边性质的。1957年《欧洲引渡公约》是俄罗斯联邦缔结的第一个多边公约,这对于俄罗斯来说至关重要(1975—1978年还分别缔结了两项附加议定书)。1993年《民事、家庭和刑事事项中的法律援助和法律关系公约》以及各国为打击各领域犯罪而签署的若干多边公约,俄罗斯联邦是这些公约的缔约方,例如,1979年《反对劫持人质国际公约》。

《欧洲公约》足够详细地规定了可以予以引渡的犯罪类别清单,以其作为引渡的根据。根据该公约的规定,根据请求国和被请求国的法律应处以至少1年监禁刑或更严厉惩罚罪行的,可予引渡。但是,如果引渡请求涉及的是为了执行被判处监禁刑或采取其他剥夺自由措施的判决而被通缉的人,则只有在判决结束前至少还有4个月时间的情况下才允许引渡。应当指出的是,根据《公约》的规定,任何缔约方在其法律未规定对某些罪行进行引渡的情形下,该缔约方有权将这些罪行排除在《公约》的适用范围之外,即使这些罪行可处以至少一年的监禁刑或更严厉的惩罚。为此,有关缔约方在交存《公约》批准书或加入书时,必须向欧洲委员会秘书长提交一份允许或不允许引渡的罪行清单。

《公约》还规定了对实施了某些其他类别犯罪(与国内法为实施这些犯罪所规定的制裁类型和数额无关)的人的引渡的限制。这主要涉及政治犯罪(但谋杀或企图谋杀国家元首或其家庭成员的行为,在本公约范围内不被视为政治罪)。类似的规则还适用于那些尽管国内法认定为普通犯罪(刑事犯罪而不包括政治罪),但对某人提出引渡请求却是针对其种族、宗教、公民或政治信仰的人。

《公约》排除各缔约方国内法所规定的违反军职类犯罪的适用,这里指的是违反国内法所规定的军队正常管理秩序类的犯罪,而非国际犯罪范畴内的军事犯罪。此外,《公约》对于与税收、关税和货币相关的金融类犯罪予以特别规定,即只有在各缔约方就此类具体犯罪作出决定的情况下,才准予引渡。

《公约》还规定了关于引渡的其他限制,主要涉及实施犯罪地点的特殊性、针对某一特定违法犯罪行为的司法程序未完结的情况、一罪不二审原则、对于被引渡人的追诉时效问题及可能被判处死刑的情形。《公约》对于根据请求方法律可判处死刑的犯罪引渡规定了特别程序,如果根据请求国的法律犯罪人可以被判处死刑,而被请求国的法律要么没有规定死刑,要么通常不予执行,则在这种情况下,如果请求方没有提供被请求方认为足以确保不判处或执行死刑的保证,则被请求方可以拒绝引渡。

《公约》还规定了另外一种情形,即两个或两个以上国家就同一罪行或不同罪行同时请求引渡。在这种情况下,被请求方在作出决定时应考虑到所有情况,特别是所犯罪行的相对严重程度和犯罪发生地,以及被请求方提出请求的时间(其优先顺序)、被请求人的国籍以及随后将其引渡到另一国的可能性。该公约还规定了与被引渡人的移交有关的财产转移问题,即要求移交该财产作为犯罪的物证,或者该财产属于犯罪所得并且在被请求人被逮捕时由被请求人拥有或后来被发现的情况。

《公约》还规定了其与双边引渡协定之间的关系问题,其适用的一般规则是:本公约取代任何缔约方之间关于引渡罪犯的任何双边条约、公约或协定的规定。但是,在两个或两个以上缔约方之间,根据统一法律引渡罪犯的情况下,则当事各方有权适用此统一法律,而不是受《公约》规定的制约。

《欧洲引渡罪犯公约》是联合国大会 1990 年 12 月 14 日决议通过的《示范引渡条约》的基础。与此同时,《示范引渡条约》具有示范(建议)的性质,其中包含了一些有别于《欧洲公约》的特点和阐释,并且是对《欧洲公约》的进一步发展,其主要体现于以下几个方面:有关引渡条件下相应罪行的制裁程度(监禁刑或其他剥夺自由措施的期限);不存在基于各缔约方立法中所规定相应犯罪构成在术语和结构方面的引渡障碍;引渡金融犯罪嫌疑人;扩展拒绝引渡的强制性和任择性理由;对可能拒绝引渡的理由提出保留,其不仅涉及可判处死刑的罪行,还涉及可判处终身监禁或无期徒刑的罪行,以及其他一些问题。

1993 年在独联体内缔结的《民事、家庭和刑事事项法律援助和法律关系公约》(缔约方有亚美尼亚、阿塞拜疆、白俄罗斯、格鲁吉亚、哈萨克斯坦、吉尔吉斯斯坦、摩尔多瓦、俄罗斯联邦、乌克兰、乌兹别克斯坦)是根据《欧洲公约》和《示范条约》制定的,与前两者相比,本公约也包含了某些特色。比如,对于需要引渡而执行判决的罪犯,其被引渡的有期徒刑的最低要求是 6 个月,而不是《欧洲公约》要求的 4 个月;如果缔约方法律规定了涉及免除某人的刑事责任或惩罚的义务,而其免除根据是非正当化理由的(根据《欧洲公约》,这样的理由只是时效期满),则其引渡会受到严格限制,另外,此部公约有关引渡程序的规定比《欧洲公约》更为详细。

《独联体公约》与 1957 年《欧洲公约》不同,其在拒绝引渡的理由中没有提及被普遍认可的被请求引渡人的政治罪行问题。诚然,绕过"政治犯"这个概念是比较困难的,而且认可它是迟早的事情,尤其是对那些已经加入欧洲委员会(比如俄罗斯联邦)或正在努力加入的国家而言,更是如此。当然,《独联体公约》中存在这样的漏洞也是情有可原的,因为俄罗斯和一引起独联体国家的现行刑法及其刑法理论中基本上都没有涉及这个概念,而事实上,这些国家的刑法中包含了许多传统意义上对政治犯罪刑事责任方面的规范。以《俄罗斯联邦刑法典》为例,其第 29 章"侵害宪法制度基础和国家安全罪"中就有八个罪名是属于侵犯国家政权的犯罪,即我们所说的政治性质的犯罪(政治犯),包括背叛国家罪(第 275 条)、间谍罪(第 276 条)、侵害国务活动家和政务活动家生命的犯罪(第 277 条)、暴力夺取政权或暴力掌握政权罪(第 278 条)、武装暴乱罪(第 279 条)、公开号召实施极端主义活动罪(第 280 条)、破坏活动罪(第 281 条)和煽动仇恨或敌视以及侮辱人格罪(第 282 条)。

各国为打击某些罪行而缔结的多边公约也规定了引渡制度。例如,1988 年《联合国禁止非法贩运麻醉药品和精神药物公约》中就载有关于引渡的特别章节。关于引渡的相关规定也载于其他打击犯罪的公约中,比如 1979 年《反对劫持人质国际公约》、1980 年《核材料实物保护公约》、1984 年《禁止酷刑和其他残忍、不人道或有辱人格的待遇或处罚公约》、1994 年《联合国人员和有关人员安全公约》和其他一些公约。

如前所述,某些国家之间缔结的双边协定也规定了罪犯的引渡。此类双边协定可以分为三种类型:第一,专门规定引渡问题的协定,例如, 1995 年 6 月 26 日《俄罗斯联邦和中华人民共和国引渡条约》;第二,在《民事、家庭和刑事案件法律援助和法律关系总协定》中规定引渡罪犯条款,例如,1992 年 12 月 22 日《俄罗斯联邦和阿塞拜疆共和国关于民事、家庭和刑事案件法律援助和法律关系的协定》框架内有关引渡罪犯的规定;第三,专门就移交被判刑人服刑问题而签署的双边协定,例如,俄罗斯联邦和拉脱维亚共和国于 1993 年 3 月 4 日签署的《关于移交被判刑人服刑的协定》。以上这三类双边协定都是基于《欧洲引渡公约》和《联合国引渡示范条约》中规定的原则,以及 1993 年以后独联体国家之间缔结的协定和《独联体公约》作为基础的。

除了上述多边公约、多边和双边条约以及国家立法之外,还必须利用各国检察机关或内务部(警察局)之间缔结的国际多边和双边部门间协定,以切实解决引渡特定罪犯的具体问题。例如,根据俄罗斯联邦检察院和乌克兰总检察院于 1993 年签署的《关于法律援助与合作的协定》,此种援助与合作包括协助对犯罪人员的调查,以及协助护送被拘捕和被逮捕的犯罪人;1992 年《独联体国家内务部打击犯罪合作议定书》规定了有关在调查刑事起诉逃犯事项中与其他部门之间的合作问题。当然,这些协定项下所采取的行动并不总是能够导致最终的罪犯引渡,但如果这些协定中所列的事项能够得到积极解决,则会给相关国家执法机构查明拟引渡罪犯的工作提供必要支撑,以便实现对罪犯的最终引渡。

《俄罗斯联邦刑法典》第 13 条第 2 款关于外国公民和无国籍人实施犯罪的人的引渡规定的刑法规范,与我们前述刑法空间效力中的普遍原则和现实原则(第 12 条第 3 款)规范之间存在竞合关系,因为根据《俄罗斯联邦刑法典》第 12 条第 3 款规定的空间效力原则,俄罗斯联邦有权根据俄刑事立法追究相应外国公民和无国籍人的刑事责任和判处刑罚,同时根据上述引渡原则,俄罗斯联邦可应有关国家的请求引渡外国公民或无国籍人,以便有关国家对这些人及其所犯罪行行使刑事管辖权。

俄学者认为,《俄罗斯联邦刑法典》第 12 条和第 13 条规范之间的关系,在某种意义上是一种一般规范和特殊规范的竞合关系,即相较于第 12 条第 3 款的一般性规定,则第 13 条第 2 款规定是从中抽离出来的特别规定。因此,在司法实践中应当适用特别法优于一般法的原则,优先适用第 13 条第 2 款的规定。此外,引渡制度也与政治庇护制度相竞合,即根据《俄罗斯联邦宪法》第 63 条第 1 款的规定,“俄罗斯联邦根据公认的国际法准则向外国公民和无国籍人提供政治庇护”,而根据本条第 2 款的规定,“俄罗斯联邦不引渡因政治信仰或俄罗斯联邦认为是犯罪的行为(或不作为)而受追述的人”,因此,在《俄罗斯联邦刑法典》第 13 条规定的引渡制度与政治避难权之间发生竞合时,优先适用政治庇护权。

第二节　俄罗斯刑法解释

为了能够正确适用刑法,各个国家都会对本国刑法的内容进行解释。刑法解释主要从解释主体、解释范围和解释方法三个不同侧面划分出不同解释类型。

根据解释主体的不同，分为法律解释（легальное толкование）、司法解释（судебное толкование）和学理解释（доктриальное толкование）。

所谓法律解释，指的是来自法律专门授权的机构所做的解释。这里的法律解释，与我国刑法中的立法解释相同，此种解释具有普遍约束力，即法律解释是俄罗斯刑法解释中具有法律效力的一种解释类型。

司法解释，指的是法院在审理具体刑事案件时适用刑法规定所作出的解释，即意味着判决一旦生效，则此判决（及其中所涵盖的刑法解释）对案件便具有了约束力。司法解释的作用，特别是最高司法当局作出的司法解释，具有非常重要的作用，并且司法解释往往会成为司法实践中解决刑法疑难复杂问题的令人信服的论据模式。

在俄罗斯，司法实务判例会定期公布（例如，每月都发布的《俄罗斯最高法院公报》）。然而，在苏联时期，法学界一直断然否认司法先例的存在，即认为在社会主义法制条件下没有也不可能有司法先例存在的余地。然而，现实中的情况并不是那么简单：一方面，没有先例，因为法院当然不能根据另一个法院对特定案件的判决宣布判决，即使该判决是由最高法院作出的；另一方面，这些决定非正式地发挥了这一作用，因为法院在作出自己的司法决定时，经常有意识地将高等法院（通常是最高法院）的决定作为一种标准。而作为一项规则，这是相当合理的。毕竟，即使在英国法中，先例不仅被认为是一种新的法律规范的诞生，而且也被认为是现有法律规范的一种具体化模式（所谓的司法先例宣告理论）。[①] 正如苏联刑法学者所言，"即使在英美制度中，司法先例也不会突然产生法律规范，而是基本上是解释法规范的先例"。[②]实际上，即使是苏联时期的司法实践中也是存在司法先例的，这是不能否认的，因为在当时的刑事法律没有任何修订的情况下，司法实践却发生了非常大的变化，而这正是司法先例引导的结果。

在当代俄罗斯联邦，刑法的司法解释分为两种：一种司法解释是指各级法院（直至俄罗斯联邦最高法院）所作出的判决、裁定和决定中对法律所作的解释，此种解释只对其所对应的具体案件有约束力，因为当代俄罗斯刑法不承认司法判例具有刑法渊源的意义；另一种司法解释是指俄罗斯联邦最高法院全体会议解释，此类解释是根据特定案件类别的司法实践概括而成的司法解释，是以研究和概括司法实践和科学成果为基础的，因此其有利于促进以刑事法律为基准的法律适用活动的统一。根据《俄罗斯联邦宪法》第 126 条和《俄罗斯联邦刑法典》第 1 条第 1 款的规定，"俄罗斯联邦最高法院全体会议解释"不是刑法的渊源，其对下级法院不具有强制力，而只具有建议性质。

可见，从刑法解释的角度来看，我国和俄罗斯都承认立法解释具有普遍的法律

---

① См.：Кросс Р. Прецедент в английском праве. М.，1985. С. 45-47.

② Зивс С. Л. Источники права. М.，1981. С. 179-180.

效力，而在司法解释的效力方面，中、俄两国是存在实质差别的，即中国的司法解释是具有法律效力的解释，而俄罗斯的司法解释对下级法院仅具有建议属性，而不具有强制性的约束效力，即在俄罗斯是不承认司法解释的法律效力的。

刑法的学理解释，可以是研究所、教研室、学者在文章、专著、教科书等学术文献中对刑法所作的解释，此种解释不具有普遍约束力，但其对于正确理念法律原意、研究法律以及立法的继续完善还是具有重要意义的。

根据解释范围的不同，可以将刑法解释分为字面解释、限制解释和扩张解释。刑事法律在通常情况下应当按照字面进行解释，即根据法律文本的字面意思进行准确解释，此为字面解释。所谓限制解释，即是对法律规定作出狭于其文本字面意思的解释。相应地，扩张解释，就是对法律规定做出相较于其字面意思更广义的解释。这里我们应当注意区分扩张解释和类推解释：扩张解释是对法律现实意义的阐释并且适当扩大其字面含义，而类推解释则是对法律中没有规定的行为，基于其在社会危害性和程度上与现行法律中规定的相应行为有相似之处，所以类推适用现行法律规定。俄罗斯现行刑事立法规定的五大刑法原则之一，即是法制原则，即“法无明文规定不为罪，法无明文规定不处罚”，因此，俄罗斯刑事立法自《1958 年苏联及各加盟共和国刑事立法纲要》时起，便摒弃了“类推制度”，坚决贯彻法制原则。

从解释方法上看，俄刑法解释分为语法解释、体系解释和历史解释。语法解释（我国刑法中的文理解释），是从语法和词源的角度对法律文本和刑法中使用的术语、词组进行分析。比如，俄刑法规定中连词“和/或”以及“逗号”等标点符号或其他文本特征的使用与否，经常会改变法律文本的自身意义。体系解释，是指对某刑法规范的含义和内容进行阐释并且将其与刑法或其他法律中的法规范进行比照，阐明其在立法及其适用限度体系中的位置。历史解释，是指在需要阐明立法者意志的真正内涵的情况下，必须对相应刑法概念和制度、对该法研讨和通过时的情况进行历史维度上的分析，以解析现行立法规定的应有之义。

第二编 犯 罪 论

第六章　犯罪与犯罪构成

第一节　俄罗斯刑法中犯罪概述

一、俄罗斯刑法中犯罪概念的历史沿革

犯罪概念既具有历史演变之特性,同时也有其传承性。前者主要体现于犯罪是在人类社会发展的某个特定阶段得以产生的,因而其内涵要旨必定随着社会经济体制的更替而变更。每个国家的发展都有其独特的历史背景及其所面临的特定任务,这便决定了在不同历史阶段对于特定犯罪行为之社会危害性的认定标准具有差异性。[①]

犯罪作为一个法律概念,是随着社会分层(奴隶和奴隶主阶层出现)以及国家和法律的出现而产生的。彼时的国家,只是奴隶主阶级用以维持和加强对奴隶阶级统治的工具,相应地,那些对奴隶制度有威胁的行为便被认为是犯罪。因此,在彼时的俄国,谋杀一个奴隶不认为是犯罪,而谋杀其主人的奴隶则被视为犯有最严重罪行的罪犯。在后一种情形下,不仅要对凶手判处死刑,而且还要对被谋杀者所有的其他奴隶判处死刑。俄国封建社会的刑法相较于奴隶社会而言,并没有大的改观。然而,即使是处于奴隶制与封建制社会时代的俄国,犯罪所具有的阶级属性也不是绝对的,因为当时诸多侵犯统治阶级代表的人身、财产和其他利益的行为也认为是犯罪,尽管这些行为本身并不具有显著的阶级特色。[②] 正如俄罗斯著名刑法学家纳乌莫夫(А. В. Наумов)所言,"在当今世界……犯罪概念体现的是刑事

---

① Курс советского уголовного права: часть общая/под ред. А. А. Пионтковского. М.: Наука, 1970. С. 147.

② Уголовное право России. Общая часть/под ред. А. И. Рарога. М.: Эксмо, 2009. С. 47, 48.

法律对普遍公认的人类价值予以保护并使其免受犯罪侵害的观念”。[①]

根据俄学界通说立场，犯罪体现为两个侧面：实质侧面和形式侧面。犯罪的实质侧面，简而言之，指的是被作用、被侵犯而形成的一种侵害，与此同时，犯罪的实质侧面与外部的物质世界之间相互关联；犯罪的形式侧面，则体现是某种秩序、行为的外在形式，其与行为的规范性、与法律之间存在密切联系。[②] 其中，构成犯罪的行为，其实质特征是其社会危害性，而形式特征则是行为的违法性。犯罪的社会本质是通过犯罪的实质特征（内部属性）得以体现的。

犯罪的社会危害性是犯罪的客观属性，意指犯罪对刑事法律所保护的客体造成重大损害或者造成重大损害的威胁，此种情况下的损害可能是财产性损害，也可能是身体损害或者精神损害。[③] 犯罪的此种属性是客观且不可变的，其存在与否不取决于立法者的意愿，也不取决于适用法律的执法机关的意愿。[④] 犯罪的法律属性，则体现于犯罪的形式特征——违法性方面，是立法对于“法无明文规定不为罪”原则的体现，即只有法律明确规定的行为，才能构成犯罪，不允许类推适用刑事法律。刑事违法性，包括禁止实施某种行为并以法规范中制裁部分（法定刑）所规定的刑罚相威胁。[⑤] 行为的社会危害性与行为的刑事违法性，是两个相互之间彼此紧密联系的犯罪属性，其体现为违法性是社会危害性在法律上的体现。[⑥]

在各国刑法理论中存在三种范式的犯罪概念界定：一是形式概念，即仅包含违法性特征而无社会危害性特征的界定；二是实质概念，即只规定犯罪的社会危害性，而不包含其刑事违法性的界定；三是形式—实质概念，即刑事违法性和社会危害性两个特征均具备的犯罪概念界定。

根据俄罗斯学界通识立场，在古俄国和中世纪的俄国立法中均未出现过对于犯罪一般概念的界定，犯罪概念只是在近代立法中才得以体现。[⑦] 众所周知，对犯罪实质概念予以界定的首个规范法案，当是 1789 年法国通过的《人和公民的权利宣言》，其第 5 条规定，“法律有权禁止的只是对社会有害的行为”。然而，处于同一时代的 1791 年和 1810 年《法国刑法典》规定的则是犯罪的形式概念，即根据“nullum crimen sine lege”（法无明文规定不为罪）原则，开始认定犯罪是刑事法律

---

① Наумов Н. А. Российское уголовное право. Общая часть. М. : Бэк, 2000. С. 123.

② Кудрявцев В. Н. Курс российского уголовное права. М. : Спартак, 2001. С. 142.

③ Комментарий к Уголовному кодексу Российской Федерации с постатейными материалами и судебной практикой / под ред. С. И. Никулина. М. , 2002. С. 92.

④ Курс советского уголовного права: часть общая / под ред. А. А. Пионтковского. М. : Наука, 1970. С. 158.

⑤ Уголовное право Российской Федерации / под ред. С. В. Здравомыслова. М. , 2000. С. 32.

⑥ Курс советского уголовного права: часть общая / под ред. А. А. Пионтковского. М. : Наука, 1970. С. 159.

⑦ Курс уголовного права. Общая часть. Т. 1: Учение о преступлении / под ред. Н. Ф. Кузнецовой, И. М. Тяжковой. М. , 2002. С. 118, 119.

所禁止并以刑罚相威胁的行为，其中，1810 年《法国刑法典》就根据刑事古典学派的思想，特别强调"犯罪是法律所禁止的行为"（1810 年《法国刑法典》第 1 条）。① 在刑事古典学派所构建的刑法学体系中，对于犯罪概念的界定已超出了实然行为模式，将犯罪看作行为的"裸"模式。② 然而，犯罪概念的形式定义不能够揭示犯罪行为的社会本质，也回答不了诸如：为什么此种行为被认为是犯罪并且将其规定在刑事法律中？对于犯罪概念的这种形式定义，在 20 世纪时开始遭到教义学批判，即学者开始主张对犯罪概念进行实质界定。③

俄罗斯刑法学者帕申（С. Пашин）认为，在俄国历史上关于犯罪概念的界定存在两种基本立场：一种立场是当下普遍存在的观点，即认为犯罪是对国家秩序以及当局认可的社会关系的侵害；另一种立场则盛行于彼得时代之前的俄国，认为犯罪是一种"冒犯"（обида），即是对人际关系的侵犯。后一种立场的渊源可以追溯到古罗斯哲学家以及《罗斯法典》《律书》起草者的理念，之后，随着俄国走向帝国和绝对君主制时代，此种观念便逐渐弱化并渐趋消亡。④

中世纪的俄国，在犯罪概念的法律术语表述中有这样几种称谓："冒犯"（обида《罗斯法典》）、"邪恶之事"（лихое дело《1550 年律书》）、"恶事"（злое дело《1649 年会典》）。然而，前述几部法典关于犯罪的术语表达都不具有类概念性质。《罗斯法典》普遍将犯罪界定为"冒犯"，这反映出当时的立法者关于刑事越轨行为的实质立场，⑤但是，仅仅将犯罪理解为"冒犯"、对私人利益的侵犯，并不能够穷尽犯罪概念的应有之义。根据费奥德罗娃（А. Н. Фёдорова）的主张，犯罪应当包含两方面内容：一是对整个社会的道德伤害，其可以等同于对社会秩序的侵犯；二是对特定的人造成财产损害和其他损害等。⑥ 根据《罗斯法典》的规定，责任的根据是"侵犯共同利益或私人利益"，这里的"共同"并不涵盖整个社会群体，而只是延伸至亲戚群属的家庭或家族，因此，仍然是血亲复仇习俗的表征。⑦ 由此可见，《罗斯法典》将犯罪概念界定为：违反法律并对人身和财产造成损害的、侵犯国家和社

---

① История государства и права зарубежных стран. Т. 2. / под ред. Н. А. Крашенинникова. М.: Издательство Норма, 2007. С. 678.

② Курбанов А. О. Социально – правовая сущность преступления и категории преступлений по уголовному праву России: дис. … канд. юрид. наук. М., 2006. С. 14, 15.

③ Курс уголовного права. Общая часть. Т. 1: Учение о преступлении / под ред. Н. Ф. Кузнецовой, И. М. Тяжковой. М., 2002. С. 120.

④ Пашин С. Понимание преступления. // Криминология. 2000, №3. С. 82.

⑤ Соловьев А. Н. Понятие преступления. Теоретические, законодательные и правоприменительные аспекты: дис. … канд. юрид. наук. Волгоград: Волгоградская академия МВД РФ, 2000. С. 13,14.

⑥ Федорова А. Н. Правонарушение и юридическая ответственность по Русской Правде: автореферат дис. … канд. юрид. наук. Казань, 2005. С. 6.

⑦ Соловьев А. Н. Понятие преступления. Теоретические, законодательные и правоприменительные аспекты: дис. … канд. юрид. наук. Волгоград: Волгоградская академия МВД РФ, 2000. С. 13,14.

会秩序的社会危害行为。① 可见，《罗斯法典》在对于行为进行法律评价时，其具有决定意义的要素，并不是损害，也不是物质后果，而是个人的社会利益（地位）的损失。② 此外，《罗斯法典》规定的刑罚制度是一种有序且缜密的系统，其核心观念是对因违法犯罪（冒犯）给被害人造成的损害予以赔偿。③

在俄罗斯专制时期以前，刑事法律中并没有关于"犯罪"概念的正式界定，只是随着国家和法的观念发展，才出现了与当代刑法学概念相符的法律术语。彼得一世时期出现过犯罪（преступление）和轻罪（проступок）的概念，即在俄罗斯最初的法典编纂时期将犯罪行为称为犯罪或轻罪。④ 只是到了19世纪，具有规范结构的犯罪概念才得以出现。根据帝俄时代著名刑法学家塔甘采夫教授（Н. С. Таганцев）的考证，1832年《俄罗斯帝国法律汇编》（其于1835年1月1日生效）中规定了犯罪概念，即将犯罪定义为"法律所禁止并以刑罚相威胁的任何行为"，⑤可见，此部法典汇编中对于犯罪概念的界定，采用的是犯罪的形式概念。

在随后的俄罗斯刑事立法发展过程中，犯罪概念的立法表述在实质概念和形式概念之间不断切换，比如，在1857年《法典》中使用的是犯罪的实质概念界定方式，而其后的1866年和1885年《法典》中对犯罪概念的界定又恢复到形式概念的表述模式。此外，俄国十月革命前的刑法学界，曾就犯罪概念是应当采用形式界定方式还是实质界定方式展开过讨论，当时刑法学者的普遍看法是应当采用犯罪的形式概念，即认为犯罪是刑法所禁止并以刑罚相威胁的行为。⑥ 当时著名刑法学家季斯甲科夫斯基教授（А. Ф. Кистяковский）详细阐释了在立法中采用犯罪形式概念的理由，而帝俄朝代另一位著名刑法学家塔甘采夫教授则对季氏的主张进行了反驳，他指出："犯罪是侵犯现实存在的法律规范的行为，是侵犯法律规范所保护利益的行为。如果我们将犯罪仅看成是对规范的侵犯，赋予所犯罪行的违法性要素以特别意义，则犯罪就会变成一个形式的、毫无生气的概念，这不禁会让我们联想起彼得大帝时代的立场，即认为叛乱、谋杀和蓄须、用禁伐木材做烟斗的行为是同

---

① Федорова А. Н. Правонарушение и юридическая ответственность по Русской Правде：автореферат дис. … канд. юрид. наук. Казань，2005. С. 6，7.

② Соловьев А. Н. Понятие преступления. Теоретические，законодательные и правоприменительные аспекты：дис. … канд. юрид. наук. Волгоград：Волгоградская академия МВД РФ，2000. С. 13，14.

③ Федорова А. Н. Правонарушение и юридическая ответственность по Русской Правде：автореферат дис. … канд. юрид. наук. Казань，2005. С. 6，7.

④ Кадников Н. Г. Классификация преступлений по уголовному праву России：дис. … докт. юрид. наук. М.，2000. С. 36，37.

⑤ Кострова М. Б. О совершенствование языкового выражения категории《преступление》в уголовном законе // Проблемы совершенствования и применения законодательства о борьбе с преступностью. Ч. I. Уфа，РИО БашГУ，2004. ［Электронный ресурс］// URL：http://kalinovskyk. narod. ru/b/ufa20042/kostrova. htm（дата обращения：10. 12. 2019）.

⑥ Кадников Н. Г. Классификация преступлений по уголовному праву России：дис. … докт. юрид. наук. М.，2000. С. 46.

等重要的行为,都应当判处死刑,因为所有这些行为都是犯罪人所做的……”此外,俄国革命前还有一些学者[其中以科拉科洛夫教授(Г. Е. Колоколов)为代表]就曾直言,《1903 年刑法典》第 1 条规定的犯罪定义是纯形式概念,其并没有指出犯罪的本质所在,即认为犯罪是其实施时法律所禁止并以刑罚相威胁的行为。

1917 年十月革命以后,俄罗斯刑法中开始优先适用犯罪的实质特征,这最终导致了其对执法实践的负面作用。这一时期,在犯罪的社会性特征方面引入了相当严格的阶级要素,当时的刑事政策甚至认为,追究刑事责任的根据并非实施犯罪,而仅仅是行为人所具有的人身危险状态。这自然导致了法外施刑现象的频繁发生,以及阶级斗争的加剧。① 根据库尔巴诺夫(А. О. Курбанов)的阐述,这一时期社会学派的立场对当时的理论探索产生了很大影响,从而影响了当时的立法拟定。社会学派代表学者认为,为了有效打击犯罪,就必须了解犯罪人的人身特性及其“犯罪的性质”,然后才是对“这个人”进行“调整”。在他们看来,犯罪首先是人的问题和社会问题,而且不易被纳入立法规定的框架。于是,当时便出现了刑事立法的去法化(деюридизация)思潮,尤其值得一提的是,当时的刑事立法中犯罪概念的界定的确受到了这种带有社会化偏见的去法化立场的影响(比如 1922 年和 1926 年《苏俄刑法典》中犯罪概念的界定),这便导致了类推制度在刑法领域的盛行,这种局面一直持续到 1958 年《苏联和各加盟共和国刑事立法纲要》的正式颁行。② 因此,1958 年以前的多年里,行为的社会危害性是犯罪的唯一立法特征;这一方面保证了国家的优先权;另一方面则导致了刑事法律规范适用过程中法制原则的破坏,而这一立法特征与类推制度相结合则为当时的司法机关认定行为为犯罪提供了便利条件。③

自 20 世纪 30 年代初以来,诸多俄罗斯学者开始主张违法性是犯罪的必要特征,其理由或者间接源于当时刑事立法总则和分则条款的相关规定(以杜尔曼诺夫教授 Н. Д. Дурманов 为代表),或者源于这样一个公理——社会危害性不仅是犯罪的政治特征,也是犯罪的法律特征(以盖尔采宗教授 А. А. Герцензон 为代表)。与此同时,那些将《苏俄刑法典》中所规定的仅承认犯罪政治特征的学者受到了批判(比如皮昂特科夫斯基教授 А. А. Пионтковский),其中包括那些认为犯罪只是一种宣言性规范的学者(比如伊萨耶夫教授 М. М. Исаев)。于是,《1958 年苏联和各加盟共和国刑事立法纲要》完全剔除了犯罪概念中的阶级属性,将犯罪界定为刑

---

① Кадников Н. Г. Классификация преступлений по уголовному праву России: дис. ... докт. юрид. наук. М., 2000. С. 46,48,50.

② Курбанов А. О. Социально - правовая сущность преступления и категории преступлений по уголовному праву России: дис. ... канд. юрид. наук. М., 2006. С. 9,10,15.

③ Львова Е. Ю. Социальная и юридическая сущность преступления: Вопросы теории: дис. ... канд. юрид. наук. М., 2003. (Электронный ресурс) // URL: http://www. dissercat. com/content/sotsialnaya - i - yuridicheskaya-sushchnostprestupleniya-voprosy-teorii (дата обращения: 01. 03. 2020).

事法律所规定的社会危害行为，其在犯罪概念的界定内容中保持了法律特征（违法性）和实质特征（社会危害性）的平衡。①

俄罗斯现行刑事立法，将犯罪界定为有罪过地实施俄罗斯联邦刑法典所禁止并以刑罚相威胁的社会危害行为（《俄罗斯联邦刑法典》第 14 条第 1 款）。此犯罪概念的界定，就其构建方式而言，是形式特征与实质特征的结合，因为此犯罪定义中不仅包含有形式特征（规范特征）——刑法对行为的禁止性，而且也涵盖了揭示犯罪社会本质的实质特征——行为的社会危害性。② 除前述两个特征外，俄罗斯现行刑事立法还首次在犯罪的立法界定中体现出另外两个特征，这两个特征在新刑法颁布之前只在刑法理论界有过探讨，但在其法律定义中却没有体现，即罪过性特征和应受刑罚惩罚性特征。③

综上，俄罗斯各个历史时期对于犯罪概念的界定，所体现的犯罪特征的侧重点并不相同，甚至有很大差别。帝俄和苏俄时代刑事立法关于犯罪概念的界定，体现出两个极端，即或者规定犯罪的形式概念，或者是犯罪的实质概念。当代俄罗斯联邦刑事立法，则将犯罪概念的形式特征与实质特征予以结合，同时还特别体现出犯罪所应具备的主观方面特征，这是俄罗斯之前各时代刑事立法中所没有的，因此，可以说俄罗斯当代刑法中犯罪概念的界定，相较于以前的刑事立法更具合理性。

二、俄罗斯现行刑法的犯罪概念和特征

（一）犯罪概念

犯罪是刑法的重要范畴，是诸如犯罪学、刑事侦查学、刑事诉讼等学科的基础。其他相关学科的任务，主要体现为对犯罪现状进行分析，确定创建证据基础的程序，并将其用于调查犯罪。犯罪作为人类行为的一种形式，和特定人与社会之间的冲突有关，因此会引发国家的负面评价。俄罗斯现行刑事立法明确界定了犯罪的概念，即《俄罗斯联邦刑法典》第 14 条规定：“犯罪是有罪过地实施本法典所禁止并以刑罚相威胁的社会危害行为。”本条规定体现的是比较典型的概括式犯罪概念界定方式，其中涵盖对犯罪与其他违法行为进行区分的最重要特征。

犯罪首先是一种“行为”，即刑法禁止的一种人类行为，包括作为和不作为两种行为方式。作为（действие）是人的积极行为方式。刑法意义上的作为，不仅仅指由一系列物理行为构成的积极行为形式，其通常应当是有意识和有意志行为，即作为往往是在行为人的意识和意志管控下完成的。作为是人类活动的具体表现形式，比如，侵害执法部门工作员生命的行为（《俄罗斯联邦刑法典》第 317 条）即是

---

① Кадников Н. Г. Классификация преступлений по уголовному праву России：дис. …докт. юрид. наук. М.，2000. С. 48-49.

② Уголовный кодекс Российской Федерации. ОМЕГА-Л，Москва. 2011. С. 6.

③ Уголовное право России. Общая часть / под ред. А. И. Рарога. М.：Эксмо，2009. С. 48-49.

一种单一的行为方式，而折磨罪（《俄罗斯联邦刑法典》第 117 条）则是由一系列作为方式构成的。俄罗斯现行刑事立法中规定的犯罪，其中的大多数犯罪通常只能由积极的作为方式实施，比如抢夺罪、抢劫罪、流氓罪、强奸罪、匪帮罪等。

不作为（бездействие）是人的一种消极行为方式，意指行为人因不履行某种特定作为而导致社会危害后果的发生。在不作为的情形下，往往是由法律或法规规定行为人负有实施某种行为的义务，比如，公交司机负有保证乘客和其他道路参与者安全的义务，若因为司机分心或其他原因而使其没有采取及时且充足的措施，从而导致行人或乘客伤亡的，则在具备其他法定必备要件的情况下，司机应当承担不作为的刑事责任。

（二）犯罪特征

1. 社会危害性特征。犯罪行为必须具有社会危害性。俄罗斯刑法中的社会危害性，是立法者在对行为进行犯罪化时应当考量的人类行为属性（свойство），即立法者在将某种有害于社会的行为规定为刑法禁止行为时，必须认定这种行为具有社会危害性。若刑法已经明确规定某种特定行为具有刑事禁止性，则此种行为在法律意义上的社会危害性即体现为其被认定为犯罪的社会属性。俄刑法中犯罪的社会危害性，意指行为给社会关系造成损害或造成损害威胁。[①] 因此，揭示犯罪的社会危害性，体现的便是此犯罪给社会带来了什么样的损害。根据俄刑法学界通说立场，社会危害性的范畴意义，首先指的是违法者特定行为（作为或不作为）具有危害性；其次意指行为所具有的危害性是现实存在的，而不是臆想的危害性。俄刑法中的社会危害性是一个客观范畴，其独立于立法意志而存在，是刑事法律具体规范所包含的此类行为的禁止性规定。与此同时，犯罪行为的社会危害性还取决于犯罪所侵害客体的重要性、犯罪后果的性质和程度、实施犯罪的方式、罪过形式等内容。俄刑法学论著中还阐释过这样的立场，即认为犯罪人的人身特征也是影响行为社会危害性的因素。毋庸置疑，犯罪的社会危害性当然会体现犯罪人的人身特征，但人身特征是人的某些特质的反映，并且只有在犯罪人实施犯罪后才能认定其具有社会危害性。俄现行刑事立法对于犯罪行为的社会危害性和犯罪人人身的危害性的概念是予以区别规定的，比如，《俄罗斯联邦刑法典》第 61 条“从轻处罚情节”和第 63 条“从重处罚情节”的规范中，就对犯罪行为的社会危害性和犯罪人人身的社会危害性进行了分别规定。

根据俄学界通说立场，社会危害性是违法者所实施行为对于刑法所保护的社会关系——个人、社会和国家造成严重损害，具有质和量两方面特征。行为社会危害性质的特征，是由具体犯罪的性质所决定的，比如盗窃罪、抢劫罪、故意杀人罪都

---

① Уголовное право России. Общая часть：Учебник / Под ред. В. П. Ревина. М.：Юстицинформ. 2016. С. 97.

具有各不相同的质的规定性特征，其体现的是各个犯罪实质层面的特征。行为的社会危害性，意指因犯罪而实际上给社会关系造成损害或造成损害威胁，即犯罪质的规定性特征体现为犯罪人对刑法所保护客体的侵害，比如盗窃罪所体现的秘密侵占他人财产、抢劫罪中的暴力侵占他人财产或者故意杀人罪中的对人生命的侵害。犯罪行为社会危害性的数量特征，往往与造成损害的程度相关，比如，盗窃罪中所窃取财产是数额较大还是数额巨大，故意杀人罪中对人生命的侵害是一个人还是多个人的生命等。因此，犯罪社会危害性的规定性特征一般称为犯罪的性质，而量的规定性特征指的则是社会危害性的程度。换言之，犯罪社会危害性的侧面着重于所侵害客体在价值方面的评判，比如财产在价值评判上就小于人的生命；犯罪行为的社会危害性程度是犯罪所造成损害的大小，它是俄罗斯刑事立法中犯罪分级制度的根据，即可以根据犯罪的社会危害性程度对同一类犯罪进行内部区分，比如，俄现行刑法就据此将犯罪构成区分为普通犯罪构成和具有加重情节的加重责任犯罪构成。此外，俄立法者还根据行为社会危害性程度的不同构建了不同的法定刑幅度。

俄刑事立法中影响社会危害性程度的情况，还包括实施犯罪的方式和手段，比如，《俄罗斯联邦刑法典》第 14、58、159、161、162 条规定的盗窃罪、抢夺罪和抢劫罪都属于侵犯财产类犯罪，这几种罪所侵害的直接客体都是特定种类的财产，它们之间的区别主要体现为犯罪实施的手段不同：盗窃罪实施犯罪的方式是秘密窃取，抢夺罪是公开夺取他人财物，而抢劫罪则使用的是社会危害性程度更高的方式，因为它采用的是使用暴力侵犯他人财产。影响犯罪行为社会危害性程度的要素，还包括造成损害的严重程度，即犯罪后果。犯罪后果一方面对行为定罪产生影响；另一方面，其在量刑上起着重要作用。此外，社会危害性程度还受所实施犯罪的动机和目的的影响，比如，在一般情况下过失犯罪的社会危害性程度要小于故意犯罪。

2. 违法性特征。行为人所实施的社会危害行为，只有在法律明确将其规定为刑事禁止性行为的情况下，法院才能认定其构成犯罪。换言之，根据《俄罗斯联邦刑法典》第 14 条的规定，只有刑事法律规定的社会危害行为（作为或不作为），才是犯罪。这便意味着犯罪不仅是社会危害行为，还应当是刑事违法行为，因为犯罪实施总是与违反刑法禁止性规定密切关联，即违法性也是犯罪所固有的特征之一。违法性是犯罪的规范性特征，例如，《俄罗斯联邦刑法典》第 209 条规定的武装匪帮罪，其刑法分则的罪状表述为“为了袭击公民或组织而组建固定的武装团伙（匪帮）的，以及领导这种武装团伙（匪帮）的”。此条刑法规范中对于武装匪帮行为的刑法禁止性规定得相当明确。此外，违法性还体现为其他部门法规范中对于刑法禁止性行为的规定，即我们所说的刑法中“空白罪状”情形，例如，《俄罗斯联邦刑法典》第 264 条规定的违反道路交通规则和交通工具使用规则而过失严重损害或中等严重损害他人健康行为的刑事责任，此罪的违法性特征就体现为对于行政法领域交通法规中所规定的交通安全规则的违反,即行为人应当对因其违反交通法规则而造成的损害他人健康的后果承担刑事责任。

3. 罪过性特征。犯罪的另一个特征是实施犯罪行为的行为人的罪过性。将一个行为认定为犯罪,不仅要求此行为具有社会危害性以及刑法规范所禁止的行为之违法性特征,还必须要求行为人对其所实施的行为具有罪过性。罪过性责任原则规定在《俄罗斯联宪法》第 49 条和《俄罗斯联邦刑法典》第 5 条,即只有行为人对其所实施的社会危害行为(不作为)及其发生的社会危害后果具有罪过的情况,其才应当承担刑事责任,不允许客观归罪。《俄罗斯联邦刑法典》第 24 条至第 28 条还进一步规定,只能对有罪过实施犯罪,即以故意或过失形式实施犯罪的行为人追究刑事责任。

4. 可罚性特征。根据《俄罗斯联邦刑法典》第 14 条有关犯罪概念的规定,应受刑罚处罚性也应当归属于犯罪基本特征之列(可罚性特征)。所谓应受刑罚处罚性,指的是行为人实施了刑法规定了刑事责任和刑罚的社会危害行为。应受刑罚处罚性特征与刑事违法性特征之间存在密切联系,即如果刑法分则条款的罪状体现出违法性特征,则其制裁(法定刑)中则体现的是刑罚处罚性特征。与此同时,应受刑罚处罚性并非意味着对于实施的每个犯罪都不可避免地判处刑罚。根据俄刑事立法的规定,对于所实施的犯罪行为还可能适用其他刑法性质措施(而非刑罚体系中的刑种),比如,根据《俄罗斯联邦刑法典》第 90 条的规定,对于初次实施轻罪或中等严重犯罪的未成年人,如果认为通过适用强制性教育感化措施可以达矫正的目的,则可以直接适用教育感化措施而不适用刑罚。

根据《俄罗斯联邦刑法典》第 14 条第 2 款的规定,"行为(不作为)虽然形式上含有本法典规定的某一行为的要件,但由于情节显著轻微而不具备社会危害性的,不是犯罪",即此种行为人不会被追究刑事责任,而有关行为是否为显著轻微的问题,则需要考察具体案件情节所体现的社会危害性程度予以判断。这里需要强调的是,在故意实施犯罪的情况下,只有行为人的故意所指向的是情节显著轻微的行为,才能认定为"不是犯罪"的情形。俄罗斯刑法中有一条公认的严格规则,即根据此规则,由于行为人意志以外的原因而导致其所实施行为没有造成损害的,是不能将此种行为认定为情节显著轻微的行为之列的,比如,行为人潜入办公室想要盗取数额巨大的钱款而实际上他只窃得少量款项,则这种行为就不属于情节显著轻微的行为,行为人应当以盗窃他人数额巨大财物的未遂予以定罪量刑。在情节显著轻微而不认为是犯罪的情况,只是不追究行为人的刑事责任,而应当根据案件具体情况追究行为人的行政责任或民事责任。

三、俄罗斯刑法学界关于犯罪特征的相关争议问题

如前所述,"犯罪"(преступление)这一术语的使用始于彼得一世时代,即在

1714 年 12 月 24 日颁行的《关于禁止贿赂和承诺及其惩罚条令》中最早出现了该术语表达,但此术语并没有马上用于刑法条文的表述。至于此术语首次在立法中的体现,则应当追溯到俄罗斯帝国时代,即 1832 年《俄罗斯帝国法律汇编》总则中将"犯罪"界定为"法律所禁止并以刑罚相威胁的任何行为"①。

俄罗斯历史上出现的诸多刑事法律,关于犯罪概念的界定中至少包含着这样两个特征:应受刑罚处罚性和禁止性。比如,除前述 1832 年《俄罗斯帝国法律汇编》中有关犯罪概念的界定外,此后颁行的《1845 年刑罚与感化法典》(包括 1885 年本法典的修订版)有关犯罪概念的界定中也同样包含了这两个特征:本法典第 1 条规定:"犯罪或者轻罪是指违法行为本身以及不履行法律规定而以刑罚相威胁的行为";第 2 条又补充强调"对于犯罪和轻罪,根据它们的种类和重要性程度而对犯罪人处以刑罚惩罚和感化措施"。② 其后颁行的《1903 年刑法典》第 1 条也规定:"犯罪是其实施时法律所禁止并以刑罚相威胁的行为。"③由此可见,俄罗斯现行刑法(1996 年《俄罗斯联邦刑法典》)中关于犯罪概念的法定定义中所包含的禁止性特征和应受刑罚惩罚性特征的立法模式,并不是新刑法的某种创新性规定,而在某种意义上来说是对俄国刑法传统的继承。④

俄罗斯刑法理论的发展进程中,很早就对犯罪的禁止性特征和应受刑罚处罚性特征进行了界分,比如在 19 世纪初的刑法学著作《刑法学原理》(《Начальные основания уголовного права》)中,涅伊曼(И. Нейман)教授就曾论道:"仅由最高权力机关颁布的法律禁止这种行为是不够的。对于那些从侵犯整个社会或个人安全的行为中获利的人,仅仅一个法律上的命令是不能阻止他们这样做的……要想使他们尽可能少实施犯罪的最好方法是把身体上的邪恶与他们联系起来……这种身体的恶……被称为惩罚。"⑤可见,在俄罗斯最初始的刑法学著作中,就已经对犯罪行为的禁止性和应受刑罚处罚性特征进行了明确区分。那么,在俄罗斯当代刑法学说中,虽然犯罪行为的前述两个特征已经作为独立的特征范畴在《俄罗斯联邦刑法典》中予以了明确规定,但在俄刑法学界有关此两种特征的分析和探讨却不多见。

俄罗斯当代多数基础性的刑法教科书中,一般都将犯罪概念区分为四个特

---

① Георгиевский Э. В. Общее понятие преступного в истории уголовного права России: терминологическое многообразие // Государство и право. 2008. № 4. С. 83-86.

② Уложение о наказаниях уголовных и исправительных 1885 года / издано Н. С. Таганцевым. - Петроград, 1916.

③ Уголовное уложение 22 марта 1903 года / издано Н. С. Таганцевым. СПб. , 1904.

④ 有部分俄罗斯学者认为,犯罪的违法性特征最先在立法中作为法定特征被予以规定的是《1958 年苏联和各加盟共和国刑事立法纲要》。

⑤ Нейман И. Начальные основания уголовного права. СПб. , 1814. С. 5-6.

征[①],即犯罪行为的社会危害性、违法性(刑事违法和一般违法)、罪过性和应受刑罚处罚性。[②] 持此种立场的学者,从不同侧面揭示了犯罪概念所含特征的内容和意义。拉罗格教授(А. И. Рарог)指出,犯罪概念的界定中不仅包含形式(规范)特征,即刑事法律对行为的禁止性规定,而且也包含揭示犯罪社会本质的实质特征,即行为的社会危害性。申言之,当代俄罗斯《刑法典》首次在犯罪概念的立法界定中引入了另外两个特征——罪过性和应受刑罚处罚性。[③] 接下来俄学界对犯罪概念形式特征的阐释,逐渐摒弃"禁止性",而代之以"违法性"(刑事违法性)的表述,比如纳乌莫夫使用的就是"刑事违法性特征"的表述。[④]

俄罗斯学界也有部分学者将犯罪概念的特征区分为三个,即社会危害性、罪过性和刑事违法性(广义的禁止性特征),[⑤]比如,诺瓦谢洛夫教授(Г. П. Новоселов)将犯罪概念的形式特征称为禁止性,而非违法性(刑事违法性)。[⑥] 这即说明,俄罗斯学界不同学者在不同语境中所表述的"违法性""刑事违法性""禁止性",其所使用术语的内涵要旨是不尽相同的。

在犯罪概念前述特征意义的评价方面,俄学界也存在不同主张,即认为犯罪概念的首要特征应当是社会危害性,或者是违法性特征,而有关罪过性特征,俄多数学者则将其归于犯罪概念的必要"主观方面"特征。这里的例外情形就是犯罪概念之"应受刑罚处罚性"特征的地位问题,即俄学界在"应受刑罚处罚性"特征的定位问题上存在不同立场。如前所述,有学者完全没有将"应受刑罚处罚性"看作犯罪概念的一个独立特征,而是将它归入刑事违法性(或广义的禁止性)内容之中,认为其是刑事违法性的组成部分,比如,库兹涅佐娃教授就没有将应受刑罚处罚性列为犯罪概念的独立特征,认为它是位于禁止性之后的、刑事违法性的另外一个构成要素。[⑦] 库氏认为,《俄罗斯联邦刑法典》第 14 条第 1 款中有关犯罪概念中所包含的刑事违法性的新建构,为多年以来关于惩罚性是否应当为犯罪特征的争议问题画上句号,同时也厘清了刑事违法性和惩罚性之间的相互关系。[⑧] 此外,还有学者认

---

① 有俄罗斯学者,比如库兹涅佐娃教授(Н. Ф, Кузнецова)将其称为犯罪属性,而不是犯罪特征,但俄学界一般是将此两个术语作同义使用的。

② 犯罪概念四特征主张的代表学者有:扎林斯基(А. Э. Жалинский)、科尔涅耶娃(А. В, Корнеева)、纳乌莫夫(А. В. Наумов)、普罗霍洛夫(В. С. Прохоров)、拉罗格(А. И. Рарог)以及其他一些学者。

③ Уголовное право России. Общая часть / под ред. А. И. Рарога. М., 2009. С. 48-49.

④ *Наумов А. В.* Российское уголовное право: курс лекций: в 2 т. Т. 1: Общая часть. М., 2004. С. 156.

⑤ 犯罪概念三特征的代表学者是库兹涅佐娃教授和诺瓦谢洛夫教授。

⑥ Уголовное право. Общая часть: учебник / отв. ред. И. Я. Козаченко. М., 2008. С. 162, 170-171.

⑦ Курс уголовного права. Общая часть. Т. 1: Учение о преступлении: учеб. для вузов / под ред. Н. Ф. Кузнецовой, И. М. Тяжковой. М., 2002. С. 138-145.

⑧ Полный курс уголовного права: в 5 т. / под ред. А. И. Коробеева. Т. I: Преступление и наказание. СПб., 2008. С. 277.

为,应当将应受刑罚处罚性特征从犯罪行为特征中剔除。[①] 扎林斯基虽然主张应受刑罚处罚性是犯罪概念的特征,但他并没有对其内容进行分析,[②]而某些对应受刑罚处罚性特征内容进行阐释的学者则指出,法律规定的行为之应受刑罚处罚性并非犯罪的实质特征,即它不属于犯罪属性的范畴,[③]另外一些学者则把应受刑罚处罚性和罪过性特征一起归为“其他的”和“次要”特征之列。[④]

应当指出的是,在俄罗斯学界,即使是那些主张“应受刑罚处罚性”为犯罪概念特征的学者,在阐释其内涵特征方面也存在双重立场。其中,科尔涅耶娃教授认为,应受刑罚处罚性作为犯罪特征,是指对实施的每个犯罪判处刑罚的可能性,是在违反刑法规范时以刑罚相威胁,并进而认为违法性是实施了犯罪的人违反了刑法禁止性规定,而刑事违法性的必要要素是刑法规范中规定含有适用刑罚威胁内容的制裁(中国语境中的“法定刑”)。[⑤] 可见,持此种立场的学者,是人为地将犯罪的应受刑罚处罚性特征和禁止性特征结合在一起。纳乌莫夫教授便直接指出,刑法对社会危害行为的规定性(禁止性)不意味着只是对行为禁止性的宣告,同时还意指对所实施犯罪规定相应刑罚的必然性。[⑥] 因此,持此种主张的学者虽然在形式上凸显应受刑罚处罚性特征,而实际上是将其看作刑事违法性的体现,是其组成部分。反对此种立场的学者则认为,此种主张并没有充足的根据相支撑,理由有二:其一,某些情况下,应受刑罚处罚性特征并不总是与社会危害性和刑事违法性相结合,比如,追诉时效届满的情形;[⑦]其二,此种路径(将禁止性和应受刑罚惩罚性结合为违法性特征的立场)破坏了犯罪概念得以存在的、作为刑法基础性制度之一的刑罚的支撑作用,因为在此种情形下人为地割裂了犯罪与刑罚之间的联系,[⑧]即此种立场歪曲了作为犯罪特征的违法性(禁止性)的内容和功能要旨,弱化了刑法禁

---

① *Козлов А. П.* Понятие преступления. СПб. , 2004. С. 748–752.

② Комментарий к Уголовному кодексу Российской Федерации / отв. ред. А. Э. Жалинский. М. , 2010. С. 62 – 65; Уголовное право: учебник: в 3 т. Т. 1: Общая часть. Гл. 10. Отдельные признаки преступления / под общ. ред. А. Э. Жалинского. М. , 2011. С. 313–342.

③ Уголовное право России. Общая часть: учебник / под ред. Н. М. Кропачева, Б. В. Волженкина, В. В. Орехова. СПб. , 2006. С. 334, 349.

④ Наумов А. В. Российское уголовное право: курс лекций: в 2 т. Т. 1: Общая часть. М. , 2004. С. 156, 160; Уголовное право. Общая часть: учебник / под ред. Л. В. Иногамовой–Хегай, А. И. Рарога, А. И. Чучаева. —М. , 2008. С. 54, 64.

⑤ Уголовное право. Общая часть: учебник / под ред. Л. В. Иногамовой–Хегай, А. И. Рарога, А. И. Чучаева. —М. , 2008. С. 55–56, 63.

⑥ Наумов А. В. Российское уголовное право: курс лекций: в 2 т. Т. 1: Общая часть. М. , 2004. С. 160.

⑦ Развитие уголовного законодательства Российской Федерации: учеб. –практ. пособие / отв. ред. В. П. Кашепов. М. , 2007. С. 70.

⑧ Бибик О. К вопросу о наказуемости как признаку преступления // Уголовное право. 2008. № 4. С. 9.

止性的概念和本质。

俄学界试图通过界定犯罪概念中违法性(禁止性)特征之实质内涵的路径,将违法性与应受刑罚处罚性特征区分开来,认为违法性特征仅限于禁止性的内容,其并不包含犯罪行为的应受刑罚处罚性内容。[①] 此种立场与法学理论中有关行为违法性特征的古典观念相吻合,即认为行为的违法性就是指行为与法律规范的规定之间的冲突,因而为法律所禁止。[②] 根据所涉及的部门法范畴的不同,这里的禁止性可以区分为直接的(刑事)违法性和混合违法性两种。前者是指行为的刑事法律禁止性仅取决于刑法的规定,而无论其他部门规范禁止与否;后者则指的是被刑事所禁止的行为,其他部门法规范也将此类行为规定为违法行为。[③] 具有一般违法性特征的犯罪,其违反的只是刑法规范的规定,而具有特殊违法性特征的犯罪则违反的是两个层面的规范要求,即既违反刑法规范,同时也是对其他特定部门法规范的违反。[④]

在有关违法性特征内涵的界定上,应当关注的是俄学者扎林斯基教授的观点。他认为,违法性模式是法律构成,其首先对行为进行识别……违法性以其自身内容来确定,究竟哪些行为要件应当是刑法所规定的,以便找到应当适用的相应刑法禁止性规范,最终使得刑事法律评价得以圆满完成。也就是说,对于刑法所禁止的行为构成,其教义学理解是由违法性理解所决定的。[⑤] 这种确定违法性特征内涵的方法,使我们能够理解违法性作为社会危害性的形式体现的功能目的,并将应受刑罚处罚性视为犯罪的独立特征,此外,还能够凸显和确定作为刑法规定的刑法禁止性的概念,并且此种禁止性规定涵盖着立法者认定某种社会危害行为构成犯罪的评价(决定)。[⑥] 正是在这个意义上,前述提及的《刑法学原理》一书才论道:“刑事法律将犯罪及特定犯罪应判处刑罚的表述作为其对象。它们规定什么样的行为应当认定为犯罪,以及应当对实施这些犯罪处以什么样的刑罚。”[⑦]

俄学界还有一种立场认为,相对于俄现行刑法规定的犯罪概念而言,禁止性特征的表述相较于违法性特征更具合理性,其理由有以下两点:其一,《俄罗斯联邦刑法典》第 14 条规定的犯罪法定概念,用的就是“刑法所禁止的”的表述,即这里体

---

① Маркунцов С. А, Запрещенность и наказуемость как самостоятельные признаки преступления // Академический юридический журнал. 2012. № 4. С. 32.

② Теория государства и права: учебник / под ред. В. К. Бабаева. М. , 2003. С. 492.

③ Кудрявцев В. Н. Объективная сторона преступления. М. , 1960. С. 177-120.

④ Тер-Акопов А. А. Ответственность за нарушение специальных правил поведения. М. , 1995. С. 9-13.

⑤ Жалинский А. Э. Уголовное право в ожидании перемен: теоретико-инструментальный анализ. М. , 2008. С. 344, 349.

⑥ Маркунцов С. А. Уголовно-правовой запрет: теоретический аспект / под науч. ред. А. Э. Жалинского. —М. , 2007.

⑦ Нейман *И.* Начальные основания уголовного права. СПб. , 1814. С. 3-4.

现的正是犯罪的"禁止性"特征，其有别于《俄罗斯联邦行政违法法典》第2.1条中"行政违法"的"违法性"的表述；其二，俄罗斯刑法学说中，将犯罪的社会危害性视为具有特别程度的危害，即认为犯罪的社会危害性在其质的规定性方面是有别于其他违法行为的，因此，可以仅将犯罪所特有的违法性类型视为禁止性规定，这样就能够将其与其他违法行为的"违法性"区别开来，同时也避免了刑法理论界在"违法性"内容理解上的偏差，即前述所提到的、有的学者不仅因此对于犯罪概念特征内涵方面理解存在歧义，而且在犯罪概念特征数量上也存在不同主张。

俄罗斯学者在描述犯罪概念中应受刑罚处罚性特征时，经常指出，"禁止性的力量是由规范的制裁予以保障的……制裁以刑罚相威胁而予以警告……以刑罚相威胁不等同于惩罚某个特定犯罪中的'惩罚'，惩罚——是一种已实现的威胁"①。换言之，犯罪概念中的应受刑罚处罚性特征，指的只是在一定范畴内判处刑罚的抽象可能性，这种抽象可能性也可能不会发生。从这个意义上来说，应受刑罚处罚性作为犯罪特征无疑是具有一定社会意义的。此外，犯罪概念中的这一特征有其待定的使命和功能：其一，它进一步使刑法作为最后的和最严厉的国家强制工具发挥其作用的可能性合法化；其二，它明确了在《俄罗斯联邦刑法典》所规定的范围内刑法作用的边界（这里不限于俄刑法分则条款的制裁方面的规定）；其三，它起着一定的警示作用，即俄刑法规定中的"以刑罚相威胁"，其在某种意义上体现着公民不实施犯罪的原因，可能是由于刑罚的威吓作用。

如前所述，俄学界一般将犯罪特征区分为实质特征和形式特征。其通说立场认为社会危害性属实质特征范畴，而违法性和应受刑罚处罚性属形式特征的范畴。与此同时，也有部分俄罗斯学者（以扎林斯基为代表）认为，违法性特征并非犯罪的形式特征，而应当属于犯罪实质特征之列，其理由是：既然立法者将对个人、社会和国家有害的行为规定为犯罪，就意味着此类行为已经在公众意识中得到了初步评价，那么，行为人在自己所做的决定中就已经存在了他所接受的对于其行为的评价，即他已经认识到自己所实施的行为是背离世界、侵犯社会存在之重要条件的犯罪行为，因此，从这个意义上讲，违法性就是实质违法，②而刑罚体系又是根据打击犯罪的通说立场而形成并在法律中予以规定的，其体现的是社会发展的结果，③那么，此种情形下犯罪的应受刑罚处罚性特征则更具实质意义。

综上所述，根据俄罗斯刑法学通说的立场，犯罪概念体现为这样四个方面的特征：社会危害性、违法性、罪过性和应受刑罚处罚性，其中，社会危害性是犯罪的实

---

① Уголовное право России. Общая часть: учебник / под ред. Н. М. Кропачева, Б. В. Волженкина, В. В. Орехова. СПб., 2006. С. 349.

② Жалинский А. Э. Уголовное право в ожидании перемен: теоретико-инструментальный анализ. М., 2008. С. 346.

③ Карпец И. И. Наказание. Социальные, правовые и криминологические проблемы. М., 1973. С. 10-11.

质特征;罪过性是犯罪行为的主观方面特征;违法性和可罚性是犯罪的形式特征,或称为法律特征。与此同时,俄学界近年来相对于犯罪概念的特征界定上出现了不同立场,其主张主要体现为以下几个方面:其一,禁止性和可罚性特征,在犯罪概念的界定中与其他特征一样,应当属于犯罪的独立特征。它们不应当从犯罪行为特征中被剔除,而应当属于违法性(刑事违法性)范畴,因为它们具有各自不同的功能属性。其二,凸显违法性特征是不合理的,因为这在术语表达上是对行政违法概念之法定特征的重复,并且其内容往往体现的是行为的禁止性或行为的禁止性和可罚性,与此同时,俄学界对于犯罪的违法性特征是存在争议的。其三,禁止性特征相较于可罚性特征而言,应当是第一顺位的,因为就其内涵而言,违法性特征比可罚性特征更具稳定性。其四,禁止性和可罚性,就其本质而言当属犯罪实质特征之列。

第二节　俄罗斯刑法犯罪分级制度及其相关争议问题

一、俄罗斯刑法犯罪分级制度历史追溯

犯罪分级,应当归于犯罪分类之范畴。俄罗斯刑法中的犯罪分级制度不同于其他事物的分类,其特殊性体现为此种分级是由立法者根据某些基础性标准,即主要是基于刑事责任的界分,对轻重不同的犯罪进行不同阶次的划分。当今世界各国刑事立法一般将犯罪分类的标准归为以下几类:(1)根据刑事责任产生的根源将犯罪分为:犯罪、轻罪或刑事违法行为;(2)根据侵害客体的意义不同,将犯罪分为侵害个人犯罪、侵害公共安全犯罪等;(3)根据犯罪的社会危害性程度不同,将犯罪分为不同阶次,其主要体现于立法者所规定的相应制裁(法定刑)内容。

俄学界一般认为,俄罗斯帝国时代的《1903 年刑法典》规定的犯罪分类具有可资借鉴的意义,其第 3 条规定了重罪、其他犯罪和轻罪,其中重罪包括应当被判处死刑、苦役或流放刑的犯罪;其他犯罪是指刑法中规定应当判处在改造营、堡垒或监狱服剥夺自由刑的犯罪;轻罪,是指应当判处拘役或罚金刑的犯罪。苏联及当代俄罗斯联邦著名刑法学者纳乌莫夫教授认为,此部法典中对于犯罪分级制度的规定具有重要的刑法学意义,特别对于罪过问题、犯罪行为实施阶段、共同犯罪以及未成年人责任等问题的解决尤显重要。[①] 与此同时,此部法典将犯罪行为区分为犯罪和刑事轻罪的分阶次划分方法,具有重要的实践意义,因为它对于犯罪和刑事轻罪的刑事法律后果进行了更为细化的规定,这有利于提高司法实务中的可操作性。

---

① См.: Наумов А. В. Российское уголовное право: в 2 т. М.: Юридю лит., 2004. Т. 1. 495 с.

然而,此种犯罪分级制度并没有被后续的苏维埃刑事立法所承继。

1922年《苏俄刑法典》虽然也对犯罪进行了分类(此法典第27条将犯罪区分为最危险犯罪和其他普通犯罪,其中,前者特指反对工农政权所建立的新秩序基础的犯罪),[①]但并非当代意义上的犯罪分级制度。后来的1960年《苏俄刑法典》也对犯罪的分类进行了细化规定,但这些规定主要针对的是不同的刑法制度,因此其散见于各个不同的刑法规范中。比如,此部法典第7-1条对重罪概念进行了界定,即认为具有较高社会危害性的行为是重罪,而且还列举了属于重罪范畴的具体罪名清单;第23条第1款和第24条第1款区分了特别重罪和导致特别严重后果的犯罪,即属于此阶次的犯罪,其法定刑当是被判处15年以下剥夺自由刑的刑罚;第50-52条则规定的是不具有较大社会危害性的犯罪。此外,其总则的诸多条文中还特别规定了具有特别严重社会危害性的国事罪(第24条第3款、第24-1条第1款)。由于苏俄时代的刑法典都具有比较浓重的政治色彩,所以其中的犯罪分级制度并未被当代俄罗斯刑法所继承。

20世纪90年代,随着苏联的解体,新的俄罗斯联邦诞生,其承继了帝俄和苏俄时代的刑法学理论和刑事立法经验,构建了当代俄罗斯刑法典,即1996年《俄罗斯联邦刑法典》。俄罗斯现行刑事立法中明确规定了犯罪分级制度,并且此犯罪分级制度与俄刑事立法中所规定的其他刑法制度密切相关。

二、俄罗斯现行刑事立法规定中的犯罪分级制度

1996年《俄罗斯联邦刑法典》第15条明确规定了犯罪分级标准,即根据行为社会危害性的性质和程度、罪过形式以及所实施具体犯罪应判处刑罚的轻重和种类对犯罪进行轻重幅度不同的分类。《俄罗斯联邦刑法典》所规定的犯罪分级制度中,有轻罪、中等重罪、重罪和特别重罪四个阶次,即第一阶次的犯罪是社会危害性最小的犯罪,而第四阶次的犯罪则是特别重罪。

第一阶次犯罪是轻罪——"本法典规定的最高刑罚不超过3年剥夺自由刑[②]的故意或过失行为,是轻罪"(《俄罗斯联邦刑法典》第15条第2款)。

第二阶次犯罪是中等重罪——"本法典规定的最高刑罚不超过5年剥夺自由刑的故意行为,或者本法典规定的超过3年剥夺自由刑[③]的过失行为,是中等严重的犯罪"(《俄罗斯联邦刑法典》第15条第3款)。

---

① См.: Истичники права. Сер. Юриспруденция / Сост. Р. Л. Хачатуров. Тольятти: ВуиТ, 2000. Вып. 13. С. 7.

② 1996年《俄罗斯联邦刑法典》第15条第2款的原初规定是"本法典规定的最高刑罚不超过2年剥夺自由刑的故意或过失行为,是轻罪"。本条于2011年进行了修订,将原来的剥夺自由刑"2年"改成了现在的"3年",此次修订引起了俄学界与司法实务界的广泛争议,因为它打乱了原来的犯罪分级体系与其他刑法制度之间的协调。

③ 此款与前述第2款于2011年同时进行了修订,即从原来规定的"2年"改成现在的"3年"。

第三阶次犯罪是重罪——“本法典规定的最高刑罚不超过10年剥夺自由刑的故意行为,是严重犯罪”(《俄罗斯联邦刑法典》第15条第4款)。

第四阶次犯罪是特别重罪——“本法典规定的最高刑罚超过10年剥夺自由刑或更重刑罚的故意行为,是特别严重的犯罪”(《俄罗斯联邦刑法典》第15条第5款)。

《俄罗斯联邦刑法典》第15条第6款还规定,“考虑犯罪及其社会危害性程度的实际情况,法院有权在具备减轻处罚情节而无加重刑罚情节的情况下改判较轻阶次犯罪的刑罚,但不能超过一个犯罪阶次,即对于实施了本条第3款规定的犯罪,对被判刑人可以判处不超过3年剥夺自由刑或其他较轻刑罚;对于实施了本条第4款规定的犯罪,对被判刑人可以判处不超过5年剥夺自由刑或其他较轻刑罚;对于实施了本条第5款规定的犯罪,对被判刑人可以判处不超过7年剥夺自由刑的刑罚”。

从俄罗斯现行刑事立法有关犯罪分级制度的规定内容来看,其对犯罪进行分级的依据是罪过的形式和俄刑法分则条款所规定具体犯罪的制裁(法定刑)。俄刑法中的犯罪分级制度具有非常重要的实践意义,因为无论是对行为进行定罪,还是针对具体行为进行量刑都应当考虑犯罪所处的阶次。此外,犯罪分级制度也是法院在司法实务中处理具体刑事案件所必须考量的因素,涉及危险累犯和特别危险累犯的认定(《俄罗斯联邦刑法典》第18条规定的累犯制度);犯罪预备的认定(《俄罗斯联邦刑法典》第30条);死刑的判处(《俄罗斯联邦刑法典》第59条);数罪的量刑(《俄罗斯联邦刑法典》第69条)和数个判决的合并执行(《俄罗斯联邦刑法典》第70条);刑事责任的免除(《俄罗斯联邦刑法典》第11章)以及假释的适用(《俄罗斯联邦刑法典》第79条及其“附注”);等等。

《俄罗斯联邦刑法典》第15条第6款是俄刑事立法修订时新增加的一款,即法院在判处具备减轻刑罚情节且无加重刑罚情节的情况,有权根据犯罪及其社会危害性程度的实际情况而改变原来应当适用的犯罪阶次,而将所实施的社会危害行为认定为下一较轻阶次的犯罪,从而对被判刑人所判处的刑罚轻重产生影响,并对被判刑人行为所引起的其他一系列法律后果产生重要影响,其中包括被判刑人后续的前科消灭及其改造机构的确定。此款规定在俄罗斯学界引起相当多的争议,也引发了司法实务中个案处理过程的一系列难题与争端。

三、俄罗斯犯罪分级制度相关争议问题

如前所述,《俄罗斯联邦刑法典》第15条集中规定了犯罪分级制度,即将犯罪分为轻罪、中等重罪、重罪和特别重罪四个阶次。俄立法机关是以行为社会危害性的性质和程序为标准对犯罪进行了不同位阶的分类,而这里所讲的社会危害性主要取决于罪过的形式、刑罚的种类和剥夺自由刑的期限三个方面。与此同时,俄刑

法中所规定的犯罪分级制度与其他刑法制度之间存在紧密联系。应当说,此种犯罪分级制度的体系构建是符合现代刑事法治发展需要的,但与此同时,其体系内容设置方面却存在矛盾和冲突。比如,本条第3款将本法典规定的最高刑超过3年剥夺自由刑的过失犯罪归于中等严重犯罪之列,而在本条第4款和第5款有关重罪和特别重罪中则只涉及故意犯罪,而没有再提及过失犯罪。因此可以得出,司法实践中即使是引起特别严重后果的过失犯罪(比如被判处5年以上的剥夺自由刑),也应当属于中等重罪之列,而不属于重罪或特别重罪。然而,俄司法实践中有些过失犯罪引起的后果相当严重,如果按照其后果判处刑罚,则应当归于重罪之列,但按照罪刑法定原则,只能将此种过失犯罪归于中等重罪之列,这便意味着所要采取的一系列后续措施都应当与中等重罪相协调,这实质上会导致罪责刑不相适应的结果。此即俄罗斯刑法中所规定犯罪分级制度体系的缺陷所在,需要进一步完善。

除前述所列争议之外,有关犯罪分级制度的立法规定还存在诸多其他方面的争议问题,特别是2011年《联邦法律》对此条修订之后,这方面的争议问题尤为凸显。我们知道,俄罗斯现行刑法中规定的许多其他刑法制度和刑法规范都与犯罪分级制度密切相关联,比如累犯制度、数罪制度、未完成犯罪制度、免除刑事责任制度、免除刑罚制度、假释制度、易科制度、前科制度等。俄现行刑法中所规定的犯罪分级制度,一般情况下与其他刑法制度和刑法规范之间是相对契合的,但也存在某些争议,甚至出现相互冲突的情况。这些争议和冲突主要体现为以下几方面。

(一)犯罪分级制度与时效制度之间的冲突

《俄罗斯联邦刑法典》第78条和第83条分别规定了追诉时效制度和行刑时效制度。这两种时效制度与犯罪分级制度之间密切关联,即第78条第1款规定:"自实施犯罪之时起经过下列期限的,免除犯罪人的刑事责任:(1)实施轻罪的,经过2年;(2)实施中等严重犯罪的,经过6年;(3)实施严重犯罪的,经过10年;(4)实施特别严重犯罪的,经过15年。"第83条第1款规定:"如果法院的有罪判决自生效之日起经过以下期限没有执行,则因实施犯罪被判刑的人免于服刑:(1)因轻罪被判刑的,经过2年;(2)因中等严重犯罪被判刑的,经过6年;(3)因严重犯罪被判刑的,经过10年;(4)因特别严重犯罪被判刑的,经过15年。"

根据修订后的《俄罗斯联邦刑法典》第15条关于轻罪的规定,被判处3年以下剥夺自由刑的故意犯罪或过失犯罪,属于轻罪范畴。这里就产生一个问题,即第78条和第83条规定的轻罪的追诉时效为2年,这与修订前的第15条轻罪的法定年限是一致的,但是修订后的轻罪范畴为3年以下,这就意味着可能被判处2年以上轻罪的情况,经过2年即告追诉时效期满,不能再对其进行刑事追诉,而根据刑法学原理,追诉时效的期限一般应当等于或者大于所应当判处的刑期,所以这里就产生了立法适用的冲突问题,需要进行一步予以完善。

（二）犯罪分级制度与假释制度之间的冲突

《俄罗斯联邦刑法典》第79条规定的假释制度与犯罪分级制度之间也密切关联。这主要体现于本条第3款关于对原判刑罚实际服刑期限的规定方面,即“被判刑人在实际服满以下刑期之后才得适用假释:(1)严重犯罪被判刑的,不少于原判刑期的1/3;(2)因严重犯罪被判刑的,不少于原判刑期的1/2;(3)因特别严重犯罪被判刑的,不少于原判刑期的2/3;(4)以前曾被假释而依照本条第7款规定的根据被撤销假释的,不少于原判刑期的2/3;(5)因侵犯未成年人的性的不可侵犯性的犯罪以及本法典第205条、第205-1条、第205-2条、第205-3条、第205-4条、第205-5条和第210条所规定的犯罪而判刑的,不少于原判刑期的3/4;(6)因侵犯不满14周岁未成年人的性的不可侵犯性犯罪而判刑的,不少于原判刑期的4/5”。

这里需要指出的是,《俄罗斯联邦刑法典》最初颁布实施时,其第79条第3款仅包含前3项内容,后来于2009年和2010年刑法修订时增加规定了本款第4项内容,接下来又于2011年《联邦法律》对犯罪分级制度予以修订后,又增加规定了本款第5项内容,同时对第4项内容增加了第205-3条、第205-4条、第205-5条所规定的重罪和特别重罪的情形。由于犯罪分级制度中有关刑罚期限的限制性规定发生变化,与此密切相关的假释中原判刑罚实际服刑期限随之改变,于是,俄立法机构不得不以“联邦法律”的形式(相当中国的“刑法修正案”)对于本条中假释的实际服刑期限内容进行了修订,从而增加规定了本款第5项内容。然而,修订后的第79条第3款的各项规定在司法实务当中仍然会发生矛盾和冲突,比如,根据《俄罗斯联邦刑法典》第105条第2款第3项的规定,杀害未成年人属于特别重罪的范畴,被判刑人服完原判刑期的2/3且符合假释条件的,即可假释(本款第3项),但若是性侵未成年人的情况,则要求被判刑人服完原判刑罚的3/4或4/5(本款第4项、第5项)且符合假释条件的,方可假释。这其实就表明,在假释制度中存在与犯罪分级制度相关的不合逻辑的情况,如果前所述犯罪分级中的特别重罪属于本款第3项调整的内容,那么在司法实践中就会发生性侵行为比侵害人生命的行为处罚更重的情形,因此,有俄罗斯学者提出,应当将俄刑法分则中规定的某些社会危害性特别严重的犯罪,即犯罪分级制度中的特别重罪(比如具有加重责任构成要件的故意杀人、侵害国务活动家和社会活动家生命的犯罪、背叛国家罪等)列入至本款第5项中,以体现假释制度符合罪责刑相适应的原则。

（三）《俄罗斯联邦刑法典》第15条新增第6款规定的相关争议问题

俄罗斯刑事立法人道化政策在2011年12月7日颁行的第420号《联邦法律》中得以充分体现。此联邦法律除了对一系列行为予以非犯罪化的处理,还对《俄罗斯联邦刑法典》第15条“犯罪分类”,即犯罪分级制度进行了大幅修订,增加规定了本条第6款内容。根据本款规定,法院在审判过程中有权改变原犯罪所处的位阶,即有权改变具体犯罪行为的犯罪等级。此款新增规定,无论在俄刑法理论界,还是在司法实务界,都引起了相当多的争议,主要体现为以下若干不同立场。

1. 犯罪分级制度根植于俄刑事立法规定,法院作为司法机关无权变更具体犯罪行为所属犯罪等级。持此种立场的学者认为,刑法中的犯罪等级反映的是现实存在的犯罪特征,同时也是认识这些特征的基础,即是执法的根据。俄罗斯刑事将符合其条文罪状规定的人的行为认定为犯罪,这体现的是犯罪行为的违法性特征,其根据是"法无明文规定不为罪"的刑法原理,而作为犯罪分级根据的犯罪要件,则只能由立法者制定,并且只能由立法者对现行刑事法律予以修订。由此可见,犯罪等级内容的确定是专属于立法者的权力,这是由犯罪分级制度之于刑法学的意义以及法制原则所决定的。因此,从此种立场出发,法院在审理具体案件过程中对犯罪阶次予以变更是没有法定依据的,变更犯罪等级应当属于立法机关的权限。

2. 从立法者确定犯罪分级标准的根据来看,法院决定犯罪等级的做法也是不可接受的。持此种立场的学者从社会危害性以及犯罪构成要件等角度论证了法院无权变更犯罪等级的立论。他们指出,1996年《俄罗斯联邦刑法典》规定的犯罪分级制度的分类依据是行为的社会危害性的性质和程度。与此同时,社会危害性是客观存在的犯罪的质的规定性,其体现着因实施犯罪而对社会关系造成损害的范畴特征,而此种恶的范畴是独立于各具体国家所建立的政治制度的。犯罪概念体现的是社会对于严重贬损人、社会和国家利益的那些损害行为所持的观念。因为前述人、社会和国家的利益是全人类价值的体现,所以需要用法律手段对它们予以保护。① 他们认为,应当将刑法规范以抽象形式所规定的犯罪构成所体现的社会危害性,与具体的人所实施行为的社会危害性予以区分。前者是认定后者的基础,然而,在确定具体行为人行为的社会危害性时,不仅要考虑犯罪的社会性(在犯罪等级中予以体现的),还要考虑其他相关情节。此种考量应当是在《俄罗斯联邦刑法典》第60条第3款规定的量刑阶段进行。与此同时,根据某些俄罗斯刑法学者的主张,犯罪人的人身特征并不会对犯罪的社会危害性程度产生影响,而只是影响刑罚的个别化,②此类情节无论如何不能看作影响犯罪社会危害性的性质和程度的因素,因此,立法者将其作为单独的量刑情节规定于第60条。③ 俄罗斯著名刑法学家扎林斯基对于区分社会危害性这两个概念进行过比较经典的论述,他认为"行为和报应之间的关系"是此种区分的根据,即刑法规定此种关系,并且若没有这样的规

---

① См.: Галиакбаров Р. Р. Уголовное право. Общая часть: Учебник. Краснодар, 2005. С. 78.

② Комментарий к Уголовному кодексу Российской федерации (постатейный). 7-е изд., перераб. и доп. / Отв. Ред. А. И. Рарог. М., 2011.

③ Курс уголовного права. Общая часть: Учебник для вузов. Т. 1. Учение о преступлении / Под ред. Н. Ф. Кузнецовой и И. М. Тяжковой. М., 2002. С. 133-135.

定,则刑法本身也就不存在了。行为社会危害性的评价涵盖于社会利益之中,对其进行界定是立法者的特权,也是其义务。社会危害性决定制裁并且由制裁予以昭示。①

此种立场与前述所论犯罪分级对于执法意义之根据所得出的结论相互呼应。基于此,可以认为《俄罗斯联邦刑法典》第15条所作的修订是不成功的,其原因主要体现为对前述概念的不正确理解上。实际上,俄立法者忽视了这样一个事实,即在审理具体案件时法院量刑时是能够考虑被告人的人身特性及其所实施行为的特征的,然而在这种情况下法院应当从犯罪的社会危害性出发,即应当以立法者所规定的犯罪等级首先确定的量刑限度为根据。法院在进行司法审判过程中,是不能改变客观存在的犯罪要件的,而这些要件正是立法者确定行为的社会危害性程度并且最终确定其所属犯罪等级的根据。法院不应当被赋予立法的职权,因为这是与刑法中的法制原则相违背的。此外,根据《俄罗斯联邦刑法典》第15条第6款的规定,变更犯罪等级是在确定了刑罚的种类和轻重之后予以实现的,这直接违背了司法程序逻辑,因为犯罪等级是在量刑之时就既已确定了的,而不是在量刑之后再予以确定。(此为《俄罗斯联邦刑法典》第60条第3款规定的内容)

3.《俄罗斯联邦刑法典》新增的第15条第6款规定,直接导致俄刑事立法中与犯罪分级制度密切相关的其他刑法制度的司法适用。其中,主要包括累犯种类的确定(第18条);犯罪预备的可罚性(第30条第2款);剥夺自由刑的服刑制度(第58条);数罪并罚时量刑程序的确定(第69条);缓刑的撤销规则(第74条);因积极悔过、与被害人和解、追诉时效期限届满而对刑事责任的免除(第75、76、78条);假释规则(第79条);以较轻刑替代未服完刑罚(第80条);因情势变迁而免除刑罚(第80、80-1条);延期服刑制度(第82条);因行刑时效届满而免予服刑(第83条);前科消灭(第86条),以及针对于未成年人的量刑规则(第88条)、强制性教育感化措施的适用(第90条)、免除刑罚制度(第92条)、假释的适用(第93条)、时效期限的确定(第94条)和前科消灭的期限(第95条)。此外,俄现行刑法分则条款中某些犯罪是以具体犯罪等级为必要要件的情况,比如《俄罗斯联邦刑法典》第316条②、第150条第4款③和第299条第2款④等条文规定的相关罪名。

应当承认,对犯罪所属等级予以明确,可以使具体行为之犯罪构成要件的判定变得更加简洁,有助于明确具体规范中所规定的社会危害性内涵。然而,如果允许法院在司法审判过程中任意变更具体行为的犯罪等级,则犯罪分级制度存在的意

---

① Жалинский А. Э. О понимании уголовного права // Право и политика. 2006. № 5.

② 《俄罗斯联邦刑法典》第316条"包庇罪":"包庇特别重罪而事先未许诺的……"

③ 《俄罗斯联邦刑法典》第150条第4款规定:"实施本条第1款、第2款或第3款规定的行为,同时引诱未成年人参加犯罪集团或引诱未成年人实施重罪或特别重罪的……"

④ 《俄罗斯联邦刑法典》第299条第2款规定:"实施上述行为,指控无罪的人实施重罪或特别重罪……"

义将大打折扣,因为这将使俄刑法中规定的其他诸多刑法制度的司法适用变得难以预测。因此,对于俄现行刑法第 15 条新增加的第 6 款规定,俄学界和司法实务界人士多持反对立场,认为刑法的此款修订实际上是立法者对于犯罪分级制度之客观规定性的违反,从而导致此款规定背离刑法原则。

第三节　犯罪构成及其相关争议问题

一、俄罗斯犯罪构成理论相关争议问题

19 世纪中叶,俄罗斯刑法学者将犯罪构成理论从德国引入俄国,并译成犯罪构成(состав преступления),在包含犯罪内部和外部两个方面的一般语义上使用此法律术语。[①] 俄罗斯刑法学界研究犯罪构成理论的过程中,分别提出了"两要件说""三要件说""四要件说""犯罪构成系统论"等不同理论界说。

犯罪构成理论"两要件说"的代表学者是帝俄时代的布金斯基(С. Будзинский)和苏俄及当代俄罗斯的盖尔采宗(А. А. Герцензон)等学者。

布金斯基将犯罪构成看作犯罪定在,认为犯罪构成是将行为认定为犯罪的必要条件。他将犯罪构成分为内部(意志和认识)和外部(行为和后果)两个方面,同时指出,犯罪的主观构成和客观构成是建立在犯罪的内部方面与外部方面的区分基础之上的,其中包含犯罪应受刑罚处罚的实质条件。布金斯基认为,内部方面是外部方面的灵魂,是外部方面得以发展的根源。主观构成,包含秘密发生在犯罪人心灵深处的东西,是感觉所触及不到的;客观构成,指的是身体的运动、外部行为及其后果。[②] 根据布金斯基的理论,犯罪内部方面包含犯罪主体、无责任能力及其原因、不能归责及其原因、罪过及其程度等内容;犯罪的外部方面则涵盖着行为和后果、行为运行以及共犯学说。

苏联及当代俄罗斯联邦持犯罪构成理论"两要件说"的代表学者有费费洛夫(П. А. Фефелов)、盖尔采宗、阿列克谢耶夫(С. С. Алексеев)等。他们将犯罪的主体和客体仅仅看作刑事责任实现和行为应受刑罚处罚的前提,认为"只有犯罪的客观方面和主观方面,能够表示作为法律事实的犯罪构成要素,此法律事实,既是刑事责任的根据,又是刑事法律关系产生的基础"。

俄罗斯犯罪构成"三要件说",存在两种不同主张。一种是帝俄时代塔甘采夫

---

① Кистяковский А. Ф. Элементарный учебник общего уголовного права. Т. 1. Общая часть. Киев, 1875. С. 265.

② Будзинский С. Начала уголовного права. Варшава. 1870. //Allpravo. Ru – 2005/. Книга Ⅱ. Преступление. Глава I. О преступлении вообще. Отделение Ⅲ. Состав преступления.

教授所主张的“主体—客体—行为”结构,这里的“行为”指的是“侵害本身”。塔甘采夫教授认为,作为对现实存在的法律规范,即法律所保护的生活利益进行侵害的犯罪行为,是某种产生于侵害人和侵害对象之间的生活关系,这种关系包含独特的特点或要件,基于这些特点或要件,此种关系成为所有法律关系中的一种,并且作为刑事可罚的不法行为在其中占据独立的位置。表示犯罪行为的这些要件的总和,在刑法学中称为犯罪构成。塔甘采夫教授把犯罪构成要件归结为三类:(1)行为人,即犯罪行为的实施者;(2)犯罪行为的指向,即客体或犯罪侵害的对象;(3)从内部和外部进行研究的犯罪侵害本身。①

“三要件说”的另一种模式,是库兹涅佐娃教授(Н. Ф. Кузнецова)所提出的“客观方面—主观方面—主体”的犯罪构成结构(库氏的早期主张)。库兹涅佐娃教授将犯罪构成界定为“刑事法律规范认定为犯罪的,构成社会危害行为的客观要件与主观要件的总和”,认为“犯罪构成是犯罪的结构,是由客观方面、主观方面和主体构成的集合,处于犯罪行为之外的客体,当然不是犯罪的组成部分”。②

犯罪构成“四要件说”的代表,是帝俄时代的季斯甲科夫斯基(А. Ф. Кистяковский)教授,以及以皮昂特科夫斯基(А. А. Пионтковский)教授为代表的大多数苏俄及当代俄罗斯联邦刑法学者。季氏认为,犯罪构成理论体系包含四个部分:(1)主体,即犯罪的实施者;(2)客体,即犯罪实施的对象;(3)主体对犯罪行为的意志态度,或称为主体的内心活动;(4)行为本身及其后果,或称为主体的外在活动及其后果。这四个要件,是作为类概念的每个犯罪所固有的,因此它们被称为一般要件。所有这些要件以及其中的每个要件,都是犯罪构成的实质要件,缺少其中任何一个要件都不构成犯罪。③

根据季斯甲科夫斯基教授的立场,上述四个组成部分只是在思维领域的划分,而实际上犯罪是一个整体,其内部的各个组成部分是有机地融合在一起的,因此,犯罪的内部方面是根据其外部体现来判定的,并且从另一方面来看,离开了犯罪的内部方面,其外部方面也是不可思议的。主体,正是由于其具备内部与外部活动要素,才被纳入犯罪构成,所以,在不具备内部和外部活动的情况下,主体本身便是不可思议的。

在季斯甲科夫斯基的犯罪构成理论体系中,包含朴素的系统论思想。他认为犯罪构成的各个部分并不是简单相加,而是一个有机的整体,这为后来俄罗斯犯罪构成系统论的构建奠定了基础。此外,季斯甲科夫斯基的犯罪构成理论,由主体、

① Таганцев Н. С. Русское уголовное право. Лекции. Часть общая. Т. 1. СПб. , 1902. С. 142.

② Кузнецова Н. Ф. Преступление и преступность. М. : Изд-во Московского университета. 1969. 111-115.

③ Кистяковский А. Ф. Элементарный учебник общего уголовного права. Т. 1. Общая часть. Киев, 1891. С. 265.

客体、主观方面和客观方面四部分建构而成。其中,主观方面指的是主体对犯罪行为的意志态度或者主体的内心活动;客观方面则指的是行为本身及其后果或者主体的外在活动及其后果。季氏所提出的犯罪构成理论架构,与后来苏联与当代俄罗斯联邦刑法学中,占通说地位的“犯罪构成四要件”理论的体系框架基本相同。可见,当代俄罗斯刑法中的犯罪构成“四要件说”正是从季斯甲科夫斯基的犯罪构成理论发展而来的。

犯罪构成系统论的代表学者是库兹涅佐娃教授。这里需要强调的是,库兹涅佐娃教授是在摒弃了她原来主张的犯罪构成“三要件说”的前提下,以犯罪构成“四要件”通说为基础构建的新犯罪构成理论,即“犯罪构成系统论”。库兹涅佐娃教授认为,“犯罪构成——是行为的必要客观要件和主观要件的体系,它们决定行为的社会危害性,在结构上分为四个分体系。其中的各个要件在俄罗斯刑法典总则和分则立法规范的罪状中予以规定。作为体系,即若干事物的统一整体(而不单是总和),犯罪构成由一系列相互联系的分体系及其要素组成。缺少犯罪构成的任何一个分体系或者要素,都会导致体系的解体,即整个犯罪构成的不存在”,“犯罪构成要件——是犯罪构成这个‘体系’的组成部分,是其基础分支。犯罪构成要件体现于四个分体系中:即客体、客观方面、主体和主观方面”。①可见,根据库兹涅佐娃教授的观点,犯罪构成是按照四个子系统——客体,主体,客观方面,主观方面的结构要素,构成的一个完整的系统,此犯罪构成系统不仅仅是在描述,而是构建了犯罪的社会危害性。

综上所述,俄罗斯帝俄时代、苏俄时代以及当代俄罗斯联邦刑法学者,都对犯罪构成理论进行了比较深入的研究,其犯罪构成学说虽然源于德国,但从帝俄时代开始俄罗斯刑法学者便开始了对犯罪构成理论的独立研究,其中的许多理论界说并不都为中国学界所了解。

二、俄罗斯刑法中犯罪构成概念及其分类

俄罗斯刑法学通说认为,犯罪构成是对犯罪行为予以法律评价所特有的思维模式。俄现行刑事立法并没有直接对犯罪构成概念进行界定,而只是在《俄罗斯联邦刑法典》第 8 条规定的表述中使用了此法律术语,即“刑事责任的根据是实施含有本法典所规定的全部犯罪构成要件的行为”。由此可见,犯罪构成之概念及其构成要件仅限于俄罗斯刑法理论界的探讨。②

犯罪构成是对于具体行为的社会危害性所进行的立法评判。苏维埃时期的刑法学家特拉伊宁教授(А. Н. Трайнин)将犯罪构成界定为“决定具体社会危害行为

---

① Курс уголовного права. Том 2. Общая часть. Учение о наказании / Под ред. Н. Ф. Кузнецовой, И. М. Тяжковой. М.: ИКД “Зерцало-М”, 2002. Глава Ⅵ.

② 参见庞冬梅:《俄罗斯犯罪构成理论研究》,中国人民大学出版社 2013 年版。

(作为或不作为)构成犯罪的全部客观要件和主观要件的总和”。[①] 然而,有学者指出,特氏只将犯罪构成的作用限于表示行为社会危害性的范畴,似乎“限缩”了犯罪构成的意义。[②]

俄学界普遍认为,犯罪可以体现为各种不同的具体犯罪构成要件的集合,而在这些种类繁多的犯罪要件当中,立法者选择的要件则仅是对于认定刑事责任所必需的,而犯罪构成正是由此类对于刑事责任追究具有实质意义的要件所构建。[③] 正是犯罪构成所体现的各种不同要件的集合,才使得此罪与彼罪得以区分。苏维埃及俄罗斯联邦科学院院士库德里亚夫采夫教授指出,要件的集合指的是“……其中所内含的、根据刑法规定决定将社会危害行为认定为犯罪行为和刑事可罚行为的要件总和”。[④] 因此,可以得出这样的结论,即具体犯罪构成是法律所规定的、以刑法学理论所确证的要件为基础的规范范畴。申言之,犯罪构成是解决对行为予以正确定罪(对行为进行正确的刑事法律评价)问题的刑法范畴。

俄刑法学界一般将犯罪构成概念分为三种这样类型:其一,具体犯罪构成(конкретный состав преступления),是指立法机关据以建构特定犯罪类型(比如故意严重损害他人健康罪、诈骗罪等)之要件总和,或称为俄《刑法典》分则相应条文内容所体现的立法—信息模式;其二,事实犯罪构成(фактический состав преступления),指符合法律所规定的具体犯罪构成要件之特定行为特征,这里的“事实构成”,意指客观现实中所实施的特定社会危害行为之事实要件(犯罪行为所体现出来的具体事实),只要能够确定事实犯罪构成和具体构成相符合,定罪根据便充足了;其三,一般犯罪构成(Общий состав преступления),是构建任何社会危害行为之特定要件的集合。[⑤] 有俄罗斯学者认为,这里所指的并不是一般犯罪构成,而是犯罪构成的一般概念,而且具体犯罪构成的概念与犯罪构成一般概念所体现的犯罪构成要件和要素应当归属于不同层面,例如,盗窃罪的具体犯罪构成应当是《俄罗斯联邦刑法典》第158条罪状所规定的犯罪构成要件,而犯罪构成的一般概念则是所有犯罪之共同要件的概括性表述(指《俄罗斯联邦刑法典》分则条文所规定的所有罪名所共有的总括性的典型要件)。

---

① Трайнин А. Н. Общее учение о составе преступления. М.: Госюриздат, 1957. С. 59-60.

② Брайнин Я. М. Уголовная ответственность и ее основание в советском уголовном праве. М.: Госюриздат, 1963. С. 94.

③ Брайнин Я. М. Уголовная ответственность и ее основание в советском уголовном праве. М.: Госюриздат, 1963. С. 95.

④ Кудрявцев В. Н. Общая теория квалификации преступлений. М.: Юридическая литература, 1972. С. 72.

⑤ Ковалев М. И. Понятие и признаки преступления и их значение для квалификации. Свердловск, 1977. С. 57.

三、俄罗斯犯罪构成结构:要件(элементы)与要素(признаки)

俄罗斯刑法学通说认为,犯罪构成是表示内在统一性和系统性特征的要件和要素的总和;①结构,则指构成统一整体的要件和要素之间关系的相对稳定的系统;要件——通常指的是犯罪构成之必要结构形式的要素。犯罪构成结构的基础是人的犯罪行为模式,它包含四个要件:犯罪构成的客体、客观方面、主体和主观方面。犯罪构成要件,就其本质而言,应当是用于对所实施犯罪行为进行法律评价且具有重要法律意义的刑法范畴。

每个犯罪构成均包含两个不同层面的概括性组成部分:要件和要素。换言之,犯罪构成是其内部包含若干要件以及各要件之构成要素的结构体。因此,各要件的构成体现为各种不同要素的结合,从而构建出各具体犯罪构成的个别化特征。犯罪构成要件将构成要素建构为一个明晰的系统,这反过来则有助于对各具体犯罪行为进行正确的刑法评价。犯罪构成概念包含犯罪行为本身所具有的典型性实质特征(要素),而这些要素进行不同组合,则建构了犯罪构成要件,即每个犯罪构成要件都是不同要素的有机结合。犯罪构成要件,就其内含而言,其所包含的各种不同要素分别具备客观性或主观性特征。犯罪构成的客观要件,主要指客体和客观方面,而主观要件则指主体和主观方面。基于此,俄学界将犯罪构成要件界定为表示构成客体和客观方面、主体和主观方面各要素集合特征的集合体,并且对各构成要件进行分别界定。即犯罪客体,是刑法所保护并为犯罪行为所侵害的社会关系(或利益);犯罪客观方面,是犯罪的外部方面(往往是可见的),指行为及行为后果;犯罪主体,是实施了犯罪并且具有特定质的规定性(达到刑事责任年龄且没有心理异常)的人;主观方面,是指犯罪的内部方面,其特点是犯罪人具有思维和意志活动的心理要素。

犯罪构成体现的是严格确定的犯罪行为要素体系,因此,犯罪构成要素并不是偶然的,也不是派生的,而是特定的。犯罪构成结构,总体来说,是俄现行刑事立法各具体条文所规定的犯罪行为的表征,而具体犯罪构成要素则决定着行为的社会危害性、违法性、罪过性和应受刑罚惩罚性,即犯罪构成要素是区分此罪与彼罪的标准,每一个具体犯罪构成只能由反映此特定犯罪本质的所有必要要素所构建。

犯罪构成要素所组成的特定组合,即要件。在要件层面不能进行此罪与彼罪

---

① 俄文中的элементы是要素、元素的意思,而признаки则意指特征、标志,但在犯罪构成的术语表达范畴内,элементы是признаки的上位阶概念,那么,鉴于中国刑法学学界有关犯罪构成要件与要素的惯常理解,即一般将要件理解为要素的上位概念,因此本文即按照中国刑法学术语的表达习惯将элементы与要件对应;将признаки对应于要件的下一位阶表述——要素。与此同时,我国学界在文献表达上也常常将位于下位阶的"要素"признаки比如,故意、过失、作为、不作为表述为"要件",即在实际表达中往往将两个不同层次的要素均表述为"要件",这便造成了术语使用上的混乱。俄罗斯当代刑法学者一般都认同элемент是признак的上位表达,这一点值得我们借鉴。

的区分，因为每个要件的构成都是相同的，即由客体、客观方面、主体和主观方面构成。犯罪构成要素则具有识别意义，但它的主要作用应当是保障对犯罪行为进行正确的法律评价，同时，犯罪构成要素也具有区分此罪和彼罪的作用，比如，根据俄罗斯现行刑法的规定，抢夺罪(《俄罗斯联邦刑法典》第 161 条)犯罪构成客观方面的事实要素是公开夺取他人财物，主观方面是故意，主体是达到 14 周岁且具有刑事责任能力的人，此罪与盗窃罪的区别主要体现为客观方面的实施犯罪的方式要素上，即盗窃罪是秘密窃取他人财物，而抢夺罪是公然夺取他人财物，此两罪在主体、主观方面的规定是相吻合的。①

俄罗斯刑法中的犯罪构成结构，一般还可以区分必要的和选择性质的主、客观要素。必要要素——指的是任何犯罪构成中都应当包含的那些要素，比如，作为或不作为、故意或过失；选择要素——则指的是并非所有犯罪构成都必须具备，而只是某些犯罪构成所具备的、在特定刑法规范的罪状中予以直接规定的要素。选择性要素具有以下几方面意义：第一，选择要素可以成为某些犯罪构成的必要要素，即无此要素，则不构成此种犯罪，比如，俄刑法中规定的犯罪实施方式就属选择要素的范畴，但其在区分盗窃罪和抢夺罪时却具有必要要素的意义，因为犯罪实施方式是俄刑法有关盗窃罪和抢夺罪规定罪状中予以明确规定的；第二，选择要素是影响某些犯罪行为刑事责任的加重责任构成要素；第三，选择要素是量刑时在某些特定犯罪构成框架之外应当考量的因素。俄刑法中将犯罪构成要素区分为必要要素和选择要素，其根据是犯罪构成的一般理论，因为在根据具体刑法规范条文进行定罪时，则刑法条文罪状中所规定的所有要素都是必要要素。

综上所述，俄学界通说立场认为，犯罪构成就是体现人的具体社会危害行为特征及其违法行为特定事实的模式。每个具体犯罪构成均指的是特定社会危害行为的法律特征，其可以引起特定法律后果，并进而追究行为人的刑事责任。俄刑事立法规定的所有具有特定体系结构的犯罪构成，体现的均是具有社会危害性和刑事违法性的人之行为的特定概念与思维模式。确定犯罪构成是否具备的目的，是为犯罪行为定罪提供法律根据。所谓定罪，就是通过具体的犯罪构成要素(比如是公开还是秘密窃取他人财物)确定所实施的社会危害行为与《俄罗斯联邦刑法典》具体条文中的相应规范之间是否符合。基于此，《俄罗斯联邦刑法典》第 8 条规定，“刑事责任的根据是实施含有本法典所规定的全部犯罪构成要素(要件)的行为”，这表明俄现行刑事立法认为犯罪构成是刑事责任的唯一的、必要的和充足的根据。

① 这里需要说明的是，根据《俄罗斯联邦刑法典》的规定，盗窃罪和抢夺罪犯罪主体的最低刑事责任年龄都是 14 周岁，而不是我国刑法中规定的 16 周岁。

四、犯罪构成的类别特征及其刑法学意义

(一)基本犯罪构成、加重责任犯罪构成、特别加重责任犯罪构成

俄罗斯刑法学中根据不同的标准对犯罪构成进行各种分类。根据社会危害性程度的不同,同一犯罪的犯罪构成可以分为基本犯罪构成(основной состав преступления)、加重责任犯罪构成(квалифицированный состав преступления)和减轻责任犯罪构成(привилегированный состав преступления)。根据俄罗斯现行刑事立法模式,行为的社会危害性程度主要体现于其同一条文不同条款所规定的制裁内容,但也并不是所有具体犯罪都是此种分类,有时法律中只规定基本构成和加重责任构成,此种立法模式主要适用于那些社会危害性程度较高的犯罪,比如故意杀人罪(《俄罗斯联邦刑法典》第105-109条)、抢劫罪(第162条)、武装匪帮罪(第209条)、受贿罪(第290条)等。

俄罗斯刑法中所谓基本的犯罪构成,指的是既无加重情节,也无减轻情节的某种具体犯罪的犯罪构成,其在《俄罗斯联邦刑法典》中通常规定在各具体犯罪条文的第1款,比如《俄罗斯联邦刑法典》第105条第1款规定:“故意杀人,即故意造成他人死亡的,处6年以上15年以下剥夺自由刑,可以并处2年以下限制自由刑。”

加重的犯罪构成,指的是《俄罗斯联邦刑法典》条文项下的条款中所规定具有加重情节(加重责任要素)的某种特定犯罪构成,其是各条文第1款基本构成之下的第2款规定内容(比如第105条第2款规定:“故意杀人且有下列情形之一的……处8年以上20年以下剥夺自由刑……或者终身剥夺自由刑,或者死刑”),并且在加重构成中还可以区分出特别加重构成,其主要是各具体条文第3、4款规定的内容,比如,第126条“绑架罪”第3款规定:“实施本条第1款或第2款规定的行为,并且有下列情形之一的……处6年以上15年以下剥夺自由刑……”加重构成中的加重情节可以是客体或客观方面要件,也可以是主体或主观方面要素。

减轻的犯罪构成,指的是具备减轻情节的犯罪构成,比如《俄罗斯联邦刑法典》第107条规定的“激情杀人罪”和第108条规定的“超过正当防卫限度或者超过拘捕犯罪人所必需的方法的杀人罪”。具备减轻情形的减轻犯罪构成,其法定刑的设置要轻于此种犯罪基本构成的刑罚,并且一般情况下,减轻犯罪构成会以单独条款独立罪名的形式规定在俄现行刑事立法中。在俄罗斯司法实践中,如果在所实施的行为中同时具备加重构成和减轻构成的情况,则一般适用规定减轻构成的刑法规范,比如,以特别残忍手段(第105条规定的故意杀人罪的加重构成)实施了激情杀人(第107条规定的激情杀人罪)行为,则应当适用《俄罗斯联邦刑法典》第107条予以定罪处刑。

(二)简单构成和复杂构成

除上述分类外,俄学界还将犯罪构成分为简单构成和复杂构成。简单构成中

只包含一种特定行为要件的描述,即含有此种简单构成刑法规范的设置,主要是对某种特定社会关系(利益)予以保护的需要,比如俄刑法中规定的盗窃罪就属简单构成范畴,其只包含一种犯罪客体,即财产权。与之相反,有些刑事法律规范则同时体现为对若干犯罪客体的保护,即此类犯罪所侵害的是若干不同客体,例如俄罗斯现行刑法第162条所规定的抢劫罪,就同时侵害财产权和人身权,即此罪具备两种犯罪客体。此外,根据俄学界立场,同时具备两种罪过形式的犯罪构成也应当归属于复杂犯罪构成之列,比如,《俄罗斯联邦刑法典》第111条第4款规定的故意严重损害他人健康而过失造成被害人死亡的情况,即行为人实施了"本条第1、2、3款规定的行为,过失造成被害人死亡的,处15年以下剥夺自由刑……"

(三)形式犯罪构成、实质犯罪构成、截短犯罪构成

根据俄学界立场,从犯罪构成立法规定结构模式的视角,又可以将其分为形式犯罪构成和实质犯罪构成。犯罪构成的此种划分模式对于某些特定犯罪之既遂时间的确定具有重要实践意义。形式构成的客观方面仅包含表示作为(或不作为)特征的要素,即行为完成即告犯罪既遂,而行为的后果不属于犯罪构成的内容,其只是量刑时考量的因素,比如《俄罗斯联邦刑法典》第128-1条规定的诽谤罪即属于形式构成的犯罪。与之相反,实质构成的构成要素,不仅包含作为(不作为),还包含犯罪结果的发生,比如第105条至第108条规定的故意杀人罪、第158条规定的盗窃罪等。在实质构成的犯罪中,如果缺失结果要素,则意味着犯罪行为未完成。此外,俄罗斯刑法学界近年来又提出了另外一种犯罪构成,即形式—实质构成,比如《俄罗斯联邦刑法典》第213条第1款规定了流氓罪的刑事责任,此罪的犯罪构成是形式—实质构成模式,即当流氓行为伴有对被害人使用暴力或者损毁他人财物的情况,则行为人构成的流氓罪就是实质构成;若所实施的流氓行为仅伴有对被害人使用暴力威胁的,则行为人构成的流氓罪就是形式构成。至于特定犯罪构成是属于形式构成还是实质构成,则必须以特定犯罪之基本犯罪构成的内部构造予以评判。

俄学界除了将犯罪构成区分为前述所列的形式构成和实质构成以外,还提出了另外一种犯罪构成——截短的犯罪构成,即将犯罪既遂的时间移至预备阶段(比如第209条规定的武装匪帮罪)或者未遂阶段(比如第162条规定的抢劫罪)。[①]

俄罗斯刑法中犯罪构成的意义体现为:首先,犯罪构成是刑事责任的根据,即直接关涉所实施行为的定罪问题;其次,犯罪构成可以成为特定犯罪所判处刑罚的种类和轻重的决定性要素;最后,犯罪构成在某些具体情形下还能够决定刑事责任和刑罚是否应当免除。俄罗斯刑法中的犯罪构成,作为特定客观要件和主观要件

---

① 关于俄罗斯犯罪构成的分类可参见 Уголовное право России. Общая часть: Учебник / Под ред. В. П. Ревина. –М.: Юстицинформ. 2016. С. 119–122。

所构成的有机统一整体,既可以成为某种具体行为是否构成犯罪以及构成何种犯罪的决定性要素,同时,还起着将那些不具备犯罪构成要件的行为排除在刑法规制框架之外的作用,从而使无罪的人免受刑事追究,以实现有效保障人权的宗旨和目的。

第四节　犯罪客体及其相关争议问题

一、犯罪客体概念及相关争议问题

俄罗斯刑法学界对于犯罪客体问题的研究由来已久。19 世纪末是刑事古典学派和刑事社会学派交替更迭之际,这一时期一般将犯罪客体的内涵理解为法益(правовые блага),比如,彼时德国的李斯特就将犯罪客体看作法律所保护的生活利益。帝俄时代的塔甘采夫教授也持类似立场,他认为犯罪是"侵犯规范所保护的生活利益的行为,此种生活利益是特定国家在特定时期由于其他措施不足以对其进行保护而以刑罚对侵害者相威胁而予以保护的重要利益"。[①] 与此同时,塔甘采夫教授在犯罪客体方面的立场与德国学者费尔巴哈的主张[②]相类似,即不承认主观权利可以成为犯罪客体,认为"对现实权利的所有者造成损害,只是一种手段,而非犯罪的本质",[③]其在刑法中所起的作用的是次要的。塔甘采夫教授其实是在尽量克服对犯罪客体做规范理解,即他是反对刑事古典学派所主张的"犯罪客体规范说"立场的(帝俄时代主张犯罪客体规范说的学者是斯巴索维奇教授[④])。

犯罪客体规范说的立场在俄罗斯刑法学界并没有太多的追随者,其持反对立场的理由主要体现为以下几个方面:其一,此种理论界说有意或无意地割裂了作为现象的法形式与其实质内容之间的联系;其二,犯罪在某些情况下侵犯的是不受法律调整的社会关系(比如性关系等);其三,刑事法律关系在犯罪实施之前是不存在的,当然也不会存在此种法律关系的客体,而犯罪客体则正好相反,它往往在受到犯罪侵犯之前就存在并且并不取决于后者,换言之,刑事法律规范不可能保护实际上尚不存在的客体。[⑤]

俄罗斯学界持续关注刑法保护客体问题研究的代表学者主要有:特拉伊宁(А. Н. Трайнин)、皮昂特科夫斯基(А. А. Пионтковский)、杜尔曼诺夫(Н. Д.

---

① Таганцев Н. С. Русское уголовное право. Часть Общая: лекции. 2-изд. СПб., 1902. Т. 1. С. 45.

② Feuerbach A. Lehrbuch des gemeinen in Deutschland gültigen peinlichen Rechts. Zissen, 1847. S. 45.

③ Таганцев Н. С. Русское уголовное право. Часть Общая: лекции. 2-изд. СПб., 1902. Т. 1. С. 46.

④ Российское уголовное право. Общая часть: учебник. М.: Спарк, 1997. С. 91.

⑤ Уголовное право России. Общая часть: Учебник / Под ред. В. П. Ревина. -М.: Юстицинформ. 2016. С. 126.

Дурманов)、扎戈罗德尼科夫(Н. И. Загородников)、沙尔戈罗茨基(М. Д. Шаргородский)、库德里亚夫采夫(В. Н. Кудрявцев)、布拉伊宁(Я. М. Брайнин)、别利亚耶夫(Н. А. Беляев)等。迄今为止犯罪客体理论仍然是俄刑法理论中最复杂、最具争议的问题之一,这不仅关涉犯罪侵害客体的属性问题,而且还涵盖犯罪客体与其他社会现象和法律现象之间的关系等问题。俄学界之所以特别关注犯罪客体问题的研究,主要是因为犯罪客体学说具有非常重要的刑法学意义,即犯罪客体问题和法律体系整体以及其他刑法学问题之间存在非常密切的联系,而正是刑事立法体系决定着刑法保护的范围和界限,体现着每个具体犯罪的社会危害性和社会本质,决定着犯罪的社会趋向及其法律特征,而所有这些都与犯罪客体之间存在密不可分的联系。

刑法所保护客体的作用和意义,无论是对于刑法理论,还是对于司法实践,都是难以估量的。从众多的客体价值中选择出那些必须以刑法予以保护的部分,是必须具有合理和合法根据的,而这就需要立足于犯罪化与非犯罪化理论进行深入的刑法学研究和犯罪学研究,以便为合目的性的刑事立法的改革和完善提供坚实可靠的基础。根据俄通说立场,犯罪客体不仅决定着刑法禁止性规范的产生,而且在很大程度上决定了禁止性规范的法律建构、刑法所保护的范围和界限以及犯罪构成的诸多客观与主观要素。司法实践中正是通过对侵犯客体所造成损害的程度不同,来确定犯罪的社会危害后果大小,以及用于确定作为或不作为属情节显著轻微、不构成犯罪的情况。同一个保护客体可能会遭受各种不同的侵害,而这些侵害往往会涉及诸多不同犯罪的构成要件,因此犯罪客体的要素和属性对于行为的刑法定性具有非常重要的实践意义,即在司法实践中犯罪侵害客体的确定是很重要的实务工作,同时也是正确适用刑法规范的前提。

综合俄学界大多数刑法学者的主张,可以概括出俄刑法通说立场对于犯罪客体概念的界定,即按照俄罗斯传统学说立场,犯罪客体是受现行刑法保护的特定范围的社会关系。有学者认为,此犯罪客体概念的界定,不仅源于过去诸时代刑事立法,也可以从俄现行刑事立法,即《俄罗斯联邦刑法典》中找到根据。《俄罗斯联邦刑法典》第 2 条第 1 款即规定了需要以刑法手段予以保护的社会关系类型,其中包括人和公民的权利和自由、财产权、社会秩序和公共安全、环境、俄罗斯联邦宪法制度以及人类的和平与安全。

俄罗斯现行刑事立法有关打击犯罪领域中的一个根本性变革,体现于规范价值优先性的定位问题,其公认的价值理念是:人是文明世界中最高社会价值,因此,俄罗斯刑法保护的客体位阶较之前的 1960 年《苏俄刑法典》发生了较大变化,其保护客体的顺序分别为"个人、社会和国家利益",即将个人利益置于刑法保护最基础地位,认为只有对个人利益进行有效的和一贯的保护,才能同时促进对社会和国家利益的有效保护。《俄罗斯联邦刑法典》正是基于此种理念构建了其刑法保护客体的序列,即俄现行刑法第 2 条第 1 款的规定。

二、俄罗斯犯罪客体理论通说——社会关系说的晚近发展

俄罗斯刑法学者在探讨犯罪客体社会关系说的过程中,对于作为犯罪客体的社会关系之社会本质、应然内涵及其发展动态和产生机制的研究,呈不断深入和强化态势。应当说,主张犯罪客体是社会有关系的立场,在多数情况下是可以自圆其说的,比如在盗窃、抢夺以及其他非法侵占他人财物的犯罪中,其犯罪客体的确不可能是被直接侵占的财物(因为这些财物本身往往不会受到侵害),而是具有某种特征的社会关系,而此种社会关系正是基于财物的占有、使用和处分所产生的财产权利而产生的。与此同时,也有俄学者提出了反对意见认为,"将犯罪客体看作社会关系的理论在很多情况下是不起作用的",特别是针对侵犯人身犯罪的情况,比如故意杀人罪。苏维埃时期的刑法学界一般将人的本质理解为所有社会关系的总和,即根据此种学说,故意杀人罪的客体并不是作为其原本意义的人的生命本身,而是在社会关系总和的意义上来理解作为犯罪客体的人的生命。持此种立场学者认为,对作为故意杀人罪客体的人的生命作如此理解,明显贬低了作为生物体的人和完全生物学现象之生命的绝对价值,人从独立的绝对价值转变成为社会关系的载体(劳动关系、国际关系、公务关系、家庭关系、财产关系等),因此,将犯罪客体看作刑法所保护的社会关系理论不可能是通说理论。①

犯罪客体社会关系说的代表学者对前述学者立场进行了反驳。他们也以故意杀人罪为例并且指出,"如果不将前述论及的作为社会关系总和的个人认定为犯罪客体,而是把作为生物体的人认定为犯罪客体,则对于正当防卫、执行判决等情况下剥夺人生命的合法性问题就无法得到合理解释,因为此类情形下的客体不可能得到刑法保护并且也不受刑法保护。基于此,在侵犯生命、健康、荣誉、自由和尊严的情况下,其犯罪客体并非作为生物载体的人,而是遭受侵害的社会关系总和。相应地,针对于人的侵害行为可以进行不同的法律定性:如果所实施的剥夺生命或侵害健康的行为,是发生在正当防卫的情况下,则应当对刑事责任的适用予以排除,因为此种侵害并不是对社会关系造成损害,而是对作为生物体的人造成损害。因此,是不是对保护生命类社会关系的侵犯,正是故意杀人行为和合法剥夺人生命行为之间的判断标准,也就是说,刑法保护的客体是社会关系,而非生物体意义上的人。基于此,持此种立场的学者得出结论认为,故意杀人罪的刑法保护客体,并不是作为生物进程总和的生命,而是保障个体享有生命可能性和生命利益的社会关系总和"。②

---

① Российское уголовное право. Общая часть: учебник. М.: Спарк, 1997. С. 91, 92.

② Коржанский Н. И. Объект и предмет уголовно-правовой охраны. М.: Академия МВД СССР, 1980.

对前述论题持第三种立场的学者则认为，上述两种相互排斥的立场在侵害客体的理解方面都有各自的理由，但同时此两种学术立场均存在某种模糊地带，而真理往往是“介于两者之间”的。持第三种立场的学者进一步指出，社会关系并非他物，而是个体利益的交集，其自身则是特定价值观和利益（生命、健康、财产等）观的载体。只有同时关注两个方面，才有可能正确认识“社会关系”和“法律所保护的法益”这两个概念。与此同时，调查人员或预审人员最终感兴趣的并非犯罪的一般概念，而是特定行为人在具体的时间和地点所实施的特定犯罪行为，也就是说，他们主要关注的是某个特定犯罪行为究竟侵害了什么。因此，对于侵害客体的确定是相当重要的，它不仅具有纯粹的理论价值，而且是对所面临的司法实务问题的回应。

众所周知，刑事法律通常情况下既不会明确地将社会关系规定为保护客体或犯罪客体，也不会对客体进行界定。有关客体的认知主要是利用刑法学及其相关领域知识得以构建。俄学界一般认为，犯罪客体是指刑事法律所保护的社会关系，至于其内涵要旨，则需要进行更深入的阐释。

俄学界虽然对侵害客体概念的界定存在不同立场，但总体来说，他们一般认为，社会关系是人们基于其所旨趣的物质世界和精神世界的对象、现象所形成的相互关系。俄刑法学者在对犯罪客体问题进行研究的过程中，往往将社会关系作为刑法所保护的客体进行研究，而且主要限于对犯罪客体一般概念界定以及对犯罪客体类别化特征的探讨。显然这样的研究是缺乏全面性的。因此，有俄罗斯学者开始对社会关系存在的依据进行研究，认为人的社会活动是社会关系得以建构的根据，并且社会活动正是人的社会活性的表征。当然，此种对社会活动的界定同样受到其他学者的反对，其反对的理由主要是认为这将会把同样具有社会意义的不作为排除在外。而如果在专门的刑法学意义上将不作为排除在外，则这种对于社会关系的界定注定是失败的。①

基于对社会关系问题的广泛论争，俄学者一般将社会关系的内涵概括为具有社会意义且囊括所有社会行为类型的行为，其中既包括人的积极活动（作为），也涵盖社会所禁止或所要求的消极活动（不作为）。因此，社会关系是人们一切生活活动所体现出来的具体形式，即是人们生活活动的直接体现。俄学界基于对社会关系内容的深入研究，提出了社会关系是其参与者的活动或者是人们相互之间形成的特定地位，抑或二者同时具备。② 社会关系的内涵，通常指的是个体的特定行为，是不同种类行为的总和。在社会关系之外，人既不可能存在，也不可能有所作为。人们的联合活动，如果没有组织性，没有约束每位成员的特定要求，不遵守彼此间

---

① Коржанский Н. И. Объект и предмет уголовно-правовой охраны. М.: Академия МВД СССР, 1980. С. 30-35.

② Никифоров Б. С. Объект преступления по советскому уголовному праву. М., 1960. С. 64.

的或是共同的行为规则，那么，这种联合活动便无法实现。个人社会行为的性质和方向，对于社会和每个个体成员而言都是会产生某种影响的，社会所旨趣的是个人的有益于社会的行为。人的行为总是伴随有某种评价要素且具有规范性质。与此同时，如果需要对此种社会关系进行刑法定性，则需要重点考量的因素应当是特定社会成员所秉承的价值观念，而社会规范作为人们之间相互关系的共同行为准则，则对每个实施特定社会行为的个体提出特定要求。在此种情形下，行为的社会评价与社会规范之间是密切相关的。前述对于社会规范内涵的阐释，在俄国十月革命前的帝俄时代就曾有学者提出过，[①]并且在当下的俄罗斯此种立场又得到进一步发展。

根据当代俄罗斯多数学者的立场，社会关系是社会利益和个人利益得以实现的一种形式，也就是说，一旦脱离了社会关系，则前述利益便无法得以实现，而反过来，社会利益又是通过社会关系主体的相应行为而得以实现的。这就是社会为个人提供实施特定行为的可能性，同时又对行为本身予以保护，而对于违背其利益的任何行为均予以禁止的原因。与此同时，为了使社会利益得以实现，就必须提供一个常态化的稳定的社会关系。这样就产生了保护社会关系稳定性的社会需求。俄学者基于社会关系稳定性的特征，认为作为犯罪客体的社会关系是所有社会关系中的一种，因此也应当将其看作一种常态化的稳定的社会关系，而此种社会关系一旦发生改变，则意味着发生了对社会利益的侵害，所以社会自身不得不对社会关系进行保护，而那些置于刑事法律保护之下的社会关系，便是刑事法律保护的客体，即犯罪客体。因此，刑法的社会功能和自身作用，主要体现为对社会关系的保护和尽可能地实现社会利益。正是基于保护这些可能性利益的目的，刑法才得以存在，同时也为刑事禁令的构建提供合理化根据。

“犯罪客体规范说”的反对学者认为，犯罪客体可以看作因犯罪而遭受损失的载体。从这个意义上来讲，刑事法律规范自身就不可能成为犯罪客体，犯罪人违反的只是刑法规范的禁令，而刑法规范本身不承载并且也不可能承载犯罪造成的损害。因此，将刑法规范看作犯罪客体的“犯罪客体规范说”，是与刑法规范保护其免受犯罪侵害的那些利益的现实内容相背离的，但同时，将某些利益归于犯罪客体的内容，这并不意味着这些利益就是刑法所专门保护的客体。同一客体往往还处于其他部门法规范的保护之下，存在民法与刑法交叉以及行政法与刑法交叉的问题。比如，财产关系首先是由民法规范予以保护和调整的，而只有对财产关系造成侵害的程度足够严重，才需要刑法的介入（如盗窃、抢夺、诈骗、抢劫、敲诈勒索等），而针对那些对财产权造成的损害相对轻微的行为，仅动用民法予以保护便足以消解社会矛盾（如不返还欠款）。因此，将特定利益（блага, интересы）纳入刑法保护范

① Петражицкий Л. И. Теория права и государства в связи с теорией нравственности. СПб. , 1907. С. 69-71.

畴,完全不意味着对于这些利益造成的任何侵害行为都是刑事可罚行为,而只有那些对特定利益造成严重损害的侵害行为,才属于刑法规制的范畴。

总之,任何犯罪都是通过主体对某人或某物施加影响的方式予以实现的,绝大多数犯罪都是通过作用于特定物质客体的方式实施的,这里的物质客体指的是某种物体、人、动物、植物等。其中的例外情形指的是那些无对象物犯罪,此类犯罪大多是不作为犯罪或是不履行社会义务的行为。虽然以实施犯罪的方式对社会关系予以改变的方式多种多样,但远不是任何作用于人或物(物质客体)的行为都是具有刑法意义的犯罪行为,只有对那些受刑法保护的、具有特殊属性的客体造成具有社会危害性的损害或损害威胁的行为,才会被定性为受刑法规制的犯罪行为。

三、刑法保护客体的分类、体系建构及相关争议问题

(一)刑法保护客体的分类及相关争议问题

《俄罗斯联邦刑法典》第 2 条“刑法任务”[①]以及俄刑法分则结构体系的构建特点,均体现出受刑法保护社会关系的多样性,这为侵害客体的细化分类奠定了基础。通过对客体进行细化分类的路径,可以明确某个特定的具体客体在整个社会关系体系中的地位,从而也便于厘清侵害具体客体之行为的社会危害性的性质和程度。换言之,犯罪客体细化分类有助于司法实务中社会危害行为的定性。

俄罗斯刑法学通说一般将犯罪客体分为:一般客体(общий объект)、同类客体(родовой объект)和直接客体(непосредственный объект)。此种分类法最先是由苏联时期的孟沙金教授(В. Д. Меньшагин)于 1938 年提出,[②]并且一直沿用至今。虽然俄罗斯不同历史时期都有学者对此犯罪客体分类法进行批判,但迄今为止并没有动摇此种分类法在俄罗斯刑法学界的通说地位。俄罗斯学界之所以存在对此分类法进行批判的声音,追根溯源,此种批判并非出于方法论视角,因为俄学界和司法实务界在根据此种分类法进行犯罪同类客体和直接客体判定过程中,在客体具体内容的确定方面存在分歧。与此同时,此种犯罪客体分类法所依据的并非研究者的主观立场,而是基于哲学范畴中一般、特殊和个别的公理进行划分的。当然,哲学范畴存在的一般、特殊、个别的三分法确实体现现实关系之间所存在的客观联系。俄绝大多数学者认为,此犯罪客体三分法是比较合理的分类路径,因此,将犯罪客体分为一般客体、同类客体和直接客体的犯罪客体分类法是俄学界的通说立场。

俄学界一般认为,犯罪的一般客体是刑法所保护的一切社会关系,即一般客体是置于刑事法律保护之下的那些社会关系的总和。刑法所保护的所有社会关系中

---

① 即俄刑法的任务是保护人和公民的权利和自由、财产、社会秩序、公共安全、环境、俄罗斯联邦宪法制度、人类的和平与安全。

② Советское уголовное право. М. , 1938.

涵盖着不同种类的社会关系以及各种特定社会关系，这与哲学领域一般、特殊和个别的范畴划分路径是相适应的，即自然人和法人之间的每个具体的关系，与所存在的整个社会关系相比较而言，都属于个别范畴，此个别范畴既包含一般要素（相类似关系本身所固有的特征、属性等），同时也含有其所特有的，并且是不可复制的要素。因此，若整个社会关系是通过各个特定关系予以体现的，则对于此社会关系体系造成损害，则完全可能造成其不同层级要素的损害，即社会损害的造成，既可能是相对于整个体系的（如公共安全），也可能是相对于各个部分的（比如管理秩序）或者是相对于各别社会关系（比如生命、健康、住宅的不可侵犯等）的。一般、特殊和个别是社会关系自身的客观联系，而上述分类则正是此种联系的客观体现。因此，有俄罗斯学者指出，"不难发现，在现实生活中社会关系按照社会生活的各个领域（比如财产关系），以某种方式进行分类，此种类别构成侵害的同类客体，其与哲学范畴的特殊相对应。而刑法所保护的社会关系总和或者某些学者所称的刑法所保护的以防止犯罪侵害的利益总和，构成侵害的一般客体。此种情形下的一般客体——指的并不是整个社会关系系统，甚至也不是受法律调整的整个社会关系体系，而仅指那些置于刑事法律保护之下的社会关系总和。它是包含各级社会关系且为刑法所保护的系统"。①

俄学界之所以要区分出一般客体，主要是因为此种区分不仅具有认识论意义，而且具有重要的实践意义，因为一般客体能够体现出犯罪行为之社会危害性的实质与属性。如若不区分出犯罪的一般客体，则会导致对犯罪社会危害性评判的模糊和低估，从而有损于刑法科学和刑事立法适用的司法实践。"如果不依赖于对一般客体的正确理解，就无法探求特定种类犯罪之特殊客体的本质属性，此即区分犯罪一般客体的理论与实践意义之所在"。②

应当说，犯罪一般客体的区分并未引起俄学界的广泛争议，相反，犯罪一般客体项下的其他下位层面客体的划分则是迄今为止俄学界热议的焦点问题，即除了前述犯罪客体三分法的立场，还存在另外一种主张，认为在犯罪客体的分类体系中应当增加另外一个层级的犯罪客体——同种客体（видовой объект）。下面我们对此予以更深入探讨。

犯罪同类客体，是指特定种类刑法规范予以保护的同一属性的社会关系总和。例如，对侵犯人身类犯罪进行刑法规制的规范，其所保护的是生命、健康、自由等人的基本法益免受侵犯。同类客体概念中所体现的社会关系之同质性，通过作为此类社会关系产生和存在所表征利益的一致性予以确定；而同类社会关系的量的属

---

① Коржанский Н. И. Объект и предмет уголовно-правовой охраны. М.: Академия МВД СССР, 1980. С. 69.

② Розенберг Д. Н. О понятии имущественных преступлений в советском уголовном праве (объект и предмет посягательства). Харьков, 1948. Вып. 3. С. 62.

性,则与侵害此类社会关系的社会危害行为之刑事责任予以规制的刑事法律规范的数量相当。犯罪同类客体之刑法规范散见于《俄罗斯联邦刑法典》各章或各编的规定,俄刑法各编或章均按照犯罪同类客体的不同属性予以构建,因此,可以说,俄罗斯现行刑事立法分则体系及其各编、章的建构基础即是犯罪同类客体要件。这也正好反映出犯罪同类客体在俄刑法条文设置方面的积极作用,同时为司法实务工作者适用具体法律规定提供了便利。俄学界对于犯罪同类客体的立法属性并不存在特别争议,但基于立法实践所体现的诸多现实情况,有学者建议对犯罪侵害的类客体和种客体再进行细化。他们提出,“犯罪客体三分法(一般客体、同类客体和直接客体)与之前只设‘章’的刑法典(苏维埃时期的1926年和1960年《苏俄刑法典》)的结构体例是相符合的。但是,1996年《俄罗斯联邦刑法典》彰显的却是另外一种新的结构体例,即俄现行《刑法典》分则体例中不仅设章,而且还设有‘编’(由若干章构成的编)的设置,这使得我们不得不思考曾经提出过的另外一种非传统型的四分法的犯罪客体分类法,虽然此种分类法并未达成法学界的共识”。之后,俄学者进一步发展了前述犯罪客体“四分法”主张,提出在同类客体内部结构中再区分出另一种所谓的“同种客体”,并且同种客体与同类客体之间是部分与整体的关系,或者说是种和类之间的关系。

基于上述犯罪客体之非传统型“四分法”的立场,在俄现行刑事立法的结构体例中,同类客体就是犯罪所侵害的、刑事责任规定在同一编中的利益,而同种客体,则是其刑事责任规定在同一章中的、为犯罪所侵害的利益。以《俄罗斯联邦刑法典》第七编的规定为例:本编所规定的人身是犯罪的同类客体,而同种客体则分别为本编第16章规定的生命和健康,第17章的人的自由、荣誉和尊严,第18章的性不可侵犯和性自由,第19章的人和公民的宪法权利和自由,第20章的家庭和未成年人。应当指出的是,在此种情形下,犯罪的一般客体与直接客体的概念及其相互之间的关系与犯罪客体传统“三分法”中的界定相同。倘若刑法分则中的“编”只有单独一章,则犯罪的同类客体与同种客体则呈同一性特征,例如,《俄罗斯联邦刑法典》第十二编只有第34章“侵犯人类和平与安全的犯罪”一章内容,则此编中的同类客体与同种客体就合二为一,即在“同类客体”下不再区分“同种客体”。[①]

俄学界对于犯罪直接客体的研究也比较深入。有学者认为,犯罪直接客体就是具体侵害行为所指向的客体,而此种情形下对于生命、财产等的侵害并不属于“具体侵害”的范畴,而应当属“种侵害”范畴,比如生命、财产等当是“种客体”,而非“直接客体”。因此,有俄学者曾作过这样的阐释:“如果我们说故意杀人的客体是人的生命,那么我们指的并非具体的杀人和个别具体人的生命。这里应当使用

① Российское уголовное право. Общая часть: учебник / Под ред. В. П. Ревина. М.: Юстицинформ, 2010. С. 123.

的是故意杀人的种概念和生命的种概念。”①

可见,俄学界在犯罪客体分类上既有传统的“三分法”立场,也有“四分法”的主张,即将犯罪客体区分为一般客体、同类客体、同种客体和直接客体。其中,一般客体指刑事法律所保护的社会关系总和;同类客体构成社会生活特定领域(财产、人身等)的单独的同质社会关系类别;同种客体指生命、个人财产等某种社会关系;直接客体指具体社会危害行为侵害所指向的客体,这里指的仍然是社会关系总和,但与同种客体相比较而言是更为狭义的客体范畴。

(二)犯罪客体的体系建构及相关争议问题

俄刑法学中对于不同种类客体的界分之所存在意见不一致的地方,其主要原因是源于对一般客体、同类客体、同种客体和直接客体的概念界定存在缺陷,从而导致俄刑事立法分则体系建构显失均衡。若想使刑事立法分则体系的构建与犯罪客体分类体系之间相互协调,则不仅要求分则各章所规定的犯罪客体属于同种客体,还应当确保本章所规定的每一个犯罪的直接客体处于此种客体的射程范畴。

俄罗斯现行刑事立法自 1996 年生效之时起,其分则体系就是按照前述所论及的“垂直”式“四分法”客体模式予以建构的。自此就有俄罗斯学者对此种分则架构体系提出批评,认为此种分则架构过于松散。② 与此同时,当代俄学界也有学者认为俄现行刑事立法分则体系的建构不能够完全适应俄罗斯当下的司法实践需要。其理由有二:其一,俄罗斯社会经济关系发展至今,提出更加复杂多样的刑法规制需求,其中最为明显的体现便是俄立法者对于刑法典所进行的频繁修订,即通过修订引入大量新的刑法条文;其二,俄现行刑事立法自生效伊始,其分则某些规范设置就出现了不合逻辑的现象。这些立法上存在的弊端,在其后的执法活动中尤为突出,对后续的俄罗斯司法实践产生了诸多不利影响:其一,导致执法人员对于具体行为的社会危害性的性质没有一个明确的认知;其二,致使司法实务中产生某些不合理的法条竞合现象。

基于前述原因,有俄罗斯学者认为,随着俄罗斯社会经济关系的日益复杂多样,对犯罪客体及俄刑法分则体系建构进行适当改革的时机已经成熟,建议在犯罪客体的“垂直”体系结构中的同种客体之下增设一个层级的犯罪侵害客体范畴,即在《俄罗斯联邦刑法典》分则现有体例结构的“编”与“章”之间增加“节”的规定,以使刑法分则体系建构与新的犯罪客体体系相协调。这样,就使得司法实践中的每类行为所侵害的客体都有非常明确的归属,更便于在司法实务中对犯罪行为进

---

① Коржанский Н. И. Объект и предмет уголовно-правовой охраны. М.: Академия МВД СССР, 1980. С. 73.

② Российское уголовное право. Общая часть: учебник. М.: СПАРК, 1997. С. 96.

行定性。[①]

在犯罪客体体系构建方面,除了上述犯罪客体的“垂直”分类法,俄刑法学界还有另外一种犯罪客体分类法,即犯罪客体的“平行”分类法,就是将犯罪客体分为主要客体、补充客体和选择客体。此种分类的前提是任何犯罪侵害的客体可能不仅限于一个客体,可能会侵害几个相邻社会关系类型,而犯罪行为的这一特殊属性,造就了将侵害客体区分为主要客体和补充客体的客观需要。

俄罗斯学者罗森贝格(Д. Н. Розенберг)最先提出犯罪主要客体和补充客体分类法。他指出,如果犯罪行为造成侵害或侵害威胁所对应的客体不只是一个,而是若干客体的时候,那么,在对此行为予以定罪时,就必须区分出遭受侵害的社会关系中哪些是主要客体,而哪些又是补充客体或者选择客体。[②] 可见,犯罪客体“平行”分类法的类别化对象即是前述“垂直”分类法中所指的直接客体。

“平行分类法”中犯罪侵害的主要客体,其体现的是该犯罪所体现的社会本质。显然,犯罪行为本身所侵犯的社会关系,正是此罪社会本质发生作用的对象。从社会利益的角度看,主要客体是受犯罪侵害的所有社会利益中价值最高的利益,而且还是行为定性以及在刑事立法体系中选择适用具体刑法规范的决定性因素。补充客体,是与主要客体一并受到犯罪侵害或侵害威胁的社会关系,只不过对此种社会关系的侵害并不是该罪本质特征的体现,例如,实施抢劫罪过程中对被害人健康造成侵害,恐怖活动罪中对于被害对象生命或健康的侵害,都是本罪的补充客体。选择客体,是指在实施某种犯罪过程中,某些情况下可能会受到犯罪侵害,也可能不会受到犯罪侵害的社会关系。比如,俄刑事立法中规定的流氓罪,司法实践中此罪的实施,有时会对个人健康、财产关系造成损害,而有时却不会造成前述损害。[③]

应当说,俄学界对犯罪直接客体进行“平行”分类,具有非常重要的理论价值和实践意义。首先,针对一个行为的定性问题,其是否构成犯罪、构成哪种犯罪,只能根据犯罪所侵犯的主要客体判断。可见,在特定犯罪行为所侵害的诸多直接客体中,区分出主要客体尤显重要。其次,若不进行这种区分,司法实务中就可能发生因对犯罪客体认定不当而导致对行为定性错误,比如,司法实践中对于故意杀人罪与流氓罪之间予以区分,就必须依据对犯罪客体种类的正确区分和认定。犯罪的选择客体虽然不是特定犯罪之必要构成要件,但它的存在却是判定行为社会危害性严重程度的因素之一,因此,选择客体是俄罗斯司法实践中法院在裁量刑罚的种类和轻重时应当考量的因素。

---

① Уголовное право России. Общая часть: Учебник / Под ред. В. П. Ревина. –М.: Юстицинформ. 2016. С. 144.

② Розенберг Д. Н. О понятии имущественных преступлений. Харьков, 1948. Вып. 3. С. 74.

③ Коржанский Н. И. Объект и предмет уголовно-правовой охраны. М.: Академия МВД СССР, 1980. С. 82.

四、犯罪对象及其相关争议问题

俄罗斯刑法与我国刑法一样,都没有在分则中直接规定犯罪客体,而是通过分则具体条文罪状中所规定的犯罪对象对犯罪客体予以间接阐明。前文对俄罗斯刑法中犯罪客体的论述已经相当充足,在这里我们主要关注一下犯罪对象的刑法学意义。毋庸置疑,在大多数情况下,通过对犯罪对象的研究,就能够准确地确定犯罪客体的实质内容。与此同时,犯罪对象作为某些犯罪的构成要素,从其在遭受侵害的社会关系机制中所起作用的角度来看,它也具有自身独立的理论价值和实践意义。

在司法实践中,同种犯罪客体往往不具备特定的区分特质,比如生命、财产、荣誉、尊严、健康等可以是诸多具体犯罪之客体的构成要素,而犯罪对象则正好与之相反,它具有特定的特征和属性,而这些特征和属性在某些情况下则具有独立的刑法学意义,并且会以特定的方式影响着刑事责任的追究和行为的定罪。因此,某种特定犯罪行为所侵害的对象及其属性,连同所实施行为的其他要件一起,在许多情况下可以成为对犯罪行为性质及其社会危害性进行判定的重要因素。更何况,即使是行为人直接作用于物质世界具体对象的情况,对行为人所实施行为的法律评价也不是同一的,而是存在实质差别的。比如,盗窃、贩卖行为所针对的犯罪对象可能是一般性质的公私财物,也可能是贵重金属、天然宝石,那么,在类似情形下,犯罪对象本身所具有的某些属性,就往往是此罪与彼罪或者罪与非罪的区分根据。可见,犯罪对象在某些情形下,对于行为的正确定性具有非常重要的意义,因为犯罪对象是此类犯罪的必要构成要件,即在此类情形下,若犯罪对象要件最终未予确定,则意味着此类刑事案件的调查尚未完结。

有关犯罪对象的性质与属性问题,帝俄时代的刑法学家已经相当关注,比如,彼时的洛赫维兹基就曾指出:"恶意程度、刑罚的轻重有时候取决于对象物的质的规定性……盗窃教堂的财产(对象物)则不构成盗窃罪,而是构成有别于盗窃罪的亵渎神灵罪……破坏不动产的处罚要比破坏动产的处罚重得多。"①与此同时,俄罗斯刑法理论界有学者认为,侵害对象(犯罪对象)本身并不是犯罪构成要件要素,犯罪对象缺失或者其具有特定属性的情形,都不会对定罪产生任何影响。② 对此持反对立场的学者则认为,前述主张是违背当代俄罗斯刑法基本原则的,容易导致客观归罪。

---

① Коржанскому Н. И. Объект и предметы уголовно-правовой охраны. М.: Академия МВД СССР, 1980. С. 88.

② Федоров М. И. Понятие объекта преступления по советскому уголовному праву. Кн. 2. Пермь, 1957. Вып. 4. С. 192.

根据俄学界通说立场，首先，犯罪对象是犯罪客体的物质体现，[①]而除了具体物以外，犯罪对象还包括信息。[②] 这里的信息，指的是有关人、物、事实、事件等方面的数据材料，而无论其呈现的形式如何，[③]此外，作为犯罪对象的信息，还可以具有经济特征，即可以有其自身的价格，比如，具有商品属性的计算机程序。信息作为犯罪对象的罪名规定在《俄罗斯联邦刑法典》分则不同条文中，其立法文本的表述主要体现为这样三种形式："信息材料"（сведения）、"秘密"（тайна）、"计算机信息"（компьютерная информация）。比如俄现行刑事立法第 137 条规定的"侵害私生活不受侵犯权罪"的罪状表述中的"信息材料"、第 155 条"泄露收养秘密罪"、第 283 条"泄露国家秘密罪"中的"秘密"、第 272 条"非法调取计算机信息罪"、第 274 条"违反电子计算机、电子计算机系统或其他网络使用规则罪"中的"计算机信息"。其次，犯罪对象是选择性要件要素的情况，即犯罪对象不是一切犯罪构成所必备的要素，而只是在俄现行刑法分则罪状有明确规定的情况下，它才属于该罪犯罪构成的必要要件范畴，因为犯罪对象在这里是刑事责任根据的内容，即在此种情形下若犯罪对象要件缺失，则意味着所实施的行为中特定犯罪的必要构成要件不充足，因而不成立该罪。比如，《俄罗斯联邦刑法典》第 186 条规定的"制作或销售伪造货币或有价证券罪"的对象是俄罗斯中央银行正式发行的货币或金融凭证等，第 220 条"非法处理核材料或放射性物质罪"的犯罪对象则是核材料或放射性物质。若在关涉前述所列罪名的犯罪行为认定中缺失特定的犯罪对象，则完全没有可能构成前述各罪。最后，将犯罪对象和实施犯罪的工具、手段予以严格区分，后者指的是为实施犯罪而直接使用的对象。同一对象在不同情形中既可能是犯罪对象，也可能是实施犯罪的工具或手段，然而，二者在刑法学中的意义是完全不同的，比如，《俄罗斯联邦刑法典》第 162 条"抢劫罪"中实施抢劫行为时使用的"武器"，就属于实施犯罪的工具范畴，而第 226 条"盗窃、勒索武器、弹药、爆炸物或爆炸装置罪"中盗窃武器行为中的"武器"就是犯罪对象。

这里需要指出的是，俄刑法学界一般认为，犯罪对象是犯罪行为所侵害的具有物品属性的"对象物"，而如果犯罪行为所侵害的对象是人，则这里的"人"是不会被认定为"犯罪对象"的，而会被认定为"被害人"。[④] 如果犯罪行为所指向的对象是"人"，则根据被侵害对象身份的不同，还可以区分不同的罪名，比如，非法剥夺一般人的生命，构成普通的《俄罗斯联邦刑法典》第 105 条规定的"故意杀人罪"，但如若侵害的是国务活动家或政务活动家的生命，则构成的是另外一个罪名，即《俄

---

① См.：Российское уголовное право. Общая часть / под ред. А. И. Рарога. М.，2004. С. 111.

② Наумов А. В. Российское уголовное право. Курс лекций. Т. 2. Особенная часть. М.，2004. С. 567.

③ Федеральный закон от 27 июля 2006 г. № 149 – ФЗ《Об информации, информационных технологиях и о защите информации》// РГ. 2006. 29 июля.

④ Уголовное право России. Части Общая и Особенная：учебник / под ред. А. В. Бриллиантова. 2-е изд.，перераб. И доп. Москва：Проспект，2016. С. 113.

罗斯联邦刑法典》第277条规定的“侵害国务活动家、政务活动家生命罪”；若侵害的是执法部门工作人员生命的，则可能构成第317条规定的“侵害执法机关工作人员生命罪”。

第五节　犯罪客观方面及其相关争议问题

一、俄罗斯犯罪客观方面的概念及其刑法学意义

根据俄刑法学通说立场，犯罪的客观方面，是犯罪外在方面特征的体现，即发生在客观现实中并在社会危害行为中得以反映的外在表现形式。任何犯罪的客观方面，均意指所实施的社会危害行为对刑事法律所保护的社会关系（общественные отношения）、利益（интересы，блага）和价值（ценности）所产生的消极影响，并随着对前述客体造成损害或造成损害威胁的后果。

人的一切行为，其中包括违法行为（犯罪行为），都是客观要件（外部特征）和主观要件（内部特征）的有机统一整体。当然，将作为统一整体的人的行为区分为内部和外部两个方面——只能是一种附条件性的划分，即是人的思维领域的划分。然而，进行此种划分对于行为的深入认知和司法实践目的的实现都是有益的，因为对此类内、外方面要件进行区分式的系统分析，不仅可以深入地探究犯罪的每个要件及犯罪整体要素，而且有助于此罪与彼罪的区分，此其一；其二，在刑事案件的调查和审判过程中，此类区分式研究有利于对所实施犯罪行为的情节认定，并且有助于正确定罪并进而实现对被告人判处公正刑罚的目的。

犯罪的客观方面，作为犯罪构成四个必备要件之一，是刑事责任的必不可少的组成部分，即若犯罪客体要件缺失，就不可能有刑事责任的存在。俄著名刑法学者在界定犯罪客观方面的特征时，就曾论道：“犯罪客观方面是对法律保护利益进行社会危害和不法侵犯的过程，从此过程的外在方面及此类事件和现象的持续发展的角度看，其始于主体的犯罪行为（不作为），并且止于犯罪结果的发生。”[①]根据前述界定，可以得出：客观方面是一个发生于时间和空间的过程，而不是一个静止不变的现象。此外，俄罗斯著名刑法学家扎林斯基（А. Э. Жалинский）在论述犯罪客观方面时，也曾作出这样的阐释：“犯罪客观方面，是指那些对法律保护的作为犯罪客体的利益、法益、价值进行具体社会危害性侵害的外部行为特征的事实要件和情节的总和。”[②]

---

① Кудрявцев В. Н. Объективная сторона преступления. М.，1960. С. 9.

② Уголовное право России. Т. 1：Общая часть / Отв. ред. А. Н. Игнатов，Ю. А. Красиков. М.，1998. С. 114.

综上所述,可以将俄罗斯刑法中的“犯罪客体”界定为“刑法所规定的、表示对刑法保护客体进行具体社会危害性侵害行为之外部方面特征的、具有法律意义的要件”。俄刑法中的犯罪构成客观方面要件主要包括:社会危害行为(作为或不作为)、损害后果(犯罪结果)、行为与后果之间的因果关系、实施犯罪的方式、工具、手段、地点、时间和情状。

根据俄学界通说立场,社会危害行为是所有犯罪构成客观方面的必要要件,因为若没有对社会危害行为要件的立法描述,就不可能有具体犯罪构成要件的刑法规定。前述所列犯罪客观方面的其他要件(损害后果、行为与后果之间的因果关系、实施犯罪的方式、工具、手段、地点、时间和情状),则应当属于选择性要件的范畴,因为这些要件只有在其被规定为犯罪客观方面的构成要件内容时,才是特定犯罪构成的必要要件,反之则不是犯罪客观方面的必要要件,从而也不影响定罪。比如,根据俄罗斯现行刑事立法的规定,所有侵财型犯罪(盗窃、诈骗、抢夺)客观方面的必要要件除了行为之外,还应当包括后果以及行为和后果之间的因果关系。此外,即使是犯罪客观方面的选择要件,也只不过是对所实施行为的定罪不产生影响,但却是行为量刑时所应当予以考量的因素,即它们可以成为减轻或加重犯罪人刑事责任的情节(《俄罗斯联邦刑法典》第 60-64 条),因此,这些作为选择要件的客观方面要素也具有重要的刑法学意义和刑事诉讼法学意义。显而易见,在刑事诉讼司法实践过程中,若所实施犯罪的地点和时间无法调查清楚并且得以确证,则即使是俄刑事立法分则相应条文的罪状中对此类要件没有规定,也不能认定该刑事案件得以侦破。

综上,俄刑法中犯罪客观方面的意义主要体现为以下几个方面:其一,作为犯罪构成四大要件之一的犯罪客观方面,是刑事责任根据所囊括的基本要素;其二,犯罪客观方面要件与其他必要要件一起构成定罪的法律根据;其三,在犯罪构成其他犯罪要件相同或相近的情况下,客观方面要件是区分此罪与彼罪的根据所在;其四,犯罪客观方面的内容是构建罪与非罪区分标准的基本要素之一;其五,犯罪客观方面是对被告人适用公正刑罚的根据。因此,犯罪客观方面的内涵要旨,是俄司法实践中处理刑事案件必不可少的要素。

二、社会危害行为及其刑法学特征

俄罗斯刑法学界在犯罪客观方面各要素的法律定位上与我国刑法学通说立场相类似,即都认为社会危害行为(作为、不作为)在犯罪客观方面要件中居于核心地位,是客观方面的必要要件,其概念和内容均属于刑法实质属性范畴。作为构成犯罪客观方面必要要件的社会危害行为,相较于人的其他行为而言,其自身具有独特性。这里所说的“行为”,应当是具有严重社会危害性、刑事违法性并且是行为人对此具备认知性和意志性的刑法学意义上的行为。其中,社会危害行为本身所具有的某些特征(社会危害性和刑事违法性)明确地规定在《俄罗斯联邦刑法典》第 14 条第 1 款,而其他属性,如行为的认知性和意志性特征,则通过犯罪的罪过性特征得以体现。

如前所述,在刑法中社会危害行为的所有基本特征中,社会危害性特征具有重要意义。所谓社会危害性,意旨行为对法律保护的关系、法益、价值和利益造成损害或造成损害的现实威胁。基于此,即使在形式上含有俄现行刑事立法所规定的某种社会危害行为要件,但因其社会危害性较小而不构成犯罪(《俄罗斯联邦刑法典》第 14 条第 2 款)。与此同时,基于罪刑法定原则,司法实践中只有社会危害行为在现行刑法中有明确规定的情况,才能追究行为人的刑事责任,此即犯罪的刑事违法性特征,其存在的前提是刑法以刑罚相威胁而禁止某种特定行为的实施,因而只有实施了违反俄现行刑法规范(条文)的行为,才可能会被追究刑事责任。此外,俄刑法学意义上的行为还应当具备主观方面属性,即应当是有意识和有意志的行为。若行为人对其所实施的行为缺乏认知并且也非其自身意志的体现,那么即使发生了危害后果,该行为也不构成犯罪。也就是说,行为人在实施特定行为时,应当认识到其所实施行为的社会危害性(性质和程度),并且对于犯罪后果(损害)的发生也应当有所预见。

俄刑法中的犯罪行为除了应当是有意识的行为外,还应当是体现行为人意志的行为,即只有当行为人能够控制并且应当为或不为某种行为的情况,才可能被追究刑事责任。因此,刑事责任发生的前提,是必须要确定有能力避免犯罪行为的发生,或者具备实施某种行为以防止损害后果发生的现实可能性。如果行为主体在某种特定情形下被剥夺了体现其意志和为特定行为的现实可能性,则不能将行为人认定为刑法学意义上某种行为或不作为的责任主体,这里指不可抗力情形,或是身体和心理受到强制的情况。俄罗斯刑法学中的"不可抗力"是一般法意义上的概念,指的是特定条件下突发且无法预测的事件,比如自然灾害(地震、火灾、水灾、传染病等)、社会现象(卫国战争、外敌入侵、突发状况等)或者他人行为引发的状况(交通事故等)。不可抗力作用下的人的行为,是不具有刑事法律后果意义的,并且也不能因此而追究行为人的刑事责任。

俄罗斯立法机关同样关注行为人受心理强制的情况。这里所说的"心理强制",是指以对行为人及其相关密切关系人造成某种损害(包括身体损害)相威胁,以期实现迫使行为人实施特定社会危害行为的目的。当然,在受到心理强制的情况下,并不总是可以排除处于心理暴力作用下实施危害行为的行为人的刑事可罚性,而只有在行为人处于紧急避险情形下的心理强制,才能作为排除行为人刑事责任的根据。比如,停车场管理员在受到武器威胁其生命的情况下,不得不让犯罪分子开走价值不菲的车辆的行为,就属于紧急避险,因此,不能追究管理员的刑事责任。与此同时,在行为人所受到的身体强制或心理强制不足以排除其所实施行为的犯罪性的情况下,即此两种强制无法成为行为人出罪的正当事由时,则其仍然可以成为刑罚裁量时减轻行为人刑事责任的法定情节,此法定量刑情节明确规定于《俄罗斯联邦刑法典》第 61 条第 6 项[①]。此外,人处于被催眠的状态下也可能会实施社会危害行为,对于此种情况,俄学界一般将催眠视为一种特殊类型的心理强制,并且此种心理强制可以对处于催眠暗示状态下行为人的意志进行抑制,从而使行为人去实施催眠者迫使其实施的社会危害行为。因此,被催眠者在催眠状态下实施的行为,不宜认定为有意志的行为,从而此种行为也不是刑事可罚行为。

俄罗斯现行刑法规定的社会危害行为体现为这样两种行为方式:积极行为(作为)和消极行为(不作为)。俄刑法中的"作为",并不是人们通常所表现出来本能身体运动或人体反射,而指的是一种以积极的方式去实施的行为。俄刑法中的"作为",不仅涵盖人的有意识、有意志的行为和活动,而且还包括人有意识地驱动的某个进程,如行为人有意识地利用他人(未成年人、精神病患者)的行为、动物(常见的是狗)的行为、机械(车辆、计算机设备等)的操作实施社会危害行为。"作为"的表现形式多种多样,绝大多数情况下体现为对物质世界中的对象物(比如人、动物、财物等)施加身体影响,除此之外,某些作为犯罪还可能外现为语言或书面形式(比如诽谤行为、伪造选票的行为、在官方正式文件中蓄意输入虚假信息等行为),甚至还有的"作为"是以肢体形态完成的(比如杀害威胁的手势)。

俄刑法中的"不作为",是指人的一种消极行为,即行为人有意识、有意志地不履行其所应当以一定方式承担的义务,从而构成具有社会危害性的消极不法行为。俄刑法中不作为的义务来源主要有:其一,法律或法定规范性文件的规定(比如,父母有抚养未成年子女的义务,相应地成年子女也有赡养无劳动能力父母的义务);其二,源于合同规定的义务(比如,货运代理基于货运合同有保管并将货物安全运至目的地的义务);其三,源于职务、职责或职业要求而产生的义务(例如,医生承担着救助病人的义务、消防员有救火的义务);其四,行为人先行行为所产生的义务或是行为人自愿承担的义务(比如,携邻家幼童去河里游泳,就有保证幼童安全的义务);其五,源于道德规范和大众规则的义务(比如,对于处在生命危险状态中的人提供救助的义务,或者本人进行救助,或者通知职能部门进行必要救助)。

俄刑法学意义上的不作为成立的必要条件有二:一是以特定方式为一定行为的义务;二是行为人必须有实施所要求行为(作为)的现实可能性。俄刑法对于不作为的分类与我国刑法中不作为的分类有所不同。我国刑法将不作为分为纯正(真正)不作为和不纯正(不真正)不作为,而俄刑法将不作为犯罪区分为纯正不作为和混合不作为两种。其中,纯正不作为,意指行为人应当且能够履行而未履行义务的情形,是否发生某种危害后果在此不论。比如,《俄罗斯联邦刑法典》第 328 条

---

① 根据《俄罗斯联邦刑法典》第 61 条第 6 项的规定,"由于身体或心理受到强制或由于物质的、职务的或其他的依赖从属关系而实施犯罪"是减轻刑罚(从轻处罚)的法定情节。

规定的“逃避服兵役罪”。混合不作为，则指的是法律将特定损害后果的发生与不履行义务相关联的不作为形式，比如，《俄罗斯联邦刑法典》第293条规定的“玩忽职守罪”。在混合不作为情况下，行为人在尽到全部义务时是应当且能够防止社会危害后果的发生的，但他只履行了其所应承担的全部义务中的一部分义务，并导致了损害后果的发生。俄现行刑法所规定的不作为犯罪，其中绝大多数属于混合不作为范畴。

三、社会危害后果及其刑事法评价

（一）通说立场

实施任何一种社会危害行为，都会不同程度地引起客观现实世界发生某种负面变化，对法律所保护的客体造成损害或损害威胁，而危害行为对客观世界造成的损害，其性质和程度对犯罪行为自身的社会危害性程度起着决定性作用。俄学界认为，社会危害后果，是刑法所规定的、因犯罪行为（作为或不作为）的实施而对刑法所保护客体造成的实际损害（损失）。从危害后果概念的界定内容看，危害行为所造成的“损害威胁”情形并不属于“犯罪后果”范畴，也就是说，所发生的损害威胁（损害可能性）并不是危害后果的特征，其所体现的应当是社会危害行为的自身特征。绝大多数情形下，作为社会危害后果之损害后果的发生，是由社会危害行为之“作为”所造成的，少数情况下也可以是由“不作为”所引起的。

俄学界一般将社会危害后果区分为：物质性损害后果、非物质性损害后果。所谓物质性损害后果，意指有形且具有物理特性的损害结果。因为物质性损害后果可以准确地予以确定、记录和计算，所以其对于证明犯罪和定罪均具有重要意义。俄刑法中的物质性损害后果又区分为人身性物质后果（如造成人的重伤、死亡等）与财产性物质后果（如诈骗、毁损财物等）。非物质性后果是针对非物质性客体（对象）而言的，主要体现为针对公民的尊严和荣誉实施的侵害，以及对公民享有的宪法权利、劳动权利和其他非财产性权利的侵害，此外，还包括针对各种组织机构（政治组织、社会组织、机关）的正常活动所造成的损害。

对于社会危害后果性质的判定应当注意两方面问题：其一，有些犯罪行为尽管外部表现相似，但在不同情形下可能会引起不同严重程度的损害后果，这主要是因为社会危害行为所造成后果的性质，不仅限于所实施行为的内容与性质，而且往往会受制于社会危害行为实施时的具体条件；其二，在刑事责任认定问题上，犯罪后果所起作用的大小不仅限于其是物质性后果还是非物质性后果，而且还取决于所造成危害后果的严重程度。

俄罗斯刑法理论界一般将犯罪构成区分为相对独立的两种类型：危险构成和择一构成，后者又分为形式构成和实质构成。若只实施法定行为即构成犯罪，则是形式构成；若要求实施行为的同时还要求有特定后果的发生，则是实质构成。由此可见,俄刑法中的危险构成与我国刑法中的“危险犯”相对应,而形式构成和实质构成则分别对应我国刑法中的“行为犯”和“结果犯”。

在司法实践中,任何犯罪都会不同程度地引起周围世界的变化以及对刑法所保护客体造成不同程度的损害,而刑事法律不可能把一切情形下的损害都予以直接规定,因为有些损害后果是具体而明确的,但有的损害后果并非当场发生,此外,还有的损害后果是无法以数据予以计量的。因此,若从广义的视角,原则上没有“后果”的犯罪是不可能存在的,问题的本质是对危害后果在刑法上进行正确的评价。

(二)争议问题

社会危害后果是实质犯罪构成客观方面的必要要件。由于俄学界在社会危害后果的理解上迄今为止并没有形成统一立场,因此俄罗斯刑事法律和法学论著对于犯罪后果的术语表达呈多样化范式,其中包括“犯罪后果”“社会危害后果”“犯罪损害”“犯罪结果”等。若对社会危害后果的界定予以概括,则存在两种界定模式。①

第一种模式认为,是将社会危害后果界定为某种不法的、有害的、具有社会危害性的改变。此种界定模式关注的重心是将社会危害后果看作某种变化,而此种“变化”究竟是客体的变化,还是周围世界的变化,则在所不问,其最核心内容只有一点,即所发生的“变化”是犯罪实施的结果。

第二种模式认为,社会危害后果是一种损害(ущерб),即“具有社会危害性的损害,体现出犯罪行为的属性以及受犯罪行为侵害客体的属性,而刑事法律则是为了保护相应社会关系不受所实施犯罪行为的侵害”。② 此种界定模式的核心内容,是将社会危害后果视为所实施犯罪行为的结果。

前述关于犯罪后果的界定模式中,都没有特别关注犯罪后果与犯罪损害之间的区别。然而,有俄学者提出,将犯罪后果与犯罪损害相混淆是不合理的:犯罪后果是周围世界的变化,而涉及其对人们的意义如何的考量;犯罪损害则指的是周围现实的变化以及这种变化会对人造成损害。此外,俄刑法理论界还提出这样一种立场,即认为应当对作为犯罪特征的后果与作为犯罪构成要件的后果进行区分,并且此二者的区别在于:所有社会危害行为都具备“犯罪特征”意义上的“犯罪后果”,而犯罪构成要件所内含的“后果”,则只存在于实质的犯罪构成中,因为实质构成是将犯罪后果明确地规定为犯罪客观方面必要要件的犯罪构成,其相较于形

① См.: Уголовное право. Общая часть: учебник для бакалавров / И. Я. Козаченко, Г. П. Новоселов. М.: Юрайт, 2014. С. 145.

② Мальцев В. В. Проблема уголовно-правовой оценки общественно опасных последствий. Саратов, 1989. С. 27.

式构成而言,社会危害性程度往往更加严重。① 基于对社会危害后果所作的“犯罪特征之后果”和“犯罪构成要件之后果”的区分,在俄学界衍生出“犯罪结果说”的主张,即认为“犯罪结果”是由行为人针对法律所保护客体施加的具有目的性的影响,或者由前述影响间接引起的社会损害性变化。②

如前所述,俄罗斯刑法学界对于社会危害后果的理解并没有形成统一意见,这自然导致关于社会危害后果概念的不同界定。有学者认为,“犯罪后果是由有罪过行为造成的、体现犯罪行为和侵害客体属性的社会危害性损害,而相应社会关系通过刑法手段予以保护,以免受犯罪行为的侵害”。③ 还有学者将犯罪后果界定为“以刑法手段予以保护的相应社会关系免受的损害”。④ 俄学界通说立场则认为,社会危害后果(犯罪后果)是指因实施犯罪而对刑法所保护的社会关系造成的负面变化。基于此通说立场即可以得出,犯罪后果和犯罪客体之间存在直接的密切联系,此正是犯罪后果二元属性的反映,即犯罪后果既是犯罪客观方面的要件,同时也体现对被侵害客体的侵犯。

俄学界在社会危害后果的界定上一般依据这样两个指标特征:质量指标与数量指标。社会危害性的质量指标特征(俄刑法理论界称为“社会危害性的性质”),特指具体犯罪所具有的社会危害性之典型特征(比如抢夺罪、强奸罪、逃税罪等),此指标特征取决于侵害客体、罪过形式以及所实施犯罪的等级属性。社会危害性的数量指标特征,在俄刑法学界称为“社会危害性的程度”,它是由所实施行为的诸多具体情况所决定:实施犯罪的手段、犯罪意图实现的程度、造成损害的大小以及所发生后果的严重程度、被告人在犯罪实施中的作用(共犯)等。

综上所述,俄罗斯刑法学界关于社会危害后果属性的立场可以概括为这样几种:首先,它是一个社会性范畴,即意指对社会关系所造成的侵害;其次,社会危害后果还意指侵犯社会关系的后果;最后,它是犯罪构成的结构性要件,具有区分罪与非罪的功能,同时还可以是行为严重程度的确定标准,并进而影响公正量刑。因此,社会危害后果对于俄司法实践中定罪、量刑问题的解决均具有重要意义。

四、俄罗斯刑法中的因果关系

(一)通说立场

因果关系,是指行为人所实施的社会危害行为与发生的危害后果之间的客观

---

① Доктринальные и законодательные понятия в современном уголовном праве России: учебное пособие в 7 т. Т. 4 (О) / Под науч. ред. д-ра юрид. наук, профессора Г. И. Чечеля. Ростов н/Д, 2014. С. 232.

② Землюков С. В. Уголовно-правовые проблемы преступного вреда. Новосибирск, 1991. С. 24.

③ Матушевский Р. Г. Уголовное право. Общая часть / Р. Г. Матушевский. М. : А-Приор, 2009. С. 59.

④ Комиссаров В. С. Российское уголовное право. Общая часть / Под ред. В. С. Комиссарова. СПб. : Питер, 2005. С. 256.

联系。行为人所实施的危害行为与危害后果之间存在因果关系,是其所实施行为实际引起社会危害后果并进而被追究刑事责任的必要条件。俄罗斯通说立场认为,因果关系是实质犯罪构成之犯罪行为客观方面的必要要件,也就是说,要追究具有实质构成犯罪的刑事责任,就必须认定所发生的犯罪后果是由行为人所实施的作为(不作为)而引起的,而且在危害行为和危害后果之间应当具有因果关系。

俄罗斯刑法学中的因果关系,其客观属性应当是侦查部门和法院在其刑事司法活动中予以确定的危害行为与危害结果之间的联系,并且此种联系必须是完全客观存在的具体关系,而非主观臆断式的抽象因果关系。俄罗斯刑法中因果关系的判断,一般体现为这样三个顺位特征。

(1)时间特征。要认定所实施的社会危害行为与危害后果之间具有因果关系,首先应当确定该危害行为是在损害后果之前发生的。然而,只对行为和结果发生的时间顺序予以认定,还不足以证明危害行为与危害后果之间存在因果关系。这就需要进行下一步判断。

(2)现实可能性。正是因为实施了此特定行为才导致了后果的发生。申言之,只有在行为引起的具体刑事法律规范所规定后果发生具有现实可能性的情况下,才能将行为人所实施的行为认定为后果发生的原因。

(3)实施的特定行为所引起的法定后果的发生具有不可避免性。在导致特定社会危害后果发生的所有情节中,如果行为人所实施的危害行为是其中的主要因素,并且正是基于此行为的实施,才引起了特定犯罪结果的发生,则可以将此行为认定为特定社会危害结果发生的原因。换言之,只有特定危害行为是具体社会危害后果发生的直接原因,才能确定有犯罪后果的存在。

可见,俄刑法学界一般认为,只有具备实质构成的犯罪,才存在因果关系问题。然而,也有学者指出,形式构成的犯罪认定中也存在因果关系问题,比如,《俄罗斯联邦刑法典》第 119 条规定的"以杀死或严重损害健康威胁罪"就存在因果关系的认定问题,即如果犯罪结果的发生并非由所实施威胁行为合乎规律引起的,而是由意外情形所致,则不能将行为人所实施的威胁行为认定为结果发生的原因。①

综上所述,俄刑法学界一般将因果关系的概念界定为:所实施的社会危害行为与所发生的危害后果之间的客观联系,这种联系的认定应当同时具备以下几方面内容:其一,行为必须发生在后果之前;其二,行为引起后果的发生具有现实可能性;其三,行为是引起后果发生的必备而唯一的条件,并且后果正是基于该行为而合规律且不可避免地得以发生。

(二)争议问题

俄罗斯刑法通说中的因果关系理论源于辩证唯物主义哲学中的因果关系论。

---

① Уголовное право России. Общая часть: Учебник / Под ред. В. П. Ревина. –М.: Юстицинформ. 2016. С. 174.

由于俄刑法立法中并没有对因果关系概念进行明确的界定，而因果关系学说又是刑法理论中最复杂的理论问题之一，所以俄罗斯刑法学界对于因果关系理论的研究相当广泛和深入，此间提出了各种不同的刑法因果关系学说。俄罗斯刑法因果关系理论可以分为两大部分：作为因果关系论和不作为因果关系论。

1. 作为因果关系理论主要包括“相当因果关系说”“主要原因说”“原因—条件说”“直接原因说（近因说）”“必然—偶然因果关系说”“或然因果关系说”“法律拟制因果关系说”“可能—现实因果关系说”“罪过性因果关系说”“必要条件因果关系说”。

（1）“相当因果关系说”认为，应当系统分析与犯罪相关联的所有具有典型特征的情况，如果所实施行为不仅在此种情形下，而且在一般人所认知的通常情况下也会引起此危害后果的发生，便可以将该行为认定为犯罪结果产生的相当性条件，即可以认定所实施的行为与危害结果之间具有因果关系。对此说持反对立场的学者则指出，相当因果关系说所阐释的因果关系并非客观存在的因果关系，而仅是经验人意识之中的因果关系，故此说中因果关系的存在与否，终究还是要取决于当时人们的认识能力，即如果当时的一般人（经验人）能够认识到涉因果关系的一切条件，则可以认定因果关系的存在，然而，若当时人们的认知能力有限，即无法认识到涉因果关系的所有条件，则判断的结果自然就是否定因果关系的存在。[①]

（2）“主要原因论”认为，只有对危害后果的发生起的作用最大并且具有决定性意义的危害行为，才能够成为犯罪后果产生的原因。反对此说的学者认为，“主要原因论”为犯罪分子逃避刑事责任提供了良好契机，因为只要行为人能够制造一个较为有效或最为有效的条件，便可以轻而易举地被免予刑事处罚。[②]

（3）“原因—条件说”主张对造成社会危害结果的原因和条件予以区分。主张此说的学者认为：“对于刑法学来说，有两个关系是最为重要的，即因果关系（引起）和制约关系（造成）。在因果关系中，行为（不作为）本身产生、制造、再生出后果。在制约关系中，此现象只是为彼后果的出现制造了可能性。原因和条件之间彼此相互作用。缺乏适当的场合，原因是无法实现后果产生的可能性的。然而，在原因与条件相互作用的情况下，它们都各自保持着自己在不同的决定场中的特性：原因与后果之间的关系是一种根本性的联系，条件则起着制约作用。任何原因自身都包含后果产生的必要条件，而不是相反，即并非任何必要条件都是后果产生的原因。原因正是基于其内部所固有的生成属性而产生出后果，而条件却没有这种

---

① Малинин В. Б., Парфенов А. Ф. Объективная сторона преступления. СПб.: Издательство Юридического института (Санкт-Петербург), 2004. С. 98.

② Антимонов Б. С. Значение вины потерпевшего рпи гражданском правонарушении. С. 184.

衍生后果的特性。条件促成原因的出现及其发生作用。”①他们还进一步指出：“原因和条件是不同的决定因素这一论断，是最符合哲学观以及千百年来所形成的日常观念的。世界的一切都是互相联系和相互制约的，在所有联系中可以划分出衍生联系（因果关系）以及其他一切非衍生联系。条件关系属于非衍生联系，它能够促进原因行为，但是没有原因，条件本身却不能使现象产生。原因正是以其所具有的衍生性而区别于条件的。”②然而，俄罗斯多数学者认为“原因—条件说”带有某种形而上学的神秘色彩。

（4）“直接原因论（近因说）”认为，只有最后的、直接且离危害后果最近的行为，才应当认定为危害后果发生的原因。此说是俄罗斯司法界人士最青睐的一个理论。俄罗斯联邦最高法院以及之前存在的苏联最高法院在司法裁判中均倾向于适用此种因果关系理论。当然，也有诸多持反对立场的学者指出，根据此说只有当所实施行为是危害后果发生的“直接”原因时，才能认定因果关系的存在，这将大幅限缩应当追究刑事责任的行为范畴，因为根据此种因果关系理论，即便存在其他行为与该危害后果之间存在因果关系的情况，并且无论此种因果关系如何被确证，而只要有“直接”因果关系的存在，就不能认定其他行为与危害后果之间存在因果关系。此外，“直接因果关系说”同样无法解决共犯以及间接正犯的刑事责任问题，更无法解决存在介入因素的情况下的刑事责任根据问题。通常来说，人的行为与社会危害后果发生之间存在直接因果关系的情况并不多见，因为在所实施的危害行为与最弹簧发生的社会危害后果之间，经常会出现某些中断因果关系进程的其他力量出现（介入因素）。持反对立场的俄学者认为，“近因说”着重考量的是司法实践的需求，而刻意淡化了对于事实和逻辑的关注。

（5）“必然 –偶然因果关系说”的哲学基础源于马列主义的必然性学说和偶然性学说，因此，“必然—偶然因果关系说”广泛适用于苏联时代刑法因果关系的认定。苏联时期著名刑法学者皮昂特科夫斯基（А. А. Пионтковский）就曾指出：“刑事责任问题只与人之行为的必然后果相关。人之行为的所有偶然性后果都不是刑法学研究范畴。行为人无论在任何条件下都不能对偶然后果承担刑事责任。只有必然因果关系才具有刑法学意义。”③持反对立场的学者则认为，不能用偶然性和必然性来界定作为本体范畴的因果关系概念，它们与具体原因及其后果之间的关系界定无关，作为其中之一的“偶然性”概念属于原因自身成立的过程因素，而“必然性”概念则是因果关系概念形成的方式。

（6）“或然因果关系说”是由别尔季切斯基（Ф. Ю. Бердический）最先提出来

① Курс уголовного права. Общая часть/Под ред. Н. Ф. Кузнецовой, И. М. Тяжковой. М., 1999. С. 236, 240.

② Ярмыш Н. Н. Указ. соч. С. 223, 228.

③ Уголовное право. Общая часть/Под ред. А. А. Пионтковский. М., 1948. С. 303.

的。他认为,“或然性因果关系”是特定行为实施后在一定程度上可能发生某种后果的关系。[①] 持反对立场的学者则指出,如果从“或然性(可能性)”的一般概念出发,则上述论断是可行的,但用于刑法上因果关系的认定则是值得商榷的。“或然性因果关系理论”实际是建筑于对预期应然行为与预期结果的评判基础之上的,而“具体因果关系的研究通常始于某个事件已经发生之时。也就是说,此时对于类似事件发生是否合规律性以及具有多大程度的或然性等问题的讨论已经为时已晚,没有任何意义。此阶段应当确定的是:该事件的发生是否真的是经验所及时提示给我们的、作为原因的那个现象本身所引起的……关于具体原因可能与其后果之间存在‘或然性’联系的论断应当认为是违反逻辑的并且是违背一般常识的”。[②]

(7)“法律拟制因果关系说”认为,所有案件的解决应当遵循这样的原则:如果不能确定究竟是谁的行为引起了损害后果的发生,则一起参与了对周围人产生危险活动的人应当共同对此活动所造成的损害承担责任。当然,适用此原则对于那些共同参与社会危害活动而没有造成任何损害的人来说,确实是显失公正的,但是,如果不适用此原则,则对于被害人来说就会更加不公;法律总是会对利益进行比较,从而侧重于对更重要利益的保护,也正因如此,法律家们才将法律称为相对严厉与相对不公之法。[③] 持反对立场的学者则认为,此说的适用将会产生无罪过的行为人被追究刑事责任的风险。[④]

(8)“可能—现实因果关系说”是俄罗斯较早出现的因果关系立场。此说主张的主要内容是:“可能性与现实性范畴反映着现象之间深刻的内部联系以及诸现象运动、形成和彼此发展的事实。每个现象在产生之前都具有一定现实性根据,此根据相对于即将产生的现象来说即是一种可能性。因此,可能性体现着此现实性的发展趋势。”[⑤]反对者则认为,借助于可能性范畴是不能够解决是否存在因果关系问题的:“这样做必然会导致现实性与可能性概念之间的混淆。正因为因果关系是现象之间的现实性联系,所以不能用可能性联系来替代它。”[⑥]

(9)“罪过性因果关系说”的倡导者认为,刑法学中的因果关系是特殊法律概念,因此,不能直接适用哲学和自然科学意义上的因果关系概念[⑦]。正因为因果关

---

① Бердический Ф. Ю. Уголовная ответственность медицинского персонала за нарушение профессиональных обязанностей. М. , 1970. С. 65.

② Ярмыш Н. Н. Указ. соч. С. 131–132, 177–178.

③ Федотов А. В. Виды причнной связи между деянием и наступившими вредными последствиями// Журнал российского права. 2001. №12. С. 97–100.

④ Малинин В. Б. , Парфенов А. Ф. Объективная сторона преступления. СПб. : Издательство Юридического института (Санкт–Петербург), 2004. С. 114.

⑤ Прохоров В. С. Объективная сторона преступления// Курс советского уголовного права/Под ред. Н. А. Беляева, М. Д. Шаргородского. Т. 1. Общая часть. М. , 1968. С. 352.

⑥ Церетели Т. В. Причинная связь в уголовном праве. Тбилиси. 1957. С. 160–161.

⑦ Уголовное право России. Часть Общая/Под ред. Л. Д. Кругликова. М. , 1999. С. 164.

系的一般概念不能成为刑事归责的根据，所以要利用罪过性制度创立一个特殊的刑法学意义上的因果关系概念。此说认为，“只有源于可能预见情况下所实施行为的那些现象才能归责于人”[①]，或者说“只有包含或应当包含主体预见性的因果关系才具有法律意义”。[②] 持反对意见的学者则指出，适用于刑法学领域的辩证唯物主义因果关系理念是完全否定将主观因素附加到客观实际中的可能性的，正是基于此，“因果关系”和“罪过”的概念不仅不相结合，而且也不能相互交叉。根据哲学中的因果关系理念，因果关系具有客观性质，不能将任何主观的东西强加其中。只有当行为人的行为与所发生的社会危害后果之间的因果关系得以证明的情况下，行为人所实施行为中的罪过要素及罪过程度才能成为追究其刑事责任以及判处刑罚的根据。

（10）“必要条件因果关系说”认为，对于任何一个特定行为而言，如果因缺少该行为，则结果便不会发生，那么，该行为就可以认定为危害结果的原因。持反对立场的学者则认为，因果关系在这种情况下会无限扩展，此说在实际应用时会导致刑事责任范围的扩张，因此，这样的理论是不能接受的。[③]

2. 不作为因果关系理论主要包括：“特殊法律因果关系说”[④]“信息因果关系说”[⑤]

---

① Сергеевский Н. Д. О значении причинной связи в уголоном праве. С. 46.

② Михайленко П. П. Уголовное право Украины. Общая часть. Киев. 1995. С. 73–74.

③ Российское уголовное право. Общая часть/Под ред. В. Н. Кудрявцева, А. В. Наумова. М., 2001. С. 111.

④ 特殊法律因果关系说认为，刑法学中的因果关系是专属于刑事法律体系的特殊因果关系，其有别于自然科学领域以及哲学意义上的因果关系，因此，不作为与后果之间存在因果关系的刑法学立场才得以确证。持反对意见的学者则指出，只存在统一的哲学意义上的因果关系理论，其他各学科根本不存在、也不可能存在所谓的特殊因果关系说，所以刑法学领域的特殊因果关系说根本无从谈起，而只有哲学上的因果关系说才是包括刑法学科在内的各学科因果关系理论的基础。参见 Сайто К. Японское уголовное право// Современное зарубежное уголовное право. М., 1997. Т. 1. С. 320；Hall J. General Principles of Criminal Law. NY., 1960. P. 196；Малинин В. Б., Парфенов А. Ф. Объективная сторона преступления. СПб.: Издательство Юридического института (Санкт-Петербург), 2004. С. 139。

⑤ “信息因果关系说”认为，“信息转换是社会现象领域中因果关系的典型特性”，“不作为，作为一种消极意义上的行为，其从信息转换的能量角度看，则具有一定的积极特性”。“不作为，从机械层面来看是不具有作为所具备的引起功能的，然而，信息层面意义上的不作为，是与机械层面上的不作为之间存在区别的，因为不作为自身是具有执行信号作为的功能的，即不作为具有承载信息的功能，在信息承载与信息转换层面‘不作为自身’与‘不作为信号’所具有的引起力量是同一的”。对此说持反对意见的学者则指出，人的意识不仅反映客观世界，而且可以创造客观世界。正因如此，人作为获取某种信息的主体，才不会变成只凭借其内含的杠杆和机械机制进行运转的、盲目且没有灵魂的自动机器。因此，将另一个人的行为认定为该人行为的原因，就是对于人之行为具有意识性的否定；一个人的行为，可能取决于他人的行为，当然也可能与他人行为无关，即他人行为不一定就是引起该人所实施的特定行为的原因。Кудрявцев В. Н. Причины правонарушений. М., 1976. С. 14；Кудрявцев В. Н. Причинность в криминологии. М., 1968. С. 93；Гринберг М. С. Преступления против общественной безопасности: Учеб. Пособие. Свердловск. 1974. С. 65.

"消极环境说"①"可能性说"②"规范说或义务说"③"社会关系致害说"④"利用自然

---

① "消极环境说"认为，在某种特定情形下（比如玩忽职守）既无能量的作用，也缺乏相关信息的影响，而只是和行为人所处环境的特殊消极状况密切相关，不作为即是静止式的特殊情况，其外部原因"可能是周围环境的消极状况，即在此种消极状况下，发生作用的力量之间相互平衡"。也就是说，周围环境的消极状况是不作为（消极行为）之消极状况的原因。换言之，"一现象的消极状况在特定条件下可以是另一现象之消极状况（另一现象没有发生变化）的原因"。俄罗斯多数刑法学者并不认同将不作为看作消极行为的立场，他们一般认为，不作为意指没有去履行法律所要求的、行为人应当履行的作为。参见 Кудрявцев В. Н. Противоправное бездействие и причинная связь. Изд-во《наука》, М. , 1967. С. 17; Тимейко Г. В. Общее учение об объективной стороне преступления. Ростов н/Д, 1977. С. 118-119。

② "可能性说"认为，不作为情形下因果关系的存在与否取决于行为人防止后果发生的可能性。此说所倡导的原则是："能够阻止后果的那个人就是造成后果之人。"持反对立场的学者则指出，"可能"范畴是关于罪过存在的主观标准，而并不是不作为因果关系存在与否的标准。因此，将能够防止损害的那个人认定为致害者，是将作为客观范畴的因果关系的存在置于主观因素（罪过）的限制域中。参见 Тимейко Г. В. Общее учение об объективной стороне преступления. Ростов н/Д, 1977. С. 149。

③ "规范说"（"义务说"）认为，"不作为的因果关系与违法性问题实际上并未分开讨论"，而"为了解决因果关系存在与否的问题，法院在查明具备引起或可能引起严重后果的时候应当确定：被追究刑事责任的人是否承担着防止这些后果发生的义务。如果不具有此种义务，则意味着在该人的不作为与发生的后果之间不具有因果关系"。持反对立场的学者则指出，"正因为义务概念是一个规范概念，可变化概念，所以很显然的是在某些情况下根据此部立法规定是可以引起某种后果的行为，而根据另一部立法的规定该行为则不会引起同样的后果，即（行为）引起（后果）不再是一个客观范畴，而是变成了主观范畴"。因此，义务的存在对于责任问题的解决具有非常重要的意义，但并非对因果关系的确定也具有同样重要意义。参见 Церетели Т. В. Причинная связь в уголовном праве. М. , 1963. С. 271; Ковалев М. А. , Васьков П. Т. Указ. соч. С. 71; Пионтковский А. А. Учение о преступлении. М, 1961. С. 228; Семенов П. Г. Проблема причинной связи в советском уголовном праве// Учен. зап. ВИЮН. М. , 1958. Вып. 8. С. 281。

④ "社会关系致害说"认为，自然界中的不作为不具有引起性质，而不作为处于社会关系所主导的社会中，而非处于自然关系中，因此，它应该另当别论。不作为的社会危害性的根源，应当"在不作为的社会属性中寻找……处于社会关系之外的人的任何不作为都不能够产生任何具有社会意义的后果"。"作为的因果关系可以建立在各种规律之上：物理规律、化学规律、生物规律等，而不作为的引起力量只能立足于社会规律。作为社会生活客观因素的不作为，之所以具有起因性质，只不过是因为人处于某些社会关系之中，在社会关系中具有一定的地位。正是这个因素从外部激活了不作为中人的消极行为，赋予它引起力量并使不作为成为所发生后果的条件之一"。因此，"否定不作为在社会关系中的因果关系是不正确的"。参见 Тер-Акопов А. А. Бездействие как форма преступного поведения. М. : Юридическая литература, 1980. С. 36 - 37; Церетели Т. В. Причинная связь в уголовном праве. М. , 1963. С. 266; Самоценко И. С. О применении вреда противоправным бездействием// Учен. зап. ВИЮН. М. , 1963. Вып. 17. С. 36。

界力量及规律致害说"[1]"或然因果关系说"[2]。

综上所述,俄罗斯刑法学中存在关于因果关系理论(作为因果关系理论与不作为因果关系理论)的各种界说,但俄学界与司法实践中并未在因果关系理论方面形成一致意见,这便使得因果关系问题在追究刑事责任与定罪中变得愈加的复杂。鉴于前述俄罗斯刑法中不作为因果关系理论及其相关争议问题,以及犯罪客观方面的选择要件,即实施犯罪的时间、地点、方式、手段、工具、环境的相关理论争议问题,笔者在2013年出版的题为《俄罗斯犯罪构成理论研究》的专著中已有较为具体的论述,[3]此不赘述。

---

① "利用自然界力量及规律致害说"认为,由于作为和不作为是人行为的不同形式,所以它们在引起(致害)机制上并无原则性区别。只是"在积极行为中(作为)人,是以自身力量操控着他所需要的、达到社会危害后果的方式——用自己的手、脚、喉咙和舌头等以及利用机械、动物以及其他东西;而在消极行为中(不作为)人准许他人、机械、动物以及其他东西引起后果……"持此种立场的学者,不仅将"作为"理解为人的身体运动,而且还将其理解为包含客观世界的力量和规律,他们将对作为的这种理解方式扩展适用于对不作为的理解上。持反对立场的学者则认为,对作为与不作为作上述理解将导致一个超自然结论的出现:即人的行为即使在其死后也能够继续存在。此外,在人与自然界的力量和规律的总和中来研究不作为违反了现象的独立原则。对它们(自然界的力量和规律)的"利用"带有主观性质,因为外部力量归入人的行为领域只能发生在人的意识当中。参见 Курс уголовного права/Под ред. Н. Ф. Кузнецовой, И. М. Тяжковой. М., 1999. Т. 1. С. 241; Кириченко В. Ф. Значение ошибки по советскому уголовному праву. М., 1952. С. 63-64; Самощенко И. С. О причинении вреда противоправным бездействием//Учен. зап. ВИЮН. Вып. 17. С. 36; Церетели Т. В. Причинная связь в уголовном праве. М., 1963. С. 264-265; Тимейко Г. В. Причинная связь и проблема ответственности при бездействии. //Вопросы уголовного права. М., 1966. С. 94-96。

② "或然因果关系说"认为,借助于刑法学中现有因果关系概念不可能为不作为的引起(致害)性质提供根据,必须对这一概念进行阐明和补充,这不仅需要注重已经确证了的因果关系,而且也要关注那些可能性因果关系(或然因果关系)的存在。他们认为,或然因果关系指的是"在实施某种行为时,可能避免实际损害后果发生的、存在于具体行为与随之所发生的结果之间的因果关系"。持反对立场的学者则认为,或然因果关系将所运用的基本概念(不作为、因果关系和后果)从现实世界转到虚拟世界。"具有现实可能性的后果并非客观现实中所发生的后果,而'可能性因果关系'也并非产生于客观现实中两现象之间的实际因果关系……而现实性与可能性是处于两个不同层面的范畴"。"对于不作为与没有发生、并不存在的东西之间因果关系所做的假定实际上是曲解了不作为因果关系的主旨",因为我们在谈及或然因果关系时并不是在确定这种因果关系的存在,而只是对其发生的可能性所做的带有某种程度或然性的预测,即我们所进行的是主观性的推论,是假定式的想法。"控制事件进程的可能性不能够成为因果关系的标准,因为事件本身取决于因果关系的存在"。"'存在'无论在客观上体现为何种形式,都不具有假定式的性质……我们在这里所讨论的并非既成事实,而只是可能发生的事。逻辑推理结果本身不可能是客观实际。毫无疑问,关于现实的、实际中存在的因果关系问题的解决只能立足于现实存在的情况,而不能以假设的、推定的情况为根据"。参见 Бердичевский Ф. Ю. Уголовная ответственность медицинского персонала за нарушение профессиональных обязанностей. М., 1970. С. 69; Тер-Акопов А. А. Бездействие как форма преступного поведения. М.: Юридическая литература, 1980. С. 8; Налетов И. З. Указ. соч. С. 25; Ярмыш Н. Н. Указ. соч. С. 393-394。

③ 参见庞冬梅:《俄罗斯犯罪构成理论研究》,中国人民大学出版社2013年版,第273-313页。

第六节　犯罪主体及其相关争议问题

一、通说立场

(一)犯罪主体的概念和特征

尽管俄罗斯现行刑事立法中并没有直接使用“犯罪主体”这一术语,但是《俄罗斯联邦刑法典》中却明确规定了犯罪主体要件的认定标准,即第19条规定:“只有达到本法典规定年龄的具有刑事责任能力的自然人,才应当承担刑事责任。”由此可见,俄罗斯刑法中一般犯罪主体的特征体现为以下几个方面:其一,犯罪主体应当是自然人;其二,犯罪主体应当具备刑事责任能力;其三,犯罪主体是达到刑事责任年龄的人。基于此,俄学界一般认为,犯罪主体是实施《俄罗斯联邦刑法典》分则某规范所规定的社会危害行为并且具备必要要件的有罪过的人。

根据《俄罗斯联邦刑法典》第19条的规定,犯罪主体只能是自然人,即俄罗斯现行刑事立法是不承认法人的犯罪主体地位的,这与中国刑事立法有关犯罪主体的范围界定是不同的,因为根据中国刑法的规定,法人(单位)是可以成为刑法分则某些犯罪的适格主体的。

根据俄现行刑事立法的规定,自然人的人身特性对于所实施行为进行刑事法律评价具有重要意义,它是追究行为人的刑事责任及其个别化(刑事责任的种类和程度)所需要考量的要素,也是量刑过程中加重或减轻以及免除犯罪人刑事责任或刑罚时应当认定的要素。

(二)无刑事责任能力特征

俄罗斯现行刑事立法(第21条)直接规定了无刑事责任能力的概念和成立条件,即“在实施社会危害行为时处于无责任能力状态的人,即由于慢性精神病、暂时性精神失常、痴呆或其他心理病态而不能认识自己行为(作为或不作为)的实际性质和社会危害性,或者不能控制自己行为的人,不负刑事责任”。由此可见,俄罗斯立法机关所界定的无刑事责任能力,是由二元标准构成的,即俄刑法理论中所称的法律标准和医学标准。

法律标准的意义,是能够使侦查人员、检察官、法官在行为人具备医学标准的前提下,对于违法者在实施社会危害行为时是否具备认识自己行为或控制自己行为能力方面作出正确判断。无刑事责任能力的法律标准内容包括这样两个特征:智力特征——体现为行为人不具备认识自己行为性质的能力;意志特征——指行为人没有控制自己行为的能力。无刑事责任能力的医学标准,是指行为人由于慢性精神病、痴呆或其他心理病态而导致的心理失常(精神病)。若要认定行为人为无刑事责任能力人,则只需其符合其中的一个法律标准和一个医学标准即可。行为人是否具有刑事责任能力的判断,只能是针对他所实施的特定行为并且必须以司法精神病鉴定结论为依据。

如果行为人实施犯罪时是有刑事责任能力人,而在之后的调查或审判阶段患上了心理疾病,则不被认为是无刑事责任能力人。与此同时,若此行为人的健康状况不允许适用刑罚,则应当判处相应的医疗性强制措施,并且在其康复后再判处刑罚。此类刑事案件的处理一般有两种情况:一种情况是将案件中止至被告人康复之时;另一种情况是如果被告人所患疾病是不可治愈的,则终止案件审理、免除刑罚。如果犯罪人在服刑期间患上精神病,则应当将其送往俄罗斯联邦刑罚执行部门所属医疗机构进行治疗,之后,由法院根据治疗结果和所患疾病性质作出继续服刑或免除服刑的裁定。

(三)刑事责任年龄要件

作为犯罪的主体要件,刑事责任年龄是根据青少年的心理发育水平予以确定的。根据《俄罗斯联邦刑法典》第 20 条第 1 款的规定,年满 16 周岁的未成年人犯罪,应当负刑事责任。此外,俄立法者考虑到某些与侵犯人身、财产等犯罪相关的刑法禁止性规定,是年龄更小的未成年人可以认识到的。因此,第 20 条第 2 款针对某些犯罪规定了更低的刑事责任年龄,即年满 14 周岁的未成年人就应当对这些犯罪承担刑事责任①。《俄罗斯联邦刑法典》第 20 条第 2 款所规定的最低刑事责任年龄为 14 周岁的 22 个条文犯罪是法定的,不能扩张适用。此外,根据该条第 3 款的规定,如果未成年人达到该条第 1 款或第 2 款规定的年龄,但由于存在与精神病无关的心理发育滞后原因,在实施社会危害行为时不能完全认识自己行为(作为或不作为)的实际性质或社会危害性或者不能控制自己行为的,则不应承担刑事责任。另外,如果未成年人过失实施某种犯罪行为,则除过失致人死亡外,其承担刑事责任的最低年龄应当是 16 周岁。可见,根据俄罗斯现行刑事立法的规定,其刑事责任年龄的最低门槛有两个:14 周岁或 16 周岁。此外,还存在另外一个刑事责任年龄段——18 周岁,此年龄段是俄刑法中特殊主体的特征之一。

(四)特殊犯罪主体问题

俄刑法中的特殊犯罪主体,是指行为人除了具备一般主体要件外,还需具备附

---

① 这些犯罪行为具体包括:故意杀人(《俄罗斯联邦刑法典》第 105 条),故意严重损害他人健康(第 111 条),故意中等严重损害他人健康(第 112 条),绑架(第 126 条),强奸(第 131 条),暴力性行为(第 132 条),盗窃(第 158 条),抢夺(第 161 条),抢劫(第 162 条),敲诈勒索(第 163 条),无盗窃目的非法侵占汽车或其他交通工具(第 166 条),具有加重情节的故意损毁财物(第 167 条第 2 款),恐怖活动(第 205 条),劫持人质(第 206 条),故意虚假举报恐怖主义活动(第 207 条),具有加重情节的流氓罪(第 213 条第 2、3 款),破坏公物(第 214 条),非法获取、转让、销售、储存、运输或携带爆炸物或爆炸装置(第 222-1 条),非法制造爆炸物或爆炸装置(第 223-1 条),侵占或勒索武器、弹药、爆炸物或爆炸装置罪(第 226 条),侵占或勒索麻醉品或精神药物罪(第 229 条),破坏交通工具或通讯线路(第 267 条)。

加的专门特征和属性。特殊主体的附加特征体现在《俄罗斯联邦刑法典》分则的规定中。这些附加特征要件包括达到特定年龄、职务地位、履行职业功能或义务、亲属状况、性别等。

特殊主体要件有时会明确地规定在俄刑法分则的具体规范中，有时在立法中并未明确规定，但可以通过解释对其予以阐明。比如，《俄罗斯联邦刑法典》第124条“不救助病人罪”的罪状中并未对构成此罪的特殊主体要件予以明确规定，但相关法律或专门规则规定了行为人具有提供救助的义务，即根据希波克拉底誓言和相关规范法案的规定，这种义务是任何专业的医疗工作者所应当履行的义务。因此，此罪主体具有特殊的补充要件特征——为病人提供医疗救助的义务（而非权利）。

俄刑法中规定的特殊犯罪主体的构成要件，在其内容和性质方面体现出各种不同特征，俄学界一般将其按照不同标准进行如下分类：

（1）根据国籍的不同，分为俄罗斯联邦公民和外国公民和无国籍人①。

（2）根据人类学特征的不同，分为男人、女人②。

（3）根据职务地位的不同，可以分为公职人员、担任俄罗斯联邦或联邦主体政府职务的人或者地方自治机关长官③；从事司法工作的人员：法官、鉴定人、法警、法院执行员等④；军人⑤、警备人员⑥；医务工作者⑦；等等。

在对要求犯罪主体为特殊犯罪主体的犯罪行为进行定罪时，行为人在具备特殊主体要件的同时，也必须具备一般犯罪主体所要求的要件，此两类要件共同构成追究行为人刑事责任的根据之一，或者构建对犯罪行为人刑事责任进行细化和个别化的基础。

二、争议问题

（一）法人犯罪及其刑事责任相关争议问题

根据俄罗斯现行刑事立法的规定，只有自然人能够成为犯罪主体，不承认法人的犯罪主体地位，即根据俄罗斯公认的规则立场，法人只能承担民事法律责任和行政法律责任，而不具有承担刑事法律责任的主体资格。然而，在俄刑法理论界，有关刑事法律制裁是否应当适用于法人的争议由来已久，这方面的争议与论战迄今

---

① 如《俄罗斯联邦刑法典》第275条“背叛国家罪”的犯罪主体必须是俄罗斯联邦公民；第276条“间谍罪”的犯罪主体必须是外国公民或无国籍人。

② 如《俄罗斯联邦刑法典》第131条规定的“强奸罪”；第132条规定的“暴力性行为罪”。

③ 如《俄罗斯联邦刑法典》第285条规定的“滥用职务罪”。

④ 如《俄罗斯联邦刑法典》第295条规定的“侵害审判人员或审前调查人员生命罪”。

⑤ 如《俄罗斯联邦刑法典》第335条规定的“无从属关系的军人违反相互关系条令罪”。

⑥ 如《俄罗斯联邦刑法典》第342条规定的“违反警卫勤务条令罪”。

⑦ 如《俄罗斯联邦刑法典》第124条规定的“不救助病人罪”。

为止已经持续了几十年时间。如果对有关法人犯罪的观点进行梳理，则可以将这方面的主张概括区分为这样三种：否定说、部分肯定说和完全肯定说，其中，部分肯定说又可以分为主体区分说和保安处分说。

（1）否定说。持否定说的学者认为，承认法人刑事责任，与刑法最重要和最基本原则——个人责任原则和罪过责任原则相背离。将罪过原则和个人责任原则，与法人的无罪过责任和集体责任相结合，是不可想象的，因为罪过是行为人对其行为所持的心理态度，而此种罪过是法人所不具备的。法人不具有认识自己罪过、承担刑事责任和适用改造目的刑的能力，即法人不能成为犯罪主体。① 没有必要将法人刑事责任制度纳入刑事立法的内容，因为法人的刑事责任可以通过民法和行政法的制裁规范予以有效解决。如果将本应由其他部门法解决的问题归于刑事立法范畴，则会使刑法成为各种法律规则的汇编，这样是无益于打击犯罪的。②

（2）部分肯定说。如前所述，俄刑法学界对法人犯罪及其刑事责任问题持部分肯定说的学者，又可以区分出两种立场：一是主体区分说；二是保安处分说。

①主体区分说。此派学者对“犯罪主体”概念和“刑事责任主体”概念进行了区分，认为犯罪作为社会违法行为和罪过行为，只能由具有认识和意志能力的自然人实施，而且也只有含有所有犯罪构成要件的行为，才是刑事责任的根据。但是，此类行为刑事责任的承担者不仅可以“是自然人，而且在特定条件下也可以是法人”③。

②保安处分说。此说认为，法人刑事责任问题的解决，可以脱离刑事责任和刑罚范畴，而是将其置于其他刑法调整措施的层面，即在保安处分措施的框架内解决法人的刑事责任问题。他们认为，保安处分措施相较于刑罚而言，其优势在于，此种措施即使是不具备适格主体要件和主观方面要件的情况下，也可以适用。它们可以对任何形式的集体组织，其中包括无法人建制的组织（如社会组织或区域性组织）施加刑事法律影响。为适用保安处分措施，只需要足以证明特定集体组织实施了刑事违法活动、给社会造成巨大损失或造成此种损失的威胁，并且确证所实施的

---

① 参见 Кенни К. Осноы уголовного права. М.，1949. С. 69–70。

② 参见 Михеев Р. И.，Корчагин А. Г.，шевченко А. С. Уголовная ответственность юридических лиц：за и против. Владивосток，1999。

③ *Волженкин Б. В.* Уголовная ответственность юридических лиц. СПб.，1998. С. 25 – 30；Полный курс уголовного права：В 5 т. Т. I：Преступление и наказание / Под ред. А. И. Коробеева. —СПб.，2008. С. 437；*Михеев Р. И.*，*Корчагин А. Г.*，*Шевченко А. С.* Уголовная ответственность юридических лиц：за и против. —Владивосток，1999. С. 42；*Якимов О. Ю.* Легализация（отмывание）доходов，приобретенных преступным путем：уголовно – правовые и уголовно – политические проблемы / Под ред. Н. А. Лопашенко. —СПб.，2005. С. 130.

违法活动与损失之间存在因果关系即可。[1]

(3)完全肯定说。持此种立场的学者,从某些生态类犯罪所造成的严重损害出发,认为仅将其认定为行政可罚行为或者施加相应的民事法律制裁措施,均不能与其所具有的社会危害性程度之间相平衡,与此同时,法人所实施犯罪活动造成的损害程度,相较于单个自然人而言,则是特别严重的,因此,有必要将针对法人的刑事责任制度正式纳入刑事立法规定中,同时,这也是由当下俄罗斯社会的现实情况所决定的。对法人刑事责任制度持完全肯定立场的学者,提出了佐证自己观点的理由。笔者将这些理由概括为以下几个方面。

第一,法人已成为当代俄罗斯政治、社会、经济和法律体系的基础。在当今的大企业、组织和机构中集中了数量显著的财政资源,以至于影响国家政策、经济发展速度和国家的社会生活。此外,正式通过法律实体的法律组织形式,主体商业活动和其他经济活动才得以开展。法人是主要的纳税者,其所纳税款,反过来,又成为各级政府财政收入的最主要来源,即法人所缴纳的税款对于国家政治、经济和社会的稳定起着至关重要的作用。

第二,法人有实施具有较严重社会危害性行为的能力。行为的社会危害性,意指行为能够对刑法所保护的关系造成或者可能造成严重损害。社会危害性既可以源于单个个人的行为,也可以源于某种集体性组织。那么,从这个意义上看,单位型犯罪组织之于俄罗斯当代国内和国际经济发展的所有关键领域都有着直接的关系,而且受国际犯罪组织操控的企业,其活动的犯罪性质使其迅速积累财富,从而形成了相对于合法企业的竞争优势。这种状况导致的后果是,具有有组织犯罪背景的企业对于守法企业的排挤。[2] 法人非法(犯罪)活动的社会危害性,体现于其活动后果方面。这些后果包括生态灾难的威胁、伪劣产品对于消费者生命和健康的威胁、对于重要经济领域的垄断威胁,以及金融—信贷体系的犯罪化和外国投资的减少,等等。

第三,法人所实施的、给个人、社会和国家造成重大损害的行为,具有相对普遍性特征。近年来,俄罗斯经济和法律界人士指出,影子经济和犯罪化经营模式几乎已经成为许多俄罗斯企业的存在形式,而且已成为俄罗斯各经济部门的生存方式。[3] 然而,俄罗斯立法者认为,令人窒息的工业无法承受将法人刑事责任纳入立

---

① *Щедрин Н. В.*, *Востоков А. А.* Указ. соч. С. 32 – 33; *Они же.* Уголовная ответственность юридических лиц или иные меры уголовноправового характера в отношении организаций // Уголовное право. 2009. № 1. С. 58-61.

② Логинов Е. Л., Мельников А. Б. Деятельность международных криминальных структур корпоратив ного типа как фактор дестабилизации экономического развития в условиях рыночной экономики. Краснодар, 2000. С. 4, 27

③ Логинов Е. Л. Криминальные операции в российских и зарубежных корпорациях: Учебное пособие. М., 2005. С. 37, 51.

法的压力。但是,正如俄著名刑法学者科兹洛夫(А. П. Козлов)所言,这种担忧是徒劳的,因为工业必须在新的基础上(不是以经济的军事化为基础,而是要立足于消费的实质需求),以新的技术工艺予以重建,因此必须将生态利益和其他法益保护纳入这些技术工艺中予以严正考量。承认法人为犯罪主体,将敦促企业家们去寻找此类技术。[①]

第四,不将法人责任纳入刑事立法调整范畴的做法,产生了一系列不利后果。其中,在生态方面主要体现为:因掠夺性开发而导致自然资源枯竭、某些自然物种的毁灭、危害环境的技术、产品和服务的蔓延、污染自然环境,所有这些不利后果使得环境指标显著降低,并且导致生物多样性生态的恶化;在经济领域,单位组织逃税等行为,不仅造成直接的严重税收损失,同时也导致政府财政收入的锐减;垄断和腐败行为破坏着市场的合法竞争秩序,同时导致各经济活动领域的垄断出现;在犯罪化领域,出现了利用各种法人组织—法律形式实施犯罪活动的现象;大规模经济犯罪的统计数据呈上升趋势;加速经济的犯罪化;混淆合法经营与非法经营之间的明确界限;犯罪黑数的数量不断攀升;在法律领域,体现为刑法规范适用效率的下降。

第五,相较于民法和行政法调整手段,以刑法规制法人犯罪是更有效的路径。当下的俄罗斯,对于法人的不法行为只能以民法和行政法予以规制,而无论是从俄罗斯司法实践,还是从法人所实施社会危害行为所具有的严重社会性角度分析,均证明这两种调整手段的有效性很低,[②]因此,有必要将某些具有严重社会危害性的法人不法行为纳入刑法规制范畴。

第六,法人刑事责任原则的确定,与个人罪过原则和责任与刑罚个别化原则之间并不冲突。法人刑事责任完全可以和个人罪过责任原则共存,因为追究法人的刑事责任,并不排除为了法人利益且在其职责范围内实施社会危害行为的特定自然人的责任。与此同时,法人刑事责任的确立,也并不违反责任和刑罚个别化原则,因为刑罚个别化原则,实际上就是一个技术层面的问题,即刑事责任严重程度的分配问题。主管人员只是执行法人董事会和全体股东决定的机构,此外,主管人员是经常轮换的,而法人却是始终不变的,因此,如果犯罪行为是现任领导任职期间被发现的,而犯罪行为却是在前任领导履行其职责时实施的,则仅将其归责于现任领导就是完全不正确的。此外,从保护被害人利益的角度出发,作为自然人的主管人员,仅凭其一己之力,不总是有能力支付高额的赔偿数额的,而法人一般都是有这个赔付能力的。[③]

---

① Козлов А. П. Понятие преступления. СПб. , 2004. С. 398.

② Ответственность юридических лиц в уголовном праве: аргументы за и против // Уголовное право. 2009 № 5. С. 7.

③ Крылова Н. Е. Основные черты нового Уголовного кодекса Франции. М. , 1996. С. 51–52.

第七,法人活动被认定为犯罪的事实本身也很重要。其结果会导致法人受到道德谴责、丧失债权人的信任、失去客户,还可能会面临其产品受到抑制等。一个公司面临刑事责任的威胁,其可能使得公司高层的犯罪活动得以暴露,同时也是对涉嫌公司进行正式司法调查的前置条件。

第八,承认法人刑事责任的立法地位,是俄罗斯履行国际法义务的应然选择。俄罗斯作为国际社会的一员,有义务遵守国际标准和相关国际条约的要求,其中就包括以刑法手段打击法人所实施社会危害行为方面的规定。此类规定见诸 1999 年《制止向恐怖主义提供资助的国际公约》和《欧洲委员会腐败刑事责任公约》、2000 年《联合国打击跨国有组织犯罪公约》以及 2001 年的欧洲委员会《网络犯罪公约》。

以上是俄罗斯学界在法人能否成为犯罪主体问题上所持的不同立场和主张。虽然俄罗斯现行刑事立法并没有认可法人刑事责任的法律地位,但就其出台的某些联邦法律的规定内容来看,已经呈现出承认法人作为犯罪主体的发展趋势。比如,1998 年颁布并于 2007 年修订的《关于麻醉品和精神药物法》、2002 年出台且于 2007 年修订的《反极端主义活动法》以及 2006 年《反恐怖主义法》中,都存在因实施刑法规定的犯罪行为而根据法院决定取缔法人执照的规定。这些法律规范的出现,实际上是为俄罗斯刑事立法引入法人刑事责任规定提供了必要前提。此外,随着世界经济全球化的发展趋势,法人作为经济主体或违法犯罪的载体,越来越多地参与本国和跨国经济活动以及犯罪活动领域,这必然要求以刑事立法为依托打击法人违法犯罪活动。俄罗斯作为世界经济体中的一员,只能顺应时代发展潮流承认法人的犯罪主体地位,才能有效地为本国经济发展保驾护航,才能使国内法与国际法及他国刑事立法有关法人犯罪的规定相协调。

(二)刑事责任年龄相关争议问题

如前所述,根据俄罗斯现行刑事立法的规定,未满 14 周岁的未成年人属完全无刑事责任年龄人,其立法根据是主张此类未成年人尚不具备有意识地选择正当行为模式的能力。因此,根据《俄罗斯联邦刑法典》第 20 条的规定,对于未满 14 周岁的人,即使实施了刑法所规定的具有严重社会危害性的行为,并且其心理发育已达到可选择有益于社会行为模式的程度,也不能依法追究其刑事责任。可以认为,刑法上所认定的年满 14 周岁即具备相对负刑事责任年龄的规定,其实是一种推定。

俄罗斯多数心理学家,从未成年人的智力、意志以及个人发育水平等方面的特点出发,对俄立法机关的做法持肯定立场,即认为将相对负刑事责任年龄的门槛确定为 14 周岁至 16 周岁的立法规定是正确的,①与此同时,也有部分学者提出,对于

---

① Игошев К. Е. Правонарушения и ответственность несовершеннолетних. – Свердловск, 1973. –С. 21.

某些犯罪而言，其刑事责任年龄的门槛可以降低。①

俄罗斯法学界对刑事责任年龄是否应当降低的问题，也一直存在肯定说和否定说两种截然相反的立场。持肯定说的学者，通过对未达到刑事责任年龄的违法行为人的数量、行为种类以及所实施行为的社会危害性程度的分析，认为降低刑事责任年龄的最低限度势在必行。其中，有学者认为，某些犯罪的刑事责任年龄应当降至12周岁，②还有学者认为，应当将故意杀人罪的刑事责任年龄降至12-13周岁③，或者将此最低刑事责任年龄适用于侵害人身类犯罪中的所有特别重罪情形。④ 持否定说的学者则指出，追究12-13岁少年刑事责任和判处其刑罚的主张，与俄罗斯刑事政策的发展方针相违背，因为俄罗斯目前针对未成年人的刑事政策，是将青少年最大限度地排除在刑事法律影响范畴之外，并且在对其适用规制措施应当符合人道化的要求。⑤

虽然俄罗斯学界对于降低刑事责任年龄限度问题存在以上两种立场，但更多学者从俄罗斯国内低龄未成年人犯罪现状，即从他们实施犯罪的数量、所实施犯罪行为的严重程度方面出发，认为降低刑事责任年龄的做法是有据可循的。持此种立场的学者也指出，立法中刑事责任年龄的规定，不能仅立足于犯罪的数量指标体系，其合目的性的根据，应当是行为人在达到特定年龄时能够认识到其所实施行为的社会危害性质，并且有能力控制自己的行为。与此同时，俄罗斯刑法明确规定了不允许对无罪过损害追究刑事责任，即不允许客观归罪，因此，降低刑事责任年龄的前提，是必须能够确证小于14周岁的未成年人能否真正认识到其所实施行为的性质，以及是否具备了选择特定行为模式的能力。

如果从俄罗斯刑事立法的发展进程看，苏联时期曾经出现过将未成年人的最

① Ситковская О. Д. Психология уголовной ответственности. -М. , 1998. -С. 25.

② Боровых Л. В. Проблемы возраста в механизме уголовноправового регулирования. Автореф. дисс. … канд. юрид. наук. - Екатеринбург, 1993. - С. 13; Колоскова И. Ю. Насильственная преступность несовершеннолетних: Автореф. дисс …. канд. юрид. наук. - М. , 1995. - С. 10; Александров А. Н. О правовых аспектах предупреждения преступности несовершеннолетних //Уголовно-правовые, уголовно-процессуальные и криминалистические проблемы в деятельности следственных подразделений правоохранительных органов. Материалы Всероссийской конференции курсантов, слушателей, студентов, адъюнктов и аспирантов. -Челябинск, 2007. -С. 14; Сараев Н. В. Об эффективности профилактических мер общественно опасного поведения малолетних //Юрист - Правоведъ. - №1. - Ростов - н/Д. , 2007. -С. 113.

③ Милюков С. Ф. Российское уголовное законодательство: опыт критического анализа. - СПб. , 2000. -С. 55.

④ Бурдужук Е. Н. Социально - психологический аспект уголовной ответственности несовершеннолетних //Новое уголовное законодательство России: проблемы теории и практики. Сборник статей. -Тюмень: Изд-во Тюменского юрид. ин-та МВД России, 1999. -С. 80.

⑤ Уголовная ответственность: понятие, проблемы реализации и половозрастной дифференциации / Под науч. ред. Ю. Е. Пудовочкина. -М. , 2006. -С. 145.

低刑事责任年龄降低至12周岁的立法例。[①] 近年来，随着未成年人犯罪低龄化趋势的出现，俄学界又开始注重刑事责任年龄问题的研究，针对俄现行刑事立法中有关刑事责任年龄的规定，提出了多种立法完善建议，其中，进一步降低刑事责任年龄的立场逐渐成为学界的主流观点。

第七节　犯罪主观方面及其相关争议问题

一、通说立场

（一）犯罪主观方面的概念和意义

根据俄罗斯通说立场，犯罪主观方面意指犯罪人对其所实施的、刑事法律规定为犯罪的社会危害行为所持的心理态度。犯罪主观方面体现于各种不同的智力、意志和情感要素及其相互结合的不同方面。行为人对于所实施行为的态度，是在他与客观情况相互作用过程中通过自己的认识和评价而形成的，并且此种态度还可能发生转化。其中，在实施犯罪的过程中，就可能发生从此罪转化为彼罪的现象，比如，从盗窃罪转化成抢夺罪或者抢劫罪的情形。主观方面，与犯罪构成的其他任一构成要件（客体、客观方面、主体）一样，对于定罪具有决定性意义，即只有所实施行为中包含相应犯罪构成的主观方面要件，才可以根据《俄罗斯联邦刑法典》分则条文对所实施行为予以定罪。

罪过是任何犯罪构成主观方面的必要要件，而动机和目的则是选择要件，即它们体现的并不是所有犯罪构成主观方面的特征，而只有《俄罗斯联邦刑法典》分则条文罪状中对其有明确规定时，动机和目的才是此犯罪构成主观方面的必要要件。罪过、动机和目的，都是客观现实，即事实上存在的现象。它们是可以被认知的，并且它们的内容可以通过分析和评判所实施犯罪行为的所有客观情节予以确定。基于此，俄罗斯联邦最高法院曾多次强调，“在确定罪过形式时，必须考虑案件的所有情节，其中包括实行人行为的性质”。[②]

犯罪主观方面，其中包括作为必要要件的罪过，就其意义而言，应当体现为以下几个方面。

（1）犯罪主观方面是任何犯罪构成的必要要件，没有犯罪主观方面，就没有犯罪。

---

① О мерах борьбы с преступностью несовершеннолетних: постановление ЦИК и СНК СССР от 07. 04. 1935 // СЗ РСФСР. -1935. -№ 19. -С. 155

② Вопросы уголовного права и процесса в практике Верховных судов СССР и РСФСР. М. , 1980. С. 36.

(2)罪过是犯罪构成主观方面的必要要素(要件),没有罪过,就没有主观方面,也没有犯罪构成本身。

(3)犯罪构成主观方面及其包含在犯罪构成内的所有要件,是对所实施行为进行正确定罪以及区分此罪与彼罪所必须具备的条件。

(4)正确确定犯罪主观方面,是刑事责任和刑罚个别化、剥夺自由刑制度等得以确立的前提。

(5)犯罪主观方面的确定,是保障和加强法制的必要条件。

(二)故意及其种类

根据《俄罗斯联邦刑法典》第25条的规定,“以直接故意或间接故意实施的行为,是故意实施的犯罪”(第1款);“如果行为人意识到自己的行为(作为或不作为)的社会危害性,预见到可能或必然发生社会危害后果并希望这种后果发生的,是直接故意犯罪”(第2款);“如果行为人意识到自己行为(作为或不作为)的社会危害性,预见到可能发生社会危害后果,虽不希望,但有意识地放任这种后果发生或对这种后果采取漠然态度,是间接故意犯罪”(第3款)。可见,俄罗斯现行刑事立法第25条规定所体现的犯罪故意、直接故意、间接故意的内涵与我国刑法中的规定非常相近。

俄现行刑事立法所体现的每一种故意,都是智力因素和意志因素的结合体。智力因素包括两个方面:一是实施犯罪行为的人意识到自己所实施行为(作为或不作为)的社会危害性质;二是行为人对于社会危害后果的发生具有预见性,其中,“直接故意”预见的是后果发生的可能性或必然性,而“间接故意”预见的只是发生某种危害后果的可能性。与此同时,直接故意的意志要素,体现为对社会危害后果发生的希望,而间接故意的意志要素,则是不希望后果发生或者对后果发生持漠然态度。可见,直接故意和间接故意这两种故意形态,在智力因素方面的特点是具有相似性质的,只不过在对于社会危害后果的预见程度方面存在差别,而二者在意志因素上则是各不相同的。

俄现行刑事立法所规定的是对行为“社会危害性”的意识,而不是对行为“违法性”的意识。因此,俄刑事法中在认定行为人的智力因素时,并不要求犯罪人对其所实施行为(作为或不作为)的刑法禁止性具有明确的认识。这也正是“不知法不免责”原则的立法体现,即若某行为人并没有认识到自己所实施的行为是刑法所禁止的,也就是在行为人存在法律认识错误的情况下,根据“不知法不免责”的原则,该行为人所产生的错误认识并不会成为排除其刑事责任的事由。

除前述对犯罪故意作直接故意和间接故意的区分以外,俄罗斯刑法理论和司法实践还以正确定罪为目的,对故意进行了另外一种划分,即按照故意产生的时间和故意内容的确定性程度对故意进行了细化区分。其中,按照故意产生的时间为标准,将故意分为事先预谋的故意和突发式故意。按照确定性程度的不同,将故意分为确定故意和非确定故意,其中,确定故意又分为两种,即普通故意和择一故意。

根据俄通说立场,对于事先预谋的故意和突发式故意的区分,刑法学意义主要体现为两个方面:其一,只有在具备事先预谋故意的情形下,才可能存在犯罪预备阶段,以及体现为有预谋团伙、有组织团伙或犯罪集团(犯罪组织)实施共同犯罪;其二,激情状态下产生的突发式故意,为俄刑事立法中规定的某些具有减轻处罚情节的刑事法律规范的存在提供了依据,比如前述提到的《俄罗斯联邦刑法典》第107、113条规定的激情状态下的杀人罪和伤害罪。

俄刑法将故意细化为确定故意和非确定故意,主要是准确定罪的需要,这里首先指的是对于侵害人身类犯罪的定罪。将故意区分为确定故意和非确定故意的刑法学意义主要体现为两个方面:其一,行为根据故意的指向定罪。如果所造成的犯罪结果并不是犯罪人所预见的内容,则所实施的行为按照行为人预见结果所涉及罪名的未遂定罪处罚。比如,行为人想杀死被害人,于是用刀子捅对方的肚子而造成了被害人重伤的结果,则行为人构成故意杀人未遂,因为行为人的故意指向的就是杀人。其二,没有发生被害人死亡的结果。在非确定故意情形下,所实施行为应当按照实际发生的结果定罪,比如,我们把前述案例改编一下,即犯罪人的预见内容中既然包含杀人,也包含伤害,则其行为应当按照严重损害他人健康罪的既遂处理。在具备择一故意的未遂犯罪中,行为应当按照不太严重的犯罪未遂定罪,这里适用存疑有利于被告的规则。

确定故意中,无论是普通故意,还是择一故意,都只能是直接故意。持此种故意的犯罪人,往往是希望犯罪结果发生。非确定故意,可以是直接故意,也可以是间接故意,即行为人可能是希望自己行为(作为或不作为)的社会危害后果发生、有意识地放任危害结果发生或对后果发生持漠然态度。

(三)过失及其分类

根据《俄罗斯联邦刑法典》第26条的规定,“因轻信或疏忽而实施的行为,是过失犯罪”(第1款);“如果行为人预见到自己行为(作为或不作为)可能发生社会危害后果,但却没有足够理由自信可以防止这种后果的发生,是因轻信的过失犯罪”(第2款);“如果行为人尽到必要的注意和预见,应当和可以预见到自己行为(不作为)可能发生社会危害后果,但却未预见到可以发生这种后果,是疏忽大意的过失犯罪”(第3款)。无论行为人对其所实施的行为持前述哪种心态,都可以构成过失犯罪。

过失犯罪中的轻信,同样需要具备智力因素和意志因素两种要件特征。其中,智力因素,意指预见到可能发生社会危害后果并且自信可以防止后果的发生;意志因素,是希望结果不发生。可见,俄立法者在规定智力因素特征时,并没有提及犯罪人对于其行为(作为或不作为)社会危害性的意识,这说明此种罪过形式,只要求行为人对行为(作为或不作为)实施本身有所认识,而并不考虑行为的社会危害性,因为此种情形下的社会危害性只有在社会危害后果发生时才会得以体现。

轻信过失犯罪中,对于可能发生社会危害后果的预见,作为其第一个智力要素,指的是犯罪人预见的抽象可能性,即行为人知道,在一般情况下与其所实施行为相类似的行为可能会导致或有时会导致社会危害后果的发生,但他认为自己所实施的这个行为不会发生那样的后果。此要素有别于间接故意中对可能发生社会危害后果的预见,即轻信过失中预见的是社会危害后果发生的抽象可能性,而间接故意中预见的可能性则是具体的。轻信过失的第二个智力要素,是轻信地指望防止危害结果的发生,其具体内容体现为:其一,行为人预测结果不会发生;其二,行为人自认为行为实施时可以避免危害结果发生,具体情况是有所指的,比如凭借自己的职业经验、高超的技艺以及当时存在所有客观情况;其三,对当时具体情况的指望是没有充足理由的,即这种指望是流于表面的、不准确的(如对当时情况的评判过于片面,没有考虑全面因素)和盲目自信的(如过于夸大了自己的能力和技能)。其有别于间接故意的地方主要体现为,间接故意中的犯罪人在预见到社会危害后果发生时,并没有指望任何可以防止后果发生的具体情况,而轻信的过失中,行为人是指望当时可以防止危害结果发生的。

轻信过失中的意志因素,是希望社会危害结果的不发生,即犯罪人的内心追求是指望其行为可以防止这种结果的发生。这与间接故意中的意志因素也是不同的,后者是犯罪人有意识地放任社会危害后果的发生或是对其发生采取漠然态度。

疏忽大意过失犯罪中的疏忽大意,与前述的直接故意、间接故意和轻信过失的罪过之间存在非常明显的实质差别,其区别主要体现于疏忽罪过中不存在智力要素和意志要素,即此种情形下的行为人,不仅不希望、也不放任自己行为(作为或不作为)发生社会危害后果,甚至对这种后果发生的可能性都没有预见,但同时行为人所实施的作为或不作为却是有罪性质的,因为他在具有预见可能性的情况下,对可能发生的后果是有注意义务和预见义务的。由此可见,过失犯罪中的疏忽的判定存在两个标准:客观标准和主观标准。其中,客观标准是行为人有预见可能发生社会危害后果的义务;主观标准是行为人具备预见可能性。

除上述规定外,俄刑事立法中还明确规定了另外一种有别于轻信过失的无罪过致害情形,即根据《俄罗斯联邦刑法典》第28条第2款的规定,“如果行为人预见到自己的行为(作为或不作为)可能发生社会危害后果,但由于其生理心理素质不符合极度异常条件的要求或不适应神经心理过重负担而未能防止此种后果的发生,其行为也是无罪过行为”。根据此款规定,在行为人对其行为(作为或不作为)可能造成社会危害后果的心理态度的智力要素和意志要素上,与前述轻信过失的要求是相吻合的,之所以有别于轻信过失,是因为此规范同时规定了排除罪过的标准。从此款规定内容来看,要认定所造成的损害是无罪过致害,则必须具备本款中所规定的一个主观标准和无罪过致害所需的两个客观标准之一。其中,主观标准是特定行为人所具有的实际生理心理素质,包括智力发育水平(知识、技能、能力等)、意志品质、身体素养、健康状况等。就其客观标准而言,意指体现于人作为生命有机体所具有的特殊神经—心理状态下的神经心理重负(其引起因素多种多样,比如过度劳累、压抑或愤怒情感,或是近亲属去世的消息或得知自己身患绝症的消息等)。

(四)双重罪过(复杂罪过)

《俄罗斯联邦刑法典》第 27 条是关于在双重罪过主观要件下所实施犯罪的刑事责任问题,即具备复杂罪过形式之犯罪的定罪问题。根据本条规定,"如果由于实施故意犯罪造成了依法应该处以更重刑罚严重后果,而这种后果又不包括在犯罪人的故意之中,则只有在犯罪人预见到这种后果发生的可能性却没有足够根据地轻信可以防止这种后果发生,或者犯罪人应该预见或可以预见这种后果可能发生却未预见时,才应对这种后果承担刑事责任。这种犯罪从总体上认定为故意犯罪"。

俄罗斯刑法学通说认为,双重罪过,又可以称为复杂罪过、混合罪过,即在此种罪过形式下,所实施犯罪的行为人对于刑法分则条款规定的最近的、不是特别严重的犯罪后果所持的心理态度,是故意形态;而对于较远的且较严重的犯罪后果所持的心理态度,则体现为过失形态。因此,这里所说的双重罪过的犯罪,仅指那些具有实质构成的犯罪,并且此类犯罪引起的两种后果应当在严重程度和社会危害性程度上是不同的,而且此两种后果发生的时间也是不同的。其中,比较典型的立法例是《俄罗斯联邦刑法典》第 111 条第 4 款所规定的故意严重损害他人健康并致被害人死亡的规定,在此犯罪构成中,犯罪人对于所发生的"严重损害他人健康"的最近的后果,其主观罪过是故意,而对于较远发生的造成被害人死亡的后果,主观罪过是过失。

根据《俄罗斯联邦刑法典》第 25-27 条的规定,在实质构成的犯罪中,其罪过形式并不是分别针对行为(作为或不作为)和后果的,而仅仅是指后果而言的。如果一罪中存在两个后果,则分别认定行为人对于其中每个后果所持的主观心态。在此种情形下,如果行为人对于发生的最近结果和较远结果所持的罪过形式是不同的,并且分别体现故意和过失两种罪过形态,则是具有双重罪过或复杂罪过形态的犯罪。

(五)动机和目的

动机和目的,是俄罗斯刑法中犯罪主观方面的选择要件。犯罪动机,意指人的活动之源,即激励因素。犯罪目的是指对于自己活动结果的预期,或称为想象结果。动机和目的是人类任何活动自身所固有的属性,其中也包括有害于社会的活动,即任何故意犯罪都含有某种动机和(或)目的,同时,并非每个犯罪构成都具有动机或目的的要件特征。

根据俄刑法学通说立场,如果符合下列任意一个条件,则动机和目的便成为特定罪名主观方面的必要要件。其一,《俄罗斯联邦刑法典》分则罪状中明确规定动机和目的的情形。比如,俄罗斯现行刑法第 105 条第 2 款加重责任构成要件规定中的"贪利动机""流氓动机""仇恨或敌视动机""为了使用被害人身体器官或身体组织"的目的,还有《俄罗斯联邦刑法典》第 162 条规定的抢劫罪中侵占财物的目的,等等。这些在俄刑法分则条文具体罪名的罪状中明确体现动机和目的的,则动机和目的就是这些犯罪构成主观方面的必要要件。其二,从特定犯罪构成的法律属性中直接推出,特定目的和动机是此犯罪构成主观方面的必要要件。比如,《俄罗斯联邦刑法典》第 161 条规定的抢夺罪的罪状表述为"公开侵占他人财物",此犯罪构成的规定中必然含有贪利目的。当然,在动机和目的是某个具体犯罪构成主观方面的必要要件的情况下,所实施的行为中不具备此种动机或目的,则不构成此种犯罪。

(六)认识错误及其意义

俄刑法理论认为,刑法学中的"错误",意指行为人对于行为的法律特征或决定所实施行为社会危害性的性质和程度的事实状况产生的错误认识。俄刑法学界将错误区分为法律认识错误和事实认识错误两种。

所谓法律认识错误,意指行为人对其所实施行为从刑事法律角度所作评价的认识,此种情形下行为人对于行为所作的犯罪与否的评价,并不影响行为的刑事法律评价,也不影响定罪。法律认识错误可以分为两种:其一,犯罪人认为自己的行为构成犯罪,但根据刑法规定其行为并不构成犯罪的情形,则行为人的认识错误并不影响对其行为的法律定性,即此种情形不追究行为人的刑事责任,因为他所实施的行为并不是刑法所禁止并以刑罚相威胁和危害社会的行为;其二,行为人认为自己的行为不是犯罪,而按照刑法的规定此种行为构成犯罪的情形,此种认识错误仍然不影响行为的定性,即行为根据刑法规定被认定为犯罪并追究行为人的刑事责任,因为不知法(刑法)并不是可以排除或免除刑事责任或是能够改变行为定性的。

事实认识错误是指行为人对其所实施行为的事实状况产生了不正确认识,亦分为两种情况:其一,是对所实施行为的刑事法律评价和定罪有影响的事实认识错误;其二,是对所实施行为的刑事法律评价和定罪没有影响的事实认识错误。在影响定罪的事实认识错误的情况下,大多数情形下遵循的规则是:将所实施行为按照犯罪人故意所指向的某种犯罪的未遂处理。

俄刑法理论界一般将事实认识错误区分为两种:一种是客体认识错误;另一种是犯罪手段认识错误。其中,客体认识错误,意指犯罪人对其所侵害的客体价值产生不正确认识,即认为自己所侵害客体的价值比实际价值高或者相反情况。此两种情形下所实施的行为,俄司法实践是按照犯罪人所认知客体的未遂予以定罪,其理由是:一是可以避免将犯罪人没有意识和预见的客观情况归罪于实施犯罪的行为人;二是此种情形下并未完成对犯罪人所认知的客体造成侵害,因为实际上是对另一客体造成了损害。犯罪手段认识错误则又分为四种:其一,犯罪人使用的工具或手段并不是他所预想的那种,但所起的作用与他所预想的相当,则此种认识错误并不影响行为的定罪,即行为人故意实施的犯罪构成的客观方面均已完成,则构成犯罪既遂。其二,犯罪人认为所使用工具或手段的力量小于实际发生威力的情况。如果此种情形下发生了比犯罪人所预想的结果严重,则其所实施的行为按照过失犯罪定性,其理由是,此种情形下行为人虽然没有预见到实际发生的后果,但他是应当和能够预见此结果可能发生的。其三,犯罪人认为自己使用的是特定情形下适格的犯罪工具或手段,而实际上是错误地使用了不适格的工具或手段,此种情形下的行为按照犯罪人故意内容所指向的犯罪未遂处理,即此种情形是《俄罗斯联邦刑法典》第 30 条第 3 款规定的一种典型的犯罪未遂。其四,行为人使用了任何情形下都不可能是适格的犯罪手段的情况,而行为人由于自己的无知或迷信而认为是适格的手段的情况。比如,行为人想要害死另外一个人,于是在教堂里点了一个"安息他人灵魂"的蜡烛。此种情形不追究行为人的刑事责任,因为他的行为不会给被害人造成任何损害后果。

二、争议问题

(一)罪过概念相关争议问题

俄刑法学界关于罪过概念的界定最早出现于俄罗斯帝国时代,彼时著名刑法学家塔甘采夫教授(Н. С. Таганцев)认为,"意志构成罪过的本质,即罪过意味着罪恶和缺陷,是我们意志和自我活动导向的缺陷……刑法学说将罪过形态归结为两类——故意和过失"。[①] 可见,塔甘采夫教授将罪过的本质认定为对于人意志的遣责,因此他将罪过与人的心理活动联系在一起,其理由是意志是个人心理的组成部分。在俄罗斯刑法学界有关罪过概念界定的后续发展历程中,一般都将罪过定义为行为人对于自己行为及其后果所持的心理态度,其内容通过罪过形式——故意和过失的内涵予以体现,即认为"行为人的罪过,体现于其所实施犯罪中的故意和过失";[②]罪过是"法律所规定的、苏维埃法院以国家名义谴责的、体现为故意或过失形态的、行为人对所其所实施的社会危害行为及其后果所持的心理态度";[③]罪过是其两种罪过种类(形式)——故意和过失的类概念。[④] 持反对立场的学者则指出,前述罪过定义,其实是通过其他两个未知的概念——故意和过失来界定另外一个未知概念——罪过,其主要缺陷在于,此种概念界定并没有回答"为什么行为人

---

① Таганцев Н. С. Русское уголовное право: Лекции. Часть дексом. общая. Т. 1. М., 1994. С. 277.

② Курс советского уголовного права. Т. 2. М., 1970. С. 260.

③ Ворошилин Е. В., Кригер Г. А. Субъективная сторона преступления. М., 1987. С. 9.

④ Трайнин А. Н. Общее учение о составе преступления. М., 1957. С. 195.

对于自己行为及其后果所持的心理态度被认定为有罪过且应受法院谴责”的问题。

俄罗斯当代刑法学者拉罗格教授(А. И. Рарог)则更恰当地揭示了罪过的社会本质,他认为,“体现在特定犯罪行为中的、行为人对于基本的社会价值观所持的否定的心理态度(故意特征)或者疏忽的或未尽充足注意的心理态度(过失特征),构成罪过的社会本质”。[①] 晚近,拉罗格教授又将罪过概念进一步界定为“以故意或过失的形式表现出来的、体现着行为人对于最重要社会价值观所持的反社会的或未充足表达其社会价值观的、行为人对于其所实施的社会危害行为所持的心理态度”。[②] 与此同时,克拉席科夫教授(Ю. А. Красиков)也认为,“罪过是刑事法律所规定的、体现着行为人对于个人和社会利益所持的否定或漠然态度的、行为人对于所实施行为及其后果的故意或过失的心理态度”。[③] 可见,拉罗格教授和克拉席科夫教授在罪过概念的界定中的共同点:二者都是通过故意和过失形式界定罪过,并且罪过概念中均包含了罪过的社会本质。

近年来,俄学界对于通过故意和过失概念对罪过概念进行界定的路径模式提出了质疑,认为罪过的形式分类并不是固定不变的,可以按照不同的结构标准对罪过进行各种不同的分类。比如,英国法将罪过区分为三种类型,俄罗斯则将其分为四种(故意和过失又分别细化为两种不同罪过形式),此外,俄罗斯刑法学界还存在另外一种罪过分类,即除将罪过区分为故意和过失外,还特别区分出另外一种罪过形式——明知。因此,有俄罗斯学者提出,罪过概念的界定,不仅应当涵盖其法律特征和社会本质,而且还应当同时体现出犯罪和刑事责任根据的基本特征[④]。也就是说,每个犯罪构成中都可以区分出客观性质要件和主观性质要件,如果客观要件表示的是行为的特征,则主观要件体现的则是实施犯罪的行为人的特征,即犯罪主体特征。所有这些要件的有机结合,就构成了刑事责任的根据。与此同时,根据《俄罗斯联邦刑法典》第 80-1 条的规定,实施犯罪的行为人或其行为中社会危害性的有无,则是免除刑罚的法定根据。如果说行为之社会危害性的评估指标是侵害客体、实施犯罪的方式、情状、造成损害或损失的大小以及其他客观因素,则实施犯罪的行为人的社会危害性的评价因素,则应当是行为人的罪过、犯罪动机和目的。基于此,有俄罗斯学者认为,应当将罪过概念界定为“主体对于其行为(作为或不作为)及其后果所持的、证明此行为人具有社会危害性的心理态度”。[⑤] 此界定

---

① Рарог А. И. Квалификация преступлений по субъективным признакам. СанктПетербург, 2003. С. 74.

② Уголовное право России. Общая часть. М. , 2007. С. 126.

③ Уголовное право России: Учебник для вузов. Т. 1. Общая часть. М. , 2005. С. 205.

④ 根据《俄罗斯联邦刑法典》第 8 条的规定,刑事责任的根据,是实施刑法典规定的全部犯罪构成要件的行为。

⑤ Игнатов А. Н. О понятии вины в уголовном праве // Законы России: опыт, анализ, практика. Ежемесячный правовой журнал. -М. : Изд. Дом “Буквовед”, 2007, № 3. С. 125.

中的实施社会危害行为的行为人，其社会危害性即体现在行为人罪过的社会本质之中，而对于行为人自身社会危害性的探讨，则必须将其置于罪过概念派生出的罪过形式的内容分析范畴。

罪过的法律特征，取决于行为人对于自己行为（作为或不作为）及其后果所持的态度。根据此种态度种类和性质的不同又进一步区分出对行为人责任产生实质影响的不同罪过形式。有刑事责任能力的行为人，其行为总是具有意识特性和意志特征。行为人对于自己行为及其后果所持意识态度的不同，以及行为所体现出来的不同种类的意志特点，共同建构了各种不同的罪过形式。

应当说，前述俄罗斯刑事立法中关于罪过形式特征的规定，基本沿用至今。罪过作为行为人对于社会所具有的社危害性评价指标，其实质内容没有发生根本性变化。罪过及其内容是决定刑事责任的主要因素。在决定行为人所具有社会危害性的程度方面，具有重要意义的要素不单纯指罪过，还包括实施犯罪的动机和目的。正如有俄罗斯学者所言，"犯罪动机，是由特定要求和利益所决定、引起行为人决意实施犯罪并且控制行为人进行犯罪实施的内在动机"；[①]"犯罪目的，是行为人通过实施刑事违法行为力求达到的预期结果"[②]。

俄学界在动机、目的和罪过之间的关系问题上也存在争议。第一种观点认为动机和目的是罪过的组成部分。[③] 反对此种立场的学者则指出：前述立场不仅与俄现行刑事立法相冲突，而且还曲解了动机和目的作为犯罪主观方面独立要件的刑法学意义，即认为动机和目的与罪过之间存在非常密切的联系，但它们具有其独立意义而不应当将其归属于罪过内容的范畴。[④] 第二种观点是俄刑法学通说立场。

（二）罪过理念特征及其相关争议问题

综观世界各国刑法学研究，一般将罪过理念区分为三种类型：心理罪过说、评价性罪过说和人身危险状态罪过说，[⑤]当然，还有学者将其区分为心理学罪过说和

---

① Уголовное право России. Общая часть. М. , 2007. С. 151.

② Уголовное право России：Учебник для вузов. Т. 1. Общая часть. М. ：Норма. 2005. С. 227.

③ Уголовное право России：Учебник для вузов. Т. 1. Общая часть. М. , 2005. С. 208.

④ Игнатов А. Н. О понятии вины в уголовном праве // Законы России：опыт, анализ, практика. Ежемесячный правовой журнал. -М. ：Изд. Дом "Буквовед", 2007, № 3. С. 127.

⑤ Лунеев В. В. Субъективное вменение. М. , 2000. С. 10；Векленко С. В. Понятие, сущность, содержание и формы вины в уголовном праве. Омск, 2002. С. 35；Скляров С. В. Вина и мотивы преступного поведения. СПб. , 2004. С. 7；Иванов С. А. Понятие, основные характеристики и показатели вины в уголовном праве России. Ставрополь, 2005. С. 35.

评价性罪过说两类。[①] 此外,还有学者将罪过理念与其他范畴替代罪过的理念予以区分:前者涵盖罪过的心理学理念和评价性理念;后者则特指人身危险状态。[②] 正面对此三种罪过理念学说分别予以介述。

1. 心理罪过说。从罪过理念的产生、演变过程看,最先出现的是心理罪过说。随着人们对于周围世界及其各组成要素之间相互联系观念的发展,人类开始深入探讨"责任"问题。学界不仅将责任与造成损害事实之间进行关联,而且还进一步探究"责任"与"控制行为人的观念"之间的关系问题。[③] 在心理罪过说的形成与发展过程中起到关键性作用的是罗马法学家和基督教会教义。[④] 其中,罗马法学家在罪过理念上的主要贡献,是提出了罪过理念的一般原则,即"in malefcliciis voluntas spectatur, non rerum exitus(犯罪中的意图比结果更重要)";基督教教义中涵盖的罪过理念,是将犯罪理解为"罪孽(грех)",而"罪孽"的内涵指的正是犯罪行为主观方面的特征,而且"罪过"恰好同义于犯罪人的罪恶意志。因此,在此基础上所产生的罪过心理学理念,其特点是将"罪过"看作一种现象,并且此现象正是针对人的心理范畴而言的。正是此种现象构建了人对于其所实施的社会危害行为及其后果所持的内在的、主观方面的态度。申言之,对于"罪过"的认知,是可以通过对人的行为进行分析得以实现的,而此种分析的根据正是行为所体现出来的、行为人的意识和意志要素。心理学罪过说于19世纪得以全面发展,其代表学者是刑事古典学派的宾丁、费尔巴哈、麦耶和俄罗斯帝国时代的刑法学者塔甘采夫、谢尔盖耶夫斯基、季斯甲科夫斯基教授。当代俄罗斯刑法学界,一般将罪过释义为行为人对其实施的犯罪所持的心理态度,即心理罪过说是当代俄罗斯刑法通说立场,这体现于俄诸多刑法学论著当中。[⑤]

2. 危险状态罪过说。其理论渊源是19世纪刚刚兴起的人类学派和社会学派的思想。刑事人类学派认为,犯罪是病态的生物现象,而罪犯则是出生时就是劣质

---

① Савинов В. Н. Об уголовно-правовой регламентации вины и ее форм // Категориальный аппарат уголовного права и процесса. Ярославль, 1993. С. 117; Уголовный закон: Опыт теоретического моделирования. М., 1987. С. 82; Пудовочкин Ю. Е., Пирвагидов С. С. Понятие, принципы и источники уголовного права: Сравнительно - правовой анализ законодательства России и стран Содружества Независимых Государств. СПб., 2003. С. 114.

② Козлов А. П. Понятие преступления. СПб., 2004. С. 551; *Маньковский Б. С.* Проблема ответственности в уголовном праве. М. -Л., 1949. С. 64.

③ Фельдштейн Г. С. Природа умысла. М., 1898. С. 1.

④ Назаренко Г. В. Вина в уголовном праве. Орел, 1996. С. 6; Фельдштейн Г. С. Природа умысла. С. 2; Угрехелидзе М. Г. Проблема неосторожной вины в уголовном праве. Тбилиси, 1976. С. 21.

⑤ Дагель П. С. Проблемы вины в советском уголовном праве // Учен. зап. ДВГУ. 1968. Вып. 21. С. 25, 31; Рарог А. И. Вина в советском уголовном праве. Саратов, 1987. С. 107; Якушин В. А. Субъективное вменение и его значение в уголовном праве. Тольятти, 1998. С. 122.

的，是注定要犯罪的人，即天生犯罪人的主张。[①] 此说的代表学者，从犯罪人是不可改造的立场出发，认为国家制定针对犯罪人的政策应当遵循集体自卫原则，即此种防卫应当始于该类行为人出现之时，而无论其实施什么样的行为，也无论这些行为中所体现的是故意、过失或者完全是意外事件的情形。[②] 刑事社会学派的代表学者主要关注的不是行为，而是犯罪人的人身特性，同时引入危险状态概念，而犯罪正是此种危险状态的表现形式。[③] 与刑事人类学派的主张不同，刑事社会学派在人身危险状态的认知方面分为两个流派：第一个流派的主张比较激进，认为在犯罪人的危险状态出现之前就应当适用社会防卫的预防措施，因此，此派学者对于将罪过理解为对犯罪所持的主观方面态度的主张是持完全否定立场的；[④]第二个流派的主张比较偏自由化趋势，认为防卫措施只有在犯罪实施以后才能适用，并且主张罪过是责任的必要条件，即在心理学理念范畴阐释罪过问题。俄罗斯学界接受的是刑事社会学派的主张，即第二种偏自由化的心理学罪过说，其代表学者有福伊尼茨基、普斯多罗斯列夫、纳博科夫。[⑤]

从整体上看，心理罪过说与危险状态罪过说在理念方面是存在本质区别的，其主要体现为：危险状态罪过说是以刑事人类学派和激进的刑事社会学派代表的思想为主导。然而，将危险状态理念归因于罪过解释是附条件的，因为危险状态理论的特点是排斥使用罪过概念，同时也排斥责任理念自身的使用。因此，此理论界说只应被视为解决罪过问题的一个特别路径方案，即适用危险状态罪过说将会把罪过排除在刑法范畴之外，并且以犯罪人人身危险状态取而代之。

3. 评价性罪过说，也称为规范罪过说、伦理罪过说。此说与前述心理罪过说和危险状态罪过说相比较而言，在产生时间上是晚于前两种罪过理念学说，即此说的主要观点形成于 20 世纪初，以弗兰克、麦耶等学者为代表，并于 20 世纪中叶被西方学者威尔茨尔、莫拉（G. Welzel, R. Maurach）等学者进一步发展。[⑥] 这种起源于西方的规范罪过理论，在俄罗斯刑法学界被冠以“评价性”罪过学说，此说在俄罗斯的拥护者是乌捷夫斯基（Б. С. Утевский）。乌氏主要关注的是罪过的阶级属性和道德—政治特质。[⑦] 此说在俄罗斯受到了否定性评价，并且因为此说极易导致司法

---

① Пионтковский А. А. Курс советского уголовного права: В 6 т. Т. 2. Преступление М., 1970. С. 62-63; Решетников Ф. М. Уголовное право буржуазных стран: Вып 2. М., 1966. С. 65, 75.

② Маньковский Б. С. Указ. соч. С. 71-72.

③ Пионтковский А. А. Указ. соч. С. 67; Назаренко Г. В. Указ. соч. С. 10.

④ Маньковский Б. С. Указ. соч. С. 72, 75; Решетников Ф. М. Указ. соч. С. 71.

⑤ Волженкин Б. В. Развитие российской науки уголовного права // Энциклопедия уголовного права. Т. 1. Понятие уголовного права. СПб., 2005. С. 586-587; Назаренко Г. В. Указ. соч. С. 10.

⑥ Пионтковский А. А. Указ. соч. С. 276-279; Иванов С. А. Указ. соч. С. 36.

⑦ Утевский Б. С. Вина в советском уголовном праве. М., 1950. С. 59, 103.

恣意和客观归罪,受到俄多数刑法学者的严正批判。① 此后的俄罗斯刑法学著作中,虽然也有部分学者使用罪过评价性概念的某些要素,但都将其视为犯罪的整体特征和刑事责任的根据。②

评价性罪过理论的共同点,是对作为心理范畴实际存在事实之罪过的否定。罪过的实质,体现为法院对犯罪人行为所作的负面评价以及将违反法规范的行为认定为应当受伦理谴责的行为,③其评价的客体是各种不同的客观和主观情况。在此说中,故意和过失已不再属于罪过的类范畴,而是起着心理事实的作用。它们与案件其他情节一起,成为法官在作出具备罪过的评价性论断时考量的因素。④

(三)罪过的逻辑特征及其相关争议问题

从心理学视角考察罪过问题,其逻辑表征涉及一系列问题的考量,首先是区分谓词逻辑语言中使用的三要素:名称(имя)、概念(концепт)和外延(денотат)。⑤基于此,罪过既是作为现实实际的现象(外延)、通过特定特征反映现象本质属性的概念(концепт),同时也是用于表述的术语(名称)。从前述三个层面对罪过进行明确区分(首先是现象和概念的区分)是确定罪过深层逻辑表征的必要前提。

如果在概念视阈内探讨罪过问题,则必须考量的是,在刑法学领域内不仅区分罪过概念,而且还区分罪过的下位概念及下下位概念。因此,正确界定罪过种属概念之间的相互关系及其各自所体现的现象类别,是非常重要的。这里需要特别关注的一个问题就是,罪过及其各种类型,是否都可以看作反映某个特定现象或某一类现象的概念。这个问题的哲学基础,当是一般与特殊之间的相互关系问题,以及与一般概念相对应的现象存在的现实。⑥因此,解决此问题的最佳方法论路径是辩证唯物主义的方法。根据辩证唯物主义哲学原理,任何事物(现象)的特征,首先都体现为某种单独的个体,而每个单独个体内都含有与其他事物相同的要素,也含有其所独有的独特要素,从而构成一般与特殊的统一体,这些要素则构成此统一体的

---

① Вопросы вины и ответственности в советском уголовном праве // Сов. государство и право. 1951. № 1; Пионтковский А. А. Против извращения понятия вины по социалистическому уголовному праву // Соц. законность. 1952. № 2.

② Мальков В. П. Субъективные основания уголовной ответственности // Государство и право. 1995. № 1. С. 97; Злобин Г. А. Виновное вменение в историческом аспекте // Уголовное право в борьбе с преступностью. М. , 1981. С. 23.

③ Лясс Н. В. Нормативная теория в современном буржуазном уголовном праве. Л. , 1963. С. 28, 43; Маньковский Б. С. Указ. соч. С. 84.

④ Пионтковский А. А. Указ. соч. С. 277; Лясс Н. В. Проблемы вины и уголовной ответственности в современных буржуазных теориях. Л. , 1977. С. 29.

⑤ Кириллов В. И. , Старченко А. А. Логика. М. , 1998. С. 20-21.

⑥ Новая философская энциклопедия: В 4 т. Т. 3. М. , 2001. С. 104-105, 427.

不同侧面和属性,并且它们不能各自独立地存在。①

基于前述哲学原理可以得出,在实施每一个具体犯罪时,都存在犯罪分子的独特心理态度,以及可以形成单个特殊概念的某种意识事实。在这些意识事实中,可以区分出某种个体化的东西,以及与其他事物重复的某种共同的东西。刑法学则摒弃了那些个别化特征,在理论层面上构建了罪过的一般概念,即这里指的并非某个单独的心理态度,而是对实施犯罪所持的所有可能的心理态度的集合。

通过对罪过相关的不同种类现象之间种属关系的分析,可以从逻辑的角度阐释其相应概念的特征。② 其中,罪过的下位概念是从属于罪过概念的,而所有下位概念的对象域的全部要素都归属于罪过的对象域。此外,在这些概念之间必须区分从属关系和协调关系。前者是指其中一个概念的外延完全归于另一概念范畴,比如,罪过、故意、直接故意之间就是从属关系;后者指的是各概念从属于一个共同的概念范畴,但它们之间是不相交的,比如,故意和过失之间就属于协调关系。③ 之所以对罪过及其下位概念作这种逻辑上的分析,主要是便于理解相应现象或具有不同属性特征和程度的各类现象的特征(种属之间的从属关系),以及凸显一种现象相较于其他同种现象所具有的独特特征(种属之间的协调关系)。

以俄学界有关罪过的心理学特征的阐释为基础,可以概括出罪过的如下逻辑特征。

其一,从现象层面看,罪过是实际存在于犯罪实施时的个别单独心理态度,此种表征属性的主要特点,是心理领域的归属性。

其二,从概念层面看,罪过及其不同分类当属理论抽象;它们以同一类术语予以表达(罪过、故意、过失等),但无论其作为单个现象(作为特殊概念的表征),还是作为某一类现象(作为一般概念)来使用,它们都具有各自的现实类比性。

其三,罪过现象结合成具有种属关系不现类别,其概念之间关系的逻辑特征能够较为全面地揭示相应现象的质的规定性,并且俄学界传统上将罪过种类作为罪过形式的理解在理论层面是值得商榷的,即罪过形式的表述,其实质内涵应当是罪过不同种类的形式,而不是与罪过内容相对应的罪过形式。④

(四)罪过程度及其相关争议问题

俄罗斯学界一般认为,罪过学说应当包含这样一些内容,即罪过本质、罪过形式、罪过种类以及罪过程度。其中,罪过本质是指实施犯罪的行为人对于刑法所保

① Шептулин А. П. Указ. соч. С. 200—201; Материалистическая диалектика: В 5 т. Т. 1. Объективная диалектика. М. , 1981. С. 114-115.

② Диалектическая концепция понятия. -Минск, 1982. С. 33.

③ Кириллов В. И. , Старченко А. А. Указ. соч. С. 41-42.

④ 有关俄罗斯刑法学中罪过的形式和种类之间的区别,参见 Паньков И. В. Концептуальная и логическая характеристика вины в уголовном праве // Современное право. 2007. № 10. С. 51-55。

护的人、社会和国家的权利和利益所持的否定态度。此罪过的一般概念，之后又在罪过形式、种类和罪过程度中得以细化。与此同时，罪过形式和种类的划分，则取决于不同种类的智力要素和意志要素的不同结合。

俄罗斯研究犯罪主观方面的论著，均一致认为影响罪过程度的因素千差万别、种类繁多。俄罗斯著名刑法学者达格里（П. С. Дагель）和科多夫（Д. П. Котов）最先提出了影响罪过程度的社会危害性说。此说认为，“罪过程度，是由所实施行为的社会危害性决定的，因为它（社会危害性）被主体的罪过所涵盖，即罪过内容所反映的是那些共同构成犯罪社会危害性的客观情况”。[①] 对此种立场持反对意见的学者则认为，此种主张混淆了罪过程度与社会危害性概念，因为前者属于犯罪主观方面的范畴，而后者则指的是整个犯罪所具有社会危害性。

俄学界在罪过程度方面还存在着另外一个争议点，即“实施杀人行为的行为人，其罪过程度高于实施盗窃行为的行为人”的说法是否成立的问题。俄学界一般认为这种说法是成立的，因为从行为人对于刑法所保护价值所持的否定态度的角度考虑，则实施杀人的行为人的行为否定力度要大于实施盗窃的行为人。然而，俄学界也指出，此类犯罪的区分标准并不应当是表示犯罪主观方面特征要件的罪过程度，而应当根据所侵害客体（价值属性）和所发生后果性质（客观方面）的不同来区分此两类犯罪。申言之，这里所论及的依附性应当与前述学者的主张正好相反，即正确的理解方式应当是：罪过程度影响行为的社会危害性，而不是相反。[②] 因此，“将罪过程度界定为犯罪的社会危害性程度是不准确的——影响社会危害性程度的某些情节，并不属于罪过的内容”。[③] 基于此，探讨针对同种价值和同一损害（后果）的罪过程度，则更有意义。此种研究路径在学术上一般称为“在其他同等条件下”。此外，达格里（П. С. Дагель）和科多夫还进一步指出，“罪过程度是由罪犯所持心理态度的特点、其罪过形式以及故意和过失的性质决定的”。[④] 此论断可以说是没有任何异议的，因为刑法界公认的是，故意致害的行为人的罪过程度要高于过失造成此种损害的罪过程度。应当说，俄立法者根据罪过形式的不同（故意或过失），细化了犯罪行为的社会危害性及其应当受刑罚惩罚性程度。然而，无论是行为的危害性，还是行为的可罚性，其细化模式在法律中并没有明确规定。因此，俄学界的学术旨趣之一，便是在同一罪过形式框架内（故意或过失）探索罪过程度中的细微差别，因为这些都是法院在量刑时所应当考量的因素。

---

① Дагель П. С. , Котов Д. П. Субъективная сторона преступления и ее установление. Воронеж, 1974. С. 72.

② Питецкий В. К вопросу о степени вины в уголвном праве // Уголовное право. 2006. № 3. С. 41.

③ Дагель П. С. , Котов Д. П. Субъективная сторона преступления и ее установление. Воронеж, 1974. С. 71.

④ Дагель П. С. , Котов Д. П. Субъективная сторона преступления и ее установление. Воронеж, 1974. С. 71.

根据俄罗斯现行刑事立法关于故意和过失的规定,有学者以法律中相应术语表述的智力因素与意志因素之间的不同结合方式,将其细化为如下八种罪过类型。在这八种罪过类型的区分过程中,尽量仅遵循形式逻辑的规律,而避免评价性论断,并且假定所有情形下行为人的违法行为都引起同一后果——造成他人死亡。

1. 第一位阶的罪过程度——预见结果必然发生的直接故意。俄刑法立法中关于直接故意的界定,规定了两种对后果的预见性:预见的必然性和预见的可能性。行为人预见到结果必然发生——意指这些后果在行为人的意识当中是其行为的唯一可能结果,此结果即俄学者假定情形中的他人的死亡后果。此即最高程度的罪过形式。

2. 第二位阶的罪过程度——预见结果可能发生的直接故意。此种情形下的预见,意指后果的发生只是具有或多或少的盖然性,并且其从逻辑上推定被害人有存活的可能,而后者则降低了行为人的罪过程度,即与前一种预见结果必然发生的直接故意相比较,其罪过程度并没有那么高。

3. 第三位阶的罪过程度——放任结果发生的间接故意。间接故意的特征是,行为人认识并且预见到其行为的社会危害性却不希望后果的发生,而只是有意识地放任其发生或者对其采取漠然的态度。间接故意中不希望后果发生(人死亡)的特征,与前述直接故意中的后果(人死亡)往往是与行为人违法行为的目的相比较而言,则具有较小程度的危害性。此外,间接故意中,行为人对于后果发生的意志态度,体现为有意识地放任或采取漠然态度,而此种罪过形式中的意志态度则是区分间接故意罪过程度的根据。因此,虽然不希望但却有意识放任后果发生的间接故意,应当属第三位阶的罪过程度。有学者认为,此种故意也可能发生在预见到结果必然发生的情形,①即其意志因素体现的正是对后果发生的有意识地放任。

4. 第四位阶的罪过程度——对可能的犯罪后果采取漠然态度的间接故意。此种情形下的意志态度是与体现为后果发生的可能性(盖然性)的智力因素相结合而言的,即行为人的意识内容也体现犯罪后果不发生的或然性,因此,此种间接故意,相较于放任结果发生的间接故意而言,其罪过性程度相对较小。比如,甲以报复的目的炸毁了在人行道附近的公司老板乙的车,结果炸死了偶然路过这里的一位行人。在这种情况下,路人的死亡对于甲而言只是其引爆行为的或然性的副结果,其对此种情形持一种漠然的态度。

5. 第五位阶的罪过程度——具有双重罪过形式的故意犯罪的主观方面(《俄罗斯联邦刑法典》第 27 条)。此种罪过形式,既是现实生活中确实存在的现象,同时也是俄罗斯现行刑事立法明确规定的罪过形式。《俄罗斯联邦刑法典》第 111 条第 4 款规定了故意损害他人健康而过失造成被害人死亡的刑事责任问题,根据俄学

---

① Питецкий В. Сужение косвенного умысла расширяет уголовноправовую репрессию // Российская юстиция. 1999. № 5.

界立场,此种行为的社会危害性正好介于故意杀人(第105条)和过失致人死亡(第109条)之间,体现为一种中间状态,因此,从逻辑上讲,此种情形下行为人的罪过程度也应当介于间接故意和轻信过失之间。[①]

6. 第六位阶罪过程度——轻信过失。此种罪过形式中,主体的意识里是不存在前述几种罪过形式中所存在的后果发生与否的可选择性的,即行为人对于后果的发生持一种积极的不接受的心理态度,因为他所指望的是防止结果发生,其主观上相信结果不会发生。因此,轻信过失在罪过程度上,要比前述故意的罪过程度轻。

7. 第七位阶的罪过程度——疏忽过失。此种罪过,体现为行为人没有预见社会危害后果发生的可能性,虽然其在尽到相应注意义务时应当和能够预见此种后果的情况。疏忽过失,在其智力要素和意志要素方面,与其他故意罪过和过失罪过之间是具有严格区别的。疏忽状态下,行为人对于其行为后果发生的可能性是没有预见的,因此就自然会产生这样一个问题:在行为人没有预见的心态中是否包含有意志要素?从心理学角度和常识性来看,对于此问题的回答是否定的。这样,又会产生一个新问题:疏忽过失中的意志要素(如果有的话),以及表示疏忽特征及作为道德和法律谴责之根据的"罪过要素"又指的是什么?

如果说在其他罪过类型中,行为人预见到后果发生的可能性(只是或然性的程度大小不同),并且直接体现出其所持的意志态度,那么,在疏忽过失中对所发生损害的此种意志态度是缺失的。这里对于所保护利益和所发生损害的否定态度是间接体现出来的,即是通过违反注意规则事实的意识而得以体现的,其又表现为两种不同情况:其一,行为人意识到他违反注意规则的事实;其二,行为人没有意识到违反注意规则的事实。第一种情形较为典型的例子,比如主人遛狗而没有拴绳牵引,而狗咬伤了行人的情况;某些特定场所为防止火灾或爆炸的发生而禁止吸烟的规定等。此类情形下的智力要素体现为对那些为防止潜在损害的发生而制定的特定注意规则违反的事实。意志要素则体现为对这些规则的疏忽和忽视,而行为人对于所发生后果的意志态度则是间接体现出来的,即通过行为人对特定注意的专门规则所持的疏忽态度而间接地体现出行为人的意志态度,即在对违反规则的事实有认识的情况下是通过智力要素间接予以体现。因此,疏忽过失的意志要素,首先体现为行为人对于注意规则所持的疏忽态度,并且最终间接地体现出对于法律所保护利益的否定态度。

8. 第八位阶的罪过程度——无认识过失。此种情形是指行为人在违反规则时却没有意识到此。比如,司机因为和乘客说话而没有注意到提示危险的六通标志,从而造成交通事故。无认识过失的常见形式是一种基础性的健忘,并且由此而导致行为人的不作为以及损害发生的结果。此种情形下,既不存在行为人对于所发

---

① Питецкий В. К вопросу о степени вины в уголвном праве // Уголовное право. 2006. № 3. С. 43.

生后果所持的直接意志态度,也不存在前述行为人意识到违反注意规则的事实而具备间接意志态度的情况。因此,追究无认识过失行为的刑事责任,相较于其他过失致害行为而言,其根据的确定相对比较复杂。1979 年在德国汉堡举行的第 12 届国际刑法会议,甚至试图将无认识过失行为排除在刑事可罚范畴之外。然而,事实上无认识过失会导致非常严重的损害,这也是不争的事实,所以将其排除在刑法规制以外也是不现实的。俄学界认为,当在无意识状态下违反注意规则时,“罪过要素”根植于人的反社会属性、素质、人格定位。正是这些因素导致了粗心、健忘、漫不经心[①]。因此,“罪过要素”在无认识过失中仍然是存在的,尽管与其他罪过形式和种类相比,其罪过程度相对较低。

俄学界所建构的上述罪过种类的阶梯结构并非足够完善和无懈可击,因为此罪过阶梯建构所依据的只是俄法律(其中包括《俄罗斯联邦刑法典》第 25、26、27 条)的直接规定,即俄现行刑事立法中所规定的不同罪过形式和种类中所包含的智力要素和意志要素之间的不同组合。在此罪过阶梯体系框架内,可以发现不同罪过种类之间存在的细微差别,因此,一个人实现犯罪结果的意志,可以以不同程度的强度表现出来,比如,在直接故意中,想要实现特定犯罪目的的行为人,在实现其目的方面可以表现出或多或少的积极性(毅力、大胆)。与此同时,对于后果发生可能性的预见(罪过的智力要素)同样也影响罪过的程度。俄学界在描述过失犯罪主观方面的特征时,经常使用“严重违反注意规则”这样的表述。在这些情形下关于罪过程度之间区别的判断,使用的不再是形式逻辑手段(前述所列八种罪过程度的划分方法),而利用的是评价性标准进行区分。

---

① Трухин А. М. Социальнопсихологическая природа “неосознанной” неосторожности // Проблемы уголовной ответственности и наказания. Красноярск, 1995. С. 24.

第七章　未完成犯罪制度

第一节　通说立场

一、犯罪实施阶段的概念、分类和意义

在俄罗斯现行刑事立法第二编“犯罪”的构架中，其第 6 章的主题为“未完成犯罪”（相当于我国刑法中的“故意犯罪的停止形态”）。俄罗斯早期法律文献以及当代某些刑法学著作，均将刑法总则规定犯罪预备、犯罪未遂和犯罪既遂内容的部分称为犯罪实施阶段（стадия совершения преступления）。尽管此种称谓并不是俄学界直接使用的立法术语，但其却较为准确地表达了本章的实质和内容。术语“阶段”（стадия），具有发展过程中特定周期的含义，体现着过程或现象在本源上存在的质的差别。此术语内含之义与故意犯罪发展进程相契合，即体现着从预备犯罪至既遂犯罪的过程。应当说，“犯罪实施阶段”的表述较为准确地反映了《俄罗斯联邦刑法典》第 6 章所规定的内容，因为本章第 29 条规定的“犯罪既遂”以及第 31 条规定的“犯罪中止”，并没有被第 6 章章名“未完成犯罪”所涵盖。[1] 俄刑法中的“犯罪实施阶段”，是指反映犯罪故意实现程度以及相应犯罪构成执行程度的故意犯罪活动（故意实施的刑法所禁止并以刑罚相威胁的社会危害行为）的发展阶段。这里的“阶段”，体现的是行为人犯罪故意实现的具体程度。

俄刑法理论将故意实施的犯罪划分为三个阶段：犯罪预备、犯罪未遂和犯罪既遂。如果行为人所实施的行为中含有犯罪构成的全部要件，则构成既遂犯罪（《俄罗斯联邦刑法典》第 29

---

① Учебно-практический комментарий к Уголовному кодексу Российской Федерации / Под ред. А. Э. Жалинского. М. : EKSMO EDUCATION, 2005. С. 106.

条)。如果犯罪人的行为由于其意志以外的原因而不能达到犯罪既遂阶段,那么,就会产生未完成犯罪的刑事责任问题。《俄罗斯联邦刑法典》第 14 条明确规定了犯罪的概念,其意指有罪过地实施刑法所禁止并以刑罚相威胁的社会危害行为。俄刑事立法分则所有规范的表述模式为:实施行为;给个人、社会或国家造成损害或造成损害的威胁,即刑法分则规定的均是犯罪的既遂状态。俄现行刑法第 8 条和第 14 条以同样的立法模式规定了刑事责任根据的概念。然而,现实生活中往往会发生这样的情况,即由于犯罪人意志以外的原因而使得故意犯罪行为在其发展进程中停止,从而没有全部实现犯罪故意的内容。俄通说认为,在实施严重或特别严重的故意犯罪情况下,即使存在行为没有实施完毕的事实,也不能排除行为的社会危害性,因此也不能排除行为的应受刑罚处罚性。

俄立法者基于犯罪活动不同发展阶段所呈现的社会危害性的不同,在《俄罗斯联邦刑法典》第 30 条规定了未完成故意犯罪的刑事责任,将故意犯罪的未完成形态区分为预备犯罪和未遂犯罪。预备犯罪和未遂犯罪,有别于既遂犯罪,其本身具有一系列特点,因此,俄现行刑事立法以专章(第 6 章)的形式规定了未完成犯罪的刑事责任。

故意犯罪的显著特征,主要体现为刑事法律的禁止性和犯罪主体对此禁止性规定却采取了漠视的态度。故意犯罪活动源于人的特定需求。一般而言,需求的形成并不对社会构成威胁,人可以选择合法的手段来满足自己的需求,这便不会衍生出需要以刑法规范予以调整的关系。故意行为开始之前是故意形成阶段,此阶段是决定以某种方式行动和各种不同动机进行斗争的过程,之后才会形成对犯罪目标需求的认知。在此过程中,行为人还会对促成或阻碍目标实现的因素进行权衡、在思维领域对可能采取的各种行为方案的结果进行评估,并且最终形成其将要采取的行为"模式"。如果此阶段与实施刑法所禁止的故意行为的意图之间相互关联,那么,就可以将行为人的此活动阶段称为实施犯罪之故意的形成,而若是实施犯罪的意图被执法机关所掌握,则预示着实施犯罪的故意已经被发现。此种故意的不可罚性,是公认的法律公理。

行为人一旦开始实际执行前述所做的决定,则是所计划犯罪实施阶段的开启。具有复杂意志内容的犯罪行为的实施,可以是为实现预期目的创造条件的行为,或者为实现犯罪目的而消除障碍的行为,以及直接旨在实现其目标的行动。在故意犯罪活动发展的各个阶段,有可能会发生犯罪人意志以外的情况,而恰恰是此类情况使得既定结果的实现成为不可能。这便涉及俄刑法中所规定的未完成犯罪制度,即犯罪预备和犯罪未遂。

"犯罪阶段"概念,只有在区分既遂犯罪和未完成犯罪的情况下才具有其存在的意义,其中,这里仅指故意犯罪活动,并且限于行为人意志以外的情况或由于其自愿放弃实施行为而使犯罪活动停止的情况。过失违法行为的入罪,仅限于造成严重损害的情形,即过失犯罪只涉及犯罪既遂问题,不存在犯罪预备、未遂和中止的情况。因此,俄刑事立法与我国刑法一样,犯罪预备、犯罪未遂和犯罪中止制度的规定仅限于故意犯罪。俄刑法理论和司法实践中,对于未完成犯罪阶段的认定,均采后者吸收前者的原则,即犯罪未遂吸收犯罪预备,而犯罪既遂则吸收前两个犯罪阶段——犯罪预备和犯罪未遂。因此,行为人的未完成犯罪阶段离既遂越近,其所实施行为的社会危害性就越大,这也是法院在量刑时应当考量的因素。

根据《俄罗斯联邦刑法典》第 6 章有关"未完成犯罪"的相关规定,可以得出对于未完成犯罪刑事责任的追究,应当根据俄罗斯现行刑事立法分则相应条文所规定的既遂犯罪的法定刑,同时援引《俄罗斯联邦刑法典》总则第 30 条的规定。未完成犯罪活动刑事责任的规定,对于打击那些社会危害性特别严重的犯罪具有非常重要的意义。比如雇凶杀人案件,此类案件往往非常复杂,其侦破具有很大难度,而这往往与犯罪的准备阶段存在密切关系,比如,犯罪的周密谋划活动、团伙作案方式等,而且在团伙犯罪活动中,组织犯和实行犯之间经常会是一种相互不认识的状态,彼此之间并不实际接触。因此,对于此类具有严重社会危害性且案情复杂的犯罪活动,应当进行提前预防,即通过追究未完成犯罪行为刑事责任的路径,在犯罪预备和未遂阶段即开始预防此类犯罪。在预备或未遂阶段有效地制止犯罪、追究未完成犯罪活动的刑事责任,可以起到防止犯罪既遂这样严重后果发生的作用。

在俄罗斯,未完成犯罪刑事可罚性的规定最早出现于 11 世纪的《罗斯法典》,即在此部法典中就已经有了关于预备行为和未遂行为应受刑罚处罚的规定。之后的《1649 年会典》,不仅对犯罪预备和犯罪未遂分别进行了规定,而且还规定了预谋造成"君主健康恶行"意图(故意)的刑事可罚性。《彼得一世军事条令》中并没有关于"犯罪阶段"一般概念的规定,只是规定了某些个别情形下未完成犯罪的刑事责任,并且对此类情形规定了轻于既遂犯罪的刑罚处罚措施,比如,根据此《军事条令》的规定,"对于小偷,如果被抓住或是被赶走,或是因有人阻止而没有带走任何东西,则应当处罚得轻些",但是,对于"雇凶杀人"的预备和"故意杀人未遂",则与既遂犯罪处以相同的刑罚。①

俄刑事立法有关规定"犯罪阶段"的概括性条文,最先出现于《1845 年刑罚与感化法典》,此部法典对故意概念以及犯罪预备、犯罪未遂和既遂犯罪的概念都进行了界定。1885 年修订的《刑罚与感化法典》第 7 条规定,"如果实施犯罪的意图没有在任何具有未遂性质的行为中体现出来,则不受刑事追诉";第 8 条对故意犯罪的第一个阶段进行了界定,即"为犯罪寻找或获取工具的行为,只可以认定为犯罪预备……根据一般规则,犯罪预备是不受刑罚处罚的,除了法典中明确规定预备行为应受刑罚处罚的那些不受一般解释规制的情形";第 9 条规定,犯罪未遂,是指

---

① Хрестоматия по истории отечественного государства и права. X век –1917 г. М.: Зерцало, 1998. С. 70 –177.

开始或继续将恶意意图付诸实施的任何行为。[①]

在俄罗斯社会的后续发展过程中,未完成犯罪的责任制度经历了非常复杂的演变历程。1919 年《苏俄刑法指导原则》对此种制度是这样规定的:"犯罪意图阶段,其自身对于由犯罪人危险性程度所决定的惩罚措施并不产生影响。"1922 年《苏俄刑法典》只针对预备行为本身属可罚行为的情形规定有犯罪预备的刑事责任,即所实施的预备行为,只有含有其他犯罪构成的情况下,才会被追究刑事责任。另外,此《法典》第 12 条还进行了补充规定,其内容是:是否应当对被认为是社会危险分子的行为人适用社会防卫措施,由法院予以决定。接下来的《1924 年刑事立法纲要》则将犯罪预备和犯罪未遂合并成一个统一的初始犯罪概念(понятие начатого преступления)。1926 年《苏俄刑法典》将故意犯罪分为犯罪预备阶段和犯罪未遂阶段,并且同时规定此两种犯罪停止形态的"追诉等同于既遂犯罪"。1958 年 12 月 25 日的《苏联及各加盟共和国刑事立法纲要》以及 1960 年《苏俄刑法典》的通过,使得从立法层面正确规定故意犯罪阶段的需要变得更加迫切,因为此种刑法制度对于所实施犯罪的正确定罪,以及刑罚种类和量刑轻重的确定都具有非常重要的意义。然而,1960 年《苏俄刑法典》并没有以专章的体例对未完成犯罪(故意犯罪停止阶段)的刑事责任进行规制。

苏联解体后,俄罗斯联邦刑事立法,一方面重塑了其与国内革命前立法之间特有的"时代连接",另一方面又使得俄罗斯国内刑法在人文发展方面取得了长足进步。俄国十月革命前的《1903 年刑法典》第 49 条和第 50 条,在保持立法规定灵活性的同时,立法内容更具明确性。根据此两条规定,"犯罪人所希望的犯罪行为已开始实施,却由于犯罪人意志以外的情况而没有完成",被称为犯罪未遂。重罪未遂以及"法律特别规定"犯罪的未遂,其刑罚轻于既遂犯罪。与此同时,轻罪的未遂不受刑罚处罚。相应地,为实施故意犯罪行为而获取或制造工具,但由于犯罪人意志以外的情况而被迫停止,是犯罪预备。根据《1903 年刑法典》的规定,犯罪预备只有在法律有明确规定的情况下,才受刑罚处罚。

1996 年《俄罗斯联邦刑法典》首次对既遂犯罪进行了界定,即如果行为人所实施的行为中含有刑法典分则规范规定的犯罪构成的全部要件,则所实施犯罪是既遂犯罪(《俄罗斯联邦刑法典》第 29 条第 1 款)。相应地,犯罪预备和犯罪未遂,属于未完成犯罪的范畴。为了正确认定犯罪既遂以及对既遂犯罪与未完成犯罪进行区分,则必须确定所实施的行为中是否具备现行刑事立法所规定的相应犯罪构成的全部要件。与此同时,确定犯罪人的行为是否构成既遂的标准,则取决于立法者对于某个犯罪构成之结构属性的立法规定。其具体体现如下:

(1)对于具有实质构成的犯罪(相当于我国刑法中的结果犯),其既遂的标准

---

① Уложения о наказаниях уголовных и исправительных. Екатеринослав, 1902.

是发生法律规定的犯罪结果。比如,《俄罗斯联邦刑法典》第105-108条规定的故意杀人的若干罪名,以及第111条、第112条规定的故意伤害罪,都属于具有实质构成的犯罪,其既遂的标准分别是造成被害人死亡、造成被害人重伤或是中等严重伤害的结果。

(2)具有形式构成的犯罪,其既遂的标准是实施了法律所禁止的行为(作为或不作为),而无论后果是否发生。比如,《俄罗斯联邦刑法典》第136条和第137条分别规定的“侵犯人和公民权利与自由平等罪”“侵害私生活不受侵犯权罪”都属于具有形式构成的犯罪(相当于我国刑法中的行为犯)。

(3)具有截短构成的犯罪,则其既遂的标准更加提前,比如《俄罗斯联邦刑法典》第162条规定的抢劫罪就属于俄刑法中典型的具有截短犯罪构成的犯罪,即只要以侵占他人财物为目的开始使用威胁生命或健康的暴力或以使用暴力相威胁的方式开始攻击行为,就构成既遂,与盗窃罪和抢夺罪相比较,抢劫罪既遂的时间点移到了未遂阶段。俄现行刑法第162条所规定抢劫行为,其既遂的认定无需确定犯罪人是否成功地侵占了他人财物,也没有必要认定犯罪人是否有可能使用和支配他人财物、是否得以掌控他人财物,其侵害事实本身(攻击行为),即构成犯罪既遂。

根据俄现行刑事立法的规定,在多数情况下,犯罪构成主观方面会对既遂的成立产生影响,特别是故意意图还会影响到既遂成立节点的确定,比如,在对盗窃具有特殊历史、科学、艺术或文化价值的物品的行为定罪时,就会涉及这个问题。这里涉及的罪名是《俄罗斯联邦刑法典》第164条规定的“侵占具有特殊价值物品罪”。对于从博物馆窃取此类物品行为的犯罪既遂的确定,仅能够确定盗窃者已经掌控并且能够支配他人财物是不足以认定此罪既遂的成立的。如果所窃取的东西是违背犯罪人意图的,即其窃取的对象物并不是具有特殊价值的物品,比如,小偷本来是想盗窃著名艺术家的一幅名画,但偷到手的却是业余画家临摹的赝品,则他的行为应当根据《俄罗斯联邦刑法典》第164条和第30条的规定,定性为侵占具有特殊价值物品罪的未遂,而非《俄罗斯联邦刑法典》第158条规定的盗窃罪的既遂。

二、犯罪预备

俄罗斯帝国时代的《1845年刑罚与感化法典》第1457条规定了故意杀人预备的刑事责任,其犯罪预备的立法表述为:“获取或准备杀人所需的武器或者其他工具和子弹或者毒药。”接下来的《1903年刑法典》第457条则规定了故意杀人预备的犯罪构成。《俄罗斯联邦刑法典》第30条第1款将犯罪预备界定为:“为了实施犯罪而寻找、制造或加工犯罪手段或工具、寻找共同犯罪人、进行犯罪勾结或者以其他方式故意为犯罪创造条件,如果此种情形下由于犯罪人意志以外的情况而未将犯罪进行到底”。可见,俄罗斯现行刑法在界定“预备”概念时,既列举了常见的预备行为类型(如寻找、制造工具,犯罪手段,犯罪勾结),也使用了开放式的立法措辞——其他故意为犯罪创造条件的行为。这便意味着为顺利实施犯罪而创造条件的诸多行为,均可以归于犯罪预备行为之列。

犯罪预备概念界定中的“寻找犯罪工具或手段”,指的是行为人获取其打算将来用于实施犯罪的那些物质客体的行为。此种情形下的获取方式,可以是合法路径(如购买、交换、临时租借),也可以是非法手段(如盗窃、偷开交通工具、制造违禁物品等)。“犯罪工具和手段”,意指用于实施犯罪、掩盖犯罪、隐匿罪犯的各种物质客体。一般情况下,犯罪工具可以分为以下几类。

(1)武器,包括冷兵器、枪支、炸药。

(2)家用物品,如斧头、锤子、镰刀、菜刀、螺丝刀、撬棍等。

(3)不具有专门用途的物品,如棍子、石头。

“加工犯罪工具和手段”,指的是对犯罪工具进行特殊加工、改变其形式或属性,使之成为适于犯罪实施的工具。经过加工的工具,有时候会使其丧失最初的用途,比如,俄罗斯曾发生过这样一个案例:某研究所主任杀害了研究所的四位研究人员,而之后用其改造过的装有实弹的气枪自杀身亡。此案例中的犯罪工具气枪,经过加工后变成了能够杀人的实弹手枪。

俄罗斯现行刑法还将“寻找共同犯罪人”(同伙)规定为犯罪预备行为。俄司法实践中就曾经发生过类似案例:甲过去曾因犯盗窃罪和抢夺罪多次入狱,在监狱服刑期间听说某地的乙家存放大量钱款和价值不菲的珍宝。甲出狱后开始着手准备对乙家入户抢劫。为此,甲认识了一位在校大学生丙。甲利用丙嗜赌的弱点引诱其参与犯罪活动。甲先利用打牌赌博的方式赢了丙数目不小的金钱,之后为了让丙支付所欠赌资而建议其一起参与盗窃,丙就范。随后,甲又以恐吓丙的方式诱使其参与抢劫乙家的犯罪预备行为。寻找同伙的行为往往会持续相当长的时间,比如,要寻找一个杀人的实行犯往往需要一周,甚至半个月时间。① 此外,“犯罪勾结”(就实施犯罪合意进行谈判、共同作出决定)和计划实施犯罪、对共犯人进行分工及其他具有准备性质的行为,都属于犯罪预备行为。犯罪预备通常体现为行为人的积极作为形式,并且具有如下几方面特点。

第一,创造了便利犯罪的条件,或者消除了实现犯罪结果的障碍,并且在后续侦查犯罪方面制造额外的困难(例如,创设虚假的不在场证明)。

第二,工具、手段的使用以及为实施犯罪和逃避责任创造有利条件的行为,其主观方面只能是直接故意。

第三,必须发生在犯罪行为开始实施之前。

第四,预备行为的实施地点,可以与未来犯罪发生地之间的空间距离较远。

---

① Бородулин А. И. Методические и тактические основы расследования убийств, совершаемых наемными лицами: Автореф. дисс. … канд. юрид. наук. М. , 1996. С. 7.

第五,在直接实施犯罪开始之前中断的预备行为,需出于犯罪人意志以外的情况。

犯罪预备行为,有时候会体现出复杂的特性,其可能延续很长一段时间,并且预备行为的内容也会呈现各种不同的样态。比如,甲设计了几种能弄到大钱的方案:通过赌博赢钱、抢劫其所在公司的收银员、对货币兑换点实施抢劫。甲为了能够顺利实施抢劫行为,还吸纳了公民乙、丙和未成年人丁进入自己的犯罪团伙。甲为他们提供了武器——一支冲锋枪和一支手枪,研究了兑换点的工作程序和安保组织情况,以及收银员在银行取钱和从汽车到收银处的路线。甲与其他犯罪团伙成员在一起详细研究和制定了实施犯罪的方法:用棒子击打收银员和保安的头部,将其打晕,并且以武器威逼的方式将兑换点的顾客集中到一处,然后将收银处的钱抢劫空。他们甚至还进行了几次预先"演练",即在夜间的时候让犯罪团伙成员轮流到街上寻找单身行走的路人,伺机用棒子击打其头部。甲在暗处观察每个同伙的行动情况并且记在一个专门的小本子上,诸如:"某某干得利索;棒子不好用;有喊声但没有倒下;某某干得不果断;某某胆子小,应当训练他的勇气",等等。甲作为犯罪团伙的组织者拟定了若干目标:在预备阶段训练同伙、拟定周密的作案计划、选择最佳作案工具等。此间,之前"演练"中的一个被害人在大街上认出了丁并且向警察报案将其拘捕。于是,甲团伙的犯罪活动被迫停止在了抢劫的预备阶段。根据俄现行刑法第 30 条第 2 款的规定,只对重罪(第 15 条第 4 款)和特别重罪(第 15 条第 5 款)的犯罪预备追究刑事责任。因此,针对甲犯罪团伙成员以抢劫罪的犯罪预备予以追究刑事责任。

综上,《俄罗斯联邦刑法典》基于犯罪预备行为往往不具有严重社会危害性的根据,只追究严重犯罪或者特别严重犯罪的刑事责任,而对于轻罪和中等严重犯罪的预备行为,则进行了出罪化处理。此种立法模式,也是俄罗斯刑法发展历程中针对犯罪预备所采取的最常见的传统规制方式。

三、犯罪未遂

俄现行刑事立法保留了历来俄罗斯刑法关于犯罪未遂概念界定的传统模式,只是增加了有关不作为也可以构成犯罪未遂的规定。根据《俄罗斯刑法典》第 30 条第 3 款的规定,犯罪未遂是指行为人直接实施故意犯罪行为(作为或不作为),因行为人意志以外的情况而未将犯罪进行到底的情形。

俄罗斯司法实践中,犯罪未遂的案例呈现出不同样态。与犯罪预备相比,犯罪未遂往往与造成客体侵害相关联,因而衍生出行为(作为或不作为)与损害发生或损害发生威胁之间因果关系的发展进路。获取武器、毒药,制造爆炸装置、招募同伙、计划实施犯罪以及其他犯罪预备行为,是犯罪故意实现的开端,此间还不存在行为与损害或损害发生威胁之间的因果关系问题。犯罪未遂直接指向的是犯罪行为的实施(如向被害人开枪射击,用刀实施砍杀行为,为实施入室盗窃的破锁行为等),是对侵害客体造成损害的现实危险,因此,犯罪未遂行为需要将犯罪意图付诸实施。

如果说1960年《苏俄刑法典》第15条只规定了“故意作为”的犯罪未遂,则1996年《俄罗斯联邦刑法典》第30条第3款则增加规定了“故意不作为”的犯罪未遂,以此填补了俄刑事立法在这方面的漏洞。在俄罗斯曾发生过这样一个案例:1996年9月4日,一名28岁的商人和他的妻子在谢尔普霍夫市(г. Серпухов)被杀。在这起案件中,杀人犯也被认定为第三个被害人(被害人的女儿)的杀人凶手:这对夫妇的尸体在案发的第三天才被发现,他们10个月大的女儿被留了活口,但婴孩被发现时却因为没有食物和水的喂养而奄奄一息。本案中的犯罪分子之所以未杀害孩子,主要是考虑到这个犯罪目击者还不到一岁,并不会产生暴露他们的危险。孩子被送往医院,医生的论断结果是,小孩的身体发生了不可逆的后果,他可能会终身残疾。俄司法实务部门对本案的定性是故意杀人罪既遂和不作为故意杀人罪未遂。

俄学界为了阐释犯罪未遂之犯罪构成主观要件和客观要件的实质内容,使用了可能性和现实性、必然性和偶然性的范畴标准。所谓可能性,意指表示具备过程和现象产生条件或避免其产生之因素缺失特征的客观趋势;现实性,则是某种可能性的实现。可能性变成现实性,需要使可能性转型为现实性所必须的条件和人的行为。可能性向现实性的过渡是一个矛盾的过程,而这一进程完全适用于犯罪活动阶段的判断,即犯罪预备阶段是在创造将可能性变成现实性的条件、消除阻碍这一进程的因素。行为人所实施的行为,即其为犯罪后果的可能发生故意创造条件的行为,构成俄刑法中重罪或特别重罪犯罪构成的客观方面要件。与此同时,在为犯罪预备创造条件的同时,还存在一种对刑法所保护社会关系造成直接侵害的抽象可能性。已完成的犯罪侵害,其在未遂阶段将可能性变成现实性的同时,还衍生出一种新的可能性——行为人所希望之犯罪结果的发生。因此,犯罪未遂是希望犯罪结果向现实性转化,但犯罪结果尚未变成现实的故意行为,与此同时,犯罪未遂在客观方面是有别于犯罪预备的。这主要体现为,在犯罪未遂阶段行为人的行为已经对犯罪客体产生直接威胁,并且既遂犯罪的客观方面的部分内容已经有所实施。构成犯罪未遂客观方面的行为(作为或不作为),其与犯罪既遂客观方面之间的区别,主要体现为此种行为由于犯罪人意志以外的情况而停止。可见,犯罪未遂情况下因前述情况而导致行为的未完成,是其有别于犯罪既遂的主要特征。

犯罪未遂的社会危害性,体现为主体的犯罪故意中所涵盖的结果发生的实际可能性。犯罪未遂,是指犯罪已经开始实施并且在其实施过程中由于犯罪人意志以外的情况而没有发生犯罪既遂的后果。犯罪未遂中行为人的行为未得以完成的原因可能是多种多样的:既有可能体现为犯罪实施者不够积极主动地去实施犯罪,也可能是由于其所制定的行动计划缺乏远见，或者遇到被害人的激烈反抗，还可能是由于陌生人的干预或是犯罪者没有注意到的其他情况。

犯罪未遂中行为人行为结束之事实的认定，取决于犯罪人未遂行为所涉及相关犯罪构成的规范罪状所规定的内容。如果是实质构成的犯罪，则其未遂的认定标准应当是刑法规范罪状所规定犯罪结果的缺失（比如，没有发生被害人死亡的结果或是没有成功控制他人财物等）；如果是形式构成的犯罪，其未遂的认定标准是行为人并未得以完全实施刑法禁止的行为。俄刑法理论和司法实践一致认为，犯罪未遂只存在于直接故意犯罪当中。例如，1992 年 12 月 22 日由俄罗斯联邦最高法院出台的《关于故意杀人罪案件司法实践》全体会议决议第 3 项就规定："法院应当考虑到，如果 1960 年《苏俄刑法典》第 102 条或第 103 条规定的故意杀人罪，其主观方面既可以是直接故意，也可以是间接故意，而此罪的未遂则只能体现为直接故意，即犯罪人的行为证实，行为人预见到并且希望死亡结果的发生，但由于其意志以外的情况而未发生致命的结果。在犯罪人的行为中含有故意杀人未遂构成得以证实的情况下，则针对被害人所实际发生的后果，是不需要进行额外定性的"，①即只认定为一个故意杀人未遂即可。

犯罪未遂情形下的犯罪侵害未完成，意指行为人所实施的行为中缺乏相应既遂犯罪客观方面的一个要素或几个要素。在具有实质构成的犯罪未遂中，其作为罪过形式的直接故意，是指犯罪人意识到直接指向犯罪自己的实施行为（作为或不作为）的社会危害性，预见到犯罪结果发生的可能性并且希望此犯罪结果发生的心态；而在具有形式构成的犯罪未遂情形下，直接故意的内容，体现为行为人意识到其所实施行为的社会危害性，并且希望实施此行为的心理态度。

俄刑法学界根据不同标准将犯罪未遂区分为不同的类型。首先，俄刑法学文献以及相关刑法教学文献中，根据构成客观方面发展的不同程度将犯罪未遂分为实施终了的未遂和未实施终了的未遂。所谓实施终了的未遂，是指犯罪人实施了他认为将犯罪进行到底所必需的所有行为（作为或不作为），但由于犯罪人意志以外的原因而没有发生其所希望的结果。比如，甲向乙开枪想致乙于死地，但由于枪法不准几次均未打中乙的情况，就属于典型的实施终了的犯罪未遂。未实施终了的未遂，意指犯罪人由于其意志以外原因，没有实施完他认为将犯罪进行到底的所有行为（作为或不作为）。比如，甲曾因实施盗窃行为而多次被判刑，他出狱后旧习难改，想通过天窗潜入一商店盗窃珠宝，但当他爬上商店屋顶、打破阁楼窗户的时候，被警察发现并拘捕。此种情形下甲实施犯罪的故意行为显然没有完成，而警察的拘捕行为就是犯罪人意志以外的情况。虽然甲未来得及实施完他所预谋的盗窃犯罪的所有行为，但其所实施的行为中已经含有《俄罗斯联邦刑法典》第 158 条第

---

① Сборник постановлений Пленумов Верховных судов СССР и РСФСР（Российской Федерации）по уголовным делам. М.，1995. С. 545.

2 款第 2 项以及第 30 条第 3 款所规定的犯罪构成，甲的行为构成盗窃罪未遂。其次，俄刑法理论还将犯罪未遂区分为客体不适格未遂和手段不适格未遂。所谓客体不适格未遂，俄学界一般认为其更准确的称谓应当是犯罪对象不适格未遂，此罪的客体是刑法保护的社会关系。对不适格犯罪对象造成损害的刑事责任问题，可以体现为主体对其所侵害的对象发生事实认识错误的情形，即行为人在侵害对象的有无或者是否具有某种属性方面发生错误认识。比如，向已经被殴打致死的受害人开枪的行为，或是撬开里面没有钱的保险箱的行为，就是对象不适格的犯罪未遂。这两种情形下的犯罪客体，是完全适格的社会关系——人的生命和他人财物，但由于犯罪实施者发生了错误认识，上述客体没有发生损害。那么，此两种情况下的犯罪人，应当承担故意杀人未遂、盗窃未遂的刑事责任，因为他们做了应当导致犯罪后果发生的一切，但却因为其意志以外的情况而没有发生其预想的犯罪结果。手段不适格未遂，是指犯罪人适用了客观上根本不能导致犯罪结果发生的手段。俄罗斯司法实务中曾有过这样的案例：行为人企图用毒药毒死商业竞争对手，但当被害人喝了下毒的饮料后却没有发生任何危害后果，因为所下毒药储存条件不当而毒性失效。然而，此种毒杀竞争对手的未遂行为，被认定为具有社会危害性并且是可罚的行为。只有当行为人所选择的不适格手段是出于极端无知和迷信（比如想要用各种咒语或巫术杀人或害人的情况），而这样的行为在任何时候都不能对刑法保护的社会关系造成损害，不会被追究刑事责任。对未完成犯罪进行刑罚处罚的立法依据，体现为《俄罗斯联邦刑法典》第 60 条规定的“量刑的一般原则”和第 66 条规定的“未完成犯罪的量刑”规则。

根据俄罗斯现行刑事立法的规定，法院在对犯罪预备行为和犯罪未遂行为进行量刑时，必须考虑犯罪未进行到底的情况。基于此，《俄罗斯联邦刑法典》第 67 条的规定，“对预备犯罪所处的刑罚，不得高于本法典分则相应条款对既遂犯罪所规定的最重刑种的最高刑期或数额的 1/2”（本条第 2 款）；“对犯罪未遂所处的刑罚，不得高于本法典分则相应条款对既遂犯罪所规定的最重刑种最高刑期或数额的 3/4”（本条第 3 款）。与此同时，对犯罪预备和犯罪未遂，无论其严重性程度有多高，都不得判处死刑或终身剥夺自由刑（第 67 条第 4 款）。

四、犯罪中止

行为人已经开始实施犯罪，但未将犯罪进行到底的情况，在犯罪预备阶段和犯罪未遂阶段还存在自动终止实施犯罪，从而避免被追究刑事责任的可能性。根据《俄罗斯联邦刑法典》第 31 条的规定，如果行为人意识到可能将犯罪进行到底却终止了预备犯罪或终止了直接实施犯罪的行为（作为或不作为），是自动中止犯罪（本条第 1 款）。1996 年《俄罗斯联邦刑法典》有别于 1960 年《苏俄刑法典》，其不但对犯罪中止进行了界定，而且在立法层面上明确规定了避免被追究刑事责任的可能性,即当行为人意识到实际可能引起犯罪结果发生的情况下,却在犯罪预备和犯罪未遂阶段自愿终止了已经开始的犯罪活动。[①]

所谓自动中止,是指行为人在实际有能力完成犯罪的情况下,自主而非被迫地完全、彻底地放弃犯罪的继续实施。犯罪中止之于犯罪预备和犯罪未遂,其在犯罪构成要件的区别上仅仅体现为,在完全能够完成犯罪的情形下而终止故意犯罪活动的自愿性。此种情况表明,故意犯罪活动早期阶段自动终止的行为,还是具有一定社会危害性的。然而,根据俄学界立场,虽然自动终止实施犯罪的行为人,其行为上仍具有社会危害性,但基于一般预防和特别预防目的的考虑,是应当免除此类行为人的刑事责任的,其前提是已经开始实施故意犯罪的行为人主动终止犯罪侵害行为、避免将已开始的犯罪进行到底。在俄罗斯的彼尔姆市发生过这样一个案件:即三名刺客在公寓门口枪杀皮梅诺夫。在此次犯罪实施的过程中,就存在自动中止犯罪的因素。法院经过对本案的审理,确定凶手已经观察皮梅诺夫家好几天了:清晰记录了他的工作日程表,他离开家去上班的时间以及此时谁留在家里等情况。根据此次谋杀组织者的计划,凶手应当打电话给公寓并谎称是受皮梅诺夫的合作伙伴委托来他家的,并且当门打开时,就射杀皮梅诺夫一家四口。凶手们为杀死皮梅诺夫和他的家人作了充分的准备,他们甚至观察了这一家人通常会是由谁来开门的细节。在谋杀案发生的那天,当武装杀手进入前门时,他们的计划突然改变了。其中一名杀手拒绝入室杀害妇女和儿童。于是,杀手们临时商议后同意只限于杀害皮梅诺夫一人:当他一进门,就响起了四声枪声。凶手从十楼逃到街上,本应该是有一名司机和另一名同案犯在那里等着他们,但那名同案犯却睡过头没来,而汽车司机不想参与其中也离开了。于是,凶手们走了几个街区,到了其中一名杀手的家里,换了衣服、把枪也放在他家里。当他们再次来到街上时即被拘捕。在此事件中,其中一个共犯人主动放弃参与杀害皮梅诺夫家人的行动,其行为包含犯罪中止要素。此种情形下,被雇佣的杀手当时是完全有可能杀害皮梅诺夫及其家人的,因此他们的行为不应当定性为因贪利动机杀害二人的故意杀人预备,而只能定性为因贪利或被雇佣而实施的故意杀人罪(《俄罗斯联邦刑法典》第105条第2款第8项规定的"因贪利的动机或受雇于人……")。此案件中并不存在《俄罗斯联邦刑法典》第31条规定的犯罪中止的理由,因为只有行为自愿并且彻底放弃将犯罪进行到底的情况,才是行为人不承担刑事责任的根据所在。

放弃犯罪的彻底性,体现为完全放弃将已开始的犯罪进行到底,并且这种决定是终局性的。因此,诸如重复未遂行为的放弃行为、将可继续的犯罪活动转移到其他时间实施的行为、第一次尝试实施犯罪失败而换成其他犯罪工具和手段而重新实施侵害的中止行为,所有这些情形都不能认定为犯罪中止。与此同时,行为人在

① Бюллетень Верховного суда Российской Федерации. 1992. № 7. С. 9.

决定自愿放弃实施完故意犯罪时的动机,可以是各种各样的,并且此种自愿放弃行为的动机如何,均不影响免除其刑事责任的认定。

犯罪中止可以发生在已经开始实施犯罪到结束之前的各个阶段。其中,犯罪预备阶段的中止,只要是终止了预备行为即可认定,比如,不再制造武器或简易爆炸装置的行为、停止寻找犯罪同伙的行为。犯罪中止的认定,并不必须要求行为人实施某种积极的作为(如销毁已经获得或装备好的武器和工具),但此种行为可以作为放弃实施犯罪活动的自愿性和彻底性方面的证据。犯罪中止通常发生在未完成犯罪的犯罪未遂阶段,此阶段的犯罪中止与预备阶段的犯罪中止一样,可以表现为积极的方式,也可以是消极形式。在任何情况下,犯罪中止的行为人,只有当他所实施的行为中实际上含有其他犯罪构成时,他才应当承担刑事责任。比如,在没有造成被害人死亡而是造成其严重或中等严重的身体伤害的情形下,甚至在行为人故意杀人中止的情况下,犯罪人应当基于《俄罗斯联邦刑法典》第 111 条和第 112 条"故意严重损害他人健康罪"和"故意中等严重损害他人健康罪"的规定承担刑事责任。

在行为已实施完毕的情况下,也有可能存在犯罪中止。此种情形下犯罪中止只能存在于行为人继续追踪事件持续发展进程并且能够对防止损害后果的发生施加影响。比如,在车底放置爆炸装置的人,可以在受害者到达之前拆除爆炸装置。

《俄罗斯联邦刑法典》第 31 条第 4 款对于共同犯罪的组织犯和教唆犯的犯罪中止进行了特别规定。此种情形下犯罪中止的认定,不仅要求他们本人放弃犯罪活动的实施,而且他们还必须在可能不被认定为犯罪中止的情况下通知相关权力机关或是采取其他措施防止实行犯将犯罪进行到底。帮助犯的犯罪中止的认定,不仅要求他必须终止自己的犯罪活动,还要求他必须采取可以采取的一切措施防止其他共犯人继续实施犯罪(《俄罗斯联邦刑法典》第 33 条第 5 款)。因此,前述皮梅诺夫谋杀案中,无论是帮助犯,还是那个自动放弃接应的司机,都不能认定为犯罪中止而免除刑事责任。因此,无论是帮助犯,还是组织犯、教唆犯,如果他们的行为没有成功制止实行犯继续实施犯罪,则他们采取措施的行为可以在法院量刑时作为减轻罪过的情节予以考虑(《俄罗斯联邦刑法典》第 31 条第 5 款)。

应当注意区分俄现行刑事立法规定的"积极悔过"与犯罪中止之间的区别。所谓"积极悔过",是指犯罪人在已经实施完犯罪之后所做出的积极行为,包括赔偿犯罪所造成的损害,协助护法机关侦破犯罪,揭发其他同案犯,起获赃物,自首,在实施犯罪后及时对被害人进行医疗救助或实施其他救助行为。在犯罪行为实施完毕未遂的情形下,往往会发生犯罪人无力防止犯罪结果发生的情况,此种情形下为防止犯罪结果而采取措施的行为,在俄刑法中被认定为"积极悔过"行为。俄司法实践中有过这样一个典型案例:甲在一次发工资后和同事乙一起在乙家喝酒并且酒后就睡在乙家。当他醒来时发现自己的钱没了,于是就开始向乙索要。他们从一开始的争执升级到厮打到一起,在厮打过程中甲用酒瓶打伤乙的头部,致乙昏倒。甲叫来了救护车、用碘酊处理了乙的伤口并且帮助被害人包扎了伤口,然而,在医生到达前乙还是死了。此种情形下,犯罪人试图防止损害后果的发生,但他的救助行为并没有避免乙的死亡。法院在对此案量刑时将甲采取的救助行为认定为“积极悔过”。根据《俄罗斯联邦刑法典》第 61 条第 9–10 项的规定,任何形式的积极悔过都是减轻罪过的情节,并且也是法院在量刑时应当考量的从轻处罚情节。与此同时,根据俄现行刑事立法的规定,初次实施轻罪的行为人,可以因其积极悔过而免除刑事责任(《俄罗斯联邦刑法典》第 75 条)。此外,俄刑事立法还在法律有特殊规定的情形下,对于重罪或特别重罪既遂而有积极悔过情节的,可以免除刑事责任。此类规定具体体现在《俄罗斯联邦刑法典》的下述立法规范中:第 205 条“恐怖主义罪”附注,第 206 条“劫持人质罪”附注,第 208 条“组织或参加非法武装部队罪”的“附注”,第 275 条“背叛国家罪”的“附注”,以及第 222 条、第 223 条、第 228 条和其他条文附注中的规定。

第二节　相关争议问题

一、未完成犯罪社会危害性根据及其可罚性边界问题

俄罗斯现行刑事立法规定了重罪和特别重罪之犯罪预备的可罚性,以及犯罪未遂的可罚性(此项规定不做犯罪等级的区分,即针对的是所有犯罪类型)。此种立法模式的选择,必然存在立法自身的根据,而对此种根据的探索,归根结底还是要回归到对未完成犯罪可罚性根据发展历程的历史追溯中,从其学术争鸣中探求一二。

俄国十月革命前的刑法学文献对于未完成犯罪之可罚性问题的探讨相当广泛,[①]此种学术争鸣对于俄后续刑事立法的科学理念体系及其立法实践产生了重要影响。这体现在其后 100 余年内,俄国内立法者基于其所面临的不同时期国家刑事政策任务,从而在未完成犯罪的可罚性边界问题上呈现不断变化的立场:从一开始将预备行为和犯罪未遂等同于犯罪既遂一样的地位予以处罚(1919 年《苏俄刑

① 详见 Бернер А. Учебник уголовного права. Т. 1. Общая часть. СПб. , 1865. С. 485; Лякуб П. О покушении на преступление. СПб. , 1866. С. 13; Ратовский Н. В. О покушении на преступление. Казань, 1842. С. 22–23; Таганцев Н. С. Русское уголовное право. Часть общая: лекции. В 2 т. Т. 1. М. , 1994. С. 296;等等。

法指导原则》第20条),到不处罚犯罪预备行为(1922年《苏俄刑法典》)[①];从对犯罪未完成的原因在量刑时的选择性适用(1960年《苏俄刑法典》),至未完成犯罪成为减轻刑罚之必要(1996年《俄罗斯联邦刑法典》)。

总体而言,预备犯罪犯罪化之必要性的理由之一,是根植于刑事立法中犯罪预防思想。正如冯·费尔巴哈所言:“踏上犯罪道路的人,罕见有回头的,因为在他开启之时其决意自身便获得了新的力量……一只脚已经踏上权利边界的人,是极其容易逾越这个边界的。因此,如果国家应当通过刑事法律预防犯罪行为,就应当同时对那些虽然自身还未构成不法,但已是预备或是不法行为已开始的行为,规定刑罚相威胁。”[②]申言之,对犯罪预备和犯罪未遂规定刑事责任的根据,源于俄罗斯的“犯罪”意志危险性思想说。19世纪的俄罗斯刑法学界,在发展这一思想的同时,赋予了行为人意志及其行为性质以非常重要的意义。根据帝俄时代刑法学家斯巴索维奇(В. Д. Спасович)的主张,预备行为之所以具有可罚性,是国家对于犯罪人实施的社会危害行为进行正当防卫的需要,因这些社会危害行为会给社会造成无法弥补的损害,甚至会导致国家的解体。[③]

将追究未完成犯罪刑事责任的理由解释为刑法预防的需要,在当下的俄罗斯也是现实可行的。对于实施了侵害刑法所保护客体的特定社会危害行为的行为人,应当采取制止其犯罪行为(作为或不作为)的措施,而行为人应当为其所实施行为承担公正的刑罚处罚(或其他刑法性质措施),这一公认的立场并没有引起特别的疑议。然而,此种释义理由,乍看起来,与俄刑法中规定的“只有具备犯罪构成要件的社会危害行为,才是刑事责任唯一根据”的思想并不完全符合。这种疑问同样体现于俄学者的论著当中,比如,特拉伊宁(А. Н. Трайнин)的论著中就曾有过此类表述:“犯罪未遂,具备犯罪构成的一切要素,唯独缺少其中的后果要素。犯罪预备,具备一个犯罪构成要素——故意,并且此故意也体现在具体行为中,但此行为却不属于犯罪构成要素的范畴。”[④]苏联学者利亚斯(Н. С. Лясс)也持类似的立场,她指出,在未完成犯罪情形下,并不具备犯罪构成的所有要件(预备行为缺失的是对犯罪客体侵害的要件,而未遂缺失的是法律规定的特定犯罪结果)。[⑤] 季什格维奇(И. С. Тишкевич)也认为,未完成犯罪之所以区别于既遂犯罪,其特点是犯罪人

---

① 犯罪预备不可罚性的立法规定,在苏联刑事立法中存在的时间非常短,即在1922年《苏俄刑法典》通过一年后,就中止了法院对于实施了犯罪预备且认定为具有社会危险性的行为适用社会防卫措施的权利。参见 Трайнин А. Н. Избранные труды. СПб., 2004. С. 237-238。

② 转引自:Колоколов Г. К учению о покушении. М., 1884. С. 126。

③ Спасович В. Учебник уголовного прав. Т. 1. СПб., 1863. С. 140-141.

④ Трайин А. Н. Указ. Соч. С. 240.

⑤ Лясс Н. В. Стадии преступной деятельности по советскому уголовному праву: автореф. Дис. ... канд. юрид. наук. Л., 1952. С. 10-11.

只是部分完成了某个具体的犯罪构成。[①] 如果遵循此种立场，则的确会得出这样的论断，即犯罪预备和犯罪未遂并不具备犯罪构成的全部必要要件，因而不具有追究其刑事责任的法律根据。

前述学者的立场，受到了俄学界大多数学者的严厉批判，[②]其在否定预备行为不含有犯罪构成主张的前提下指出：如果对有关刑事责任根据（《俄罗斯联邦刑法典》第 8 条）、犯罪（第 14 条）、未完成犯罪（第 29 条）及其分类（第 30 条）的刑法规定进行综合分析，则得出的是与前者完全相反的结论；预备行为具有社会危害性质，因为此类行为对法律保护的特定利益产生威胁，而预备行为对于具体客体的威胁以及因犯罪人意志以外原因而中断的客观事实，正好构建了犯罪预备的特定犯罪构成。[③] 同理，行为人实施直接指向犯罪活动的行为，因其意志以外原因而未得以完成的因素，则建构了犯罪未遂的特定犯罪构成。[④]

俄学界在探讨未完成犯罪的刑事责任根据时，其最为关注的问题是对犯罪预备进行"选择式"犯罪化的原因探究，其中，在预备行为可罚性的原因方面最通行的立场是，将其与预备行为所具有较高的社会危害性相关联。而学界关于预备行为社会危害性的界定，不仅着眼于具体损害的描述，而且包括此类行为本身所具有的致害能力。因此，在如何确定预备行为的社会危害性程度"足以"达到适用刑法手段进行规制的要素方面，俄学界通常着重考虑的是犯罪侵害客体、后果发生的可能性和严重性，以及预备活动自身所具有的危害性质。[⑤]

根据《俄罗斯联邦刑法典》第 30 条第 2 款的规定，仅追究重罪和特别重罪刑事责任的一般规则，与前述俄学界关于预备行为社会危害性认定标准之间存在一定差距，而后者则只能用来解释预备行为本身构成既遂犯罪（预备行为实行化）的原因（如《俄罗斯联邦刑法典》第 208－210 条规定的"组建或参加非法武装队伍罪""武装匪帮罪""组建犯罪团体罪"）。基于此，有俄学者认为，应当借鉴国外某些国家的立法例，即在刑法总则中设置这样一个特别规定：预备行为只有在分则有特别

---

① Тишкевич И. С. Приготовление и покушение по советскому уголовному праву（понятие и наказуемость）. М.，1958. С. 8.

② 这些学者具有代表性的有：Алексеев Н. С.，Смирнов В. Г.，Шаргородский М. Д. Основание уголовной ответственности по советскому уголовному праву // Правоведение. 1961. № 2. С. 78－79。

③ Энциклопедия уголовного права. Т. 5. Неокоченное преступление. СПб.，2006. С. 150－151.

④ Решетников А. Ю. Покушение на преступление：проблемы квалификации и наказуемость. Тверь，2008. С. 76.

⑤ 持此类主张的代表学者有：Дурманов Н. Д. Стадии совершения преступления по советскому уголовному праву. М.，1955. С. 91；Кузнецова Н. Ф. Ответственность за приготовление к преступлению и покушение на преступление по советскому уголовному праву. С. 54－57；Устинова Т. Д. Вопросы совершенствования уголовной ответственности за приготовление к совершению преступления // Теоретические и практические проблемы нового уголовного законодательства. М.，1985. С. 75，以及其他学者等。

规定的情况下，才是可罚行为。[①] 与此同时，如果要求立法者采纳学界所建议的“一般”预备行为犯罪化的标准，也是件很难的事情，因为此标准的一个非常重要的前置性问题，即刑法中的“社会危害性”的实质内含如何正解的问题尚未得到彻底解决。[②] 换言之，只有在阐明社会危害性内涵的前提下，才得以论及其渐变法则，也才能根据侵害刑法所保护客体的行为人之有罪行为的犯罪结果实现的程度，来确定社会危害性的程度，构建制裁体系以及明确刑罚细化的特点，其中包括未完成犯罪框架内此类问题的解决。此外，未完成犯罪的犯罪化问题，还与规范制定相关的某些历史属性之间密切关联。根据亚科夫列夫（А. М. Яковлев）的主张，如果预备行为具有比较严重程度的社会危害性，则传统上将其认定为已完成犯罪。[③] 这反过来正好解释了现行刑事立法某些规定存在的原因，即俄现行刑法对于重罪和特别重罪的预备行为之刑事责任的规定，以及将实质上属于预备行为范畴的行为规定为单独罪名的情况，比如，《俄罗斯联邦刑法典》第 205-1 条规定的“帮助实施恐怖主义活动罪”、第 205-4 条规定的“组织、参加恐怖组织罪”、第 208 条规定的“组织、参加武装队伍罪”、第 209 条规定的“武装匪帮罪”、第 210 条规定的“组织、参加犯罪集团（犯罪组织）罪”、第 222 条规定的“非法获取、转让、销售、储存、运输或携带武器及其主要部件、弹药罪”等。

俄学界有学者对于上述立法模式提出了异议，认为此种立法模式存在内在矛盾：一方面，预备行为的犯罪化，只是相对于重罪和特别重罪的情况而言的；另一方面，立法者却将某些不具有严重社会危害性及轻于重罪的预备行为规定为独立的犯罪。[④] 此种立法模式的内部冲突情况，同样也存在于犯罪未遂的犯罪化问题中，即某些未遂行为被单独的刑法规范规定为单独罪名，在立法上已有“一般禁止性”规定的前提下，将某些特殊类型犯罪另外规定为单独罪名的情况，比如，《俄罗斯联邦刑法典》第 162 条规定的“抢劫罪”、第 295 条规定的“侵害审判人员或审前调查人员的生命罪”、第 317 条规定的“侵害执法机关工作人员的生命罪”等。其中，根据所实施行为的严重性程度，对犯罪未遂的可罚性进行判定的立法规定，在俄罗斯《1903 年刑法典》中即有所体现。根据《1903 年刑法典》第 49 条的规定，重罪[⑤]未遂以及法律有特别规定情况下[⑥]的未遂，属刑事可罚性行为，此种情形下的犯罪未

---

① 如 Козлов А. П. Указ. Соч. С. 236； Лясс Н. В. Указ. Соч. С. 10 等。

② 正如俄著名刑法学者扎林斯基教授所指出的那样，社会危害性的特征完全与社会经济制度及其所衍生的政治进程的变化相互关联，而且还受伦理道德因素的影响。参见 Жалинский А. Э. Уголовное право в ожидании перемен： теоретико-инструментальный анализ. М. ： Проспект， 2009. С. 252。

③ Курс российского уголовного права. Общая часть / под ред. В. Н. Кудрявцева， А. В. Наумова. М. ， 2001. С. 326.

④ 参见 Козлов А. П. Указ. Соч. С. 234-236。

⑤ 根据《1903 年刑法典》的规定，这里的“重罪”，是指法定刑为死刑、苦役或流放的犯罪。

⑥ 这里指的是应当在改造营、堡垒或监狱服监禁刑的犯罪。

遂，应当根据该法典第53条所规定的未遂种类的不同而进行适当从轻处罚；轻罪[①]未遂不属于刑事可罚行为范畴。

俄罗斯当代立法者对于未完成犯罪的犯罪化所采取的细化路径，与19世纪帝俄时代刑法学家们所创造的模式非常相近。帝俄时代著名刑法学家塔甘采夫教授就曾论道："从客观的角度出发，预备行为具有刑事可罚性体现为这样两种情况：其一，这些行为本身属于某类犯罪；其二，所存储材料的性质、储存或加工的方式，对整个社会或个别人产生某种严重危害性的威胁。"[②]相应地，刑事古典学派的学者在论及犯罪未遂责任时，也主要将其与损害后果的发生予以关联。[③]

根据俄罗斯现行刑事立法的规定，对未完成犯罪责任的规定采取这样两种模式：其一，《俄罗斯联邦刑法典》分则以单列刑法规范的形式将其规定为独立罪名；其二，对重罪和特别重罪的预备行为，作为一般预备行为的构成追究其刑事责任。此种行为可罚性的立法模式，受到俄学界的反对。其中，有部分学者认为此种立法模式是不合目的性的。他们基于预备犯罪社会危害性不大的理由，提出对所有犯罪预备行为都不追究刑事责任的建议。同时，他们认为，对于那些诸如犯罪组织行为的规制，应当将其归于截短的犯罪构成之列，即适用《俄罗斯联邦刑法典》分则条文所规定的犯罪预谋等行为的刑事责任。[④] 与此同时，另外一部分学者所持的立场则正好相反，认为目前存在的将预备行为细化为可罚性行为和不可罚性行为的现行立法模式，是与刑事责任不可避免性原则相冲突的，而且可能出现预备行为可罚性的扩张趋势，即会出现对轻罪或中等重罪的预备行为追究刑事责任的情况。基于此，他们给俄立法者提出了一系列解决方案，其中最具代表性的解决路径是：建构不局限于犯罪分级制度的预备行为刑事责任规则；[⑤]建构中等严重犯罪预备行为的追责机制；[⑥]厘清预备行为可罚性的边界问题。[⑦]

---

① 这里的轻罪，指的是应当判处拘役或者罚金刑的行为。

② Таганцев Н. С. Курс русского уголовного права. Часть Общая. Кн. 1. Вып. 2. СПб. ,1878. С. 146.

③ Уголовное уложение 22 марта 1903 г. СПб. , 1904. С. 102.

④ 持此种立场的俄罗斯学者主要有：Гонтарь И. Я. Неоконченное преступление: критические размышления // Адвокат. 2011. № 5. С. 39; Гринь М. В. Неоконченное преступление: дис. ...канд. юрид. наук. Краснодар, 2003. С. 9; Проценко С. В. О приготовлении к преступлению // Рос. Следователь. 2012. № 10. С. 28。

⑤ Назаренко Г. В. , Ситникова А. И. Указ. Соч. С. 136; Чернокозинская С. В. Приготовление к преступлению: понятие, основания и принципы приминализации, влияние на квалификацию преступления и наказание: дис. ... канд. юрид. наук. Саратов, 2005. С. 11－12; Энциклопедия уголовного права. Т. 5. Неоконченное преступление. СПб. , 2006. С. 160.

⑥ Милюков С. Ф. Российское уголовное законодательство. Опыт критического анализа. СПб. , 2000. С. 72.

⑦ Редин М. П. Преступления по степени их завершенности в российском праве (понятие, система преступлений, ответственность, концепция совершенствования законодательства): автореф. Дис. ... канд. юрид. наук. Саратов, 2005. С. 15.

除了上述所阐述的关于未完成犯罪之犯罪化的原因外,俄学界还非常关注司法实践中基于适用、侦查需求,从而规制此类行为的特定法律根据问题。根据俄罗斯《侦查活动法》[①]第 2 条,侦查任务包括发现、预防、制止和侦破犯罪,以及发现犯罪人及其正在实施或者已经实施完毕的预备行为。正如俄学者伊凡诺夫(В. Д. Иванов)所言:如果说对处于预备犯罪阶段的行为采取预防措施时(指的是进行教育预防措施阶段的预防)缺乏追究行为人刑事责任的根据,那么,在制止犯罪预备行为时,则可以根据《俄罗斯联邦刑法典》第 30 条第 2 款的规定追究犯罪人的刑事责任,当然,这里指的是实施重罪和特别重罪的犯罪预备。[②] 因此,基于刑事立法关于犯罪预备和犯罪未遂刑事责任的明确规定,执法机关就可以集中打击预备行为和已开始实施的犯罪行为,从而防止不利社会后果的发生。俄罗斯卡累利阿共和国的一个市级法院就曾审理过此类案件。法院根据《俄罗斯联邦刑法典》第 30 条第 1 款(有关犯罪预备的规定)、第 33 条第 3 款(关于组织犯的规定)、第 105 条第 2 款第 8 项(雇凶杀人)的规定,认定被告人构成故意杀人罪,是故意杀人预备。根据此刑事案件卷宗材料可以确定如下案情:

甲因为要独占其妻子留下的房产,长期与自己的儿子乙不睦,父子俩经常为此吵得不可开交,于是甲便产生除掉乙的想法。甲为了实现自己的目的,开始设计如何杀死自己儿子乙,为此甲雇佣了杀手、找好了实施犯罪的工具,并且为实现杀害自己儿子的目的做了充足的准备。然而,他的雇凶杀人行为并没有成功,因为充当杀手的人是受警局委托参与侦查活动的人员丙。犯罪人甲允诺丙事成之后支付一百万卢布酬金,甲打算杀害儿子乙后将其所居住的房子出卖,从获得价款中支付雇凶的费用。丙佯装同意接受甲的雇凶杀人方案,于是,甲于次日和丙见面,并且向丙传授了杀人的设计方案,将儿子乙的姓名、住址、车牌号、社交网站号等信息都告诉了丙,还给丙提供了通信工具。在得到丙的同意承诺后,甲给丙写了一张事成之后卖掉乙居住房子来支付雇凶酬金的字据。于是,在约定的日期,包括丙在内的警察上演了一出杀害乙的“假戏”。甲和丙见面确信了乙死亡的消息后,先付给了丙一万卢布的酬金。此案中,甲的杀人行为由于其意志以外的情况而没能实现,因为这场预谋杀人活动被警察给制止了。[③]

综上,可以将俄罗斯刑法关于未完成犯罪的犯罪化问题的探讨归纳为以下两个方面。

第一,就俄罗斯学界而言,在未完成犯罪的犯罪化问题上,迄今为止尚未形成

---

① Федеральный закон от 18. 08. 1995 № 144-ФЗ (в ред. от 21. 12. 2013)《Об оперативно-розыскной деятельности》// Рос. Газ. 1995. 18 авг.

② Энциклопедия уголовного права. Т. 5. Неоконченное преступление. СПб. , 2006. С. 163.

③ Приговор Костомукшского городского суда Республики Карелия от 10. 02. 2014 по делу № 1-12/2014.

一个统一的、成熟且不存在矛盾的观念。在这样的理论背景下，就俄现行立法中所规定的重罪和特别重罪预备行为以及犯罪未遂而言，其可罚性的根据是由一系列各种不同的原因建构的。其中，对于立法者产生特别影响的因素主要有：对于具有特别严重犯罪侵害行为追究刑事责任的传统观念的传承；在具有特别严重危害性的侵害行为的既遂认定标准上，往往着眼于犯罪发展的早期阶段；预防和制止未完成犯罪的需要。

第二，未完成犯罪行为犯罪化问题在俄刑法理论层面的未决性现状，决定了另外一个问题的无解——既遂犯罪和未完成犯罪可罚性边界的不协调问题。俄学界力图根据《俄罗斯联邦刑法典》第66条针对未完成犯罪规定的量刑规则来探求解决问题的路径，同时依据未完成犯罪社会危害性的规范体例，来解决此类行为可罚性的边界问题，因为根据俄刑法学通说立场，只有刑法才是衡量所实施行为社会危害性的已知标尺。

根据《俄罗斯联邦刑法典》第66条规定的量刑规则，对预备犯罪所处的刑罚，不得高于本法典相应条文对既遂犯罪所规定刑罚最高刑期或数额的1/2；未遂比照既遂的比例是3/4。之所以对预备犯罪和未遂犯罪的可罚性界限进行限缩，是因为按照俄学界的立场，此类行为与既遂犯罪相比照，社会危害性低于后者。[①] 与此同时，如果将前述刑罚界限规则与《俄罗斯联邦刑法典》第15条规定的犯罪分级类别相比照，则可以得出这样的结论：重罪预备行为的最高刑罚应当是5年剥夺自由刑（重罪法定最高刑10年的一半），而中等严重犯罪既遂的最高刑罚则是3年剥夺自由刑（第15条第2款），若以刑罚轻重衡量行为的社会危害性，则重罪预备行为的社会危害性要高于中等严重犯罪的既遂行为，同时也高于中等严重犯罪未遂的社会危害性（5年剥夺自由刑的3/4，应当是3年零9个月的刑期）。由此可以得出，俄立法者在为重罪预备行为构建刑罚时，其实质上是将此类预备行为的社会危害性与中等重罪的既遂犯罪相提并论的，因为适用《俄罗斯联邦刑法典》第66条的规定，重罪预备行为的平均最高刑罚的界限即为5年剥夺自由刑，这与第15条第3款规定的中等重罪既遂的最高刑——5年剥夺自由刑正好持平。

俄学界部分学者认为，根据俄现行刑事立法所得出的上述结论，未必与《俄罗斯联邦刑法典》第6条规定的公正原则的理论相契合。如果从犯罪分级的角度看，针对严重性不同的犯罪类型规定与其相适应的不同种类和强度的刑罚，当然是符合公平正义理念的。然而，若从俄现行刑法所规定的既遂犯罪与未完成犯罪之可罚性的区分模式看，则对未完成犯罪构建的刑罚处罚规则还是有违公正原则的。因此，有学者提出，在构建相应刑法规范时，为避免刑法在调整此类行为方面所存在的冲突问题，应当合逻辑性地考虑未完成犯罪比照既遂犯罪具有的较小社会危

---

① Карпец И. И. Индивидуализация наказания в советском уголовном праве: автореф. Дис. … д-ра юрид. наук. Л., 1963. С. 18.

害性的特征,从而将其归于下一级具有较小社会危害性的犯罪等级之列。[①] 基于此,俄学界提出了解决未完成犯罪可罚性边界问题的应然方案,即认为应当将未完成犯罪可罚性的界限确定问题与犯罪分级制度相互关联,所构建的可罚性边界划分标准应当考虑犯罪行为完成的程度。比如,可以将重罪预备行为的可罚性程度,与轻罪未遂的刑罚相适应,而特别重罪预备行为的最高刑罚,则不应当超过中等重罪未遂的刑罚,后者在社会危害性程度上与轻罪既遂相当。当然,此种解决未完成犯罪可罚性边界问题的路径,还只限于俄学界的探讨范畴,其方案的可行性根据尚无充分论证,但此种理论探讨也反映了俄罗斯学界在解决犯罪未遂和犯罪预备的可罚性边界问题方面的研究旨趣。当然,这个问题同样也是其他国家刑法理论界探讨的热点问题之一,有待于各国学者进一步深入研究。

二、犯罪预备与犯罪未遂认定边界问题

未完成犯罪问题的探讨不仅限于纯粹的理论视域。如前文所述,俄罗斯当代司法实践中,在预备犯罪和未遂犯罪的定罪和处罚上存在诸多未决问题,因此,应当对此类问题进行深入研究。俄司法实践现状表明,此类司法适用问题之所以难以解决,其中的主要因素有二:其一,刑法规定不明确;其二,未完成犯罪刑法评价方面的理论基础薄弱。

在未完成犯罪案件的司法侦查实践中,突出的问题是未完成犯罪开始时间的确定。应当承认,俄现行刑事立法对于犯罪预备可罚性的刑法规制现状(俄刑法关于预备行为的规定)是很独特的,这可以通过犯罪预备与故意显现阶段之间边界的相对不确定性的例子予以佐证。因此,为了确定所实施的行为中是否具备犯罪预备的要件,就必须确定是否为犯罪实施创造了适当条件,而创造条件正是预备活动的特征所在。这体现在《俄罗斯联邦刑法典》第 30 条第 1 款的规定中,即犯罪预备的确定,始于本款所规定的一系列预备行为——“寻找、制造或加工犯罪手段或工具,寻找共同犯罪人,进行犯罪勾结”,终于概括式的表述模式——“其他方式故意为犯罪创造条件”。因此可以得出结论认为,行为人的所有预备行为,其中包括特定类型的预备行为,都是为实现犯罪故意创造条件,并且此类行为并不属于行为人准备实施的那个犯罪的客观方面内容。

上述结论并不是绝对的,因为俄罗斯学界在犯罪预备行为的内容问题上还有另外一种立场,即有俄学者认为预备行为是既遂犯罪客观方面的组成部分,因此将

---

① Васильевский А. В. Дифференциация уголовной ответственности и наказания за неоконченное преступление // Юрид. техника и вопр. Дифференциации ответственности в уголовном праве и процессе / под ре. Л. Л. Кругликова. Ярославль, 1998. С. 83.

预备行为隔离开来的做法是不适当的。[①] 但是,此种立场并没有被俄立法机关所接受,因为俄现行刑法将犯罪预备归于未完成犯罪的范畴。申言之,根据俄现行立法所采用的立场,犯罪预备构成的客观方面,与既遂犯罪的客观方面之间是不同一的。这也就证明了犯罪预备不是既遂犯罪客观方面的内容。此种立场为当下的俄罗斯联邦最高法院所采纳。与此同时,俄罗斯高级法院的决定也明确指出,为实施犯罪创造条件是犯罪预备的表征,并且以此来区分行为人实施犯罪的意图与特定社会危害行为中的意图实现。

从俄司法实践的角度,俄罗斯联邦最高法院刑事案件审判委员会就曾针对下级法院所作出的对被告人甲的裁决进行了改判。其中,下级法院是根据《俄罗斯联邦刑法典》第 30 条第 1 款、第 210 条第 1 款的规定,将涉案人员甲的行为定性为组织犯罪集团的犯罪预备。上级法院的"裁定"中指出,组建犯罪集团是一种为实施重罪或特别重罪而成立的严密组织,或者是为此目的而组建有组织团伙的积极活动,而下级法院的判决中并没有能够证明具备这些要件的证据,并且在被指控的犯罪行为实施时,甲已经被拘留,彼时他已经没有可能进行组建犯罪集团的积极活动。至于甲在判决书中的陈述,则其可能的现实性并没有被案件中的任何内容证实,它们显然是声明性的……因此,所实施行为只应当认定为故意的显露,而对于仅是显现故意的情况是不应当追究刑事责任的。[②] 类似的被俄最高法院改判的案例还有很多,比如,根据莫斯科市法院的判决书内容,犯罪人乙被认定为故意杀害多人的预备犯,而俄罗斯联邦最高法院则撤销了莫斯科市法院的判决,其理由是:为实施犯罪而创造条件的事实并没有被确证。俄最高法院在撤销判决的裁定书中指出:乙确实向熟人丙提出过杀害被害人的建议,但是丙明确拒绝了乙的杀人建议。案件卷宗并没有为实施此罪而寻找或加工手段或工具行为的证据材料,乙所陈述的实施杀人的建议,只能认定为不具有刑事可罚性的故意的显露。[③]

与前述两个案例相反,苏俄最高法院对另一起刑事案件中犯罪人的预备行为进行了理由充分的认定。此案涉及三个犯罪人,这三个犯罪人事先对盗窃工厂一事进行了勾结密谋,他们为了实现犯罪故意,在事先约定的时间到达犯罪实施地点,并且已经尝试着潜入工厂,只是没能得逞。针对此案件,苏俄最高法院主席团《决议》指出,行为人所实施行为不能仅认定为不负刑事责任的故意显露。[④]

从上述所列举的俄罗斯法院的判决中可以看出,犯罪预备的认定必须以对行为人所实施的所有行为进行详细分析为前提,只有这样,才能证明其是否为实施特

---

① 详见 Иванов В. Д. Предупреждение и пресечение преступлений на различных стадиях их проявления. Ростов н/Д. 2000; Тишкевия И. С. Указ. Соч。

② 俄罗斯联邦最高法院刑事案件审委会上诉裁定书№48-010-170,2011 年 3 月 1 日。

③ 详见 Кассационное определение Судебной коллегии по уголовным делам Верховного Суда Российской Федерации от 27. 07. 2004 № 05-004-102。

④ 《苏联最高法院公报》1972 年第 3 期。

定犯罪创造了条件。为实施特定犯罪创造条件,意指犯罪人所实施的故意行为,应当为接下来既遂犯罪(或犯罪未遂)客观方面行为的实施提供可能性,即此种情形的行为构成犯罪预备。俄司法实践这方面的典型案件是由俄罗斯联邦最高法院改判的谢尔盖耶夫(Сергеев)涉毒案:克拉斯诺亚尔斯克市中央区法院根据《俄罗斯联邦刑法典》第30条第1款、第228条第1款和第3款第3项的规定,判处谢尔盖耶夫犯有数额较大的无出卖目的获取和储存麻醉品罪以及非法制造麻醉品数额较大的预备犯罪。此案的卷宗材料显示,谢尔盖耶夫从他人处(售卖人的身份没有被侦查确定)无出售目的获取0.42克鸦片和一支用于制作麻醉品的装有液体的注射器。然而,犯罪人在实施前述行为的当天即被警察逮捕。俄罗斯联邦最高法院刑事案件审委会,针对俄罗斯联邦副总检察长所提出的抗诉作出答复:犯罪人对其所获取的麻醉品进行稀释的行为,并不会引起麻醉品化学成分的改变,所以应当将此行为看作吸食毒品。因此,俄最高法院撤销了克市中央区法院针对谢尔盖耶夫所作判决中涉及制造毒品预备行为的那部分裁判内容。

如果创造条件本身就对某种社会关系具有较高的社会危害性,则此创造条件的活动通常会被作为独立的犯罪予以评价。这种情形下的预备行为,在俄罗斯司法实践中通常会进行双重的刑法评价。根据俄罗斯联邦最高法院全体会议《决议》精神,如果为了实施某种重罪或特别重罪而非法获取武器,则其获取武器的行为则应当定性为一罪的既遂和另一罪的预备。[①] 例如,为了实施杀人行为而获取武器的行为,应当定性为《俄罗斯联邦刑法典》第222条规定的"非法获取武器罪"的既遂,以及第105条"故意杀人罪"、第30条第1款"犯罪预备"规定的故意杀人预备。可见,从前述俄联邦最高法院提出的司法建议(定罪规则)中可以看出,对某些犯罪行为进行定性时需要考虑犯罪人实施行为的目的,也就是说,在俄司法实务操作中,评价行为人实施的符合某种犯罪预备构成的行为的一个重要因素是确定行为人的目的性。如果忽视了目的因素,则容易导致做出错误的司法判决,尤其是对于那些具有特定目的的行为更是如此。例如,俄司法实务中对非法贩卖毒品案件的认定就经常会因此而发生错误定性,主要体现为针对行为人非法获取毒品的既遂行为(《俄罗斯联邦刑法典》第228条规定的罪名),因为没有确定犯罪行为的目的,从而将其定性为非法贩卖毒品罪的预备(第228-1条规定的罪名和第30条第1款规定的犯罪预备)。

在鄂木斯克(Осинцев)非法持有毒品案中,鄂木斯克非法持有16.15克大麻,在被侦查人员抓捕时,这些毒品依然装在被告人衣服口袋里,并且分装在一个塑料袋中的八个小纸袋里。鄂木斯克市基洛夫区预审机关认定鄂木斯克的行为是非法

---

① П. 18 постановления Пленума Верховного Суда Российской Федерации от 12. 03. 2002 № 5 (в ред. от 6 февраля 2007 г.)《О судебной практике по делам о хищении, вымогательстве и незаконном обороте оружия, боеприпасов, взрывчатых веществ и взрывных устройств》.

销售毒品罪的预备(俄罗斯刑法第228-1条、第30条第1款),而基洛夫区法院审委会以证据不足以由,将其定性为第228条规定的数额巨大的非法持有毒品罪。法院之所以没有将鄂木斯克的行为定性为非法贩卖毒品罪的预备,是因为他携带毒品与另外一个人见面时,并没有采取任何实现贩毒故意的行为,虽然他当时是完全可以实施贩毒行为的,但行为人的毒品依然是随身携带的状态,即行为人当时的表现只可能评价为不具有可罚性的故意显露,而非开始实现的故意。因此,基洛夫区法院根据《俄罗斯联邦刑法典》第228条的规定,将鄂木斯克的行为定性为非法持有毒品罪既遂且数额巨大。[①]

俄学界认为,上述案件中预审机关的定性之所以是错误的,主要是因为他们定性仅注重案件的客观要素,而根据俄联邦最高法院关于毒品案件的认定规则,销售毒品的故意认定应当建立在毒品包装适合贩卖的情况,[②]因此预审机关对案件的定性是与案件其他情节脱节的。另外,还有学者认为,预审机关之所以犯这样的错误,也不能排除他们想要提高重罪的侦破率方面的考量,因为《俄罗斯联邦刑法典》第228-1条规定的罪正好属于重罪范畴。与此同时,俄司法实务中之所以在为实施犯罪创造条件行为的定性方面错误频现,主要是因为执法人员对于预备犯罪行为主观方面要件的认定问题没有足够的重视,从而导致司法认定中不公正现象的出现。

司法实务中对行为人所实施行为主观方面内容的忽视,可能会导致过度归罪现象的发生。俄司法实践中此类现象时有发生,特别是当行为人为达成一个犯罪目的而多次尝试的情况。俄司法实践中对此类情况适用的规则是:同一个主体为达到一个统一的结果,在间隔不长的时间内以同类方式多次实施行为的情况,应当构成一个罪,不要求对犯罪结果发生前的数个行为进行分别定罪。以哈卡斯共和国(Республика Хакасия)塔什蒂普斯基区法院(Таштыпский районный суд)的C案件的改判为例,该案案情如下:C与D、E、F一起预谋,以贪利的动机使用威胁生命和健康的暴力方式抢劫私人企业主A的钱财。他们通过打探,知道A每天晚上都会去他开的商店汇总一天的收入,于是他们在约定的时间开车来到了犯罪现场,开始等A的到来以便实施抢劫。D手拿一把没装子弹的枪支、F手持一把装有两颗子弹的猎枪。为了伪装,他们几个人都戴着只露眼睛的帽子。然而,当A开着私家车来到商店时,A的身旁有许多路人,使得抢劫犯们无法下手。因此,这一次他们的抢劫故意并没有实现,于是他们都上车各自回家了。第二天,C、D、E、F又凑到一起预谋抢劫企业主A,他们又戴着前一天的帽子和枪来到了A家附近,躲在一

---

① Приговор Кировского районного суда г. Омска от 11. 05. 2012 по делу Осинцева.

② п. 12 постановления Пленума Верховного Суда Российской Федерации от 15. 06. 2006 № 4 (в ред. от 23. 12. 2010) 《О судебной практике по делам о преступлениях, связанных с наркотическими средствами, психотропными, сильнодействвующими и ядовитыми веществами》.

个水泥板后面等 A 回家。当 A 和妻子 B 开车到家门口时，抢劫犯们一拥而上逼近 A 和 B 的车。B 试图打电话报警，但被 D 用枪把打击头部而致轻伤。F 和 C 跑到 A 跟前用武器逼其举起双手。A 试图反抗，但没能成功，当他听到自己妻子 B 的喊声后，就急忙奔过去相助，这时候 F 向 A 开了两枪，A 中枪重伤倒地。枪响后，抢劫犯们逃离犯罪现场。

塔什蒂普斯基区法院依据《俄罗斯联邦刑法典》第 162 条第 2 款第 1 项和第 162 条第 2 款的规定，将前述行为认定为有预谋团伙使用武器暴力相威胁实施的抢劫罪预备和抢劫罪既遂，数罪并罚。俄罗斯联邦最高法院审委会则依法对本案进行了改判，撤销了根据《俄罗斯联邦刑法典》第 162 条第 2 款、第 30 条第 1 款判处的抢劫预备和数罪并罚的判决内容，只认定为具有加重责任要件的抢劫罪既遂一罪，其改判的理由便是：为实现一个犯罪目的而在不长时间间隔内多次实施行为认定为一罪的情况。①

为实施犯罪而创造条件这一要件的认定，是对俄刑法中所规定的因犯罪人意志以外原因而终止犯罪的犯罪未遂和犯罪预备进行区分的关键。俄司法实践中就发生过错误认定犯罪预备和犯罪未遂的情况。

基本案情：秋明市的一家企业发生斗殴事件，甲、乙、丙三人在打架过程中夺走了 A 手中的刀，并且将 A 和过来帮忙的 B 暴打了一顿。因害怕被害人报警，丙提议杀了 A 和 B。于是甲、乙、丙将 A、B 两人弄到河边，用刀将 A 捅成重伤，并将其淹死在冰洞里。被害人 B 借机逃脱，因此，犯罪人对他实施的犯罪没能得逞。

一审法院判决：秋明州法院认定甲、乙、丙以掩盖其他犯罪为目的而组成有预谋团伙实施了系列犯罪，其中包括针对 B 的故意杀人未遂。

最高法院改判：俄罗斯联邦最高法院刑事案件审委会对此案件进行了改判，将针对 B 的故意杀人未遂改判为故意杀人预备。其改判理由是：根据《俄罗斯联邦刑法典》第 30 条第 3 款的规定，犯罪未遂是指犯罪人直接实施故意犯罪行为，由于行为人意志以外的情况而未将犯罪进行到底的犯罪形态。本案中的被害人 B 只是被带到河边，以便接下来对其实施杀害行为，也就是说，前述行为只是在为故意杀人创造条件，被判刑人并没有实施直接侵害其生命的行为。因此，最高法院认为，甲、乙、丙针对 B 实施的行为，应当依照《俄罗斯联邦刑法典》第 30 条第 1 款规定的犯罪预备追究其杀人预备的责任，而不是将其定性为犯罪未遂。②

从上述俄最高法院改判的案例中可以看出，根据最高法院的立场，使得故意杀人可能得以实施的故意行为是犯罪预备。当然，对于最高法院的立场，俄学界也有

① Определение Судебной коллегии по уголовным делам Верховного Суда Российской Федерации от 16.06.2010 № 89-О10-13 // Бюл. Верх. Суда Рос. Федерации. 2011. № 2.

② Определение Судебной коллегии по уголовнм делам Верховного Суда Российской Федерации от 16.06.2010 № 89-О10-13 // Бюл. Верх. Суда Рос. Федарации. 2011. № 2.

质疑和反对的声音。俄学者列京(М. П. Редин)指出,此类行为(包括类似于本案中针对B的行为以及为实施犯罪而事先埋伏的行为)本身就已经构成对客体的直接侵害,因此,应当将其定性为犯罪未遂。①

俄学界通说立场认为,想要对为实施犯罪创造条件的行为(犯罪预备)和直接实施犯罪的行为(犯罪未遂)予以正确区分,就必须从法律所规定的犯罪行为本身进行分析。如果行为人实施的行为属于某罪既遂客观方面的内容,则行为人开始实施此类行为,则通常可以证明是直接实施犯罪的行为。那么,从前述案件的改判结果看,俄最高法院认为只有直接开始实施侵害的行为(比如开始用枪射击、用刀捅人、用绳子勒被害人的脖子等),才是故意杀人罪中实现故意杀人罪客观方面内容的行为的开始,而只是实现犯罪实施可能性的行为,则不属于该范畴。类似的判例还在罗斯托夫州发生过,俄罗斯联邦最高法院刑事案件审判委员会同样对此案进行了改判。其基本案情是这样的:甲以杀人的目的潜入被害人乙家的厨房。甲操起一根金属棒,准备把它当作武器袭击乙,但他的行为却被警察即时制止了。罗斯托夫州法院在陪审员参与庭审的情况下,认定甲的行为构成故意杀人未遂,而俄罗斯联邦最高法院则改判为故意杀人预备。俄最高法院改判理由是:甲的犯罪行为是在故意杀人的准备阶段被制止的,所以其行为构成故意杀人预备,而非故意杀人未遂,因为甲故意剥夺被害人乙生命的行为还未来得及实施,甲就被警察拘捕了。

能够证明直接开始实施犯罪的情节要素很多,而对这些情节的确定是每个具体案件所必经的证明程序。比如,在非法贩卖毒品案件中,就必须对销售毒品行为未完成犯罪情节进行准确认定。俄罗斯加里宁格勒州就有过这方面案例,即根据加里宁格勒州巴格拉佐夫区法院所作出的判决,被告人M将3.5克的大麻绑在手机上,来到某改造营围栏外准备向里面关押的犯人售卖这些毒品,但是被警察拘捕。当地法院认定M的行为构成销售毒品罪的未遂。俄最高法院则指出,根据指控材料,M在被警察拘捕前并没有实施作为销售毒品罪客观方面要件的行为(他还未来得及进行毒品交易),而只是为实施该犯罪行为创造了条件,因此,最高法院将此案改判为销售毒品罪的犯罪预备。② 可见,在此贩毒案件中,如果行为人已经开始往围栏内递送毒品,即就在他进行非法贩毒活动时被侦查人员抓获,则其行为应当认定为非法销售毒品罪的未遂,因为在这种情况下的实行人已经开始实施贩毒的故意行为,但因其意志以外的因素而未将犯罪实施完毕。

俄学界在犯罪预备和犯罪未遂的区分问题上达成共识的是:此种区分必须立足于《俄罗斯联邦刑法典》具体条文中关于特定行为的描述(客观方面要件内容的

---

① Редин М. П. Преступления по степени их завершенности. М. , 2006. С. 111.

② Обзор судебной практики п уголовным делам о преступлениях, связанных с незаконным оборотом наркотических средств, психотропных, сильнодействующих и ядовидых веществ, утв. Президиумом Верховного Суда Российской Федарации 27 июня 2012 г.

规定)。与此同时,俄学界也一致认为,就其国内刑法学理论的发展现状而言,还不具备对犯罪预备和犯罪未遂进行准确区分的能力。俄著名刑法学家科兹洛夫教授(А. П. Козлов)指出,关于“行为开始”问题的探讨,实际上并没有受到学术界的足够重视。①

综上所述,有关未完成犯罪行为的边界问题,以及前文提及的此类行为社会危害性界定标准问题,均是俄罗斯学界所探讨和亟须深入研究的刑法学热点问题。当下俄罗斯刑法学界在区分犯罪预备和犯罪未遂的边界问题上,遵循的原则是将俄现行刑事立法总则规定和分则罪状中对特定行为的描述相结合,予以综合分析。换言之,未完成犯罪边界问题的解决路径,更多地取决于对俄刑事法律进行解释的结果。然而,俄司法实践的现状则证明,使用此种解决问题的路径,往往导致司法裁判的错误。俄学者莫尔察诺夫(В. Д. Молчанов)则进一步指出,在俄司法实践中,在对犯罪预备和犯罪未遂进行区分的某些情况下,完全忽视了理论界的研究成果和学界的合理化建议。他还以强奸罪为例,指出学界一般认为利用被害人孤立无援状态实施的强奸行为,应当在实施性交开始时才构成强奸罪,因此,行为人致被害人陷入无助状态,以及使性交行为实施成为可能的行为(比如,脱被害人的衣服)并不属于强奸罪客观方面要件,而司法实务界的立场往往与此相悖,即在多数情况下前述行为被认定为强奸未遂,而不是强奸罪的预备。② 当然,莫尔察诺夫的主张也并非俄学界通说立场。由此可见,此类问题还需要学界深入研究。

三、犯罪未遂与犯罪既遂认定边界问题

在俄罗斯当代司法实践中,区分犯罪未遂与犯罪既遂边界问题的研究具有非常重要的意义,而这种界分问题的解决离不开对犯罪未遂所独有特征属性的准确阐释。俄学界一般认为,犯罪未遂客观方面特征的主要体现,是部分地、不完全地实施《俄罗斯联邦刑法典》分则条文罪状所规定的特定犯罪的客观方面要件,同时,也正是未遂的这一特征使得其与俄刑法所规定的犯罪既遂得以区分。因此,犯罪未遂与犯罪既遂之间的这种界分,是由犯罪人所实施的犯罪侵害行为之立法结构所决定的。下面我们分别以俄刑法中的实质构成犯罪和形式构成犯罪为论述依托,进一步阐释犯罪未遂与犯罪既遂之间的界分问题。

如前所述,俄刑法将各种不同的犯罪区分为具有实质构成的犯罪和具有形式构成的犯罪。所谓实质构成的犯罪,是指特定后果的发生是犯罪构成必要要件的犯罪类型。相应地,形式构成的犯罪,是指某种行为构成犯罪并不需要某种特定犯罪后果的发生,即特定后果的发生并非形式构成犯罪之犯罪构成的必要要件。

---

① Козлов А. П. Указ. Соч. С. 91.

② Молчанов В. Д. Актуальные проблемы уголовного права. Общая часть / отв. Ред. А. И. Роарог. М. , 2015. С. 84-85.

在犯罪未遂与犯罪既遂的区分过程中，对于实质构成的犯罪而言，其界分的标准主要体现为构成某种犯罪客观方面必要要件的特定社会危害后果的发生与否，比如，是否造成他人身体伤害、财产损失等。换言之，如果仅是实施了社会危害行为，但尚未引发分则条文罪状所规定的犯罪后果，则意味着所实施的行为中并未包含此罪既遂所要求的全部构成要件。例如，行为人想用刀刺死被害人，于是向其腹部刺去，但刀片却卡在了被害人裤带的金属扣上，因此，并没有发生被害人死亡的犯罪后果，此即故意杀人未遂，而非既遂。当然，并不是所有情形下的犯罪未遂，都会排除对于法律所保护客体造成损害的后果。在某些未遂情形下，行为人的行为仍然会对刑法保护的客体造成损害，但此种损害并非特定既遂犯罪的构成要件。此种情形下未遂与既遂的界分标准，应当是作为特定犯罪法定构成要件后果的发生与否。比如，行为人想要重伤被害人，于是用刀刺向后者，然而被害人躲闪及时而只是受了轻伤。此种情况下的确是对刑法所保护客体——保障人身安全的社会关系造成了损害，但由于犯罪人的故意是指向更为严重的重伤害结果，而实际上发生的却是轻伤害后果（《俄罗斯联邦刑法典》第 115 条规定的“故意轻度损害他人健康罪”所要求的后果），然而，此种情形并不构成第 115 条规定的故意轻度损害他人健康罪的既遂，而应当根据《俄罗斯联邦刑法典》第 111 条（故意严重损害他人健康罪）和第 30 条第 3 款（犯罪未遂）的规定，将其定性为故意严重损害他人健康罪未遂。

在形式构成犯罪的未遂认定上，其通常的标准是没有实施完特定犯罪客观方面所要求的所有行为，比如，行贿人将钱放到了公职人员的桌子上，但后者却拒绝收受贿赂并且叫来执法部门人员以便对行贿人采取必要措施，即为行贿罪的未遂。此外，在形式构成犯罪的既遂、未遂界分问题上，应当关注以下几种情形中行为的定性。

第一，在形式构成的犯罪既遂、未遂认定中，如果行为人实施了《俄罗斯联邦刑法典》分则某条文罪状中所规定的行为（所有行为或者哪怕是其他可选择的任一行为），即告既遂成立，因为这种情形是不可能构成犯罪未遂的。比如，在清真寺举行午餐祈祷时，行为人在附近引爆了一枚装有杀伤元件的爆炸装置，虽然并没有造成人员的伤亡，但此行为后果并不能影响对行为构成犯罪既遂的定性，因为《俄罗斯联邦刑法典》第 205 条（恐怖主义活动罪）第 1 款规定的犯罪是属形式构成的犯罪，因此，只要是出于本条款所规定的目的实施了相应行为，即告犯罪既遂，也就是说，此种行为构成恐怖主义活动罪的既遂犯罪，而非未遂。

第二，在形式构成的犯罪构成要件中存在可择性行为要件，并且各个行为实施完毕的时间各不相同，而其中的一个行为并没有实施完毕，在俄司法实践中一般认定为犯罪既遂。比如，行为人以出卖的目的非法获取毒品，之后又将毒品邮寄给下一个买家，而无论买家是否收到了毒品，俄司法实务中一般均将其认定为贩卖毒品罪的既遂,也就是说,即使买家并没有收到行为人邮寄的毒品,而只要行为人以贩毒的目的实施了邮寄毒品的行为,即构成贩卖毒品罪的既遂,而不构成未遂。这种认定模式体现于俄罗斯联邦最高法院全体会议《决议》中。根据此《决议》精神,《俄罗斯联邦刑法典》第228-1条规定的"非法生产、销售或寄送麻醉品、精神药物或其同类物品罪"既遂的构成,以带有毒品的函件、邮包、行李等的寄出时间为认定标准,而不论收件人是否收到邮寄物。① 与此同时,还应当关注俄最高法院发布的《决议》第13项的规定,即如果在毒品转运过程中,因执法部门根据《业务侦查活动法》规定对麻醉品运送进行例行检查过程中被发现,则此行为应当依照《俄罗斯联邦刑法典》第228-1条和第30条第3款的规定,认定为销售毒品罪的未遂,因为此种情形下非法贩运的毒品在转运过程中被没收。也就是说,在对此类行为进行定性的问题上,如果麻醉品在邮寄过程中,因执法部门的例行监督检查而被发现,则应当认定为销售毒品罪的未遂。

第三,具有形式构成的不作为犯罪之既遂、未遂的认定问题。这里需要强调的是,俄罗斯刑法中规定的所有具有形式构成的犯罪行为,其犯罪既遂的认定都不取决于所发生的后果如何。因此,具有形式构成的不作为犯罪,其犯罪实施完毕之前的行为便不具有任何刑法意义,因为在此情形下,行为人的不作为行为本身即构成犯罪既遂,比如,《俄罗斯联邦刑法典》第125条规定的"见危不救罪"、第308条规定的"证人或被害人拒绝作证罪"、第315条规定的"不执行法院判决、裁定或其他裁判罪"等。

第四,具有形式构成的犯罪,其行为体现为较为复杂且不紧凑情况下既遂、未遂的认定问题。此种情形下可以存在未遂情况,我们以《俄罗斯联邦刑法典》第128-1条规定的诽谤罪为例,如果行为人想要故意传播诋毁他人荣誉、尊严或破坏他人声誉的虚假信息,并且为此也实施了一切必要行为,但其所散布的信息却未能抵达第三人,则构成诽谤罪的未遂。

总之,俄司法实践中未遂犯罪的发生,往往与具有不同程度复杂性行为的实施之间密切相关。俄刑事立法在犯罪未遂的表述中经常使用这样一些术语:"行为"(деяние)、"作为"(действие)、"活动"(деятельность)、一般意义上的"行为"(поведение)。与此同时,在个别情况下也可能存在不作为(бездействие)犯罪的未遂,俄刑法学文献对此常常引入教科书式的例子,即母亲为杀死新生儿而停止喂奶的行为。② 需要指出的是,俄司法实践中以不作为实施的犯罪未遂的情形是很少见的。此外,在犯罪既遂的认定中,行为自身即含有特定后果发生威胁内容的情况

① П. 17 Постановления Пленума Верховного Суда Российской Федерации от 15. 06. 2006 № 14 (в ред. от 23. 12. 2010)《О судебной практике по делам о преступлениях, связанных с наркотическими средствами, психотропными, сильнодействующими и ядовитыми ведествами》.

② Уголовное право РФ. Общая часть / под ред. Б. В. Здравомыслова. М., 1999. С. 223-224.

下，也是不存在未遂行为的，比如，《俄罗斯联邦刑法典》第 247 条第 1 款规定即为这方面较为典型的立法例，即如果违反生态危险物质和废料处理规则而对人的健康或环境造成损害威胁的，则构成本条规定的“违反生态危险物质和废料处理规则罪”，即此种犯罪不存在未遂的情况。

前文已经提到，俄刑法中的犯罪构成类型，除了实质的犯罪构成和形式的犯罪构成以外，还有一种特殊形式的犯罪构成——截短的犯罪构成。那么，在截短犯罪构成的情形下，也不可能存在犯罪未遂的问题，因为此种情形下的“未遂”已经被俄刑事立法规定为犯罪既遂，此规则在俄司法实践中得到了一贯的支持。[①] 比如，《俄罗斯联邦刑法典》第 317 条规定的“侵害执法机关工作人员生命罪”，即为截短的犯罪构成，此罪的客观方面是故意杀害执法机关工作人员的积极行为或者对其生命造成危险的行为，即只要开始实施了此类行为，即构成此罪的犯罪既遂，所以根本不可能存在未遂情况。

在犯罪未遂的认定问题上，还应当注意对未完成犯罪的未遂和已完成行为定性之间的区分。我们以俄司法实践中发生率最高的盗窃罪为例（俄官方登记的犯罪中，有一半左右是盗窃罪），在司法实务中有关盗窃行为的未完成犯罪活动的认定问题，是司法部门的难题，因此，我们下面就以分析俄司法实践中盗窃罪的既遂标准认定问题予以展开。

俄当代司法实践在盗窃罪既遂认定方面，以行为人完全实现其犯罪故意为盗窃既遂的认定规则，即将行为人控制财物且具备自己支配财物可能性作为盗窃罪的既遂标准。那么，在此规则下，“具备自己支配财物可能性”要件是一个评价性要件。

俄司法实务中曾出现过这样的判决，即在犯罪人带着所盗取财物到达某处所地或公寓出口时被拘捕，被认定为盗窃罪的既遂。[②] 以俄罗斯联邦最高法院公报中的一个案件为例：行为人甲在醉酒状态下从百货商场中盗取了一卷墙纸，但当他走出这个商场区时，被警察拘捕。一审法院判处甲构成盗窃罪的既遂，二审法院则对此案进行了改判，认定甲的行为构成盗窃罪的未遂，其改判的理由是：甲偷了墙纸后从商场区出来时，就直接在商场四楼的楼梯旁被拘捕。虽然甲实施的犯罪行为使他拿到了墙纸，但是他被拘捕时并不具备支配他人财物的现实可能性。他自己也没有意识到，在实施犯罪时他的行为已经被警察监控，并且一直持续到他被拘捕时，而甲被拘捕时并没有走出百货大楼，甚至还没有离开墙纸专区所在的实施犯罪的地点——商场四楼。实际上，甲刚从墙纸区走出来即被抓捕，因此，此时他根本

---

① Пудовочкин Ю. Е. Учение о преступлении: избр. Лекции. М. , 2010. С. 169.

② Волошин В. , Третьяк М. Определение момента окончания хищения // Уголовное право. 2007. № 3. С. 62.

不可能对其所盗取的财物进行支配。[①]

对于前述情况，俄学界指出：如果犯罪人所盗取的是在实施犯罪的地点即可以使用的物品（比如，所窃取的东西是食品、饮料、香烟等），则此种情形下所实施盗窃行为的既遂问题，另当别论。也就是说，“如果涉及的财物是犯罪人无需离开其存储的场所即可以使用的，并且犯罪人也有当场使用意图，则应当从犯罪人违法侵占财物的那一刻起即告盗窃罪的既遂成立”。[②] 与此同时，司法实践中应当对刑事案件卷宗材料进细致分析，从而确定犯罪人具备支配他人财物之现实可能性产生的时间。这里最为重要的是，要将此种“可能性”与犯罪人所要达到的最终目的进行区分。犯罪人可能还未达成自己的目的，即还未来得及使用、出卖或以其他方式支配所窃取之物，而盗窃罪既遂的认定则只要求犯罪人具备了支配所窃财物的可能性。当然，这里的主要问题还在于，此种“可能性”需要司法工作人员根据所实施的每个犯罪的具体情状进行确定，而实施犯罪情状的确定则需要考虑案发时的诸多因素，而当所窃取的财物处于某处所地或特定地点之外时，则这种“可能性”的确定变得更加复杂。比如，盗窃停在路边的汽车、窃取牧场的牲畜或者大街上的照明设施等，此类犯罪应当把犯罪人将所窃取之物转移至让人不能直接看得见的地方的时间认定为盗窃既遂的成立时间。那么，此类情形下既遂的认定，就应当考虑犯罪现场周边的诸多因素，比如，实施犯罪的时间是白天还是夜里、当时的天气情况如何、犯罪现场的地形是怎样的、附近是否有便于躲避的物体等。[③]

以上是俄司法实践中对于盗窃罪既遂标准认定的普遍适用的立场。俄司法实践中之所以在盗窃罪犯罪形态的认定方面存在诸多争议，主要是因为区分此类犯罪未完成形态与既遂形态时，存在评价性要件需要法官酌量裁判的客观情况，特别是在判断是否“具备支配所窃取财物的可能性”要素方面，需要发挥法官的主观能动性，并且结合案发时的各种客观情况进行综合判断。

---

① Бюл. Верх. Суда Рос. Федарации. 1997. № 6.

② Кригер Г. А. Квалификация хищений социалистического имущества. М. , 1974. С. 109.

③ Волошин В. , Третьяк М. Указ. Соч. С. 64.

第八章　共犯制度

第一节　共犯制度概述

一、俄罗斯共犯制度的历史演进

俄罗斯历史上不乏与共犯以及团伙犯罪相关的判例，其共犯制度的发展主要体现于共犯类别细化以及共犯责任的追究两个方面。俄罗斯封建社会之初的成文法规范发展的里程碑，当属《罗斯法典》。这一时期虽然没有对共犯形式以及共犯类别进行立法上的区分，但是在此部法典的具体刑法规范中已经出现了关于共犯责任的立法规定，[①]基本形成了规制共同实施犯罪之行为人责任的基本原则。根据《罗斯法典》第 43 条的规定，若干行为人共同实施犯罪的情况下，按照共犯的数量对所造成损失规定不同倍数的罚金刑。[②] 申言之，16 世纪前，俄罗斯刑法还处于萌芽时期，当时习惯法居于正统地位，并且仅有少数刑法制度在古罗斯法律中有所体现。

随着俄罗斯封建割据进程结束以及中央集权的建立，俄罗斯刑事立法也得以进一步发展。当时具有代表性的法典是《伊凡三世律书》（1497 年）和《伊凡四世律书》（1550 年）。1550 年《律书》中出现了一系列犯罪加重情节的规定，比如仆人谋杀主人便是其中的一个法定加重情节，然而，此部法典并没有将共同犯罪规定在加重情节之列。直至俄罗斯刑事立法开始区分总则与分则，共犯才被规定为具体犯罪构成的加重责任要件，但当时

---

① Российское уголовное право：В 2 томах. Том 1. Общая часть. / Под ред. А. И. Рарога. –М. ：Юристъ，2003. С. 277.

② Шулина И. А. Организованное убийство （уголовно–правовая и криминологическая характеристика）. / Под ред. В. С. Прохорова. –СПб. ：Нестор，2002. С. 8.

并未区分不同的共犯类型，在立法上，也未对细化责任的承担予以明确规定。比如，《1649 年会典》规定，所有实施犯罪的人都判处相同的刑罚，只有帮助犯在某些犯罪中处罚稍轻于实行犯。①

俄罗斯共犯制度正式产生于 17 世纪中叶的《1649 年会典》，当时已经开始区分共犯的类别，即将共犯区分为教唆犯、帮助犯和实行犯，并且对共同参与犯罪的行为人的刑事责任进行了个别化规定，②比如，如果是主人命令仆人实施的犯罪，则仆人被判处鞭笞刑，但如果是仆人自主实施的犯罪，则应被判处死刑（《1649 年会典》第 22 章第 12 条）；教唆他人杀人者，则教唆者与被教唆者都将以故意杀人罪判处死刑（《1649 年会典》第 22 章第 198 条）。③ 帮助犯，或者按照《会典》中所用的术语“同志”（товарищи）有时候被判处的刑罚轻于实行犯，例如，根据《会典》第 10 章第 198 条的规定，“杀人犯，即犯罪实行犯处死刑，而他的同志（共犯）则处流放与鞭笞刑，而有时候也与实行犯判处同样的刑罚”。④

俄罗斯绝对君主制时期，调整各领域活动的法律法规以条例的形式出台，其中包括《军事条例》《海关条例》《海事条例》以及其他相关部门条例等。俄罗斯整个 18 世纪刑法发展的重要标志是当时颁布的《军事条例》中包含的《军法条令》。此部《条令》于 1715 年生效，是俄罗斯第一部军事刑法典。俄罗斯共犯立法接下来的发展体现在 1754 年至 1766 年制定的各部刑法典草案的规定中。这些刑法典草案的拟定者力图根据各共犯在犯罪活动中所起的作用对共犯类别进行区分，比如，在“投毒”一章中规定：“明知他人有投毒的故意，仍然出售毒药的人，或者传授投毒方法的人视为投毒行为人的同伙，与杀人者一起处决。”⑤

《1832 年法律汇编》与前述《军事条令》相比较，在共犯的规定方面更加明确。《汇编》第 15 卷第 1 册第 11-15 页专门规定了共同犯罪的分类，将共犯分为共同实行行为、帮助行为和纵容行为，并且首先从共犯中区分出主犯，即主犯是最先产生犯罪故意且教唆他人与其共同实施犯罪的人（《汇编》第 12 条）。根据《汇编》第 18 条的规定，主犯的处罚重于其他实行犯，对于帮助犯、纵容犯、未成年犯、窝藏犯则按照其各自罪过大小进行处罚。⑥

---

① Флетчер Дж.，Наумов А. В. Основные концепции современного уголовного права. -М.：Наука，1998. С. 450.

② Иванов Н. Г. Понятие и формы соучастия в советском уголовном праве. -Саратов：Издательство Саратовского государственного университета，1991. С. 8.

③ Шулина И. А. Организованное убийство（уголовно-правовая и криминологическая характеристика）./Под ред. В. С. Прохорова. -СПб.：Нестор，2002. С. 10.

④ Таганцев Н. С. Русское уголовное право：Лекции. Часть Общая. Том 1. -М.：Наука，1994. С. 186.

⑤ Арутюнов А. А. Институт соучастия：исторический экскурс //Российский следователь. -2002. № 5. С. 56-59.

⑥ Козлов А. П. Соучастие：традиции и реальность. -СПб.：Юридический центр《Пресс》，2001. С. 40.

《1845年刑罚与感化法典》,其最后修订本为《1885年刑罚与感化法典》。此部法典一直施行至1917年俄罗斯十月革命前。此部刑法典对共同犯罪的质的基本特征与量的规定性进行了界定,其第51条对于若干人共谋实施或者明知共同实施的行为规定了刑事责任。此外,还对共同犯罪活动进行了分类:预先商量的犯罪称为有预谋犯罪;无事先合议的犯罪称为聚众犯罪,此外,还有一类犯罪称为帮派犯罪。[①]

尽管《刑罚与感化法典》关于共同犯罪问题的规定模式较为复杂,对于共同犯罪的独特形式的规定具有不确定性和模糊性,但此部法典正式规定的共犯量刑机制以及关于共犯基本特征的规定,从整体上对于俄罗斯未来有关共犯问题刑法规范的建构产生了很大影响。在之后20年间,俄罗斯一直致力于新刑法典的制定,直到1903年才出台了新刑法典草案。这一时期刑法的渊源包括:《1885年刑罚与感化法典》《1864年治安法官适用刑罚条例》《1875年军事刑法典》《1886年海军刑罚条例》。

《1903年刑法典》在共犯的刑事法律规定设计方面取得很大进步,尤其是有关共同犯罪活动的规范。《1903年刑法典》中明确规定了共犯的概念,即共犯是指"若干人通过合议或者明知是共同实施的犯罪行为"(第51条)。此外,此部《刑法典》还分别规定了实行犯、教唆犯和帮助犯的刑事责任。[②] 应当指出的是,这一时期的刑事立法还包含了因犯罪中止而免除共犯刑事责任的相关规定。《1903年刑法典》不仅简化了共犯类别的规定,而且对不同种类共犯的刑事责任进行了细化规定,明确规定了共同犯罪的概念,并且按照共同犯罪的组织形式将其分为四种类型:事先预谋的共同犯罪(соучастие с предварительным сговором)、无事先预谋的共同犯罪(соучастие без предварительного сговора)、犯罪集团(преступное сообщество)和帮派犯罪(шайка)。根据该刑法典第52条的规定,"同意参加且一直没有拒绝参加以犯罪或实施重罪为目的的犯罪集团,但却没有实际参与犯罪集团所实施犯罪活动的行为人,只承担参加犯罪集团的刑事责任。参加以实施重罪为目的的犯罪集团,或者参加以实施若干犯罪或重罪的匪帮的行为,根据法律的特别规定定罪处罚"。

综上,俄国十月革命前关于共同犯罪制度基本范畴的规定在立法上均已体现。十月革命后的刑事司法判决的法源基础则体现为革命法权意识。根据《法院1号法令》的规定,沙皇时代刑事法律只有在以法权意识为基础的严格革命监督程序下才有可能被适用。[③] 在具体犯罪的规定方面,共犯的概念界定得很宽泛。在当时出

① Колоколов Г. Е. Уголовное право: Лекции. –М.: Юрид. лит., 1896. С. 412.

② Улицкий С. Институт соучастия в судебной практике //Законность. –2005. –№ 11. С. 56.

③ Шишов О. Ф. Становление и развитие науки уголовного права в СССР. Проблемы Общей части (1917–1936 гг.). Учебное пособие. –М.: ВНИИ МВД СССР, 1981. С. 58.

台的某些决议中，比如 1918 年 5 月 8 日出台的人民委员会关于贿赂的法令以及 1918 年 7 月 22 日的关于投机倒把的法令，首次规定了共犯的类别范畴以及追究共犯责任的一般原则等内容。这些规定不仅涉及共同犯罪的种类，而且涵盖了所有与犯罪相关联的共犯类型，其中，共犯不仅包括教唆犯、帮助犯，而且还包括那些与犯罪相关联的犯罪分子（比如窝藏犯、包庇犯等）。当时的苏维埃刑法还没有总则规范。尽管这一时期前述与共犯相关的决议内容被用于具体刑事犯罪的法律规定，但立法机关却将其理解成个别共犯类型，而术语“共同犯罪人”（соучастник）有时则被界定为一种参与犯罪活动的具有形式特征的概念，也就是将此术语理解为参与“共同实行行为”的人。在接下来的刑事立法发展过程中，通过对当时有关共犯的相关资料的整合与概括，形成了有关共犯的普遍适用的原则性规范。1919 年 12 月 12 日，苏俄人民司法委员会决议通过了《苏俄刑法指导原则》（以下简称《指导原则》）。《指导原则》第五编规定了共犯制度，其中，第 21 条明确规定：“团伙（帮派、匪帮、群体）共同实施的行为，既处罚实行犯也处罚教唆犯和帮助犯。刑罚措施的适用不是取决于参与犯罪的程度，而是取决于各犯罪分子及其所实施行为的危害程度。”①

俄罗斯学者埃斯特林（А. Я. Эстрин）是第一个对上述规定提出异议的人，②接下来特拉伊宁（А. Н. Трайнин）也对这一立法规定提出批评，他指出：“此共犯概念的局限性体现为两个方面：第一，只涵盖了参与组织形式的共犯和参与群体犯罪的共犯，第二，它限定了共犯应受刑罚惩罚的标准。”③

俄罗斯共犯制度的进一步发展体现在 1922 年《苏俄刑法典》的规定当中。1922 年《苏俄刑法典》第 15、16 条规定了共犯制度，其中包括对共同犯罪“既处罚实行犯，也处罚教唆犯和帮助犯。针对每个共犯适用的刑罚措施，既取决于参与共同犯罪的程度，也取决于每个犯罪分子及其所实施犯罪的危害性程度”。④ 此部刑法典第 16 条关于各共犯类别的规定与 1919 年《苏俄刑法指导原则》基本一致，也是将共犯分为实行犯、教唆犯和帮助犯，此外，在“妨害管理秩序罪”一编中详细规定了各共犯的刑事责任，其中包括匪帮组织者和参加者的责任（1922 年《苏俄刑法典》第 76 条）。本法典在共同犯罪的各共犯的刑罚处罚方面规定了严格的界限，即严格区分了教唆犯、共犯的领导者和组织者与其他共同参加者之间的量刑幅度：在所有情形下，对于教唆犯、领导者和组织者的刑罚处罚都要高于其他一般参加者的

---

① Шулина И. А. Организованное убийство (уголовно-правовая и криминологическая характеристика). / Под ред. В. С. Прохорова. -СПб. : Нестор, 2002. С. 18.

② Эстрин А. Я. Уголовный кодекс и《Руководящие начала》по уголовному праву РСФСР // Еженедельник советской юстиции. -1922. -№ 3. С. 2.

③ Трайнин А. Н. Учение о соучастии. -М. : Юрид. лит., 1941. С. 71.

④ Шулина И. А. Организованное убийство (уголовно-правовая и криминологическая характеристика). / Под ред. В. С. Прохорова. -СПб. : Нестор, 2002. С. 20.

量刑幅度。与此同时，此部刑法典总则关于共犯制度的规定，在术语的使用上不尽一致，这可以看作此部法典在共犯立法规定中的缺陷吧。例如，1922 年《苏俄刑法典》第 15、16 条中规定了三类共犯人：教唆犯、实行犯和帮助犯；第 25 条和第 183 条使用的术语是“团伙”“帮派”“匪帮”；第 60 条又提到了“组织”；第 80、85 条又规定“根据相互合议或者预先协商而组织”的犯罪。[①]

20 世纪 30 年代是俄罗斯历史上最缺乏法制的时代，彼时的共犯界限也被无限扩张。1934 年 6 月 8 日引入刑法典的罪名——背叛祖国罪（第 58 条）成为当时所谓的共犯“广义”概念的强制性理论根据，即当时共犯的认定既不要求“罪过”要件，也不要求共犯之间的因果关系要素，这种观念的主要倡导者是维辛斯基（А. Я. Вышинский），他曾是 20 世纪 30 年代苏联检察官，并且还是当时几起影响重大的反革命刑事案件的国家公诉人。

俄罗斯刑事立法发展进程中第一次以立法的形式给出共犯概念的法典是 1958 年《苏联及各加盟共和国刑事立法纲要》（以下简称《纲要》）。《纲要》第 17 条将共同犯罪定义为“两人以上故意共同参与实施犯罪”。[②] 此共同犯罪的立法概念后来被《1960 年刑法典》所承袭。至此，俄罗斯刑法中的共犯制度得以进一步完善，首次在其刑事立法中明确界定了共同犯罪的一般概念（两人以上故意共同参与实施犯罪），并且还给出了犯罪组织者和领导者的定义。

接下来，共同犯罪刑事责任的发展，更多地体现为对共犯概念的具体化和犯罪活动形式的细化研究方面。1991 年 7 月 2 日通过的《俄罗斯联邦刑事立法纲要》第 20 条将共同犯罪活动的形式规定为有组织团伙犯罪。

1960 年《苏俄刑法典》中总共只有一个条文体现了共同犯罪行为的相关规定。虽然 1960 年《苏俄刑法典》在其整个生效期间不断地进行修订，但此部刑法典已经不能满足当时社会发展的需要，因此，出台一部新的刑法典十分迫切。在这样的时代背景下，《俄罗斯联邦刑法典》应运而生（1996 年 5 月 24 日通过）。1996 年《俄罗斯联邦刑法典》专设一章（第 7 章）规定共犯制度，其中的五个条文（第 32 条至第 36 条）分别规定了共犯的一般概念、共犯的形式、共犯的种类以及各类共犯承担刑事责任的根据等内容。

二、共犯的概念和构成要件

（一）共同犯罪的概念

根据当代《俄罗斯联邦刑法典》第 32 条的规定，共犯是指“两人以上共同故意

① Курс уголовного права. Том 1: Общая часть. Учение о преступлении. / Под ред. Н. Ф. Кузнецовой, И. М. Тяжковой. -М.: Зерцало, 2002. С. 204.

② Ушаков А. В. Групповое преступление и смежные с ним формы преступной деятельности. -М.: Юрид. лит., 1988. С. 88.

参与实施故意犯罪”。俄罗斯现行刑法中共犯概念的界定具有历史传承性，有关若干人共同实施犯罪并因此而承担刑事责任的规定，其渊源可以追溯到古俄罗斯的《罗斯法典》。根据《罗斯法典》第 13 条的规定，“如果有人偷了一匹马或者一头牛或者抢了一个谷仓：若是一人实施的，则应当赔付 1 里夫纳 30 雷诺；若是多人实施的，则每个人都应当赔付 3 格里夫纳 30 雷诺”。[①] 从前述规定中可以看出，相对于单个人犯罪，共犯责任的追究呈加重样态，同时，所有共同犯罪人无一例外都应当承担刑事责任。《1845 年刑罚与感化法典》第 13 条也明确地规定了共犯的概念，即“若干人实施的犯罪”[②]。接下来对共犯概念进行立法界定的是 1960 年《苏俄刑法典》，其第 17 条规定：“两人以上共同故意参与实施犯罪。”[③]

从上述共犯概念的演变进程看，有关共犯人的数量特征上没有变化，都指的是“两个以上的人”，这方面没有任何争议。其主要争议问题通常聚焦于共犯质的规定性上，即立法者并没有阐明共犯定义中“人”的内涵：一方面，这里的“人”可以仅指实施犯罪时达到刑事责任年龄、具有刑事责任能力的人；另一方面，此处的“人”也完全可以包括那些不适格犯罪主体，即没有达到刑事责任年龄和无刑事责任能力的自然人。[④]

根据俄罗斯刑法学界多数学者的主张，如果参与犯罪的人当中，其中一个人具备犯罪主体所需的一切必要要件，而另外一个人却不具备这些要件，则不可能成立共犯。[⑤] 与此同时，如果一个人利用另外一个因某种原因（如未达到刑事责任年龄或无刑事责任能力）不能适用刑事责任的实行犯实施犯罪，那么这种情况也不成立共犯。可见，根据此派学者的主张，间接实施犯罪，即犯罪意图经他人之手实现的情形（间接正犯）不属于共犯之列。[⑥] 此外，俄罗斯刑法学界还存在另外一种立场，即认为团伙成员不仅包括犯罪主体适格的人，也包括那些因年龄或无责任能力而不是适格犯罪主体，但实际参与实施具体犯罪构成客观方面的人。[⑦] 俄罗斯当代著名刑法学家拉罗格（А. И. Рарог）教授就曾指出，“《俄罗斯联邦刑法典》第 32 条在

---

① Правда Русская / под общ. ред. Б. Д. Грекова, М., 1963. Т. 3.

② Уложенiе о наказанiяхъ уголовныхъ и исправительныхъ. СанктПетербургъ. Въ Типографiи Втораго Отдѣленiя Собственной Его Императорскаго Величества Канцелярiи. 1845. URL: http://crimpravo.ru/blog/1457.html#cut.

③ Уголовный кодекс РСФСР 1960 года / Общая часть. Глава 3. Ст. 17 // Ведомости Верховного Совета РСФСР. 1960. № 40. Ст. 591.

④ Новоселов Г. П. Понятие соучастия и признак совместности участия // Российский юридический журнал. 2012. № 6. С. 103-109.

⑤ Бойцов А. И. Преступления против собственности. СПб., 2002. С. 568-569; Сафонов В. Н. Организованное вымогательство: уголовно-правовой и криминологический анализ. СПб., 2000. С. 64.

⑥ Рарог А. И., Есаков Г. А. Понимание Верховным Судом РФ《группы лиц》соответствует принципу справедливости // Российская юстиция. 2002. № 1. С. 51-53; Семернева Н. К. Квалификация преступлений (части Общая и Особенная). М.-Екатеринбург, 2010.

⑦ Галиакбаров Р. Р. Квалификация групповых преступлений. М., 1980. С. 36-38.

对共犯进行界定时,对于共同犯罪人并没有关于应具备刑事责任能力和达到刑事年龄方面的规定,严格来讲,本法律条文中的'人'是可以包含那些无刑事责任能力的实际共犯人的"。拉罗格教授因此而得出这样的结论:"一个有刑事责任能力的人,与一个或者几个不具备犯罪主体要件的人共同实施任何一种犯罪,都可以认定为团伙犯罪。"①

这里需要指出的是,俄现行刑事立法有关共犯概念的前述规定,不仅在学者层的释义中引起歧义,而且在俄罗斯司法实践层面也出现了相互冲突的教义学立场。俄罗斯联邦最高法院,作为法律的官方解释主体,对于刑事立法所规定的共犯概念中"人"的解释也曾一度呈现出了自相矛盾的局面。② 苏联时期以及当代俄罗斯联邦的最高法院全体会议决议,在2000年以前坚持的立场是将共犯概念中的"人"解释为既包含适格的犯罪主体,也包括未达到刑事责任年龄或无刑事责任能力的、参与犯罪实施的不适格犯罪主体。申言之,即使团伙中其他成员有不应当被追究刑事责任的客观情况存在(未达到刑事责任年龄或无刑事责任能力),团伙实施的犯罪行为仍然应当按照俄刑事立法中规定的加重责任构成要件进行归罪。③ 然而,后来这些《决议》均被撤销或者失效。

俄罗斯联邦最高法院不仅在刑事法律释义方面前后立场不统一,而且在刑事法律适用过程中的立场也不一致。以2000年第四季度司法实践综述中所列的俄最高法院主席团出台的两个决议为例,这两个决议合并为《综述》的一个条款中,其内容是这样表述的:"如果一个人与他人事先约定共同实施犯罪,而无论参加人中有几个人由于未达到刑事责任年龄或者无刑事责任能力而不被追究刑事责任,该行为都构成有预谋的团伙犯罪"。④ 接下来的2004年,俄罗斯联邦最高法院主席团又相对于П案出台了一个《决议》,此《决议》是针对俄罗斯联邦副总检察长的下述监督意见所作的回复。监督意见中建议对П所实施行为的定罪应当适用《俄罗斯联邦刑法典》第105条第1款的规定(故意杀人罪的基本犯罪构成),而不应当适用第105条第2款第7项的规定(故意杀人罪的加重责任构成,相应规定是:团伙、有预谋的团伙或有组织团伙实施的),因为与П一起实施犯罪的人是无刑事责任能力人。检察机关阐述的具体理由是这样的:根据心理—精神病司法鉴定结果,另

---

① Рарог А. И., Есаков Г. А. Понимание Верховным Судом РФ《группы лиц》соответствует принципу справедливости // Российская юстиция. 2002. № 1. С. 51-53.

② О судебной практике по делам о краже, грабеже, разбое: Постановление Пленума Верховного Суда РФ от 27 декабря 2002 г. // Бюллетень Верховного Суда РФ. 2003. № 2.

③ См.: Постановления Пленума Верховного Суда СССР от 25 марта 1964 г. № 2《О судебной практике по делам об изнасиловании》// СПС КонсультантПлюс; Постановление Пленума Верховного Суда РФ от 22 марта 1966 г. № 31《О судебной практике по делам о грабеже и разбое》// СПС КонсультантПлюс; Постановление Пленума Верховного Суда РФ от 22 апреля 1992 г. № 4《О судебной практике по делам об изнасиловании》// СПС КонсультантПлюс.

④ Бюллетень Верховного Суда РФ. 2001. № 8. Ст. 17.

一犯罪参与人Б是无刑事责任能力人，他对于自己实施的社会危害行为不负刑事责任，对其适用医疗性质强制措施，由此，П的行为不能认定为团伙实施犯罪，而应当根据《俄罗斯联邦刑法典》第105条第1款规定的普通杀人罪定罪。俄最高法院在回复中指出，监督意见中所陈述的理由在法律上是没有根据的。[①] 然而，在俄罗斯联邦最高法院审判委员会的实践中却出现过与其前述立场完全相反的决定，即在Н故意杀人案中，就Н伙同一个无刑事责任人一起实施的杀人行为，俄最高法院审委会在作出的《决定》中完全排除了团伙杀人的要件适用，并且指出"根据《俄罗斯联邦刑法典》第19条的规定，Н只应当为自己的行为承担刑事责任，而不应当为无刑事责任能力的同伙承担刑事责任"。[②]

俄罗斯联邦最高法院有关此类案件相关刑事法律规定所作的解释中，也呈现自相矛盾的立场。例如，2000年2月14日出台的俄罗斯联邦最高法院全体会议作出的《关于未成年人犯罪案件司法实践》1号解释[③]中明确指出，"利用因年龄(俄刑法第20条)或者无责任能力(俄刑法第21条)而不应当承担刑事责任的人所实施的犯罪，不构成共同犯罪。同时，在利用不应当承担刑事责任的未成年人实施犯罪的情况下，引诱未成年人实施犯罪的行为人，作为间接致害的实行犯，根据《俄罗斯联邦刑法典》第33条第2款的规定承担刑事责任"[④]。然而前述司法解释中所作的规定并未得到俄最高法院的一贯坚持，即在目前生效的2011年2月1日出台的俄联邦最高法院全体会议《关于未成年人刑事责任和刑罚立法规定适用司法实践》的1号决议中，并没有关于"利用因年龄(俄刑法第20条)或者无责任能力(俄刑法第21条)而不应当承担刑事责任的人所实施的犯罪，不构成共同犯罪"的明确规定。

正是因为俄罗斯刑事立法中有关共犯制度的规定存在某种程度的歧义性，所以才导致司法实践中法律适用标准的不统一，甚至出现相互冲突的立法解释和司法解释。基于此，有俄罗斯学者提出将俄刑法第32条所规定共犯概念中的"人"直接修订为"犯罪主体"，这样就可以避免司法实务中法律适用标准不一致情况的再度发生，并且建议修订后的共犯概念表述为"两个以上犯罪主体故意共同参与实施故意犯罪，是共同犯罪"。[⑤]

(二)共同犯罪的构成要件

1.共同犯罪的一般特征

研究共犯制度的意义。俄学者将研究共犯制度的意义概括为以下几个方面：

---

① Бюллетень Верховного Суда РФ. 2005. № 4. Ст. 18.

② Бюллетень Верховного Суда РФ. 2004. № 9. Ст. 28.

③ 此解释目前已失效。

④ Бюллетень Верховного Суда РФ. 2000. № 4. Ст. 10.

⑤ Есаков Г. Квалификация совместного совершения преступления с лицом, не подлежащим уголовной ответственности: новый поворот в судебной практике // Уголовное право. 2011. № 2. С. 10-15.

(1)共犯制度是现行刑事法律所规定的,而执行法律又是必须的;(2)实质参与,即两个以上刑事法律主体故意参与故意犯罪是犯罪行为的最普遍形式;(3)共同犯罪,特别是有组织犯罪形式的共同犯罪往往会引起社会的特别关注,有时甚至还会被意识形态化;(4)共同犯罪,作为一种涵盖集体犯罪行为的制度,在司法实践中经常得以适用,并且与诸多争议问题的解决密切相关,是刑法研究过程中非常复杂且难以驾驭的问题。

共犯的规范法律特征。共犯的法律规定在俄刑法总则和分则条款中均有体现:俄刑法总则有关共同犯罪制度的规定主要集中于《俄罗斯联邦刑法典》第7章(第32-36条)"共同犯罪",还有第63条"从重处罚情节"和第67条"共犯的量刑";分则关于共犯的规定主要集中在第208-210条,即此类刑法条文所规定的组建、组织、参加具有严重社会危害性的犯罪团伙的相关罪名中,比如,第208条规定的"组建或参加非法武装队伍罪"、第209条规定的"武装匪帮罪"和第210条规定的"组建犯罪集团(犯罪组织)罪"。

共犯的实质特征与规范特征之间的关系。在俄罗斯所有研究共犯的论著中,都一致认为共同犯罪是法律规定的、在事实特征和属性方面有别于单个人所实施犯罪行为的特殊对象行为,即共同犯罪是一种客观存在,是通过共同实施犯罪中所体现出来的、具有社会危害性的活动。①

共同犯罪的实质特征,主要是犯罪学家和刑侦专家研究的对象,其研究目的是预防犯罪和刑事诉讼的需要。同时,刑法明确规定了具有特定社会危害性质和程度的共犯行为。刑法中关于共犯的规定应当更多地着眼于这种集体犯罪活动的实质特征,以便于下一步对行为进行正确的刑事法律认定和对行为主体判处公正的刑罚处罚。有俄罗斯学者将共犯的这种集体犯罪行为的实质特征概括为:(1)两人以上的心理、身体和其他资源的叠加,通常会增加犯罪人实施犯罪的可能性、提高他们所实施不法活动的效率,当然,在极少数情况下也可能降低不法活动的效率;(2)在行为的凝聚力方面体现出相互之间联络的不同程度和职业性差别,体现为从较弱至最强的紧密程度;(3)在一个统一的犯罪框架内存在行为(作为或不作为)的分工、履行义务的性质等;(4)两人以上为实施共同犯罪活动而进行结合的条件和因素各不相同,从而决定了每个主体的内在权能以及整个团伙的外在行为体现出的不同特征。②

俄罗斯联邦现行刑法典,与任何其他刑事法律一样,都对共同犯罪的规范模式进行了明确规定。这些规范模式以宪法规范为根据,是刑事立法和刑法学体系的有机组成部分,并且在相应限度内执行刑事法律的所有功能。刑事立法中有关共

---

① См.: Уголовное право России (Общая часть). СПб., 2006. С. 583 (С. В. Прохоров).

② См.: Уголовное право: Учебник: В 3 т. Т. 1. Общая часть / Под общ. Ред. докт. юрид. наук, проф., зас. деятеля науки РФ А. Э. Жалинского. -М.: Издательский Дом《Городец》, 2011. С. 492-493.

犯的规范模式,决定着共同犯罪的法律特征。俄刑法所规定共犯的规范法律特征体现为以下几个方面:(1)实施统一的故意犯罪;(2)犯罪是由两个以上应当负刑事责任的人实施的;(3)这些人的行动是共同进行的,针对一个结果,他们故意参与共同犯罪的实施(过失参与的除外);(4)反映现实行为的共同犯罪的一切特征都具有立法规定的法律意义。《俄罗斯联邦刑法典》第7章关于共同犯罪的规范模式可以区分为两个部分:一是第32条、第34条和第36条关于共同犯罪的整体规定,涵盖了共同犯罪(соучастие в преступления)、共同犯罪人(соучастники)、共同犯罪人的种类(实行犯、组织犯、教唆犯、帮助犯)等相关概念的界定;二是第35条有关实施犯罪的各种不同团伙的规定,包括对团伙(группа лиц)、有预谋的团伙(группа лиц по предварительному сговору)、有组织的团伙(организованная группа)和犯罪集团(犯罪组织)(преступное сообщество, преступная организация)等相关概念的界定及刑事责任方面的规定。

2. 共同犯罪的构成要件

俄罗斯共同犯罪的构成要件源于俄刑法第32条有关共同犯罪概念的规定,即"两人以上共同参与实施共同故意犯罪",也就是说,只有具备刑法第32条规定的所有要件的共同犯罪活动,才可能成立共犯。实质意义上的共犯,是指两人以上在实施具有一定目的的作为或不作为时的互动,即有意识地共同完成某项不法工作、某种不法活动。这会产生各种不同情况:首先,可能提高犯罪活动的效率,产生更严重的后果,即加重行为对法秩序产生影响的强度;其次,可能引诱甚至迫使多数没有犯意的人参与实施犯罪行为。立法者力图通过在刑事立法中构建共犯模式,以涵盖行为要件的整体或其组成部分,并因此而形成刑事责任的根据。俄学界一般将共犯要件分为两个部分:客观要件和主观要件。客观要件,又称数量要件或数量特征,是指至少两人参与犯罪,并且具有共同性的特征。主观要件是指参与犯罪的罪过形式和所实施犯罪的罪过形式。

客观要件中的数量要件"两人以上"的表述,虽然看起来简单明了,然而在理论界和司法实践中却引起了诸多争议。如前所述,这里的争议主要源于俄刑法第32条规定的共同犯罪概念中有关"人"的表述上,即"两人以上"中的"人"是否指的是《俄罗斯联邦刑法典》第4章"应当负刑事责任的人"中的"人",抑或指的是"任何人",其中是否也包括不应当负刑事责任的人。此问题看似简单,实则具有非常重要的实践意义,特别是只有两个人共同参与实施犯罪行为,而其中一人不应当负刑事责任的情形。此种情形下,无论是在俄理论界,还是在司法审判实务的具体操作层面,都存在将其认定为共同犯罪的立场。如果将这种情形认定为共同犯罪,则应当负刑事责任的行为人就相应地被认定为实施了共同犯罪的适格主体,即对其应当加重刑罚处罚,因为根据《俄罗斯联邦刑法典》第63条第1款第3项的规定,"参加团伙、有预谋团伙、有组织团伙、犯罪集团(犯罪组织)实施犯罪"是加重刑罚处罚的法定情节之一。

根据目前俄罗斯刑法学界多数学者的主张，只有两个以上应当负刑事责任的人参与实施的犯罪，才是共同犯罪，即若参与犯罪实施的人当中只有一个人是适格犯罪主体，而其他参加人因未达到刑事责任年龄或无刑事责任能力等原因而不应当负刑事责任，则不成立共同犯罪，[①]其中，具有犯罪主体资格的行为人利用无责任能力或未达刑事责任年龄的未成年人实施的行为被称为“间接实行”行为（посредственное исполнение），利用者以“直接实行犯”（непосредственный исполнитель）[②]追究刑事责任。如果利用的是未成年人，则利用者的行为还同时触犯俄刑法第150条规定的“引诱未成年人实施犯罪”的罪名。

客观要件中的“共同性”特征（признак совместности）是法律规定的评价性要件，其主要体现在参与犯罪实施的人在角色、时间和相对稳定的“权能”方面的分工，即每个人对于犯罪的实施都有自己的“贡献”（вклад）[③]以及各个行为（作为或不作为）之间存在某种程度的依赖关系。这种“共同性”，其实质是共同犯罪中的一种核心要素，它决定着行为实施所必须具备的若干条件，比如时间上的吻合、每个人的行为要达到一个统一的或者共同的结果、所实施行为（作为或不作为）之间的相互强化或互为条件等。共同性要件，是俄刑事立法规定的共同犯罪成立的必要要件，反映着共同犯罪的实质侧面。它体现为各种不同的样式以及不同程度的强度，但总体来说是每个人为达到统一结果而做出自己的“贡献”。在其他要件均具备的情况下，参与的“共同性”特征决定着俄刑法第33条规定的各共犯人的定罪问题以及第34条规定的各共犯人的归责问题，同时也决定着共同犯罪的形式或种类的划分问题。

主观要件，有时也称为共同犯罪的主观特征。根据《俄罗斯联邦刑法典》第32条的规定，共同犯罪的主观要件体现为参与的故意（“故意共同参与”）和犯罪的故意性（故意参与“故意犯罪”）。这也就是说，行为人故意参与故意实施的犯罪，而在参与犯罪的行为人之间存在主观上的联系。这两种故意，严格来讲，指的是主观上的一致性，通过共犯人的故意内容予以揭示。参与的故意性是指每个共犯人，其中包括实行犯，都应当知道有其他应当负刑事责任的人参与犯罪、希望或者放任统

---

① См.：Комментарий к Уголовному кодексу Российской Федерации для работников прокуратуры（постатейный）. 2-е изд.，исправленное，дополненное и переработанное / отв. Ред. юрид. наук В. В. Малиновский；науч. Ред. проф. А. И. Чучаев. -М.：《Контракт》，2015. С. 96.

② 即我国刑法学语境中使用的来源于德国的“间接正犯”表述。俄罗斯刑法中没有德国刑法中的“正犯”概念，德国刑法中的“正犯”对应的是俄刑法中的“实行犯”，所以俄刑法学术语“直接实行犯”对应的是德语中的“间接正犯”。参见 Уголовное право ФРГ：Учебник. 35-е изд.，с доп. И изм. / Йоханнес Вессельс，Вернер Бойльке；пер с нем. Я. М. плошкиной；Под оед. Д. В. Майоровой. -Красноярск：РУМЦ ЮО，2006. С. 196。

③ 即中国古代刑法学语境中的“加功”。

一犯罪结果的发生。各共犯人必须应当意识到作为或不作为的共同性，哪怕只是对于行为共同性的最低限度的认知。申言之，犯罪的故意性，指的就是行为人对其故意性质的认知。

以上是俄罗斯司法实践和学界主流观点关于共同犯罪主观要件相关立法规定的惯常理解。与此同时，俄罗斯学界在各类共犯人和共犯行为整体的定罪问题上存在诸多争议。其中，主要争议焦点集中于各共犯人之间主观方面联系的性质和内容问题，即片面共犯问题。俄学者在论述此类问题时经常会以实行犯（犯罪的主要人物）与帮助犯（协助实行犯的人）之间的主观联系为例，即当发生实行犯不知道帮助犯对其进行协助的情形，比如，共犯人给潜在的实行犯带来一件武器，但其却做出来一副只是把武器作为礼物送给实行犯的样子。这里更为现实的场景是片面教唆的情况，即教唆人使潜在实行犯产生犯罪想法的教唆行为，而被教唆人却并不知晓教唆人的存在。俄刑法学界关于各共犯人之间主观联系存在三种主张：第一种主张认为，共犯人之间的主观联系在所有情形下都可以是单方面的，即承认片面共犯的存在；第二种主张只承认在实行犯和其他共犯人之间可能存在片面共犯情况；第三种主张则只认可各共犯人之间的双方面主观联系，即不承认片面共犯的存在。[①] 按照俄罗斯通说的主张，是不承认片面共犯的，即使俄刑法理论界一直都存在其他立场。[②]

在多数人参与实施犯罪且各自承担不同角色的共同犯罪中，对于各共犯人之间主观联系的评价问题则愈加复杂。从事物本质出发，同一犯罪的各共犯人之间是完全可能互相不知道其他共犯人的，特别是经济领域犯罪、犯罪集团实施的犯罪等。俄罗斯通说认为，在这些情况下不要求每个共犯人知晓所有其他共犯人的存在，即此种情形下各共犯人之间的主观联系呈多样化特点，但是在认定共同犯罪存在及其定罪时，必须具备最低限度的主观方面联系，即每个共犯人应当知道哪怕其中一个其他共犯人的存在。

共同犯罪主观方面要件争议问题还体现为这样两种情况，即共同过失行为以及间接故意行为是否可以认定为共同犯罪的问题。根据俄罗斯现行刑事立法的规定，共同过失行为不属于共同犯罪的范畴，所以俄学界通说与其立法规定相吻合，也认为共同过失行为不构成共同犯罪。与此同时，俄学界仍有一部分学者主张，共同过失行为应当按照共同犯罪进行处罚，他们常用的例子是领导指使司机超速驾驶，进而发生交通肇事的情形。至于间接故意是否可以构成共同犯罪的问题，俄学界是持肯定立场的，比如，两个人一起打第三个人并且均有意识地放任第三人死亡

---

① См.：Уголовное право：Учебник：В 3 т. Т. 1. Общая часть / Под общ. Ред. докт. юрид. наук, проф.，зас. деятеля науки РФ А. Э. Жалинского. –М.：Издательский Дом《Городец》，2011. С. 500.

② См.：Трайнин А. Н. Учение о соучастии. М.，1941. С. 67；Бурчак Ф. Г. Учение о соучастии по советскому праву. Киев，1969. С. 58–60.

发生的情形。

综上,《俄罗斯联邦刑法典》第 32 条规定的共犯概念,根植于俄现行刑法的规范框架当中,而俄现行刑事立法的根据又是《俄罗斯联邦宪法》和公认的国际法原则和准则,因此,此条立法规定应当属于俄罗斯刑法功能体系的构成要素之一。

第二节　共犯形式及其相关争议问题

一、共犯形式的通说立场

根据俄刑法学通说,《俄罗斯联邦刑法典》第 35 条实际上就是对共犯形式的具体规定。与此同时,共犯形式的区分标准主要体现为两个方面:一是犯罪参与者之间的合意(соглашение),此即各共犯之间主观联系特征;二是共同实施犯罪的方式,即各共犯人之间的客观互动特征。[①]

第一个标准指的是参与实施犯罪的若干人在行为上的合意性,此"合意性"直接取决于各共犯人之间的约定(договоренность)、串通(сговор)。根据共同实施犯罪行为是否存在事先谋划的要件,可以区分为两类共同犯罪,即无预谋的共同犯罪和有预谋的共同犯罪。

根据共犯形式的客观标准(各共犯人之间的互动方式),也可以将共犯区分为两种:一是共同实行的共同犯罪;二是共同参与的犯罪。第一种共犯指的是若干人一起共同实施特定犯罪客观方面的行为;第二种共犯则正好相反,是各共犯人按照角色进行分工,即除了直接实施犯罪的实行犯,还有组织犯、教唆犯或者帮助犯(除实行犯外,最起码应当具备其中任何一种共犯人)。俄罗斯刑法分则规定了若干复杂共犯的具体罪名,这些共同犯罪中所涉及的、未直接参与犯罪实施的共犯之刑事责任的追究,所依据的正是根据客观标准划分的第二种共犯形式,即应当援引刑法总则有关共犯制度的规定。

俄现行刑法分则罪状中,有相当多罪名将俄刑法第 35 条的各种共犯形式规定为加重责任构成要件。例如,根据《俄罗斯联邦刑法典》第 105 条第 2 款第 7 项和第 131 条第 2 款第 1 项的规定,"团伙、有预谋的团伙或有组织团伙"实施此两种犯罪的,则构成各本条所分别规定的故意杀人罪和强奸罪的加重责任构成要件;第 158 条至第 163 条分别规定的盗窃、诈骗、侵占、抢夺、抢劫、敲诈勒索罪的加重责任构成要件为"团伙或有预谋团伙实施",各本条第 4 款将"有组织团伙实施"规定为各本罪的特别加重责任构成要件。可见,俄刑法分则规定的各种具体罪名中,最常

---

① См.: Уголовное право России. Части Общая и Особенная: учебник / М. П. Журавлев [и др.]; под ред. А. И. Рарога. -7-е изд., перераб. И доп. -Москва: Проспект, 2012. С. 149-154.

见的加重责任构成要件的共犯形式是“团伙、有预谋团伙或者有组织团伙”。

俄罗斯刑法总则第63条和第35条则将各种共犯形式规定为加重刑罚处罚的法定情节①。俄刑法理论界②将共同犯罪分为普通共犯和复杂共犯。普通共犯指共同实行犯,即共同实施犯罪的团伙,包括有预谋团伙和无预谋团伙;复杂共犯是有角色分工的共同犯罪,即有组织犯、教唆犯或者帮助犯和实行犯一起实施犯罪,包括有组织团伙和犯罪集团(犯罪组织)。

1. 有预谋团伙(группа лиц)。《俄罗斯联邦刑法典》第35条第1款规定的无预谋团伙犯罪就属于普通共犯的一种,即“两个以上实行犯不经预谋而共同参与实施犯罪,是团伙犯罪”,其中,每个实行犯都全部或者部分参与实施构成具体犯罪客观方面的行为。在普通共犯中,不存在各共犯人之间的角色分工,即只有共同实行犯,没有组织犯罪、帮助犯和教唆犯。因此,此类团伙犯罪中各共犯人行为的定罪,只需根据俄刑法分则相应条款的规定即可,无需援引刑法总则第33条的规定。无预谋团伙是共同犯罪中危害性最小的共犯形式,因为各共犯人没有就犯罪开始时间以及使犯罪得以顺利实施的方式等方面进行专门的谋划,他们只是在直接参与实施某种犯罪侵害过程中互相帮助。此种团伙犯罪,可以是各实行犯同时着手犯罪的实施,也可以是其中一个实行犯先开始实施犯罪行为,而其他实行犯稍晚(无任何约定)加入犯罪实施行列。无预谋团伙犯罪中,各共犯人之间的主观方面的联系(犯罪行为的合意)是在实施具体犯罪构成客观方面要件的过程中产生的,各实行犯之间行为的合意程度及其主观联系,可以仅限于其中一个实行犯知道有其他实行犯在和自己一起实施犯罪活动。俄立法机关将无预谋团伙作为加重责任构成要件,规定在其刑法分则的故意杀人罪(第105条第2款第7项)、故意严重损害他人健康罪(第111条第3款第1项)、强奸罪(第131条第2款第1项)、暴力性行为罪(第132条第2款第1项)等具体罪名的罪状中。

2. 有预谋团伙(группа лиц по предварительному сговору)。《俄罗斯联邦刑法典》第35条第2款规定的有预谋团伙犯罪,是另外一种普通共犯,即“事先串通共同实施犯罪的人实施犯罪,是有预谋团伙犯罪”。这里的“预谋”指的是各共犯人在犯罪开始实施前,其中包括在犯罪预备阶段,就共同实施犯罪进行约定。约定既可以是口头的,也可以是书面形式的,还可以借助于手势、肢体语言或者其他具有特殊含义的符号等。申言之,在有预谋团伙犯罪中,各实行犯之间主观方面的联系,产生于具体犯罪构成客观方面行为实施之前。有预谋团伙犯罪作为加重责任

---

① 第63条“从重处罚情节”第1款第3项规定“参加团伙、有预谋团伙、有组织团伙或者犯罪集团(犯罪组织)实施犯罪”;第35条第7款规定“团伙、有预谋团伙、有组织团伙或者犯罪集团(犯罪组织)实施犯罪的,应该依照本法典分则条款规定的法定刑限度内从重处罚”。

② См.: Наумов А. В. Российское уголовное право. Курс лекций. В 2 т. Т. 1. Общая часть. М., 2004. С. 295.

构成要件，体现在俄刑法分则诸多罪名的立法规定中，比如侵害人身类犯罪（故意杀人罪、故意严重损害或中等严重损害他人健康罪、折磨罪、绑架罪、非法拘禁罪、强奸罪等）、经济领域犯罪（盗窃罪、敲诈勒索罪、洗钱罪等）、危害公共安全和妨害公共秩序的犯罪（恐怖活动罪、劫持人质罪、流氓罪等）。

3. 有组织团伙（организованная группа）。《俄罗斯联邦刑法典》第35条第3款规定了有组织团伙犯罪，即"如果是为实施一个或几个犯罪而组织起来的稳定性团伙实施的犯罪，则是有组织团伙犯罪"。有组织团伙犯罪属于复杂共犯的范畴，与本条第1、2款规定的共同实行犯实施的无预谋团伙犯罪和有预谋团伙犯罪之间存在本质区别。其特点是团伙具有稳定性，即有组织团伙成员（共犯人）是为实施一个或多个犯罪（可以是同类犯罪，也可以是不同类犯罪）为目的而在一段时间内组成的犯罪团伙。此类团伙也可以是由两个人为实施一个或几个犯罪而事先组成的，但需要其中一个人起领导作用，也就是承担组织者的角色。参与团伙的各个共犯人，通常要为犯罪实施制订详细的计划和准备、为犯罪预备和犯罪实施的顺利进行而分工。2002年12月27日出台的俄罗斯联邦最高法院全体会议《决议》①，对前述所列有组织团伙的特征进行了明确的规定。需要强调的是，有组织团伙的特征不仅只体现为各团伙成员之间的谋划，更主要的是团伙内部的"稳定性"（устийчивость），从而使各共犯人具有职业化特点。② 俄司法实践对于有组织团伙立法概念中"稳定性"的理解，是兼具主观和客观两方面意义的。主观角度的"稳定性"是指各共犯人犯罪意图的牢固。客观意义主要体现为以下几个特征：长短不同的时间间隔内团伙成员犯罪数量较大，犯罪强度较高；团伙成员的组织性较强，在团伙内部有专门的领导者，有联系和管理机制；有相对稳定的团伙成员；犯罪活动的形式和方法比较固定。对于有组织团伙所实施犯罪的认定，所有共犯人的行为，无论其在所实施行为中承担什么角色，都应当作为共同实行犯进行定罪，不能援引俄刑法第33条的规定。此外，俄立法机关考虑到刑法保护的某些客体具有特殊价值，因而将组建有组织团伙的事实本身规定为既遂犯罪，从而赋予其独立犯罪构成（中国刑法语境中的独立罪名）的地位。当然，此种情形下，有组织团伙除了具备"稳定性"要件之外，立法者还规定此种有组织团伙应当具备的其他必要要件。例如，俄刑法第209条规定的"匪帮罪"中的"匪帮"的构成要件，除了"稳定性"要件外，还必须具备"武装性"和"袭击公民或组织"的要件。

4. 犯罪集团（преступное сообщество）或犯罪组织（преступная организация）。

---

① БВС РФ. 2003. № 2. С. 5.

② БВС РФ. 2001. № 10. С. 17.

犯罪集团(犯罪组织)犯罪的概念规定在俄刑法第 35 条第 4 款[①],即“为实施一个或几个重罪或特别重罪,从而获取直接或间接财政利益或其他物质利益而成立的,有统一领导的、组织结构严密的、一个有组织团伙或几个有组织团伙的联合组织实施的犯罪,是犯罪集团(犯罪组织)犯罪”。可见,犯罪集团(犯罪组织)分为两种,即特殊类型的有组织团伙和有组织团伙联合组织。

犯罪集团型有组织团伙具有三个附加特征:第一,此种团伙建立的目的是共同实施一个或几个重罪或特别重罪[②]。第二,实施犯罪是为了获取直接或间接的财政利益或者其他物质利益,比如,有组织团伙为了将他人财产据为己有而实施诈骗行为,则属于获取直接物质利益的范畴。若有组织团伙实施诈骗的对象是他人的财产权利,或者为了铲除竞争对手,出于贪利动机建立自己在商品和服务市场上的垄断地位而杀人的,则属于获取间接物质利益范畴。第三,有组织团伙是组织结构严密的犯罪组织,即由不同的分支结构组成,这些组织的成员稳定且行为协调一致,各组织结构间为实现共同的犯罪意图而相互配合,并且按照功能进行分工,因此,此种犯罪组织在实施犯罪行为以及保障犯罪集团其他活动正常进行方面,具有专业化的统筹能力。犯罪集团内部的各个组成部分都是由两人以上组成的、具有各自功能和(或)地界的独立团伙,在犯罪集团的框架下或根据犯罪集团的目的实施相应的犯罪活动。这些分支结构的任务不仅限于负责实施犯罪活动,他们还需要履行一些犯罪集团的功能保障任务。

犯罪团伙联合组织是另一种形式的犯罪集团,其特征是具有统一的领导,各团伙之间存在稳固的联系,共同计划和参与实施一个或几个重罪或特别重罪,共同执行犯罪组织分配的其他行动。

总之,俄立法机关之所以将共同犯罪的形式进行上述区分,主要是为了确定不同犯罪组织成员的刑事责任问题。其刑事责任方面的特征[③]于下文详述。

---

① 此款规定的犯罪集团(犯罪组织)犯罪概念的界定,由 2009 年 11 月 3 日出台的第 245 号联邦法律进行了修订。修订前的表述为“如果犯罪是由为实施重罪或特别重罪而成立的有组织严密的团伙(组织)实施的,或者是由为此目的而成立的有组织团伙的联合组织实施的,是犯罪集团(犯罪组织)犯罪”。

② 根据俄现行刑法第 15 条第 4、5 款的规定,重罪是指“本法典规定的最高刑为 10 年以下剥夺自由刑的故意行为”;特别重罪是“本法典规定的最高刑为 10 年以上剥夺自由刑或更重刑罚的故意行为”。

③ 简言之,俄刑法共犯责任特征主要体现为以下几个方面:第一,团伙、有预谋团伙、有组织团伙和犯罪集团(犯罪组织)实施犯罪是法定加重刑罚处罚情节(俄刑法第 63 条第 1 款第 3 项);第二,团伙、有预谋团伙、有组织团伙实施犯罪是某些罪名的加重责任构成要件,即对其规定的刑罚处罚要重于相应罪名的基本犯罪构成的犯罪;第三,在俄刑法分则条款没有规定的情况下组建有组织团伙的,应当对该团伙预谋实施犯罪之预备承担刑事责任(俄刑法第 35 条第 6 款);第四,组建或领导俄刑法第 208、209、210 条和第 282-1 条所规定的有组织团伙或犯罪集团的人,应当为其组建和领导事实本身承担刑事责任,同时还应当为其故意范围内团伙实施的所有犯罪承担刑事责任。

二、共犯形式与种类的区分

尽管俄学界关于共犯制度理论根据的论著很多,但并未给出一个准确认定共犯种类和形式的通用立场。因此,有俄罗斯学者提出,可以暂且搁置“种类”与“形式”在术语上的争议,赋予共犯制度的“种类”与“形式”以约定性质。事实上种类的划分是以其特征或特征总和为基础的,而这些特征恰恰是种类的体现形式。我们以最简单的生物分类为例,偶蹄动物和奇蹄动物属于动物种类范畴,而此处种类的外在表现形式则正是动物分蹄抑或不分蹄。以此类推,共同实行犯、有分工共犯、无事先预谋共犯等属于共犯种类范畴,都有其主要特征所凸显出来的表现形式,而在此特征基础上又区分出这样一些种类:具备两个以上实行犯的共犯;具备执行不同功能的共犯;没有事先预谋的共犯等。也就是说,前述任何一个因素都有其固有的表现形式和种类。因此,在概念范畴内,“形式”通常是通过“种类”予以界定的。在这样的认知背景下,基于所执行功能和行为的组织性程度的考虑,有必要对共犯的“种类”和“形式”进行双重属性的分类,即在理论上按照共犯在实施犯罪过程中所执行功能的性质区分共犯的种类,而共犯的形式则根据各共犯行为之间的结合及互为组织的紧密性程度进行界分。①

根据俄多数学者的主张,可以按照各主体在具体犯罪中功能分工的不同而将共犯分为共同实行犯、有角色分工的共犯和混合共犯三种类型。俄罗斯联邦现行刑事立法即按前述标准对共犯予以分类:首先,立法者按照角色分工将共犯分为组织犯、教唆犯和帮助犯,并且规定了各共犯定罪标准;其次,单独规定了共同实行犯及其独立定罪标准。此种共犯分类一度得到俄罗斯联邦最高法院的支持和认可。②

俄罗斯共犯形式界分问题,较共犯分类而言则相对复杂得多。俄法学专业文献领域并未出现公认的共犯形式类别,这主要是因为俄学界在共犯形式界分标准的界定上存在分歧所致:有学者认为共犯形式的区分标准应当是犯罪活动的合意程度;也有学者认为应当是各共犯之间的互动方式(力量结合方式);还有学者提出折中区分标准,即各共犯之间合意程度与共犯行为的结合度(组织性)。

通过对俄罗斯当代刑法学文献的分析,共犯形式可以概括为以下几类。

(1)无事先合意的共犯和有事先合意的共犯(有预谋的团伙)、有组织团伙、犯罪集团(犯罪组织)。

(2)复杂共犯、共同实行犯、犯罪团伙、犯罪集团。

(3)无事先预谋团伙、有事先预谋团伙、有组织团伙、犯罪集团(犯罪组织)。

根据多数俄学者观点,前两种共犯形式的分类存在以下两方面错误。

---

① Козлов А. П. Соучастие: традиции и реальность / А. П. Козлов. – СПб.: Издательство《Юридический центр Пресс》, 2003. –362 с.

② Бюллетень Верховного Суда РФ. 2000. № 7. С. 14.

一是此两种分类法所共有的错误，其错误实质体现于将俄刑法总则与分则制度人为割裂开来并使总则规范丧失了普遍适用性。第一种情形中的无事先合意共犯和有事先合意共犯和第二种情形中的共同实行犯属刑法总则制度内容，而“有事先预谋的团伙、有组织团伙和犯罪集团”，以及“犯罪团伙和犯罪集团”则属于俄刑法分则制度范畴。实际上，并不存在总则或分则所特有的共犯形式种类，共犯形式是相对于刑法整体的概念。由于总则规范具有普适性，所以共犯形式的界定和分类首先规定在刑法总则部分，之后才基于具体犯罪构成的特征而体现于刑法分则相应条款中。[①] 第一种观点中还存在另外一个缺陷，即此种分类法是建立在两个不同分类基础之上的：首先，按照其中一个标准分成两种形式的共犯；其次，又在第二种共犯形式框架下根据其他标准区分出三种共犯形式，这显然破坏了分类的逻辑结构要求。

二是第二种分类法的不足在于，它没有排除此种分类构成要素之间的相互关联性，因为犯罪团伙在实施各种具体犯罪时，可能按照各共犯的角色进行分工，也可能成员无共犯分工都是共同实行犯。因此，此种共犯分类法在一定程度上缺乏逻辑性，缺乏一定的理论价值和实践意义。

第三种分类法得到了俄多数学者的支持，此种共犯形式的分类根据是社会—心理标准，即各共犯行为的合意性(组织性)程度。俄罗斯刑法第 35 条直接规定了共犯的若干形式。共犯形式，是指在犯罪预备以及实施具体犯罪过程中各共犯人的外在方面。各共犯人行为的合意性程度越高，则其所实施共同犯罪活动的危害性就越严重。申言之，合意性最终决定着各共犯合力的有效性。各共犯人之间的合意程度首先取决于是否预谋及预谋内容。

三、共犯形式界定相关争议问题

俄罗斯现行刑事立法中并没有规定共犯形式的概念，只是规定了各种共犯形式的部分抽象特征，并未凸显构成共犯形式之内涵的所有必要要素的应然立法描述。因此，俄罗斯学界有关共犯制度的研究一如既往地特别关注共犯形式内涵的探讨。

近年来俄罗斯学界关于共犯形式的探讨主要集中于对其内涵的界定方面，一般将共犯形式的内涵界定为以下几种：一是共犯内容的规定性方式，其与共犯内容不可分割且是其外在体现；[②]二是主观方面相互联络的行为人所实施行为之间关系

---

① Шеслер А. В. Соучастие в преступлении: учеб. пособие / А. В. Шеслер. Тюмень, 2007. 70 с.

② Илиджев А. А. Назначение наказания за преступление, совершенное в соучастии: Дис. ... канд. юрид. наук. −Казань, 2004. С. 64.

结构的反映；三是各行为之间互为组织性的程度；[①]四是实施犯罪的某种特别方式，此种犯罪方式是由各共犯所实施行为的特点以及其智力信息交换的方法所决定的。[②] 此外，俄罗斯学者还提出了另外一种观点，即认为共同犯罪实施方式，不仅取决于共同实施行为的特点以及各共犯人之间信息交换的方式，而且同时也是由共同实施行为的行为人之间的内在联系所决定的，这种内在联系是有明确分工的共同犯罪或者具有共同实行犯的共犯形式认定的实质特征。基于此，认为共犯形式是指由各共犯的行为特征及各共犯人之间主观联系所决定的犯罪实施方式。[③]

俄罗斯学者科瓦廖夫（М. И. Ковалев）在其著作中指出，“根据俄罗斯刑法，共同犯罪是体现为实施某种有分工犯罪或者无分工犯罪（指狭义共犯或共同实行犯）的共同故意行为”。[④]相应地，共同犯罪中的共同实施通常体现为这样两种方式：第一种方式是犯罪的客观方面由实行犯完成，而其他共犯人（组织犯、教唆犯或者帮助犯）不直接参与犯罪的实施，而是通过实施其他相应功能角色的途径协助实行犯；第二种方式是由二人或二人以上实行犯共同完成犯罪客观方面的实施。第二种方式的共同犯罪不存在组织犯、教唆犯或者帮助犯的参与。与此同时，俄司法实践中还有这样的情况出现，即以团伙方式实施犯罪时，出现了团伙成员以外的其他人为实行犯提供协助的情形，那么，这种情况下的共犯形式又当如何划分呢？俄罗斯刑法学界对此并未给出一致答案。俄司法机关在审判实践中将前述共同犯罪的组织形式认定为共同实行犯的组织类型。

根据俄罗斯联邦最高法院全体会议决议精神，“对于犯罪集团的参加者，虽然他们不是具体犯罪的实行犯，但根据其在犯罪集团内部的角色分工履行组织犯、教唆犯或帮助犯的功能，其行为根据《俄罗斯联邦刑法典》相应条文定罪处罚，而无需援引《俄罗斯联邦刑法典》第 33 条第 3、4、5 款的规定，也不用考虑其在所实施犯罪中充当的实际角色如何”。[⑤] 此种认定共犯的方式引起了俄刑法专家的异议，俄学者伊凡诺夫（Н. Г. Иванов）针对此类决议，即俄罗斯联邦最高法院《关于杀人案件司法实践全体会议决议》提出批评。他指出，“《决议》出台者建议法院将实施杀人行为的有组织团伙全体成员认定为共同实行犯，而无需援引《俄罗斯刑法典》第 33 条的规定，并不考虑他们在所实施犯罪中所起的实际作用。然而，共同实行犯的共

---

① Мондохонов А. Н. Формы соучастия в преступной деятельности: Дис. …к анд. юрид. наук. –М. , 2005. С. 12.

② Карлов В. П. Формы соучастия: Автореф. дис. … канд. юрид. наук. –Самора, 2004. С. 12.

③ Балеев С. А. Форма соучастия в преступлении: понятие и классификация /Ученые записки казанского государственного университета. Гуманитарные наука. 2010. Т. 152. кн. 4. С. 155.

④ Ковалев М. И. Соучастие в преступлении. –Екатеринбург: Изд–во УрГЮА, 1999. С. 19.

⑤ Постановление Пленума Верховного Суда РФ № 8 от 10 июня 2008 г.《О судебной практике рассмотрения уголовных дел об организации преступного сообщества (преступной организации)》// Бюл. Верховного Суда РФ. –2008 г. № 8. С. 10.

同犯罪，指的是由团伙成员共同实施和团伙成员有预谋共同实施的犯罪，而绝不能将其扩张至有组织团伙犯罪的认定上”。[①] 俄学者巴列耶夫（С. А. Балеев）也强调，“立法机关在《俄罗斯联邦刑法典》第 208、209、210 和 281.1 条将组织和参加犯罪集团的行为规定为独立罪名。我们认为，根据现行法律，犯罪集团任何成员的行为都应当按照他们在所实施犯罪中所起的实际作用定罪，而不是以他们是犯罪团伙成员为根据予以定罪”。[②]

有关共犯的形式及其分类标准问题，在俄罗斯刑法理论界存在很大争议。俄罗斯学界迄今为止在共犯分类问题上并没有一个统一的标准，因此也没有形成公认的共犯形式分类。俄罗斯学者在共犯分类标准问题上提出了若干方案，其中包括按照犯罪参加者之间结合的紧密程度、[③]活动特征、[④]每个共犯的个人分工、[⑤]共犯之间存在的主观联系特征[⑥]进行分类，或者按照前述所列各个特征之间的不同组合方式予以分类[⑦]。

俄学者布尔察克（Ф. Г. Бурчак）认为，犯罪构成的结构特征是共犯的分类标准，而正是犯罪构成本身决定着每个共犯人的刑事责任，因此，他按照此分类标准将共犯分为三种形式：（1）构成总则制度意义上的共犯（复杂共犯）；（2）共同实行犯；（3）特别共犯，即此类共犯的刑事责任明确规定在刑法分则条款中。[⑧] 俄罗斯学者将第三种共犯形式看作分则某一犯罪构成的必要要件（必要共犯）。

俄罗斯现行刑事立法规定了四种犯罪组织结构类型（《俄罗斯联邦刑法典》第 35 条），但是否可以将这四种犯罪组织类型称为共犯形式，俄学者持不同意见。米涅诺克（Д. М. Миненок）认为，“根据犯罪分子的力量结合方式，共犯可以表现为各种不同的形式，即犯罪团伙、有预谋的团伙、有组织团伙和犯罪集团（犯罪组织）”，[⑨]而巴列耶夫（С. А. Балеев）则对前述分类提出了质疑，他指出“此种分类中

---

① Иванов Н. Г. Постановление Пленума Верховного Суда РФ《О судебной практике по делам об убийстве（ст. 105 УК РФ）》. Критический взгляд // Уголовное право. 2000. С. 21.

② Балеев С. А. Форма соучастия в преступлении：понятие и классификация /Ученые записки казанского государственного университета. Гуманитарные наука. 2010. Т. 152. кн. 4. С. 156.

③ Гришаев П. И.，Кригер Г. А. Соучастие по советскому уголовному праву. －М.：Госюриздат, 1959. С. 56.

④ Шаргородский М. Д. Некоторые вопросы учения о соучастии // Правоведение. 1960. № 1. С. 97.

⑤ Малахов И. П. Некоторые вопросы учения о соучастии по советскому уголовному праву. －Л.，1957. С. 8－9.

⑥ Уголовное право Российской Федерации. Общая часть / Под ред. А. И. Рарога. －М.：Инфра－М.，2004. С. 357.

⑦ Наумов А. В. Российское уголовное право. Общая часть. Курс лекций. －М.：БЕК, 1996. С. 299－306.

⑧ Бурчак Ф. Г. Соучастие：социальные, криминологические и правовые проблемы. －Киев：Виша шк.，1986. С. 92.

⑨ Миненов Д. М. Формы соучастия в новом Уголовном кодексе России // Актуальные проблемы уголовного права，процесса и криминалистики. －Калининград，1998. С. 8.

不知为什么‘遗漏’了俄罗斯联邦刑法第 33 条和第 34 条规定的根据法律上的分工而形成的独立共犯形式”。[①]

索巴列夫(В. В. Соболев)主张“除了复杂共犯,有、无预谋的团伙或有组织团伙构成中的共同实行犯以外,共犯还可以体现为有组织犯罪活动形式的犯罪集团(犯罪组织)”。[②]

罗森科(С. В. Розенко)认为,除了传统的共犯形式(团伙、有预谋团伙和有组织团伙)外,《俄罗斯联邦刑法典》第 35 条还应当补充规定这样一些犯罪组织形式:非法武装组织、匪帮、犯罪集团以及侵害公民人身和权利的组织。[③] 巴列耶夫(С. А. Балеев)则质疑前述观点并且指出,如果按照罗森科的逻辑,则极端主义集团、极端主义组织以及其他一些将来可能被犯罪化的组织都可以归入共犯形式之列,然而,将所有必要共犯类型以及有组织犯罪种类都纳入具体犯罪共犯形式之列是没有必要的。

有些俄罗斯学者之所以将有组织犯罪类型认定为共犯形式,是基于俄罗斯联邦刑法第 33 条第 3 款和第 35 条第 5 款的相关规定,即组建犯罪组织(有组织团伙或犯罪集团)或者领导、参加犯罪组织的人应当认定为共犯。此外,还有部分学者认为,犯罪组织的参加者、组织者、领导者都应当认定为俄罗斯刑法第 210 条所规定犯罪的共犯。[④] 巴列耶夫则认为,前述行为人刑事责任的根据并非共同故意参与犯罪的实施,而是他们当中的每个人都实施了犯罪,同时其客观方面或者体现为组织、组建、领导犯罪组织,或者参加犯罪组织。犯罪集团(犯罪组织)的参加者以及其他刑法分则条款规定的犯罪组织的参加者,只有在其确实参与了犯罪组织所实施具体犯罪及其预备行为的情况下,才能将其认定为共犯。

综上,俄学者一般认为,就共犯的形式而言,可以将其分为复杂共犯(有功能角色分工的共犯)和共同实行犯(团伙共犯)。相应地,共犯指的是共同合力实施故意犯罪的人。复杂共犯中的角色分工指的是法律上的角色分工,此类共犯的刑事责任规定在俄罗斯刑法第 33 条和第 34 条,即此类共犯形式的行为主体除了实行犯,还有组织犯、教唆犯或者帮助犯。团伙共犯(共同实行犯)规定在俄罗斯刑法第 35 条第 1、2 款(团伙和有预谋团伙)。此外,俄立法机关出于社会危害性的考虑,将社会危害性更大的犯罪组织,即有组织团伙和犯罪集团,分别规定在本条第 3 款

---

① Балеев С. А. Форма соучастия в преступлении: понятие и классификация /Ученые записки казанского государственного университета. Гуманитарные наука. 2010. Т. 152. кн. 4. С. 156.

② Соболев В. В. Основание и дифференциация ответственности соучастников преступления: Автореф. дис. … канд. юрид. наук. -Краснодар, 2000. С. 12.

③ Розенко С. В. Формы и виды организованной преступной деятельности: Автореф. дис. … канд. юрид. наук. -Екатеринбург, 2001. С. 12.

④ Сермавбрин К. Н. Уголовная ответственность за создание, руководство и участие в преступлной организации: Автореф. дис. … канд. юрид. наук. -М., 2002. С. 10.

和第4款。

特拉伊宁(А. Н. Трайнин)在论及共同犯罪问题时曾指出:“特别共犯是共同犯罪活动的高级形式,此类共犯的行为人之间不仅存在事先合意(此特征将特别共犯同普通共犯区别开来),而且在采取较为灵活组织形式方面也事先达成共识(此特征将特别共犯同法定共犯区别开来)。特别共犯指的是长期的、结构紧密的共犯形式,是为实施犯罪而组成的既定的人的组合体。因此,犯罪组织自身存在的事实既已成为一种具有社会危害性的现象。”①

沙尔高罗兹基(М. Д. Шаргородский)也曾指出:“共犯(指犯罪组织以外的共犯形式)指的是具体犯罪的教唆犯或者帮助犯。针对犯罪组织成员刑事责任进行理论界分,其意义在于这些成员在为其参加犯罪组织的事实本身承担责任,即应当承担组建此类犯罪组织所实施犯罪的刑事责任,而此处刑事责任的承担无需考虑犯罪结果是否发生、他们的活动与所发生的具体犯罪结果之间是否有因果关系、他们是否知道犯罪组织其他成员的具体犯罪行为。”②

俄罗斯联邦现行刑事立法关于共犯概念的界定,规定在俄刑法典第32条,指两个或两个以上行为人实施同一个犯罪。可见,俄立法机关关于共犯制度的规定,是将犯罪团伙和犯罪集团以及相应的共犯类型(组织犯和参与犯)均纳入共犯形式,这样便导致了共犯概念与有组织犯罪活动的共犯概念相混同。如果团伙和有预谋团伙的犯罪实施均是由共同实行犯完成的,则有组织团伙,甚至犯罪集团在共同性的特质方面,则应是实行犯罪和复杂共犯的结合,因为此类犯罪组织成员(首先指组织者和领导者)除了实施犯罪行为以外,还可以实现犯罪组织的其他功能。然而,部分俄学者并不认为前述结合可以构成新的独立的共犯形式,有组织形式的犯罪体现为共同实行犯(指有预谋团伙)共同实施的犯罪,或者是具有角色分工的犯罪。基于此,有俄学者认为,组织犯罪组织、参加犯罪团伙和犯罪集团,以及组织、参加俄刑法分则相应条款规定的各种组织类犯罪的行为,并非普通的共犯,而是有组织犯罪活动的共犯。因此,组建、领导、参加此类犯罪组织的行为应当受到相应的刑事法律评价,而此类刑事法律评价只能通过确定俄罗斯联邦刑法分则条款中规定的相应刑事责任的路径予以实现。

---

① Трайнин А. Н. Избранные труды по уголовному праву. -СПб.: Юрид. центр Пресс, 2004. С. 270.

② Шаргородский М. Д. Избранные труды по уголовному праву. -СПб.: Юрид. центр Пресс, 2003. С. 535.

第三节　共犯责任制度

一、共犯责任原则

共同犯罪刑事责任限度的确定,应当依据特定的基本原则,而共犯责任基本原则又应当是共同犯罪这种犯罪形式所特有属性的当然反映。共犯责任基本原则具有重要的理论价值和实践意义,因为其不仅可以集中体现共同犯罪活动的社会法律属性,而且是立法和司法活动的基本指导思想。根据俄学界立场,共犯责任基本原则建构的前提条件应当满足以下几个要求:(1)所有基本原则之间应当相互补充,并且应当构成一个统一整体且相互协调;(2)所有原则应作为对共同犯罪者产生积极刑事法律影响的必要具体手段;(3)所有原则都应当是在所共同实施犯罪行为与每个共犯人具体刑罚处罚之间建立联系的依托工具。

基于上述所列要求,则共同犯罪活动之共犯人刑事责任的追究应当依据这样三个基本原则:一是每个共犯人责任不可避免原则;二是与单个人实施犯罪刑事责任之同等根据原则;三是每个共犯人的个人责任原则。

(一)责任不可避免原则

责任不可避免原则的实现,无论是对单个犯罪人,还是对共同犯罪的共犯人来讲,都具有客观必要性。我们不能在没有法定根据的情况下去追究一个人的刑事责任,同样地,在不具备法定根据时也不能随意免除一个人的刑事责任和刑罚。每个参与实施共同犯罪的人,其行为中具备此罪的犯罪构成要件是对具体犯罪人适用公正刑事处罚的必要条件,因此,在此种情形下,每个犯罪定罪条件是否充足具有非常重要的意义。责任不可避免原则的实质,是为了实现刑事立法中所规定的:每个实施犯罪的人受到公正处罚。正如俄罗斯著名刑法学家所言,"……当犯罪不受惩罚时,损害就会发生"。[①]

在共同犯罪活动中,责任不可避免原则的实现必须具备两个条件:第一,必须具备这样一些事实情状,即其总和能够证明犯罪是由几个人的共同活动完成的,并且这些使得犯罪事件生成的事实情状总和,应当能够证明在犯罪人所实施的行为中含有某个犯罪构成。此外,还应当确定一些其他方面的事实情况,即对决定所实施犯罪之社会危害性程度以及其中每个犯罪人人身特性具有一定意义的事实。然而,在追究某个具体行为人刑事责任时,具有决定意义的事实,应当是那些确定所实施行为中具备犯罪构成的情况,并且这些情况应当表明参与此行为实施的并非

---

① Шаргородский М. Д. Наказание, его цели и эффективность. Л., 1973. С. 74.

他人,而正是这个行为人。第二,必须明确能够证明正是某些人的共同行为构成犯罪的事实情况。因此,应当特别关注两个问题:一是正确界定参与实施犯罪的共犯人的范畴;二是确定有关各共犯人行为之共同性的事实。

共同实施犯罪意指进行共同活动,并且在此种活动情况下,行为人责任承担的一般规则发生彻底改变,因为参与犯罪活动的每一个人的行为性质均依一般规则对因果关系和罪过联系的性质产生影响。正因如此,为共同导致的犯罪结果承担责任的主体范围才得以扩张。由此可以断言,共同实施犯罪只适用于体现此行为各共犯人共同责任的情况。此种责任的一致性表明,每个共犯人都是造成这种损害的必要力量,此其一。每个共犯人不仅是一个个体犯罪人,而且是其他行为人罪过中的独特的“同伙”(общник),此其二。罪过的共通性(общность)以加入他人的罪过和行为为必要,它不仅决定着每个共犯人的责任,而且赋予所共同实施的犯罪以独特的外部构成和内部结构,并且这种罪过的共通性并不限于某种共犯人,而是所有共犯人所共有的,此其三。事实上,当我们谈论“共同实施犯罪”时,指的不仅是行为的性质,而且指的是从行为的共同性角度对他人行为结构的嵌入。因此,行为共同性的特质体现为共同犯罪的协调性,此协调性包括两个主要组成部分:一是各共犯人行为的结合,即共犯人行为一体化结构,并且正是这种结合才使得共同性具有了新的属性,成了实质上有别于其中各单个行为的单一的“有效”力量;二是同一社会侵害参与者个人行为的细化,决定着这些行为的专业化和结构层次。在这两个组成部分中,起主导作用是个人行为的结合。

综上,可以将共犯责任不可避免原则的前提条件概括为一般和特别两种:一般前提——明确识别参与共同犯罪实施的共犯人的范围;特别前提——对各具体共犯人所适用刑罚起决定作用的具体情况,以便采取必要、充足且合理的措施。与此同时,每个参与实施共同犯罪的共犯人,其责任不可避免的前提条件,同样也是其责任个别化的前提。这种统一性反映出共同犯罪刑事责任基本原则之间的互动联系,从而形成了有关犯罪的可罚性与共犯人责任个别化之间的一致要求。

(二)同一根据原则

共同犯罪之刑事责任,与单个人实施犯罪刑事责任之同一根据原则,涵盖以下几方面内容。

第一,具体行为的共犯人之刑事责任根据,应当与单个人所实施犯罪刑事责任的根据是同一的,即所实施行为中包含某特定犯罪的全部构成要件(俄刑法第 8 条的规定)。俄学者在坚持同一根据原则的同时,还进一步指出,立法者通过在统一的基本规范中确立刑事责任根据概念的路径,从而也确定了这一原则具有普遍约束力和普适性,即意味着此条规范的规定适用于刑法所规定的所有行为,而不论单个人实施的行为或多数人参与实施的行为。因此,强调共同犯罪刑事责任根据同一性的一个重要条件,是各共犯人对所有形式共同犯罪责任限度的统一规定。应当指出的是,在共同实施的犯罪活动中,其中的每一个共犯人的行为中都应当包含犯罪构成。当然,完全有可能出现这样的情形,即在共同实施的具有社会危害性的侵害行为中,其中一个共犯人所实施的犯罪,在其法律属性方面并不总是能够与另一共犯人所实施的行为相吻合,然而,所有共犯人参与实施的行为,在其社会法律意义上是一个犯罪行为。这里应当特别强调的是,共同实施的犯罪,其犯罪构成在某些情况下具有复杂特性,并且由总则规范和分则规范共同建构而成,比如,具有法律上角色分工的共同犯罪即具有此种特性。

第二,适用于单个人犯罪的免除刑事责任、刑罚的程序和条件、有罪判决的行刑时效、前科撤销等制度,都应当同样地适用于共同犯罪。

第三,各共犯人利用其共同结合在一起的力量而实施的整个犯罪,作为每个共犯人本人参与犯罪活动的结果,归责于每个共犯人。由于几个人的共同行为所导致的犯罪结果,构成了对所实施行为追究刑事责任的根据,因此必须确定每一个犯罪人对犯罪实施所作出的"贡献"。这便涉及共同犯罪责任的下一个基本原则——每个共犯人的独立责任原则。

(三)独立性责任原则

在研究共犯这一刑事法律现象时,其独立性责任原则应当指的是,共同实施犯罪的每个共犯人只对其个人所实施的行为承担责任,即各共犯人应当在其所造成损害或其罪过所涵盖的损害限度内承担刑事责任。这是一个重要因素,因为正是这一因素才使我们得以推测,在共同实施犯罪的行为人总体罪过中所体现出来的心理活动样态。每一个共犯人,无论其在共同实施的犯罪中所作的贡献如何,均应当承担刑事责任,因为他本人在实施有罪过的行为时(意识到共同实施行为的事实),侵害了刑法所保护的社会关系,因此他的行为而具有社会危害性质,因而,行为人有罪过地参与犯罪实施的行为,可以看作他个人实施的行为。[①] 刑法中责任的根据,统一适用于所有形式的犯罪活动,同时,这一根据又往往带有非常具体化和个别化的特性,即每个主体在实施含有全部犯罪构成要件的行为时,无论该行为是一个人实施的,还是与其他人一起实施的,所有这些情况共同建构了其个人刑事责任的根据。因此,就共同实施犯罪而言,尽管其具有对刑法保护特定客体造成损害的特殊机制,但从其本质属性的角度出发,它在刑事法律意义上的独立品质并不能够因此使其与单个人实施犯罪相对立。然而,实际生活中相当普遍的现象是:共同行为所造成的社会危害后果,并非所有共犯人直接造成的,这是所有主体共同实施侵害行为所共有的特征,其始于共同致害,止于现行刑事立法中规定的共犯情况。因此,在俄刑法理论界提出了这样一种立场——将直接引起已知后果发生的行为

---

① Прохоров В. С. Вопросы теории соучастия в советской уголовно-правовой литературе // Правоведение. 1962. № 2. С. 124-129.

人的行为认定为主行为，而其他共犯人责任的追究取决于主行为的法律属性。因此，有俄罗斯学者就共犯问题提出了“无实行犯即无共同犯罪”的主张，而只有实行犯实施了各共犯人所预谋的犯罪构成或者至少已经开始实施此犯罪构成的情况下，才有可能谈及其他共犯人责任存在的特殊条件和形式。[①] 此即俄学界从域外引入的共犯责任理论——共犯从属说。因为共同实施犯罪并没有构建刑事责任的特殊根据，所以每个共犯人都应当以其实施犯罪为根据而承担刑事责任，因此，在对其适用刑法惩罚措施时，就必须遵循刑法的一般原则。当然，共同实施犯罪会在各共犯人的责任个别化方面留有某些印记，这种情况在故意共同犯罪中更为典型。比如，教唆犯因其之前的说服行为，而与实行犯所实际实施行为的刑事责任方面存在某种依存关系，因为如果“没有实行犯的行为，则各共犯人行为本身是不能导致犯罪后果发生的”。[②] 诚然，实行犯的活动像是教唆犯（促使犯罪实施的人）、组织犯（领导或组织犯罪实施的人）和帮助犯（以各种方式协助犯罪实施的人）的总和活动的产物，然而，正如有俄罗斯学者所指出的，教唆犯的行为与实行犯所实施行为之间的因果关系链条“持续至作为刑法意义上后果的此活动结果发生之前”。[③] 正如帝俄时代著名刑法学家塔甘采夫所言，“说服，即是教唆者为共同犯罪作出贡献的那个行为，但他作为共犯人承担的责任，并不是为这个说服行为而承担的，而是为实行犯因为此说服而实施的行为所承担的”。[④] 当然，毫无疑问的是，没有直接参与实施特定犯罪构成客观方面的行为人所实施的活动，与直接实行犯所实施的活动之间，是存在某种特定联系的，而这种特定联系又决定了前一类行为人的责任范畴依存于实行犯的活动性质。[⑤] 然而，此种依存性尚不足以说明前类行为具有从属性。实际上，此种情形下特定社会危害结果的发生，并不是直接造成的，而是历经复杂路径所致，即是通过实施特定犯罪构成客观方面的他人的行为而导致的损害。此行为人在共同罪过限度内所实施的行为体量是其他共犯人承担责任的限度所在，如果超出了这个限度，则超出行为的责任不能扩张至其他共犯人。与此同时，有俄罗斯学者认为，此种依存性并不只是共同实施犯罪所特有的专门属性，因为每个人在力图达到自己既定目的的情况下，都会对其所使用的手段具有依存关系，并且这种依存关系在已知的情形下是一直都存在的，但是这并不能得出其行为

---

① Ковалев М. И. Соучастие в преступлении. Екатеринбург, 1999. С. 20.

② Кузнецова Н. Ф. Ответственность за приготовление к преступлению и покушение на преступление по советскому уголовному праву. М. , 1958. С. 128.

③ Бурчак Ф. Г. Соучастие：социальные, криминологические и правовые проблемы. Киев, 1986. С. 181.

④ Таганцев Н. С. Русское уголовное право：в 2 т. М. , 1994. Т. 1. С. 354.

⑤ Шаргородский М. Д. Некоторые вопросы общего учения о соучастии // Правоведение. 1960. № 1. С. 87；Прохоров В. С. Указ. соч. и др.

具有附属性,而不具有独立性的结论,即这并不属于严格意义上的"从属性"①原则所涵盖的内容。

根据主张共犯从属性说学者的立场,每个共犯人刑事责任的确定,并不取决于所实施犯罪的共同性的体现形式,并且也无关其个人活动,而完全以实行犯的行为予以认定,其理由是实行犯的行为在因果关系链条中离共同行为所致的社会危害结果最近。持反对立场的学者则指出,此种共犯从属说,首先,具有客观归罪的嫌疑;其次,违反了个人责任原则,②而这是完全不能接受的。共犯责任独立性说的立场主要体现为以下几个方面。

(1)每个参与共同行为的共犯人,尽管其行为与共同犯罪行为处于同一因果关系链条中,但若共同犯罪行为处于此共犯人罪过内容之外,则排除此共犯人的刑事责任。这在俄罗斯现行刑事立法中即有所体现,比如,《俄罗斯联邦刑法典》第36条规定的实行犯过限制度,即实行犯的过限行为并不会加重其他共犯人的责任,按照此逻辑,则实行犯拒绝实施犯罪的行为或者实施了轻于预谋的行为,同样也不应当改变其他共犯人的定罪或者排除其责任。也就是说,影响共犯人刑事责任的因素,不应当是实行犯意识到或是做了什么;决定共犯人罪过的因素,应当是共犯人本人做了什么或是意识到和希望某种结果的发生。

(2)在实施各种不同犯罪或者实施某个犯罪不同构成的情况下,共犯人的刑事责任承担可以体现为以下几种方式。

第一,每个参与行为实施的人,其罪过的主旨内涵不同,导致各共犯人的责任内容也不同。比如,在间接致害行为(间接正犯)中,故意犯罪行为是犯罪主体通过无刑事责任能力人或是利用过失实行犯的力量得以实施的,因此,在利用无刑事责任能力人实施犯罪的情形中,就被利用者而言不构成犯罪,而在利用他人过失行为的情况下,被利用者仅对其过失行为承担责任。

第二,因每个共犯人所实施的既遂行为的特点不同,从而决定了各共犯人所应承担的责任也不一样。这里主要指的是过失共同致害行为,此类情形下每个共犯人行为的法律定性,因其所担任职务或履行职业义务的不同而存在差异。实际上,在确定过失共同致害的主体范围以及对其行为(作为或不作为)进行刑事法律评价

---

①　俄学界在术语"从属性"原则的理解上存在很大的分歧,其大体上可以分为以下几种主张:其一,严格从属说,或称为超级从属说,即根据此说,各共犯人的责任直接取决于实行犯责任,将影响实行犯刑事责任的所有情况都归罪于其他各共犯人;其二,逻辑从属说,此说要求各共犯人的责任,应当在实行犯入罪的法律条文所规定的法定刑限度内予以确定;其三,行为完成程度从属说;其四,限制从属说(лимитированная акцессорность)。参见 Ковалев М. И. К вопросу о понятии соучастия в советском уголовном праве // Правоведение. 1959. № 4. С. 98 и далее; Устинов В. С. Уголовное право России в схемах и определениях. Н. Новгород, 1998. С. 107。俄学界特别旨趣于限制从属说,此说的实质在于,将共犯的可罚性与任何一种罪过形式下实施的违法行为之间进行关联,即此说认可过失共同犯罪存在的可能性。

②　Шаргородский М. Д. Некоторые вопросы ...С. 89.

时,重要的是要对法律或专门规则或制度规定有特别义务的人,以及犯罪后果的直接致害人的范畴进行确定和给予正确的刑事法律评价。[①] 因此,过失共同致害行为在多数情况下触犯的是那些所谓的空白罪状的犯罪构成,这便需要确定每个具体事件中所违反规则的内容、专门负有特殊注意义务的具体个人,明确以其行为(作为或不作为)违反这些规则并且进而引起犯罪后果发生的主体范畴。

第三,因特定犯罪构成主体的特殊性而决定了各共犯人行为定性的不同。这方面的典型例子是共同实施俄刑法中规定的"母亲杀死新生儿罪",此种情形下的一个犯罪行为,因参与犯罪行为的每个共犯人所具有的特殊特征,从而需要对其进行不同的刑事法律评价。

(3)共犯制度的共同犯罪活动形式各样,以下几种特殊情况下共犯责任的认定,也同样体现着共犯独立性责任在认定共犯责任方面的优势。

第一种情况:犯罪的教唆、帮助或组织未成功情况下各共犯人的刑事责任认定问题。俄现行立法中的立场,是将此种情形下的这些无结果行为认定为犯罪预备。俄学界一般以刑事立法对于此类行为的处理立场为依托,进而对共犯从属性原则的适用性进行批判。

第二种情况:在无法实现追究实行犯刑事责任的情况下,只能根据共犯责任独立性原则追究其他共犯人的刑事责任。例如,在共同犯罪中实行犯死亡的,如果依照共犯从属性原则,则无法追究其他共犯人(比如帮助犯)的责任。[②]

第三种情况:在免除实行犯刑罚处罚的情况下,并不必然导致其他共犯人责任和可罚性的缺失,依据依然是共犯责任独立性说的适用。比如,某共同犯罪的实行犯因患重病而免予服刑的(《俄罗斯联邦刑法典》第 81 条),其他共犯人不能也随之免刑。

第四种情况:其中一个共犯人犯罪中止的情况(其中包括实行犯的中止),并不排除其他共犯人的责任。此种情形下,其他共犯人的刑事责任根据《俄罗斯联邦刑法典》第 30 条"未完成犯罪"的规定予以认定。

(4)共犯责任独立性原则,还体现于所实施犯罪的特别后果——责任个别化中。共同实施犯罪的事实情况,无疑会对每个犯罪人的责任个别化产生影响,因为法官在对每个犯罪人进行量刑时,不可能不考虑行为人对所造成犯罪后果的参与性质和程度。因此,在对共同实施的犯罪行为进行刑事责任个别化的过程中,应当共同遵循责任不可避免原则和责任独立性原则。这样,就会产生一个问题:每个犯

① Харитонова И. Р. Неосторожное сопричинение в советском уголовном праве: автореф. дис. … канд. юрид. наук. Свердловск, 1985. С. 13.

② Бородин С. В. Преступления против жизни. М., 1999. С. 284; Сахаров А. Б. Некоторые вопросы соучастия и прикосновенности в связи с кодификацией уголовного законодательства // Советское государство и право. 1958. № 9. С. 106.

罪人应当在多大范围内承担责任，以及应当对其适用什么样的具体刑罚措施。俄学界认为，责任范围应当与犯罪的社会危害性性质和程度、犯罪实施的具体情节以及犯罪人的人身特性相适应。由此可见，对共同参与实施犯罪的每个行为人的责任进行个别化，具有非常重要的意义。

二、共犯责任及其相关争议问题

（一）共犯人分类

1. 立法规定

《俄罗斯联邦刑法典》第 33 条第 1–5 款明确规定了共同犯罪人及各类共犯人的概念。其中，“直接实施犯罪或者直接与其他人（共同实行犯）共同实施犯罪的人，以及利用因年龄、无刑事责任能力或本法典规定的其他情况而不负刑事责任的人实施犯罪的，是实行犯”（第 33 条第 2 款）；“组织犯罪的实施或者领导犯罪实行的人，以及成立有组织团伙或犯罪集团（犯罪组织）或者领导这些团伙或集团的人，是组织犯”（第 33 条第 3 款）；“劝说、收买、威胁或者以其他方式怂恿他人实施犯罪的人，是教唆犯”（第 33 条第 4 款）；“以建议、指点、提供信息、提供犯罪手段或工具或者排除障碍，从而帮助实施犯罪的人，事先允诺藏匿犯罪人、犯罪手段或工具，湮灭犯罪痕迹或藏匿犯罪赃物的人，以及事先允诺购买或销售赃物的人，是帮助犯”（第 33 条第 5 款）。此外，第 33 条第 1 款还明确将组织犯、教唆犯、实行犯和帮助犯归属于“共同犯罪人”之列，即“组织犯、教唆犯和帮助犯与实行犯一样，都是共同犯罪人”。也就是说，俄罗斯刑法没有“正犯”和“共犯”的区分，各类共犯人都统一称为共同犯罪人（соучастники）。共同犯罪人中包括实行犯（исполнитель 相当于德、日刑法中的“正犯”）、组织犯（организатор）、教唆犯（подстрекатель）和帮助犯（пособник）。

2. 通说立场

俄刑法中的共同犯罪人，是根据每个共犯人在共同实施的犯罪中所起的功能角色不同而进行的分类。所有实行犯都是实施俄刑法分则规定的具体犯罪构成客观方面的人，而其他共犯人则是为犯罪实施创造必要条件的人。

（1）实行犯。俄现行刑法规定了三种实行犯。第一种是单独实施犯罪的实行犯，即此共同犯罪中只有一个独立实施具体犯罪构成的实行犯。第二种是共同实行犯，即一个实行犯与其他实行犯一起全部或者部分实施具体犯罪构成（这里的犯罪，首先指的是整个行为）。例如，2004 年 6 月 15 日出台的俄罗斯联邦最高法院全体会议第 11 号《决议》中指出，即使行为人没有亲自实施强奸行为或暴力性行为，但其通过使用暴力而协助他人实施了犯罪，则他应当按照团伙实施强奸罪或暴力性行为罪的实行犯定罪处罚（第 33 条第 2 款）。也就是说，共同参与符合某一具体犯罪构成要件行为的所有适格的犯罪主体，均是实行犯。此外，根据俄刑法第

34 条第 3 款的规定,如果行为人全部或部分参与实施了犯罪构成客观方面的行为,并且同时还以组织犯、教唆犯或帮助犯的角色参与了犯罪,则此行为人按实行犯定罪,本条规定的立法根据是“正是实行犯是所有其他共犯人力量体现意义上的关键人物”①。第三种实行犯是利用不是犯罪主体而不负刑事责任的人(未达到刑事责任年龄、无刑事责任能力)或本法典规定的其他情况(例如排除行为犯罪性的情形)实施具体犯罪构成客观方面的人。此种情况下,利用不负刑事责任的人实际实施犯罪客观方面的行为人,称为间接正犯。

(2)组织犯。组织犯是指具体犯罪的组织者或者犯罪团伙的组织者。具体犯罪的组织犯——指的是组织犯罪实施或者领导犯罪实行的人(第 33 条第 3 款)。组织犯罪实施,意指在犯罪准备阶段将各共犯人的力量集结,比如挑选共犯人、制定犯罪计划、进行犯罪分工等。领导犯罪实行,是指直接在实施犯罪侵害过程中将各共犯人力量结合,比如向实施犯罪的共犯人下达强制命令、重新进行犯罪分工等。在某些情况下,组织犯的活动可以构成独立的犯罪构成,这种情况下的组织者的活动按照实行犯活动进行定罪处罚,例如,俄刑法第 212 条规定的聚众骚乱罪②的组织者就按照此罪的实行犯进行定罪。实践当中还经常会出现组织犯既是组织者,同时又是教唆犯或帮助犯的情形。

需要强调的是,俄现行刑事立法规定了两种犯罪团伙的组织犯,即有组织团伙的组织犯(第 35 条第 3 款和第 208、209 条等相关条款)和犯罪集团的组织犯(第 35 条第 4 款和第 210 条)。之所以将组织犯罪区分为各具体犯罪的组织犯和犯罪团伙的组织犯,是因为这种区分具有重要的实践意义,即此种区分为两种不同形式组织犯的刑事责任追究提供了相应的根据和界限,比如,根据俄刑法第 208 条至第 210 条规定,此类有组织团伙或犯罪集团的组织行为即是这些犯罪活动的实行行为,即直接按照刑法分则各条规定追究组织犯的刑事责任,而其他各种具体犯罪的组织犯的定罪处罚,则需要援引俄刑法总则有关各共犯人刑事责任条款的规定。

(3)教唆犯。教唆犯是以各种方法怂恿他人实施犯罪的人。从俄刑事立法有关教唆犯概念的界定可以得出教唆犯如下特征。

①教唆犯是使他人产生犯罪决意的人,其中,既指犯罪意图尚未产生情形下教唆,也包括已经产生犯罪意图、但尚未决意去实施情况下的教唆。

②教唆行为所引起的犯罪决意,指的是实施某具体犯罪的决意,而不是泛指意

---

① Комментарий к Уголовному кодексу Российской Федерации для работников прокуратуры (постатейный). 2-е изд. , исправленное, дополненное и переработанное / отв. Ред. канд. Юрид. Наук В. В. Малиновский; нуч. ред. проф. А. И. Чучаев. -М. :《КОНТРАКТ》, 2015. С. 100.

② 俄刑法第 212 条规定:“组织伴有暴力、洗劫、纵火、毁灭财产、使用武器、爆炸装置、含有有毒或其他物质的爆炸物、有害环境的物体以及对政权代表进行武装对抗的聚众骚乱的,以及为组织或参加聚众骚乱而进行人员培训的……”

义上的从事犯罪活动的决意。

③教唆的对象必须是具体的人,这是教唆行为的通用特征。此外,俄现行刑事立法还规定了例外情况,即教唆对象不是具体的人,而是不特定人群的情况。例如,俄刑法第 280 条规定的“公开煽动实施恐怖主义活动罪”、第 280-1 条规定的“公开煽动破坏俄罗斯联邦领土完整罪”,其教唆的对象就是不特定的人群。

④教唆不仅指客观上对实行犯的故意产生影响,而且也包含教唆者故意范围内(包括直接故意和间接故意)所涵盖的犯罪行为。

俄立法机关对于教唆方法的规定,采用的是开放式的列举方式,其中规定的最典型的教唆方式是劝说,即说服共犯人与他人一起实施犯罪的必要性;收买也是教唆方式之一,即以实施犯罪的物质旨趣来吸引共犯人参与犯罪,比如向共犯人承诺金钱、财产等;威胁是教唆的又一种方式,即以给其造成身体的、心理的、财产的或精神损害等口头的或书面方式,对被教唆对象施加心理影响,如以公布被教唆者生活隐私进行威胁。此外,教唆方式还可能体现为委托、欺骗、命令等其他形式。当然,这些方式以引起被教唆人产生实施犯罪的决意为必要。

(4)帮助犯。帮助犯有别于教唆犯,不是引起,而是对于他人已经产生的犯罪决意起强化作用的人,即行为人决意的产生是独立于帮助犯的。帮助犯的帮助行为分为实体帮助(физическая помощь)和智力帮助(интеллектуальная помощь)两种形式,而且此两种帮助行为可以共存于同一个帮助犯身上。实体帮助是指在犯罪预备或犯罪实施过程中,为他人提供实际的、物质的和组织方面的帮助。俄刑事立法规定了三种实体帮助行为,即通过提供犯罪实施的手段或工具或者消除障碍而协助犯罪的实施。智力帮助指的是通过对其他共犯人的意识和意志施加心理影响,从而强化其犯罪决意的行为。俄刑事立法也明确规定了帮助犯的智力帮助的表现形式,即以建议、指点、提供信息、事先允诺藏匿犯罪人、犯罪手段或工具,湮灭犯罪痕迹或藏匿犯罪赃物,以及事先允诺购买或销售赃物的方式协助犯罪的实施。如果前述所列包庇行为不是事先允诺的,则不构成共犯,而构成俄刑法第 316 条规定的独立罪名——包庇罪,这主要是因为事先没有允诺的包庇行为与所实施的犯罪之间不存在因果关系,也没有主观方面的罪过联系。由于非事先允诺的包庇行为发生在犯罪完成之后,因此,此种包庇在客观上不可能起到强化实行犯决意的作用,而包庇人主观上的故意也不可能对实行犯的实行行为有任何帮助作用。这里应当指出的是,俄司法解释中曾对个别犯罪的包庇型共犯进行过扩张解释,例如,俄罗斯联邦最高法院 1988 年 11 月 5 日出台的关于法院在生态违法责任立法适用实践第 14 号全体会议《决议》[①]第 8 项的规定,事先允诺购买明知是犯罪所得产品,或者行为人持续向同一个违法行为人购买犯罪所得产品且意识到其购买行

① БВС РФ. 1999. № 1.

为可能使违法者产生其可以协助出售赃物的预期的行为，应当被认定为此类违法犯罪行为的帮助犯。俄学界认为，司法解释中的“持续购买”行为认定为帮助犯的前提，是在包庇者和实行犯之间必须有购买犯罪赃物的事先约定，当然，这种约定并非必须是对每次犯罪及其数量的详细协商合意。反之，如果没有前述的事先约定，那么“实行犯”对于“包庇者”的购买预期和“包庇者”对于此种情状的认知之间，便不可能存在共犯成立所必需的客观联系，①即此种情形下不能将“包庇者”认定为共犯中的帮助犯。

（二）共犯人的刑事责任

1. 立法规定

根据《俄罗斯联邦刑法典》第 34 条的规定，“共同犯罪人的责任由每一共同犯罪人实际参与犯罪的性质和程度决定”（第 1 款）；“共同实行犯依照本法典分则条款对他们共同实施的犯罪承担责任，不得援引本法典第 33 条的规定”（第 2 款）；“组织犯、教唆犯和帮助犯的刑事责任依照本法典对所实施犯罪规定刑罚的条款并援引本法典第 33 条予以确定，但他们同时又是实行犯的情形除外”（第 3 款）；“不是本法典分则相应条款专门规定的犯罪主体的人，参与实施该条款所规定犯罪的，应该作为该犯罪的组织犯、教唆犯或帮助犯对该犯罪承担刑事责任”（第 4 款）；“如果实行犯由于意志以外的原因未将犯罪进行到底，则其余共同犯罪人仍应承担预备犯罪或者犯罪未遂的刑事责任。由于意志以外的情况而未能怂恿他人实施犯罪的人，亦应承担预备犯罪的刑事责任”（第 5 款）。

2. 通说立场

总体来说，俄现行刑事立法第 34 条规定了共犯刑事责任的根据和界限、共犯人行为定性的一般规则、特殊主体参与的共同犯罪中共犯人行为的定性规则，以及实行犯的犯罪预备活动中各共犯人行为的定性规则和未成功教唆行为的定性规则。应当指出的是，俄刑法第 34 条规定的只是有关共同犯罪人刑事责任的一般性规定，因此，需要进一步揭示本条立法规定的实质内涵。

根据俄罗斯学界的通说立场，共同犯罪中每个共犯人刑事责任的事实根据是其所实施的犯罪，因为每个共犯人的行为都含有刑法第 14 条第 1 款规定的特征，即“本法典所禁止的并以刑罚相威胁的有罪过实施的社会危害行为”；各共犯人刑事责任的法律根据是每个共犯人的行为中都含有具体犯罪构成的要件。然而，如果实行犯（或共同实行犯）实施的是刑法分则特定条款规定的具体犯罪客观方面的行为，则其他共犯的行为即是为此犯罪行为的实施创造必要条件，因此，实行犯（共同实行犯）的行为需按照刑法分则相应条款的规定定罪处罚，而其他共犯人行为的

---

① См.：Комментарий к Уголовному кодексу Российской Федерации для работников прокуратуры（постатейный）. 2-е изд.， исправленное， дополненное и переработанное / отв. Ред. канд. Юрид. Наук В. В. Малиновский; нуч. ред. проф. А. И. Чучаев. -М.：《КОНТРАКТ》, 2015. С. 103.

定罪除了依照前述相应条款的规定外，还需要援引刑法第 33 条的相应规定。

共同犯罪人刑事责任的限度，源于其所应承担责任的根据并且取决于两个限度：一是共犯人定罪所适用分则条款所规定的限度；二是每个共犯人个人罪过性的限度。第一个限度意指对共犯人适用的只能是现行刑事立法规定的刑事责任种类和限度。例如，对每个共犯人适用的刑罚，只能是刑法分则条款具体条文规定的刑种和刑度，以法律有特殊规定的为例外（比如俄刑法第 65 条的规定①即是有特殊规定的例外）。第二个限度是指犯罪所造成的损害归责于所有共犯人，因为每个共犯人的行为都是共同犯罪活动的"贡献"，但同时每个共犯人的"贡献"又是不同的，因此，刑法对共犯人的刑事责任和刑罚进行了细化和个别化规定。

3. 刑事责任和刑罚的细化规定

所谓刑事责任和刑罚的细化，是对某种特定犯罪及其共同犯罪人的社会危害性进行立法评价，并通过法律设置相应刑事责任的种类和措施以及刑罚种类和尺度的一种路径或方法。刑事责任和刑罚细化在共同犯罪中主要体现为三个方面。

（1）俄刑法分则某些具体罪名的罪状中，团伙、有预谋团伙、有组织团伙是法定的加重责任构成要件，即对其规定的刑罚重于由单个犯罪主体实施的符合基本犯罪构成的行为。

（2）俄刑法分则某些条款中明确将组建、领导或参加有组织团伙或犯罪集团的行为规定为独立罪名，并配置相应的法定刑，比如俄刑法第 210 条规定的"组织或参加犯罪集团（犯罪组织）罪"。

（3）相较于各具体犯罪的组织犯，俄立法者对于有组织团伙和犯罪集团的组织者和领导者规定了更严格的刑事责任②。有组织团伙或犯罪集团（犯罪组织）的其他共犯人，实施了本法典第 205-4 条、第 208 条、第 209 条、第 210 条、第 282-1 条规定的参加行为的，则应当为其参加这些团伙或集团的行为承担刑事责任，并且还应对所参与的犯罪预备或犯罪实施承担刑事责任。

4. 刑事责任和刑罚的个别化规定

刑事责任和刑罚的个别化，指的是对具体犯罪及其共同犯罪人的社会危害性进行司法评价，并且通过法院针对具体行为人确定选择适用刑事责任种类和措施以及刑罚种类和尺度的手段。刑事责任和刑罚的个别化主要体现为以下四个方面。

---

① 俄刑法第 65 条是关于陪审员作出从宽处罚时的处刑规定，其第 1 款规定："如果陪审员认为某人有罪但又值得从宽处罚时，刑罚的期限或数额不得超过对所实施犯罪规定的最重刑种最高刑期或数额的 2/3……"

② 即俄刑法第 35 条第 5 条所规定的"组建或领导有组织团伙或犯罪集团（犯罪组织）的人，实施了本法典第 205-4 条、第 208 条、第 209 条、第 210 条、第 282-1 条规定的组织和领导行为的，则应当对其所实施的组织和领导行为承担刑事责任，而如果有组织团伙和犯罪集团（犯罪组织）实施的犯罪是其故意范围之内的，则还应对有组织团伙和犯罪集团（犯罪组织）所实施的这些所有犯罪承担刑事责任。

(1)在追究刑事责任和刑罚时,应当考虑每个共犯人参与犯罪实施的性质和程度(《俄罗斯联邦刑法典》第34条第1款和第67条第1款)。其中,参与犯罪的性质,指的是在共同犯罪中所承担的实行犯、组织犯、教唆犯或帮助犯的角色分工;实际参与犯罪的程度,是指各共犯人在执行其分工过程中所体现的积极性。参与的程度更多地取决于各共犯人在犯罪中的角色分工。通常情况下实行犯和组织犯起的作用最大,因此,对他们的刑罚处罚也往往最严厉。当然,这种参与共同犯罪实施的性质和程度之间的依存关系也不是绝对的,在某些情况下,教唆犯或帮助犯也可能起的作用更大,从而应当追究其更重的刑事责任。俄刑法第67条第1款在某种程度上阐释了实际参与犯罪程度的含义,并且指出其对于犯罪目的的实现以及对所造成或可能造成损害的性质或程度的意义。

(2)刑事责任和刑罚个别化还体现于有关共犯人积极悔过情节的立法规定中。例如,协助揭发同案犯是俄刑事立法明文规定的法定从轻处罚情节(第61条第1款第9项),如果这种情形下没有其他从重处罚情节的存在,则刑罚的期限或数额不得超过本法典分则条款规定的最重刑种的最高刑期或数额的2/3(第62条第1款)。积极揭露团伙犯罪的共同犯罪人,法院可以根据刑法第64条第1款的规定,判处低于本法典分则相应条款规定的最低刑或者判处比该条规定更轻的刑种或者不适用应当并处的附加刑。共同犯罪人自动中止参加犯罪团伙活动是积极悔过的另一种形式,在这种情况下如果行为人的行为中并不包含其他犯罪构成,则此种积极悔过是免除刑事责任的根据(见第282-1条、第282-2条附注的规定),而对于非法武装队伍和犯罪集团(犯罪组织)的共同犯罪人的刑事责任的免除根据,俄立法者规定了补充条件,即他们不仅要具备前述自动中止犯罪活动的要件,而且还应当放下武器(第208条附注)、积极协助揭露犯罪或者积极协助制止犯罪(第210条附注)。

(3)团伙、有预谋团伙、有组织团伙或者犯罪集团(犯罪组织)实施犯罪的,以及在犯罪实施中起特别积极作用的,是俄刑事立法中明文规定的从重处罚的情节(第63条第3、4款)。

(4)与其中一个共犯人的身份有关的从轻情节或从重情节,仅在对该共犯人处刑时予以考虑(第67条第2款),比如,共犯人是未成年人或者累犯的情况。

5. 犯罪中止情况下各共犯人刑事责任问题

俄学界通说认为,单个实行犯之犯罪中止的认定问题没有什么特别之处,即只要符合俄刑法第31条规定的全部条件即可,即:已经开始的犯罪行为没有进行到底;实行犯意识到可以将犯罪进行到底;拒绝将犯罪进行到底是其自愿的,而非被迫且这种拒绝是具有终局性的;如果行为人已实际实施的行为中含有其他犯罪构成,则他应当对此承担刑事责任。此外,单个实行犯的犯罪中止行为可以体现为消极行为方式,即不再继续已经开始实施的犯罪行为,但是,如果是存在技术分工的共同实行犯的情况，则共同犯罪人的犯罪中止就只能是以积极的方式完成，即需要积极干预因果关系的发展进程、采取必要措施制止其他实行犯将犯罪行为进行到底。后一种情形存在的前提是：每个实行犯实施了具体犯罪构成客观方面的一部分，并且又不能剔除自己在共同犯罪中已做出的“贡献”，只是终止了自己后续行为的情况。

俄刑法学中其他共犯人的犯罪中止特征可以分为两个方面：一是所有共犯人共有的一般特征；二是每个共犯人（组织犯、教唆犯、帮助犯）所特有的专门特征。共有特征分为以下几种情况：(1)任何一个共犯人的犯罪中止都不能排除其他共犯人的刑事责任，因为这些共犯人在共同犯罪活动中做出的加功行为并没有丧失其社会危害性；(2)只有当实行犯没有将行为进行到底的情况下，才有可能存在各共犯人的犯罪中止，因为如果实行犯的行为已构成犯罪既遂，则所有共犯人的故意及其犯罪活动的社会危害性既已实现，此时便不可能再有犯罪中止的发生；(3)每一个共犯人，只有在撤回其在共同犯罪活动中加功的情况下，才能成立犯罪中止。共犯人的专门特征，主要体现于其在撤回自己在共同犯罪活动中的加功方面所实施行为的性质。撤回自己的加功，意指消除自己为实行犯实施犯罪所创造必要条件方面所付出的努力。共犯人撤回自己在共同犯罪活动中的“贡献”通常体现为一种积极活动方式。

使实行犯产生犯罪决意的教唆犯，以及集聚其他共犯人力量的组织犯，只是为后续的共同行为及其结果之间的因果关系奠定了基础。此因果关系的后续发展，基本上已经不再取决于前述这些共犯人，而取决于实行犯。因此，组织犯和教唆犯为了消除其行为的社会危害性，就应当切断因果关系的发展，制止实行犯将犯罪进行到底。组织犯应当努力消除其他共犯人的集聚，而教唆犯则应当尽力使实行犯放弃实施犯罪的决意。也就是说，组织犯和教唆犯采取一切措施的结果应当只有一个，就是使实行犯停止犯罪。如果组织犯和教唆犯采取前述一系列行为仍然无法制止犯罪，则他们应当及时向权力机关报案，以便制止实行犯的犯罪行为。如果组织犯和教唆犯最终没能成功阻止实行犯实施犯罪，则他们应当承担刑事责任，而他们所采取的措施，法院在量刑时可以将其认定为积极悔过的从轻处罚情节（第31条第5款、第61条第1款第9项）。

组织犯罪团伙的行为人，其犯罪中止可以发生在团伙成立前且体现为其破坏团伙组建的行为中。如果团伙犯罪的组织犯与其他共犯一起参与具体犯罪的实施，则对这些犯罪团伙的组织犯可以适用俄刑法第31条第4款所规定[①]的组织犯的犯罪中止规则。此种情况下的犯罪中止，指的并非组建团伙的事实，而是没有将具体犯罪进行到底的情况。帮助犯对于实行犯实施犯罪的决意，只是起到加强作

---

① 《俄罗斯联邦刑法典》第31条第4款规定：“组织犯和教唆犯，如果及时向权力机关报告或者采取其他措施阻止实行犯将犯罪进行到底，不负刑事责任。……”

用,所以帮助犯并不会在犯罪行为和犯罪结果之间产生因果关系,而只是对因果关系的发展起协助作用。因此,帮助犯对于因果关系发展的干预及自己对共同犯罪活动加功的消除之认定标准,即是采取一切措施阻止实行犯实施犯罪,即帮助犯采取了一切可以采取的措施,而实行犯还是实施了犯罪的情况下,帮助犯不负刑事责任。此外,俄学界还对共同犯罪中实体帮助犯和智力帮助犯的加功撤回标准进行了分别阐释。他们认为,智力帮助犯构成犯罪中止的撤回标准是:应当说服实行犯放弃实施犯罪。实体帮助犯的撤回标准是:撤回其提供给实行犯用来实施犯罪的手段或工具,或者恢复其为犯罪实施排除的障碍。之所以做这种区分,是因为智力帮助犯通过直接影响实行犯意识和意志的方式,强化实行犯实施犯罪的决意,而实体帮助犯则是通过为实行犯提供身体的、物质的或组织方面的帮助而间接作用于实行犯的意识和意志。

帮助犯的犯罪中止,通常表现为作为方式,但如果事先给予实行犯协助其实施犯罪的许诺,不是具体作为的形式,则此时帮助犯的犯罪中止可以是不作为形式。这里所说的许诺不同于俄刑法第 33 条第 5 款规定的关于犯罪后提供协助的“事先允诺”。后一种“允诺”,在实行犯实施犯罪之前不要求有任何的作为,其“允诺”本身就已经是对共同犯罪活动的“加功”了。如果此时的帮助犯,在实行犯完成犯罪后不履行其事先所做的允诺,则这种情况可以在一定条件下认定为帮助犯的积极悔过情节,其可能会影响事态的后续发展,但不是对实行犯的犯罪活动本身的影响。相比较而言,在帮助犯许诺协助犯罪实施的情况下,其“许诺”必须起到实质加强实行犯之犯罪决意的作用,即帮助犯应当以刑法第 33 条第 5 款规定的相应具体行为的实施来兑现自己的承诺,也就是说,这种许诺应当体现为具体的智力帮助行为或者实体帮助行为。如果帮助犯在犯罪实施前即向实行犯表达了中止其所承诺的帮助,则意味着他单方面消除了对实行犯之犯罪意图的强化作用。此时的中止是指帮助犯采取了其所能采取的一切措施来制止犯罪,包括以不作为的方式消除了自己对于共同犯罪活动的“加功”。这种情形下的帮助犯,可以认定为犯罪中止,从而排除其刑事责任。

6. 无特殊身份者参与特殊主体共同犯罪的认定问题

根据俄现行刑事立法的规定,无特殊身份者参与特殊主体犯罪的,在某些情形下是可以认定为共犯的,其理由是无特殊身份者在犯罪实施过程中为特殊主体提供了实际帮助。然而,俄刑法仅在第 34 条第 4 款对此进行了专门规定①。可见,俄现行刑法并没有对特殊主体的共同犯罪问题进行全面、细致的规定。此款规范仅适用于那些犯罪主体范围被法律所严格限制的罪名(比如,根据俄刑法第 331 条第 1 款的规定,违反军职罪的主体只能是处于军事集训期间的军人、预备役公民)。

---

① 即“不是本法典分则相应条款专门规定的犯罪主体的人,参与实施该条款所规定犯罪的,应该作为该犯罪的组织犯、教唆犯或帮助犯对该犯罪承担刑事责任”。

在此类情况下,只有特殊犯罪主体才能被认定为实行犯和共同实行犯,其他不具有特殊主体身份的共犯人只能是组织犯、教唆犯或帮助犯的角色。这里的例外情形是,如果法律中规定的特殊主体具有相当的普遍性特征,则对于可以成为犯罪主体的行为人范围没有那么严格的限制(犯罪主体是一般的专门主体)。此种情形下,不是特殊犯罪主体的行为人若实际参与实施了犯罪客观方面的基本要件行为,则也可以成为此类犯罪的共同实行犯。例如,根据俄刑法规定,强奸罪的主体只能是男人,但是,如果女人参与了制服被害人反抗行为的,则她就是强奸罪的共同实行犯。

特殊主体共同犯罪中,还会涉及在刑事立法中将共犯人的特殊身份作为法定情节的规定,这种情节有两类:一是特殊主体作为犯罪加重责任构成要件的情形;二是特殊主体是加重刑罚的情节(第63条)。如果其中一个共犯人具备立法规定的前述法定情节,则这种情节可以归责于其他共犯的条件有二:其一,此类情节应当是其他共犯人也认识到的,即是其他共犯人的故意内容;其二,此类情节加重了整个行为的社会危害性。例如,俄刑法规定,利用职务地位进行诈骗是诈骗罪的加重责任构成要件(第159条第3款),如果几个人共同实施诈骗行为,他们当中有一个人在诈骗过程中利用了自己的职务地位,那么,若其他共犯人都知道这种情形的存在,则此加重责任要件将归责于所有共犯人。"职务地位"要素的存在加大了实施此类犯罪行为的可能性,这不仅仅增加了其中一个共犯人的社会危害性,而且也加重了整个诈骗行为的社会危害性。当然,如果只有其中一个共犯人具备前述情节,而其他共犯人对此一无所知或者此情节没有加重行为整体的社会危害性,则此类情节只归责于该共犯人。俄现行刑事立法只规定了增加犯罪的社会危害性方面的加重责任要件,没有关于提高犯罪人人身危害性方面的加重责任要件。有关提高犯罪人人身之社会危害性的要件属于加重刑罚的法定情节,比如累犯作为从重处罚情节的规定(第63条第1款第1项)。

第四节 共犯定罪量刑制度

一、共犯定罪制度及其相关争议问题

共犯定罪规则是世界各国共犯理论中最前沿、也是最具争议的问题之一,俄罗斯也不例外。首先,共犯的准确定罪是司法实务工作者所面临的非常复杂的任务。在对共犯行为进行刑事法律评价过程中,因对共犯形式认定不准确、适用的定罪规则不适当,从而导致定罪错误,并且还会引起最高司法机关针对具体刑事案件所出

台相关《裁定》《决定》的频繁变更。[①] 其次，虽然俄罗斯学界对于整体共犯制度进行研究的论著层出不穷，但针对共犯定罪规则和特征进行系统研究的专著和论文却不多见。与此同时，俄罗斯刑法学教科书对于共同犯罪定罪中所适用的具体规则也鲜有介绍。比如，俄司法实务中对于有组织团伙和犯罪集团中各共犯人的定罪，适用的一般规则是将其认定为具体犯罪的实行犯，[②]但是，在俄罗斯有关共犯的论著中对此方面内容却很少提及。因此，俄罗斯法律界人士对于共犯制度相关立法规范的司法适用情况，并没有形成一个统一、完整的概念。

共犯定罪的难点还体现为俄刑事立法的频繁修订，并因此而经常会补充规定一些新的共犯规范（比如，近年来新增的第 291-1 条的"介绍贿赂罪"、第 282-3 条的"资助极端主义活动罪"等），而俄最高司法机关关于此类共犯的司法解释的出台又相对滞后。在这种情况下，对于俄刑法中新增罪名的适用，便只能依据相关刑法理论，这就自然会涉及定罪一般规则的引入。因此，俄学界认为，有必要对共犯定罪的一般规则进行系统研究和完善，以便为司法实务中各类共犯的定罪提供相应适用标准。

如前所述，俄罗斯现行刑事立法第 7 章（第 32 条至第 36 条）以专章的形式对共犯制度进行了集中规定。俄学界以制定共犯定罪的一般规则为依托，根据前述立法规定，将俄罗斯刑法中的共犯形式区分为这样六种类型："复杂共犯"、"团伙"、"有预谋团伙"、"有组织团伙"、"犯罪集团"（犯罪组织）、"混合共犯"（此类共犯指的是"复杂共犯"与犯罪团伙或犯罪集团的结合，此类共犯类型仅限于学理上的划分）。[③] 这里的"复杂共犯"指的是一般共犯范畴意义上的共犯类型，其他五种共犯类型属于特别共犯范畴。

（一）一般共犯意义上的复杂共犯及其定罪规则

1. 复杂共犯（сложное соучастие）的特征

《俄罗斯联邦刑法典》有关共犯制度的规定中，并没有使用"复杂共犯"这一术语，但在其相关条文规定中涵盖了此类共犯现象，即根据俄刑法第 34 条第 3 款的规定，"组织犯、教唆犯、帮助犯的刑事责任依照本法典对所实施犯罪规定刑罚的条款并援引第 33 条予以确定"——此为"复杂共犯"的内容，只不过刑事法律中没有直接使用"复杂共犯"这一称谓。俄理论界对此类共犯的称谓有所不同，有的直接称为"复杂共犯"，也有的称为"执行不同分工的共犯"，实践中一般将其称为"有分

---

① См. апелляционное определение Судебной коллегии по делам военнослужащих ВС РФ от 7 мая 2015 г. № 211-АПУ15-1.

② См.: Уголовное право. Общая часть: учебник для бакалавров / под ред. А. И. Чучаева. М., 2012. С. 204 - 206; Уголовное право России. Общая часть: учебник / под ред. Н. М. Кропачева, Б. В. Волженкина, В. В. Орехова. СПб., 2006. С. 553-611.

③ См.: Козлов А. П. Соучастие: традиции и реальность. СПб., 2001. С. 198-199.

工的共犯”(соучастие с распределением ролей),即此种共犯中,不是所有共犯人都参与实施具体犯罪的客观方面。①

俄刑法中复杂共犯具有两个特征:(1)在人员结构方面,复杂共犯由一个实行犯和一个或几个其他种类共犯人(组织犯、教唆犯或者帮助犯)组成;(2)不具有稳定性特征(此为复杂共犯和有组织团伙之间的区别所在)。

2. 复杂共犯的定罪规则及其司法适用问题

复杂共犯的定罪规则是:其他共犯人(组织犯、教唆犯、帮助犯)的定罪依照犯罪行为所触犯刑法分则相应条款,并且援引总则第 33 条有关共犯人种类的规定;实行犯的定罪直接依照分则相应条款的规定,无须援引总则第 33 条的相关规定,因为实行犯直接实施了刑法分则条文罪状中规定的行为。其他共犯人(组织犯、教唆犯、帮助犯)在共同犯罪中起的是辅助作用,他们并没有直接参与实施具体犯罪的客观方面,因此,不能仅依刑法分则条文的规定对其进行归责,而必须补充援引总则有关其所实施侵害的客观构成要件(俄刑法第 33 条第 3、4、5 款规定的组织行为、教唆行为或帮助行为要件),才能为其定罪提供充足的立法根据。我们下面从俄罗斯司法判例的角度了解一下复杂共犯在司法实践中的适用情况。

俄罗斯联邦下诺夫哥罗德州法院审理过这样一起案件:甲女是一起故意杀人案的嫌疑人之一,她在同案犯乙实施杀人过程中,递给乙一根绳子,乙用这根绳子勒死了被害人丙。一审法院依照俄刑法第 105 条第 2 款第 7 项(“有预谋团伙”的加重责任要件)和第 8 项(“杀人的同时实施抢劫”的加重责任要件)判处甲女犯故意杀人罪。之后,俄罗斯联邦最高法院刑事案件审判委员会查明,甲女本人并没有直接参与杀人过程,而只是为实行犯提供了协助行为,即给实行犯递了杀人的绳子,因此,甲女的行为不能认定为有预谋团伙实施的行为,而应当认定为所实施故意杀人犯罪的帮助犯,故最高法院对此案进行了改判,即依照刑法总则第 33 条第 5 款(有关帮助犯的规定)、第 105 条第 2 款第 8 项的规定,判决甲女构成伴有抢劫行为的故意杀人罪的帮助犯。② 在此案的审理过程中,一审法院将原本属于“复杂共犯”形式的杀人行为认定为具备加重责任情节的“有预谋团伙”实施的犯罪行为,属于案件定性错误,故最高法院之后进行了改判。从此案的审理过程可以看出,对共犯形式进行区分是准确定罪的前提。

前述案例属于一般共犯范畴内的复杂共犯定罪司法判例。除此之外,根据俄罗斯现行刑事立法的规定,某些“复杂共犯”行为是作为刑法分则条文具体罪名的

---

① См.: Галиакбаров Р. Р. Квалификация групповых преступлений. М., 1980. С. 7; Уголовное право Российской Федерации. Общая часть: учебник / под ред. В. С. Комиссарова, Н. Е. Крыловой, И. М. Тяжковой. М., 2012.

② См. определение Судебной коллегии по уголовным делам ВС РФ от 13 ноября 2012 г. № 9-Д12-16.

基本构成要件予以规定的。此种立法技术手段,其实质应当属于法律拟制的一种,即在立法上把起辅助作用的行为人之行为,评价为实行犯之行为,其中,此种“实行犯”之“实行行为”从形式上看,是处于共犯制度框架之外的。此类共同(团伙)侵害行为,在法律上作为脱离共犯制度的一种单个人实施犯罪形式的存在,时常会导致定罪上的困难。例如,《俄罗斯联邦刑法典》第 291-1 条第 1 款规定“介绍贿赂罪”即属于此类罪名。根据此条规定,“介绍贿赂是指受行贿人或者受贿人委托直接转交贿赂,或者其他促成行贿人和(或)受贿人达成或实现有关受贿和行贿数额较大的协议的行为”。根据俄刑法第 290 条(受贿罪)附注的规定,“数额较大”是指贿赂数额超过 25,000 卢布,那么,就会出现这样一个不确定的问题,即如果贿赂数额没有超过 25,000 卢布,则此种情况下对介绍贿赂行为如何进行刑事法律评价。此种介绍行为是作为无罪处理,还是通过其他更合理的路径予以定性。

俄司法实践中,上述情况有作无罪处理的司法判例:根据图拉州奥多耶夫区法院的判决,M 因实施了向银行卡打款 20,000 卢布的明显违法行为而被判处介绍贿赂罪。图拉州法院主席团所作出的关于本案的《决定》中指出,“根据刑法第 291-1 条第 1 款规定,介绍贿赂罪的构成要件是中间人协助行贿或受贿的贿赂数额要达到数额较大”,因本案行为人介绍贿赂的数额没有达到数额较大,所以州法院以所实施行为中不包含犯罪构成要件而判决 M 无罪。① 此案终审判决,不但得到俄司法实务界的认同,而且也得到了俄学界部分学者的认可。② 与此同时,也有学者对图拉州法院的判决提出了反对意见,认为此案应当按照复杂共犯的定罪规则予以定性,其理由如下。

根据俄刑法第 33 条第 5 款的规定,“帮助犯是指以建议、指点、提供信息……或者排除障碍从而协助犯罪实施的人”,而介绍贿赂罪的中间人可以看成是帮助犯的特殊情形,其中的介绍行为属于贿赂犯罪中的协助,只不过这种协助行为被立法拟制规定为一个独立的罪名。③ 我们所讨论的情形,其实是发生了有关共犯制度刑法规范的竞合问题:一般规范指的是俄刑法总则第 33 条第 5 款的规定与分则第 290 条(受贿罪)或者第 291 条(行贿罪)的规定(中间人是协助受贿还是行贿,主要取决于其接受的是行贿方和受贿方中哪一方的委托),特别规范是俄刑法第 291-1 条有关介绍贿赂罪的立法规范。根据俄刑法总则第 17 条第 3 款的规定,在一般规范与特别规范发生竞合时,优先适用特别规范,但是如果所实施行为没有满足特别规范的要件,则应当适用一般规范。俄刑法第 291-1 条“介绍贿赂罪”是 2011 年出

---

① См. постановление Президиума Тульского областного суда от 24 ноября 2015 г. № 44у-132/2015.

② См.: Талан М., Тарханов И. Посредничество во взяточничестве в уголовном праве России // Уголовное право. 2013. № 5; Яни П. С. Новое постановление Пленума Верховного Суда о взяточничестве // Законность. 2013. № 12.

③ См.: Комментарий к Уголовному кодексу Российской Федерации (постатейный) / под ред. А. И. Чучаева. М., 2013.

台的《联邦法律》引入俄刑法中的新罪名，在此之前，代表行贿人利益的中间人的行为，是依照俄刑法第 33 条第 5 款和第 290 条的规定，作为贿赂罪的帮助犯定性的。[①] 那么，前述案例中，“介绍贿赂罪”未达到数额较大构成要件的行为，完全可以用一般共犯之“复杂共犯”的定罪规则。

前述持反对意见的学者指出，俄罗斯图拉州法院判决的立场，是违背贿赂犯罪和共犯制度的法定实质内容的，因为根据俄刑法规定，贿赂行为的构罪要件中是没有数额要求的。共犯制度框架下的各共犯人，应当为他们所实施的统一的、不可分割的犯罪行为承担刑事责任，共犯行为所致的损害应当归责于每一个共犯人，换言之，共同犯罪的法律属性决定了实行犯和帮助犯实际上实施的是一个统一的社会危害行为。在此种情形下，如果只追究行贿人的刑事责任，而介绍贿赂者仅因未达到“数额较大”的构成要件而免予刑事责任的追究，则既违反罪刑法定原则，也违背公平正义理念。因此，反对前述州法院判决立场的学者明确提出，若此类行为已经达到“数额较大”的标准，则依照第 291-1 条规定的介绍贿赂罪定罪处罚；若未达到数额要求，则应当按照复杂共犯的定罪规则处理，即将介绍贿赂人作为贿赂犯罪的帮助犯予以定性。

（二）团伙共犯及其定罪规则

团伙共犯定罪规则

如前所述，俄罗斯刑法立法规定的团伙共犯类型有：团伙、有预谋团伙、有组织团伙和犯罪集团（犯罪组织）。根据俄学界通说立场，前述所列四种团伙共犯定罪的一般规则是：各共犯人的行为只能依照含有所实施犯罪侵害的分则条文规定进行定罪，不要求援引刑法总则第 33 条的规定，而无论各个共犯人的分工如何，因为相应犯罪团伙的成员或者实际上就是共同实行犯，或者法律上拟制其是共同实行犯。[②] 俄罗斯联邦最高法院也持同样立场，即认为必须将有组织团伙和犯罪集团所有成员的行为认定为实行犯行为：“……在团伙实施的犯罪中，所有共犯人的行为，无论其在所实施行为中是什么分工，都认定为实行犯行为，无需援引俄罗斯联邦刑法第 33 条规定。”[③]

上述定罪规则在多数情况下都可以起到简化定罪程序的作用，但是也有这样的例外情况，如果有组织团伙实施的犯罪主体要件要求是特殊主体的情况（比如年龄、职务地位等），那么团伙成员中有不具备特殊主体要件的，则会出现两种定罪规

---

① См.：Обзор судебной практики Верховного Суда Российской Федерации за первый квартал 2011 года // Бюллетень Верховного Суда Российской Федерации. 2011. № 9.

② См.：Клименко Ю. А. Правила квалификации преступлений, совершенных в соучастии // Уголовное право и криминология. 2017 № 4. С. 117.

③ Пункт 15 постановления Пленума ВС РФ от 27 декабря 2002 г. № 29《О судебной практике по делам о краже, грабеже и разбое》.

则的竞合。一种规则是将有组织团伙的所有共犯人都按照实行犯定罪;另一种规则是俄刑法第 34 条第 4 款规定的特殊主体共同犯罪定罪的一般规则,即“不是本法典分则相应条款专门规定的犯罪主体的人实施该条款所规定犯罪的,应当作为该犯罪的组织犯、教唆犯或帮助犯对该犯罪承担刑事责任”。换言之,在对不具有特殊主体身份的共犯人定罪时,需要解决这样的问题:对其行为进行评价时是援引俄刑法第 33 条规定,还是必须将其定性为实行犯,直接适用刑法分则相应条款规定进行定罪。俄罗斯联邦最高法院全体会议对于此类刑事案件的处理,依罪名的不同而适用不同的标准。此种做法不仅割裂了俄司法实践的统一,而且也成为俄学界批判的靶子。[①] 下面我们按照时间顺序了解一下俄罗斯最高司法机关有关此类案件的司法解释。

司法解释 1——俄罗斯最高法院全体会议第 51 号《决议》(以下简称《51 号决议》)。此决议于 2007 年 12 月 27 日发布,是针对有组织团伙实施侵占或盗用罪(俄刑法第 160 条第 4 款)的案件作出的。《51 号决议》的解释意见是“为实施一个或几个犯罪而事先结伙的人,其自身对于受托财产不具有处置、管理、使用、交付或贮存等权力(不具备第 160 条规定的、本罪所要求的特殊犯罪主体的要件)而加入有组织团伙的共犯人,应当根据俄罗斯联邦刑法第 34 条第 4 款的规定,作为侵占罪的组织犯、教唆犯或帮助犯承担刑事责任”。

相关司法判例:货运代理甲,受托保管带冷藏半挂机并载有货物的卡车。无特殊主体身份的乙、丙两人协助有特殊主体身份的甲切断了卡车上的无线电报警装置,从而盗取了受托卡车。法院依照刑法第 33 条第 5 款、第 160 条的规定,认定乙、丙二人为侵占罪的帮助犯,即法院认为此案是有组织团伙实施的、数额巨大的盗取他人受托财产的犯罪行为。[②]

司法解释 2——俄罗斯最高法院全体会议第 32 号《决议》(以下简称《32 号决议》)。俄学界认为,前述《51 号决议》所作司法解释已不合时宜,并且与后来俄最高司法机关针对其他刑法规范所作解释冲突,比如,俄罗斯联邦最高法院于 2015 年针对洗钱罪规定所作解释就是这方面的例证。俄最高法院于 2015 年 7 月 7 日发布的《32 号决议》指出,“在有组织团伙(俄罗斯刑法第 174-1 条[③]第 4 款第 1 项)中,除了一个或几个为自己洗钱的人外,还可能包含不具备俄罗斯联邦刑法第 174-1 条所规定特殊犯罪主体要件的人。在认定上述行为是有组织团伙实施的情

---

① См.: Гарбатович Д. А. Руководящие разъяснения Пленума Верховного Суда Российской Федерации как условие эффективности уголовно - правовых норм (на примере квалификации преступления, совершенного организованной группой) // Российский судья. 2015. № 3. С. 32-34.

② См. приговор Яранского районного суда Кировской области от 24 марта 2016 г. по делу № 1-24/2016.

③ 《俄罗斯联邦刑法典》第 174-1 条规定的罪名是“使本人通过犯罪取得的资金和其他财产合法化罪”(为自己洗钱罪)。

况下,参与本罪预备和实施的所有成员,无论其执行的是实行犯功能,还是组织犯、教唆犯或者帮助犯的功能,都应当依照俄刑法第 174-1 条第 4 款第 1 项的规定定罪,而无须援引俄刑法第 33 条的规定”。① 也就是说,参与团伙犯罪的非特殊主体,无论其在团伙犯罪中起组织、教唆还是帮助功能,都按照所触犯罪名的实行犯定罪处罚。

可见,俄罗斯联邦最高法院 2015 年发布的《32 号决议》充分表明了俄最高司法机关的立场,即有组织团伙中的非特殊主体行为的定罪,无须再援引刑法总则第 33 条的规定。那么,关于前述《51 号决议》中规定的“……共犯人,应当根据俄罗斯联邦刑法第 34 条第 4 款的规定,作为侵占罪的组织犯、教唆犯或帮助犯承担刑事责任”如何适用的问题,有俄罗斯学者认为,应当对《51 号决议》进行补充规定,以便使有组织团伙中非特殊主体的定罪规则得以统一,因此,他们建议修订后的《51 号决议》的表述应当是“有组织团伙所有成员的行为均以实行行为定罪,无须援引《俄罗斯联邦刑法典》第 33 条的规定。既不属于《俄罗斯联邦刑法典》第 160 条所规定的特殊主体,同时也不是有组织团伙成员的人参与犯罪的,其行为才应当依照刑法第 34 条第 4 款并援引第 33 条相应规定进行定罪处罚”。② 申言之,持此种观点的人认为,凡是有组织团伙内部的成员,其在团伙所实施犯罪中无论是组织行为,还是教唆行为、帮助行为,也无论其是否具备法定的特殊主体身份,都一律按照所实施犯罪的实行犯定罪处罚,而只有有组织团伙之外的非特殊主体参与团伙犯罪的,才能援引刑法总则第 33 条有关共犯人的相关规定(此为下文所阐述的“混合共犯”类型)。

(三)“混合共犯”及其定罪规则

1. “混合共犯”的含义及特征

如前所述,“混合共犯”并非俄刑事立法中明文规定的共犯类型,而是俄罗斯学界的独创。所谓“混合共犯”,是“复杂共犯”与犯罪团伙或犯罪集团的结合。其特征主要有二:一是有犯罪分工;二是“复杂共犯”与前述任何一种团伙共犯(团伙、有预谋团伙、有组织团伙、犯罪集团)的结合。“混合共犯”的实质,其实是“复杂共犯”辅助于其他团伙共犯的一种特殊共犯类型,而此种情形下的犯罪团伙行为可以拟制为一种特殊种类的实行行为,也就是说,将“混合共犯”中的团伙、有预谋团伙、有组织团伙和犯罪集团看作所实施犯罪的实行犯,而起辅助作用的“复杂共犯人”属于“混合共犯”中的实行犯以外的其他共犯人(组织犯、教唆犯或者帮助犯)。

---

① Пункт 15 постановления Пленума ВС РФ от 7 июля 2015 г. № 32《О судебной практике по делам о легализации (отмывании) денежных средств или иного имущества, приобретенных преступным путем, и о приобретении или сбыте имущества, заведомо добытого преступным путем》.

② См.: Клименко Ю. А. Правила квалификации преступлений, совершенных в соучастии // Уголовное право и криминология. 2017 № 4. С. 119.

2.“混合共犯”的定罪规则

依照俄学界立场,“混合共犯”的定罪规则是:“复杂共犯人”依照其所辅助的“团伙共犯人”所实施犯罪触犯的相应刑法分则罪名定罪处罚,同时援引刑法总则第33条相应规定;团伙共犯人(团伙、有预谋团伙、有组织团伙、犯罪集团)刑事责任的追究,依照前述第二部分“团伙共犯”的定罪规则执行。

司法判例:甲实施完抢劫行为与乙、丙预谋杀害被害人。他们定好掩埋被害人尸体的地方后,甲便去商议好的地方挖了一个准备掩埋尸体的坑。然后乙和丙使用滑柄猎枪和一把刀将被害人P杀害。之后,甲、乙、丙、丁将尸体埋进事先挖好的坑里。法院依照刑法第33条第5款(帮助犯的规定),第105条第2款第7、8项的规定,认定甲是有预谋团伙实施并伴有抢劫行为的故意杀人罪的帮助犯。①

从本案的判决中可以看出,法院对甲的行为的认定援引了俄刑法总则第33条的规定,因此,法院是将甲作为“复杂共犯”中的帮助犯认定的,而不是将其认定为有预谋团伙实施犯罪的实行犯,这与学界提出的“混合共犯”中“复杂共犯”人的定罪规则不谋而合。申言之,“混合共犯”说的提出,对于俄罗斯共犯定罪规则的完善具有一定的现实意义。

二、共犯量刑制度及其相关争议问题

(一)立法规定

根据俄学界通说立场,俄刑法第67条第1款的规定是共同犯罪量刑的普遍适用原则,即量刑一般原则。与此同时,俄刑法中还有一些量刑规则,仅适用于共犯量刑的部分情形,后者称为共犯量刑的特殊规则。具体量刑规则如下。

1.共犯量刑一般规则:在对共同犯罪量刑时,应当考虑行为人实际参与实施犯罪的性质和程度,该人的参与对于达到犯罪目的的意义,他对已经造成的或可能造成的损害的性质和大小的影响(俄罗斯刑法第67条第1款)。

2.共犯量刑特殊规则:与一个共犯人身份有关的从轻情节或从重情节,仅在对该共犯人处刑时予以考虑(俄罗斯刑法第67条第2款)。此款规定仅适用于具有从轻或者从重处罚情节的情形,即如果所实施的具体犯罪中没有此类情节,便不适用此款规定。根据俄学界观点,此款规范的社会根据,是对每个共犯人量刑时应当考察其个人人身的个别化特征的一种社会需求,这种需求在刑罚个别化原则中得以体现,同时也体现于以共犯责任独立性说为依托的、共犯人刑事责任细化的诸多刑事立法规范中。

(1)从重处罚情节。俄罗斯刑法第63条第1款规定了与共犯量刑制度相关的从重处罚的法定情节:“参加团伙、有预谋团伙、有组织团伙或犯罪集团(犯罪组

---

① 此案的判决是由伊尔库茨克州法院于2014年1月30日作出的,案件号为№ 2-19/2014。参见Приговор Иркутского областного суда от 30 января 2014 г. по делу。

织)实施犯罪”(第3项);“在犯罪中作用特别积极的”(第4项);“引诱患有严重精神病的人或处于不清醒状态中的人犯罪,以及引诱未达到刑事责任年龄的人犯罪”(第5项);“……采用身体或心理的强制迫使他人实施犯罪”(第10项)。其中,第5项和第10项是否构成共同犯罪在理论界是有争议的。

(2)从轻处罚情节。《俄罗斯联邦刑法典》第61条第1款规定了与共犯量刑制度相关的从轻处罚的法定情节:“由于身体或心理受到强制或由于物质的、职务的或其他依赖从属关系而实施犯罪”(第6项);“因违反……执行命令或指令等的合法性条件而实施犯罪”(第7项);“……积极协助……揭发同案犯……”(第9项)这几项规定内容只能适用于共同犯罪情形,不可能适用个人犯罪。

(3)减轻处罚情节。俄刑法第64条第1款规定了与共犯量刑制度相关的减轻处罚的法定情节“当存在与……犯罪人的角色分工……相关的特殊情况,以及团伙犯罪的共犯人积极协助揭露该犯罪的,刑罚可以低于本法典分则相应条款规定的最低限度,或者法院可以判处比该条的规定更轻的刑种,或者不适用本来作为必要附加刑规定的附加刑”。

(二)通说立场

俄学界通说立场认为,[①]“考虑行为人实际参与犯罪的性质”(第67条第1款)意指根据共犯人在所实施犯罪中的分工不同,决定判处刑罚的轻重。其适用的一般规则是:对于实行犯判处的刑罚重于其他共犯人;组织犯的处刑重于教唆犯和帮助犯;教唆犯的处刑重于帮助犯。“考虑行为人实际参与犯罪的程度”(第67条第1款),即法院依据共犯人所实施行为的规模范畴,从而决定采取什么程度的刑罚,其所实施行为的规模范畴越大,则适用的刑罚就越严厉。

根据行为人的“参与对于达到犯罪目的的意义”(第67条第1款),将共犯人区分为主犯(главный соучастник)和从犯(второстепенный соучастник)。其中,主犯的行为直接指向犯罪目的的实现,若没有主犯的行为,则犯罪目的可能就不会实现;从犯的行为具有辅助性质,即使没有从犯的行为,犯罪目的也可能实现。因此,对主犯应当判处比从犯更重的刑罚。

俄刑法第67条第1款规定的“损害的性质”,指造成或可能造成的损害种类,比如造成人的死亡、财产的损失等;“损害的大小”指的是损害的规模范围,比如是造成一人死亡还是多人死亡的情况。行为人的参与对于造成损害或可能造成损害的性质和大小的影响,取决于其行为是否造成了损害或损害的可能、造成了什么样的损害或者可能造成什么样的损害、损害的程度是什么样的、对造成损害的可能性产生什么样的影响。也就是说,共犯人刑罚的严厉程度取决于其对于所造成损害

---

① См.: Комментарий к Уголовному кодексу Российской Федерации для работников прокуратуры (постатейный). 2-е изд., исправленное, дополненное и переработанное / отв. Ред. канд. Юрид. Наук В. В. Малиновский; науч. Ред. проф. А. И. Чучаев. -М.:《КОНТРАКТ》, 2015. С. 210.

或可能造成损害的影响性质和大小，即产生的影响越大，适用的刑罚就越重。

与犯罪人身份相关联的从轻情节和从重情节，是相对于各种不同的共犯人而言的，比如共犯人是未成年人或是累犯的情况。根据俄刑法第 6 条"公正原则"的要求，对各共犯人适用的刑罚，应当与其人身特性相当，因此俄刑法第 67 条第 2 款相应地规定了"与一个共犯人身份有关的从轻情节或从重情节，仅在对该共犯人处刑时予以考虑"。

（三）争议问题

俄刑法量刑规则的争议问题主要集中于第 67 条第 1 款规定，此条量刑规则不仅在俄刑法学界引起很大争议，而且俄司法实务对于此规则的适用也没有出台过明确的司法解释。应当说，俄罗斯联邦现行刑事立法总则和分则中有关共犯制度的规范是比较全面和系统的，其总则第 7 章用了整整一章的篇幅对共犯概念、形式以及共犯人的分类、刑事责任进行了详实规定，此种共犯的刑事法律调整模式，无论从法律技术，还是体系化视角，都堪称是比较成功的共犯立法例。然而，在有关共犯量刑规则的立法规定方面有很多争议，主要集中体现于对第 67 条规定的量刑规则属性的争议，即一般规则与特殊规则的立场之争。

俄学界一般认为，刑法第 67 条第 1 款的规定，属共犯量刑的一般原则，因为本条规范适用于所有共犯类型，而无论共犯人的种类如何、共犯属于什么样的团伙形式，也包含非团伙形式的一般共犯以及共犯的其他情形，即只要是符合俄刑法第 32 条规定的共犯所应具备的所有要件特征，都可以适用此一般原则。

俄学界还存在与前述立场正好相反的立场，即认为不应当将俄刑法第 67 条规定的量刑规则归于一般量刑原则（общие начала назначения наказания），因为"一般量刑原则指的是那些可以适用所有刑事案件形式的处刑规则，而俄罗斯联邦刑法第 67 条规定的量刑规则仅适用于对共犯的处刑"。① 如果根据俄刑法第 10 章（量刑）规定以及从俄刑法学说的逻辑角度考虑，相对于第 60 条"量刑的一般原则"而言，则第 67 条第 1 款的规定当属量刑的特殊规则。② 如此看来，此种立场的逻辑和根据都是没有问题的。然而，持反对意见的学者则指出，根据俄现行刑事立法的规定来看，量刑的一般原则不仅限于第 60 条的规定，还包括第 61 条和第 63 条关于法定从轻处罚情节和从重处罚情节的规定，后者（第 61 条和第 63 条）同时又是第 60 条第 3 款规定（量刑时应考虑从轻处罚和从重处罚情节）的具体化内容。如果将第 63 条第 1 款第 3 项与第 67 条第 1 款规定（团伙、有预谋团伙、有组织团伙、犯罪集团实施犯罪的法定从重处罚的量刑情节）的规定相比较，则按照前述一般量刑原则的认定规则，第 63 条第 1 款第 3 项规定应当属于一般量刑原则范畴，

---

① См.：Воронин В. Н. Индивидуализация наказания：монография. М.，2017. С. 215.

② См. например：Благов Е. В. Применение специальных начал назначения уголовного наказания. М.，2007. С. 71.

其所调整的刑事案件范围也应当大于第 67 条第 1 款的调整范围。与此同时,共犯不仅包括团伙共犯形式,还包括除团伙之外的其他共犯形式,而任何一种团伙形式都可能被规定为刑法分则具体犯罪的加重责任构成要件,这样,当不能适用第 63 条第 1 款第 3 项的规定时,必须适用第 67 条第 1 款的规定。因此,虽然第 67 条第 1 款规定的规则不属于前述立场中的一般量刑原则,但相对于俄刑法中规定的其他有关共犯处罚规则(比如第 63 条第 1 款第 3 项规定)而言,其内容具有普遍适用性,即在共犯量刑规则范畴内,其他共犯量刑规范相较于第 67 条第 1 款而言,属于特殊规则范畴。

俄学界认为,俄现行刑事立法有关共犯量刑规则的规定存在以下几方面问题。

第一,俄刑法关于共犯量刑一般规则的立法规定,违反了系统性原则。这主要体现在俄刑法第 7 章"共同犯罪"第 34 条"共同犯罪人的责任"与第 10 章"量刑"第 67 条"共犯的量刑"之间的重复规定上,即根据第 34 条第 1 款的规定,"共同犯罪人的责任由每一共犯人实际参与犯罪的性质和程度决定";而第 67 条第 1 款又规定"在对共同犯罪量刑时,应当考虑行为人实际参与实施犯罪的性质和程度……"基于此,有俄罗斯学者提出将共犯量刑规范从俄刑法第 10 章移至第 7 章的建议,①认为完全没有必要在共犯责任和共犯处刑规则中对同一规范进行重复规定。

第二,共犯量刑一般原则内部逻辑混乱问题。俄刑法第 67 条第 1 款规定的共犯量刑原则,共包含这样三个规则:一是行为人实际参与共同犯罪的性质和程度;二是共犯人的参与对于犯罪目的实现的意义;三是共犯人的参与对造成或可能造成损害的性质或大小产生的影响。此种立法规定模式会让人产生这样一种印象,即在我们面前的是三个共犯量刑规则,然而,根据俄刑法学界多数学者的立场,第二个和第三个规则并非共犯量刑的独立规则,而只是对"考虑行为人实际参与共同犯罪程度"规则的进一步具体化规定。② 与此同时,也有俄学者提出相反意见,认为行为人的"参与对于犯罪目的的实现"以及对"造成或可能造成损害的影响",指的是对于行为人参与犯罪实施的质的规定性方面的影响,即"法院应当对这样一些因素进行评价:共犯人所执行的功能是否促进了犯罪结果的实现,其行为对于犯罪后果的达成起了多大作用,换言之,法院必须对犯罪人犯罪活动的有效性作出评

---

① См.: Шеслер А. В. Перспективы совершенствования уголовно-правовых норм о соучастии в преступлении // Lex Russica. 2015. № 6 (том CIII). С. 37.

② См.: Полный курс уголовного права: в 5 т. Том 1: Преступление и наказание / под ред. А. И. Коробеева. СПб., 2008. С. 905 (автор главы—Л. Л. Кругликов); Илиджев А. А. Назначение наказания за преступление, совершенное в соучастии: автореф. дисс. ... канд. юрид. наук: 12. 00. 08. Казань, 2004. С. 19; Мальцев В. В. Наказание и проблемы его назначения в уголовном праве: монография. Волгоград, 2007. С. 192-195; Энциклопедия уголовного права: в 35 т. Т. 9. Назначение наказания / отв. ред. В. Б. Малинин. СПб., 2008. С. 562. (авторы параграфа о назначении наказания за преступление, совершенное в соучастии—А. А. Арямов, М. Т. Тащилин, А. М. Становский)

价”。① 但是,俄多数学者仍然坚持认为,第67条第1款中的规则一是涵盖规则二、规则三内容的,为了不发生歧义,他们建议在此款规定中加入一个插入语“其中包括”,即建议本款的规定为“在对共同犯罪量刑时,应当考虑行为人实际参与实施犯罪的性质和程度,其中包括该人的参与对于达到犯罪目的的意义、他对已经造成的或可能造成的损害的性质和大小的影响”。② 如果对本款进行这样的修订,则既可以明确共犯量刑一般原则的内容,同时也解决了规则内容标准不统一的问题。

第三,共犯量刑规则内容的实现路径问题。从第67条规定的共犯量刑规范看,其内容包含着一些评价性要素和非具体化要素,这给司法实务中特定共犯人刑罚个别化带来了无法克服的困难,因此,有学者建议构建共犯危害性等级,并依此对共犯人进行量刑,直到确定每个共犯人所应承担的刑罚份额。③ 尽管诸多学者以共犯人的社会危害性为标准对共犯人进行了等级分类,但并没有形成一个统一的共犯等级认定标准。他们往往将实行犯④或者组织犯⑤划为一级危险共犯,将教唆犯和帮助犯划为次级危险共犯。但是俄刑事立法并没有明确规定哪类共犯人具有更大社会危害性,俄罗斯联邦最高法院全体会议决议中虽然有这方面规定,但也只是指出,在确定犯罪的社会危害程度时必须考虑共同犯罪中被告人所承担的角色分工,而对于如何考量共犯人和在多大范围内考量共犯人以及对哪种共犯人进行考量等问题,均未给出具体建议。⑥ 基于此,俄学界认为,刑法第67条的上述立法与司法实践充分证明,此项规定实质上是赋予法官在审理共同犯罪案件时,在共犯人量刑的个别化问题上以更广泛的自由裁量权。⑦ 另外有俄学者指出,按照共犯人种类来划分各共犯人危险等级的做法,是与对具体犯罪的分析相脱节的,因此是没

---

① См.: Воронин В. Н. Индивидуализация наказания: монография. М., 2017. С. 217.

② См.: Куликов Е. А. Мера уголовного наказания за преступление в соучастии. Общие критерии определения: монография. Саарбрюккен, 2013. С. 89.

③ См. например: Тельнов П. Ф. Ответственность за соучастие в преступлении. М., 1974. С. 173-175; Джекебаев У. С., Судакова Р. Н., Шапинова С. А. и др. Криминологические и уголовно-правовые проблемы наказания. Алма-Ата, 1989. С. 83-91; Ищенко А. В. Назначение наказания по Уголовному кодексу Российской Федерации: научно-практическое пособие. М., 2002. С. 49; Галиакбаров Р. Р. Борьба с групповыми преступлениями. Вопросы квалификации. Краснодар, 2000. С. 30; и др.

④ Воронин В. Н. Индивидуализация наказания: монография. М., 2017. С. 222.

⑤ Сидирякова М. В. Назначение наказания участникам групповых преступлений: автореф. дисс. ... канд. юрид. наук: 12. 00. 08. Самара, 2003. С. 9.

⑥ практике назначения судами РФ уголовного наказания: постановление Пленума ВС РФ от 22 декабря 2015 г. № 58 // Сборник постановлений Пленумов Верховных судов СССР, РСФСР и РФ по уголовным делам / сост. А. И. Рарог, А. А. Бимбинов. 2-е изд., перераб. и доп. М., 2017. С. 331-353.

⑦ См.: Павлухин А. Н., Рыжов Р. С., Эриашвили Н. Д. Виды и ответственность соучастников преступления: монография / под ред. А. Н. Павлухина. М., 2007. С. 139; Уголовное право. Общая часть: учебник / отв. ред. И. Я Козаченко. М., 2008. С. 336 С. 581-587 (автор главы—Г. П. Новоселов); Арутюнов А. А. Соучастие в преступлении по уголовному праву Российской Федерации: дисс. ... д-ра юрид. наук: 12. 00. 08. М., 2006. С. 184.

有根据的，而且“刑法中个人的社会危害性完全体现在其所实施行为的社会危害性之中的，因此，正确的表述应当是关于组织犯、教唆犯、帮助犯、实行犯之具体行为的危害性，而非这些人自身的危害性”。①

综上，俄罗斯现行刑法第67条第1款规定的共同犯罪量刑规则，其内容涵盖的评价性要素在俄司法解释中并未得到具体化展开，所以本条规定在司法适用过程中为法官自由裁量提供了广泛的空间，因此其认定的正当化理由和路径也成为俄学界热议的焦点。

第五节　共犯制度其他相关争议问题

一、间接实行犯（间接正犯）的立法归属

根据《俄罗斯联邦刑法典》第7章第33条第2款规定，“利用因年龄、无刑事责任能力或者本法典规定的其他情况而不负刑事责任的人实施犯罪的，是实行犯”，此即俄现行刑事立法有关间接实行犯（大陆法系国家刑法中的“间接正犯”）②（посредственный исполнитель）的规定。俄立法者将间接实行犯规定在共同犯罪的刑法专属之章——第7章“共同犯罪”中，引起了俄学界关于间接正犯法律归属方面的争议，即若承认间接实行犯属于共犯范畴，则对于此种间接致害行为的定罪、量刑就应当依照共犯的定罪、量刑标准，反之则应当按照个人犯罪处理。

此种在共犯规范范畴内直接对间接实行犯责任进行法律调整的做法，在苏联时期就曾遭到某些学者的反对。苏联著名刑法学者特拉伊宁（А. Н. Трайнин）就对这种立法模式进行过质疑和批判，他指出“……只有在共犯范畴内才会有实行犯的存在……单独一个人成为实行犯是不可能的，就像不可能存在单独的帮助犯或者单独的教唆犯一样”。③

俄刑法学界存在这样一种通行观点，即在团伙犯罪和有组织犯罪日益扩张的背景下，对于利用未成年人、无刑事责任能力人或者其他不应当负刑事责任人实施犯罪的间接实行犯，立法者不宜进行过于宽泛的刑事立法调整。基于此，俄学者提出了解决问题的两种路径：一是对俄现行刑事立法有关共犯制度的规范进行修订，

---

① См.：Пудовочкин Ю. Е. Учение о преступлении：избранные лекции. 2-е изд.，испр. и доп. М. 2010. С. 214-215.

② 这里所说的间接实行犯，与德、日刑法语境中的“间接正犯”同义。俄罗斯共犯制度中的实行犯、组织犯、教唆犯和帮助犯都属于“共犯”之列（俄刑法第33条第1款），故俄刑法学语境中没有正犯和共犯的区分。

③ Трайнин А. Н. Учение о соучастии. М.，1941. С. 104.

以进一步明确间接实行犯的法律属性；[①]二是取消俄刑法第33条第2款有关间接实行犯的立法规定。[②]

俄学界在有关间接实行犯的立法归属问题上存在不同立场：有学者主张，应当在第7章“共同犯罪”中保留间接实行犯的规定，同时建议在第7章第36条“实行犯过限行为”之后补充一条，即第36-1条“间接实施犯罪”；[③]还有学者认为，间接实行犯的刑事责任问题应当归属于俄刑法第4章“应当承担刑事责任的人”的内容，建议在第4章第23条后补充规定一条，作为第23-1条，用以专门规定间接实行犯的规范内容。他们认为，“正是第19条‘刑事责任的一般条件’、第20条‘承担刑事责任的年龄’和第21条‘无刑事责任能力’规范，为间接致害制度（间接实行犯制度）中无罪过致害者刑事责任的免除以及间接实行犯刑事责任的追究提供了首要支撑”。[④] 此外，还有学者主张在俄刑法总则第7章“共同犯罪”之后单独增加一章，作为第7-1章，用以规定刑法中的间接致害和过失致害等特殊致害行为，即在第7-1章中以单独一个条文的方式规定间接实行犯制度。[⑤]

应当指出的是，俄刑法学者对于间接实行犯行为的称谓并不统一，概言之，存在这样几种说法：“间接实行行为”（посредственное исполнение[⑥]、опосредованное исполнение[⑦]、посредственное исполнительство[⑧]）、“间接致害行为”（посредственное причинение[⑨]）、“假想共犯”（мнимое соучастие[⑩]）、“间接实施犯罪”（посредственное исполнение преступления[⑪]）、“间接罪过行为”

---

① Галиакбаров Р. Р. Квалификация групповых преступлений / отв. ред. В. И. Артемов. М., 1980. С. 43.

② См., напр.: Луньков Д. А. Посредственное причинение вреда: уголовно-правовые и криминологические аспекты: дис. … канд. юрид. наук. Екатеринбург, 2013. С. 182.

③ Баранков Н. В. Посредственное исполнение преступления: автореф. дис. … канд. юрид. наук. СПб., 2001. С. 7.

④ Луньков Д. А. Место и название института посредственного причинения вреда требуют уточнения // Российский юридический журнал. 2011. № 5. С. 114.

⑤ Янина И. Ю. О правомерности регламентирования посредственного причинения в рамках главы 7 《Соучастие в преступлении》 Уголоного кодекса Российской Федерации // Актуальные проблемы российского права. 2016 № 6 (67). С. 166.

⑥ Тельнов П. Ф. Ответственность за соучастие в преступлении. М., 1974. С. 75-79.

⑦ Шатов С. А. Соучастие в преступлении: учебное пособие. СПб., 2012. С. 35.

⑧ Гамкрелидзе О. К. Соисполнительство и посредственное исполнительство по советскому уголовному праву: автореф. дис. … канд. юрид. наук. Тбилиси, 1973. С. 14 (на груз. яз.).

⑨ Ковалев М. И. Соучастие в преступлении. Свердловск, 1960. С. 97-108; Вопросы Общей части уголовного права в теории и правоприменительной деятельности Республики Мордовия: монография / под ред. Н. А. Лопашенко. Саранск, 2014. С. 76 (автор главы 《Соучастие в преступлении》—О. Н. Агеева).

⑩ Трайнин А. Н. Состав преступления по советскому уголовному праву. М., 1951. С. 121-123.

⑪ Баранков Н. В. Указ. соч. С. 3.

(посредственное виновничество[①])。

俄学界认为,术语"间接实行行为"和"间接致害行为"并非同一概念,它们当属于不同刑事法律制度。"致害犯"属于共犯人的通用概念,即无论各共犯人在共同犯罪中的分工是实行犯、组织犯、教唆犯还是帮助犯,他们实施的行为均导致刑法保护客体受到损害,所以这些共犯人都统称为"致害犯"。然而,不应当将"间接致害犯"的称谓等同于"实行犯",其主要原因有二。其一,俄刑法语境中通常只在共同犯罪范畴内才有实行犯的称谓,正如俄学者所言,"从《俄罗斯联邦刑法典》第33条第2款规定的内容看,立法者对于实行犯的界定模棱两可,混淆了单个人行为之实行犯和共犯行为之实行犯。如果犯罪只是一个人实施的,而没有组织犯、教唆犯、帮助犯或其他实行犯参与的情况,则不能将实施犯罪的人称为实行犯,而应当称为犯罪主体"。[②] 因此,俄学者认为,俄刑法第33条第2款规定的实行犯,应当是共犯实行犯,而非单个行为人之实行犯。其二,间接致害犯,指的应当是单个人实施犯罪的行为人,所以不应当将"间接致害行为"归属于实行行为的范畴。[③] 法律意义上的"间接致害犯",指的是具备承担刑事责任能力的唯一犯罪主体,虽然犯罪行为表面上与共同犯罪模式类似,即具备两人以上参与实施犯罪的共犯要件:教唆—实行犯或者组织—实行犯。此外,根据共犯从属性理论,只有其他共同实行犯或者组织犯、教唆犯、帮助犯等其他共犯人存在的情况下,才有实行犯的存在,并且实行犯作为犯罪的关键人物,其行为决定着其他共犯人责任的追究。在间接致害的犯罪行为中,是排除实行犯的,犯罪嫌疑人是将他人作为工具利用的那个行为人,其责任的追究当遵循个人责任原则,非依照共犯处理。

刑法中之所以会使用"间接实行犯"(посредственный исполнитель)的概念,主要是相应刑法规范将属于犯罪客观方面内容的犯罪活动具体化的缘故。俄学者认为,在利用不适格犯罪主体实施犯罪的情形,术语"间接致害犯"(посредственный причинитель)用于对利用者的称谓应当是最恰当的,因为从术语的语义角度看,"致害犯"不仅可以指共同犯罪中的共犯人,也可用于个人犯罪的

---

① Курс советского уголовного права: в 6 т. / редкол.: А. А. Пионтковский, П. С. Ромашкин, В. М. Чхивадзе. М., 1970. Часть Общая. Т. 2: Преступление. С. 471.

② См.: Лучший учебник уголовного права (Общая часть). СПб., 2011. С. 279.

③ См.: Общая часть уголовного права: состояние законодательства и научной мысли / под ред. Н. А. Лопашенко. СПб., 2009. С. 402 – 403 (автор главы《Соучастие в преступлении》—П. В. Агапов); Тарасова Е. В. Освещение института соучастия в новом уголовном законодательстве // Актуальные проблемы правоприменительной практики в связи с принятием нового УК РФ: сб. материалов науч. -практ. конф. Красноярск, 1997. С. 68 – 73; Уголовное право России. Общая часть: учебник. 2-е изд., испр. и доп. / под ред. В. П. Ревина. М., 2010. С. 402–403 (автор главы《Соучастие в преступлении》—Л. Д. Гаухман); Курс уголовного права. Общая часть: учебник для вузов / под ред. Н. Ф. Кузнецовой и И. М. Тяжковой. М., 2002. Т. 1: Учение о преступлении. С. 406–407 (автор главы《Соучастие в преступлении》—В. С. Комиссаров).

行为人。

除了上述关于“间接实行犯”和“间接致害犯”之名称上的术语厘清外，俄学界对于间接致害行为的种类也进行相应探讨。从俄刑法第 33 条第 2 款的规定看，俄现行刑事立法明确了两种间接致害行为：一是利用未成年人实施犯罪；二是利用无刑事责任者实施犯罪。而对于其他间接致害行为，俄现行刑事立法只是给了一个概括性的规定，即“利用……本法典规定的其他情况而不负刑事责任的人实施犯罪”，而这里的“本法典规定的其他情况”则是一个评价性要件，有待于进一步厘清。

在俄罗斯现行刑法中，不负刑事责任的“情形”分别规定在总则各章中，其中包括第 3 章“犯罪的概念和犯罪的种类”中的行为情节显著轻微（第 14 条第 2 款）；第 4 章“应当负刑事责任的人”中的未满法定刑事责任年龄（第 20 条）、无刑事责任能力（第 21 条）；第 5 章“罪过”中的“无罪过致害”（第 28 条）；第 6 章“未完成犯罪”中的“自动中止犯罪”（第 31 条）。此外，《俄罗斯联邦刑法典》第 8 章以整章的篇幅规定了排除行为之犯罪性的情节，共包含六种情形：正当防卫（第 37 条）、拘捕犯罪时造成损害（第 38 条）、紧急避险（第 39 条）、身体或心理受到强制（第 40 条）、正当风险（第 41 条）、执行命令或指令（第 42 条）。

俄学界的共识是，在前述所列不负刑事责任的“情形”中，仅部分“情形”属于俄刑法第 33 条第 2 款规定的评价性要件。至于哪些情形应当归属于第 33 条第 2 款评价性要件内容，俄学界并未达成共识，概言之，可以区分出这样几种立场：（1）间接致害犯实施犯罪可利用的对象可以是未成年人、无刑事责任能力人、因身体或心理受到强制而致害的人，也可以是由于对所实施行为的事实情状产生错误认识的无罪过致害人。① （2）间接致害的情形包括：将无力认识自己行为的实际性质和社会危害性的人，以及因年龄或无刑事责任能力而无法控制自己行为的人当作工具加以利用；利用受欺骗（或陷入错误认识）的行为人；利用身体或心理受强制的行为人；利用执行命令或指令的行为人。② （3）利用有责任能力人的过失行为而致人损害的情形，比如杀人者将药瓶里的药进行了调换，护士没有发现而给病人注射而导致病人死亡的案例。③

有关利用他人过失行为是否属于俄刑法中的“间接致害”问题，有学者持反对立场，即认为此种情形不属于刑法中的间接致害情形。他们认为，俄刑法第 33 条第 2 款中规定的“本法典规定的其他情况”，仅指“身体或心理受到强制”“执行命令或指令”以及“无罪过致害”，因为只有这几种情形与未达到刑事责任年龄和无

---

① Баранков Н. В. Указ. соч. С. 15.

② Луньков Д. А. Посредственное причинение вреда. С. 100–101.

③ Милюков С. Ф. Российское уголовное законодательство：опыт критического анализа. СПб. , 2000. С. 79.

刑事责任能力相当,因而缺乏罪过的意志要素和(或)智力要素而不负刑事责任。①

利用身体或心理受到强制的人而实施的犯罪行为,之所以归属于间接致害的范畴,是因为被利用者缺乏罪过的意志要素。此种情形下的致害人,通常情况下能够意识到自己行为的社会危害性,也明知自己是他人意志的工具,然而由于其身体或心理受到强制而无法按照本人意愿控制自己的行为。俄刑法学意义上的"强制"(принуждение),是指通过非法施加身体或心理上的影响,从而给被害人形成压力,以达到迫使其实施某种行为或不实施某种行为的不法行为。之所以将此种情形下实施的社会危害行为归属于"间接致害"之列,主要是因为身体或心理受到强制的人,并非基于他们自己的个人意愿,而是按照间接致害犯的要求去实施犯罪。②

通过利用执行命令或指令的行为人实施的间接致害行为,其特征是被利用者缺乏罪过的认识因素(或称为"智力因素")。俄刑法第 42 条规定的排除刑事责任根据的前提,是必须具备相应公职人员下达的合法命令。因执行强制命令或指令而致害的行为人,其刑事责任的确定取决于其所执行命令或指令的性质,即取决于其所执行的是合法的、非法的或者是犯罪性质的命令或指令。合法命令指的是在职权范围内、遵守既定形式下达给下属的命令;非法命令是指违反了强制命令其中的一个条件并因此而违反法律的命令。犯罪性质的命令是非法命令的一种,下达此种命令是为了实施俄刑法分则相应条文规定的某种社会危害行为。执行命令或指令的被利用者,其由于职责所在执行职业委托而没有意识到,或者根据当时的事态情状无法意识到其所实施行为的社会危害性,但是,间接致害犯对此是明知的,即其对于执行命令或指令者被自己利用实施犯罪行为是明知的。在间接致害情形下,由于执行命令或指令的行为人对其所实施行为缺乏罪过的意识因素,这也就意味着排除了罪过的意志因素,因为实施犯罪客观方面的行为人,并不知晓间接致害犯的真实意图,因此也就没有意识到或者根据事态情状无法意识到其所实施行为是犯罪的事实。

间接致害还可以通过利用无罪过致害人而得以实现。无罪过致害人其实是处于一种错误认识状态,而此种状态正是由于对自己行为社会危害性的性质、程度以及对犯罪结果的发生缺乏认知而导致的。在间接致害情形下,无罪过致害人陷入错误认识状态的实质特征主要体现为这样一种情状:间接致害犯利用欺骗或滥用信任而故意使无罪过致害人陷入错误认识。"欺骗"一词,我们通常理解为有意识

① 持此种立场的学者有:Шеслер А. В. Уголовно - правовые средства борьбы с групповой преступностью. Красноярск, 1999. С. 60; Козлов А. П. Новое уголовное законодательство по УК РФ 1996 года. Понятие преступления. Соучастие. Назначение наказания. Красноярск, 1997. С. 47。

② Веселов Е. Г. Физическое или психическое принуждение как обстоятельство, исключающее преступность деяния: дис. … канд. юрид. наук. Краснодар, 2002. С. 78.

地歪曲真相或者掩盖事实或真相的行为。俄学者洛帕神科（Н. А. Лопашенко）从犯罪实施手段的角度，认为“欺骗”指的是“从成年人口中说出来的对某事的明显错误性评价，完全可能驱使青少年做出不正确决定，并使其将自己或他人财物交给犯罪人。正是因为前述错误性评价基于某种原因使得被害人深信不疑，所以才使得犯罪人得逞”；[①]“滥用信任”则指的是“犯罪人利用……基于某种原因而在其与被害人之间形成的特殊信任关系”。[②]

可见，无论是利用身体或心理受到强制的人、执行命令或指令的人，还是利用无罪过致害人实施犯罪，其社会危害性与利用未成年人或无责任能力人实施犯罪是相当的，因为此类情形下的间接致害犯，对于被利用者既无罪过的认识因素，也无罪过的意志因素的情状是明知的。因此，完全可以将前述几种情形看作独立的“间接致害”类型。基于此，有俄罗斯学者提出了“间接致害犯”的概念，即“间接致害犯”是通过利用由于年龄、无刑事责任能力、身体或心理受到强制、执行命令或指令、无罪过致害而不负刑事责任的人而实施犯罪的人。

综上，有学者提出应当摒弃俄现行刑法第 33 条中的“间接实行犯”概念，代之以“间接致害犯”的表述。其理由是：间接致害行为既可以适用单个人犯罪的情况，也可以用于共同犯罪情形。间接致害的共犯现象虽然并不多见，但现实生活中还是有可能发生的，比如，两个成年人一起教唆一个未达到刑事责任年龄的人实施犯罪的，其行为就构成共同犯罪，应当按照共犯的处罚原则进行定罪判刑，即两个教唆犯应当按照有预谋团伙实施犯罪的实行犯承担刑事责任。持此种立场的学者建议《俄罗斯联邦刑法典》以单章的形式规定间接致害这种特殊类型的行为，即在俄现行刑法第 7 章之后增加第 7-1 章“特殊致害行为”，在本章项下的第 36-1 条规定：“利用其他因年龄、无刑事责任能力、身体或心理受到强制、执行命令或指令、无罪过致害而不负刑事责任的人实施犯罪的人，是间接致害犯。”[③]

二、过失共同犯罪相关争议问题

根据 1960 年《苏俄刑法典》第 17 条的规定，共同犯罪是指两人以上故意共同参与实施犯罪。此共犯定义引起了学界争议，因为根据此条规定，共同犯罪既可以是故意犯罪，也可以是过失犯罪。[④] 苏联时期著名刑法学家皮昂特科夫斯基（А. А. Пионтковский）为代表的学者则反对过失犯罪可以构成共同犯罪的立场，为了避免学界争议，他们建议将共同犯罪概念界定为“两人以人故意共同参与实施故意犯

① Лопашенко Н. А. Посягательства на собственность：монография. М.，2012.

② Лопашенко Н. А. Посягательства на собственность：монография. М.，2012.

③ Янина И. Ю. О правомерности регламентирования посредственного причинения в рамках главы 7《Соучастие в преступлении》Уголоного кодекса Российской Федерации // Актуальные проблемы российского права. 2016 № 6（67）. С. 170.

④ Шаргородский М. Д. Избранные труды. СПб.，2004. С. 537-538.

罪”。然而,当时的立法者并没有采纳皮氏等学者的建议,因此,关于共同犯罪应当仅是故意犯罪还是包括过失犯罪的争议由来已久,特别是1960年《苏俄刑法典》的施行使得此争议问题成为焦点。

这里应当指出的是,沙俄时代的学者就曾主张,“共同犯罪是故意协助故意实施犯罪。毋庸置疑,过失行为的人可能是犯罪人,但却不可能为他人的共同行为承担责任,也就是说,他可以为自己的过失承担责任,但不能为共同犯罪承担责任”。[①] 沙俄时代著名刑法学者谢尔盖耶夫斯基(Н. Д. Сергеевский)认为,只有当各共同参与人应当并且能够预见后果,但却没有预见的情形下,才可能存在过失共同犯罪,他还对此种情形进行了举例说明:建筑工人们在屋顶施工,工长让工人把屋顶上的圆木扔下去,一个工人叫上另外一位工人帮忙递了根绳子,然后按照工长的命令将圆木从屋顶扔下去,不幸的是正好砸死了一名经过此地的路人。那么,在这起事件中,工长是过失共同犯罪的教唆犯,第一个工人是直接实行犯,第二个工人是帮助犯。[②] 谢氏认为,此事件中的各行为人的行为并不是为了实施犯罪(杀人),因此,并不能认定为共同犯罪。

沙尔戈罗茨基(М. Д. Шаргородский)则是赞同过失共同犯罪的代表学者,他在自己的论著中曾用过这样一个案例来说明过失共同犯罪的存在:甲、乙、丙和丁在不确定下面没有人的情况下,从屋顶抛下了一块胶合板,结果造成了A的死亡。按照沙氏的观点,这几个行为人应当作为过失致人死亡的实行犯承担刑事责任,而如果他们是事先商量好的,那么就要承担杀人的刑事责任。[③] 然而,实际上甲、乙、丙、丁的行为并没有故意杀人的目的,因此,捷尔-阿科鲍夫(Тер-Акопов)在分析此案例时,得出的结论则正好与沙氏的相悖,他认为过失罪过形式的共同犯罪是不可能存在的,此事件中的工人们应当每个人单独承担责任,而不应当以共同犯罪追究其刑事责任。[④]

沙尔戈罗茨基还列举了另外一个过失共同犯罪的事例:甲把一支子弹上膛的手枪留在了桌子上,乙未经检查直接扣动了扳机,结果打死了丙。沙氏认为此种情形下应当追究杀人的刑事责任,即甲、乙应当以共犯身份承担刑事责任。[⑤] 持反对意见的学者认为,按照沙氏的前述逻辑,那么很多类似情形都会被认定为共同犯罪,比如甲不知道手枪里有子弹,而子弹是乙装的,但乙忘了告诉甲的情形,反过来,乙是从丙处拿的子弹,但丙在给子弹时忘了和乙说子弹不是空的,而是实弹的

---

① Конспект по уголовному праву и процессу, составленный по лекциям профессоров Фойницкого, Случевского, Сергеевского и других. Одесса, 1898. С. 94.

② 转引自:Арутюнов А. А. Соучастие в преступлении. М., 2013. С. 23。

③ Шаргородский М. Д. Указ. соч. С. 533, 534.

④ см.: Тер-Акопов А. А. Преступление и проблемы нефизической причинности в уголовном праве. М., 2003. С. 138.

⑤ Шаргородский М. Д. Указ. соч. С. 534.

情形……以此类推。

俄学界在探讨过失是否构成共同犯罪的论争中,还经常会举这样一个案例:甲搭乘乙开的车并怂恿乙在居民区道路上超速行驶,乙听从了甲的建议,结果将行人丙撞成重伤致死。此种情形,乙将依照《俄罗斯联邦刑法典》第264条的规定承担交通肇事罪的刑事责任,而甲对丙的死则无需承担刑事责任,因为在丙的死亡和甲的行为之间没有因果关系。对于此案,主张成立过失共犯的学者则建议将甲的行为认定为教唆行为,即甲与乙成立过失共同犯罪。[①] 此案例实际源于法国法院的司法判例。[②] 然而,有俄学者提出反对意见,认为乙是以自己的行为造成了丙的死亡,那么就是说乙并不是在甲的帮助下造成丙死亡结果的,因此,将甲认定为教唆乙过失致人死亡的教唆犯就是荒谬的,因为甲和乙对于造成丙的死亡这件事上并没有合意。[③]

俄罗斯学界支持过失共同犯罪立场的学者[④]大致可以分为这样两种具体主张:一是直接引入过失共同犯罪制度,即"过失共犯"[⑤];二是建议《俄罗斯联邦刑法典》引入术语"过失致害",其实质内容即是过失共同犯罪。有学者指出,"过失共犯"和"过失致害"并非两个完全等同的概念。"过失共犯"内部存在角色分工,即某些共同参与者不直接参与致害行为,而是为致害活动创造条件,因而与致害结果之间存在因果关系和罪过联系;[⑥]"过失致害"则指的是各共同参与者共同参与实施过失犯罪行为,是过失犯罪的共同实行犯,也就是说在此种过失犯罪中,每个行为人的行为中都含有共同的犯罪构成。

虽然俄学界诸多学者均论及"过失致害"的定义问题,但迄今为止并没有形成

---

① Трайнин А. Специальные вопросы учения о соучастии // Уч. записки ВИЮН. 1940. Вып. 1. С. 32.

② Крылова Н. Е., Серебренникова А. В. Уголовное право зарубежных стран (Англии, США, Франции, Германии). М., 1998. С. 120.

③ Бохан А. П., Петршева Н. В. Соучастие в неосторожном преступлении: миф или реальность? // Lex Russica. 2016 № 5. С. 220.

④ 比如沙俄时代的谢尔盖耶夫斯基、苏联时期的特拉伊宁、当代俄罗斯学者卡兹洛夫等。См.: Сергеевский Н. Д. Русское уголовное право. Часть Общая: пособие к лекциям, 1910; Трайнин А. Н. Некоторые вопросы учения о соучастии // Соц. законность. 1957. № 2; Тайбаков А. Сопричастность при неосторожной форме вины // Законность. 2000. № 6; Козлов А. П. Соучастие: традиции и реальность. СПб., 2001.

⑤ См.: *Колоколов Г.* О соучастии в преступлении (о соучастии вообще и о подстрекательстве в частности). М., 1881.

⑥ Гринберг М. С. Понятие и виды соучастия в неосторожном преступлении // Вестник Омского ун-та. Серия《Право》. 2008. № 2. С. 122.

一个统一的“过失致害”概念。[①] 有学者主张,可以在共犯制度之外构建一个独立的共同犯罪活动类型,其包括故意致害和过失致害两种形式。其中,过失致害的情形包括以下几种情况:(1)两个以上主体过失实施犯罪;(2)一个适格主体与不应当负刑事责任的人共同过失实施社会危害行为;(3)一个适格主体与无罪过行为人一起实施过失犯罪。[②] 因此,有学者建议,“如果几个人相互配合、互相协调地参与一个过失犯罪,并且造成了《俄罗斯联邦刑法典》分则条文规定的某种犯罪结果或者具有某种结果发生的危险,则上述行为人所实施行为应当定性为过失致害。每个致害人依照所实施犯罪的全部犯罪构成予以归罪,其参与犯罪在程度上的区别仅对其责任和刑罚的细化和个别化产生影响”。[③] 俄学者建议将此条规范作为《俄罗斯联邦刑法典》第32条第2款引入俄现行刑事立法,[④]认为这样的界定可以揭示出过失共同致害行为的特征,并可依据此规定将过失致害现象与其他相类似的犯罪行为区分。持反对意见的学者认为,将共同过失致害行为引入《俄罗斯联邦刑法典》第7章是不合逻辑的,因为这样将得出一个毫无根据的结论,即过失致害属于共同犯罪的范畴。因此,他们提出了另外一条解决问题的路径,即对现行俄刑事立法予以修订,增加一个单独的第36-1条来规定过失致害行为,同时将原第7章的名称“共同犯罪”修订为“共同犯罪和其他多数人犯罪”。[⑤]

如果两人以上过失造成严重犯罪后果,则各犯罪人应当依照《俄罗斯联邦刑法典》分则条文,为各自所实施行为进行定罪,那么还有必要在刑事立法中引入过失致害的规范吗?对于此问题,俄罗斯著名刑法学者佳日科娃(И. М. Тяжкова)认为,《俄罗斯联邦刑法典》补充规定过失致害之责任追究程序和条件的条文,具有相当广泛的基础和根据:比如人们生活和活动的各个领域的公共危险的比例和程度、有害后果的严重性和多维性都在不断增加;在科技高度发达的条件下,即使是对既定安全规则存在较小的偏差,都可能会导致各种机制与技术工艺运行进程中产生

---

① Галиакбаров Р. Р. Квалификация многосубъектных преступлений без признаков соучастия. Хабаровск. 1987. С. 67; *Харитонова И. Р.* Неосторожное сопричинение в советском уголовном праве: автореф. дис. … канд. юрид. наук. Свердловск. 1985. С. 7 – 10; *Нерсесян В. А.* Ответственность за неосторожные преступные деяния в свете научно-технической революции: автореф. дис. … канд. юрид. наук. М., 1983. С. 19; *Епифанова Е. В.* Становление и развитие института соучастия в преступлении в России. Краснодар, 2003. С. 206-212.

② Савельев Д. Легализовать ответственность за групповой способ совершения преступления // Российская юстиция. 2001. № 12. С. 49-50.

③ Нерсесян В. Уголовная ответственность сопричинителей вреда по неосторожности // Российская юстиция. 1999. № 10 С. 23.

④ 《俄罗斯联邦刑法典》第32条规定的是共同犯罪的概念,即“两人以上故意共同参与实施故意犯罪,是共同犯罪”。

⑤ Бохан А. П., Петршева Н. В. Соучастие в неосторожном преступлении: миф или реальность? // Lex Russica. 2016 № 5. С. 221.

严重偏离。[①] 持反对意见的学者则认为,前述情形中行为人的行为属单个人行为,并非与他人行为之间存在着相互协调的因素,因此应当对这些人的行为进行单独的刑事法律评价,即所有行为人都应当为所发生的社会危害后果承担刑事责任。[②] 持此种主张的学者举过这样的案例,以佐证自己的观点:警卫室中的甲开启了自动步枪并且装上了子弹,他打开了枪支保险并且开始和乙开玩笑,将枪瞄准乙。丙走进警卫室,继续开玩笑说,他现在要打死乙,丙以为自动步枪没有开启保险,所以他突然扣动了甲手里指向乙的枪的扳机,结果造成了乙的重伤。[③] 本案中,甲和丙的行为都构成俄刑法第 349 条规定的违反武器管理规则罪,但应当对两个人的行为进行单独的刑事法律评价,而与乙重伤结果之间存在因果关系的行为应当是丙扣动扳机的举动。

俄著名刑法学者卡兹洛夫不赞同构建"过失共同致害"的刑法规范,他倾向于将此种现象定性为过失共犯,与此同时,此学者也不赞同俄现行刑法典关于共同犯罪概念界定中两次使用术语"故意"。[④] 卡氏主张将过失共犯的理念引入俄刑法的共同犯罪概念当中,即将现行刑事立法第 32 条规定的共同犯罪概念"两人以上故意共同参与实施故意犯罪,是共同犯罪"修订为"两人以上有罪过共同实施犯罪,是共同犯罪",即删除"参与"和"故意犯罪"中的"故意",同时将"故意共同……实施"中的"故意"修订为"有罪过"。[⑤]

佳日科娃教授认为,"从理论角度,此种情形下的共犯制度应当是模糊的和缺乏定型性特征的,因此,要想对此种制度确定明确的标准是不可能实现的;从实践角度看,若干人共同故意行为具有较严重的社会危害性,而过失行为的社会危害性与前者之间并没有什么显著的区别",[⑥]即佳氏是赞同过失共同犯罪制度的,但她却没有直接使用"过失共犯"的概念,而是称其为"过失共同致害"。很显然,佳日科娃教授虽然对过失共同犯罪的说法持反对意见,但她所提出的"过失共同致害"的根据,则正是从过失共犯的立场进行阐述的,因此,佳日科娃所主张的"过失共同致害"并非某种新的刑法制度,其实质当属过失共犯。

俄学界反对过失共犯立场的学者[⑦]认为,过失共犯的主张不仅不具有实践意

---

① Тяжкова И. М. Неосторожные преступления с использованием источников повышенной опасности. СПб. , 2002. С. 57-58.

② Арутюнов А. А. Указ. соч. С. 38.

③ Тер-Акопов А. А. Преступление и проблемы нефизической причинности в уголовном праве. М. , 2003. С. 336.

④ Козлов А. П. Соучастие. Традиции и реальность. СПб. , 2001. С. 19-20, 75-76.

⑤ Козлов А. П. Указ. соч. С. 76.

⑥ Тяжкова И. М. Указ. соч. С. 54.

⑦ 其代表学者及论著参见 Тельнов П. Ф. Ответственность за соучастие в преступлении. М. , 1974; Иванов Н. Г. Понятие и формы соучастия в советском уголовном праве. Онтологический аспект. Саратов, 1991。

义，而且有扩大犯罪圈的危险。[①] 事实上，基于共犯的共同责任，共同参与犯罪的每一个人不仅对自己负责，而且对所有其他人的活动负责，这意味着共同参与犯罪的每一个人都对犯罪作出自己的“贡献”。然而，若《俄罗斯联邦刑法典》分则条文并未将此“贡献”作为独立犯罪予以规定，则这些“贡献”以要素总和的方式成为引起犯罪后果发生的具体条件。与此同时，如果行为人所实施的活动并非俄刑法分则具体犯罪构成所涵盖内容，则依照定罪规则不能追究此行为的刑事责任，当然，前述假定是以犯罪行为不构成共犯为前提的。在共同实施过失犯罪的情况下，处罚的应当是单独行事的违法者，毕竟，他们每个人都有义务采取措施，以防止社会危害后果的发生。因此，无需针对“过失共同致害者”行为的定罪构建专门规则。[②]

综上，俄罗斯刑法总则只规定了两人以上共同故意犯罪的共犯类型，对于共同过失致害行为的属性并没有明确规定，因此，俄学界对于过失犯罪是否可以构成共同犯罪的问题存在肯定说和否定两种对立立场。

值得关注的是，俄立法机关于 2014 年 2 月 3 日出台的第 15 号《联邦法律》，对《俄罗斯联邦刑法典》进行了修订，新增了第 263-1 条“违反交通安全要求罪”。[③] 此条第 1 款规定了因未遵守交通设施和交通工具的运输安全要求，从而过失造成严重损害人员健康或者造成巨大损失的行为；第 2 款规定的是负有保障交通设施和交通工具之运输安全的行为人，因未履行保障职责而导致严重损害人员健康或造成巨大损失行为的刑事责任；第 3 款则将前两款行为中“有预谋团伙实施的或者过失致人死亡”的情形，规定为本罪的加重责任构成要件；第 4 款规定，若第 1、2 款行为是有组织团伙实施的或者过失致两人以上死亡的，则适用此罪的特别加重责任构成要件。

从《俄罗斯联邦刑法典》新增的第 263-1 条规定的内容来看，此罪的主观方面罪过为过失，然而，本条第 3 款和第 4 款则分别将“有预谋团伙”和“有组织团伙”这两种特别共犯形式作为加重责任的犯罪构成予以规定，也就是说，俄刑法分则第 263-1 条第 3、4 款罪状中明确地规定了共同过失犯罪的刑事责任。申言之，虽然俄现行刑事立法规定的共同犯罪概念是“二人以人故意共同实施故意犯罪”，即仅承认故意犯罪可以构成共同犯罪，排除了过失犯罪成立共同犯罪的可能性，但俄刑法分则第 263-1 条的规定却明确认可了共同过失犯罪的立法存在。此种情形与我国刑法有关交通肇事罪共犯的认定有异曲同工之处。根据我国刑法规定，共同犯罪也只限于故意犯罪范畴，不承认共同过失犯罪，但《最高人民法院关于审理交通肇事刑事案件具体应用法律若干问题的解释》第 5 条第 2 款规定，“交通肇事后，单

---

① Ковалев М. И. Соучастие в преступлении. Екатеринбург, 1999. С. 23.

② Бабий Н. А. Множественность лиц в преступлении и проблемы учения о соучастии. М., 2013. С. 590.

③ 此条规定于 2014 年 7 月 5 日开始生效。URL：http://www.pravo.gov.ru.

位主管人员、机动车辆所有人、承包人或者乘车人指使肇事人逃逸，致使被害人因得不到救助而死亡的，以交通肇事罪的共犯论处”。根据我国现行刑事立法规定，交通肇事罪是典型的过失犯罪，但此司法解释规定了此罪的共犯形式。此条司法解释是基于打击交通肇事犯罪的实践需要的特别规定。

三、俄罗斯共犯制度法律属性相关论争

俄罗斯刑法学界在共犯制度法律属性界定上，相继引入“共犯从属性说”和“共犯责任独立性说”，并且在此两种学说基础上创造性地提出了“共犯责任混合说”的主张。俄罗斯现行刑法关于共犯制度的规定非常具体，其体现于《俄罗斯联邦刑法典》第7章关于共犯制度的专章规定（第32条至第36条[①]），而且还见诸总则其他条款（第31条第4、5款[②]，第63条第1款第3、4项[③]，第67条[④]）以及分则诸多条款有关共犯责任的相应立法规定[⑤]。俄司法实务中对共犯责任的追究，以其现行刑事立法的规定为依托，兼采“共犯从属性说”和“共犯责任独立性说”，在不断纠偏过程中逐渐趋向完善。

（一）共犯制度法律属性相关争议问题

各国刑法学家于19世纪初便开始了共犯制度的研究，其研究范围涉及共犯的概念和构成要件、共犯形式及种类、各共犯人的类别化特点及其相应刑事责任问题，其中便包括共犯的法律属性问题。俄罗斯学界关于共犯法律属性研究的论著很多，其立场也各不相同，因此，迄今为止俄罗斯学界在共犯制度法律属性方面的争议依然存在，其学说立场大体可以分为四种：共犯从属性说、共犯责任独立性说和共犯责任混合说、通说立场。[⑥]

1. 共犯从属性说（акцессрная теория соучастия）。俄学界一般认为，共犯从属性说的发源地是英美法系国家，即此说是英美法系的代表学者于中世纪时最先提

---

① 《俄罗斯联邦刑法典》第32条规定的是“共同犯罪的概念”、第33条（共5款）规定的是“共同犯罪人的种类”、第34条（共5款）规定的是“共同犯罪人的责任”、第35条（共7款）规定的是“团伙、有预谋团伙、有组织团伙或犯罪集团（犯罪组织）实施的犯罪”、第36条规定的是“实行犯过限行为”。

② 第31条第4、5款规定的是组织犯、教唆犯、帮助犯自动中止行为的刑事责任和量刑规则。

③ 第63条第1款第3项规定的是有关“参加团伙、有预谋团伙、有组织团伙或犯罪集团（犯罪组织）实施犯罪”作为加重处罚的法定情节；第4项规定的是将“犯罪中起特别积极作用”的情节（共同犯罪中积极参加者的行为）作为加重刑罚的法定情节。

④ 第67条规定的是共同犯罪的量刑规则，包括两款规定。

⑤ 根据俄罗斯现行刑事立法的规定，“团伙”“有预谋团伙”“有组织团伙”“犯罪集团”在分则诸多具体犯罪罪状中，是作为法定加重责任要件予以规定的。这些罪名主要涉及侵犯财产型犯罪、侵害人身型犯罪、经济领域犯罪等。

⑥ См.：Познышев С. В. Основные начала науки уголовного права. Общая часть уголовного права. М.，1912. С. 373-378；Хейфец И. Я. Подстрекательство к преступлению. М.，1914. С. 1-18；Ермакова Л. Д. Понятие соучастия // Энциклопедия уголовного права. Т. 6：Соучастие в преступлении. СПб.，2007. С. 13-21.

出来的,并且于18世纪末法国民主变革的社会背景下,被彼时的刑事古典学派予以继承和发展。此派学者一般认为,共犯从属性说的立论原则包括两个方面:第一,如果不对实行犯定罪处刑,便不可能追究其他共犯人的刑事责任;第二,对于其他共犯人的定罪处刑,所依照的立法规范,不仅限于追究实行犯刑事责任的条文。[①]申言之,根据共犯从属性说的立场,组织犯、教唆犯、帮助犯作为其他共犯人,对其行为的评价应当从属于实行犯行为的定性。也就是说,共犯从属性说中的"从属"是行为从属,而不是定罪从属。此共犯从属性说在俄国十月革命前的俄罗斯帝国时代,被称为"旧派"或者"通说"。[②]

共犯从属性说实际上对于追究刑事责任根据的范畴予以一定程度的限缩,这相较此说产生之初所处的封建社会背景下盛行的过于宽泛的责任根据而言,无疑是相当进步的理论学说。然而,根据此说,若实行犯因某种法定事由而被免予刑事责任,便无从对其他共犯人定罪处刑,这显然是与公平正义理念的原则相背离的。为了克服此说的前述缺陷,共犯从属性说在其后续的演进过程中逐渐从"极端从属说"发展至"限制从属说"。就目前各国刑法现状而言,即使是历来坚持"严格从属说"的英国,其"从属"特性也呈现出逐渐弱化的发展态势。[③]

在一般情形下,世界各国刑法学论著中所提及的共犯从属性说中的"从属",均意指共犯"整体性从属"。然而,与前述立场有所不同的是,俄刑法学界的共犯从属说中的"从属",有时指的却是"部分性从属"。例如,俄罗斯帝国时代著名刑法学者塔甘采夫教授,在其论著中所提及的"共犯从属"指的就只是帮助犯的从属性,而不是共犯整体的从属。塔甘采夫教授指出,只有在共犯人所预期的行为开始实施的情况下,才可能存在帮助犯的从属性问题,[④]即如果根本就不存在实行犯的行为,那么实行犯对帮助犯刑事责任的影响便无从谈起。然而,令人遗憾的是,塔甘采夫教授在其论著中并没有阐释其限缩"从属性"概念的根据[⑤]。虽然根据《俄罗斯联邦刑法典》的规定,实行犯的共同实行行为当然构成共同犯罪(俄刑法第33条第2款),但俄学界一般认为,在共同实行犯情形下根本不可能存在"从属性"问题。因为共同实施犯罪的情况下各共犯人均是某一特定犯罪客观方面的实施者,所以各

---

① См.: Есаков Г. А. Англо-американское уголовное право: эволюция и современное состояние Общей части. М., 2007. С. 673-674; Наумов А. В. Российское уголовное право: курс лекций. Т. 1. М., 2007. С. 464; Флетчер Дж., Наумов А. В. Основные концепции современного уголовного права. М., 1998. С. 462; Шаргородский М. Д. Некоторые вопросы общего учения о соучастии // Шаргородский М. Д. Избранные труды. СПб., 2004. С. 527.

② См.: Познышев С. В. Указ. соч. С. 373; Хейфец И. Я. Указ. соч. С. 2.

③ См.: Есаков Г. А. Указ. соч. С. 702.

④ См.: Таганцев Н. С. Курс русского уголовного права. Часть Общая. Кн. 1: Учение о преступлении. СПб., 1880. С. 61.

⑤ 其后的俄罗斯学界在论及共犯从属性理论时,指的也往往不是共犯制度的整体从属性,而是特指教唆犯、帮助犯和组织犯的"从属"。

个实行犯之间并不存在法律属性意义上的相互从属①。

若以俄罗斯刑法学界有关共犯从属性说的发展历程作为考查路径，则可以概括出此说在俄罗斯的大体演变进程。苏联时期，基于意识形态等方面的原因，共犯从属性说通常被看作资本主义国家的法律学说，因此共犯从属性说在当时往往成为被批驳的对象。② 根据彼时学界通说，从共犯从属性说的立场追究其他各共犯人的刑事责任，依据的并非各共犯人个人所实施的行为，而是实行犯的行为。显然，这很容易导致客观归罪，与此同时，也违背了责任自负原则。③ 毋庸置疑，前述共犯从属性说的立场在今天看来，的确过于绝对。同时值得关注的是，当代世界各国刑法理论中的共犯从属性说中的"从属性"，指的并非中世纪时期英国所盛行的"极端从属"，而是限制从属，即实行犯与其他各共犯人之间并不是严格意义上的"依赖"关系，前者的行为对其他各共犯人刑事责任的追究只是产生一定影响。与此同时，从当前世界各国共犯制度的发展现状看，很多主张共犯从属性说的国家，同时也认可共犯个人责任原则的存在。目前许多国家刑法规定的共犯责任原则中均有这样一条不成文的规则存在：即使是实行犯行为缺位的情形，仍然可以追究其他共犯人的刑事责任。

苏联解体后，当代俄罗斯刑法界普遍认可共犯从属性说在解决共犯责任问题方面的合理性，并进而将此说适用于其现行刑事立法所规定的共犯制度中。④ 因此，当代俄罗斯联邦刑事立法在共犯制度的规定中的诸多规范都体现着共犯从属性说的立场。例如，根据《俄罗斯联邦刑法典》的规定，如果实行犯由于其意志以外原因而没能将犯罪进行到底，则其他共犯人也与实行犯一样，应当承担犯罪预备或犯罪未遂的刑事责任（俄刑法第 34 条第 5 款），而且共同犯罪的时间和地点，均按照实行犯所实施犯罪行为的时间和地点进行认定。如果前述情况下的实行犯所实施的行为属犯罪预备，并且该预备犯罪活动又不是重罪或特别重罪，那么，其他各共犯人均从属于实行犯而免予追究刑事责任（俄刑法第 30 条第 2 款⑤）。由此可见，俄罗斯现行刑事立法有关共犯制度的规定，在一定程度上遵循着共犯从属性理论。

2. 共犯责任独立性说（теория самостоятельной ответственности соучастников）。

---

① 俄学界所论及的"共犯从属性说"指的并不是共犯制度的整体从属，而仅指教唆犯、组织犯和帮助犯的"从属"。См.：Клименко Ю. А. О юридической природе соучастия в преступлении // Актуальные проблемы российского права № 4. С. 139.

② См.：Гришаев П. И.，Кригер Г. А. Соучастие по уголовному праву. М.，1959. С. 172-173.

③ См.：Шаргородский М. Д. Указ. соч. С. 529.

④ 共犯从属性说的代表学者有科瓦缪夫（М. И. Ковалев）、纳乌莫夫（А. В. Наумов）教授等俄罗斯当代著名刑法学者。См.：Ковалёв М. И. Указ. соч. С. 13；Наумов А. В. Указ. соч. С. 464.

⑤ 《俄罗斯联邦刑法典》第 30 条第 2 款规定："只有对严重犯罪和特别严重犯罪的犯罪预备，才追究刑事责任"。

此说起源于大陆法系，其主要立场是各共犯人刑事责任的追究应当独立于实行犯，即共同犯罪是体现个人独立性责任的一种犯罪活动。有俄罗斯学者将其称为“共犯中间理论”，即持此说的学者一方面认可共犯学说存在的合理性，另一方面又认为其他各共犯人承担责任的根据应当是个人责任原则。[①] 当代俄罗斯刑法学界的多数学者都赞同共犯责任独立性说。[②] 他们认为，之所以追究各共犯人的刑事责任，主要是因为其中每个共犯人的行为中包含了刑法总则规定的法定要件，并且这些要件与刑法分则相应规范共同构建了组织行为、教唆行为或帮助行为的特别构成。[③]

《俄罗斯联邦刑法典》在共犯制度的规定中，诸多具体规范均体现了共犯责任独立性说的立场，例如，“共犯人的责任由每个共犯人实际参与犯罪的性质和程度决定”（俄罗斯联邦刑法第 34 条第 1 款）。此外，俄现行刑法第 36 条有关实行犯过限的立法规范，也同样体现着共犯责任独立性学说的理念，即其他共犯人对于实行犯超出共谋范围的行为不负刑事责任。同样，《俄罗斯联邦刑法典》关于犯罪中止的立法规定，也体现着共犯责任独立性原则，即如果组织犯和教唆犯及时向权力机关报告或者采取其他措施成功阻止实行犯将犯罪进行到底，则不负刑事责任；如果帮助犯采取了他能采取的一切措施以阻止犯罪的实施，则不负刑事责任（俄刑法第 31 条第 4 款）。显然，上述两种情形下其他各共犯人刑事责任的免除，并非依赖于对实行犯行为的刑事法律评价。另外，俄现行刑法还规定，教唆未遂的情况按照犯罪预备处理，[④]这就是说，即使实行犯的实行行为缺失，也同样可以单独追究教唆犯的刑事责任，此即共犯独立性说的又一种体现形式。

3. 共犯责任混合说（смешанная теория ответственности соучастников）。俄学界在共犯制度法律属性研究过程中，又提出了另外一种折中立场——共犯责任混合说。该说代表学者是阿韦季相（С. С. Аветисян）。[⑤] 阿氏认为，由于源于不同学说的各种法律制度实际上都体现于现实的刑事法律和其他理念的要素之中，因此有必要在前述两学说的最合理要件基础之上，创立共犯责任混合说。依阿氏说法，构建混合说的目的是“能够确定这样一些最低限度的根据（必要且充足的条件），并且在不同共犯形式下，以及实行犯所实施的各种不同犯罪活动中，依此根据

① См.：Хейфец И. Я. Указ. соч. С. 15.

② См.：Шаргородский М. Д. Указ. соч. С. 527；Гришаев П. И.，Кригер Г. А. Указ. соч. С. 172-173；Тельнов П. Ф. Ответственность за соучастие в преступлении. М.，1974. С. 139 - 140；Бурчак Ф. Г. Соучастие：социальные，криминологические и правовые проблемы. К.，1986. С. 158.

③ См.：Шнейдер М. А. Соучастие в преступлении. М.，1962. С. 40.

④ 根据俄刑法第 34 条第 5 款后半部的规定，“由于意志以外原因而未能成功怂恿他人实施犯罪的人，应当承担预备犯罪的刑事责任”。

⑤ См.：Аветисян С. С. Соучастие в преступлениях со специальным составом. М.，2004. С. 21.

来确定各共犯人的刑事责任”。[①] 此说的立论根据体现为四个方面。

其一，此说“并非为共犯刑事责任的追究建构补充根据，共犯人刑事责任的唯一根据是其行为中具备相应的犯罪构成要件”。

其二，此说“要求不断地识别和统计刑法学以及立法实践和执法活动中所有共犯理论的适格要件”。

其三，此说“在赋予共犯人责任独立性和个别化特性的同时，可以最大限度地统计出特定情形下各共犯人责任之于实行犯活动和责任的依附程度，各共犯人的责任具有独立性并且不取决于其他共犯人的责任”。

其四，“混合说有关共犯人责任之显著特征的统计，能够有效促进对团伙犯罪的打击”。[②]

俄刑法学界质疑阿氏所提出的“共犯责任混合说”并且指出，“共犯责任混合说”立论根据的第一、二点也是其他共犯责任理论所共有的，而非混合说所特有；第三点既主张共犯人责任的独立性，又认同其从属性，所以此点立论本身就是一个矛盾体；第四点立论只是说运用此说可以有效打击团伙犯罪，但并未阐述其如何实现对团伙犯罪的打击。基于此，持反对立场的学者认为，“共犯责任混合说”存在其自身所无法克服的矛盾。

4. 通说立场。俄学界绝大多数学者认为，当代世界各国刑事立法所规定的共犯制度模式，一般情况下呈组合性发展路径，在各共犯人责任构成要件结构中，既有共犯独立性要件的体现，也有各共犯人之于实行犯责任的从属性特征。因此，仅就共犯责任的法律属性而言，共犯制度的立法规范呈现出混合性样态，即有的共犯责任规范体现从属性特征，而有的共犯责任规范则呈现独立特性。与此同时，在此两类规范中，其中的每一条规范所体现的责任属性均呈现同一性特征，而不是并存“从属”与“独立”属性的混合性法律特征。换言之，共犯制度中的每条责任规范均不具有前述阿氏所提出的“共犯责任混合说”中所呈现的所谓的“混合”“双重”属性。

可见，根据俄通说立场，共犯制度整体的法律属性是具有独立性和从属性之双重特性的，但此种“双重”性并非同时体现于同一个立法规范中，而是分别蕴含于各个不同的共犯制度责任规范之内。《俄罗斯联邦刑法典》关于共犯制度的规定，既体现于总则规范，也相应地分布于分则规定。在这些有关共犯制度的立法规范中，有的体现着共犯责任的从属特性，有的则是共犯责任独立属性的反映。无论是共犯责任从属性理论，还是共犯责任独立性说，其实质上是分析共犯制度之责任构造的一种思维模式。若想深入探讨共犯责任的实然根据，则其分析的载体应当是俄现行刑事立法规范所规定的共犯制度本身，而不是某种抽象理论学说。

---

① См.: Аветисян С. С. Соучастие в преступлениях со специальным составом. М., 2004. С. 23.

② 同上注，第 29–31 页。

（二）共犯法律属性的立法展开

1. 共犯从属性说的立法展开。共犯从属性说的实质，主要体现为：其他共犯人（组织犯、教唆犯和帮助犯）相较于实行犯而言，通常处于次要共犯的地位。因此，前者（组织犯、教唆犯和帮助犯）所实施犯罪行为的刑事法律评价，在很大程度上要从属于对后者（实行犯）行为（作为或不作为）的定性。共犯责任从属性说的理念主要体现于俄刑事立法与司法实践中的以下三个方面。

（1）组织犯、教唆犯和帮助犯的行为，依照本法典分则有关实行犯行为（作为或不作为）定罪的条款，并援引本法典第 33 条规定①予以定罪（俄刑法第 34 条第 3 款），此即其他共犯人行为之定性从属于实行犯的立法实例。此项立法规则的适用仅存在以下两种例外情形。

第一，如果其中一个共犯人的年龄没有达到分则具体罪名所要求的适格主体的责任年龄，则可以对此共犯人适用刑法分则规定的其他相应罪名定罪处罚。比如，甲是一个已满 14 周岁不满 16 周岁的行为人，他在侵害执法部门工作人员的犯罪活动中对犯罪行为的实施提供了帮助，但是《俄罗斯联邦刑法典》第 317 条规定的"侵害执法部门工作人员罪"的适格主体应当年满 16 周岁，那么，在此种情况下，作为犯罪活动帮助犯的甲的行为定性则只能依照《俄罗斯联邦刑法典》第 33 条第 5 款、第 105 条第 2 款的规定，认定为故意杀人罪的帮助犯，而本案中其他直接参与犯罪活动的共犯人（其中包括实行犯），作为此罪的适格主体，则应依照第 317 条规定的侵害执法部门工作人员罪追究刑事责任。

第二，实行犯所实施行为的客观要件不是（或不完全是）其他共犯人故意内容的情况。比如《俄罗斯联邦刑法典》第 36 条规定的实行过限，其他各共犯人便不应当对实行犯的过限行为承担刑事责任。

（2）若实行犯所实施的行为中含有加重责任构成要件的情况，则此加重责任构成可以归责于作为其他共犯人的组织犯、教唆犯和帮助犯。当然，此种情况下对于其他共犯人应当遵循主观归罪原则②，即此处的加重责任要件必须是其他各共犯人的故意内容。我们以俄罗斯司法实践中的腐败贿赂犯罪为例，俄最高法院于 2013 年 7 月 9 日针对腐败贿赂共犯行为的定性问题专门施行了《关于贿赂和其他腐败犯罪案件司法实践》第 24 号全体会议《决议》。根据《决议》第 20 条规定，"如果贿赂罪或商业贿买罪中含有更高社会危害性特征的加重责任构成要件（伴有敲诈勒索行为，有预谋团伙或有组织团伙实施的行为，受贿数额较大、数额巨大或者数额

---

① 其例外是当共犯人同时又是犯罪的共同实行犯的情况。这种情况根据俄刑法第 34 条第 2 款的规定，共同实行犯依照本法典分则条款所规定的其共同实施的犯罪承担刑事责任，不得援引俄刑法第 33 条的规定。

② 俄罗斯刑法中的"主观归罪原则"是相对于"客观归罪"而言的，指的是在对行为进行客观归责过程中，必须考虑行为人的主观罪过因素，即"无罪过则无犯罪"。

特别巨大等），并且如果这些加重责任情节属于各共犯人故意的内容，则应当在对此类犯罪共犯人的行为进行法律评价时予以考虑”。申言之，如果贿赂案件中的其他共犯人对实行犯所实施行为中含有加重责任要件的情况是明知的，则此加重责任构成要件也应当归责于其他共犯人。

俄刑法学界关于专属于实行犯个人身份所特有的加重责任构成要件，是否可以归责于其他共犯人的问题，并没有达成一致意见。[①] 俄司法实务相对于此类案件的处理同样存在互相冲突的情况。俄最高法院于 2000 年 2 月 10 日颁行的关于贿赂和商业贿买案件司法实践第 6 号全体会议《决议》[②]第 17 条规定：“担任俄罗斯联邦政府职务或者俄罗斯联邦各主体政府职务的人以及地方自治机关的首脑所实施的受贿案件，共同参与犯罪实施的组织犯、教唆犯和帮助犯，作为此类案件中的共同犯罪人，依照俄联邦刑法第 33 条、第 290 条第 3 款的规定承担刑事责任。”而《俄罗斯联邦刑法典》第 290 条第 3 款规定的正是该罪的加重责任构成要件。然而，前述《决议》第 18 条又规定“在对共犯人行为定罪时，不应当采用其他共犯人人身所特有的那些情节”。由此可见，该《决议》第 17 条和第 18 条的规定是相互矛盾的。然而令人遗憾的是，在前述第 6 号《决议》失效而俄最高法院于 2013 年 7 月 9 日重新出台且正在生效的《关于贿赂和其他腐败犯罪案件司法实践》第 24 号全体会议《决议》却没有对前述问题予以明确。

虽然俄罗斯所出台的司法解释中并没有对所探讨的问题予以明确回应，但从俄现行刑事立法的角度看，立法机关不仅容许，而且明确规定：在此类案件中对其他共犯人定罪时，必须考虑实行犯作为特殊主体所特有的、具有刑法意义的个人身份特征。基于《俄罗斯联邦刑法典》第 34 条第 4 款规定的内容[③]，对于此类共同犯罪案件中组织犯、教唆犯和帮助犯予以归责时，必须适用实行犯所特有的加重责任构成件是不存在任何立法障碍的。当然，这些加重责任构成要件适用的前提，是它应当是其他共犯人故意所涵盖的内容，也就是说，其他各共犯人对实行犯之作为责任加重构成要件的特殊身份是知情的。申言之，实行犯作为刑法规定的特殊主体，其所独有的身份特征是特定犯罪的加重责任构成要件的情况，如果所实施的犯罪行为属于共同犯罪的范畴，则参与犯罪活动的其他共犯人的定罪应当依照《俄罗斯联邦刑法典》第 34 条第 4 款的规定。

（3）如果实行犯由于意志以外的原因而未将犯罪实施完毕，则其他各共犯人应当承担犯罪预备或犯罪未遂的刑事责任（《俄罗斯联邦刑法典》第 34 条第 5 款）。

---

① Обзор точек зрения по этому вопросу см.：Осокин Р. Б.，Курсаев А. В. Влияние смягчающих или отягчающих наказание обстоятельств，относящихся к личности исполнителя，на ответственность других соучастников // Российский следователь. 2011. № 8. С. 15–18.

② 此全体会议决议目前已失效。

③ 《俄罗斯联邦刑法典》第 34 条第 4 款规定：“不是本法典分则相应条款专门规定的特殊主体的人，参与实施该条款所规定犯罪的，应该作为该犯罪的组织犯、教唆犯或帮助犯对该犯罪承担刑事责任。”

也就是说,此种情况下的其他各共犯人的定罪,应当同时援引《俄罗斯联邦刑法典》第 30 条第 1 款(预备犯罪)或第 3 款(犯罪未遂)以及第 33 条(共犯人的种类)的规定。根据俄刑法学界的通说立场,在实行犯未遂的刑事案件中,对于其他共犯人刑事责任的追究,应当先明确其在共同犯罪中的分工(《俄罗斯联邦刑法典》第 33 条规定的各类共犯人),然后再援引犯罪预备(或犯罪未遂)的总则规定和相应具体罪名的分则规范。

可见,共犯从属性说在俄刑事立法及司法实践中均有所体现,并且俄学界及司法实务界人士均采用的是"限制从属说"的立场,同时坚持主、客观相统一原则,即在对其他各共犯人(组织犯、教唆犯、帮助犯)的行为进行定性时,均采用的是行为从属原则,而不是定罪从属原则,并且各共犯人对于实行犯行为从属的前提是,其从属之内容应当是各共犯人的故意内容。

2. 共犯独立性说的立法展开。共犯独立性说在俄刑事立法中最明确的体现是《俄罗斯联邦刑法典》第 34 条第 1 款的规定,即"共同犯罪人的责任,由每一共同犯罪人实际参与犯罪的性质和程度决定"。

(1)根据主观归罪原则,各共犯人的归责应当以其故意内容为限,这便剔除了各共犯人故意内容以外的犯罪构成要件归责于该共犯的可能性,这便是共犯责任独立性说的根本体现。正如俄罗斯《地方军事法院一审刑事案件审理评估报告》中所指出的:"只有在共犯人故意内容之内的犯罪构成加重责任要件,才可归责于此共犯人。"[①]

俄某军事法院判处 A 和 B 犯雇凶杀人罪,是具有"有预谋团伙"加重责任构成要件的故意杀人,并且 A 还构成此罪的帮助犯。该军事法院认定的事实为:企业家 B 想要摆脱自己的合作伙伴 C,因此,B 请 A 找人杀害 C 并为此支付酬金。A 找到自己的熟人 D 去实施雇凶杀人计划,并提供了被害人 C 的照片、家庭住址、工作单位地址、车牌号等信息。D 之后又私下找到 E 并且与 E 联手杀害了 C。俄最高法院军事审判委员会则否定了 A 和 B 故意杀人罪中作为加重责任要件的"有预谋团伙实施"的情节,其理由是 A 和 B 都只教唆的是一个人(B 教唆的 A,而 A 教唆的 D),并且此案没有证据证明 A 协助实施了有预谋团伙[②]的故意杀人行为。[③]

在该案审理过程中,俄最高法院排除 A 和 B 所犯故意杀人罪中"有预谋团伙"

---

① Обзор качества рассмотрения окружными (флотскими) военными судами уголовных дел по первой инстанции, утвержденный постановлением Президиума Верховного Суда Российской Федерации от 26 января 2005 года.

② 这里需要说明的是,根据俄罗斯现行刑事立法的规定,"有预谋团伙"应当是由两个或两个以上实行犯共同参与实施犯罪的情况。

③ Определение Военной коллегии Верховного Суда Российской Федерации № 4014/03 [Обзор качества рассмотрения окружными (флотскими) военными судами уголовных дел по первой инстанции // СПС《Консультант Плюс》].

加重责任构成要件的根据是,该加重责任构成要件并不是前述二教唆犯的主观故意内容。因此,本案中只有 D 和 E 具备故意杀人罪的加重责任构成要件,即以“有预谋团伙”的方式实施本罪。可见,俄最高法院在此案的审理过程中适用的是“共犯独立性说”原则,即本案的实行犯具备“有预谋团伙”的加重责任要件,但 A、B 作为本案的教唆犯,由于其主观方面的故意内容中并不包含以“有预谋团伙”实施犯罪方面的认知,因此根据主观归罪原则,实行犯所具有的“有预谋团伙”之加重责任要件,不应当归责于作为教唆犯的 A 和 B。当然,如果本案中实行犯的行为要件属于其他共犯人的认识范畴,那么对其他共犯人的定性就应当适用“共犯从属性说”;反之,则应当采用“共犯独立性说”。这足以说明俄司法实务中共犯责任的认定,适用的是“共犯从属性说”和“共犯独立性说”二择其一路径。

(2)实行犯过限,即实行犯实施不属于其他共犯人故意之内的犯罪,则组织犯、教唆犯和帮助犯罪不负刑事责任(《俄罗斯联邦刑法典》第 36 条),此条内容是共犯独立性说的另一立法体现。俄学界与司法实务界均认可的是:实行犯过限可能体现于各种不同形式的共同犯罪中,即在俄刑事立法明确规定的各个特殊共犯——团伙、有预计团伙、有组织团伙,甚至于犯罪集团所实施的犯罪中,都可能会有实行犯过限现象的发生。实行过限的责任只能由实行犯本人承担,其他共犯人只对该共犯人故意之内的行为承担刑事责任。

(3)实行犯刑事责任的免除并不当然影响其他共犯人行为的定性,此即“共犯独立性说”另外一种体现。根据俄最高法院 2013 年的《关于法院适用有关刑事责任免除根据和程序规定的立法适用》第 19 号全体会议《决议》所作的司法解释,“免除行为人的刑事责任,其中包括俄罗斯联邦刑法分则相应条款附注中特别规定的情形,并非意味着行为人的行为不具备犯罪构成,因此,此种情形下的刑事案件和(或)刑事起诉的终止,并不意味着犯罪行为实施者的复权①”。根据俄现行刑事立法规定,共犯中免除实行犯刑事责任的事实依据包括积极悔过、赔偿损失、与被害人和解等情形。此类情形均是实行犯犯罪后的积极正面活动,其并不能排除行为人之前所实施行为已具备的犯罪构成要件。因此,实行犯之犯罪后活动应当属于其个人专属的人身特性,与其他共犯人无关。基于此,适用于实行犯的免除刑事责任的刑法后果,便不能当然适用于同案的组织犯、教唆犯和帮助犯。换言之,在免除实行犯刑事责任的情况下,其他共犯人的行为依旧应当根据实行犯行为所触犯的、俄刑法分则相应条文规定的罪名,并援引《俄罗斯联邦刑法典》第 33 条的规定予以定罪处罚。

根据俄学界立场,前述规则一般不适用于实行犯自动、有效中止犯罪的情况,其理由有二。第一,实行犯成立犯罪中止的,由于所实施的犯罪行为并没有进行到

① 复权的俄文术语是 реабилизация,这里指行为人的行为实质上构成犯罪,只是因为具备俄刑法明确规定的某种免除刑事责任的法定情形,使得已经启动的刑事案件和(或)刑事起诉得以终止。

底(中止行为中不含有刑法分则条款规定的犯罪构成全部要件),所以其中止行为中当然不包含既遂犯罪的犯罪构成,同时也不含有未完成犯罪的构成[1],因为犯罪行为的中止是源于主体自身的原因。[2] 根据俄学界一般立场,正是因为自动中止行为本身并不包含犯罪构成要件,所以犯罪中止行为的教唆、组织、帮助行为就应当归属于"不成功"的共犯(无实行犯便无共同犯罪),因此,应当将犯罪中止案件中其他共犯(教唆犯、组织犯、帮助犯)的行为认定为犯罪预备。第二,即使是基于俄学界比较有争议的立场,即认为犯罪中止的刑事法律后果是免除刑事责任的情况,[3]将其他人的行为认定为共同犯罪也是不成立的,因为此种情形不能认定为共同犯罪预备或者共同犯罪未遂,其原因是犯罪中止之前所实施的行为,不具备未完成犯罪的关键要素——由于行为人意志以外的原因而出现的未完成状态;将行为认定为共同犯罪的既遂犯罪也不成立,因为行为事实上并没有完成。因此,此种情况下其他共犯人的行为只能按照犯罪预备处理。

综上,目前世界各国刑法中的共犯制度构建模式,一般呈组合性发展趋势。在共犯人的责任构成中,既涵盖各共犯人的责任之独立性要件,也有其相对于实行犯之责任从属特征。因此,就共犯责任之法律属性而言,各国共犯制度规范呈现出双重特性,即一部分规范体现的是从属性,另一部分规范则是独立责任的专属载体。俄罗斯联邦现行刑事立法中关于共犯制度的规定,是由一系列总则规范和分则规范构成的。此类规范中,有的具有从属特征,有的则体现的是共犯责任的独立属性。为共犯行为准确定性,应当以定罪的规范规则和学说规则为依据,而后者建构的基础则是共犯从属性说与共犯独立性说。无论是从属性理论,还是独立性说,其在实质上只是分析共犯制度结构的一种思维方式。共犯责任追究的实质根据,并非某种抽象的理论,而是共犯制度立法规范的实然规定及其司法适用需求。

---

① "未完成的犯罪构成"的俄文表达为《состав неоконченного преступления》,是俄刑法学中的专用术语,是犯罪预备和犯罪未遂的上位概念。

② Щепельков В. Ф. Уголовный закон: преодоление противоречий и неполноты. М.: Издательство《Юрлитинформ》, 2003. С. 228.

③ 持此种观点的学者认为,自动中止之前实施的行为中仍然含有犯罪构成要件,而犯罪中止被视为犯罪后的积极正面行为。参见 Звечаровский И. Э. Добровольный отказ от доведения преступления до конца. СПб: Изд-во Р. Асланова《Юридический центр Пресс》, 2008. С. 42-43。

第九章　罪数制度

第一节　一罪与数罪的界分

犯罪活动数量特征方面的建构模式，是刑法学界和司法实务界最富争议，也是最为复杂的问题。与此同时，哲学领域的量变引起质变的原理也同样适用于刑事犯罪研究范畴，即犯罪的量的规定性特质与违法行为质的规定性之间存在非常紧密的联系。在物质世界中存在的各种现象中，其中包括作为社会现象之一的犯罪，其所体现出来的这两种最重要指标特征（数量和质量）的交汇之处，是其同质异变的分水岭，于犯罪现象而言，此交融过渡之处则体现的是所实施的违法行为，其社会危害性的严重程度或危害性性质之界定根据所在。正是基于一事物之于另一事物之间存在的这种相互联系，才可以正确解释法学界和立法者对于罪数制度关注的原因。在研究罪数制度问题时，不仅要关注单纯的一罪、连续犯或持续犯问题，而且对于那些与犯罪的构造模式、犯罪活动的社会法律特征、累犯等相关的问题也应当深入探讨。

俄罗斯学界关于数罪的称谓有一个通用的术语——多重犯罪（множественность преступлений），此处称为广义数罪或多重犯罪，此术语项下又包括数罪（совокупность преступлений）指狭义数罪和累犯（рецидив преступлений）。当行为人所实施的行为中含有广义数罪的要素，则意味着对行为人进行归责时，需要考虑这些具有重要理论和实践意义的、此数罪所体现出来的重要实质特征。与此同时，与数罪相关的定罪问题、刑事责任细化和个别化问题，以及与之密切相关的社会公正原则如何得以充分实现等诸多争议问题的解决，都离不开从理论层面对罪数制度进行深入研究和探讨。正如曾经尝试构建《刑法典理论模式》的几位著名的俄罗斯学者所言的那样，多年来“打击犯罪的经验证明,大多数犯罪的实施并不是初犯。多数情况下的犯罪是由所实施的几个行为构成的,并且会引起若干不同后果的发生。此外,还存在一个犯罪行为中可能包含若干犯罪构成要件的情况。这必然会产生多重犯罪问题,以及由此而引发的各种不同类型犯罪的责任边界问题。法律对于此类问题的解决具有重要意义,因为在多重犯罪情况下所实施的行为,无论是从其对社会关系所造成损害范围的评价角度,还是从犯罪人人身特性方面来看,都具有相对比较严重的社会危害性”。①

尽管俄罗斯现行刑事立法在数罪定罪和量刑机制方面有所规定,②但却没有对数罪的概念进行明确界定,同时也没有对连续犯和持续犯进行立法界分。与此形成鲜明对照的是,俄学界对于数罪制度的研究则呈持续关注样态。苏联著名刑法学者达格里(П. С. Дагель)等学者认为,数罪(多重犯罪),意指一个人实施“两个或两个以上犯罪或者若干犯罪”的情况。③ 对此持肯定立场的学者指出,将某个行为人实施两个以上或若干犯罪看作多重犯罪的实质特征是可行和必要的,因为此种界定着重强调了多重犯罪本身所具有的普遍性特征。④ 持否定立场的学者则认为,如果仅将多重犯罪的特征限于前述界定中所体现的元素,则其概念的界定则是不全面的,也是不准确的,因为并不是所有实际上实施了两个以上犯罪行为的情形,都能够被此多重犯罪的刑法概念所涵盖,这样的行为其实并不少见,比如行为人的前科消灭或撤销之后又实施新罪、追究刑事责任的时效届满或者符合大赦和特赦条件,以及其所实施的一个或几个犯罪存在起诉方面的诉讼障碍(需被害人本人提起的刑事自诉案件而被害人没有提起告诉的、存在不可撤销的有关刑事案件终止的裁决或决定的情况)。针对前述所列情形,俄学者马尔科夫指出,必须从理论和实践两个视角对这些问题进行准确分析和鉴别,既要弄清楚在多重犯罪情况下具有法律实质特征的数罪情形,也同样需要厘清多重犯罪的某些特征不具有提高犯罪行为危害性程度的情形。

俄刑法理论界一般认为,多重犯罪制度是俄刑法中存在的一种独立的刑法制度,其应当在《俄罗斯联邦刑法典》总则中以专门一编的形式予以规定。同时,需要指出的是,对于多重犯罪制度的研究,并非始于当代俄罗斯学界,其研究历程可以追溯至俄国十月革命前的帝国时代,当时的学者将此种制度称为“偶合犯罪”

---

① Уголовный закон. Опыт теоретического моделирования / Под ред. В. Н. Кудрявцева, С. Г. Келиной. М.: Наука, 1987. С. 110.

② 这方面立法规定主要体现在《俄罗斯联邦刑法典》第17、18、63、86条中所规定的“数罪”“累犯”“加重刑罚情节”“前科”制度。

③ Дагель П. С. Множественность преступлений. Владивосток, 1969. С. 1; Криволапов Г. Г. Множественность преступлений по советскому уголовному праву. М., 1974. С. 10.

④ Малков В. П. Множественность преступлений и ее формы по советскому уголовному праву. Казань: Изд-во Казанского университета, 1982. С. 8.

(стечение преступлений)。[①]

俄现行刑事立法关于多重犯罪制度的规定,体现在《俄罗斯联邦刑法典》总则第3章"犯罪的概念和犯罪种类"中,其中包括:(1)实施两个以上含有一个或更多行为要件的行为,而犯罪人未因其中任何一个行为而被判罪的;(2)以前实施的犯罪被判过刑后,又实施故意犯罪的情况。因此,《俄罗斯联邦刑法典》规定了这样两种多重犯罪类型:数罪(第17条)和累犯(第18条),其中的每种犯罪都会产生相应法律后果。

这里需要指出的是,《俄罗斯联邦刑法典》第16条"多数犯罪"失效之前(本条是由2003年12月8日出台的第162号联邦法律废除的),其分则中多数规范均将多重犯罪因素作为加重责任构成要件予以规定,以体现多次犯罪行为具有更严重社会危害性的价值理念。俄现行刑法第16条失效以后,俄刑法分则相应条文的此种立法模式已不复存在,即俄刑法不再提及并且也不再强调此类犯罪行为具有更严重社会危害性,但俄刑法对于此类多重犯罪立法模式的改变,并不意味着具有多数犯罪的情况不具有任何法律意义,比如,行为人实施了两起重伤事件(《俄罗斯联邦刑法典》第111条第1款),其中的任何一个重伤行为之前均未受过刑事责任追究,则其应当在量刑时予以考虑。

俄刑法学者克拉细科夫(Ю. А. Красиков)在其所著的《刑法(总则)》教科书中,将多重犯罪的特征界定为犯罪的多次性,即犯罪人所实施的一个或几个连续行为中包含几个犯罪构成要件的情况。[②] 有学者认为,此概念界定虽然从整体上正确地揭示了多重犯罪概念的内容,但却欠缺具体化特征,因为它并未体现出多重犯罪与其他相邻犯罪概念之间的界分问题。申言之,多重犯罪的概念界定中,不仅应包含同一个行为人实施若干违法行为并因此而承担刑事责任的内容,而且还需要涵盖行为人在之前行为受过刑罚处罚后又犯新罪的相关要素。因此,俄学者进一步提出了多重犯罪有别于一罪的如下特征。

第一,行为人以一个行为(作为或不作为)或者几个行为实施两个以上受刑法同一条文(或不同条文)规制的犯罪,并且其中任何一罪均未被刑罚处罚过。

第二,前罪受过刑事处罚后,在其刑事法律后果尚未消除时实施了其他任意一罪。[③]

此种数罪概念特征的表述清晰地表明,数罪不仅包含行为人实施若干同类犯罪的情形,而且还指一行为人实施若干同种犯罪的情况,以及犯罪人被追究刑事责任前和前行为受过刑事处罚后再犯的情况。此种立场最有力的方面,体现于为数

---

① Учебник уголовного права профессора П. Д. Калмыкова. Общая часть. СПб., 1866. С. 382.

② Уголовное право. Общая часть: учебник / Под ред. Б. В. Здравомыслова. М.: Юридическая литература, 1994. С. 325.

③ Малков В. П., Тимершин Х. А. Множественность преступлений. Уфа, 1995. С. 7.

罪与一罪之间的界分问题做了一次成功的尝试。理解数罪制度本质的最大的难题在于:诸多数罪概念的界定并没有考虑在形式上具备数罪的特征,而在实质上对于犯罪人而言,无任何附加后果发生的情况。①

数罪问题的特征,可以体现为社会层面,也可以体现为法律层面。就法律视角而言,数罪的特征当属刑事法律概念范畴,是引起相应法律后果的特定犯罪形式。如果从数罪的法律概念内涵出发,则某些情况下是不可能存在数罪现象的,比如,所实施的两个犯罪行为中的一个犯罪的追诉时效届满或者行刑时效届满,或者前科消灭或撤销,或者具有消灭法律后果的大赦或特赦情形,以及根据法律规定具备免除刑事责任情形或具有刑事侦查启动的诉讼障碍的情形。基于此,俄学界认为在界定数罪概念时,应当具备这样一些能够引起法律后果的情形:行为人在被追究刑事责任前,同时或具有连贯性地实施若干犯罪,或者在前罪被定罪判刑后又重新实施犯罪,如果此种情形下最起码有两个犯罪行为的刑事法律后果没有消灭(没被撤销、期限未届满的情况),或者在刑事立案方面不存在诉讼障碍的情形。②

显而易见,任何一个数罪的犯罪活动中都含有一罪的要素,因此,对数罪与一罪进行界分的前提,是必须对一罪的社会法律本质进行分析。大多数犯罪行为的核心,是一个系统或一个人的行为总和(有时是非常复杂的行为),这些行为从外表上看是截然不同的,与此同时,它们在客观方面的要件又与各种不同的犯罪构成要件相符合。这也正解释了为什么许多犯罪行为的构成要素可以包含这样一些具有刑事违法性的社会危害行为:对这些行为可以进行单独的法律评价,并且在不考虑其主观取向的前提下,则可将其视为《刑法》各条款所规定的独立犯罪行为。然而,在相应犯罪行为的构造中,这些行为并不具有独立法律意义,不能单独予以法律评价,而是被吸收于同一个犯罪构成框架内综合评价。③

一罪在其客观要件方面所体现出来的特征是各不相同的,这主要取决于一罪的不同分类。其中,最为典型的一罪即体现为引起一个后果的一个行为,俄刑法理论上将此一罪类型称为简单的一罪。④ 在实践当中,多数情况下遇到的是简单的一罪情形,然而虽然少见,但也存在一个行为引起两个以上不法后果的情形。如果此类行为的主观罪过形式只有一个,则此行为及其所发生的损害后果仍然属于一罪

① 俄学界对于此问题的探讨详见 Загородников Н. И., Стручков Н. А. Направление изучения советского уголовного права // Советское государство и право. 1981. № 7. С. 54。

② Малков В. П. Множественность преступлений и ее формы по советскому уголовному праву. Казань: Изд-во Казанского университета, 1982. С. 11.

③ Малков В. П. Множественность преступлений и ее формы по советскому уголовному праву. Казань: Изд-во Казанского университета, 1982. С. 14.

④ Бажанов М. И. Назначение наказания по совокупности преступлений и совокупности приговоров. Харьков, 1977. С. 3.

范畴,且无论其在外部特征上与某些其他数罪情形多么相似。俄法律文献中将此类行为归属于复杂的一罪范畴,并且将其区分为三种类型:结合犯、继续犯和连续犯。①

结合犯(составные преступления)指由两个以上犯罪行为构成、若对其中的每个行为进行单独评价,均可以构成独立的简单一罪的犯罪,即立法者将其他条文中作为单独犯罪予以规定的行为结合到一个行为构成中,比如抢劫罪,就是由对人身的暴力行为和占有他人财物这两个犯罪行为结合而成的。② 因此,俄刑法中的结合犯,其实质上应当是刑法规范所认可的数罪中的特例。换言之,结合犯的特点,是通过立法程序将不同行为合并为一罪的情况,而这些行为又在同一罪过形式下导致各种不同的后果。复杂的结合犯罪,还包括那些含有选择行为的犯罪,如《俄罗斯联邦刑法典》第 175 条规定的“取得或销售犯罪所得赃物罪”。选择型结合犯罪的特点,体现为实施刑法规范罪状中所规定的每一个行为本身即足以构成犯罪既遂,与此同时,如果行为人连续实施了《刑法》条文罪状所列的所有行为,比如,先实施了取得赃物的行为,而然后又在特定时间出售了此赃物,则不认定行为人是实施新罪。

根据俄学界通说立场,归属于复杂一罪范畴的还有所谓的持续犯或继续犯(длящиеся преступления),其特点是此种犯罪行为在某段时期内呈不间断实施状态,如《俄罗斯联邦刑法典》规定的逃避交纳关税罪(第 194 条),不将属于俄罗斯联邦和外国人民的艺术、历史和考古财富的物品返还俄罗斯境内罪(第 190 条),恶意逃避清偿信贷债务罪(第 177 条),等等。

第三种复杂一罪是连续犯(продолжаемое преступление),其特点主要体现为:这些行为是由若干旨在实现共同目标,且其整体上构成一罪的若干相同犯罪行为构成的犯罪。此类行为的独特之处在于,所有行为的实施并不是不间断的,而是分时间段重复实施的行为,其中的每个行为都不具有独立犯罪的性质,而只是某个犯罪行为实施和实现过程中的节点、阶段。正因为连续犯中的各单个行为不具有独立犯罪的性质,因此,对其不进行单独定罪,而是将其总体认定为一罪。③

这里应当强调的是,根据俄学界立场,在归属于一罪范畴的各违法行为中必须具备主观方面的同一标准,即各行为中必须具备一个统一的罪过形式,而正是此同一罪过将各同类行为和后果结合为一体,即构成一罪。换言之,认定行为构成一罪的重要因素,是此罪必须是处于某种特定的罪过形式之下(故意或者过失),因为若是相反情况,则不构成一罪,而属数罪范畴。此外,在相应的复杂一罪的构造中,所

---

① Российское уголовное право. Общая часть: учебник. М.: Спарк, 1997. С. 214.

② Российское уголовное право. Общая часть: учебник. М.: Спарк, 1997. С. 215.

③ Малков В. П. Множественность преступлений и ее формы по советскому уголовному праву. Казань: Изд-во Казанского университета, 1982. С. 19.

实施行为的特定集合并不具有独立的法律意义，不应当对其进行单独法律评价，而应将其作为一个结果被吸收至某一特定犯罪构成之中。

第二节　数罪制度

俄罗斯现行刑事立法对数罪制度（институт совокупности преступлений）进行了明确规定（《俄罗斯联邦刑法典》第 17 条），其作为多重犯罪中的一种，其概念相应地被界定为：实施两个以上含有刑法不同条款规定的相应不同构成要件的不同犯罪，而行为人未因其中任何一个行为被判罪的。从此概念界定内容看，犯罪人在具备几种不同犯罪构成要件的情况下，应当根据刑法相应条款的规定，为其所实施的每个犯罪行为承担刑事责任。俄罗斯刑法之所以明确规定数罪的概念，是因为立法者无法预见某些重复犯罪集合的形式，并因此也无法预见这些犯罪集合的社会危害性，也就是说，从立法层面不总是能够确定某些数罪集合之刑罚处罚的种类和界限。由此可见，俄刑事立法对数罪的罚则是通过对其中每个犯罪进行刑罚处罚的路径予以实现的。

在俄罗斯数罪制度下，犯罪主体可以通过在一个行为（作为或不作为），或在一系列行为框架内实施数罪的形式来实现自己的故意，其中最主要的是前述两种情形的结合：无论是第一种情形，还是第二种情形，都必须实施两个以上不同犯罪①。虽然当代俄罗斯立法者并没有直接使用此两种数罪的表达方式，但俄现行刑事立法却明确规定“含有本法典两个以上条文所规定犯罪构成要件”的一个行为，是数罪（《俄罗斯联邦刑法典》第 17 条第 2 款）。换言之，俄现行刑法的编撰者又回到了《1958 年苏联及各加盟共和国刑事立法纲要》之前的立法体例，即重新回归将数罪分为实质数罪和想象数罪的立场。②

实质数罪，意指行为人以各种不同的独立行为实施俄《刑法典》不同条文规定的两个以上犯罪，并且行为人未因其中任何一个犯罪被判过刑的情形。实质数罪，与其他数罪类型一样，其必要要件是行为人实施两个以上犯罪行为，但实质数罪的特征是所实施的犯罪往往是发生在不同时间，并且与想象数罪相比较而言，其更具有普遍性。此外，实质数罪的特征还体现为其所实施的行为，在主观意图和行为方式方面是各种不同的行为，并且因此而应当将其看作重复犯罪的类型。与此同时，数罪中数个犯罪行为的实施，在时间上的差异特征可能有时体现得并不是很明显，

① 俄刑法学界一般将此类数罪形式称为实质数罪（реальная совокупность преступлений）和想象数罪（идеальная совокупность преступлений）。

② 133 Комментарий к УК РФ / Под общ. ред. Ю. И. Скуратова，В. М. Лебедева. М.：ИНФРА－М；НОРМА，1996. С. 23.

换言之，属于同一数罪范畴内的犯罪行为，即使它们在时间上可能相吻合，但此种情形下必定是其中的一个犯罪开始的时间要早于另一个犯罪。比如，甲在没有获得相应许可的情况下随处携带属于冷武器范畴的“双截棍”，甲与乙在一起喝酒的过程中发生争吵，于是甲用其身上带的凶器故意致乙中等严重伤害。此案例中甲的两个违法行为虽然在时间上相吻合，但第一个携带武器行为开始的时间要早于伤人的行为，因此属于《俄罗斯联邦刑法典》第 112 条和第 222 条规定的“故意中等严重损害他人健康罪”和“非法携带武器罪”的数罪。这里需要指出的是，在俄罗斯，如果构成数罪的行为属于刑法不同条文规定的犯罪构成，则其定罪问题并没有引起特别的争议，然而，如果数罪中的各犯罪行为是由《俄罗斯联邦刑法典》同一条文项下的不同款项规定的，则在俄刑法理论界和司法实务界存在非常大的争议。持否定论的学者认为，此种情形的行为不应按照数罪定罪，因为如果将触犯同一条文不同款项的行为按照数罪定罪处罚，则会出现双重定罪的嫌疑，这必然会导致法院作出偏重刑罚处罚的不公正判决的结果。[①] 持肯定说的学者则主张，必须将触犯同一条文不同款项的行为按照数罪定罪处罚。根据肯定说学者的立场，如果犯罪人于不同时间实施了哪怕是同一类犯罪行为，但它们在实质要件方面是存在差别的，则《俄罗斯联邦刑法典》的相应条文中的任何一个款项依旧是不能涵盖所实施的行为整体的。此类情形下，即使是依照法律所规定的此罪的最严重情形的责任对所实施行为进行归责，也同样不能够真正体现行为人多次且在不同条件下所实施的犯罪行为的事实。

针对前述争议问题，有俄罗斯学者指出，之所以存在这样的争议，是因为他们忽视了其中一个重要问题，即刑事责任的根据不是刑法中所规定的犯罪实施，而是犯罪构成，同时，一个犯罪往往包含几个犯罪构成，而每个犯罪构成都体现在自带法定刑的刑法规范罪状中。例如，《俄罗斯联邦刑法典》第 105 条就规定了一个犯罪（故意杀人罪）和两个犯罪构成——基本构成（第 1 款）与加重责任构成（第 2 款）。那么，如果犯罪主体首先实施了一个普通的故意杀人的犯罪构成，比如出于嫉妒而实施了杀人行为，而然后为了掩盖其第一个杀人罪行又杀害了目击证人，则主体实施了两个犯罪构成，即《俄罗斯联邦刑法典》第 105 条第 1 款规定的属于“基本犯罪构成的故意杀人罪”和该条第 2 款第 10 项规定的“具有加重责任构成的故意杀人罪”，即行为人的行为构成含有基本构成的故意杀人罪和加重责任构成故意杀人罪的数罪。俄罗斯联邦现行刑事立法对于数罪的规定是比较明确的，即数罪是指实施了两个以上不同犯罪，其中包括同一条文内不同款项规定的犯罪。[②]

---

① Тишкевич И. С. Совокупность преступлений (вопросы квалификации) // Правоведение. 1979. № 1. С. 51, 52; Зелинский А. Ф. Квалификация преступлений, предусмотренных одной и той же статьей УК // Советская юстиция. 1974. № 4. С. 14.

② Комментарий к УК РФ. М. : Зерцало, 1998. С. 39.

在实质数罪问题上，还存在某些特殊情况，比如既有既遂行为，又有未完成行为的情形，即由一个既遂行为和一个预备行为或者全部是由未完成行为所构成之行为的定罪问题。在此问题的解决上，苏联最高法院于 1981 年 7 月 31 日出台了一个《关于数罪和数个判决量刑实践的全体会议决议》。此决议阐明，法律所规定的数罪量刑规则同样适用于“行为人实施同种犯罪行为，其中一部分行为是既遂，而另一部分行为是预备或是共同犯罪的情形”。① 由此可见，俄司法实务中对于由一部分行为是未完成犯罪或是共同犯罪构成的犯罪行为，是依照实质数罪的规则予以定罪的。同时，在此类行为的处理过程中，还应当注意的是，根据俄现行刑事立法的规定，只有重罪以上的行为，其预备行为才负刑事责任（《俄罗斯联邦刑法典》第 30 条第 2 款）。基于此，俄学界一般认为，实质数罪作为一种数罪类型，其特点是包含了除立法者予以单独规定的累犯以外的、以各种不同方式结合而成的数罪类型。

俄刑法中除了实质数罪以外，还有另一种明确体现为两个以上犯罪行为要件，但却是由一个行为（作为或不作为）实施的犯罪行为，其在俄刑法理论和司法实践中称为想象数罪。通过对此问题进行的回顾性研究表明，想象数罪的立法规定在 1922 年《苏俄刑法典》（第 29 条、第 30 条）以及《1924 年苏联和各加盟共和国刑事立法纲要》（第 33 条）中就已经有所体现。② 俄罗斯学界关于想象数罪法律属性的当代立场，是通过长期的理论论争和实证研究的不断探索而最终得以形成的。

俄罗斯著名刑法学家库兹涅佐娃教授认为，如果“主体以一个行为对相应的不同客体造成两个不同的损害”，则是想象数罪。③ 然而，其他学者对此种主张提出了质疑并且指出：如果损害是基于一个行为同时对不同客体造成的，并且此种情形仅受一个刑法规范调整，则此种情形不能构成想象数罪。在想象数罪问题上，俄学界还存在着其他不同立场：有学者认为，想象数罪包含实施含有不同犯罪构成要件的一个犯罪行为的情形，而之所以确立想象数罪制度，是因为要通过此制度填补某些立法空白，因为立法者不能在刑法规范中将所有不同侵害组合的所有可能的形式予以明确规定；④另有学者认为，想象数罪是指一个犯罪，但此罪在思维领域可以划分为几个犯罪行为；⑤还有学者认为，所实施的行为是其中任何一个规范都不能完全涵盖的；行为只有通过适用所触犯的两个（或几个）分则规范，才能得到正确的

---

① Бюллетень Верховного суда СССР. 1981. № 5. С. 9.

② СЗ СССР. 1924. № 24.

③ Кузнецова Н. Ф. Значение правовых последствий для уголовной ответственности. М. , 1958. С. 146.

④ Яшинова Н. Ф. Вопросы назначения наказания при совокупности преступлений по советскому уголовному праву: Афтореф. дис. … канд. юрид. наук. Харьков, 1951. С. 4.

⑤ Уголовное право. Общая часть. М. , 1948. С. 537.

法律评价。①

在想象数罪情形下，行为人以一个行为实施两个有意志的行为，并且此时的犯罪主体对于所有犯罪结果持有相同的心理态度。对于可能出现的一系列结果，不仅是犯罪人的意识内容，而且也是他所希望的后果。然而，实践中犯罪人对于可能发生结果的主观评价，通常情况下又是不均衡的，往往会是对其中一部分结果只是有所预见，而另一部分结果才是他所希望的内容。但是，根据某些学者的立场，前述情形并不能否定数罪的存在，因为只是行为人在罪过形式上有所变化而已。与此相反的是，如果行为人对于其中的某个社会危害结果的发生没有罪过（比如意外事件），则不存在想象数罪问题。

这里需要强调的是，如果所实施的数个行为中，其中的一个行为是另一较重行为的实施手段时，则不构成数罪。例如，作为故意杀人方式的损害他人健康的行为、作为诈骗罪欺骗方式的放火行为，以及实施流氓罪时的殴打行为等，所有这些情形都不属于数罪范畴，即不是俄罗斯刑法中所称的数罪。

综上，根据俄现行刑事立法的规定（《俄罗斯联邦刑法典》第 17 条），在数罪情形下，犯罪人应当为其所实施的每个不法行为承担刑事责任，与此同时，《俄罗斯联邦刑法典》第 69 条还明确规定了数罪并罚的量刑规则："在数罪并罚时，应对每一犯罪分别处刑"（第 1 款）。如果数罪均为轻罪或中等严重的犯罪，或者是重罪或特别重罪的预备，或是重罪或特别重罪的未遂，则通过较重的刑罚吸收较轻的刑罚或者通过部分或全部合并刑罚的方法判处最终刑罚。在这种情况下，最终刑罚不得超过所实施犯罪中最重犯罪的法定刑最高刑期或数额的一倍半（第 2 款）；如果数罪中即使有一罪属于重罪或特别重罪，则最终的剥夺自由刑不得超过数罪中最重犯罪法定刑最高刑期的一倍半（第 3 款）；在数罪并罚时，判处主刑还可以并处附加刑；在部分或全部合并刑罚时，最终的附加刑不得超过本法典总则规定的该种刑罚的最高期限或数额（第 4 款）；如果在法院对案件作出判决之后又确认被判刑人在法院作出判决之前犯有其他罪行，处刑的规则同上。在这种情况下，执行法院对前案判决所服完的刑罚应计入最终刑罚（第 5 款）。这里需要强调的是，根据《俄罗斯联邦刑法典》第 56 条第 4 款的规定，"在数罪并罚情况下，部分或全部合并执行剥夺自由刑刑期时，剥夺自由的最长刑期不得超过 25 年……"即所有数罪并罚情况下所最终判处的剥夺自由刑的刑期，若其数罪中"最重犯罪法定刑最高刑期的一倍半"不超过 25 年的，以前述的"一倍半"为准，但若此"一倍半"的刑期超过 25 年的，则其数罪并罚的刑期应当是 25 年。

---

① Кудрявцев В. Н. Теоретические основы квалификации преступлений. М. , 1963. С. 288.

第三节　累犯制度

累犯是俄罗斯刑法中广义数罪中的一个最重要类型。当代俄罗斯刑法中的累犯制度历经了刑法理论和司法实践两个层面的长期演变。在累犯制度演变过程中,不断触及与其密切相关的各类问题,其始于“累犯”这一术语的词源追溯,止于累犯刑事责任和刑罚裁量等一系列基本问题。早在苏俄时代的首批立法法案中,就有规定法院在量刑时必须考虑“该行为是由职业罪犯(累犯),还是由初犯实施的”。[1] 1920年11月15日由苏俄人民司法委员会批准的《苏俄监禁场所条例》中,就含有关于必须将累犯关押在更严格制度的剥夺自由刑服刑场所的内容。[2] 在接下来陆续出台的一系列规范法案中,均呈现加重累犯刑事责任的总体发展趋势,这主要体现于1922年《苏俄刑法典》、1924年和1926年的《苏联和各加盟共和国刑事立法基本原则》等立法性规范法案中。然而,至20世纪30年代初对于累犯问题的关注急剧下降,这方面的主要例证是在当时的刑事立法中删除了累犯概念的规定,这种立法上的巨变,主要是受当时盛行的思想教条主义的影响,即彼时的立场是俄国国内并没有累犯现象的存在。[3] 之后,直至《1958年苏联和各加盟共和国刑事立法纲要》出台,才又重新提及累犯这一术语,但是在《1991年刑事立法纲要》颁布以前,俄规范性立法法案中并没有关于累犯概念的明确界定,这便衍生出俄刑法理论界和司法实务界关于累犯制度界定的不同路径,其中,最具争议的问题集中于累犯概念的内涵要旨方面,即累犯是应当意指任何种类犯罪的结合,还是只能是由故意犯罪构成,抑或故意犯罪、过失犯罪均可构成。

1996年《俄罗斯联邦刑法典》直接界定了累犯的概念,即因实施故意犯罪而有前科的人又实施故意犯罪(第18条第1款)。这意味着俄罗斯现行刑事立法的出台给之前存在的关于累犯的诸多争议问题画上了一个句号。俄现行刑法关于累犯制度的规定表明:累犯首次以数罪项下一个独立刑法制度的形式出现在俄刑事立法总则规定当中。虽然之前的1960年《苏俄刑法典》中也有关于累犯的相关规定,但仅限于特别危险累犯,并且其分则中是将特别危险累犯作为某些加重责任犯罪构成予以规定的,并没有形成独立的累犯制度。这里需要指出的是,1960年《苏俄刑法典》第24.1条关于累犯的规定,其所使用的术语是特指累犯个体的“累犯人”(рецидивист),而1996年《俄罗斯联邦刑法典》第18条关于累犯制度的规定,则使

---

① СУ РСФСР. 1919. № 66. Ст. 590.

② СУ РСФСР. 1921. № 23. Ст. 141.

③ Уголовное право. Общая часть: учебник / Под ред. Б. В. Здравомыслова, Ю. А. Красикова. М.: Юридическая литература, 1994. С. 338.

用的是具有泛指意义的术语“累犯”(рецидив),[①]此种立法术语使用的变更,实际上是为了保证避免给特定犯罪人“贴犯罪标签”的弊端,显然,俄现行刑事立法关于累犯制度的术语表达,更符合人道主义原则和社会公正原则的内涵。

在累犯问题上,俄学界还存在其他各种不同的立场。有学者认为,累犯制度的出现,实际上是社会和国家对于已经有前科并且又实施犯罪的人群持有某种偏见的体现,因为这些有前科的人在承受了与服刑相关的一切不利后果后,在社会面前已经是“干净”的了,因此不应当让其再为此而承受额外的惩罚。当然,也有学者指出,同一个人实施两项以上罪行,表明此人始终不愿意过一种有益于社会的生活方式。一个人在有前科(甚至有多次前科)的情况下,依然实施新的犯罪,更加表明行为人习惯实施社会危害行为的本性。[②]

俄刑法理论界根据不同的标准,对累犯进行了各种不同的分类,其中包括将累犯区分为事实累犯和法定累犯的分类法。所谓事实累犯,意指所有普通的重复犯罪类型;法定累犯,则指法律规定有特殊刑事责任的累犯形式。根据俄现行刑事立法的规定,构成累犯需要同时具备这样两个条件:一是实施了故意犯罪;二是行为人因之前实施故意犯罪而有前科。此两个条件是所有累犯所必须具备的要素,即只要是因实施故意犯罪而有前科的人(指前科未消灭和未撤销),又实施了任何新的故意犯罪,即可构成一般累犯。与此同时,根据《俄罗斯联邦刑法典》第 63 条第 1 项的规定,此一般累犯对于所有犯罪而言,均是从重处罚的法定情节。相应地,如果行为人被定罪判刑后,又实施新的同类犯罪,则称为特别累犯,此特别累犯的界定,是与前述一般累犯相对应而言的。

俄现行刑事立法将累犯分为三种类型:普通累犯、危险累犯和特别危险累犯(《俄罗斯联邦刑法典》第 18 条第 1–3 款规定)。此种累犯划分的根据有二:其一,行为人所具有的前科的数量特征;其二,行为人所实施犯罪的社会危害性特征。其中,所实施犯罪的社会危害性特征的判断,应当结合俄刑法分则相应条文所规定的具体法定刑,同时结合俄刑法总则关于犯罪分级制度的规定(《俄罗斯联邦刑法典》第 15 条第 1 款规定的轻罪、中等重罪、重罪和特别重罪)予以认定。基于此,普通累犯,[③]意指因故意犯罪而有前科的人又重新实施故意犯罪的人,即构成普通累

---

① Комментарий к УК РФ / Под общ. ред. Ю. И. Скуратова, В. М. Лебедева. М.: ИНФРА-М; НОРМА, 1996. С. 26;Отдельными авторами и вовсе не делалось различий между понятиями рецидивист и рецидивом преступлений, например: Стручков Н. А. Советское исправительно-трудовое право. Общая часть. М., 1963. С. 22.

② 类似的立场详见于某些俄罗斯学者关于累犯问题研究的论著中:П. Ф. Гришаниным, Т. Ф. Кафаровым, А. М. Яковлевым 等。

③ 俄现行刑事立法并没有使用“普通累犯”的术语表达,其立法条文中只出现了危险累犯和特别危险累犯的表述,即《俄罗斯联邦刑法典》第 18 条第 2 款规定危险累犯、第 3 款是特别危险累犯,俄学界因此而一般将本条第 1 款规定的累犯称为“普通累犯”。

犯可以是除危险累犯和特别危险累犯所涉及犯罪等级以外的任何等级的犯罪。危险累犯则包括两种：一是行为人实施应判处实际剥夺自由刑的重罪，而之前又曾经两次以上因故意中等重罪被判处剥夺自由刑的；二是行为人实施应判处实际剥夺自由刑的重罪，而之前又曾经因重罪或特别重罪而判处实际剥夺自由刑的。特别危险累犯也包括两种类型：一是行为人实施应判处实际剥夺自由刑的重罪，而之前又曾经因重罪而两次以上被判处实际剥夺自由刑的；二是行为人实施特别重罪，而之前又曾经两次因重罪而判刑或者之前曾因特别重罪而被判过刑的。从俄现行刑事立法关于累犯制度的规定内容看，行为人实施越是严重的犯罪，则在认定累犯时所要求的前科次数就越少，与此同时，所有类型累犯都具有一个统一的特征——所实施的犯罪必须是故意犯罪，即俄累犯制度将过失犯罪排除在外。此外，与1960年《苏俄刑法典》第24-1条的规定相比，俄现行刑法中不再将累犯规定为分则个罪的加重责任构成要件，而是将累犯规定为总则中从重处罚的条件（《俄罗斯联邦刑法典》第18条第5款）。

根据《俄罗斯联邦刑法典》第18条的规定，要认定一个人的行为构成累犯，其必要条件不仅限于此行为人之前曾被判过刑，而且必须要求之前判罪的前科未消灭或未被撤销，因为前科消灭或撤销后，则与前科相关的一切法律后果均随之消灭（《俄罗斯联邦刑法典》第86条第2款）。此外，俄刑法还规定了若干不成立累犯的情形：其一，故意轻罪的前科；其二，行为人18岁之前所实施犯罪的前科；其三，如果被判处缓刑或延期服刑的判决没有被撤销而犯罪人未被押送到剥夺自由刑场所服刑的情况下的前科；其四，依照俄刑法第86条规定已经消灭或被撤销的前科。也就是说，前述四种情况下的前科不是认定累犯成立的根据，即只要存在前述情形当中的任何一种，都不构成累犯。

综上，根据俄罗斯现行刑事立法的规定，若行为人所实施的犯罪行为构成累犯，则应当根据特别程序在俄刑法相应条文所规定的法定刑限度内从重处罚。这里所说的“特别程序”，是指《俄罗斯联邦刑法典》第68条“累犯量刑”的专门规定，即“在对累犯、危险累犯和特别危险累犯量刑时，应考虑其以前所实施犯罪的数量、社会危害性的性质和程度、考虑致使以前的刑罚不足以对罪犯进行改造的情节，以及考虑所犯新罪社会危害性的性质和程度”（第1款）；“对任何累犯所处的刑期，都不得低于法定刑最重刑种最高刑期的1/3，但均不得超出本法典分则相应条款规定的限度”（第2款）；“对任何种类的累犯，如果法院认定存在本法典第61条规定的减轻刑罚的情节，则刑期可以少于该犯罪法定刑最重刑种最高刑期的1/3，但不得超出本法典分则相应条款规定的限度，而在本法典第64条规定的特殊情况下处刑时，可以判处比法定刑更轻的刑罚”（第3款）。此外，在定罪过程中，如果累犯已经是某特定犯罪的加重责任构成要件，则此种情形下的定罪不能再将累犯视为从重处罚的情节，即不能对累犯情节作重复评价。

第四节 罪数制度相关争议问题

一、数罪概念的界定

如前所述,俄罗斯当代刑法学界非常关注数罪问题的研究,因为数罪问题具有非常重要的实践意义,同时,对若干犯罪行为进行刑事法律评价又异常复杂,这直接导致俄立法机关相当频繁地修订罪数制度。迄今为止,俄罗斯对罪数制度予以修订的规范法案有:第 162 号(2003. 12. 08)、第 73 号(2004. 07. 21)、第 66 号(2011. 04. 06)、第 420 号(2011. 12. 07)、第 130 号(2014. 05. 05)联邦法律。然而,根据俄学者的说法,俄刑法学界到目前为止并没有一个公认的、充分体现其内涵特征的数罪概念的刑法学界定。

俄罗斯大多数研究数罪问题的刑法学文献,一般将"数罪"界定为:一个行为人实施两个以上犯罪,并且这些犯罪的刑法后果依旧存在的事实,①即数罪应当指的是一个行为人实施任意若干犯罪的情形。应当说,此种数罪概念的界定模式,是完全符合 1960 年《苏俄刑法典》生效期间的数罪认定路径的,②其在当时立法中的体现主要是《苏俄刑法典》第 39 条第 1 款的规定,即将之前实施过任意犯罪之后再次实施犯罪的情形认定为加重责任情节。其中,"之前实施过任意犯罪的行为人再次实施犯罪"的表述,意指行为人重复实施犯罪,而无论其再次实施的犯罪与前罪是同种犯罪还是异种罪,也无论行为人是否因前罪被追究过刑事责任。换言之,只有前罪所引起的法律后果已经消灭的情况下,才不涉及数罪问题。③ 1960 年《苏俄刑法典》第 39 条第 1 款规定了两种数罪形式:一是想象数罪;二是重复犯罪(повторность преступлений),并且后一种数罪形式几乎包含了所有由一人实施

---

① 持此种立场的有:Возжанникова И. Г. рецидив как вид множественности преступлений: монография / отв. Ред. А. И. Чучаев. М.: Контракт, 2014. С. 16; Бражник Ф. Множественность преступлений -отражение их совокупной общественной опасности // Уголовное право. 2000. № 3. С. 6; криволапов Г. Г. множественность преступлений (неоднократность, совокупность, рецидив). М., 1997. С. 9; Черненко Т. Г. Множественность преступлений по российскому уголовному праву: дис. … д-ра юрид. наук. Кемерово, 2001. С. 55; Полный курс уголовного права. В 5 т. / под ред. А. И. Коробеева. Т. 1: Преступление и наказание. СПб., 2008. С. 625; Шкредова Э. Г. Множественность преступлений в современной доктрине: понятие и признаки // Журн. Рос. Права. 2014. № 10. С. 78. 以及其他一些著作。

② 苏俄时代关于数罪问题研究的著作主要有:Фролов Е. А., Галиакбаров Р. Р. Множественность преступных деяний как институт советского уголовного права. Свердловск, 1967. С. 8; Малков В. П. Множественность преступлений и ее формы по советскому уголовному праву. Казань, 1982. С. 12; Кудрявцев В. Н. Общая теория квалификации преступлений. М., 1972. С. 284;等等。

③ Малков В. П., Тимершин Х. А. Множественность преступлений (понятие, социальная сущность и правовое значение). Уфа, 1995. С. 20.

两个以上犯罪行为的情形。

1996年《俄罗斯联邦刑法典》所规定的数罪内容，与前述1960年《苏俄刑法典》相比较而言，发生了很大变化，仅就其所蕴含的思想理念而言，便可以认为俄现行刑事立法关于数罪制度的规定相较于之前的立法发生了重大转型。然而，数罪制度在立法上的修订，并没有在俄刑法学文献中得到相应的体现，其学术文献中关于数罪概念的界定仍然沿用的是1960年《苏俄刑法典》存续期间的界定模式，但这种界定路径已经与俄现行刑事立法的规定不相适应了，因为《俄罗斯联邦刑法典》并非将所有一人实施若干犯罪的情形都认定为数罪，比如，根据俄现行刑法规定，若因过失犯罪而有前科的人又实施了一个故意犯罪，或者相反情况，即有故意犯罪前科的人又实施了过失犯罪的情况，均不属于数罪的范畴，而只能构成俄犯罪学意义上的数罪。基于此，刑法学意义上的数罪概念的界定，首先应当立足于《俄罗斯联邦刑法》的相关规定，因此，并非所有由一人实施若干犯罪行为的组合，都构成俄刑法学意义上的数罪，而只有《俄罗斯联邦刑法典》所规定的、作为从重处罚根据（第68条“累犯的量刑”）或是合并处罚（第69条“数罪并罚”和第70条“数个判决合并处刑”）的各罪组合，才是俄刑法学意义上的数罪。

俄当代刑法中数罪的构成要素，至少需要具备两个具有独立法律意义的犯罪行为（这里并不排除各行为之间可能存在功能上的、主观方面的或是其他方面的相互联系），并且其中的每个行为都包含《俄罗斯联邦刑法典》所规定的某个犯罪构成的全部要件。这也正是数罪与复杂的一罪之间的区别所在，后者虽然与数罪在外观特征方面相似（比如实施了若干行为，或仅实施了一个行为但侵害了刑法所保护的若干客体，或是一个行为引起几个社会危害后果，或是在特定时间段内实施了一个不间断行为的情况），但却只符合一个犯罪构成的要件特征，因此其应当构成一罪。

俄刑法数罪中的犯罪行为，既可以是既遂犯罪，也可以是未完成犯罪；实施犯罪的行为人，既可以是实行犯，也可以是其他共犯，即教唆犯、帮助犯或是组织犯。[①] 这里需要指出的是，是否构成数罪的刑事法律评价，需要通过对特定行为人的行为进行分析后才能最终作出，因为“某些犯罪，对其中一个人而言是构成数罪的，但对于另外一个人而言则可能出现不构成数罪的情况”，比如，在共同犯罪情形下，重复实施故意犯罪的情况，对于其中的一个共犯人成立数罪，而对于另外一个共犯人则不构成数罪（比如，实施第一个犯罪时，此共犯人是未成年人的情况）。

数罪中每一个犯罪行为的刑事法律后果处于存续状态，是构成俄刑法中数罪的必要要件。众所周知，因实施犯罪而产生的受保护的刑事法律关系具有临时性特征。如果受保护的刑事法律关系的期限届满或者提前终止，则所实施犯罪的刑

---

① Бюл. Верх. Суда Рос. Федерации. 2007. № 4.

事法律后果即告消灭。因此,作为数罪构成要素的犯罪行为,只能是那些由其引起的刑事法律关系尚未终止的行为,而对于受保护的刑事法律关系而言,按照俄学界通说立场,其终止的法定事由包括:实施犯罪的行为人被免除刑事责任、前科消灭或撤销。可见,免除刑事责任的犯罪,与前科消灭或撤销的犯罪一样,都不可能成为数罪的要素。与此同时,也有俄学者认为,免除刑罚也应当归属于消除所实施犯罪刑事法律后果的因素之列,[①]但此种主张受到大多数学者的反对,其持反对意见的理由是:犯罪刑事法律后果消除的根据,并不是免除刑罚,而是《俄罗斯联邦刑法典》第 86 条第 2 款规定的前科消灭,因此,免除行为人的刑罚,并不能将其看成是消灭犯罪刑事法律后果的独立的法律事实。[②]

俄刑法学界一般认为,如果在刑事立案(刑事侦查)方面存在刑事诉讼障碍的情况,则其所涉及的犯罪行为也不能认定为数罪的要素。[③] 这里的诉讼障碍指的是:刑事自诉或自诉—公诉案件中被害人没有起诉的情况(《俄罗斯联邦刑事诉讼法典》第 20 条第 2、3 款);《俄罗斯联邦刑法典》第 23 章"商业组织和其他组织中侵犯服务利益的犯罪"所规定犯罪,其所实施的犯罪行为只是对非国有或非市政所有的商业组织或其他组织造成损害,而并没有对其他组织以及公民、社会或国家造成任何损害,并且遭受损害单位的领导没有提起告诉的情况(《俄罗斯联邦刑事诉讼法典》第 23 条)。在此类情形下所实施的行为,尽管其形式上含有特定犯罪构成要件,但却不能将其认定为犯罪,因为对于刑事自诉或自诉—公诉案件而言,如果被害方没有提起相应的告诉,则不会引起任何刑事法律后果,也不能产生任何刑事法律关系,所以犯罪的成立也就无从谈起。可见,此类行为不可能成为数罪的构成要素,因为它根本就不是刑事实体法意义上的犯罪。

综合上述关于数罪内涵的探讨,可以将俄学界关于数罪概念界定的通说立场概括如下:

数罪指一个行为人实施若干相互结合且为刑法规定为从重处罚或数个判决合并执行的犯罪行为(既遂行为或未完成行为、单个人犯罪或共同犯罪),其中必须至

---

① 持此种立场的学者有:Черненко Т. г. Множественность преступлений по российскому уголовному праву: дис. ... д-ра юрид. наук. Кемерова, 2001. С. 57; Петухов Р. Б. Множественность преступлений по Уголовному кодексу Российской Федерации: дис. ... канд. юрид. наук. М. , 1999. С. 42-43; Криволапов Г. Г. Множественность преступлений (неоднократность, совокупность, рецидив). М. , 1997. С. 12。

② Капинус О. С. Актуальные проблемы уголовного права: курс лекций / Под ред. О. С. Капинус; Академия генеральной прокуратуры Российской Федерации. М. : Проспект, 2016. С. 181.

③ 持此种立场的代表学者主要有:Борисенко Е. А. Назначение наказания при множественности преступлений (ст. 68, 69 УК РФ): дис. ... канд. юрид. наук. Краснодар, 2006. С. 37; Малков В. П. , Тимершин Х. А. Множественность преступлений (понятие, социальная сущность и правовое значение). Уфа, 1995. С. 14; Уголовное право. Общая часть: учеб. Для вузов / отв. ред. И. Я. козаченко, З. А. Незнамова. М. , 1997. С. 296; шкредова Э. Г. Указ. Соч. С. 78-87; Энциклопедия уголовного права. Т. 3: Понятие преступления / под ред. В. Б. Малинина. СПб. , 2005. С. 457。

少有两个犯罪的刑事法律后果处于延续状态。

二、数罪(广义)类型化特征

数罪总是体现为某种特定的形式,即立法所规定的若干犯罪行为的不同结合样态。俄罗斯刑事立法在数罪类型化方面的规范路径,呈现一种动态变化的特点。这方面最显著的例子是俄现行刑事立法关于"多次犯罪"(неоднократность преступлений)的规定:《俄罗斯联邦刑法典》颁布之初即在第3章"犯罪的概念和犯罪的种类"第16条专门规定了"多次犯罪"的数罪类型,然而,此条规定在之后的俄刑法的一次大幅修订过程中被废除,即根据2003年12月8日的第162号《联邦法律》的规定,此条规定正式宣布失效。

如果从思想理念的角度探讨罪数问题,则有关数罪形式的规范规定,应当排除与其实际类型问题相关的任何理论上的争议,但是事实并非如此。俄罗斯刑事立法中关于数罪类型化特征的规定,具有某些不确定性甚至可以说存在立法漏洞,而且学界往往将"数罪形式"与"数罪种类"这两个概念混同适用。有些学者根据社会标准——所实施行为的数量特征来对数罪进行区分,即依照所实施的犯罪行为是否具有重复性的数量特征,将数罪区分为两种形式:一种是与犯罪行为重复性特征无关的想象数罪;另一种是与之相对应的重复型犯罪(повторность преступлений)。[①]基于此种数罪类型化的特征属性,俄刑法学者马尔科夫(В. П. Малков)对重复型数罪和想象数罪的社会危害性特征进行了较为充分的论证。他指出,在实施若干重复型犯罪的情形下,在行为人的心理往往发生着社会认可与受谴责的观点和动机之间的对抗,而行为人能够反复实施犯罪行为的实际行动,恰恰证明了受社会谴责的观点和动机在行为人的心理始终是优先项,即负面的立场相较于社会认可的观点和动机在行为人那里是占上风的,这种状况的出现即表明此行为人具有顽固的应受社会谴责的观念和动机,也存在较严重的社会心理偏差,即行为人人身具有较高的社会危险性。与之相比较而言,行为人以一个行为实施两个以上犯罪的情形,则不存在前述观念和动机之间的反复对抗。[②] 因此,在其他条件均相同的情况下,重复型数罪与想象数罪相比较,具有更大的社会危害性。

前述所列数罪的类型化路径,无疑具有重要的理论与实践意义,但也有俄多数学者指出,此种类型化路径,并非数罪在形式上的划分,而是在类型上的划分,即数罪分为两种类型:想象数罪和重复型数罪。如前所述,俄学界一般将后一种数罪类型称为实质数罪(реальная совокупность преступлений)。那么,俄学界所称的数

---

① Малков В. К вопросу о фомах и видах множественности преступлений по уголовному праву / Уголовное право. 2009. № 1. С. 30; Красиков Ю. А. Множественность преступлений (понятие, виды, наказуемость). М., 1998. С. 7.

② Малков В. Указ. Соч. С. 30-38.

罪的形式划分又具体指的是什么呢？根据俄学界立场，数罪形式的划分标准，应当立足于俄现行刑事立法中关于数罪不同刑法后果的规定，即俄罗斯大多数学术论著和教科书均以《俄罗斯联邦刑法典》第 3 章的规定为基础，将数罪划分为这样两种形式：《俄罗斯联邦刑法典》第 17 条规定的数罪（这里指狭义数罪）和第 18 条规定的累犯。此两种形式数罪的划分所依据的法律标准是：行为人之前所实施犯罪是否仍然存在前科。① 此两种形式的数罪，我们前文已有具体论述，此不赘述。

除了上述数罪两分法的数罪形式划分路径外，根据其现行刑事立法的规定，俄学界认为还存在着第三类数罪形式，即《俄罗斯联邦刑法典》第 70 条规定的"数判决合并处刑"制度。根据该条文规定，在数个判决合并处刑时，法院后一个判决所处的刑罚应该部分或全部附加前一判决尚未服完的那部分刑罚（第 1 款）；如果数个判决合并处刑时的最终刑罚轻于剥夺自由刑，则最终刑罚不得超过本法典总则对刑种规定的最高刑期或数额（第 2 款）；数个判决合并处刑的最终刑罚为剥夺自由刑的，则除了本法典第 56 条第 5 款的规定②外，其刑期不得超过 30 年（第 3 款）；数个判决合并处刑时的最终刑罚应该既高于新罪所处的刑罚，又高于前一判决尚未执行的刑期（第 4 款）；在数个判决合并处刑时，数个附加刑的合并处刑依照本法典第 69 条第 4 款规定③的规则进行（第 5 款）。

数个判决合并处刑制度的法律属性问题，在俄刑法学界有不同的理解，因此，存在着各不相同的立场。其中有学者认为，数个判决合并处刑应当归属于数罪项下的一个类别，是累犯的一种，应当将其称之为"数罚"（совокупность наказаний）。④ 与此同时，尽管俄学界对于此制度的理解存在不同的主张，但他们一致认为，数个判决是因实施至少两个犯罪而产生的一种法律现象，这便为数个判决法律属性的后续探讨奠定了基础。基于此，有学者认为，数个判决，就其法律属性而言并非他物，而属数罪的一种体现形式，其理由如下。

第一，无论是数个判决合并处刑，还是数罪及其累犯的情形，都存在一个行为人实施若干犯罪的情况，即行为人在尚未服满前罪全部刑罚时又犯新罪。

第二，俄刑法中的数个判决合并处刑情形下的数罪的结合，具有明确的刑法学

---

① 参见 Васильева Е. Г. Формы множественности по действующему уголовному законодательству: дис. … канд. юрид. наук. Ставрополь, 2005. С. 58-59。

② 根据《俄罗斯联邦刑法典》第 56 条第 5 款的规定，若所实施犯罪中哪怕只有一个犯罪是俄刑法第 205、205.1、205.2、205.3、205.4、205.5 条，第 206 条第 3、4 款，第 211 条第 4 款，第 277、278、279、353、356、357、358 条和第 360 条所规定罪名的，则在数个判决合并处刑时，其最终合并处罚的剥夺自由刑期限不能超过 35 年。

③ 根据《俄罗斯联邦刑法典》第 69 条第 4 款"……在部分或全部合并刑罚时，最终的附加刑不得超过本法典总则规定的该种刑罚的最高期限或数额"的规定。

④ 有关此学术立场的相关探讨参见 Ображиев К. В. Проблемы совокупности приговоров в уголовном праве. Ставрополь: СФ КЮИ МВД РФ, 2003 и Юридическая природа совокупности приговоров // Тр. Юрид. фак. Ставропольск. Юрид. ун-та. Вып. 3. Ставрополь: СГУ, 2003. С. 174-177。

意义,因为这涉及《俄罗斯联邦刑法典》第 70 条所规定的数个刑罚合并裁量的专门规则的适用问题。

第三,数个判决合并处刑制度中所涉及的犯罪,其刑事法律后果仍处于持续状态——行为人是在其之前所实施犯罪的服刑期间,即其有前科的时段内又实施新罪。

由此可见,数个判决合并处刑制度,其适用范围并未逾越数罪范畴。基于此,有学者指出,数个判决合并处刑——只是一种特定类型的累犯,因此不能将其看作一种独立的数罪形式。[①] 然而,对此持反对立场的学者则认为,前述立场与俄罗斯现行刑事立法的规定相抵触(这里指的是《俄罗斯联邦刑法典》第 18 条"累犯"和第 70 条"数个判决合并处刑")。根据俄现行刑法第 18 条第 1 款的规定,累犯是因之前实施故意犯罪而有前科的人又实施故意犯罪的情形,与此同时,该条第 4 款又规定不构成累犯的三种情形:一是故意轻罪的前科;二是年满 18 周岁以前实施犯罪的前科;三是被判处缓刑或延期服刑的情况下,如果缓刑或延期服刑没有被撤销并且被判刑人也没有被押送至剥夺自由刑场所服刑,则此种情形下的前科也不构成累犯。可见,要认定累犯,就必须确定行为人是否在之前所实施故意犯罪行为的前科消灭或撤销前又实施了新的故意犯罪,其中,新罪的实施也可以是发生在其前罪服刑期间。如果同时满足前述所列条件,则所实施的行为既构成累犯,也成立数个判决合并处刑的情况。但是,也可能出现这样的情形,即具备数个判决合并处刑的条件,但却不是累犯的情况,比如,因故意犯罪而服刑的人又实施过失犯罪的情形,此种情形正好适用数个判决合并处刑制度,但却不构成累犯。基于此,俄学者认为将数个判决合并处刑看作累犯类型的立场,是不能成立的,确切的说法应当是:数个判决合并处刑这一刑法结构类型与累犯之间,只是部分重合关系。与此同时,数个判决合并处刑与数罪——这里指狭义数罪之间的界分标准,则是行为人之前所实施的犯罪行为是否已有判决存在。[②] 因此,《俄罗斯联邦刑法典》中所规定的数个判决合并处刑中所涉及的数罪结构,当是俄刑法中数罪——这里指广义数罪的一种独立形式,即第三种数罪形式。[③]

以上关于数个判决合并处刑所涉及数罪法律属性问题的探讨,只是俄学界结

---

① 参见 Малков В. П. Повторность преступлений (понятие и уголовно-правовое значение). Казань, 1970. С. 98, 123; Юшков Ю. Н. Назначение наказания по совокупности преступлений и приговоров. М., 1975. С. 43。

② Капинус О. С. Актуальные проблемы уголовного права: курс лекций / Под ред. О. С. Капинус; Академия генеральной прокуратуры Российской Федерации. М.: Проспект, 2016. С. 186-187.

③ 持此种立场的学者有:Малков В. П., Чернова Т. Г. Совокупность приговоров и применение наказания: вопросы законодаетльного регулирования, теории и практики. Казань, 2003. С. 40 - 41; Ображиев К. В. Проблемы совокупности приговоров в уголовном праве. С. 6 - 11; Становский М. Н. Назначение наказания. СПб.: Юрид. центр Пресс, 1999. С. 303; Урчуков В. М. Совокупность приговоров по российскому уголовному праву: дис. … канд. юрид. наук. Ставрополь, 2008. С. 11-28。

合其现行刑事立法的相应规定进行的阐释与争鸣,实际上,《俄罗斯联邦刑法典》第70条“数个判决合并处刑”中并没有对此制度的法律属性予以明确界定,只是规定了此种情形下的刑罚裁量规则。也就是说,俄现行刑法第70条并没有规定数个判决合并处刑规则量刑的定性根据,但是,若对俄现刑事立法规范进行逻辑分析,则可以认为,《俄罗斯联邦刑法典》第69条规定的“数罪并罚”规则的量刑根据应当是数罪(狭义),与此同时,第68条规则适用的根据应当是累犯。那么,俄刑法第70条数个判决合并处刑规则的适用根据,则应当是其前罪刑期尚未服完而又实施新罪的情形。因此,可以据此认为,俄刑法第70条所规定的数个判决合并处刑制度所规制的犯罪行为,应当可以看成是俄刑法第3章所规定的一行为人实施若干犯罪行为类型中的一种,即第三种数罪(广义)形式。与此同时,我们也应当注意到,俄现行刑法第70条的条文名称使用的术语是“数个判决”,而将其归为“数罪”的一种,其实在术语协调上还是存在一定问题的,基于此,有俄罗斯学者认为此条文(第70条)所规定内容的实质并非数个判决的结合,而是两个以上犯罪的一种处刑模式,即其所规制的内容应当是:之前实施过犯罪并且尚未服完前罪刑期的行为人,又实施了新罪的情况。①

综上,根据俄刑法学界立场,数罪的形式(форма)和数罪的种类(виды)是两个不同概念,其中,数罪形式,是指广义数罪(множественность преступлений)的类型化特征,包括狭义数罪(совокупность преступлений)、累犯(рецидив)和数个判决合并处刑(совакупность приговоров)所对应的数罪结构;而数罪种类,其体现的则是每一种具体形式的数罪的类型化特征,比如狭义数罪项下的实质数罪(也称重复型犯罪)和想象数罪的区分,则属数罪种类的范畴。

三、去数罪化事由

去数罪化问题的研究在俄罗斯刑法理论界由来已久,其共同的立场是:排除数罪构成的特定事由是的确存在的,比如在刑法规范竞合的情况下,就不存在数罪问题。刑法领域的规范竞合,意指一个犯罪行为同时符合数个具有竞合关系的法规范所规定的行为,这些法规范从不同的角度对此行为予以规制,那么,在此种法规范竞合的情况下,只能适用其竞合规范中的一个规范。该学界立场已在俄现行刑事立法中有所体现,即根据《俄罗斯联邦刑法典》第17条第3款的规定,如果一个犯罪是由一般规范和特殊规范同时规定的,则不是数罪,其刑事责任依据特殊规范予以追究。

俄罗斯学界在去数罪化事由方面的公认立场,还体现于数罪与复杂一罪之间

---

① 此种立场在俄国革命前的帝俄时代就已经存在,参见 Белогриц-Котляревский Л. С. Учебник русского уголовного права. Части Общая и Особенная. Киев, 1903. С. 317; Позныщев С. В. Уголовное право. Дополнение ко 2-м выпускам Общей части. Вып. 1. М., 1909. С. 163。

予以明确界分的问题。这里所说的复杂一罪，主要包括连续犯、持续犯、结合犯、源于另一犯罪的犯罪、具有选择性构成要件的犯罪、其犯罪构成体现为重复行为的犯罪。虽然复杂一罪的外观特征与数罪有所相似，但却属于一个犯罪构成要件范畴（复杂一罪或简单一罪），不能将其构成要素（比如几个相互关联的行为或是引起若干社会危害后果的一个行为的情况）定性为数罪。

应当说，俄刑法理论界对于上述所列法条竞合及其定性规则，以及复杂一罪与数罪之间界分问题的研究已经相当深入，并且无论学界，还是司法实务界，在这些问题上均已达成共识，因此，对此两类去数罪化事由再进行深入分析已无必要。下面我们重点关注的是俄学界和司法实践迄今为止仍然存在争议且尚无统一立场的那些去数罪化事由。

（一）侵害数被害人行为的去数罪化问题

《俄罗斯联邦刑法典》分则许多条文中，立法者将侵害多数被害人的情形规定为具有加重责任构成要件的犯罪构成，即“针对两人以上实施犯罪”，其中包括：第105条“故意杀人罪”第2款第1项、第107条“激情杀人罪”第2款、第111条“故意严重损害他人健康罪”第3款第2项、第112条“故意中等严重损害他人健康罪”第2款第1项、第117条“折磨罪”第2款第1项、第121条“传染花柳病罪”第2款、第122条“传染艾滋病罪”第3款、第126条“绑架罪”第2款第7项、第127条“非法拘禁罪”第2款第7项、第127-1条“贩卖人口罪”第2款第1项、第127-2条“利用奴隶劳动罪”第2款第1项、第134条“与未满16岁的人进行性交或其他性行为罪”第4款、第135条“猥亵罪”第3款、第206条“劫持人质罪”第2款第7项。

前述所列条款中规定的具有多数被害人的犯罪，具有结合犯的特征，因为此类犯罪的实施是由两个以上行为或者由引起若干后果的一个行为构成，而其中的每个行为都可以看作一个独立的犯罪，即这些犯罪的法律根据，是集若干其他犯罪要件为一体的复杂犯罪构成。相应地，俄刑法中作为加重责任构成要件进行规制的具有数被害人特征的犯罪，其刑事法律评价是依照结合犯的定罪规则进行的。根据结合犯的定罪规则，作为结合犯构成要素的若干犯罪行为或所造成的若干犯罪后果，如果其社会危害性程度没有超出特定结合犯社会危害性的框架，则不需要对这些行为或后果进行累加归罪。[①] 与此同时，某些情形下对于多数被害人实施的侵害行为，甚至在不具备相应犯罪加重责任构成要件的情况下，也可以将其定性为一罪，比如，连续犯。

---

① 参见 Кузнецова Н. Ф. Квалификация сложных составов преступлений // Уголовное право. 2000. № 1. С. 26; Наумов А. В. Совокупность в насильственных состаных преступлениях // Сов. Юстиция. 1973. № 1. С. 11; Ляпунов ю. Квалификация составных（сложных）преступлений // Соц. Законность. 1982. № 1. С. 48。

综上,可以将俄刑法中具有多数被害人特征的一罪类型分为这样两种:一种是通过立法将其规定为特定犯罪加重责任构成要件的路径,从而将其认定为一罪(此种类型的犯罪,具有结合犯罪的特征);另一种是无复杂犯罪构成结构的多个被害人犯罪。

作为加重责任构成要件予以规定的多个被害人犯罪行为的定性问题。俄司法实践近二十年来,针对此类犯罪行为的定性规则几经变迁。下面我们以俄罗斯联邦最高法院就故意杀害两个以上被害人的杀人行为的定性问题方面所持立场的变化为例,阐述相关规则的变迁。

根据俄罗斯联邦最高法院于 1999 年 1 月 27 日首次出台的《关于故意杀人罪案件司法实践全体会议 1 号决议》[①](以下简称《决议》)第 5 项规定:如果犯罪人的若干行为出于同一故意并且通常情况下是同时实施的,则依照《俄罗斯联邦刑法典》第 105 条第 2 款第 1 项的规定予以定罪处罚;若前述行为不是同时实施的,则依多次杀人论处,即依本条第 2 款第 13 项的规定论处(根据 2003 年 12 月 8 日出台的第 162 号《联邦法律》,该规定失效)。但是,随着"多次犯罪"制度从俄刑事立法中的废除,俄司法机关对于杀害两人以上的故意杀人行为的刑法评价也随之发生了重大变化,这首先体现于《俄罗斯联邦最高法院具体案件司法实践》[②]中,而之后于 2008 年 4 月 3 日出台的第 4 号《俄罗斯联邦最高法院全体会议决议》,[③]则明确地对前述俄最高法院于 1999 年出台的关于第 105 条的《决议》进行了修订。

俄最高法院 2008 年出台的上述《决议》对前述 1999 年的最高法院第 1 号《决议》第 5 项第 1 段规定作了相应修订,即"根据《俄罗斯联邦刑法典》第 17 条第 1 款的规定,杀害两人以上的故意杀人行为,如果杀人行为发生在同一时间或是不同时间,均不构成数罪,并且应当依照《俄罗斯联邦刑法典》第 105 条第 2 款第 1 项的规定定罪处罚,此根据同样适用于该条第 2 款其他各项的规定,同时要求具备犯罪人未因其中任何一个故意杀人行为而被判刑的条件"。最高法院的这一立场后来扩展适用于其他犯罪,其中包括侵犯个人的性不受侵犯和性自由权的犯罪。[④]

根据俄罗斯联邦最高法院的上述全体会议《决议》的解释,即使是发生于不同

---

① 《俄罗斯联邦最高法院公报》1999 年第 3 期。

② Определение Судебной коллегии по уголовным делам Верховного Суда Российской Федерации № 4-о03-183 по делу Ныренкова // Бюл. Верз. Суда Рос. Федарации. 2004. № 7.

③ Бюл. Верх. Суда Рос. Федарации. 2008. № 6.

④ 这方面的例证是 2014 年 12 月 4 日俄罗斯联邦最高法院出台的《关于侵犯个人的性不受侵犯和性自由权犯罪案件司法实践》的第 16 号全体会议决议。此决议第 19 项作出了这样的阐释:"在没有使用暴力或暴力威胁以及没有利用被害人孤立无援状态而实施性交行为、同性性行为或猥亵行为的,如果是在同一时间或不同时间针对两个以上未满 16 岁的人实施的,则根据《俄罗斯联邦刑法典》第 17 条第 1 款的规定,不构成数罪,若犯罪人未因其中任何一个行为而被判罪的,则应当依照《俄罗斯联邦刑法典》第 134 条第 4 款或第 135 条第 3 款的规定定罪处罚",即按"与未满 16 岁的人性交及其他性行为罪"或"猥亵罪"的加重责任构成要件论处。

时间、其故意内容不同的故意杀人行为,也应当依照《俄罗斯联邦刑法典》第 105 条第 2 款第 1 项的规定定罪处罚,即将此类行为视为结合犯的一罪形式论处。俄最高法院的此种立场受到俄学界的质疑,持反对立场的学者指出:此类情形下所实施的各个故意杀人行为之间并不存在内在的相互关联,而各行为之间具备内在联系,是所有一罪构成的必要要件;①实际上,在同时间内、以不同故意实施的两个以上故意杀人行为,应当构成若干独立犯罪,而由于这几个故意杀人行为之间的联系只体现为这几个行为是由一个犯罪主体实施的,所以不能将其认定为属于一罪范畴的结合犯。在此种情形下,只有各个杀人行为是出于一个故意的情况,才可以认定犯罪是具有内在统一性的。基于此,有俄学者认为,应当将“针对两人以上实施犯罪”这一加重责任构成要件归属于排除数罪的“非典型”情形,因为此种数个犯罪行为的结合从表面上看具有结合犯的特征,而构成结合犯(如同其他复杂一罪一样)的必要条件是各个要素之间应当具备内在的相互关联关系,而如果故意杀害两人以上的行为之间并不存在同一的故意,则此内在关联的要件特征就是缺失的,因此可以得出,此处所探讨的情形并不是复杂的一罪,而应当是归属于想象数罪的范畴。

我们重新转回那些存在多数被害人,而俄刑法又未将其规定为特定犯罪之加重责任构成要件的犯罪,可以说,此类犯罪可以区分为两种:其一,由多次实施的社会危害行为构成;其二,由一个社会危害行为构成。

(1)针对多数被害人、由多个社会危害行为构成的犯罪的定性。如果侵害针对的是两个以上被害人,并且是出于之前产生的同一故意且具有共同目的而通过一系列相同行为(法律意义的相同行为)实施的,则此种具有多个被害人的犯罪具有连续犯的特征,则排除了将所实施的相应行为认定为数罪的定性。相应地,在所实施的数行为之间不具备连续犯特征的情况下,那么,针对两个以上被害人实施的多次侵害行为中的每个侵害行为,都应当对其进行单独的刑法评价,而所实施的行为整体,则应当定性为数罪。由此可见,对于针对多个被害人实施的多次侵害行为,同时又未被规定为特定犯罪加重责任构成要件的,则应当将其界分为两种情况:一是构成连续犯;二是构成数罪。应当说,俄学界对此种情况下连续犯与数罪的界分根据及其适用于不同犯罪的特征等问题进行过相当详细的研究。②

---

① 比如,俄罗斯科学院院士库德里亚夫采夫教授(В. Н. Кудрявцев)就曾论述道:“所有构成要件,无论具体现为怎样的各不相同,都必须处于特定的内存关联之中。”详见 Кудрявцев В. Н. Общая теория квалификация преступлений. 2-е изд. , перераб. И доп. М. : Юрист, 2001. С. 239-240。

② 详见 Кливер И. Разграничение продолжаемых и повторных преступлений // Сов. Юстиция. 1979. № 5; Кремнев К. , Миненок М. Квалификация продолжаемых и повторных хищений // Сов. Юстиция. 1990. № 10; Козлов А. П. , Севастьянов А. П. Единичные и множественные преступления. СПб. : Юрид. центр Пресс, 2011; Малков В. П Совокупность преступлений (вопросы квалификации и назначения наказания). Казань, 1974; Становский М. , Понятие продолжаемого преступления // Рос юстиция. 1995. № 11;等等。

（2）针对多个被害人、由一个社会危害行为实施的犯罪的定性。俄学术界与司法实务界更加关注的是，由一个社会危害行为造成多个被害人受侵害行为的刑法评价问题。根据俄学界立场，此种情形下是不能适用连续犯的定罪规则的，因为连续犯的特征是同种违法行为实施的多次性，即要求具备多个危害行为，而非一个社会危害行为。因此，有学者主张，将同时侵害多个被害人的一个犯罪行为的情形定性为想象数罪，但此种立场遭到来自俄司法实务部门的反对。俄司法实践中对于此类行为的刑法评价持如下立场。

第一，对此类行为可以参照俄司法实务中关于引诱未成年人实施犯罪行为的定性标准予以定罪处罚，即将其作为一罪定罪处罚。

以俄罗斯某共和国最高法院关于甲所作出的判决及俄罗斯联邦最高法院对其进行改判的案件为例：甲因实施引诱未成年人乙和丙，实施俄刑法第105条和第162条规定的特别重罪的行为，而被共和国法院判处构成《俄罗斯联邦刑法典》第150条第4款规定的两个“引诱未成年人实施犯罪”，而俄罗斯联邦最高法院则对共和国法院的判决进行了改判。联邦最高法院认为，引诱多个未成年人实施犯罪的行为，根据法律原义并不能构成《俄罗斯联邦刑法典》第150条所规定犯罪的数罪，并且也不能对此行为进行数罪并罚，因此，联邦最高法院将甲的行为定性为构成《俄罗斯联邦刑法典》第150条第4款规定的一罪，而不构成此条文规定的数罪。①

可见，从俄联邦最高法院所持的上述立场来看，虽然在《俄罗斯联邦刑法典》第150条“引诱未成年人犯罪”的罪状规定中，既没有将“针对两个以上的人实施犯罪”作为加重责任构成要件予以规定，也未在连续犯的情形下，将甲的行为定性为一罪。俄最高法院的此种立场被其之后的司法实践所承继。②

第二，俄司法实践中针对两个以上政权代表实施暴力侵害行为认定为一罪的判例，也是所探讨行为作为一罪定性的参照。

俄罗斯联邦最高法院出台的第323号《主席团会议决议》强调，因政权代表履行自己职责而对其使用暴力进行威胁，如果此种暴力威胁行为是出于一个动机并且是在同一时间、同一地点实施的，则应当依照《俄罗斯联邦刑法典》第318条规定的“对政权代表使用暴力罪”一罪定罪处罚。这里需要指出的是，下级法院对于此

---

① Определение Судебной коллегии по уголовным делам Верховного Суда Российской Федерации от 12. 11. 2004 № 24-О04-5 // Бюл. Верх. Суда Рос. Федерации. 2005. № 6.

② Определение Судебной коллегии по уголовным делам Верховного Суда Российской Федерации от 21. 01. 2014 № 72-АПУ13-63 // Бюл. Верх. Суда Рос. Федарации. 2014. № 8.

案是按照数罪并罚处理的，其理由是此犯罪行为是针对乙和丙两个被害人实施的。[①]

第三，以俄罗斯联邦最高法院关于《俄罗斯联邦刑法典》第 264 条规定的“违反交通规则交通工具使用规则罪”（类似于我国刑法中规定的交通肇事罪），以其对若干被害人造成同种或同类后果的情形所作的司法解释为参照，也可将所探讨行为按照一罪论处。

此种立场源于俄最高法院关于鲍里细科夫（Борисиков）案所作的司法意见，即“如果普通工具的司机违反交通规则而过失导致一人中等严重损害健康和另一个死亡的，则其行为应当依照《俄罗斯联邦刑法典》第 264 条第 2 款的规定定罪处罚，而无须再依照本条第 1 款的规定进行累加定罪”。[②] 原审法院是依照《俄罗斯联邦刑法典》第 264 条第 1 款规定的违反交通规则致人中等严重损害健康罪和该条第 2 款规定的“致人死亡”的加重责任构成要件，而将其进行数罪并罚。俄最高法院关于本案处理的立场，后来被正式写入俄罗斯最高法院 2008 年 12 月 9 日出台的《全体会议决议》。[③] 根据俄最高法院在《全体会议决议》第 9 项中所作的司法解释，如果违反交通规则或交通工具使用规则而同时过失造成多人重伤害的，则犯罪人依照《俄罗斯联邦刑法典》第 264 条第 1 款的规定承担刑事责任；如果因发生交通事故而造成两个以上被害人死亡的，则违反交通规则的行为人的行为，应当依照《俄罗斯联邦刑法典》第 264 条规定的过失造成严重后果之加重责任构成要件的相应条款定罪处罚（本条第 3 款规定的特别加重责任构成要件）。

从上述俄罗斯最高法院所出台的一系列司法解释的立场来看，俄司法实践是将具有多数被害人且又未被复杂的犯罪构成所囊括的行为，看作一种新的一罪类型，当然，此种新型复杂一罪所具备的刑事法律评价性特征和要件，尚未得到相应的理论思辨的论证。根据俄学界通说立场，这种新生的复杂一罪具有如下特点。

第一，所实施的侵害针对的是两人以上，并且此种侵害行为并没有体现为俄刑法中加重责任构成要件的规定范畴，也不属于复杂构成所涵盖的内容（若属于复杂构成的内容，则此种侵害行为应当归属于结合犯范畴）。

第二，对若干被害人所造成损害（广义概念）的行为，是一个犯罪行为，这是此种复杂一罪与连续犯之间的区别所在。

---

① Постановление Президиума Верховного Суда Российской Федерации № 323 – П08ПР / Обзор законодательства и судебной практики Верховного Суда Российской Федерации за четвертый квартал 2008 года // СПС《КонсультантПлюс》; Определение Судебной коллегии по уголовным делам Верховного суда Российской Федарации. 1 (2014) // СПС《КонсультантПлюс》.

② Определение Военной коллегии Верховного Суда Российской Федерации № 1 н – 0406/98 по делу Борисикова / Обзор судебной практики Верховного Суда Российской Федерации за четвертый квартал 2000 года // Бюл. Верх. Суда Рос. Федерации. 2001. № 8.

③ Бюл. Верх. Суда Рос. Федарации. 2009. № 2.

第三,对两个以上被害人造成损害之内部关联性的决定性因素有:(1)若干后果与同一个犯罪行为之间的因果关系(此为具有两个以上被害人的故意犯罪和过失犯罪所共同具有的通用要件)。(2)主观方面的关联性,其主要体现为犯罪人针对两个以上被害人实施侵害所持故意的一致性,以及意图对两人以上造成社会危害后果的统一的动机和目的(此一致性的标准是故意犯罪所独有的特征)。如果故意的指向从一开始就只是针对一个人造成损害,而对其他人造成的损害只是"附带性"的,即对其他人致害的主观方面是间接故意(甚至是过失),则所实施的侵害行为是不具备主观方面联系的,因此,所实施的行为就应当按照数罪处理。这在俄罗斯最高法院 1999 年 1 月 27 日出台的《关于故意杀人罪案件司法实践(俄罗斯联邦刑法第 105 条)全体会议决议》中就有所体现,根据此决议,如果由于犯罪人使用了危害公共安全的方法实施杀人行为,不仅造成了特定人的死亡,而且还对其他人造成了伤害,则应当依照《俄罗斯联邦刑法典》第 105 条第 2 款第 6 项"使用危害公共安全的方法实施"的故意杀人罪,以及俄刑法规定的故意损害他人健康责任的相应条文定罪处罚,即应当数罪并罚。(3)在故意侵害情形下,对两人以上造成损害的结果应当是同一的,而过失造成两人以上损害的后果,则只要是同类即可,比如因违反交通规则而造成一人死亡、另一人重伤的情况。

综上,根据俄罗斯最高司法机关的立场,同时侵害两个以上被害人的行为,在具备上述所列条件时,即可认定为一罪。此种司法实践立场,从一方面看,是比较合理的,因为其以对两人以上所造成犯罪后果之间存在密切关系为依据;但从另一方面考量,此种立场所作的刑事法律评价,并没有顾及所实施行为相较于仅造成一人损害的行为而言具有重严重社会危害性的事实。基于此,有俄罗斯学者提出解决前述矛盾的路径,即将"针对两人以上实施"作为加重责任构成要件①引入《俄罗斯联邦刑法典》第 150 条"引诱未成年人实施犯罪"、第 151 条"引诱未成年人实施反社会行为"和第 318 条"对政权代表使用暴力罪"的罪状中,这样就可以根据被害人的数量对行为人的刑事责任进行细化。

(二)牵连犯去数罪化相关争议问题

俄罗斯刑法学中并没有"牵连犯"的专门法律术语,这里所说的"牵连犯"指的是俄罗斯联邦最高法院在司法实践中专门针对某类行为所制定的特殊定罪规则,即实施两个犯罪行为,并且其中一个行为是另一行为实施的目的,则根据俄最高法院的立场,此类行为不构成数罪。俄司法实践中,此定罪规则经常适用于一行为人实施伪造官方文件(《俄罗斯联邦刑法典》第 327 条第 1 款)及其后续的使用行为(《俄罗斯联邦刑法典》第 327 条第 3 款"使用明知是伪造的证件罪")的定罪。此

① 此种作为加重责任构成要件所涵盖的、针对若干被害人实施的侵害行为,必须是出于一个故意,如果是相反情形,则所实施行为应当作为数罪处理。

类情形下,实施第一个犯罪行为(伪造具有授权或免除义务性质的官方文件)的目的,是为了具有独立犯罪构成要件的第二个行为的实施(使用伪造的官方文件)。根据俄罗斯联邦最高法院在解决各具体个案中所体现出来的立场,此行为完全可以由《俄罗斯联邦刑法典》第 327 条第 1 款规定的"伪造官方文件罪"定罪处罚,不需要依照本条第 3 款的规定再另行定罪。[①]

针对俄最高法院在伪造证件及其后续使用行为的定性方面的立场,持反对意见的学者认为:该立场与犯罪构成理论学说不相协调,此其一;该立场有违某一犯罪构成法定要件是另一犯罪实施目的的其他犯罪行为的司法认定惯例,此其二。犯罪目的是实施犯罪的行为人所追求的希望结果实现的主观方面模式,[②]而如果其中一个犯罪实施目的得以确实实现是另一犯罪行为的构成要件,则完全可以得出,所希望犯罪结果的实现已超出了第一个犯罪构成的范畴,即其已不可能是第一个犯罪构成的要素,因此,应当对第二个犯罪行为进行独立的刑法评价。[③] 俄学界的立场在俄司法实践中对匪帮行为的定罪中被采纳。

俄罗斯联邦最高法院于 1997 年 1 月 17 日出台的《关于法院适用武装匪帮罪责任立法实践的全体会议决议》第 13 项作了这样的阐释:"《俄罗斯联邦刑法典》第 209 条规定了组建、领导和参加武装匪帮或其所实施的攻击行为的刑事责任,但并没有规定在攻击过程中匪帮成员实施的犯罪行为构成其他犯罪的责任,因此,此种情形下的行为人,应当遵循《俄罗斯联邦刑法典》第 17 条规定的数罪规则,依照本法典相应条文的规定分别对每个犯罪承担责任",换言之,匪帮目的的实现行为,即所实施的攻击公民或组织的行为,并不属于《俄罗斯联邦刑法典》第 209 条的规制范畴,应当对其进行单独定罪。

俄最高法院在牵连犯定性方面的数罪立场还体现在对《俄罗斯联邦刑法典》第 105 条第 2 款第 10 项所规定的为实施其他犯罪排除障碍的故意杀人行为的定性上。案情是这样的:犯罪嫌疑人甲以抢占一辆出租车供其游玩为目的,在路上劫停一辆出租车。他拿出一把刀并且要求司机乙下车,乙则捡起一根木棍开始向他挥舞,甲害怕乙妨碍他抢车,于是用刀刺杀了司机乙后夺走了乙的出租车。克拉斯诺边疆区法院于 2014 年 10 月 30 日对此案作出判决:甲实施了以排除其他犯罪障碍为目的的故意杀人罪,以及使用危害生命和健康的暴力实施了非法侵占交通工具

---

① 俄最高法院在此类案件方面的改判案例详见发生于彼尔姆州法院的案件:Постановление Президиума Верховного Суда Российской Федерации от 13ю06ю2007 № 655-П06 // Бюл. Верх. Суда Рос. Федарации. 2008. № 4; определеление Судебной коллегии по уголовным делам № 19/1-кп098-18сп по делу Топчигренко и др. // Бюл. Верх. Суда Рос. Федерации. 1999. № 10。

② Ивченко О. С. Проблемы мотива и цели убийства в уголовном праве России: дис. … канд. юрид. наук. М. , 2002. С. 8.

③ 这里的例外情况只能是那些具有选择性构成要件的罪名,比如《俄罗斯联邦刑法典》第 186 条第 1 款规定的"伪造货币或有价证券或者销售伪造的货币或有价证券罪"。

罪,因此,依照《俄罗斯联邦刑法典》第105条第2款第10项和第166条的规定,对甲进行数罪并罚。俄罗斯联邦最高法院刑事案件审委会维持了一审法院的判决。[①]从俄最高法院对于此案所持的立场看,其对实施故意杀人而扫除其他犯罪障碍的行为进行了单独的刑法评价,这与俄刑法学界的通说立场是完全相符的。[②]

综合俄学界主张与司法判例的立场,前述俄联邦最高法院关于一行为人实施的伪造证件及其后续使用假证的行为,依照俄刑法第327条第1款的规定,定性为伪造官方证件罪一罪的判例引起了俄学界的普遍质疑,因为根据俄学界通说立场,作为犯罪手段的伪造官方证件的犯罪行为,与作为犯罪目的的使用明知是伪造证件的犯罪行为,并不构成俄刑法中所规定的具有选择性要件的一罪的犯罪构成,因而此手段行为和目的行为应当认定为数罪,以伪造官方证件罪和使用明知是伪造的官方证件罪数罪并罚。

(三)针对前罪犯罪对象所实施行为的去数罪化相关问题

根据俄罗斯最高法院的立场,针对之前所实施犯罪之犯罪对象实施的犯罪行为不构成数罪,其中,行为人故意毁坏其所盗窃财物的行为即是此类典型案例之一。尽管此类行为具备《俄罗斯联邦刑法典》第167条所规定的"故意毁坏财物罪"的所有构成要件,但俄罗斯联邦最高法院对此类案件所持的一贯立场,是将此类行为按照盗窃罪一罪论处。比如,俄罗斯联邦最高法院出台的第356号《主席团会议决议》中就曾指出,毁灭所窃取的财物,并且此毁灭行为是行为人支配此财物的方式的,则行为人毁灭财物的行为不再依照《俄罗斯联邦刑法典》第167条第1款的规定另行定罪处罚。与此同时,根据俄罗斯立法规定,如果在实施盗窃、抢夺或抢劫的过程中实施了故意毁坏不属于侵占对象的被害人财物的行为,此与侵占他人财物相关的故意毁坏财物的行为则应当依照《俄罗斯联邦刑法典》第167条第1款的规定另行定罪处罚。

俄罗斯法院曾经有这样一个判例,甲、乙和丙抢了丁的小汽车,并且之后对此车进行了拆解。法院经审理认为,小汽车是抢劫的对象物,而之后的毁坏汽车零件和车厢的行为则是处置所抢财物的手段,所以三犯罪人的行为只构成抢劫罪一罪,

---

① Апелляционное определение Судебной коллегии по уголовным делам Верзовного Суда Российской Федерации от 26. 03. 2015 № 53-АПУ15-4 // СПС《КонсультантПлюс》.

② 持此种立场的代表学者主要有:Капинус О. С. Убийства: мотивы и цели. М., 2004. С. 136-138; Коробеев А. И. Убийство с целью скрыть другое преступление или облегчить его совершение // Категория《цель》в уголовном, уголовно-исполнительном праве и криминологии: материалы IV Российского конгресса уголовного права, состоявшегося 28-29 мая 2009 г. М.: Проспект, 2009. С. 524; Краев Д. Ю. Убийство с целью скрвть другое преступление или облегчить его совершение (п.《к》ч. 2 ст. 105 УК РФ) // Криминалист. 2012. № 2. С. 42-48。

而无需根据《俄罗斯联邦刑法典》第 167 条第 1 款的规定再另行定故意毁坏财物罪。① 此种司法裁判立场，在其后出台的俄罗斯最高法院的司法判例中均有所体现。②

俄罗斯刑法学界对于俄最高法院的上述立场，普遍采取的是一种默认的态度，即在论及此类案例的定性问题时，都援引俄最高法院的司法判例，即“故意毁坏犯罪所得财物的行为与之前攫取财物的行为之间不构成数罪”，只以侵占财物行为一罪论处。③ 然而，俄最高法院的此种裁判立场受到了俄学界的如下质疑。

第一，无论是否有人试图证明相反的立场，都必须承认的是，故意毁坏所侵占财物的行为都在侵占财物行为的犯罪构成的框架之外。在实施毁坏所侵占财物的那一时刻，侵财犯罪，无论从法律意义还是事实层面而言，均已告既遂，因为此时的行为人不仅具备使用和支配他人财物的可能，而且正在实现此种可能性。基于“犯罪人在犯罪既遂后所实施的行为不可能成为此既遂犯罪的构成要素”④的原理，故应当对所侵占财物实施的犯罪行为进行单独定罪。

第二，基于“盗抢型犯罪并不能终止所有权，被盗抢财物的所有权人仍然是所盗抢财物的合法所有人”⑤的道理，同时，盗抢者负有抑制阻碍所有权实现之行为的消极责任，并且因盗抢人的犯罪行为，又产生了一种积极责任，其中包括恢复被侵犯权利的义务。因此，盗抢后实施的故意毁坏他人财物的行为，就应当看作对源于所有权的义务的一种重复侵害行为，其社会危害性等同于盗抢行为，所以应当对盗抢后针对被盗抢的他人财物所实施的毁坏行为进行单独的刑事法律评价，即后续的毁坏行为与之前的盗抢行为进行数罪并罚。

第三，俄最高法院的前述判例所体现的立场，与其他处置赃物的犯罪行为的定性不相协调。以洗钱罪为例，所谓洗钱，即将行为人犯罪所得的金钱或财物进行合法化的行为，是对犯罪所得赃物的事后处置行为，而俄刑法对于此种处置犯罪所得

---

① Постановление Президиума Верховного Суда Российской Федерации № 356П04пр // Бюл. Верх. Суда Рос. Федерации. 2005. № 3.

② 例如，Постановление президиума Верховного Суда Российской Федерации № 255－П06（Обзор судебной практики Верховного Суда Российской Федеации за II квартал 2006 г. по уголовным делам // Бюл. Верх. Суда Российской Федерации. 2007. № 1）；Постановление Президиума Верховного Суда Российской Федерации № 57П11（Обзор судебной практики Верховного Суда Российской Федерации за второй квартал 2011 года // СПС《КонсультантПлюс》）。

③ Безверхов А. Г. Имущественные преступления. Самара：Изд－во Самарск. Ун－т，2002. С. 239；Бойцов А. И. преступления против собственности. СПб.：Юрид. центр Пресс，2002. С. 108；Сабитов Р. А. Теория и практика уголовно－правовой квалификации：науч.－практ. Пособие. М.：Юрлитинформ，2013. С. 389.

④ Козлов А. П. Единичные преступления：понятие，классификация，квалификация. Красноярск，2007. С. 210.

⑤ Лопашенко Н. А. Преступления в сфере экономики：авторский комментарий к уголовному закону. М.：Волтерс Клувер，2007.

赃物的行为却予以单独的刑法评价，即将其规定为独立的罪名（《俄罗斯联邦刑法典》第 174-1 条），也就是说，此种情形下后续的处置赃物的行为，与之前非法获取他人财物的行为构成数罪。[①] 申言之，在此类情形下，行为人通过实施犯罪的路径而获取金钱或其他财物的行为，与使用这些金钱和财物进行商业投资等行为，应当按照数罪论处，即构成受贿罪+洗钱、盗窃+洗钱或诈骗+洗钱等形式的数罪。除此之外，俄最高法院于 2002 年 3 月 12 日出台的第 5 号《全体会议决议》第 17 条还规定：盗抢、敲诈勒索武器、弹药、爆炸物和爆炸装置后，又对前述所列对象物持有、储存、销售的，构成数罪，依照《俄罗斯联邦刑法典》第 226 条"侵占或勒索武器、弹药、爆炸物或爆炸装置罪"与第 222 条"非法获取、移交、销售、储存、运送或持有武器、武器主要部件、弹药、爆炸物和爆炸装置罪"进行数罪并罚。[②]

针对俄司法实践在处理侵占型犯罪行为及其后续针对犯罪对象物所实施的犯罪后行为，构成一罪抑或是数罪问题的冲突立场，有学者提出将前后两个行为所具有的社会危害性程度进行比较，即如果犯罪后行为与犯罪行为相比较，前者小于后者，则不进行单独定罪（如盗窃后的毁坏财物的行为），反之，则进行单独的法律评价，即犯罪行为与犯罪后行为进行数罪并罚（如盗窃后的洗钱行为）。[③] 然而，持反对意见的学者则指出，如果从法定刑的角度进行社会危害性的衡量，则俄现行刑事立法第 167 条第 2 款规定的故意毁坏财物罪，与第 158 条（盗窃罪）、第 159 条（侵占罪）、第 160 条（诈骗罪）和第 161 条（抢夺罪）相应条款所规定犯罪相比较，前者的社会危害性是重于后者的，而洗钱罪与大多数侵占类犯罪相应条款的法定刑比较，则会出现前者在社会危害性方面轻于后者的现象。因此，以社会危害性大小作为标准衡量侵占类犯罪及其犯罪后行为是否构成数罪，看来是行不通的。

综上所述，俄司法实践与学界就侵占类犯罪及其犯罪后针对所侵占对象物实施的行为之间是构成数罪还是一罪的问题，并没有达成统一立场，学界对此争议更大，需要进一步深入研究。

---

① Бюл. Верх. Суда Рос. Федерации. 2005. № 1.

② Бюл. Верх. Суда Рос. Федерации. 2002. № 5.

③ Досаева Г. С. Проблемы квалификации множественности преступлений // полицейская и следственная деятельность. 2014. № 3. С. 46–47.

第十章　正当行为制度

第一节　正当行为制度概述

俄罗斯现行刑事立法第 8 章共用六个条文(《俄罗斯联邦刑法典》第 37-42 条)规定了“排除行为有罪性情节”,即我国刑法中的“正当行为”制度。《俄罗斯联邦刑法典》明确规定了六种可能会对某种利益造成损害,但却对社会有益和适当的行为。这些正当行为包括正当防卫(第 37 条)、拘捕犯罪人造成损害(第 38 条)、紧急避险(第 39 条)、身体或心理受到强制(第 40 条)、合理风险(第 41 条)、执行命令或指令(第 42 条)。前述规范中所列举的法定事由,旨在排除特定行为的社会危害性特征,同时赋予行为以社会有益的特质。有俄罗斯学者将此类规范称之为激励性规范,因为其旨在激发公民和护法机关工作人员,在执行职责义务、制止犯罪和其他违法行为,以及排除对个人、社会和国家利益产生威胁的某些特定场域中实施有益于社会的积极行为。

一、正当行为制度发展历程的历史追溯

俄罗斯刑法中的排除行为有罪性事由(正当行为),意指刑事立法所规定的、表面类似犯罪行为,但却不具有社会危害性的情况。在发展进程中的各个不同历史阶段,俄罗斯国家刑事立法关于正当行为制度的概念和范围的界定各不相同。其中,最先出现的正当行为制度是正当防卫。早在古罗斯时期,其具有法律里程碑意义的《罗斯法典》中,就曾出现过保护生命和财产的正当行为制度萌芽,但其规制的范畴相当有限,比如,有权打死夜间行窃的小偷、拘捕犯罪人和对其造成伤害的正当行为是有时间限制的,即这些防卫权只在黎明前才有权行使。之后直至《1649 年会典》的颁布实施,正当防卫权才得以进一步发展。

正如俄国法学家别尔林(А. А. Берлин)所言,“只有在《1649 年会典》以及之后出台的《军事条令》和《海事条例》中,我们才得以见到有关正当防卫制度相当详细的规定”。[①]

正当防卫问题在彼得一世时期的立法中,主要体现于 1716 年《军事条令》和 1720 年《海事条例》中的相应立法规定。如果说《1649 年会典》关于正当防卫制度的规定散见于不同条文和不同篇章中,则彼得一世时期的立法则首次为此制度制定了一个专有名称——“必要防卫”(нужное оборонение),并且“防卫”规则载于杀人一章,因为当时的正当防卫权被理解为杀死攻击者的权利。《军事条令》规定在生命受到侵害时可以进行正当防卫,而《海事条例》则规定在受到威胁健康的攻击时,就可以进行正当防卫。事实上,《军事条令》和《海事条例》中规定的正当防卫规则在俄罗斯一直沿用至今,即在具备这样一些条件时,可以进行正当防卫:其一,攻击应当是违法的并且是具有暴力性的行为;其二,攻击应当是无正当理由的,而攻击者没有权利受到保护;其三,攻击必须是迫在眉睫的,或者是刚刚开始且必须反击的行为;其四,防卫手段必须与攻击手段相适应。此外,只有当防卫人处于危及生命的危险状态时,才允许其使用所有可用的手段进行防卫。如果不具备前述所列的防卫条件,则会追究防卫者故意杀人或是故意伤害的刑事责任。这两个法令中并没有针对财产权的正当防卫规定,并且《军事条令》关于可以打死夜间入室行窃小偷之防卫权的规定是有限制的,即此种防卫实施的前提,只能是为了保护生命。

《1845 年刑罚与感化法典》关于正当防卫制度的规定,在其总则和分则中均有体现,其总则第 101 条、第 102 条规定了如下几个正当防卫的合法性条件。

第一,防卫手段应当与攻击手段相适应。只有在侵害人特别强大或者“攻击行为是一对一”且有生命危险的情况,防卫人才可以使用武器反击手无寸铁的攻击者。

第二,防卫行为只有是处于危险中的人实行的保护才是合法的,所以杀死逃跑的敌人被认为是违反合法防卫规则的。

第三,防卫人在其生命未受到威胁的情况下,应当尽量采取不伤害攻击者的“退让原则”。

可见,《1845 年刑罚与感化法典》关于正当防卫制度的立法规定,体现出防卫被动性的特点,当然,此部法典也进行了某些创新,即正当防卫不仅体现为对本人的保护,而且还包含了对他人的保护,并且无论是生命和健康受到威胁的情况,还是对妇女的贞洁和名誉进行侵害,均可以进行正当防卫。此外,此部法典还将盗窃和抢劫的财物规定为正当防卫的对象物,但此种情形下防卫人必须将其所实施防

---

① Берлин А. А. О необходимой обороне. Ярославль, 1911. С. 8.

卫的后果通报给自己的邻居和上级。防卫人有权在盗窃现场杀死或伤害小偷,即使当时小偷没有进行反抗。只有当防卫人不能即时求助于当地或最近当局保护的情况下,其伤害攻击者的行为才被认为是合法的。有关实施正当防卫的全部情况和后果,防卫人必须立即告知左邻右舍,并且第一时间将情况通报给最近的当局。如果防卫人在危险已经消失的情形下仍然伤害攻击者的,则其防卫行为被认定为滥用防卫权。

帝俄时代的《1903 年刑法典》对正当防卫概念的界定则更加广义,其关于排除行为不法性的事由,增加规定了执行法律和命令(如果命令不是明显的犯罪行为)以及紧急避险制度。与此同时,此部法典第 45 条则完全废除了正当行为的限制条件。这里需要指出的是,此部法典之所以无限扩张正当防卫限度的规定,其目的是为对侵犯私人财产行为进行暴力防卫提供合法依据。

苏联时期刑法中的正当防卫概念,源于对犯罪现象的唯物主义立场的解读,其最先出现于 1919 年《苏俄刑法指导原则》,即刑罚不适用于对攻击者人身实施暴力的人,如果这种暴力是使其本人或他人免遭暴力的必要手段,并且没有超过正当防卫的必要限度。此部法典并没有将拘捕犯罪人造成损害的情形规定为去罪化的正当事由。正当防卫的概念在之后颁行的 1922 年《苏俄刑法典》和 1924 年的《苏联及各加盟共和国刑事立法纲要》得到进一步发展。其中,《1922 年刑法典》第 19 条对正当防卫权的范围进行了适当扩展,即不仅可以对防卫者自身或他人进行防卫,而且还可以为保护他人的权利而进行正当防卫;1924 年纲要则首次在苏维埃刑法中将拘捕犯罪人规定为正当化事由,即在拘捕犯罪人时造成伤亡的,与正当防卫一样是合法行为,当然,若在拘捕犯罪人过程中超过了所必需的限度,也与防卫过当一样进行处罚。《1958 年苏联及各加盟共和国刑事立法纲要》有关正当防卫制度的规定,体现于 1960 年《苏俄刑法典》中,即正当防卫状态下实施的行为,不被认定为犯罪。

俄罗斯现行刑事立法——1996 年《俄罗斯联邦刑法典》,在吸收了俄罗斯之前刑事立法和司法实践中既已存在的正当防卫、紧急避险和拘捕犯罪人造成损害制度的同时,又增加了其他几种排除行为有罪性的事由:身体或心理受到强制、合理风险、执行命令或指令。至此,俄现行刑事立法中总共规定了六种正当行为。

二、正当行为的概念、法律属性及其相关争议问题

如前所述,俄现行刑事立法规定了六种正当行为类型,其中,2006 年 3 月 6 日颁行的《反恐法》第 7 条第 3 款规定了紧急避险的一种特殊情形:如果有关于可能使用航空器实施恐怖行动或劫持航空器的确实信息,并且在此种情形下已经穷尽了使航空器迫降的一切措施,而且存在致多数人死亡或发生生态灾难的现实危险,则俄罗斯联邦武装部队可以使用武器和军事装备击落航空器。可见,在此种情形

下，外部影响因素是恐怖分子劫持了航空器，显然，避险主体的被迫行为是前述行为所产生的选择性后果，即从“两恶”中选择其中较小的那些“恶”。同理，俄罗斯最高法院在正当防卫制度的审判实践中，也是先确定存在具有社会危害性的侵害行为（外部因素）的要求，而之后才对防卫的合法性进行评价。① 由此可见，排除行为有罪性事由，其最初始的前提应当是某些特定的外部因素，而正是这些外部因素成为否定对法律所保护利益造成损害行为之不法的法定条件。

马利宁教授（В. Б. Малинин）曾指出，正是“正在进行”和“现实性”这些特征，共同将“外部因素”变成了赋予行为人针对刑法所保护客体造成损害之非犯罪性的法律权利，此种情形下“外部因素”的界定内容，不仅包含他人的社会危害行为，而且也涵盖行为人自己的先行行为。②

前述所列事由的属性特征，体现为去行为犯罪性情况下造成损害，即此种情形下刑事责任根据处于一种缺失状态，因为行为本身不是犯罪，这也正是正当行为事由与《俄罗斯联邦刑法典》第 75-78 条规定的免除犯罪行为人刑事责任事由之间的区别所在。根据俄学界立场，排除行为有罪性的事由（正当行为事由）具有如下几方面特征。

第一，就事物本质而言，《俄罗斯联邦刑法典》第 8 章所规定的任何一种正当行为事由，均体现为外部因素对损害造成者所施加的影响，而这种外部因素应当具备“正在进行”的特征，即具备时间和空间参数，此其一；正当行为事由应当具备现实性，即外部因素的客观存在性，此其二。

第二，任何一种正当行为事由，都有其容许对刑法保护客体造成损害的特定标准，并且其最初始标准的决定因素，应当是某种事由的具备。

第三，造成损害行为的有罪性之所以能够被排除，正是因为刑法明确允许造成此种损害并进而使得行为人的致害行为不具有违法性特征。

第四，正当行为起初并不能排除犯罪事件的认定，因为此事件已然发生，造成损害的行为也已经实施完毕，其形式上已经实施完毕特定犯罪构成的客观方面内容。之所以不追究行为人的刑事责任，是因为其行为中不具备全部犯罪构成要件。

综上，俄学界将“排除行为有罪性事由”界定为：“在遵守合法性条件下，通过作用于行为人并因此而排除行为人对刑法所保护利益造成损害之违法性的外部因素”。③

在正当行为类型化特征方面，俄刑事立法及世界各国刑法中均有不同规定，比

---

① П. 2-5 Постановления Пленума Верховного Суда от 27. 09. 2012 № 19.

② Побегайло Э. Ф. Энциклопедия уголовного права. Т. 7：Обстоятельства, исключающие преступность деяния. Изд. Проф. Малинина. СПб：СПб ГКА, 2007. С. 28.

③ Капинус О. С. Актуальные проблемы уголовного права：курс лекций / Под ред. О. С. Капинус; Академия генеральной прокуратуры Российской Федерации. М. : Проспект, 2016. С. 259.

如，1960 年《苏俄刑法典》只有关于正当防卫和紧急避险的立法规范；《俄罗斯联邦模范刑法典》则以单独一章的形式规定了排除行为有罪性事由，第 48 条还以单独一条规范的形式对排除有罪性事由进行了明确界定，同时将其区分为这样几类：情节显著轻微的行为、正当防卫、拘捕犯罪人、紧急避险、身体或心理强制、合理职业风险、执行强制性命令；[①]《1991 年苏联及各加盟共和国刑事立法纲要》也以单独一章的立法模式规定了正当行为类型；其他独联体国家的《刑法典》在正当行为类型化路径方面，除了 1996 年《俄罗斯联邦刑法典》规定的六种正当行为外，还规定有实施侦查业务活动（《哈萨克斯坦共和国刑法典》第 34-1 条）、执行预防或侦破有组织犯罪团伙或犯罪组织犯罪活动的特殊任务（《乌克兰刑法典》第 43 条）、在共犯人中间执行特殊任务（《白俄罗斯刑法典》第 38 条）、行为情节显著轻微（《乌兹别克斯坦共和国刑法典》第 36 条）。[②]

俄刑法理论界，除了其现行刑事立法规定的六种正当行为以外，还持续探讨其他类型的正当行为，如被害人承诺、[③]执行法律、实施有益社会的专业职能、履行自己的权利、强制服从等。[④] 可见，俄刑法学界部分学者还是倾向于扩展正当行为类型立场的。[⑤] 与此同时，也有学者对正当行为类型扩张的应然路径提出了自己的观点，即认为对正当行为范畴的扩张应当持谨慎的态度，特别是对于那些具有完全不同社会法律属性而为司法者平添执法障碍的行为，则应当更加审慎，而对于诸如执行制止或侦破有组织犯罪团伙或犯罪组织犯罪活动特殊任务的事由，则应当纳入《俄罗斯联邦刑法典》第 8 章的规定。[⑥]

有关《俄罗斯联邦刑法典》第 8 章“排除行为有罪性情节”（正当行为制度）的司法实践表明，从 2009 年起法院所作出的以正当行为为出罪事由的裁定中，有 90% 是基于《俄罗斯联邦刑法典》第 37 条规定的正当防卫制度。根据有关俄罗斯具有普通管辖权法院的相关统计数据，2009—2011 年，基于俄刑法第 37 条规定被判无罪的有 162 人，而依据第 38 条（拘捕犯罪人造成损害）被判无罪的共 11 人；依据第 39 条（紧急避险）被判无罪的有 3 人；依据第 42 条（执行命令或指令）被判无

---

① Уголовный закон. Опыт теоретического моделирования. С. 120.

② Обстоятельства, исключающие преступность деяния: монография / под ред. С. В. Землюкова. Барнаул: Изд-во Алтайск. Ун-та, 2005. С. 15.

③ Блинников В. А. Система обстоятельств, исключающих преступность деяния, в уголовном праве России: дис. … д-ра юрид. наук. Н. Новгород: Нижегор. Акад. МВД России, 2002. С. 13.

④ Слуцкий И. И. обстоятельства, исключающие уголовную ответственность. Л.: Изд-во ЛГУ, 1956. С. 11-12.

⑤ 持此种主张的俄学者主要有：Орехов В. В. Необходимая оборона и иные обстоятельства, исключающие преступность деяния. СПб. Юрид. центр Пресс, 2003. С. 17; Меркурьев В. В., Юрманов И. В., Ермаков С. В. Обстоятельства, исключающие преступность деяния в деятельности сотрудников органов врутренних дел: пособие. Владимир, 2003. С. 104。

⑥ Капинус О. С. Актуальные проблемы уголовного права: курс лекций / Под ред. О. С. Капинус; Академия генеральной прокуратуры Российской Федерации. М.: Проспект, 2016. С. 260.

罪的有4人,而从2009年至2011年上半年,依据第40条(身体或心理受强制)和第41条(正当风险)而出罪的判决根本就没有。[①] 针对此种司法现状,俄最高司法机关基于为保护个人、社会和国家不受社会危害行为不法侵害而提供保障的目的,并且为了切实实现此项国家功能,俄罗斯联邦最高法院于2012年9月27日出台了第19号《全体会议决议》。根据此决议精神,为了实现保护个人、社会和国家的权利不受非法侵害之目的,不仅要规定哪些行为是犯罪,而且也要确定那些虽然造成损害但却是合法行为的根据,即此种合法行为所造成的损害,是针对的那些对受刑法保护的社会价值实施侵害的行为人的,其中包括正当防卫制度(第37条)和拘捕犯罪人事由(第38条)。

尽管俄最高司法机关对正当防卫权的实现问题予以相当多的关注,但司法实务中对于此类正当行为的错误认定却也是相当普遍的,其结果便是导致实施合法行为的人被追究刑事责任,这是对法制原则的违反。那些实施了正当防卫或紧急避险等正当行为的人如果被追究刑事责任,会给社会带来一系列严重损害,其中包括损害政府权威、强化法律虚无主义、对现实存在的立法规定产生怀疑、使得公民因惧怕自己利益受到威胁而弱化其坚持正义立场和放弃参与国家治理的愿望。此外,司法实践层面判断所实施行为中是否具备正当行为要件,以及在正当行为认定中,对于有益于社会的行为与刑法所规定的社会危害行为之间界限的界定问题,多数情况下均显异常复杂的现状。下面几节内容将会对俄现行刑事立法中所规定的各具体正当行为类型进行较为详细的阐释。

第二节 正当防卫制度及其相关争议问题

俄学界一般认为,正当防卫制度的社会法律意义及其法律属性的决定性因素,是将人身安全的含义界定为:人身受到保护以防止特定危险的侵害。与此同时,大多数学者将保障人身安全的重点预设为防卫措施的普适规定。[②]

适用一切不违反法律的方法保护权利、自由和合法利益的普适性规定,体现于《世界人权宣言》第7条、《公民权利和政治权利国际公约》第14条、《俄罗斯人和公民权利和自由宣言》第30条、《俄罗斯联邦宪法》第45条第2款,以及其他规定法案。其中,《保护人权和基本自由公约》(1950年)第2条第2款规定了三种剥夺他人生命的合法根据:其一,为保护任何人免受非法暴力而使用不超过绝对必要限

① Степалин В. П. Комментарий к постановлению Пленума Верховного Суда Российской Федерации о необходимой обороне // Уголовный процесс. 2012. № 11. С. 52-59.

② 参见 Долгова А. И. Здоровье нации и национальная безопасность как приминологическая проблемы. М. , 1995。

度的武力;其二,执行合法拘捕或制止依法关押人员脱逃的行为;其三,实施法律规定的镇压暴乱或叛乱的行为。

正当防卫制度的实质,体现为通过对攻击者造成相应损害的方式实施合法保护,以免受社会危害行为的侵害,那么,这里的合法性不仅指消极防卫行为(反抗或制止打击行为),也指积极防卫行为,即通过给侵害人造成损害而进行的防卫。俄现行刑事立法中有关正当防卫制度的立法规范,是俄《宪法》规定的一种实现方式,即每个人都有权使用法律所不禁止的一切方法保护自己的权利和自由(《俄罗斯联邦宪法》第45条第2款),其旨在为防卫人及他人的人身和权利的保护提供保障,以及对法律所保护的社会或国家的合法利益予以保护,以免受不法行为的侵害。

俄罗斯现行刑法(第37条)集中规定了不认定为犯罪的正当防卫行为的范畴,其不仅认可了处于正当防卫状态中的防卫人行为的正当性,而且将不法行为实施过程中针对侵害者直接造成损害的行为,也认定是正当防卫行为,其前提是只要防卫行为与侵害行为的性质和程度相适应。其中,防卫行为与侵害行为的性质和程度相适应,是防卫人行为合法性的认定标准。那么,正当防卫的合法性根据又是什么,即为什么刑法规定的犯罪行为,在正当防卫条件下就变成合法行为了呢?

根据法律规定,防卫意指进行保护,以免遭受社会危害行为的侵害,即正当防卫的目的,旨在保护那些社会着力强化和发展的社会关系,使其免受社会不法行为的侵害。正当防卫制度是为法秩序的稳固而服务的,因为它是反抗不法侵害的有效手段,同时也是公民对其权利和自由进行自卫的边界。此种权利的宣示,可以在思维领域起到抑制犯罪分子实施不法侵害行为的欲望,因为有时来自防卫人的即时而积极的反抗比将来可能受刑罚处罚更能对侵害人的心理产生影响。

在正当防卫的法律属性问题上,俄刑法学文献中体现出这样的立场,即《俄罗斯联邦刑法典》第8章规定的一切情形,均是排除行为违法性的事由,[①]与此同时,俄刑法理论界的通说立场主张:正当防卫是排除作为犯罪特征的社会危害性的事由。[②] 还有学者认为正当防卫属社会有益性事由。[③] 综合俄学界的前述立场,可以将正当防卫制度的法律属性概括如下几个方面。

第一,正当防卫是对法律保护利益,特别是对人的生命及其安全生存所实施的社会危害行为(不法侵害)的反应,是公民主观权利的实现。

第二,《俄罗斯联邦刑法典》第37条明确规定的、公民对于针对其人身不可侵犯性、权利和合法利益实施的任何犯罪侵害进行正当防卫的权利,是公民所拥有的

---

① Тер-Акопов А. А. Преступление и проблемы нефизической причинности в уголовном праве. М., 2003. С. 156.

② Келина С. Г. Принципы советского уголовного права / С. Г. Келина, В. Н. Кудрявцев. М.: Наука, 1988. С. 4.

③ Милюков С. Ф. Российское уголовное законодательство: опыт критического анлиза. СПб.: СПбИВЭСЭП; Знание, 2000. С. 94.

一项主观法律权利,此项主观权利对于个人与社会之间形成的重要社会关系领域具有调整作用。

第三,《俄罗斯联邦宪法》明确规定的公民自身所属权利和自由的自卫权,是对公民主观权利在法律保障方面的进一步巩固,并且是正当防卫制度产生的主要渊源,也是鼓励最广大居民同犯罪作斗争的重要条件。

第四,正当防卫是刑法规范明确规定的、排除有罪性的行为,因此,它不具有构成犯罪的必要要件。

俄罗斯刑法学界非常关注正当防卫制度的根据和成立条件问题的探讨。根据《俄罗斯联邦刑法典》第 37 条第 1 款的规定,正当防卫的实施,只能是为了防止社会危害行为的侵害,因此,社会危害行为的侵害(不法侵害)是正当防卫的根据之一。此外,还有学者认为,正当防卫的根据,除了前述提到的法律根据——实施社会危害行为,还应当具备事实根据——必须是为防止或制止社会危害行为的侵害而对侵害人即时实施的损害行为。[①] 如果前述两个根据缺失或是仅具备其中的一个根据,则不成立正当防卫权。可见,俄刑法中正当防卫的法律根据是社会危害行为的侵害,即如果所实施的行为不是社会危害行为,则其无论如何也不可能成为正当防卫权成立的根据。申言之,在法律所保护利益受到侵害的情形下,防卫人有权制止侵害,而这里所说的侵害应当是社会危害行为,即具有消极社会取向的行为。因此,这里所说的具有社会危害性的侵害,不仅指犯罪行为,而且还包括无刑事责任能力人、未达刑事责任年龄的人以及因事实认识错误而实施的侵害行为。

关于无刑事责任能力人以及未达刑事责任年龄人实施的社会危害行为的侵害是否成立正当防卫的问题,俄学界与司法实务界是存在争议的。俄罗斯联邦最高法院于 2012 年 9 月 27 日出台的第 19 号《全体会议决议》中专门对此问题进行了司法解释:无论侵害人是否被追究刑事责任,其中包括对处于无刑事责任能力状态的人或者未达刑事责任年龄的人所实施侵害进行的防卫,都是合法的(《全体会议决议》第 5 项)。换言之,俄最高法院《全体会议决议》并没有对正当防卫权的成立规定任何例外限制条件。

根据《俄罗斯联邦刑法典》第 37 条的规定,社会危害行为侵害的客体,是防卫人或他人的利益,以及社会和国家的利益。此处所涉及利益的最凸显特征,是受法律保护,即侵害客体只能是法律所保护的利益。防卫人及他人的人身利益,首先指的是人的生命和人生存的安全条件(健康、人身和性自由、荣誉和尊严、财产以及人的其他权利和自由);社会利益意指公共安全和社会秩序、公民的安宁以及公共财产的安全等;法律所保护的国家利益则体现为多面性特征,既指国家的外部安全和国防力量,也包括国境的不可侵犯、保守国家和军事秘密等。可见,作为侵害客体

---

① Баулин Ю. В. Обстоятельства, исключающие преступность деяния. Харьков, 1991. С. 17–18.

的被保护利益的范畴，其实是不可胜数的。

俄罗斯刑法并没有对作为正当防卫法律根据的、社会危害行为侵害的客观要件进行明确界定，因此，多数学者认为其应当体现于攻击行为当中，[①]然而，俄刑事立法并没有将正当防卫的法律根据仅仅局限于攻击行为，故有俄学者提出，社会危害行为侵害的客观方面要件，既可以体现于攻击行为，也可以体现于不具有攻击性质的其他行为。

社会危害行为侵害，可以是行为人直接实施的，也可以是行为人利用各种工具、动力机制、动物等实施的，并且在其他同等条件下，利用他物实施的侵害行为具有更严重的社会危害性。同时，社会危害行为可能发生在各种不特定地方或任意时间段内，而正当防卫所针对的社会危害行为只能是已经开始了的侵害，即侵害已经存在或是立即会发生，即只有对现实存在社会危害行为的侵害（реальность）且侵害正在发生（наличность）的条件下进行的防卫行为，才能够认定为正当防卫。有学者认为，“正在发生”是任何一种社会危害行为均具备的属性，因此不需要进行特别探讨，而将侵害发生的时间与防卫的即时性特征相互关联则是合理的。所谓防卫的即时性，指的是正当防卫只能在侵害人所实施的侵害行为发生的时间界限内才得以成立，即正当防卫应当具有即时性（своевременность）。[②]

前述俄最高司法机关所作的司法解释（2012 年 9 月 27 日的《全体会议决议》）还向所有审级的法院阐明：“此外，这种侵害还指实施其他行为（作为或不作为）的情况，其中包括《俄罗斯联邦刑法典》分则规定的过失犯罪情形，即此种行为尽管没有伴随暴力因素，但就其内容而言可能通过对侵害人正当防卫的路径予以防止或制止，此类侵害行为主要指故意或过失毁坏财物、破坏生活保障设施、交通工具或通讯线路等行为。”

可见，正当防卫的法律根据是：行为人所实施的、侵害法律所保护的防卫人及他人的人身利益或权利、社会利益或国家利益的社会危害行为（作为或不作为）。然而，此种侵害行为并不总是得以建构对侵害人造成损害的充足根据，因为正当防卫只是人的一种主观权利，而且此主观权利与可能对侵害人的人身及其权利、利益造成损害之间密切相关。如果一个人决定通过对侵害人造成损害的路径达到制止侵害的目的，则此项权利应当受到某种限制，即公民同反社会现象作斗争必须具有充足理由，并且其行为应当在合理的限度内。公民正当防卫权的此种限制，构成正当防卫的第二个根据，确切而言，这里指的是防卫人在受攻击时造成侵害人损害的行为，必须具有必要性，即只有具备此种特殊必要性的情况下，给侵害人造成损害

---

① Блум М. И. Некоторые вопросы необходимой обороны // Учен. Зап. Латв. Гос. Ун-та. М. П. Стучки. Рига, 1962. Т. 44. С. 46.

② Дмитренко А. П. Пределы правомерности права на необходимую оборону. Ставрополь, 2000. С. 67-70.

的防卫行为才是合法的。关于社会危害行为侵害的起始时间问题,俄多数学者认为,应当以侵害所造成的现实危险性和即时采取反应措施的必要性为根据予以确定。①

除了前述正当防卫成立的法律根据外,俄罗斯学界与司法实务界还着重于正当防卫事实根据的研讨。这里所讲的"事实根据",意指对侵害人造成损害的必要性,即必须采取即时措施,以防止或制止被侵害人所面临的生命危险或受伤害的威胁。事实根据与正当防卫情状产生之间存在直接的联系,即正是因为实施了侵害法律所保护关系和人身利益的社会危害行为,才使得公民决定保护这些利益,从而产生了及时对侵害人造成损害以制止侵害为目的的必要性。

《俄罗斯联邦刑法典》第37条关于正当防卫制度的规定,及于俄刑法效力范围内的所有人,无论其从事哪种职业,或者具有什么样的专业能力和处于什么样的职务地位,也无论防卫人是为了保护自己本人或他人权利、抑或是社会或国家的利益。此外,正当防卫还同样适用于有可能避免社会危害行为侵害或是防卫人有可能向他人或权力机关求助的情况。②

正当防卫的主体,可以是遭受侵害的被害人本人,也可以是侵害行为的目击者。保护合法权益免受社会危害行为侵害的主体,可以是一个主体,也可以是多个主体。

至于对侵害人造成损害的行为,只有在防卫人遵守可容许条件的情况下,才是合法的行为,③即成立正当防卫。这些条件通常由法律予以规定,其中的某些条件由法律明确规定,另外一些条件则由司法实践根据法律和刑法理论予以阐释。俄刑法理论界一般将成立正当防卫的条件称为"正当防卫的合法性条件"。俄多数学者将此合法性条件分为两种:一是相对于侵害(攻击)行为而言的合法性条件;二是从保护角度而言的合法性条件。与此同时,俄学界还存在一种不太被普遍认可的合法性条件分类法,即将正当防卫的合法性条件区分为正当防卫权产生、终止的条件和决定防卫性质和界限的条件。④ 对此持反对立场的学者则指出,此种分类法完全是人为的,⑤并无实质意义。俄罗斯司法实践中并不使用"合法性条件"这样的术语表达,只是在极少数情况下,其法律文件中会特指其中的一个条件,但将其称为"侵害的现实性"(реальность и действительность посягательства)。此外,俄司

---

① Шавгулидзе Т. Г. Основание правомерности по советскому уголовному праву. Тбилиси, 1962. С. 46.

② 参见 п. 1 Постановления Пленума Верховного Суда Российской Федерации от 27. 09. 2012 № 19。

③ Блинников В. А. Указ. Соч. С. 115-118.

④ Кириченко В. Ф. Необходимая оборона и задержание преступника // Сов. Милиция. 1906. № 11. С. 40.

⑤ Тишкевич И. С. оборона от общественно опасного посягательства и меры по задержанию преступника: автореф. Дис. … д-ра юид. Наук. Минск, 1969. С. 48-49.

法实践中在表述正当防卫的属性特征时，经常会使用这样一些术语："正当防卫要件特征"和"防卫过当要件特征"。

从《俄罗斯联邦刑法典》第 37 条规定的内容看，正当防卫的合法性条件，应当是在对不伴随危及防卫人或他人生命暴力的侵害进行防卫时，不应当超过必要限度，即俄刑法第 37 条第 2 款所规定的正当防卫的成立要件，是所采取的防卫行为应当与侵害行为的性质和危险性相当，否则防卫行为便不具有合法性条件。总体上讲，正当防卫情形下对侵害人造成损害行为的合法性条件，可以根据侵害性质的不同分为两种：一种是危及防卫人或他人生命的侵害；另一种是不危及防卫人或他人生命的侵害。

根据《俄罗斯联邦刑法典》第 37 条第 1 款的规定，伴随着危及防卫人或他人生命暴力的社会危害行为的侵害，是指在其实施时对防卫人或他人的生命造成现实危险的行为。此种侵害行为的存在主要体现为：(1)所实施的伤害行为对防卫人或他人的生命造成现实威胁（比如，伤害的指向是危及生命的重要人体器官）；(2)所使用的暴力手段对防卫人或他人的生命产生直接威胁。比如侵害者明确作出立刻对防卫人或他人造成危及其生命伤害行为的，或是攻击者展示出其用作武器、爆炸装置的物品的，如果结合当时的具体情况有理由担心此种威胁发生的情况。[①]

处于冲突当中的人，一般很少能保持冷静的心态，他们的行为往往被强烈的消极情绪所控制，这些消极情绪（恐惧、愤怒、盛怒）有时会导致行为人情绪失控（激情状态）。因此，参与冲突的主体通常会身处伴有风险的选择境地，而此种情形下所做出的选择，不总会是以冷静、理智、深思熟虑的心态或是经过权衡后才作出的。有关冲突过程中行为人的主观心理感受因素，在之前的俄罗斯刑法中所规定正当防卫制度的规范中从来都没有涉及，直至 2003 年 12 月 8 日颁行的《关于俄罗斯联邦刑法典修订》第 163 号联邦法律才改变了此种立法现状。此部联邦法律对《俄罗斯联邦刑法典》第 37 条进行了补充规定，即增加规定了该条第 2-1 款："如果防卫人因突发的侵害而无法对攻击的危险性程度和性质客观地作出评价，则其行为不构成防卫过当。"至于侵害行为对于防卫人来讲是否为突发行为，从而使其无法对攻击行为的危险性程度和性质作出客观评价的问题，执法人员为此应当对侵害发生的时间、地点、环境和方式，侵害发生前的事件，以及防卫人当时的情绪状态（恐怖、害怕、袭击时的慌乱等）予以着重考察，最终根据案件的具体情况来判断侵害行为是否为事发突然，比如，夜间入室盗窃，而防卫人因害怕而不能对侵害的危险性程度和性质作出客观评价的情况。[②]

---

① 此为俄罗斯联邦最高法院于 2012 年 9 月 27 日出台的第 19 号《全体会议决议》第 2 项规定的内容。参见 п. 2 Постановления Пленума Верховного Суда Российской Федерации от 27.09.2012 № 19。

② 俄罗斯联邦最高法院于 2012 年 9 月 27 日出台的第 19 号《全体会议决议》第 4 项规定的内容。参见 п. 4 Постановления Пленума Верховного Суда Российской Федерации от 27.09.2012 № 19。

根据俄现行刑事立法的规定，在对伴随危及防卫人或他人生命的暴力，或者以使用这种暴力直接威胁的社会危害行为的侵害进行防卫时，以及《俄罗斯联邦刑法典》第 37 条第 2-1 款所规定的情形，防卫人有权对侵害人造成任何性质和程度的损害，即这些情形下不存在防卫过当，[①]这类似于我国刑法规定的特殊防卫。

俄罗斯刑法对于继续犯（持续犯）或连续犯情形下正当防卫的认定问题，其防卫时间的标准是此类情形下正当防卫权一直持续至侵害行为终了之时，比如，非法拘禁罪、劫持人质罪、折磨罪等。如果所涉及的侵害行为是《俄罗斯联邦刑法典》分则明文规定的罪名，而侵害行为在法律上的既遂时间与其行为实际终了的时间不相符的，则正当防卫权持续至侵害行为实际终了之时。此外，下列几种情形也可以成立正当防卫。

其一，侵害行为结束后的防卫行为，其成立的条件是，根据当时的情况，防卫人并不能够清楚地判断侵害行为已经结束，并且行为人错误地认为侵害仍在继续。

其二，社会危害行为的侵害尚未终止，而从防卫人的角度明显地感到，侵害人是为了创造更有利于继续实施侵害的环境或基于其他原因而只是暂时中止侵害的情况。

其三，用作侵害工具的武器或其他物品，从侵害人手里转移至防卫人的事实本身，并不能证明侵害的结束，而如果从攻击的强度、侵害人数量及其年龄、性别、身体发育等情况，可以判断出此侵害的现实威胁仍然继续存在的情况。

与前述成立正当防卫的情形相对应，下列情形则不构成正当防卫。

其一，防卫挑拨。如果是由于行为人的挑拨而引起他人的攻击，而行为人以此为理由进行防卫的，则此种情形下行为人的行为依照刑法立法的一般根据进行定罪处罚。

其二，尽管所实施的侵害行为形式上含有《俄罗斯联邦刑法典》所规定的某种行为的构成要件，但防卫人明知此侵害行为因情节显著轻微而不具有社会危害性，却仍然对侵害人造成损害的，则不属于正当防卫。

俄罗斯现行刑事立法关于正当防卫制度的规定表明，只有对伴随不危及防卫人或他人生命暴力的社会危害行为的侵害进行防卫的情况下，才存在防卫过当问题，比如，殴打行为、轻伤害或中等严重伤害行为、使用不危及生命或健康的暴力而实施的抢夺行为等。换言之，在前述情形下，防卫者只有在防卫过当的情况下，才应当为其所造成的损害承担刑事责任，即根据案件情况能够确定，防卫人所使用的防卫方式和手段，超过了《俄罗斯联邦刑法典》第 37 条第 2 款所规定的侵害行为的危害性性质和程度，并且根本没有必要故意造成侵害人的重伤或死亡。此种情形下追究防卫过当刑事责任的前提，是应当根据案情得以确定防卫人认识到其所造

---

① 俄罗斯联邦最高法院于 2012 年 9 月 27 日出台的第 19 号《全体会议决议》第 10 项规定的内容。参见 п. 10 Постановления Пленума Верховного Суда Российской Федерации от 27. 09. 2012 № 19。

成的损害,对于防止或制止特定社会危害行为的侵害不具有必要性。如果超过正当防卫必要限度,故意重伤侵害人致其死亡的,则只能根据《俄罗斯联邦刑法典》第114条第1款规定的“超过正当防卫限度严重损害他人健康罪”定罪处罚;如果只是对侵害人故意造成中等严重损害健康或轻伤害,抑或只是对侵害人实施了殴打行为,以及出于过失而给侵害人造成任何伤害的,只要这些行为是防卫人出于对社会危害行为的侵害所作出的反应,则不追究防卫人的刑事责任;在多个行为人实施侵害的情况下,防卫人有权对其中任何一个侵害人采取防卫措施,而且其防卫行为的强度,应当与整个团伙行为的性质和危害性相当。在判断是否构成防卫过当时,应当着重考察以下几方面因素。

第一,侵害客体的属性。

第二,侵害人所选择的达成其目的的方法、侵害行为实施完毕可能造成后果的严重程度、为防止或制止侵害行为是否有必要造成侵害人的死亡或重伤。

第三,侵害行为实施的时间和地点、侵害行为发生之前的事件、侵害的突发性、侵害人和防卫人的数量、是否使用武器或其他物品作为行为工具。

第四,防卫者是否具备反击侵害的能力(可以从其年龄和性别、身体和心理状态等因素予以考量)。

第五,能够对侵害者和防卫者的力量的实际比照产生影响的其他因素。

根据俄罗斯联邦最高法院2012年所作的司法解释,法院认定被告人的行为属防卫过当的,不能只援引法律的一般规定,而应当在判决中引证针对案件所确证的、能够证明防卫行为明显与侵害行为的性质和危害性不相符的案情,为自己所作的判决结论说明理由。

俄罗斯刑法中的假想防卫。所谓假想防卫,是指实际上并不存在社会危害行为的侵害,而行为人错误地认为存在此侵害。俄罗斯司法实践中对假想防卫的处理方式分为以下几种情况。

第一,当时的情况让人有理由相信正在实施现实的社会危害行为,并且行为人并没有意识到且也无法意识到此种侵害不存在,从而采取了防卫措施。此种情形下行为人的行为应当认定为正当防卫。如果行为人在进行防卫时超过必要限度,而且相对应的现实的侵害行为是不伴随威胁防卫人或他人生命以及使用此种暴力直接威胁的,则行为人应当承担防卫过当的刑事责任。

第二,如果根据当时的情况,行为人应当并且也能够意识到不存在现实的社会危害行为侵害,但却没有意识到,则其行为应当依照《俄罗斯联邦刑法典》相应条文规定的过失犯罪承担责任。

第三,如果社会危害行为的侵害实际上并不存在,并且当时的环境也不能使行为人有理由认为此种侵害的发生,则行为人的行为应当依照俄刑法一般规定予以定罪处罚。①

根据俄罗斯最高法院2012年的第19号《全体会议决议》第17项的规定，正当防卫规则扩展适用于使用自动触发装置或自主操作设备实施侵害的情形，即此种情况下为防卫刑法所保护的利益不受社会危害行为的侵害，可以进行正当防卫。如果此种情形下对侵害人造成的损害，明显地与侵害的性质和危害性不相适应，则所实施的行为应当认定为防卫过当；如果此类装置或设备在开始运转时并不存在社会危害行为侵害的发生，则所实施的行为应当依照俄刑法的一般规定定罪处罚。

下面我们就俄司法实践中对负有特定职责义务的人正当行为制度的适用问题进行简要探讨。这里主要指执法机关工作人员、军人以及俄法律允许使用武器及其他装备的人员，即他们在履行联邦法律所赋予的职责过程中所实施行为的合法性问题。在此类人员制止社会危害行为的侵害过程中，或是在拘捕犯罪人时，使用武器或装备造成侵害人损害的情况下，若在制止侵害过程中遵守俄相应法律所规定的武器使用程序，则其所实施行为就具有合法性，否则即属违法甚至会被追究刑事责任。具体而言，可分为以下几种情况。

（1）根据《俄罗斯联邦刑法典》第37条第3款规定的含义，执法机关工作人员、军人在制止社会危害行为的侵害过程中，造成侵害人损伤的，则其行为应当按照正当防卫规则予以评价。

（2）如果此类人员为履行其法定职责，在制止社会危害行为的侵害或是拘捕犯罪人过程中，违反武器、装备使用规则而造成侵害人伤亡的，则应当依照《俄罗斯联邦刑法典》第108条或第114条的规定承担“超过正当防卫限度或超过拘捕犯罪所必需方法的杀人罪”或“超过正当防卫限度或超过拘捕犯罪所必需方法而严重损害他人健康或中等严重损害他人健康罪”的刑事责任。

（3）若前述行为的实施并非属于其法定职责范畴，则行为人应当依照《俄罗斯联邦刑法典》第286条规定的“逾越职权罪”承担刑事责任。

（4）如果侵害发生时情况特别危急，即不使用武器进行制止则会使多数人的生命受到威胁或者引起其他严重后果（比如发生生态灾难、大规模骚乱等），则执法人员或军人违反武器或装备使用规则而造成侵害人损害的行为不构成犯罪。

第三节　拘捕犯罪人造成损害正当化事由及其相关争议问题

如果侵害已经终止、被制止或者已经结束，并且防卫人也认识到此时采取防卫措施已丧失必要性，防卫人仍然对侵害人造成损害的行为，不能认定为正当防卫。

① 俄罗斯联邦最高法院于2012年9月27日出台的第19号《全体会议决议》第16项规定的内容。参见 п. 16 Постановления Пленума Верховного Суда Российской Федерации от 27. 09. 2012 № 19。

在此种情形下,根据案件的特定情况,可能引起两种不同的法律后果:一是将对侵害人造成损害的行为认定为《俄罗斯联邦刑法典》第 38 条规定的“拘捕犯罪人造成损害”的正当行为;二是防卫人根据刑法的一般规定承担相应刑事责任。与此同时,如果在拘捕过程中被拘捕者又实施具有社会危害性的侵害行为,其中包括伴随危及拘捕者或他人生命的暴力或者使用此种暴力直接威胁的,则针对被拘捕者造成损害的行为,应当认定为俄刑法第 37 条规定的正当防卫。

拘捕实施了犯罪的人,以便将其押送权力机关的行为,是保障刑事责任不可避免性以及防卫犯罪人实施新罪的一种手段。1996 年《俄罗斯联邦刑法典》出台以前,俄刑法立法中并没有将“拘捕犯罪人造成损害”规定为正当行为制度的法定事由。即使是俄现行刑事立法已经将其纳入正当行为范畴,俄学界对于拘捕犯罪人造成损害是否应当作为一项独立的正当行为制度予以规定的问题,仍然存在较大争议。俄多数学者认为,拘捕犯罪人造成损害的行为不是正当防卫,但就其法律后果而言又等同于正当防卫制度,[①]然而,此种立场的拥护学者也承认,这两种现象是不可能等同的。因此,拘捕犯罪人造成损害制度与正当防卫制度在法律属性上是不同的,据此其合法性根据也各不相同。[②]

俄刑法学者扎戈罗德尼科夫(Н. И. Загородников)认为,拘捕犯罪人是排除行为社会危害性和违法性的独立法定事由……其在法律标准方面的特征与正当防卫制度所固有的特征相同。[③] 与此同时,有学者指出,虽然拘捕犯罪人造成损害制度在某些特征方面与正当防卫制度相符,但此制度从整体上所体现出来的本质属性却是独具特色的,因此,应当将此制度与正当防卫制度同等地规定为认定公民合法行为的法定事由。此外,还有学者认为,拘捕犯罪人造成损害的行为,作为排除行为的社会危害性和违法性事由,其应当满足紧急避险的成立条件。[④] 俄学者巴乌林(Ю. В. Баулин)则指出,“这样解决问题是自相矛盾的,一方面确认拘捕犯罪人是排除刑事责任的独立事由,而另一方面又主张此类行为应当与紧急避险规则相适应”[⑤]。沙夫古利泽(Т. Г. Шавгулидзе)在批判前述立场时也指出,“既然认为拘捕犯罪人是一种紧急避险行为,则再将其规定为排除行为社会危害性的独立法定事

---

① 这方面的代表学者有:Кириченко В. Ф. Необходимая оборона и задержание преступленика // Сов. Милиция. 1966. № 11. С. 35-36; Пионтковский А. А. Учение о преступлении по советскому уголовному праву. М. , 1961. С. 492; Тишкевич И. С. Оборона от общественно опасного посягательства и меры по задержанию преступника: автореф. Дис. … д-ра юрид. наук. Минск, 1969. С. 35; Бородин С. В. Квалификация убийства по действующему законодательству. М. , 1966. С. 159-161;等等。

② Бушуев Г. В. Социальная и уголовно-правовая оценка причинения вреда преступнику при задержании. Горький, 1976. С. 10.

③ Загородников Н. И. Указ. Соч. С. 108-109.

④ Слуцкий И. И. Указ. Соч. С. 60-61. С. 17.

⑤ Баулин Ю. В. право граждан на задержание преступника. Харьков, 1986.

由便没有意义”①。

根据俄罗斯当代刑法学界的通说立场,20 世纪 70 年代所提出的将拘捕犯罪人作为合法行为的独立类型,即将其看作排除行为有罪性的独立事由的主张是最合理的,②此问题也因此越发具有现实性,直至俄现行刑事立法将其规定为独立的正当行为事由(《俄罗斯联邦刑法典》第 38 条)。根据俄学界立场,拘捕犯罪造成损害的立法规定并不是一般规则的例外,而应当是以相应形式予以明确规定的普遍权利,即任何人都有权以暴力方法制止意图逃避刑事责任的犯罪人,因此,拘捕犯罪人是任何一位公民的权利(“人民权利”),而不仅仅是具有特定职务、拥有特定职权者的权利(责任)。③ 俄罗斯联邦最高法院 2012 年 9 月 27 日的第 19 号《全体会议决议》第 19 项对前述学界立场进行了确认,即根据此项规定,拘捕犯罪人的权利,不仅属于权力机关的代表,也属于其他人群,其中包括被害人、犯罪的直接目击者以及确知犯罪实施的人。前述所列人群在其拘捕犯罪人造成损害的情况下,均可以适用《俄罗斯联邦刑法典》第 38 条规定。

俄刑法规定的拘捕犯罪人制度中的“拘捕”行为,既可以是暴力行为,也可以是非暴力行为,但其前提是必须伴随某种损害。这里的损害既包括身体损害、财产损害,也包含精神损害,因为使用对犯罪人施加心理压力的非暴力方式所实施的拘捕行为,首要的作用是能够使犯罪人丧失按照自己意愿支配自己行为的能力。④

《俄罗斯联邦刑法典》第 38 条规定的“损害”一词,其立法要旨应当是一个概括式的集合概念,意指拘捕所造成的身体、物质和精神(心理)方面的后果。此内涵要旨在俄司法实践中得以全面体现。⑤ 可见,拘捕犯罪人造成损害,对于被拘捕者而言是一种不利后果,但却是保障拘捕这一合法行为得以实现的手段,其拘捕行为的目的是将“罪犯”送交权力机关。俄多数学者认为,立法中有关“犯罪人”(лицо, совершившиее преступление)术语的使用并不适当,因为:首先,行为人在被拘捕时,基于无罪推定原理将其称为“罪犯”在法律上是不可能成立的;其次,即使行为人实施社会危害行为是显而易见的,被拘捕者还可能因其未达刑事责任年龄或不具有刑事责任能力,而不具备适格犯罪主体所需条件的情况。

---

① Шавгулидзе Т. Г. Указ. Соч. С. 187.

② 这一时期持此种立场的代表学者主要有:Бажанов М. И. Проблемы совершенствования Общей части Уголовного кодекса. М. , 1975. С. 200; Бушуев Г. В. Указ. Соч. С. 10-11; Дагель П. С. , Котов Д. П. Субъективная сторона преступления и ее установление. Воронеж, 1974. С. 60; Побегайло Э. Ф. О юридической сущности действия, направленных к задержанию преступника // Вопр. Укрепления соц. Законности и правопорядка: Тр. Воронеж. ун-та. Воронеж, 1970. Т. 88. С. 179-188。

③ Кибальник А. Г. , Соломоненко И. Г. Практический курс уголовного права России. Ставрополь, 2001. С. 129-130.

④ Блинников В. А. Указ. Соч. С. 181.

⑤ 参见 БВС СССР. 1957. № 3; С. 17; Архив Ленинского районного суда г. Владимира. Дело № 32-215/00, 2000 г. ; Архив Октябрьского районного суда г. Владимира. Дело № 51-77/01, 2001。

拘捕行为人的行为,是被迫对实施了社会危害行为的人造成刑法意义上损害的一种情状,其中,作为给行为人造成损害具有合法性之前提的"外部因素",是行为人已实施的行为本身。因此,刑事立法赋予公民以拘捕犯罪人为目的而造成损害的权利,其实质是集社会和执法部门之合力,以实现有效打击犯罪的目的。国家赋予公民具有使用暴力拘捕犯罪人的权利,既是为了使公民免受未来可能发生的犯罪侵害,同时也是公民权利和自由得以全面实现的必要手段。①

拘捕犯罪人之合法行为的社会有益性,不仅体现于其可以制止已然发生的犯罪,而且在诸多情况下还可以防止新罪实施,同时也是保障对犯罪人予以刑事追究以及赔偿其所造成损失的有效手段。拘捕犯罪人造成损害的行为,其实质内涵不仅仅在于此种损害行为不具有社会危害性,更重要的是此类行为所体现出来的正面的社会价值观,而此种社会价值观的决定性要素,应当是此类行为之客观有益结果及其体现于拘捕人意识当中的价值取向。② 为拘捕犯罪人而采取措施的行为,作为公民的一种自卫手段,还具有重要预防意义,因为犯罪人可能会因为惧怕被拘捕时受到身体伤害,甚至面临死亡威胁或者受到刑罚处罚,而抑制自己的犯罪想法,不去实施犯罪。③ 因此,公民、公众代表以及权力机关代表基于立即拘捕犯罪人的目的而实施的行为,是与犯罪分子作斗争的一种行之有效的路径。基于此,可以将俄刑事立法中所规定的拘捕犯罪人的正当行为制度属性概括为以下两个方面。

第一,拘捕犯罪人行为的社会本质属性,体现于此类行为不仅不是社会危害行为,而且是具有正面社会价值的行为。拘捕犯罪人制度是俄罗斯刑法调整机制中的必要要素,其任务是对公民自卫和拘捕犯罪人的社会有益行为,与给公民的权利和利益造成损害的违法行为之间进行界分。因此,此种正当行为是打击犯罪的主要制度之一,其旨在制止威胁其生命与安全方面帮助守法公民树立积极生活立场。

第二,对于实施了《俄罗斯联邦刑法典》所规定社会危害行为的人进行拘捕时,造成被拘捕者损害的行为,是一种具有独立性质的公民自卫手段,其之所以对行为人造成损害,是因为要阻止行为人再实施新的犯罪并将其送交权力机关,据此排除了其社会危害性和违法性,因此拘捕者无需对所造成的损害承担刑事责任或其他法律责任。

俄罗斯学界一般认为,拘捕犯罪人造成损害行为,只有具备如下几项条件,才能认定为合法。

---

① Донец Е. В. причинение вреда при задеражании лица, совершившего преступление в процессе отбывания наказания в виде лишения свободы: дис. … канд. юрид. наук. Рязань: Акад. Права и управления Минюста России, 2004. С. 8.

② Коробицин И. В. Причинение вреда при задержании лица, совершившего преступление, как обстоятельство, исключающее преступность деяния: дис. … канд. юрид. наук. М. , 2002. С. 156-158.

③ Сичинава И. Р. Причинение вреда при задержании лица, совершившего преступление (уголовно-правовые аспекты0: дис. … юрид. наук. Ростов Н/Д, 2002. С. 12-13.

(1)造成损害的对象,只能是实施了明显具备犯罪要件的社会危害行为的人,因为所造成的损害应当与所实施行为的严重性相适应。

(2)拘捕犯罪人权利的产生时间,应当是在犯罪侵害已完成或者在预备阶段中断和因追诉时效届满而终止的时间段内。

(3)损害所针对的只能是实施了犯罪且逃避司法追诉的行为人本人,不能是第三人,因为法律禁止因此而对犯罪分子的亲属或朋友造成损伤,禁止以限制前述人员人身自由的方式以达到罪犯向权力机关自首的目的。

(4)造成损害的行为,应当是抑制犯罪人并将其送交执法机关的唯一手段。

(5)公民自卫权的实施,其目的应当是制止被拘捕者再犯新罪以及将其送交权力机关。

(6)拘捕犯罪人对其所造成的损害,不应当超过拘捕所必需措施的限度。基于此,侦查机关和司法机关应当从案件具体情况出发,充分考量所实施犯罪的危害性、被拘捕者的人身危险性、行为人的自身力量及其所使用的攻击工具、行为人的反抗程度、拘捕时的环境及其他情况。[①]

俄学界对于实施拘捕行为是否允许剥夺犯罪人生命的问题,是存在争议的。有学者认为,因为拘捕犯罪的目的是要将其送交司法审判,所以为在拘捕过程中造成被拘捕者死亡的情况是不允许的;[②]另有学者则指出,在不存在活捉危险罪犯的特殊情况下,将犯罪分子击毙的行为是合法的。[③] 根据俄多数学者的立场,在拘捕行为中伴有正当防卫情形(比如,犯罪人武力反抗情况)或是被拘捕者实施重罪或特别重罪的情况下,是可以剥夺犯罪人生命的。[④] 此外,还有学者在认可拘捕犯罪人时容许剥夺其生命的立场的同时进一步指出,此种情形下追究犯罪人的刑事责任,并不是实施拘捕行为所要达到的唯一目的,因为公民自卫行为的实现还隐含着另外一种目的——为了制止犯罪人继续实施新的危害社会的活动。与此同时,既然规定超过拘捕所需必要限度而实施的杀人行为应当承担刑事责任(《俄罗斯联邦刑法典》第 108 条第 2 款),则说明在拘捕犯罪人过程中实施杀人行为也可能不被

---

① Сичинава И. Р. Причинение вреда при задержании лица, совершившего пресуптление (уголовно-правовые аспекты): дис. … канд. юрид. наук. Ростов н/Д: Рост. Гос. Вн-т, 2002. С. 17.

② 参见 Ткачевкий Ю. М. Задержание преступника // Сов. Уголовное право. Общая часть / под ред. Г. А. Куринова, Ю. М. ткачевский. М., 1981. С. 227; Ткаченко В. И. Обстоятельства, исключающие преступность деяния // Уголовное право РФ. Общая часть / под ред. Б. В. Здравомыслова. М., 1996. С. 319。

③ 参见 Бушуев Г. В, Указ. Соч. С. 10; Казак В. Задержание преступника и крайняя необходимость // Сов. Юстиция. 1982. № 4. С. 12; Наумов А. В. Российское уголовное право. Общая часть. С. 344; Донец Е. В. Указ. Соч. С. 153-155。

④ 参见 Никонов В. А. Уголовно-правовая характеристика института задеражания // Уголовно-правовые и криминологические меры предупреждения преступлений. Омск, 1986. С. 66; Попов А. Н. Обстоятельства, исключающие преступность деяния. СПб., 1998. С. 30; Орехов В. В. Уеаз. Соч. С. 120。

追究刑事责任,即在没有超过拘捕犯罪人所须必要限度的情况下,剥夺其生命的行为即为合法行为。基于此,俄学界又对拘捕犯罪人造成损害,即公民自卫行为的成立条件进行了重新界定,其具体内容如下。

(1)被拘捕人所实施的行为明显是犯罪行为,即《俄罗斯联邦刑法典》所禁止并以刑罚相威胁的社会危害行为,同时,实施自卫的公民对此是明知的,并且足以确信将所实施行为判定为犯罪行为是毫无疑义的,则可以认定拘捕造成损害的行为是合法行为,[①]否则,自卫人则应当承担因在此种情形下实施的剥夺他人自由和造成损害行为的刑事责任,或者因事实认识错误而承担相应刑事责任。

(2)只有在犯罪开始和俄罗斯联邦刑法规定的时效期限届满的时间范围内,拘捕犯罪所造成损害的行为才是合法的。

(3)造成损害具有紧迫性,即拘捕者根据实施拘捕行为时的情况,若不对行为人实施造成某种损害的行为,则不具备得以成功拘捕的现实可能性。

(4)造成损害的目的,应当是制止犯罪人实施新罪的可能性和将其送交权力机关。在特殊情况下,在拘捕实施了重罪或特别重罪的行为人时,如果遇到行为人反抗拘捕且行为人对拘捕者的生命安全造成现实危险的情况,则容许致被拘捕者死亡。

(5)为拘捕犯罪人而对其所造成的损害,应当与犯罪自身的损害相当,即应当与被拘捕者所实施犯罪的社会危害性的性质和程度以及拘捕时的情状相适应。这里所说的相当性条件,并非指拘捕犯罪所造成的损害应当与犯罪行为所造成的损害之间完全相等,而只是要求二者之间没有显著差异。

俄罗斯刑法中只有关于拘捕犯罪人造成损害的立法规范,并没有关于拘捕犯罪人的根据和程序方面的规定,后者是俄刑事诉讼法的调整内容,而非属于俄刑事实体法的调整范畴。因此,俄刑法的任务仅限于对拘捕犯罪人造成损害行为应否追究刑事责任之根据问题的界定,所有其他与之相关的问题均处于俄刑事实体法调整框架之外。

这里需要指出的是,俄现行刑事立法(第 38 条、第 61 条第 1 款第 7 项、第 108 条第 2 款、第 114 条第 2 款)中使用的表述均为"实施了犯罪的人"(лицо, совершившее преступление)。如前所述,俄学界大多数学者认为此种表述并不恰当,因为所实施行为是否构成"犯罪"的认定主体只能是法院,而非实施抓捕的人,因此,有学者认为刑法中最恰当的表述应当是"实施了社会危害行为的人"(лицо, совершившее общественно опасное деяние),因为拘捕者能够意识到的只能是行为人所实施行为的社会危害性质,并且知道其所实施的行为是俄刑法所禁止的行为。

---

① Иванов А. Б. Институт причинения вреда при задержании лица, совершившего преступление: автореф. Дис. … канд. юрид. наук. М. , 2000. С. 16-17.

第四节 紧急避险制度及其相关争议问题

俄罗斯国内立法中很早就出现了紧急避险制度的相关规定,其最早规定此种正当行为的立法是《1649年会典》和《1715年彼得一世军事条令》,其中,《彼得一世军事条令》第180条就出现了关于在某种必要情形下毁灭他人财产的行为可以免除刑事责任的相关规定,[①]后续发展历程中,无论是俄国革命前,还是革命后的刑事立法都有关于紧急避险情形下所造成损害行为的出罪条文,比如,帝俄时代的《1903年刑法典》第46条、苏俄时期的1922年《苏俄刑法典》第20条、1926年《苏俄刑法典》第13条以及1960年《苏俄刑法典》第14条。

俄罗斯现行刑事立法有关紧急避险制度的规定体现在《俄罗斯联邦刑法典》第39条,即"在紧急避险情况下,为了排除直接威胁本人或他人的人身、权利以及社会和国家受法律保护利益的危险,而对受刑事法律保护的利益造成损害的,如果该危险不能用其他手段排除且未超过紧急避险限度的,则不是犯罪"(本条第1款)。可见,俄立法规定的紧急避险制度,其避险情状存在的前提是出现了对刑法所保护客体的侵害危险性较大,此种危险即是致害权产生所依据的"外部因素"。

俄罗斯刑法理论的传统立场认为,紧急避险意指为了防止同等条件下以其他手段无法避免威胁已知利益的更大损害而采取对法律保护利益(人身、社会和国家)造成损害的行为。换言之,紧急避险即是当法律保护的两个利益发生冲突时,只有通过侵害其中一个利益的路径才能实现保护另一利益的目的。[②] 其实质是原则上选择的是另外一条保护社会法益的路径——依靠损害公民、社会和国家之其他合法利益保护当前法益。

有俄罗斯学者认为,在紧急避险状态下实施的行为"不具有社会危害性",是合法行为并且"其自身并不含有犯罪构成"。[③] 俄当代著名刑法学者格琳娜(С. Г. Келина)认为此种表述并不十分准确,她认为拘捕犯罪人和正当防卫制度均是为了防止社会危害行为的侵害而实施的社会有益行为,而此种"社会有益"属性并不适用任何其他情形,当然也不适用于紧急避险,因为后者是对危险产生无罪过的第三人造成损害的行为。[④]

---

① Российское законодательство X–XX веков. Т. 4. С. 324.

② Курс российского уголовного права. Общая часть / под ред. В. Н. Кудрявцева и А. В. Наумова. С. 447; Наумов А. В. Российское уголовное право. Общая часть. С. 346–347.

③ Галиакбаров Р. Р. Уголовное право. Общая часть. Краснодар: Изд-во Кубан. Гос.Ограр. Ун-та, 1999. С. 275–276.

④ Келина С. Г. Обстоятельства, исключающие преступность деяния: понятие и виды // Уголовное право. 1999. № 3. С. 6.

根据奥列霍夫(B. B. Орехов)的立场,如果紧急避险状态下行为人行为的实施遵循了特定条件,则其违法性被排除并且行为人不应当负刑事责任。法律所规定的此种正当行为制度,其所适用的情形当是最终给个人、社会和国家造成损害,要比不采取除去所面临危险威胁措施而发生的损害小,而这里所体现的正是紧急避险行为的社会有益性。[①] 换言之,奥列霍夫是俄学界关于正当行为是社会有益行为立场的支持者,即认为“在正当防卫、紧急避险、拘捕犯罪人或者存在合理风险的情况下所实施的行为,是有益于社会的行为,因为实施这些行为的人均以合道德的正当动机为指导,并且其在被迫陷入风险时所实施的有意识行为,是为了实现有益于社会的目的”。[②] 同时,紧急避险的社会法律本质总归是具体的,根据霍氏观点,此种本质属性并不具备正当防卫和拘捕犯罪人制度所内含的社会法律取向,以及激励行为人从事社会积极行为的那些原理。另有俄学者指出,紧急避险状态下所实施的行为,尽管伴随致害因素,但其却是社会正面行为,此外,对刑法保护客体造成损害反而证明行为人没有人身危险性,因为行为人所实施的损害行为并非出于自己的意志,而是当时所处的紧迫情况所致。[③] 因此,紧急避险情形下的致害行为,若其具备特定客观要件和主观要件,则不是社会危害行为。这里所说的客观要件是指:其一,法律保护利益处于危险状态并且除了实施损害行为并无他法排除危险;其二,排除危险所造成的损害,不应当大于被防止的损害。主观要件是指:行为人具有以实施小的损害排除较大损害的意图。[④]

紧急避险行为在具备上述所列主、客观方面条件的情况下,应当是中立行为或是有益于社会的行为,因为行为人是在国家无法通过其所属机关排除威胁人的生命和安全的危险时,不得已实施了紧急避险行为,从而避免了较大损害的发生。

根据俄学界通说立场,紧急避险作为一种独立的公民自卫手段,与正当防卫和拘捕犯罪人制度之间是存在本质区别的,其主要差别体现为以下几个方面。

第一,紧急避险的危险来源十分广泛,其体现为对于人的生命及其人类生命活动安全所造成的各种不同威胁;正当防卫的危险来源,则仅限于人的客观社会危害行为,并且通常体现为具有攻击性的行为;拘捕犯罪人的危险来源,指的只是被拘捕者实施了《俄罗斯联邦刑法典》所禁止的、明显是对社会具有危害性的行为。

第二,紧急避险造成损害的对象,通常是无罪过的第三人;正当防卫和拘捕犯罪人造成损害的对象,则是有罪过(过错)的人(侵害人或被拘捕者)。

第三,紧急避险所造成的损害应当小于被防止的损害;正当防卫和拘捕犯罪人

---

① Орехов В. В. Указ. Соч. С. 127.

② 同上书,第 146 页。

③ Тер-Акопов А. А. Преступление и проблемы нефизической причинности в уголовном праве. С. 178-179.

④ Винокуров В. Н. Правомерное причинение вреда в состоянии крайней необходимости: монография. Красноярск: Сибир. Юрид. ин-т МВД России, 2001. С. 31-122.

在特定条件下是容许超过造成威胁或已经存在的损害。

第四,紧急避险中对第三人造成损害,是排除危险和实现目的的唯一的、最后的手段(拘捕犯罪人造成损害也是实现目的的唯一手段);正当防卫制度,在具备避免危险或寻求帮助的其他可能性情况下,是容许对侵害人造成损害而进行防卫的。

第五,紧急避险的目的,是排除对人类生命活动产生威胁的危险;正当防卫的目的,是保护合法利益免受社会危害行为的侵害;拘捕犯罪人的目的,是不让行为人再实施新的犯罪以及将其送交权力机关。

第六,紧急避险和正当防卫的情形下,行为处于被迫致害的情状往往并非出于其本人意志,而拘捕犯罪人的行为则通常是防卫人自己的决断。

第七,在紧急避险情况下所造成的损害,应当对因防卫行为受害的第三人进行全部或部分赔偿;在正当防卫和拘捕犯罪人情况下造成的损害,是不需要进行赔偿的。

第五节　身体或心理受到强制正当化事由及其相关争议问题

根据俄罗斯联邦最高法院于 2012 年 9 月 27 日出台的第 19 号《全体会议决议》第 25 项规定,法院应当对正当防卫和拘捕犯罪人致害制度与《俄罗斯联邦刑法典》第 8 章规定的其他正当行为制度之间进行区分。在实施正当防卫或是拘捕犯罪人时,是不允许对第三人造成损害的。在防止社会危害行为的侵害或是拘捕犯罪人的情形下,如果对刑法所保护的第三人的利益造成了损害,则此损害行为在具备特定条件下,可以根据《俄罗斯联邦刑法典》第 39-42 条的规定被认定为合法行为。

根据《俄罗斯联邦刑法典》第 42 条的规定,如果由于身体受到强制而不能控制自己的行为(作为或不作为),则由于身体受到强制而对刑法保护的利益造成损害的,不是犯罪(该条第 1 款)。此款规定适用的对象,是因无法克服的身体强制而完全丧失自由意志实现可能性的人。

俄罗斯之前的刑事立法并没有规定过此种正当行为制度,此项法定出罪事由是俄现行刑事立法的首创。俄刑法之所以引入该项正当行为制度,主要是因为俄司法实践中出现了大量因身体受到强制,而使得行为人实施了对公民、组织合法利益造成损害的社会危害行为。此类行为可以是作为,也可以体现为不作为。其中,作为案例:抢劫者逼停一辆私家车辆,将司机强行拉出车厢进行殴打,并且将车内钱财一并据为己有,之后又强令司机开车将所抢财物运至事先谋划好的地方。不作为案例:犯罪分子攻击一私家食品仓库,将仓库保管员捆绑扔到过道处后,开车进入仓库将仓库储存的食品洗劫一空。根据俄现行刑事立法的规定,前述所列两案例中的司机和仓库保管员所处的状况,决定了其行为不构成犯罪,因为他们的行为是身体受到强制的后果,此身体强制使得行为人丧失了支配自己行为的能力。此外,这里所说的强制,还包括强迫他人为特定行为的情况。俄刑法第40条所规定的身体强制,意指通过使用通常伴有身体伤害情形的身体力量、暴力行为而实施的强制行为。

俄罗斯刑法理论将身体强制区分为无法克服的强制和可克服的强制两种类型。在无法克服的身体强制情况下,行为人完全丧失了按照自己意愿行事的可能性,比如,被五花大绑或者被锁在小黑屋里的仓储员,即为此种身体强制;而可克服的身体强制,是指行为人在受到身体强制的情况下,还具有选择自己行为的可能性。《俄罗斯联邦刑法典》第40条第1款规定的身体强制,指的是无法克服型身体强制。此两种身体强制具有某种共同特征,即对于人所实施的身体或心理强制是危害社会的行为,其自身即是违法行为,并且具备强制他人致害刑法保护利益的目的。①

《俄罗斯联邦刑法典》第40条第2款规定了两种强制方式:其一,行为人具有控制自己行为能力的身体强制;其二,心理强制。此两种强制都是可克服强制方式,因为行为人在此类情形下具备选择自己行为的可能性。比如,两个劫持者走到一辆警车前并且让车内警察司机下车,被拒绝后他们对警察使用武力强迫其把无线电话和对讲机给交出来。尽管劫持者是两个少年,而警察司机过去曾当过空手道运动员且完全可以制服劫持者,但他还是按照劫持者的要求做了。此种情况即属于俄刑法第40条第2款中所规定的可克服身体强制。该款规定的"心理强制"意指以语言、符号、手势、显示武器等方式对行为人的意志产生影响,即对行为人进行威胁。这里所讲的"威胁"包括:以对其本人或近亲属使用身体暴力的方式恐吓行为人;非法剥夺自由的威胁;以毁坏财物相威胁或其他财产类威胁;以泄露当事人想要保守的秘密相威胁;以实施当事人不情愿的其他行为相威胁。

通常情况下,受到心理强制的行为人都具有选择自己行为的能力,因此,如果他实施了刑法所禁止的行为,则其行为就是具有社会危害性的行为,即犯罪行为。根据《俄罗斯联邦刑法典》第42条第2款的规定,在可克服的身体和心理强制下所实施的行为,其刑事责任问题的解决,应当适用俄刑法第39条所规定的紧急避险规则,即所防止的损害应当大于实际造成的损害;若防止损害小于实际造成的损害或者两者相等,则应当依照刑法规定追究刑事责任。

根据俄罗斯学界和司法实务界的通说立场,只有一种心理强制可能具有不可抗力的属性,即受到死亡威胁或者以实施威胁被害人及其近亲属生命或健康的行为相威胁的心理强制,比如公证处公证员在当场受到死亡威胁的情况下,为非法房

---

① Орешкина Т. Физическое или психическое принуждение как обстоятельство, исключающее преступность деяния // Уголвоное право. 2000. № 1. С. 34.

屋契约作公证的行为,此种情况下公证员的行为是不具备犯罪构成的,即其行为不构成犯罪。

第六节 合理风险制度及其相关争议问题

《俄罗斯联邦刑法典》第 41 条规定,基于社会有益的目的而在合理风险情况下对受刑法保护的利益造成损害的行为,不构成犯罪(本条第 1 款)。根据俄学界立场,合理风险意指旨在实现对社会有益的目标而实施的客观上所必需的、有准备的可容许的行为,此种行为是在具有选择可能性的不确定情况下实施的,尽管采取了防止措施,但依然对刑法保护的利益造成了损害。[①]

俄现行刑事立法中所规定的合理风险,其作为行为出罪的法定事由应当符合以下几个条件。

第一,必须是合理的可容许风险。根据俄刑法中所规定的合理风险制度,引起损害的风险之所以被认定为排除行为有罪性的事由,其前提条件应当是此种风险是合理的,即可容许的风险。如果不采取冒险行为,则已知目的便无法实现,而行为人采取充足措施以防止对受刑法保护的利益造成损害,因此,此种情形下的风险是合理风险(可容许风险)。在实施合理风险行为时,行为人对实现已知目的所实施的行为进行事先评估,并且采取相应措施以避免对法益造成可预知的损害,此种情况下行为人行为的实施不能指望偶然性成功,相反,他应当对风险的安全结果有足够的确信。然而,如果在风险评估情形下仍然发生了对法律保护利益的损害,若此种"风险"符合"合理性"要求,则所实施的行为不应当认定为犯罪,而此种情况下的"合理性要求",意指实施冒险行为所要达到的正面目标,以及为损害不发生或防止损害发生而采取措施。如果已知目标可以不用实施风险行为即可实现,或者行为人仅凭幸运而没有为防止对刑法保护利益造成损害而采取充足措施,则此种情形下所实施的风险行为就是不合理风险。

第二,所实施的风险行为必须与当代科技知识和经验水平相当,即风险思想的实现应当只能利用现有科学和技术所取得的成就。

第三,若不实施风险行为,便无法达到其所要实现的社会有益目的。

有学者指出,实施风险行为的行为人,在任何情况下都应当采取一切可能措施,以防止对法益造成损害。换言之,合法风险的主体应当采取措施,以使其所创

---

① Захарова С. С. обоснованный риск в уголовном праве РФ: дис. … канд. юрид. наук. Рязань: Акад. Права и управления ФСИН России, 2005. С. 7.

设的风险限于特定限度以内并且应当具备防止损害的现实可能性。[①] 由此可见，风险情形下造成损害，尚不意味着冒险人因没有采取一切防止损害发生的措施，而使得所发生的后果必须归因于施害者。此外，还存在行为人可能知道造成后果发生的原因，但坚信其不能发生的情况。诚然，若可以确定实施风险行为时存在过于自信或疏忽大意的情形，则不能排除刑事责任。

俄现行刑事立法还明确规定了合理风险制度中风险的"可容许限度"，即"如果风险显然伴随对众多人生命的威胁，造成生态浩劫或社会灾难的威胁，则不是合理风险"（《俄罗斯联邦刑法典》第 41 条第 3 款），即若超过本款所规定的合理风险的限度，则应当追究行为人的刑事责任，当然在量刑上可以从轻处罚。

综上，自然科学的发达和科技的发展，不仅给人类带来了益处，同时也带来了危险，因此引发了人类赖以生存的自然环境的变化，比如大气、水体污染、辐射的增加等，而对所发生的这一切不利后果，科学家们是没有能力进行全面评估的。作为风险得以合法化的条件，则要求所发生的风险不能明显伴有威胁众多人生命，产生生态浩劫或社会灾难威胁。这里的"明显"，意指行为人在不确定情形下做出决定时是能够实际预见已知社会危害后果的发生，但却依然实施冒险行为。俄现行刑事立法第 41 条第 3 款所列的几类合理风险超过要素的情况，其中任何一种风险在任何情况下都不可能认定为合理风险，而此类情形下的行为人，其行为往往具有刑事可罚性，当然，此类情形下只有发生损害后果，才能追究致害者的刑事责任。

第七节　执行命令或指令正当化事由及其相关争议问题

根据《俄罗斯联邦刑法典》第 42 条的规定，"行为人为了执行对他具有强制力的命令或指令而对受刑法保护的利益造成损害的，不是犯罪。造成损害的刑事责任应该由发出非法命令或指令的人承担"（第 1 款）；"明知命令或指令非法却为执行命令或指令而实施故意犯罪的人，应按照一般规定承担刑事责任。不执行明知非法的命令或指令的，不负刑事责任"。

俄罗斯 2011 年 2 月 7 日颁行的《警察法》第 6 条第 4 款"合法性"（法制）明确规定，警察在履行职责义务时不能援引职务利益、经济可行性、上级官员的要求、命令和指令，以及某种其他情况而为自己的行为（作为或不作为）辩护。与此同时，警察作为警局成员根据《联邦法律》的规定，遵照所在警局领导的命令和指令使用身体力量、专属手段和枪支（《警察法》第 19 条第 9 款）。根据俄罗斯相应立法规定：警察在履行自己的职责时只服从其直属首长或直接领导，即除了《联邦法律》授权

---

① Ляпунов Ю. Реформа уголовного законодательства и пробелы права // Сов. Юстиция. 1989. № 3. С. 32.

的职能人员,任何人无权干涉警察的合法活动,任何人无权强制警察履行联邦法律中没有规定的警务职责;在收到明显违反法律的命令或指令时,警察应当服从法律(《警察法》第30条第2款);领导(首长)按照法定程序下达且不违反联邦法律的命令或指令,警察应当执行(《警察法》第27条第1款第3项)。

执行命令,从其法律属性的角度而言,是指行为不具有犯罪性质。因为执行命令与给法律保护利益造成损害之间相关联,相应行为从社会关系的立场看是符合公共利益的,这主要是源于首长与下属之间的关系和纪律要求。俄罗斯内务机构中指令实现的形式,优先体现于命令。俄现行刑事立法之所以引入"执行命令或指令"这一正当行为制度,主要是为了提高领导及其所下发指令的权威性,同时也是为了加强执法者的安全保障。

在俄语语义中,"命令"和"指令"是同义词。概念"指令"的其中一个意义,即指命令、决议;[①]"命令"指权力机关的正式指令。有权发布命令的应当是那些由权力机关赋予特定地位的公职人员。如果命令是在公职人员职权范围内发布的,则该命令具有强制力,而发布命令的方式(纸面的、口头的或是电邮方式等)如何,则不具有法律意义。可见,这里的"命令",意指公职人员在其职权框架内发布的并且对于命令接收主体在强制力和法律上具有权力机关性质的管理行为。

俄罗斯现行刑事立法中并没有揭示"强制命令或指令"的确切含义,这主要是因为所执行命令的强制性程度是各不相同的,而不同的职业或职务活动的范畴也是不一样的,其对于上下级之间具有服从关系的双方而言,法律所赋予他们各自的权利和义务的范围又相当广泛。此问题的解决具有重要刑法学意义,因为只有确定了"强制命令或指令"的范畴,才能正确适用《俄罗斯联邦刑法典》第42条的规定,即才能明确排除此类行为有罪性的认定条件。

"命令",只有因其执行而使得刑法保护利益遭受损害的情况下,才会被纳入刑法的调整范畴。而因依合法程序执行合法命令而造成此种损害的情况,虽然属特殊的、非典型事件,但在日常生活中也时而发生。《俄罗斯联邦刑法典》第42条规定适用于因执行非法命令或指令而对刑法保护利益造成损害的所有情形。如果因执行非法命令而对刑法保护的利益造成损害,则此命令构成犯罪。因此,为了正确适用该条规定,就必须阐明合法命令与非法命令之间的区别。根据俄学界多数学者的立场,合法命令应当符合以下条件。

第一,应当以法律为依据,即命令的内容应当是合理的,不应当含有实施违法行为的内容。这里所说的"合理性",是指应当严格遵守合法性(法制)要求。

第二,必须是职能机构或是公职人员(官员)在其职权范围内下发的命令。

第三,命令的发布必须遵守立法规定的程序形式和发布方式。

① Ожегов С. И. Указ. Соч. С. 588.

第四,应当由负有法定职责的人在其职权范围内予以执行。

如果所发布的命令不符合前述所列条件中的任何一项标准,则意味着该项命令违法。因为命令并不是对规定下属职责内容的规范法案的重复,所以就有可能发生所发布的命令与法律不相符的情况。如果所发布的命令中含有实施犯罪的内容或者是为犯罪后果的发生创造条件的非法命令,则该项命令即是具有犯罪性质的命令。如果因具有犯罪性质的命令而已经对刑法保护的利益造成损害,则执行命令的行为是否应当认定为排除行为犯罪性的情节(正当行为),就必须阐明此项命令对于执行者而言是否具有强制性。因此,强制性命令(指令)是相对于其执行者而言的。首先,此种强制性应当体现为此种命令(指令)是由首长发布的,并且是基于遵守发布的程序要求在职务关系范围内发布的;其次,对于执行者而言是明显不违法的命令。所谓明显不违法的命令,是指执行命令者没有充分根据认为命令具有违法性。

《俄罗斯联邦刑法典》第43条规定的作为排他行为有罪性的"执行命令",其特征应当是主体意识到其所实施行为是合法行为,此种情形下不一定非得要求执行者对行为的动机和原因也有所认识。如果执行者意识到其所接受的命令具有犯罪目的,而实施执行命令的行为会对刑法保护的利益造成损害,却依然执行命令的,则此种情形下的执行命令不能成为执行者合法辩护的理由。所发布命令对于执行者而言,是否具有强制性的命令的判断,则应当考察这样几方面内容:其一,命令所规定行为及其后果的性质;其二,所发布命令涉及的活动范围;其三,发布命令时是否遵守了命令程序形式的要求;其四,执行者的行为是否属规范法案的调整范畴;其五,命令发布的环境;其六,执行者的个人品质和职业素养。

命令对于执行者而言是否具有强制性的评价,是决定所执行行为是否应当归属于排除行为有罪性情节的主要因素。如果行为人(比如警察)执行了明显具有违法性的命令或指令,则其只能为其故意造成损害的行为承担刑事责任;若前述行为的主观罪过是过失的,则应当由发布命令的领导(首长)承担相应的刑事责任。相反,如果公职人员拒绝执行明显具有违法性质或犯罪性质的命令,则其不应当承担刑事责任,这是《俄罗斯联邦刑法典》第42条中最重要的一项规定内容。这里的不执行,意指完全和最终地拒绝执行。如果此类命令是在受到强制的情况下执行的,则应当依照《俄罗斯联邦刑法典》第40条规定的"身体或心理受到强制"进行处理。"不执行犯罪性质的命令",指的并不是对于服从关系的违反,而是指有意识地拒绝实施犯罪。

本章一共规定了六类正当行为(俄刑法中所称的"排除行为人有罪性的情节"),其从违法和责任两个层面对形式上具有犯罪构成要件特征的行为进行刑法评价。若符合此章规定的其中任何一种法定出罪事由,则排除已知行为的违法性或有责性,即不构成犯罪。这里我们还应当特别关注的是,本章所规定的正当防卫制度和拘捕犯罪人造成损害制度,其实施过程中是不允许对第三人造成损害的。如果在防卫合法权益免受社会危害行为的侵害而对第三人造成了损害,则所实施的行为应当认定为故意犯罪或过失犯罪,或者综合考虑案件具体情况认定为无罪过致害。如果在拘捕犯罪人、解救人质或是制止恐怖主义活动时,必须使用武器、特殊手段、军事装备和特种装备并因此而对第三人的生命、健康以及财产造成危险的,则其所造成的损害可以根据案件具体情况,依照《俄罗斯联邦刑法典》第 39-40 条规定的“紧急避险”或是“正当风险”规则予以认定。如果前述情形中关于使用武器、特殊手段、军事装备和特种装备的命令是由上级领导下达的,下级在执行时造成第三人损害的,则应当根据《俄罗斯联邦刑法典》第 42 条规定的“执行命令或指令”的规则进行处理。

第三编 刑 罚 论

第十一章 刑罚制度概述

第一节 刑罚的概念和目的

一、刑罚的概念和特征

1996年《俄罗斯联邦刑法典》首次从立法层面对刑罚概念进行了界定，此前刑罚概念仅是刑法教科书、刑法学专著以及其他刑法文献的界定对象。根据俄现行刑事立法第43条的规定，"刑罚是根据法院判决所确定的国家强制措施"。刑罚适用于被认定为有罪的人，并且体现为判处本法典所规定的剥夺或限制其自由的刑罚措施。司法实践中对法律所规定的关于刑罚界定内涵的正确理解和适用，是法院在刑事案件的裁量过程中严格遵守法制原则的重要条件。

俄罗斯刑法所规定的刑罚与其他国家措施之间存在着实质差别，其特征主要体现为以下几个方面。

第一，刑罚是只能根据法院判决才能适用的国家强制措施。任何其他权力机关或公职人员均无权裁量刑罚，这是作为最严厉国家强制措施的刑罚适用之合法性的保障。

第二，刑罚只能适用于被认定为有罪的人。这是刑罚的个体属性，其与《俄罗斯联邦刑法典》第8条关于刑事责任根据的规定以及第5章有关罪过问题的规定内容相适应。

第三，刑罚具有公开性。法院以国家的名义作出的判决，体现着国家对于犯罪人及其所实施行为的评价和谴责。对于发生法律效力的判决，所有国家权力机关、地方自治机关、社会团体、公职人员以及其他自然人和法人均必须予以执行。不执行法院判决的行为，将根据《俄罗斯联邦刑法典》第315条的规定被追究刑事责任。

第四，刑罚会引起前科的法律后果，并且前科会存在于服刑完毕之后的特定期限内(《俄罗斯联邦刑法典》第86、95条),与此同时,被免除刑罚的行为人,不视为其有前科(《俄罗斯联邦刑法典》第86条第2款)。

刑罚的内容,是俄《刑法典》所规定的、对被认定为有罪的人所适用的、对其权利和自由的剥夺或限制,此种权利和自由的剥夺和限制,可以体现在人身属性、财产属性或是精神属性方面,其应当遵循法院判决和法定的刑罚执行程序。《俄罗斯联邦刑法典》第44-59条明确规定了法院可以作为刑罚判处的国家强制措施清单。根据俄学界立场,刑罚是战胜犯罪、巩固法秩序的重要手段,但同时也不应当过度评价刑罚的作用,只有将刑罚力量与经济、政治和道德措施巧妙地结合起来,才能更有效地防控犯罪。

二、刑罚的目的

刑罚的目的,是指通过法律规定和实际适用国家强制措施而实现预期社会效果。根据《俄罗斯联邦刑法典》第43条第2款的规定,“适用刑罚的目的,在于恢复社会公正以及改造被判刑人和预防其实施新的犯罪”。

俄罗斯现行刑事立法关于刑罚目的的界定,不仅限于法律层面的含义,而且具有重要的社会政治意义,其中体现着国家在打击犯罪领域中所推行的政策措施。法院正是在遵循刑罚目的的前提下,对实施犯罪的特定行为人判处适当的刑种和刑度。刑罚目的实现的程序如何,是判定刑罚适用效率的主要指标。根据俄现行刑事立法关于刑罚目的的规定,刑罚的目的有三:其一,恢复社会公正;其二,改造犯罪人;其三,预防新罪。

(一)刑罚目的之一——恢复社会公正

恢复社会公正目的的实现,要求保障《俄罗斯联邦宪法》关于保护人和公民的权利和自由,保护其生命、健康、财产不受犯罪侵害之规定的实现,同时,此刑罚目的也适用于实施犯罪的人,在对他们适用刑罚和其他刑法性质措施时,应当遵循法制原则且符合公正理念,即应当与犯罪所具有社会危害性的性质和程度、其所实施犯罪的情节以及犯罪人的人身属性相适应(《俄罗斯联邦刑法典》第6条第1款)。刑罚的公正性还体现于《俄罗斯联邦宪法》第19条规定的“所有人在法律和法庭面前人人平等”(第1款)。与此同时,俄罗斯在打击犯罪领域推行的刑事政策也体现出俄宪法规定所体现的公正理念,即“国家保障人和公民的权利与自由平等,不论性别、种族、民族、语言、出身、财产状况和职务状况、居住地点、宗教态度、信仰、对社会团体的归属以及其他情况,禁止因社会、种族、民族、语言或宗教属性而对公民权利作出任何限制。”(《俄罗斯联邦宪法》第19条第2款)“任何人不应遭受刑讯、暴行、其他残酷的或是有损人格的对待或处罚。”(《俄罗斯联邦宪法》第21条)刑罚公正还体于“任何人不得因同一起犯罪而再次被判刑”(第50条)。任何人不得为其实施行为时不被刑法评价为犯罪的行为承担刑事责任;如果实施犯罪后,此行为的责任被废除或减轻,则适用新法;规定或加重责任,或者以其他方式恶化犯罪人状况的法律,没有溯及力(《俄罗斯联邦宪法》第54条)。

(二)刑罚目的之二——改造犯罪人

俄学界对于犯罪原因的研究结果表明,实施犯罪是违反个人社会发展正常过程的结果,同时也是个人形成反社会观点和态度的结果。行为人之所以实施犯罪,通常具有这样一些特征:较低的道德品质、不关注社会公益工作、不尊重他人的权利。基于此,俄学界一般认为,为了实现使此类人重返社会有益活动的目的,就必须对其进行改造。对实施犯罪的人予以改造的进程,从其被追究刑事责任之时便已开始,但这一进程的基本阶段则是刑罚裁量和刑罚执行。刑种和刑度的确定专属于法院,而服刑制度和刑罚执行机关的一切活动,均应当最大限度地服从于改造被判刑人这一任务。要想实现改造被判刑人的刑罚目的,就必须使得实施了犯罪的人在感受过刑罚的惩罚性要素后,对自己以前的反社会行为予以悔过,从而使行为人在尊重和遵守法律的同时,产生了比较坚定的重新生活的决意。为了使前述决意变成现实,最重要的是帮助被判刑人制定明确的生活计划,加强其道德、意志品质。

(三)刑罚目的之三——预防新罪

俄刑法所规定预防新罪的刑罚目的,包括两个层面的含义:其一,特殊预防,即从被判刑人角度而言预防其重新实施犯罪;其二,一般预防,即预防社会上其他人实施类似犯罪。

特殊预防任务实现的最根本路径,就是改造被判刑人。俄刑法中规定的大多数刑罚的内容,均源于特殊预防的目的,即在这种情况下,即使不能完全排除被判刑人再犯新罪的可能性,也会在极大程度上阻碍其再犯的发生。当被判刑人被判处剥夺自由刑后,其应当在改造机构进行服刑,受到持续性监管,并且不被允许持有现金,也不被允许饮酒,同时法律为被判刑人规定特定的限制措施,目的就是防止其实施新罪。对被剥夺担任特定职务或从事特定活动刑的被判刑人而言,则剥夺了他们在一定期限内再次滥用自己的职务地位或从事相应职业活动等方面的可能性。刑罚所具有的此种预防属性,其作用不仅局限于被判刑人自身的新罪预防,而且也会起到预防他人实施犯罪的作用(一般预防)。对实施犯罪的特定人员适用刑罚的事实应公之于众,因为此类被判刑的先例会对其他可能走上犯罪道路的不稳定分子起到威慑作用。

一般预防之刑罚目的的实现,最成功的路径应当是对刑罚不可避免性原则的坚守,即任何违反法律的行为都必须得到当局的适当回应(应然意义上的"应受刑罚处罚性"),而在适当的情况下可以采取不对犯罪人判处刑罚的处理方式(实然意义上的"是否判处刑罚")。

俄罗斯现行刑事立法——《俄罗斯联邦刑法典》第43条,在规定刑罚的概念和目的的立法表述中，并没有使用“惩罚”（кара）字样，而俄罗斯以前的刑事立法规定中则使用了“惩罚”这一术语，即“刑罚不仅是对所实施犯罪的惩罚，而且……”基于此，俄学界对于是否应当将“惩罚”认定为刑罚目的的问题产生争议：有学者认为惩罚是刑罚的目的，而对此持反对立场的学者则认为惩罚不应当是刑罚的目的。[①] 此外，还有学者提出了类似于折中立场的观点，即认为，既然现行刑事立法对于刑罚概念和目的的界定中并没有使用“惩罚”一词，则可以认为立法者并不认为“惩罚”是刑罚的目的，然而，这并不意味着刑罚自身不含有惩罚要素。如前所述，刑罚的特征之一，即体现为法律所规定的对被判刑人权利和自由的剥夺或限制，而正是此种限制性规定建构了刑罚的惩罚性要素。与此同时，俄现行刑事立法（《俄罗斯联邦刑法典》第 7 条第 2 款）还着重强调，适用于犯罪人的刑罚和其他刑法性质措施不能以造成身体痛苦或贬低人的尊严为目的，此为俄罗斯刑法人道原则的体现。

根据俄学界通说立场，刑事审判的目的，就是要迅速而彻底地解决犯罪问题、揭露罪犯，并且确保正确适用法律，以使每个实施犯罪的人公正地受到刑罚制裁，不让任何一个无罪的人受到刑事追诉。刑事诉讼的目标，应当助力于强化法治、预防和根除犯罪、培养公民坚定守法精神。

第二节　刑罚的体系和种类

一、俄罗斯刑罚体系的宏观特征

俄学界通说立场认为，刑法体系是法律规定的、根据其性质和相对严重程度的不同而依照特定程序排列的、对法院具有约束力的刑罚种类详单。俄罗斯现行刑法，即 1996 年《俄罗斯联邦刑法典》，与 1960 年《苏俄刑法典》相比较而言，其刑罚体系发生了重要变化：废除了司法实践中不再适用的解职、责令赔偿损失和社会谴责等刑种，同时引入新的刑种，如强制性社会公益劳动、限制军职、限制自由、拘役，此外，还将终身剥夺自由刑正式纳入俄刑法体系当中，此刑罚种类在俄罗斯新刑法生效前只适用于俄罗斯联邦总统对被判刑人特赦死刑的情形。除了前述所列的新刑种外，俄现行刑法还继续保留了原来既已适用的刑种，其中包括罚金、剥夺担任特定职务或从事特定活动的权利、剥夺专门称号、军衔或荣誉称号、职衔或国家奖励、劳动改造、没收财产、军纪营管束、剥夺一定期限自由、死刑（《俄罗斯联邦刑法

---

① Шаргородский М. Д. Наказание, его цели и эффективность. Л. : ЛГУ, 1973. С. 17-34; Стручков Н. А. Курс исправительно-трудового права. Проблемы общей части. М. : Юридическая литература, 1984. С. 22-28; Курс советского уголовного права. Часть общая. Т. 3. М. : Наука, 1970. С. 35-38.

典》第44条)。1996年俄罗斯刑法典生效后,于2003年12月8日出台的第162号《联邦法律》对其进行了大幅修订,废除了没收财产刑,但又于之后的2006年重新将没收财产制度纳入刑法规定中,但其不再属刑种范畴,而是以其他刑法性质措施的方式再次入典(《俄罗斯联邦刑法典》第104-1条)。[①] 2011年12月7日出台的第420号《联邦法律》再次对刑罚体系进行了完善,补充规定了新的刑种——强制劳动(《俄罗斯联邦刑法典》第44条第8-1款)。至此,俄现行刑法典规定的刑罚体系已相对完备有助于法律适用。基于此,法院在审判过程中便可以根据所实施犯罪行为状况以及犯罪人之人身特性,对行为人应当承担的责任予以个别化、判处轻重不同的法定刑。

1996年《俄罗斯联邦刑法典》规定的刑种结构最为突出的特点是:其所规定的所有刑种均按照从轻至重的顺序依次排列。在之前的所有刑法典中,刑种的排列顺序都是从重到轻。乍看起来,似乎只是立法技术层面的问题,实则不然,这实际上具有重要的原则性意义,即体现出俄现行刑法轻刑化和人道化的发展趋势。根据《俄罗斯联邦刑法典》第60条的规定,对所实施犯罪规定的较重的刑种,只有在适用较轻刑种不能保障刑罚目的实现的情况下,才可以适用,即在司法实践中,法院在对特定案件判处刑罚时,其最先考虑适用的应当是此罪法定刑中的较轻刑种,只有在较轻刑种的适用无法达到刑罚目的的前提下,才会顺次考虑相对较重刑种的适用。

俄罗斯的刑罚体系也区分为主刑和附加刑两种基本类型,据此,其刑种适用分为三种情况:其一,只能独立适用、不能附加适用的主刑,包括强制性社会公益劳动、劳动改造、限制军职、强制劳动、拘役、军纪营管束、剥夺一定期限自由、终身剥夺自由、死刑(《俄罗斯联邦刑法典》第45条第1款);其二,只能附加适用而不能独立适用的附加刑,仅有一种,即剥夺专门称号、军衔或荣誉称号、职衔和国家奖励(《俄罗斯联邦州法典》第45条第3款);其三,既可以独立适用,也可以附加适用的刑种,指罚金、剥夺担任特定职务或从事特定活动的权利、限制自由(《俄罗斯联邦刑法典》第45条第2款)。如果面临刑法条文的法定刑中规定可以适用附加刑的情况,法院在量刑时应当考虑是否适用附加刑的问题,并且应当在判决中阐明理由。

二、俄罗斯刑罚体系的微观特征——刑种

1. 罚金(арест)。俄现行刑法典作为刑罚种类规定的罚金,意指俄刑法典所规定的被判处的金钱处罚,其与行政处罚中罚款的区别主要体现为:罚金只能是因实施刑事犯罪而由法院进行判处,并且因此会引起前科的法律后果。根据《俄罗斯联

---

① Федеральный закон от 27 июля 2006 г. №153-ФЗ // Российская газета. 2006. 29 июля.

邦刑法典》第 86 条第 3 款第 2 项的规定，被判处罚金刑的行为人，罚金刑执行后一年前科消灭。

应当说，罚金刑作为刑罚种类，其在俄罗斯当今社会条件下所起的作用越来越大，特别是在打击经济犯罪领域尤为凸显。相关数据显示，目前俄罗斯司法实践中并处罚金刑的比率约 15%，并且呈持续上升趋势。此外，俄罗斯近年来在打击犯罪领域一直推行与替代刑相关的刑事政策，其主要体现为以其他不将被判刑人隔离社会的刑种替代剥夺自由刑路径的探索，而罚金作为一种不将被判刑人隔离社会的刑种，且本身兼具惩罚要素其作为剥夺自由刑之替代刑种的优势更加凸显。

如果对俄罗斯刑事立法关于经济类犯罪刑事责任规定内容的变化进行考察，罚金刑适用范围的扩张趋势则越发显现。如果说俄刑事立法原来对于经济类犯罪适用罚金刑，一般都是轻罪或中等重罪的情况，而俄最新修订的刑法则规定罚金刑可以适用于重罪，甚至特别重罪，这主要体现于 2011 年 3 月 7 日出台的第 26 号《关于修订俄罗斯联邦刑法典的联邦法律》、①2011 年 5 月 4 日的第 97 号《关于修订俄罗斯联邦刑法典和俄罗斯联邦行政违法法典有关完善反腐败领域国家管理的联邦法律》、②2011 年 12 月 7 日的第 420 号《关于修订俄罗斯联邦刑法典以及其他立法法案的联邦法律》③。

前述第 97 号《联邦法律》对《俄罗斯联邦刑法典》第 204 条“商业贿买罪”、第 290 条“受贿罪”和第 291-1 条“行贿罪”中罚金刑数额的计算方式进行了修订，其以数额、标的价值倍数或者商业贿买或贿赂的数额倍数为计算单位。其中，根据俄现行刑法第 290 条第 6 款的规定，实施了本条第 1、3、4 款所规定行为或第 5 款第 1、2 项所规定行为(受贿)，数额特别巨大的，处数额为 300 万卢布以上 500 万卢布以下或被判刑人 3 年以上 5 年以下的工资或其他收入的罚金，或处数额为受贿金额 80 倍以上 100 倍以下的罚金，并处 15 年以下剥夺担任特定职务或从事特定活动的权利；或处 8 年以上 15 年以下的剥夺自由刑，可以并处数额为受贿金额 70 倍以下的罚金或 15 年以下剥夺担任特定职务或从事特定活动的权利。

如前所述，根据《俄罗斯联邦刑法典》第 45 条第 2 款的规定，罚金刑可以作为主刑适用，也可作为附加刑适用。就俄罗斯刑法近年来的修订内容看，俄司法实践中罚金刑的适用，无论其作为主刑，还是作为附加刑均呈扩张趋势，特别是在其作为附加刑适用方面扩张态势更加明显。苏联时期罚金刑作为附加刑适用的情况极少，但是俄现行刑事立法，特别是 2011 年几部联邦法律对其进行修订后，俄刑法分则中将罚金作为主刑和附加刑规定的条文数量急剧增加，尤其体现在：《俄罗斯联邦刑法典》第 21 章“侵犯财产犯罪”中“情节严重”或“情节特别严重”的抢夺罪

---

① Российская газета. 2011. 11 марта.

② Российская газета. 2011. 6 мая.

③ Российская газета. 2011. 9 декабря.

(第161条)、抢劫罪(第162条)、诈骗罪(第163条),第22章“经济活动领域犯罪”中第169-199条规定的所有罪名的法定刑,以及第23章“商业组织和其他组织中侵犯职务利益的犯罪”中第201-204条的法定刑中。此外,俄罗斯现行刑事立法其他各章的大多数条文中也都将罚金作为主刑或附加刑予以规定。可见,俄现行刑事立法关于罚金刑的规定相当普遍。

有学者指出,罚金刑作为附加刑适用的罪名数量的扩张,在某些具体情形下可以被视作缩短主刑期限或适用可选择刑中较轻刑种的额外补偿。① 与此同时,在俄罗斯刑事立法的人道化政策实现及其适用实践的规划构架内,罚金刑作为附加刑适用的情况,对于减少适用剥夺自由刑或缩短所适用自由刑的期限方面具有重要意义,因为此处的罚金刑在某种意义上可以说是发挥着替代刑的作用。

根据《俄罗斯联邦刑法典》第46条第2款的规定,罚金的法定数额限度为5000卢布以上500万卢布以下,或者被判刑人2周以上5年以下的工资或其他收入,或者按照标的大小或倍比计算(指《俄罗斯联邦刑法典》第204、290、291、291-1条规定的商业贿买罪、受贿罪、行贿罪、介绍贿赂罪)。罚金数额在50万卢布以上或被判刑人3年以上的工资或其他收入的,则应是《俄罗斯联邦刑法典》分则相应条款有专门规定的情况才可以适用,但是以商业贿买、贿赂的金额倍数,或非法转移资金和(或)货币工具价值的数额倍数计算罚金的除外。其中,以商业贿买或贿赂金额倍数为计算单位的罚金,可高达商业贿买或贿赂数额的100倍,但不能少于25000卢布或超过5亿卢布。

罚金数额,由法院根据所实施犯罪的严重程度和被判刑人及其家庭的财产状况,以及被判刑人获得工资或其他收入的可能性予以确定,此外,法院在考虑前述情况的基础上,裁定被判刑人在5年内分期缴纳所判处的罚金(《俄罗斯联邦刑法典》第46条第3款)。这里所涉及的“所实施犯罪的严重程度”,法院可以根据《俄罗斯联邦刑法典》第15条所规定的犯罪分级制度(将犯罪区分为轻罪、中等重罪、重罪和特别重罪)予以裁定;被判刑人的“财产状况”,指被判刑人所有的一切财产,包括其个人所有的房屋、汽车、土地及其收益、商贸企业或生产企业以及其所有形式的收入,这里不仅限于工资。根据2007年1月11日俄罗斯联邦最高法院出台的2号《全体会议决议》规定,“其他收入”应当理解为根据现行立法需缴税的收入。

《俄罗斯联邦刑事执行法典》第32条第2、3款对罚金作为主刑和附加刑的适用规定了不同的程序。在数罪并罚的情况下,不能将行为人所实施犯罪中的一罪所判处的作为主刑的罚金,与另一罪作为附加刑判处的罚金予以相加。② 根据《俄罗斯联邦刑法典》第46条第5款的规定,在被判刑人恶意逃避作为主刑判处的罚

---

① Гильперин И. М., Мельникова Ю. Б. Дополнительные наказания. М., 1981. С. 16.

② п. 11 Постановления Пленума Верховного суда РФ от 29 октября 2009 г. № 20.

金时,如果罚金不是按照标的价值倍数或者商业贿买或贿赂的数额倍数计算的,则罚金刑可以替代为其他刑种,但剥夺自由刑除外;如果作为主刑判处的罚金是按照标的价值倍数或者商业贿买或贿赂金额的倍数计算的,则在《俄罗斯联邦刑法典》分则相应条款规定的限度内,罚金刑可以替代为其他刑种,但此种情形下不得适用缓刑。所谓恶意逃避缴纳罚金,意指被判刑人不按照《俄罗斯联邦刑事执行法典》第 31 条第 1、3 款规定的期限缴纳罚金或部分缴纳罚金。罚金刑的执行程序的规定体现在《俄罗斯联邦刑事执行法典》第 5 章(第 31-32 条)。

2. 剥夺担任特定职务或从事特定活动的权利(Лишение права занимать определенные должности или заниматься определенной деятельностью)。根据《俄罗斯联邦刑法典》第 47 条的规定,剥夺担任特定职务或从事特定活动的权利,意指禁止在国家机关、地方自治机关中任职,或者禁止他们从事特定职业活动或其他活动。“剥夺担任特定职务”包括两层含义:其一,必须将被判刑人从法院禁止其担任的那个职位上予以解职;其二,禁止被判刑人担任国家机关、地方自治机关的某些职位或类似职位;剥夺从事特定活动,主要体现为禁止被判刑人从事某种职业性活动(比如医生、教育工作者、公交司机等)或者非职业性活动(比如业余狩猎、驾驶私家车等)。此刑种既可以作为主刑适用,也可以作为附加刑适用,其作为主刑适用分为两种情形:一是《俄罗斯联邦刑法典》分则条文法定刑有明确规定的情况;二是存在《俄罗斯联邦刑法典》第 64 条规定的减轻刑罚情节的情况。此刑种作为附加刑适用也分为两种情形:其一,俄现行刑法分则条文法定刑部分有明确规定的情形;其二,《俄罗斯联邦刑法典》第 47 条第 3 款规定的特殊情形,即“在本法典分则相应条文未将剥夺担任特定职务或从事特定活动规定为相应犯罪的刑罚时,如果法院依据所实施犯罪社会危害性的性质和程度以及犯罪人的人身特性,认为其不可能再保留担任特定职务或从事特定活动的权利,则剥夺担任特定职务或从事特定活动的权利也可以作为附加刑适用”。

《俄罗斯联邦刑事执行法典》详细规定了剥夺担任特定职务或从事特定活动的权利的执行程序(第 6 章第 33-38 条)。根据俄《刑事执行法典》第 34 条第 2 款的规定,被判刑人工作单位的行政部门,应当在收到法院判决书复本和刑事执行监察机关通知后的 3 天内解除被判刑人被剥夺其担任的职务或禁止其从事特定活动,并且将执行判决的通知发送给被判刑人居住地所属的刑事执行监察机构。被判刑人工作单位行政部门通过援引《俄罗斯联邦劳动法》第 83 条第 4 项的规定发布与被判刑人解除劳动合同的命令,不用支付遣散费,不用通知就业服务部门,也不要求征求工会的同意。工作单位在对未服完刑的被判刑人解职时,其行政部门应当在其工作履历表中记录所解除职务或禁止从事活动的具体名称、原因和期限。如果此刑种是作为限制自由、拘役、军纪营管束或者剥夺自由刑的附加刑适用的,则其执行机关应当是负责主刑执行的机构(《俄罗斯联邦刑事执行法典》第 33 条第 2

款规定的改造中心、拘役所、军纪营、改造机构)。

剥夺担任特定职务或从事特定活动的权利,作为俄刑法明文规定的刑罚种类,其执行期限的计算是此种刑罚执行程序和条件中的要素。根据《俄罗斯联邦刑法典》第47条第2款的规定,剥夺担任特定职务或从事特定活动权利作为主刑的刑期是1年以上5年以下;作为附加刑的刑期为6个月以上3年以下。2009年7月27日出台的第215号《联邦法律》对此款予以补充规定,即在《俄罗斯联邦刑法典》分则相应条文有特别规定的情况下(第131条、第134条第3-5款;第135条第2-4款,分别涉及强奸罪、与未满16岁的未成年人进行性交和其他性行为罪、猥亵罪),此刑种作为附加刑的期限可以为20年以下。

至于此刑种的生效时间问题,当其作为主刑判处时,其期限自判决发生法律效力之时起算,此刑种作为罚金刑、强制性社会公益劳动刑或劳动改造刑的附加刑适用以及在判处缓刑的情况下,其期限的起始时间与前述作为主刑判处的时间相同。此刑种作为限制自由刑、拘役、军纪营管束、剥夺自由刑的附加刑适用时,其刑期从被判刑人从改造中心、拘役所、军纪营或改造机构释放之日起算(《俄罗斯联邦刑事执行法典》第36条第2款),但此种刑罚适用于此类情形中主刑的整个服刑期间。

如果发生不执行法院所判处的剥夺担任特定职务或从事特定活动的权利刑的,则被判刑人本人及其工作单位的相关领导和责任人员均应对此承担责任。根据《俄罗斯联邦刑事执行法典》第38条的规定,政府代表、国家公务人员、地方自治机关公务人员、政府和市政机构以及商业组织和其他组织的公务人员,恶意不履行已经发生法律效力的法院判决、裁定或者其他有关剥夺担任特定职务或从事特定活动权利的司法裁定的,则应当依照俄罗斯联邦立法所规定的程序承担责任,其中可能涉及《俄罗斯联邦刑法典》第315条所规定的相应主体的刑事责任问题①。

3. 剥夺专门称号、军衔或荣誉称号、职衔和国家奖励(Лишение специального, воинского или почетного звания, классного чина и государственных наград)。根据《俄罗斯联邦刑法典》第48条的规定,剥夺专门称号、军衔或荣誉称号和国家奖励,只能是法院在对所实施的重罪或特别重罪判处刑罚时,考量犯罪人的人身特性而将其作为附加刑予以适用。因此,重罪和特别重罪的定罪判刑,与被判刑人所拥有的奖励、军衔、荣誉称号和其他称号的优势地位之间是不兼容的。

俄罗斯现行刑事立法在此刑种的适用程序规定方面,进行了较大修订。根据之前生效的立法规定,法院可以根据其判决剥夺被判刑人的军事称号或者专门称号,但由国家最高权力机关或行政当局授予的称号除外;如果涉及国家最高权力机关或行政当局授予的军衔或专门称号,则法院只能向这些机构发出要求剥夺被判刑人此类称号的呈文,是否剥夺这些称号的最终决定由最高当局决定。此项规定

① 《俄罗斯联邦刑法典》第315条规定的罪名是“不执行法院的刑事判决、民事判决或其他裁判罪”。

也适用于剥夺被判刑人国家奖励的情形。相较而言,根据俄现行刑事立法的规定,法院所作出的剥夺被判刑人军衔、专门称号、职衔和国家奖励的裁定一旦发生法律效力,则法院的此项判决对于俄罗斯所有机关和机构均具有强制执行的效力,其中也包括政府当局。这种新的立法模式当然有助于提高法院判决乃至整个司法权的权威地位。

根据《俄罗斯联邦刑事执行法典》第 61 条第 1 款规定,法院所作出的剥夺被判刑人军衔、专门称号、职衔和国家奖励的判决生效后,应当将此判决书副本送达授予此类称号的公职人员。公职人员在收到判决书副本后,应当依照规定的程序将剥夺被判刑人军衔、专门称号、职衔和国家奖励记录在案,并且应当采取措施对被判刑人的军衔、专门称号、职衔和国家奖励予以剥夺(此为《俄罗斯联邦刑事执行法典》第 61 条第 2 款的规定)。针对预备役士兵所作出的法院判决,其判决书副本应当送达被判刑人所在部队的军事委员会。部队公职人员应当在收到判决书副本之日起一个月内将判决执行情况通知作出判决的法院(《俄罗斯联邦刑事执行法典》第 61 条第 4 款)。在这种情况下,刑罚执行机构应当要求被判刑人或其家庭成员交还相应的徽章、奖章、奖励文件、军衔或职衔的等级证书等。这些奖章、证书和奖励文件等,连同判决书副本一起送交俄罗斯联邦总统所属的国家奖励部。

4. 强制性社会公益劳动(Обязательные работы)。强制性社会公益劳动刑规定在《俄罗斯联邦刑法典》第 49 条。根据本条第 1 款规定,强制性社会公益劳动刑是被判刑人在基本工作或学习之余无偿完成社会公益劳动的一种刑罚种类。强制性社会公益劳动的工作类型及其服刑地点,由地方自治机关与刑事执行监察部门协商确定。根据《俄罗斯联邦刑法典》第 45 条的规定,强制性社会公益劳动刑只能作为主刑适用,并且通常是针对轻罪判处的刑种,比如《俄罗斯联邦刑法典》第 128-1 条规定的侮辱罪。强制性社会公益劳动刑的服刑期限为 60 小时以上 480 小时以下,并且每天服刑时间不得超过 4 小时(《俄罗斯联邦刑法典》第 49 条第 2 款)。对未成年人判处强制性社会公益劳动的期限为 40 小时以上 160 小时以下,除此之外,为未成年被判刑人确定的工作类型应当是其力所能及并且应当在他们在学习或主要工作之余进行。

强制性社会公益劳动刑,不适用于一级伤残人员、孕妇、有 3 岁以下子女的妇女、已满 55 岁的妇女、年满 60 岁的男子,以及应征服役的军人。对于依合同服兵役的列兵和军士,如果他们尚未服完法定的应征服兵役的期限,也不得判处强制性社会公益劳动刑。

强制性社会公益劳动刑的执行机关是被判刑人居住地所属的刑事执行监察局(《俄罗斯联邦刑事执行法典》第 25 条第 1 款),即被判刑人应当在他生活的社区内或者他每天能够往返回到居住地的地方服刑。强制性社会公益劳动刑的服刑期限,是以被判刑人服刑的小时为单位予以计算的(《俄罗斯联邦刑事执行法典》第

27 条第 1 款），因此，对于已成年的被判刑人来说，在休息日或是被判刑人不从事主要工作、公务或学习的日子，其从事强制性社会公益劳动的时间不能超过 4 小时，而在工作日，则在主要工作、公务或学习后从事强制性社会劳动的时间不能超过 2 小时，若在被判刑人同意的情况下，也可以不超过 4 小时。通常情况下，一周之内从事强制性社会公益劳动的时间不能少于 12 小时。如果有充分理由，刑事执行监察局可能允许减少被判刑人一周内的工作时间（《俄罗斯联邦刑事执行法典》第 27 条第 2 款）。根据《俄罗斯联邦刑法典》第 88 条的规定，强制性社会公益劳动的服刑主体为 15 岁以下未成年人的，则其每天服刑的时间不能超过 2 小时，而 15 岁以上 16 岁以下的未成年人则不能超过 3 小时。被判刑人在其固定工作单位所享有的每年年假，并不能中止强制性社会公益劳动刑的执行（《俄罗斯联邦刑事执行法典》第 26 条第 2 款），并且此种刑罚的服刑时间不计入总的连续计算的工龄之中。

根据《俄罗斯联邦刑法典》第 49 条第 3 款的规定，如果被判刑人逃避服强制性社会公益劳动刑，则此种刑罚可以替代为强制劳动刑或剥夺自由刑。在这种情况下，被判刑人已经服过的强制性社会公益劳动刑的时间，在替代为强制劳动刑或剥夺自由刑时应计算在内，即 1 天的强制劳动刑或剥夺自由刑折抵 8 小时强制性社会公益劳动刑的刑期。

5. 劳动改造（Исправительная работа）。劳动改造刑规定在《俄罗斯联邦刑法典》第 50 条，意指强制被判刑人依照法院判决所确定期限从事劳动，并且其收入的一部分收缴国库的刑罚种类。此种刑罚措施既可以适用于有固定工作单位的被判刑人，也适用于没有固定工作单位的被判刑人。如果是对有固定工作的人判处劳动改造刑，则在其固定工作单位服劳动改造刑；如果没有固定工作单位，则被判刑人应当由地方自治机关与刑事执行监察部门协商确定劳动改造刑的服刑地，但服刑地应当在被判刑人居住地所属的辖区内。

根据《俄罗斯联邦刑法典》第 45 条第 1 款的规定，劳动改造刑只能作为主刑适用。此种刑罚通常不适用于重罪或特别重罪，而适用于不具有特别严重社会危害性的行为人，即对此类行为人的改造，没有必要将其与社会隔离和强制他们离开其永久居住地。在俄罗斯现行刑事立法分则的大多数条款的法定刑中，均将劳动改造刑作为剥夺自由刑及其他刑种的可择性刑种。俄刑事立法关于可以用劳动改造刑替代剥夺自由刑的规定，无疑是俄罗斯刑法人道化的体现，然而，此种刑罚之人道化特质在俄罗斯目前所处的经济危机、生产萎缩、失业等背景下，要想真正得到实现则障碍重重，因此，劳动改造刑近年来的适用率与前些年相比呈下降趋势。

根据《俄罗斯联邦刑法典》第 50 条第 2 款的规定，劳动改造刑的期限为 2 个月以上 2 年以下。根据俄罗斯现行立法规定，被判刑人可以在任何不同所有权性质的企业、机关和组织内（包括国有单位、市政单位、合作型企业、私企等）服劳动改造刑，因为目前俄罗斯的宪法以及劳动法和其他联邦立法的规定均完全适用于前述所列单位和部门。

劳动改造刑的惩罚性实质要素体现于应当从被判刑人的服刑工资中扣除一部分收归国库，限额为5%以上20%以下（《俄罗斯联邦刑法典》第50条第3款）。劳动改造刑的适用对象，不包括一级伤残人员、孕妇、有3岁以下子女的妇女、应征服兵役的军人，以及在法院作出刑事判决时尚未服完应征服役期限的、依照合同服兵役的列兵和军士（俄刑法第50条第5款），后一种情形下劳动改造刑可以替代为限制军职刑（俄刑法第51条第1款）。此外，劳动改造刑也不应当适用于那些实施与其执行公务或专业职责相关犯罪的人，其前提是被判刑人留在原来工作岗位可能导致刑罚的教育或预防价值减损的情况。

俄罗斯联邦各级法院一般应当依照下列情形判处劳动改造刑。

（1）在被告人所实施犯罪行为触犯的《俄罗斯联邦刑法典》分则条文的法定刑中，劳动改造刑作为唯一刑种或是两个以上可选择适用刑罚种类的情况。

（2）法院根据《俄罗斯联邦刑法典》第64条"减轻处罚"的规定，对被判刑人判处轻于其所实施犯罪法定刑的情况。俄司法实践中，此种情况一般适用于：法院认为对被判刑人判处其所犯罪行涉及条款的法定刑为剥夺自由刑的刑罚欠合理性，从而将剥夺自由刑替代为劳动改造刑。

（3）在具备《俄罗斯联邦刑法典》第80条"未服完刑罚改判较轻刑种"所规定的情形下，以劳动改造刑替代剥夺自由刑。

（4）在对孕妇以及有年幼子女的妇女适用延期服刑时，以劳动改造刑替代剥夺自由刑。

（5）在被判刑人恶意逃避缴纳罚金的情况下，劳动改造刑作为较重刑罚替代罚金刑（俄刑法第46条第5款）。

根据《俄罗斯联邦刑法典》第50条第4款的规定（此款于2011年12月2日以第420号联邦法律修订），如果被判刑人恶意逃避服劳动改造刑，法院可以用强制劳动刑或剥夺自由刑替代未服完的刑期，即1天强制劳动刑或剥夺自由刑折抵3天劳动改造刑。

6. 限制军职（Ограничение по военной службе）。限制军职作为刑罚种类，是现行的《俄罗斯联邦刑法典》首次引入俄罗斯刑事立法的刑种（第51条）。限制军职刑的特点，体现为此刑种的适用对象仅限于依照合同服兵役的现役军人。其适用条件有二：其一，在《俄罗斯联邦刑法典》分则法定刑对实施违反军职犯罪规定此种刑罚的情形；其二，作为《俄罗斯联邦刑法典》分则相应条文规定的劳动改造刑的替代刑适用。第一种情形中限制军职的期限为3个月以上2年以下；第二种情形中限制军职的期限同《俄罗斯联邦刑法典》分则相应条文法定刑中规定的劳动改造刑的期限。

根据《俄罗斯联邦刑法典》第 45 条第 1 款规定,限制军职刑只能作为主刑适用,因此,该刑种不能作为附加刑适用。此刑种可以判处实刑,也可以根据《俄罗斯联邦刑法典》第 73 条第 1 款的规定判处缓刑。限制军职刑,就其内容而言与前述劳动改造刑有许多相似之处,可以将其视为专门适用于依合同服兵役的现役军人的劳动改造刑的变种,并且《俄罗斯联邦刑法典》第 51 条第 1 款也明确规定了"对被判刑的依照合同服兵役的军人判处限制军职刑替代本法典分则相应条文规定的劳动改造刑"。

被判处限制军职刑的军人,继续在原来的部队服役,只是应当从其军饷中扣除法院刑事判决所规定的数额纳入国库,但不得超过其应发军饷的 20%。此外,在服刑期间,被判刑人不得晋升职务和军衔,并且服刑期间也不得计入正常授予军衔所要求的军龄(第 51 条第 2 款)。限制军职刑的执行程序由《俄罗斯联邦刑事执行法典》第 18 章(第 143-148 条)予以规定。

7. 限制自由(Ограничение свободы)。根据最初生效的 1996 年《俄罗斯联邦刑法典》第 53 条第 1 款的规定,限制自由刑作为刑罚种类,是将法院作出判决时年满 18 岁的被判刑人关押在不与社会隔离的特殊机构,以对其进行监督。2009 年 12 月 27 日出台的第 377 号《联邦法律》对此刑种的内容(第 53 条第 1 款)进行了修订,使其更趋轻缓化。修订后的限制自由刑是由法院对被判刑人规定以下限制条件。

(1)一昼夜的特定时间内不得离开居所(住宅、其他居住地)。

(2)不得前往相应市政辖区内的特定场所。

(3)不得离开相应市政辖区。

(4)不得前往举行群众性活动的场所,并且不得参加前述群众性活动。

(5)未经对被判刑人服限制自由刑进行监督的专门国家机关的同意,不得变更居住地或居留地以及工作和(或)学习地点。

除上述所列的限制条件外,法院还应当责成被判刑人每月 1 次至 4 次到对其服刑进行监管的专门国家机关进行登记。法院对被判刑人规定的、不经前述专门国家机关同意不得变更居住地或居留地,以及不准其离开相关市政辖区的限制条件,均具有强制性。2009 年俄立法机关对本条款进行修订以前,限制自由刑只能作为主刑适用,而根据俄现行刑法最新修订的第 45 条第 1 款的规定,限制自由刑既可以作为主刑适用,也可以作为附加刑适用。

根据最新修订的俄刑法第 53 条第 2 款(2011 年 12 月 7 日第 420 号《联邦法律》修订)的规定,限制自由刑对轻罪和中等重罪作为主刑适用的期限是 2 个月以上 4 年以下,而在本法典分则相应条文规定的情况下,此刑种作为强制劳动刑或剥夺自由刑的附加刑适用时,其期限为 6 个月以上 2 年以下。

俄罗斯自 2009 年对刑法修订后,限制自由刑不仅可以作为主刑适用,也可以作为附加刑予以适用,因此大大提升了法院适用此刑种的频率,这在俄司法实践中也有相应体现:限制自由刑作为主刑适用的判决数量与修订前相比,从 2010 年的 7941 份增加到 2011 年的 10994 份(增加了 28%);作为附加刑的判决数量,从 2010 年的 1386 份上升至 2011 年的 4729 份(增长率为 71%)。[①]

根据《俄罗斯联邦刑法典》第 88 条第 5 款的规定,限制自由刑作为主刑适用于未成年被判刑人的,其期限为 2 个月以上 2 年以下,与此同时,该刑种是不能作为附加刑适用于未成年人的。限制自由刑无论是作为主刑,还是作为附加刑,都不能适用于现役军人、外国公民、无国籍人以及在俄罗斯联邦境内无固定居所的人(《俄罗斯联邦刑法典》第 53 条第 6 款)。此外,限制自由刑不能适用缓刑(俄刑法第 73 条第 1 款),也不能适用俄刑法第 79 条规定的假释,以及第 80 条关于以较轻刑种替代未服完刑罚部分的规定。

如果被判刑人恶意逃避服作为主刑判处的限制自由刑,则法院根据负责监管服刑的专门国家机关的报告,可以将未服完部分的限制自由刑改判为强制劳动刑或剥夺自由刑。在该种情况下,1 天强制劳动刑折抵 2 天限制自由刑刑期,或者 1 天剥夺自由刑折抵 2 天限制自由刑的刑期(俄刑法第 53 条第 5 款)。

根据《俄罗斯联邦刑事执行法典》第 16 条第 5 款的规定,限制自由刑的执行机关是被判刑人居住地所属的刑事执行监察部门,即俄刑法第 53 条所规定的“专门国家机关”。此外,限制自由刑的执行程序由《俄罗斯联邦刑事执行法典》第 8 章第 47-1 条至第 60 条的规定予以规制。

8. 强制劳动(Принудительная работа)。强制劳动刑作为刑罚种类,是 2011 年第 420 号《联邦法律》对俄现行刑法进行修订时,正式引入俄刑事立法的。根据俄罗斯现行刑法第 53-1 条第 3 款的规定,强制劳动是指被判刑人在刑事执行系统内的机构或机关所确定的场所参加劳动。

强制劳动刑在俄罗斯刑事立法所规定的刑罚阶梯体系中,位于限制自由刑之后、拘役之前,因此可以推出俄立法者认为此刑种在严厉性程度上要重于限制自由刑,但却轻于拘役刑。根据俄现行刑事立法的规定,强制劳动刑仅可以作为主刑适用,不能作为附加刑适用。此外,俄罗斯刑法还特别规定,在俄罗斯刑法分则相应条款对轻罪或中等重罪或者初犯重罪有规定的情况下,强制劳动刑可能作为剥夺自由刑的替代性刑种予以适用(俄刑法第 53-1 条第 1 款),即根据本条第 2 款的规定,在判处剥夺自由刑的情况下,如果法院认为被判刑人不在剥夺自由刑服刑场所实际服刑也可以得到改造,则法院可以裁定对被判刑人判处的剥夺自由刑替代为强制劳动刑,但如果法院作出的剥夺自由刑的刑期超过 5 年的,则不得替代为强制劳动刑。可见,将强制劳动刑作为部分剥夺自由刑替代刑的方式引入刑事立法,客

---

① Киселева М. Назначение наказания в виде ограничения свободы // Уголовное право. 2013. № 1. С. 31.

观上使得俄司法实践中对于剥夺自由刑这一较重刑罚的适用量减少,这也应当是俄罗斯刑法人道化发展趋势的一种体现。

强制劳动刑的期限为 2 个月以上 5 年以下,并且应当从被判处强制劳动刑的被判刑人的工资中扣除 5%-20%,作为国家收入,计入当地相关刑事执行机构的账目。如果被判刑人逃避服强制劳动刑,则未服完刑期将被替代为剥夺自由刑,并且 1 天剥夺自由刑折抵 1 天强制劳动刑。此外,强制劳动刑不能适用于下列人群。

(1)未成年人。

(2)一级或二级残疾人员。

(3)孕妇。

(4)有 3 岁以下子女的妇女。

(5)年满 55 岁的妇女。

(6)年满 60 岁的男子。

(7)军人。

强制劳动刑的执行程序,明确规定于《俄罗斯联邦刑事执行法典》第 8-1 章第 60-1 条至第 60-21 条,以及联邦行政机关制定的、拟在调整刑罚执行领域国家政策的规范法案,其中包括俄罗斯联邦司法部、俄罗斯刑罚执行联邦局等部门制定的相关规范性法律文件。被判处强制劳动刑的,应当在位于其居住地或审判地所属的俄罗斯联邦主体行政区域内的专门机构——改造中心服刑(《俄罗斯联邦刑事执行法典》第 60-1 条第 1 款)。如果强制劳动刑是依照替代刑的程序判处的,则被判刑人可以被送到位于俄罗斯联邦其他主体境内的改造中心服刑。该类改造中心均制定内部规章制度,这些规章制度对被判刑人具有强制性,他们必须遵照执行,并且每位服刑人员都必须在改造中心行政部门所确定的地点和工作岗位参加劳动,被判刑人无权拒绝指派给他的工作(《俄罗斯联邦刑事执行法典》第 68 条第 3 款)。在改造中心服刑的被判刑人,应当接受监督;对于逃避服强制劳动刑的被判刑人,改造中心的领导将向法院提交将未服完刑期替代为剥夺自由刑的报告。

9. 拘役(арест)。拘役,是在严格与社会隔离的条件下拘禁被判刑人(《俄罗斯联邦刑法典》第 54 条)。根据俄现行刑法第 45 条第 1 款的规定,拘役属于主刑,因此其不能作为其他任何刑罚的附加刑适用。拘役的期限为 1 个月以上 6 个月以下,在用拘役刑替代强制性社会公益劳动刑或劳动改造刑的情况下,其期限不能少于 1 年。

拘役刑既不能适用于法院作出判决时未满 16 岁的人,也不能适用于孕妇以及有未满 14 岁子女的妇女。军人在禁闭室服拘役刑。

《俄罗斯联邦刑事执行法典》第 10 章第 68-72 条规定了拘役刑的执行程序和条件。根据《刑事执行法典》第 68 条第 1 款的规定,被判处拘役刑的被判刑人,在判决地所属的拘役所服刑,并且整个服刑期内通常都在同一个拘役所服刑。对被判处拘役刑的被判刑人实行严格的隔离制度,将其与其他被判刑人进行隔离关押,并且将男犯、女犯、未成年人被判刑人,以及之前在改造机构服过刑并且有前科的人分别关押(俄刑事执行法第69条第1款)。俄罗斯刑法和刑事执行法针对在普通管束制度监狱服刑的被判刑人规定的监禁条件,扩张适用于服拘役刑的犯人(《俄罗斯联邦刑事执行法典》第69条第2款)。与此同时,根据1996年5月24日颁行的《关于俄罗斯联邦刑法典生效法》的规定,刑法典中有关拘役刑的规定,在具备此刑种执行的必要条件时即告生效,但不晚于2006年,然而,若干年过去了,前述"必要条件"至今尚不具备,所以此种刑罚无法适用。也就是说,拘役刑只是俄罗斯刑事立法中规定的一个僵尸刑种,因为此刑种在俄罗斯从未真正适用过。

10. 军纪营管束(Содержание в дисциплинарной воинской части)。《俄罗斯联邦刑法典》第55条将军纪营管束作为一个独立刑种进行了规定。该种刑罚的特点是其适用对象具有特殊性,即根据俄刑法第55条第1款的规定,本刑罚仅适用于应征服兵役的军人,以及依照合同服兵役的列兵和军士,但对于后者是有条件限制的,即必须是法院作出判决时他们尚未服满法定的应征服役期限。

军纪营管束刑适用的情况有两种:其一,俄罗斯刑法分则条文法定刑对实施的违反军职罪有明确规定的;其二,犯罪的性质和犯罪人的人身特性能够证明可以用军纪营管束刑替代剥夺自由刑的情况(俄刑法第55条第1款)。第一种情况的军纪营管束的期限3个月以上2年以下;第二种情况的期限不超过2年。根据《俄罗斯联邦刑法典》第55条第2款的规定,以替代刑方式判处军纪营管束刑的,按1天剥夺自由刑折抵1天军纪营管束刑计算。

军纪营管束只能作为主刑适用,所以它不能被判处为任何其他刑罚的附加刑,另外,此刑种既可以判处实刑,可以根据《俄罗斯联邦刑法典》第73条第1款的规定判处缓刑。军纪营管束的被判刑人,在服刑期间是保留军职的,军人章程同样适用于服刑期间的被判刑人,同时也不影响其家庭成员享有俄罗斯联邦法律所规定的军属优待条件。

军纪营管束刑的执行程序和条件,规定于《俄罗斯联邦刑事执行法典》第20章第155-171条。被判处该种刑罚的军人在单独的纪律营中服刑,其惩处手段由俄刑事执行法予以规定。军纪营管束刑服刑期间不记入服役总期限。根据《俄罗斯联邦刑法典》第86条第3款第2项的规定,被判处军纪营管束刑的被判刑军人,其前科于服刑完毕后满1年消灭。

11. 剥夺特定期限自由(Лишение свободы на определенный срок)。剥夺特定期限自由刑与我国刑法中的有期徒刑相对应。俄罗斯联邦现行刑事立法规定了两种独立的剥夺自由刑,即第56条的剥夺特定期限自由刑和第57条的终身剥夺自由刑。剥夺自由作为一种刑罚处罚方式,是采取一种与社会相隔离的方式,将被判刑人关押在具有特殊管束制度的改造机构的刑罚,并且根据法院判决中是否指定特定期限而分为剥夺特定期限自由刑和终身剥夺自由刑,即我国刑法中的有期徒刑和无期徒刑。剥夺自由刑当属较严厉的刑罚之一,在刑法有明文规定的前提下,适用于那些实施了具有极其严重社会危害性的犯罪行为,同时还应当是一般预防和特殊预防之需要所在,即不采取将被判刑人与社会相隔离的处罚方式,就无法达到改造犯罪人的目的。

2011 年 12 月 7 日颁布施行的第 420 号《联邦法律》,对俄现行刑事立法进行了修订,在剥夺自由刑适用方面增加规定了这样的内容:除《俄罗斯联邦刑法典》第 228 条、第 231 条第 1 款和第 233 条规定的犯罪外,剥夺自由刑可以对首次实施轻罪且具备《俄罗斯联邦刑法典》第 63 条规定的从重处罚情节的犯罪人,或者适用于《俄罗斯联邦刑法典》分则相应条文明确将剥夺自由刑作为唯一一种刑罚予以规定的情形。

根据《俄罗斯联邦刑法典》第 56 条的规定,剥夺自由刑的期限为 2 个月以上 20 年以下,与此同时,在以剥夺自由刑替代劳动改造刑或者限制自由刑时,所裁判的剥夺自由刑的期限可以是 2 个月以下。[①] 剥夺自由刑的服刑机构有改造村、教养营、医疗性改造机构,以及普通管束制度改造营、严格管束制度改造营、特别管束制度改造营或者监狱(《俄罗斯联邦刑法典》第 56 条第 1 款)。被判处剥夺自由刑的被判刑人,如果在作出判决时未满 18 周岁,则应当在教养营中服刑(《俄罗斯联邦刑法典》第 58 条第 3 款)。根据《俄罗斯联邦刑法典》第 45 条第 1 款的规定,剥夺特定期限自由刑只能作为主刑适用。

被判处剥夺自由刑的人,确定服刑机构的标准规定在《俄罗斯联邦刑法典》第 58 条[②]。根据俄现行刑事立法的规定,因实施特别重罪而被判处 5 年以上剥夺自

---

① 此外,根据该条第 4 款的规定,"除本条第 5 款规定的情形外,在数罪并罚情况下部分或全部合并剥夺自由刑刑期时,剥夺自由刑的最长刑期不得超过 25 年,而在数个判决合并处刑时,剥夺自由刑的最长刑期不得超过 30 年"。与此同时,该条第 5 款对某些特定犯罪剥夺自由刑在数罪并罚和数个判决合并处刑的情况规定了更长的刑期,即针对这些犯罪判处剥夺自由刑时,数罪并罚的最长刑期不得超过 30 年,数个判决合并处刑的最长刑期不得超过 35 年。第 5 款所涉及具体罪名分别是《俄罗斯联邦刑法典》第 205 条,第 205-1 条,第 205-3 条,第 205-4 条,第 205-5 条,第 206 第 3、4 款,第 210 条第 4 款,第 210-1 条,第 211 条第 2 款,第 277 条,第 278 条,第 279 条,第 353 条,第 356 条,第 357 条,第 358 条,第 360 条和第 361 条规定的涉及恐怖主义活动罪;协助恐怖主义活动罪;参加恐怖主义活动培训罪;组建、参加恐怖主义集团罪;组织、参加恐怖主义组织活动罪;劫持人质罪;组建或参加犯罪集团(犯罪组织)罪;劫持航空器罪;侵害国务活动家或社会活动家罪;暴力夺取政权或暴力掌握政权罪;武装暴乱罪;策划、准备、发动或进行侵略战争罪;使用禁止的战争手段和方法罪;种族灭绝罪;生态灭绝罪、袭击受国际保护人员或机构罪;国际恐怖主义活动罪等犯罪。

② 该条规定了这样几种情况:第一,因过失犯罪而被判刑的人,以及因实施故意轻罪和中等重罪而被处剥夺自由刑且以前未服过剥夺自由刑的人,在改造营服刑。基于所实施犯罪的情节和犯罪人的人身特性,法院可以判处上述人员在普通管束制度的改造营服刑,同时说明作出此种决定的理由;第二,因重罪被判处剥夺自由刑且以前未服过剥夺自由刑的男子,以及因实施重罪或特别重罪被判处剥夺自由刑的妇女,其中包括任何种类的累犯情形,在普通管束制度的改造营服刑;第三,因实施特别重罪而判处剥夺自由刑且以前未服过剥夺自由刑的男子,以及累犯或危险累犯的情况,如果其以前服过剥夺自由刑的,在严格管束制度的改造营服刑;第四,被判处终身剥夺自由刑的男子,以及具有特别累犯身份的男子,在特别管束制度的改造营服刑。

由刑的男子，因实施俄刑法典第 205-2 条、第 205-4 条、第 206 条、第 211 条第 1 款、第 220 条、第 221 条、第 360 条所规定犯罪而被判处剥夺自由刑的男子，以及特别危险的累犯，可以判处其在监狱服部分刑期。在此种情况下，法院应将有罪判决生效前被判刑人被羁押的时间计入监狱服刑的期限内(《俄罗斯联邦刑法典》第 58 条第 2 款)。此外，因实施俄刑法第 205 条、第 205-1 条、第 205-3 条、第 205-4 条第 1 款、第 205-5 条、第 206 条第 2-4 款、第 208 条、第 211 条第 2-4 款、第 277-279 条、第 281 条、第 317 条、第 361 条所规定犯罪而被处剥夺自由刑的男子，也应判处其部分刑期在监狱服刑，此种情况下，在监狱服刑的时间于法院有罪判决生效前被羁押的时间折抵后应不少于 1 年。在监狱服刑后剩余刑期的服刑机构，依照俄刑法第 58 条的规定予以确定(《俄罗斯联邦刑法典》第 58 条第 2-1 款)，并且变更服刑改造机构类型的，须由法院根据俄罗斯联邦刑事执行立法的规定予以确定(《俄罗斯联邦刑法典》第 58 条第 4 款)。

12. 终身剥夺自由刑(Пожизненное лишение свободы)。终身剥夺自由刑规定在《俄罗斯联邦刑法典》第 57 条，此刑种只能作主刑适用。终身剥夺自由刑的适用范围包括这样几种情况：其一，针对所实施的侵害生命的特别重罪，它只能作为与死刑二择其一的刑罚予以适用；其二，适用于侵害居民健康和社会公德、公共安全以及针对未满 14 岁的未成年人的性不可侵犯性的特别重罪(第 1 款)；其三，终身剥夺自由刑不得适用于妇女、实施犯罪时未满 18 岁的未成年人以及法院作出判决时已年满 65 岁的男子(第 2 款)。

根据俄现行刑事立法第 58 条第 1 款第 4 项的规定，被判处终身剥夺自由刑的犯人，应当在特别管束制度的改造营服刑。与此同时，根据《俄罗斯联邦刑事执行法典》第 126 条的规定，被判处终身剥夺自由刑的人，以及以终身剥夺自由刑替代死刑的被判刑人，应当在特别管束制度的改造营单独关押；该法典第 127 条又规定，被判处终身剥夺自由刑的犯人在改造营中服刑时，通常改造营的每间牢房应当关押 2 人，但如果依被判刑人的要求并且存在其他可能威胁被判刑人人身安全的必要情形下，也可以进行单独关押。此外，可以考虑关押在牢房中被判刑人的要求而组织犯人进行劳动。

13. 死刑(Смертная казнь)。《俄罗斯联邦宪法》第 20 条第 1 款明确规定了"每个人都有生命权"，其第 2 款又规定，"在废除死刑前，根据联邦法律的规定，死刑是在为被告人提供陪审员参加庭审案件权利的情况下，针对侵害生命的特别重罪而采取的极端惩罚措施"。前述宪法规定表明，死刑是刑法所规定的最严厉的刑罚种类，其旨在剥夺被判刑人的生命并且一旦行刑，则无可挽回。正因为一旦发生错案而作出死刑判决予以执行便无法更改，所以俄罗斯刑事诉讼立法和刑事执行立法均对死刑判决发生法律效力及死刑执行规定了特殊的保障程序。

《俄罗斯联邦刑法典》以《俄罗斯联邦宪法》为依据，在其第 59 条第 1 款规定，

“死刑作为极刑只能适用于侵害生命的特别严重犯罪”。俄现行刑事立法分则罪名规范中只有 5 个条款的法定刑中规定了死刑，即第 105 条第 2 款(具有从重处罚情节的故意杀人罪)、第 277 条(侵害国务活动家或社会活动家生命罪)、第 295 条(侵害审判人员和审前调查人员生命罪)、第 317 条(侵害执法机关工作人员生命罪)、第 357 条(种族灭绝罪)。

根据《俄罗斯联邦刑法典》第 59 条第 2 款的规定，死刑不适用于妇女、实施犯罪时未满 18 岁的未成年人和法院作出判决时已年满 65 岁的男子。此外，本条第 2-1 款又规定，“对于外国依照俄罗斯联邦缔结的国际条约或者对等原则向俄罗斯引渡的人，如果依照引渡国立法对该人实施的犯罪未规定死刑，或者以不适用死刑作为引渡条件的，或者依其他理由不得对该人适用死刑的，则不得判处死刑”。与此同时，死刑也不能适用于陪审员作出从宽裁决的案件(俄刑法第 65 条)以及犯罪预备和犯罪未遂的情况(俄刑法第 66 条第 4 款)。此外，限制死刑适用的规定，还体现于因时效届满而免除刑事责任或免除刑罚的刑法制度(俄刑法第 78 条、第 83 条)，以及刑事诉讼法、刑事执行法的相关规定中；在特赦程序中，死刑可以被替代为终身剥夺自由刑或 25 年的剥夺自由刑(俄刑法第 59 条第 3 款)。

死刑的执行程序规定于《俄罗斯联邦刑事执行法典》第 184-186 条，即根据该法典第 186 条第 1 款的规定，死刑以注射形式不公开行刑。如果要同时对几个人执行死刑，则每个人均单独行刑且行刑时其他犯人不得在场。这里需要强调的是，俄罗斯法院在涉及可能判处死刑的案件，其审理时必须有陪审团，由 3 位职业法官组成的审委会或由一名法官和两位人民陪审员组成的合议庭参与庭审。此外，俄罗斯联邦宪法法院于 2009 年 11 月 19 日作出了暂停适用死刑的裁定，这就意味着自 2009 年 11 月 19 日起俄罗斯既不判处死刑，也不实际执行死刑。

第十二章　量刑制度

第一节　量刑原则

刑事法律的有效性和刑罚目的的实现，取决于对罪犯的处罚是否公平、合理。所谓量刑，就是对罪犯进行初步调查以及后续审判的一种结果。俄罗斯现行刑事立法第60条规定了量刑的一般原则，即刑法所规定的、法院在对认定为犯罪的人裁量刑罚时应当遵循的普遍适用的原则和规定。通过对《俄罗斯联邦刑法典》第60条规定的分析，可以认为俄罗斯刑法的量刑规则包括这样几个方面。

其一，刑罚只能在俄罗斯刑法分则相应条文规定的限度内予以判处，并且应当结合刑法总则的相关规定。此项规定的先决条件，是在案件的法院审判程序中对犯罪作出准确和有根据的定性，即其前提应当是正确定罪。换言之，法院在根据某个刑法条文认定所实施行为是犯罪行为后，才能着手对此规范中制裁（法定刑）的考量。如果相应规范的制裁部分规定了两种以上法定刑，则法官首先选择应当适用于被判刑人的刑罚种类，而之后才能根据制裁部分所规定的限度确定所选择刑罚的轻重。如果相应规范的制裁部分没有规定相应刑种的下限，法院则应当适用俄刑法总则相应条文规定的此刑种的最低限度（比如，俄刑法总则第56条规定，剥夺自由刑的最低刑为2个月）。这里需要特别强调的是，俄现行刑法明确规定了刑罚轻重的适用顺序，即刑法分则相应条文为特定犯罪规定的较重的刑罚，只有在本条文所规定的较轻刑罚不能保证达到刑罚目的时才能适用（俄现行刑法第60条第1款）。

其二，法院在量刑时，不能也无权逾越特定犯罪相应条文制裁部分所规定刑罚的上限，也不能判处所适用的《俄罗斯联邦刑法典》条文的制裁部分没有规定的其他更严厉的刑种。此条规则的例外,仅指《俄罗斯联邦刑法典》第 69 条和第 70 条规定的数罪并罚和数个判决合并处罚的情形。

其三,法院可以在刑法相应条文制裁部分所规定刑罚的最低限以下处刑,或者判处比该条的规定更轻的刑种,也可以不适用本来应当适用的附加刑(俄刑法第 64 条)。

其四,法院在裁量刑罚时,应当考虑犯罪行为社会危害性的性质和程度、犯罪人的人身特性,以及所处刑罚对改造被判刑人及其家庭生活条件的影响(俄刑法第 60 条第 3 款)。

如果对俄现行刑事立法所规定的量刑原则进行进一步深入分析,则其内涵要旨体现为以下几个方面。

其一,法院在裁量刑罚时,应当充分考虑俄刑法总则相关制度的规定,即法院在作出行为人的行为具备特定犯罪之犯罪构成的结论时,应当根据刑法总则的规定来确定其所审理的案件是否存在免除刑事责任和免除刑罚的情况。在得到有必要施加刑罚的结论时,法院应当遵循刑法总则中关于刑罚概念、目的和种类的规定(俄刑法第 43-59 条),以及量刑程序和根据(俄刑法第 60-74 条)、未成年人刑事责任和刑罚的特点(俄刑法第 87-96 条)等方面的规定。

其二,刑罚的裁量应考虑犯罪社会危害性的性质和程度。这里的"性质"意指犯罪危害性的定性特征,其取决于犯罪侵害客体所具有的价值;犯罪社会危害性的程度指某种性质行为的定量特征,体现着侵害的强度。然而,必须指出的是,在俄罗斯刑法中,影响行为社会危害性的性质和程度的情节,只有当它们不属于行为人所实施犯罪的构成要件范畴或者没有作为加重责任构成要件予以规定的情况下,才是量刑时可以考量的因素。

其三,所谓量刑时对犯罪人人身特性的考量,意指法院在量刑过程中应当充分考虑特定行为人自身所具有的法律、社会、心理和生理特征。其中,犯罪人所具有的法律特征(年龄、责任能力、特殊主体地位),通常属于犯罪构成的内容并且是裁量刑罚时予以考量的因素,但犯罪人的人身特征也经常处于所实施犯罪的构成框架之外,但是,无论是第一种情况,还是第二种情况中的犯罪人人身特性,在量刑时都应当对其进行具体的评价。法院在作出判决时应当确定的人身特性,包括这样一些对于量刑具有重要意义的人身属性:国家功勋获得者;履行职责、规则和道德规范,履行社会责任;工作态度、职业素养;教育水平和求知欲望;日常生活中的行为方式;家庭状况、家庭成员之间的关系;健康状况、是否曾经有过前科。诚然,要全面考察诸如此类的个人品质特征是件很难完成的事,这对于法院而言无疑是增加了额外负担,因此,通常情况下法院只是对那些具有定罪和量刑意义的最为普遍的人身属性予以考察。

其四,量刑时考察的从轻处罚情节和从重处罚情节,分别规定在《俄罗斯联邦刑法典》第 61 条和第 63 条,对于这些具体情节的分析下文详述,此不赘述。

其五,量刑时法院之所以需要考量所判处刑罚对于犯罪人改造及其家庭生活条件的影响,其旨在实现下列双重目标。第一,实现刑罚目的,是改造犯罪人与预防其实施新罪。第二,尽量减小刑罚对于犯罪人本人及其家庭所产生的不利社会后果,比如,判处大额的罚金可能会使本就不富裕的犯罪人家庭的物质生活状况急剧恶化,特别是其家里还有未成年子女的情况。

上述所列的每一个量刑规则,对于刑罚裁量本身而言都具有各自独立的意义,它们形成的统一整体则是量刑公正和量刑个别化的保障。根据《俄罗斯联邦刑法典》第 6 条规定的公正原则,公正的刑罚应当与所实施犯罪的社会危害性的性质和程度,以及犯罪人的人身特性相当。申言之,所有与量刑制度相关的规定和规则都应当以统一整体的模式进行考量和适用,因为只有适用该综合考察方法,才能保障量刑的公正、合法,并进而实现刑罚个别化的目的。

第二节　一般量刑制度

俄罗斯现行刑事立法规定了两类量刑时应当考量的情节:一类是只具有量刑意义的情节,即此类情节只对所犯罪行的从轻、减轻处罚或从重处罚产生影响,也就是《俄罗斯联邦刑法典》第 61-64 条规定的法定从轻、减轻情节和法定从重情节;另一类则是作为特定犯罪构成的要件予以考量的情节,是影响定罪并且进而决定俄刑法分则条文制裁部分(我国刑法语境中的“法定刑”)所规定刑罚的情节。比如,以特别残忍手段实施犯罪的情节:一种情况是作为特定犯罪的构成要件的情节,比如《俄罗斯联邦刑法典》第 105 条第 2 款第 5 项规定的“手段特别残忍”;另一种情况下则是法定从重处罚的情节,比如《俄罗斯联邦刑法典》第 63 条第 1 款第 9 项规定的“犯罪手段特别残忍……”当某种情节是作为特定犯罪的加重责任构成要件予以规定时,则其就不能作为从重处罚情节再进行重复考量,即俄刑法第 63 条第 2 款所规定的“如果从重处罚情节已在本法典分则相应条文中作为犯罪要件予以规定,则它本身不得在量刑时再重复考虑”。俄罗斯刑法总则规定的从轻处罚情节,其表征犯罪人的行为和人身所具有的社会危害性程度较低,而从重处罚情节则正好相反,其体现的是犯罪人的行为及其人身具有较高程度的社会危害性。与此同时,俄刑法分则规定的从轻和从重情节,其所起的是降低或提高具体行为及其行为人的社会危害性的性质和程度的作用,是立法者在对单个犯罪的刑罚进行细化时所要考量的要素。

一、从轻处罚制度

这里的“从轻处罚制度”，是专指俄罗斯刑法总则规定的法定从轻处罚情节，是处于犯罪构成范畴之外的、行为所具有的客观方面和主观方面特征，以及降低所实施犯罪社会危害性之犯罪人的人身特征，其主体内容体现于《俄罗斯联邦刑法典》第 61 条的规定中。下面详细分析本条规定的内容。

1. 由于各种情况的偶合而初次实施轻罪或中等重罪。该类法定从轻处罚情节的构成需具备这样三个条件：其一，犯罪是初次实施的；其二，所实施的犯罪属于轻罪或中等重罪范畴；[①]其三，实施犯罪的起因是各种情况的偶合。所谓初次实施的犯罪，意指行为人以前从未实施过犯罪，或者甚至还包括行为人实施过犯罪但没有前科的情形。此外，《俄罗斯联邦刑法典》第 15 条第 6 款还规定，法院在具备特定条件的情况下有权将犯罪的等级降低为较轻的一种（但至多只能降一级），这便意味着若某种重罪具备本款所规定的法定情节，则可以降低为中等重罪。俄刑法第 61 条规定的“各种情况的偶合”，是具有评价性质的立法规范，其需要根据案件的具体事实情况予以确定。

2. 未成年犯罪人之法定从轻处罚情节。此种法定从轻情节认定的事实根据，应当是未成年人生理、心理发育不具备足够的社会成熟度，也不具有坚定的立场的信仰；他们容易受到其他人的负面影响，更容易受情绪影响；未成年人群体更容易进行矫治和教育。俄罗斯刑法中未成年人的界定与我国刑法的一样，都是指实施犯罪时已满 14 周岁不满 18 周岁的青少年（《俄罗斯联邦刑法典》第 87 条第 1 款）。根据《俄罗斯联邦刑事诉讼法典》第 421 条第 1 款第 1 项的规定，犯罪主体年龄属于未成年人犯罪案件中应当证明的事实情况。俄罗斯联邦现行刑法首次以单独一章（第 14 章）规定了未成年人的刑事责任和刑罚特征。俄罗斯刑法关于未成年人刑事责任和刑罚的特别规定（俄刑法第 87-96 条）下文详述。

3. 孕妇。俄立法者之所以将怀孕妇女规定为从轻处罚的法定情节，主要是出于人道原则及其对于母亲和婴孩的特别关爱，其根据是孕妇在怀孕期间具有特殊的生理和心理特点，比如异常烦躁、心理失衡、焦虑等。此种法定从轻处罚情节的适用不受时间和犯罪种类的限制，也不考虑怀孕期限以及怀孕与犯罪之间是否存在因果关系。

4. 犯罪人有幼年子女。俄罗斯现行刑事立法并没有直接揭示“幼年子女”概念的内涵，而根据之前《苏俄刑法典》的规定，幼年子女是指未满 14 周岁的未成年人，并且从《俄罗斯联邦刑法典》第 87 条规定的未成年人概念也可以推出前述结论。

---

① 轻罪和中等重罪规定在《俄罗斯联邦刑法典》第 15 条第 2 款和第 3 款，轻罪是指俄刑法规定的最高刑不超过 3 年剥夺自由刑的故意犯罪行为或过失犯罪行为；中等重罪，意指俄刑法规定的最高刑不超过 5 年剥夺自由刑的故意犯罪行为和最高刑不超过 10 年剥夺自由刑的过失犯罪行为。

此法定从轻处罚情节的适用，与幼年子女的数量（只要有一个幼年子女即可适用）以及是否与其共同生活均无关联。

5. 由于生活困境或者出于同情动机而实施犯罪。所谓生活困境，是指犯罪人个人、家庭和工作方面出现的各种各样不幸事件的发生，如犯罪人本人或其亲人得了严重疾病、亲人的故去、失去住房、失业、工作上或生活中与他人发生严重冲突、极端的物质或住房困难等。生活困境作为法定从轻处罚情节的前提是此种困境与实施犯罪之间有密切关联。作为法定从轻处罚情节的同情动机，是指犯罪的实施是出于对受害者的怜悯、同情，比如，出于减轻身患绝症人痛苦的愿望而实施的犯罪行为。

6. 由于身体或心理受到强制或者出于物质上的、职务上的或其他的依赖从属地位而实施犯罪。此类从轻处罚情节的特点：实施犯罪的人，其行为具有一定的被迫性质，虽然此种被迫并没有达到使其完全丧失抵抗此种情况的程度，因此，这里指的并非免除刑事责任，而是减轻刑事责任。所谓强制，意指对犯罪人施加心理或身体上的影响，以达到强迫其实施犯罪的目的，其中的身体强制可以体现为殴打、伤害、剥夺自由等；心理强制则体现为以语言、手势或书面形式的威胁，以造成身体、财产或精神损害或者以侵犯合法权利和利益相威胁。此种情形下的"威胁"，应当是现实性威胁并且对行为人的意志产生影响。物质依赖，意指犯罪人自己没有能力维持正常生活而与被依赖人同住、需要其供养；职务上的从属关系，主要指犯罪人在工作（职务）上对于其上级领导的从属关系，即犯罪人的职业升迁、工资、奖励和处分取决于其上级；其他依赖关系的产生情况和领域则呈现多样化特点，比如，共享公寓的邻里关系、被调查者与调查人员之间的关系、学生与老师之间的关系等。

7. 因违反正当防卫、拘捕犯罪人、紧急避险、合理风险、执行命令或指令等合法性条件而实施犯罪。此类情形在遵守俄刑法第37-39条、第41条、第42条所规定的合法性条件下，是排除行为有罪性的合法事由，即刑法中的正当行为，只有前述行为没有遵守法定条件的情况下，才会被追究刑事责任，但应当从轻处罚。

8. 由于被害人的行为不合法或不道德而实施犯罪。此类法定从轻处罚情节与被害人的行为密切相关，主要是因为被害人的行为具有挑拨性质，即其行为或者是具有不法性（违法性）或者反道德性（违反社会公德）。被害人的违法行为，主要指不返还债务、侵害公民的权利和合法利益、非法剥夺自由等；不道德行为，指夫妻背叛、不诚信、不诚实等。

9. 自首，积极协助揭露和调查犯罪，揭发同案犯和起获赃物。此类情形属于不同种类的犯罪后正面行为，其证明实施犯罪的人人身危险性的极大降低。这些情形属于同一类法定从轻处罚情节，但在内容上各不相同，因此进行了分别规定。自首，是指犯罪人亲自到相应权力机关，以口头或书面形式自愿报告自己的罪行，其在刑事责任的追诉时效期限内具有刑事法律意义,而自首的动机如何并不影响自首情节的成立,重要的是自首是自愿的,而不是被迫的;积极协助揭露和调查犯罪、揭发同案犯和起获赃物的法定从轻处罚情节,可以表现为各种不同形式,其行为的实质在于为执法部门在揭露和侦破案件过程中提供协助,此项从轻处罚情节着重考察的,是此类行为是主动的、自愿而为之,而不是在已有证据的压力下才有所为的。

10. 在犯罪后立即对被害人进行医疗救助或提供其他帮助,自愿赔偿犯罪所造成的财产损失或精神损害,以及其他旨在弥补对被害人所造成损失的行为。该类行为也属于犯罪人实施犯罪后所采取的不同形式的正面行为,并因此而规定为法定从轻处罚情节。此类情形下犯罪人的动机如何并不具有刑事法律意义,其既可以是出于对被害人的同情怜悯、对刑罚的恐惧,也可以是对从轻处罚的指望等。此类法定从轻处罚情节的表现形式也可以是多种多样的,比如叫救护车、立即进行包扎、自愿为被害人献血、返还所侵占的财物、向被害人致歉等。

这里还需要强调的是,根据俄刑事立法的规定,《俄罗斯联邦刑法典》第 61 条所规定的情节并没有穷尽所有从轻处罚情况,即法院在裁量刑罚时还可以考虑本款未明确规定的其他从轻处罚情节(俄刑法第 61 条第 2 款)。此外,如前所述,如果《俄罗斯联邦刑法典》分则条文已经将某种从轻情节作为犯罪构成要件予以明确规定,则此情节不得在量刑时重复考虑。

《俄罗斯联邦刑法典》第 62 条第 1 款规定,在具备本法典第 61 条第 1 款第 9 项和(或)第 10 项所规定的从轻处罚情节而没有从重处罚情节的情况下,所判处刑罚的期限或数额不得超过本法典分则相应条文规定的最严厉刑种最高刑期或数额的 2/3。这便意味着,如果俄刑法分则相应条款规定的是终身剥夺自由刑或死刑的情况,则不能适用俄刑法第 62 条第 1 款的规定,此种情况下应当在分则相应条款规定的法定刑范围内量刑(该条第 3 款)。

根据《俄罗斯联邦刑法典》第 62 条第 2 款和第 4 款的规定,在具备本法典第 61 条第 1 款第 9 项所规定的从轻处罚情节而没有从重处罚情节的,如果签订审前合作协议的,则所判处刑罚的期限或数额不得超过本法典分则相应条款规定的最严厉刑种最高刑期或数额的 1/2;如果在签订审前合作协议且本法分则相应条款规定有终身剥夺自由刑或死刑的情况,则此两种刑罚不予适用,此种情形下刑罚的期限或数额不得超过本法典分则相应条款规定的最严厉刑种剥夺自由刑的最高刑期或数额的 2/3。

在根据《俄罗斯联邦刑事诉讼法典》第 40 章规定的程序审理案件时,法院所判处的刑罚期限或数额不得超过对实施犯罪规定的最严厉刑种最高刑期或数额的 2/3,而在《俄罗斯联邦刑事诉讼法典》第 112-9 条规定的情况下,不得超过对实施犯罪规定的最严厉刑种最高刑期或数额的 1/2。如果查明签订审前合作协议的人提供了虚假信息材料或者向侦查人员、检察官隐瞒实施犯罪的任何其他重大情况，则法院依照一般程序量刑，而不得适用本法典第 62 条第 2 款、第 3 款和第 4 款关于刑期和数额的规定，也不得适用本法典第 64 条的规定（《俄罗斯联邦刑法典》第 63-1 条）。

综上，可以将俄罗斯现行刑事立法规定的法定从轻处罚情节概括为以下几个方面。

（1）因各种情况的偶合而初次实施轻罪或中等严重的犯罪（第 61 条第 1 款第 1 项）。

（2）因生活困境或出于同情动机而实施犯罪（第 61 条第 1 款第 5 项）。

（3）因身体或心理受到强制或由于物质上的、职务上的或其他依赖从属关系而实施犯罪，或者因违反正当行为的合法性条件而实施犯罪的情况（第 61 条第 1 款第 6、7 项）。

（4）因被害人的违法行为或不道德行为而实施犯罪（第 61 条第 1 款第 8 项）。

（5）孕妇实施犯罪的（第 61 条第 1 款第 3 项）。

（6）有幼年子女的人实施犯罪（第 1 款第 4 项）。

（7）具有自首，积极协助揭露和调查犯罪，揭发同案犯和起获赃物的情节（第 1 款第 9 项）。

（8）具有在犯罪后立即对被害人进行医疗救助或提供其他帮助，自愿赔偿犯罪所造成的财产损失或精神损害，以及其他旨在弥补对被害人所造成损失的行为情节的（第 1 款第 10 项）。

（9）犯罪人是未成年人的情况（第 1 款第 2 项）。

可见，上述情节中的第五项至第九项所列的法定从轻处罚情节，均属于体现犯罪人人身属性的情节，这也从另一侧面体现出俄现行刑事立法对于犯罪人量刑时，特别注重有关犯罪人人身危险性程度的考察。

二、从重处罚制度

根据俄刑事立法的规定，所谓从重情节，意指那些处于犯罪构成框架之外的行为主、客观特征，以及有关犯罪人人身特性的、提高所实施犯罪社会危害性的情况。根据《俄罗斯联邦刑法典》第 63 条的规定，法定从重处罚情节主要体现为以下各个方面。

1. 累犯。如果行为人以前实施过故意犯罪并因此而被判刑并且前科仍然存在的情况下，又实施故意犯罪，即为累犯。俄刑法将累犯区分为普通累犯、危险累犯和特别危险累犯（前文第九章第三节有述，此不赘述）。

2. 所实施犯罪发生严重后果的情形。此法定从重处罚情节具有评价性质，法院在评判此类情节时须考量案件的所有情况。犯罪后果的严重性程度，取决于犯罪客体以及犯罪实施时的条件。这里所说的后果的严重性，指的是《俄罗斯联邦刑法典》分则相应条文所规定的犯罪构成要件和制裁（法定刑）范畴之外的严重后果。虽然此处的严重后果并非犯罪构成要件，但其也应当与所实施的行为之间具有因果关系，比如，造成死亡、造成重伤害、导致被害人失去住房、造成巨大物质损失等。

3. 以团伙、有预谋团伙、有组织团伙、犯罪集团（犯罪组织）的形式实施犯罪。这些特殊共同犯罪组织形式在前文《共犯制度》一章已有详述，此不赘述。这里想要强调的是，此处作为从重处罚情节的共犯组织形式，指的是当它们不是俄刑法分则相应条款规定的犯罪构成必要要件的情况下，根据各共犯人在犯罪中所起的具体作用，以及案件所有其他情况而对其进行从重处罚的情节（俄刑法第 67 条）。

4. 在犯罪实施中起特别积极作用。此法定从重情节与前述情节之间密切关联，其体现的是具体共犯人的行为特征，大多数情况下指的是犯罪的组织者或者行动最积极的实行犯，此外，其他共犯人也可以在犯罪实施过程中起到特别积极作用。特别积极作用，意指对犯罪的实施进行周密的准备，以及犯罪行为实施时行为人参与犯罪的主动性和强度。有俄罗斯学者认为，基于对犯罪中特别积极作用的这种理解，甚至可以将其适用于由一个人实施犯罪时应当考虑的情节。

5. 引诱患有严重精神障碍的人或处于醉酒状态的人，以及引诱未达到刑事责任年龄的人实施犯罪。此类情节能够加重所实施犯罪的危害性并因此而对犯罪人予以从重处罚，因为借助于被引诱者实施犯罪具有角色“分工”的性质，即此类犯罪往往不是犯罪人本人亲自实施，而是通过他人之手（被引诱者）或者在被引诱者的参与下实施犯罪。此种情形下的犯罪人应当以实行犯的身份为自己的“发明创造”承担更重的刑事责任。如果被引诱者自身具备相应刑事责任能力，则其也应当被追究刑事责任。如果被引诱参与实施犯罪的是处于醉酒状态的人，通常情况下应当被认定为有刑事责任能力人，因此他应当与引诱其实施犯罪的人作为共同犯罪人为自己的行为承担责任。引诱未成年人实施犯罪，是《俄罗斯联邦刑法典》第 150 条规定的一个单独罪名，而引诱未达到刑事责任年龄的人实施犯罪，则是法定的从重处罚情节。在对参与犯罪的成年人量刑时，法院应当将仅针对未达到刑事责任年龄的人（16 岁或 14 岁）所施加犯罪影响的行为，作为从重处罚情节予以考量。如果参与实施犯罪的只有未达到刑事责任年龄的人（间接致害情形），则成年人被认定为犯罪的实行犯（正犯），依照《俄罗斯联邦刑法典》第 150 条和刑法分则相应条文承担刑事责任，不得援引俄刑法总则第 33 条的规定。在此种情况下（俄刑法第 63 条第 5 项规定的情节），法院在裁量刑罚时必须将其作为从重处罚情节予以考量。

6. 出于政治的、意识形态的、种族的、民族的、宗教的仇恨或敌视的动机而实施犯罪，或者出于对某一社会团体的仇恨或敌视的动机而实施犯罪。“政治的、意识形态的、种族的、民族的、宗教的仇恨或敌视的动机”，意指因其所持的政治观点、意识形态立场、所属的民族、种族或者由于其信仰明确反对某种政治或意识形态立场、特定民族、种族或宗教，以及明确反对前述代表人物而力图对被害人造成身体上的、精神上的痛苦或者物质性损害，同时，也可能表现为因其拒绝支持犯罪人所持的政治的、意识形态的、民族的、种族的或是宗教主张而成为被害人。出于对某一社会团体的仇恨或敌视的动机而实施犯罪，其所仇恨或敌视的对象，主要指的是国家公职人员、军人、执法部门工作人员、企业家、无家可归的人和失业人群等。

7. 为报复他人的合法行为，以及为了掩盖其他罪行或为给其他犯罪创造条件而实施犯罪。对合法行为（正当行为）进行报复，表明犯罪人想要作恶、想要他人为自己的正当行为而付出代价的愿望，即犯罪人认为他人的正当行为是对自己的真的或是假想的冒犯，并以此作为报复的理由。此种情形下的犯罪人，应当意识到被害人及其亲人或熟人行为具有合法性。为掩盖另一罪行而实施犯罪，是指犯罪人具有掩盖两起罪行的目的，包括之前实施的犯罪和另一起稍晚实施的、为掩盖第一个罪行的犯罪。为实施新罪创造条件而实施犯罪，指犯罪人想要为其预谋犯罪的实施扫除障碍，从而为新罪的实施创造有利条件，此时的犯罪人力图创造条件的新罪，可以是由他自己实施，也可以是他人予以实施的犯罪。犯罪人可以是在其所预谋犯罪实施前，也可以是犯罪过程中实施排除障碍的犯罪行为。

8. 因他人执行职务活动或履行社会职责而对该人或其亲人实施犯罪。此法定从重处罚情节的成立，以犯罪所针对的人实施社会有益的正当活动为前提。这里的“职务活动”，意指履行职务（工作）职责，此处的职责来源是立法规定以及与国家、市政和依照法定程序注册和从事合法活动的其他组织（非国有机构）和机关所签订的合同。被害人可以是领导，也可以是普通工作人员。“履行社会职责”，是指公民履行专门赋予他们的社会义务（比如源于社会团体会员及其在团体中所处地位方面的义务），以及行人为了某个群体、社会、国家的利益而从事的任何其他社会有益活动（比如从事制止和预防违法行为的社会有益活动）。这里的“亲人”，不仅指近亲属（父母、子女、亲兄弟姐妹、祖父母、外祖父母、孙辈、夫妻），还包括其他事实上与被害人亲近的人（朋友、室友等），而且对这些人实施侵害行为，应当与被害人所履行的职务或从事的社会活动相关。

9. 明知是怀孕的妇女，以及对幼年人、其他没有自卫能力或无助的人而对其实施犯罪，或者对依赖从属于犯罪人的人实施犯罪。被害人处于怀孕状态，是极大地提高犯罪危害性和加大刑罚处罚力度的法定从重情节，因为此种犯罪会威胁到胚胎，即未来婴儿的正常发育，此种情形下犯罪人应当意识到其是在针对孕妇实施侵害，这里的孕期长短并不具有刑法学意义。如果犯罪人是出于错误推断而认为其侵害的是孕妇，而实际上侵害对象并没有怀孕，则其所实施的行为不能评价为具有从重处罚情节的犯罪。针对幼年人（如前所述，这里的幼年人指未满 14 周岁的儿童)以及无自卫能力和无助的人实施犯罪的本身,即证明犯罪人的不道德和残忍。被害人所处的无助和无自卫能力的状态,是指就被害人当时的身体和心理状况而言,其处于一种无法实施反抗行为的境况,至于被害人当时是否真的处于此种状况,则由法院根据案件具体情况予以认定。此外,无自卫能力或无助状态,也可能体现为年老、疾病、严重的醉酒、过度疲劳以及其他情状。犯罪人应当对其实施犯罪所针对的对象有认识,即知道其所侵害的是儿童或处于无自卫能力或无助状态或处于对其有依赖从属的人,反之,则不能认定为从重处罚情节。

10. 使用特别残忍手段,对被害人进行虐待、欺侮以及折磨而实施犯罪。这里的"特别残忍",不仅指犯罪实施的方式特别残忍,也指犯罪人的残忍个性,其体现为犯罪人的极其无情、没有怜悯心、没有人性,比如挖眼、割耳、残酷折磨、在孩子面前杀害其父母等。虐待,指对被害人施加另类折磨,造成被害人痛苦,而犯罪人从中获得满足,甚至是快乐。欺侮,不仅指造成身体痛苦,还包括对被害人造成精神痛苦、践踏被害人的尊严,比如在妇女或亲人面前脱光被害人的衣服。折磨,通常带有造成长期痛苦的性质,比如不让被害人喝水、吃饭等。适用此类从重处罚情节的前提是,必须确定犯罪人对于其所实施犯罪的残酷方式有所认识,并且希望以此种方式实施犯罪行为。

11. 使用武器、弹药、爆炸物、爆炸装置或其仿制品、专门制造的设备、麻醉品、精神药物、烈性物质、剧毒物质和放射性物质、药品和其他化学品实施犯罪,以及采用身体或心理强制迫使他人实施犯罪。此类情况之所以列入法定从重处罚情节,是因为在实施犯罪时使用这些工具或武器会提高犯罪行为的社会危害性,其不仅会对被害人造成身体伤害或其他损害,而且还会对碰巧出现在犯罪现场的大量民众造成损害。武器,是旨在消灭活靶且没有任何其他经济或日常生活用途的物品,分为火器和冷武器;弹药,指枪支、炮弹、军用导弹用用的子弹或弹头、弹体物;爆炸物,指火药、炸药以及具有引爆功能的其他化学物质及混合物;爆炸装置,是用以引爆的装置,可以是工厂制造的,也可以是自制的,如手榴弹、地雷等;使用身体或心理强制,意指对被害人的意志进行抑制,以实现犯罪人的犯罪目的,从而提高了行为的危害性及其适用刑罚的严厉程度。身体强制,指以使用殴打、折磨、伤害等方式对被害人施加的任何形式的影响;心理强制,则指对被害人或其亲人使用各种暴力威胁, 以及以对其造成精神损害或物质损害相威胁。

12. 在紧急状态、自然灾害或其他社会灾难条件下以及在聚众骚乱、武装冲突或军事行动条件下实施犯罪。在此类条件下实施犯罪,无疑具有更加严重的社会危害性,此即将此类情况规定为法定从重处罚情节的根据所在。

13. 利用因其职务地位或基于合同而赋予犯罪人的信任而实施犯罪。如果犯罪人利用自己的职务地位或与其所签订的合同,作为其诚实守信的虚假理由的,利用此种信任即为从重处罚情节。此法定从重处罚的对象不仅限于单位领导,也包括普通员工(犯罪实施者)。此类犯罪往往发生在经济领域或企业的经营活动过程中。

14. 利用国家权力机关代表的制服或证件实施犯罪。俄刑事立法之所以将此种情形规定为法定从重处罚的情节,原因有二:其一,上述制服或证件可能会排除犯罪实施的障碍、提高犯罪成功率,比如,行为人借此可以轻松地潜入犯罪场所、获得想要的证件;其二,该情节损害权力机关和代表的权威。利用权力机关代表的制服或证件,作为法定从重情节时,犯罪人是基于合法或者非法根据而获取此类制服或证件在此不论。

15. 内务机关工作人员实施故意犯罪。此种情况之所以被纳入俄刑事立法规定,主要是基于俄罗斯内务机关体制改革时期(主要是将原来用于警察的称谓"милиция"改为"полиция"),公众和媒体越发关注内务机构工作人员违法行为的事实。这里指的是内务机关工作人员所实施的任何故意犯罪,而且无论其从事什么样的职业活动和担任任何职位(预审人员、调查人员、人事部或是后勤部人员)。对于此项法定从重处罚情节的规定,俄学界是存在质疑的,其理由是俄罗斯司法和执法部门相当广泛,不仅包括内务机关工作人员,而且还有法官、检察官、海关人员、安全部门工作人员等其他部门工作人员,而立法者却只将内务机关工作人员实施故意犯罪规定为法定从重处罚情节,这显然与公民在法律面前人人平等的原则相背离。

16. 父母或依法对未成人负有教育责任的其他人,以及教育机构、医疗机构、社会服务机构以及其他机构中,对未成年人负有监管责任的教育工作者或其他工作人员,针对未成年人实施犯罪。此项规定是由 2012 年 2 月 29 日颁布的第 14 号《联邦法律》纳入俄罗斯现行刑事立法的,主要是因为当时侵犯未成年人犯罪出现扩张趋势,特别是性犯罪数量急剧增加,与此同时,社会和国家更加关注对于未成年人权利和合法利益的保护。此项法定从重情节,主要针对的是那些对未成年人负有培养、抚养和监管责任的人群。

17. 为了宣传恐怖主义、为恐怖主义辩护和支持恐怖主义而实施犯罪。根据《俄罗斯联邦刑法典》第 205-2 条"附注"的规定,"宣传恐怖主义",是指传播旨在使人形成恐怖主义意识形态、相信恐怖主义吸引力,或者允许实施恐怖主义活动的观念、材料和(或)信息;"为恐怖主义辩护",是指承认恐怖主义的意识形态和实践是正确的,是需要支持和效仿的;"支持恐怖主义",是指《俄罗斯联邦刑法典》第 205-1 条规定的"协助恐怖主义活动罪"和第 205-3 条"为从事恐怖主义活动参加培训罪"的内容。

18. 法院(法官)在根据犯罪社会危害性的性质和程度、实施犯罪的情节和犯罪人的个人情况处刑时,可以将因饮酒、吸毒、服用精神药物或其他具有潜在危险的新型精神类药物或其他迷幻药引起的不清醒状态中实施犯罪的情况,认定为从重处罚情节。

以上是俄罗斯现行刑事立法规定的法定从重处罚情节的所有内容,可以将其区分为这样两类:其一,体现行为特征的从重情节①;其二,表明犯罪人人身特性的从重情节②。与俄刑法中规定的法定从轻处罚情节相比较而言,法定从重处罚情节仅指《俄罗斯联邦刑法典》第 63 条所列的情况,即法院在进行刑罚裁量时适用的从重处罚情节只能是第 63 条中所列的情形。这与《俄罗斯联邦刑法典》第 61 条规定的从轻处罚情节的适用原则不同,因为法院在裁量刑罚时适用的从轻处罚情节,除了第 61 条规定的法定从轻处罚情节外,还可以酌情适用本条规定以外的其他从轻情节。此外,根据《俄罗斯联邦刑法典》第 63 条第 2 款的规定,如果从重处罚的情节已在俄刑法分则相应条款中作为犯罪构成要件予以规定,则不得在量刑时再对其重复考虑。

三、减轻处罚制度

俄罗斯现行刑法第 64 条规定了减轻处罚情节,即"如果存在与犯罪的目的和动机、犯罪人的作用及其实施犯罪时和犯罪后的行为相关的特殊情况,以及大幅降低犯罪社会危害性程度的其他情节,或者存在团伙犯罪共犯人积极协助揭露该犯罪的情况,则可以在本法典分则相应条款所规定法定刑的最低限以下量刑,或者法院可以判处比该条规定法定刑更轻的刑种,或者不判处应当适用的附加刑"(第 1 款);"特殊情节,可以是个别的减轻情节,也可以是若干减轻情节的总和"(第 2 款)。

---

① 此类法定从重处罚情节包括:累犯(第 63 条第 1 款第 1 项),因实施犯罪而发生严重后果(第 63 条第 1 款第 2 项),参与团伙、有预谋团伙、有组织团伙、犯罪集团(犯罪组织)而实施犯罪(第 1 款第 3 项),出于政治的、意识形态的、种族的、民族的、宗教的仇恨或敌视的动机而实施犯罪,或者出于对某一社会集团的仇恨或敌视的动机而实施犯罪(第 1 款第 6 项),为报复他人的合法行为而实施犯罪,以及为了掩盖其他罪行或为给其他犯罪创造条件而实施犯罪(第 1 款第 6-1 项),由于他人执行职务或履行社会义务而对该人及其亲人实施犯罪(第 1 款第 7 项),对明知是怀孕的妇女以及幼年人、其他没有自卫能力或无助的人实施犯或者对依赖从属于犯罪人的人实施犯罪(第 1 款第 8 项),犯罪手段特别残忍、对被害人进行虐待或严重侮辱或折磨人的(第 1 款第 9 项),使用武器、弹药、爆炸物、爆炸装置或其仿制品、专门制造的设备、麻醉品、精神药物、烈性物质、剧毒物质和放射性物质、药品和其他化学品实施犯罪,以及采用身体或心理强制迫使他人实施犯罪(第 1 款第 10 项),在紧急状态、自然灾害或其他社会灾难条件下以及在聚众骚乱,武装冲突或军事行动条件下实施犯罪(第 1 款第 11 项)。

② 体现犯罪人人身特征的从重情节包括:在犯罪中起特别积极作用的(第 1 款第 4 项),引诱患有严重精神障碍的人或处于醉酒状态的人以及引诱未达到刑事责任年龄的人实施犯罪(第 1 款第 5 项),利用因其职务地位或基于合同而赋予犯罪人的信任而实施犯罪(第 1 款第 12 项),利用国家权力机关代表的制服或证件实施犯罪(第 1 款第 13 项),内务机关工作人员实施故意犯罪(第 1 款第 14 项),父母或依法对未成年人负有教育责任的其他人以及教育机构、医疗机构、社会服务机构以及其他机构中的对未成年人负有监管责任的教育工作者或其他工作人员对未成年人实施犯罪(第 1 款第 15 项),为了宣传恐怖主义、为恐怖主义辩护和支持恐怖主义而实施犯罪(第 63 条第 1 款第 16 项),法院(法官)在根据犯罪社会危害性的性质和程度、实施犯罪的情节和犯罪人的个人情况处刑时,可以将因饮酒、吸毒、服用精神药物或其他具有潜在危险的新型精神类药物或其他迷幻药引起的不清醒状态中实施犯罪的情况,认定为从重处罚情节(第 63 条第 1-1 款)。

根据俄罗斯学界的一般立场,可以将本条前两款的规定作如下理解。

1. 本条赋予法院在量刑时可以突破刑法对特定犯罪所规定的法定刑的最低限度的裁判权,与此同时,必须至少具备本条所规定的适用减轻情节的条件:其一,案件具有特殊情况;其二,团伙犯罪共犯人具有协助揭露该犯罪的情节。

2. 本条中"特殊情况"概念的界定存在两种立场:一种立场认为,此处的"特殊情况"应当包括那些本条所没有明确规定的"特殊减轻刑罚情节";另一种立场认为,这里的"特殊情况",应当指的是那些明显降低所实施犯罪社会危害性程度的情节,其中包括俄刑法中明确规定的减轻处罚情节。法院有权认定个别减轻处罚情节或若干减轻处罚情节,并且应当在判决中说明理由。减轻处罚情节的认定,注重的不应当是降低刑罚的情节数量,而应当是这些情节在多大程度上降低了所实施行为的社会危害性程度。

3. 本条第 1 款明确规定,减轻处罚的"特殊情况"可以是与犯罪的目的和动机、犯罪人的作用,以及实施犯罪时或犯罪后的犯罪人行为相关的情节,此外,还可以是大幅降低所实施行为之社会危害性及犯罪人人身之社会危害性的情形。

4. 团伙犯罪的共犯人积极协助侦破该罪相关案件的情形,也是俄现行刑事立法中明文规定的法定减轻处罚情节。申言之,此种明显影响追究行为人刑事责任的情形,可以发挥与案件"特殊情况"相同的作用。当然,在法院的判决中应当载明其所认定的作为减轻处罚情节的"特殊情况"的具体情形,以及行为人对于团伙犯罪侦破所起积极作用的具体体现。

5. 法院在法定最低刑以下判处刑罚的方式有三:其一,在法定最低刑以下确定刑罚;其二,适用另一种较为轻缓的刑种;其三,不适用应当附加判处的附加刑。其中,第三种方式是俄刑法中首次出现的减轻处罚的裁判模式。

第一种判决方式适用的情况,是法律中规定最低限度的刑罚种类,而且《俄罗斯联邦刑法典》分则条款制裁部分所规定的此种刑罚的最低限,要高于刑法总则中规定的最低限度。比如俄刑法第 105 条第 1 款规定的剥夺自由刑的最低限度是 6 年,而总则规定的是 2 个月,那么,如果行为人所实施的故意杀人行为具备法定减轻处罚情节,则可以在 6 年以下予以量刑,但不能低于总则中规定的 2 个月。也就是说,如果某种刑罚在分则相应条款制裁部分的法定刑最低限度与总则规定的最低限度相同,则无法适用法定减轻处罚情节的第一种判决方案。换言之,如果分则和总则关于特定刑种所规定的最低限度不同,则法院可以依据第 64 条规定的减轻情节,在法定程度内判处相应刑罚,但所判处刑罚的最低限度不能低于俄刑法总则关于此刑种规定的最低限度,即剥夺自由刑和劳动改造刑不能低于 2 个月,拘役不能低于 1 个月,罚金不能低于 2500 卢布,剥夺担任特定职务或从事特定活动的权利(作为主刑)不能低于 1 年,限制军职和军纪营管束不能低于 3 个月,强制性社会公益劳动不能低于 60 小时。与此同时,即使刑法分则条款制裁部分规定有可选择的较轻刑种的情况，也不妨碍适用减轻处罚情节予以量刑。

如果法院认为，即使依俄刑法总则所规定刑种的最低限度判处刑罚，仍然是过于严厉的处罚，则法院有权适用第二个方案——适用与俄刑法分则制裁中所规定的法定刑相比较而言更轻的刑种。但若是分则制裁部分规定有两种以上可选择主刑的情况，则法院的处理方式有两种：其一，如果制裁部分可选择刑种有更轻的刑种可以适用，则法院无权根据第 64 条规定适用其他更轻的刑种；其二，如果制裁中没有规定的主刑刑种比其所规定的最轻刑种还要严厉的，则法院也不能援引第 64 条进行量刑。比如，分则制裁部分规定了罚金刑和劳动改造刑，则法院不能援引第 64 条的规定判处剥夺从事特定活动刑或强制性社会公益劳动刑。这里应当注意的是，法院在具备减轻情节判处较轻刑种时，应当遵循俄刑法总则第 44 条规定的刑罚机制，即法院所选择适用的较轻的刑种，其期限或额度不能低于俄刑法总则条款对于此刑种规定的限度。

第三种裁判模式，指的是法院在具备减轻情节的情况下，不适用俄刑法分则条款作为“必须附加适用”的附加刑。这里需要强调的是，如果法院适用的是第一种或是第二种裁判方案，即在法定刑以下判处刑罚或是适用其他更轻刑种的情况，则并不能排除对犯罪人适用附加刑的可能。

6. 本条所规定的具备减轻处罚情节的量刑规则，可以与缓刑制度合并适用，即法院首先依据第 64 条的规定进行量刑，然后，如果法院认为不实际执行刑罚也可以达到改造被判刑人的目的，则可以对被告人判处缓刑。

7. 本条所规定的减轻处罚规则的适用，是法院的权利，而非法院的义务。

除了上述第 64 条第 1、2 款的规定，《俄罗斯联邦刑法典》第 64 条第 3 款还规定了排除减轻处罚情节适用的情况，即对实施俄刑法第 205 条，第 205-1 条，第 205-2 条，第 205-3 条，第 205-4 条，第 205-5 条，第 206 条第 3、4 款，第 210 条第 4 款，第 210-1 条，第 211 条第 4 款，第 361 条所规定犯罪的人，或者实施俄刑法第 277 条、第 278 条、第 279 条和第 360 条所规定的伴随恐怖活动犯罪的人，所判处的刑罚不得低于前述各条所规定的刑罚的最低限度，也不得判处比相应条款规定更轻的刑种，同样也不能不适用作为“应当型”规定的附加刑。这里所列各条款所涉及的罪名有涉恐怖主义犯罪、有组织犯罪、国事罪等。

第三节　特殊量刑制度

一、缓刑制度

（一）缓刑制度的概念和内涵

缓刑制度的出现与对被判刑人适用国家强制措施的人道化趋势密切相关。当代俄罗斯刑法中的缓刑制度集中规定于《俄罗斯联邦刑法典》第 73 条、第 74 条，即如果法院认为被判刑人不实际服刑亦可以得到改造，则可以免除犯罪人实际执行所判处的相应主刑。这里的主刑包括劳动改造刑、限制军职刑、军纪营管束刑或 8 年以下的剥夺自由刑。

尽管缓刑制度在俄罗斯法院的司法判决中被广泛适用，[①]并且此刑法制度在俄罗斯法制发展历程中有着悠久的历史，但是俄当代刑法学界在缓刑制度的本质和内容方面并没有达成共识。下面我们就对俄学界对于此种制度所持的不同立场作简要介绍和评述。

俄学界在缓刑制度的法律属性问题上是存在争议的。根据俄多数法学学者的立场，缓刑是国家附条件地拒绝适用法院判决中所确定的刑罚，[②]即缓刑实质上是免除被判刑人刑罚的一种特殊种类（形式）；另有学者所持的主张则正好相反，他们认为，不应当将缓刑看作是刑罚的种类或是免除刑罚制度，[③]其立论根据是将免除刑罚制度和缓刑制度在俄刑法体系中的地位作限制性理解。诚然，缓刑制度规定在《俄罗斯联邦刑法典》“量刑”一章（第 10 章），而免除刑罚制度则是俄刑法第 12 章规定的内容。然而，并不能以此为依据来建构缓刑制度，因为《俄罗斯联邦刑法典》第 12 章不仅规定了免除刑罚的一般根据，而且还规定有相似内容的特殊规范，其中包括大赦制度和特赦制度。

如果从俄语术语的词源学角度理解，则在俄语中“附条件”（условное）一词的释义，是指只有具备某种条件时才有效，而“谴责”（осуждение）一词，则指的是不赞同的意见、责备和认定为坏的东西。那么，结合前述两个概念，则得出了缓刑的概念，即缓刑作为一种谴责，只有在具备特定事实的条件时才有效。将此界定适用于刑法中的缓刑本质问题，则其应当是在特定条件下不执行法院所判处的主刑。因此，缓刑在刑法学上的意义已包含于《俄罗斯联邦刑法典》第 73 条的标题《условное осуждение》（直译为“附条件判刑”，意译为“缓刑”）。此标题首先指的便是“附条件的判刑”，所以缓刑制度的本质可以理解为附条件免除特定主刑的特殊根据，而就其内容而言，则此种刑法制度与《俄罗斯联邦刑法典》第 79 条第 2 款所明确规定的假释制度相类似，即根据俄刑法第 79 条第 2 款的规定，在适用假释时，法院可以责令被判刑人履行本法典第 73 条第 5 款规定的义务（被判处缓刑的人应当履行的法定义务），判刑人应当在尚未服满的刑期内履行这些义务。

前述立场在俄罗斯学术文献中也有所体现。一般认为，“缓刑制度从始至终在

---

① 根据俄罗斯联邦最高法院审判部门的数据，俄各级法院于 2012 年对 32.8%的被判刑人适用了缓刑。参见 Сводные статистические сведения о состоянии судимости в России за 2012 год：http://www.cdep.ru/。

② Агзамов И. М. Концептуальные идеи развития института условного неприменения наказания // 《Черные дыры》 в российском законодательстве：юридический журнал. 2010. № 5. С. 84 –88.

③ Кондалов А. Н. Условное осуждение и механизмы его обеспечения：Дис. … канд. юрид. наук. Казань，2000. С. 8.

刑法中都执行着免除实际执行法院所判处刑罚的功能”;[①]缓刑制度,与因疾病而附条件不适用刑罚以及对怀孕的被判刑妇女和有未满 14 岁子女的人附条件不适用刑罚制度一起,是不适用刑罚的系列刑法制度的组成部分。[②] 这明确体现于《俄罗斯联邦刑法典》第 73 条第 1 款的规定中,即“如果在判处劳动改造、限制军职、军纪营管束或 8 年以下剥夺自由刑之时,法院认为被判刑人不实际服刑也可以得到改造,则可以判处缓刑”。可见,缓刑制度中的“判刑”(осуждение),是法院的有罪判决认定行为人是犯罪人;而“附条件”(условное),则仅指的是法院判决中所判处的刑罚在法定考验期内不予执行。基于此,俄刑法学文献中的另一种立场则是较为合理的,即认为缓刑是对被判刑人适用的一种刑法措施,通过适用缓刑达到改造被判刑人且预防其实施新罪的目的。《俄罗斯联邦刑法典》第 73 条第 5 款的规定也对此种立场予以了佐证,即“法院在判处缓刑时,可以考虑被判刑人的年龄、劳动能力和健康状况责令被判刑人履行特定义务。

(1)未经负责监管的专门国家机构的允许,不得改变经常居住、工作和学习的地点;

(2)不得前往某些场所;

(3)接受戒酒、戒毒、戒除药瘾或性病的治疗;

(4)参加劳动(就业安置)或继续在普通教育机构学习;

(5)法院还可以责令被判缓刑的人履行有利于其改造的其他义务”。

有学者认为,俄罗斯刑法中的缓刑制度,在法律属性方面类似于延期服刑制度和附条件的特赦制度。[③] 由于俄学界在缓刑制度的本质(法律属性)上没有形成统一的看法,因此在其内容方面也存在很大争议。有学者主张,缓刑制度是刑法所规定的一种刑事责任个别化的特别程序,其特征是对被判刑人判处特定刑罚,但在考验期内附条件地不实际执行刑罚,而是责令被判刑人履行特定义务,以促进其改造和实现刑罚目的。[④] 另有学者认为,缓刑应当被理解为,国家对于那些可能不需要实际执行法院所判处的刑罚,在遵守法律规定和法院裁定的条件下,敦促刑事责任得以实现而对犯罪人施加影响的一种手段。[⑤] 还有学者指出,缓刑是在法院作出有罪判决和裁量刑罚阶段适用的一种刑法措施,若被判刑人在相应专门国家职能机

---

① Шарипов Т. Ш. Условное осуждение: Автореф. дис. … канд. юрид. наук. М. , 1992.

② Агзамов И. М. Условное осуждение как разновидность условного неприменения уголовного наказания // Исторические, философские, политические и юридические науки, культурология и искусствоведение. Вопросы теории и практики: в 2-х ч. Ч. 1. Тамбов: Грамота, 2012.

③ Агзамов И. М. Условное осуждение. Проблемы правовой регламентации и исполнения: Дис. … канд. юрид. наук. М. , 2005.

④ Алексеев И. Н. Условное осуждение в уголовном праве России: Дис. … канд. юрид. наук. Саратов, 2004.

⑤ Бельгарова Н. В. Условное осуждение: законодательный, теоретический аспекты и вопросы исполнения: по материалам Ставропольского края: Дис. … канд. юрид. наук. Пятигорск, 2008.

关的监督下履行考验条件并且以此证明自己得到改造,则不实际执行所判处特定刑罚的制度。[①] 可见,俄学界在缓刑概念的界定上,有学者关注的是缓刑的实现形式,另有学者着重于缓刑制度的内容,还有学者侧重于缓刑制度的本质特征。综合俄刑法学界关于缓刑制度要件特征的阐释,可以将此种刑法制度的特点概括如下。

(1)缓刑是刑事责任实现的一种形式。

(2)被判刑人在缓刑考验期内是有前科的。

(3)对缓刑考验期内的被判刑人施加改造措施和刑法强制措施(限制其某些权利的行使)。

(4)相关职能部门有权监督被判缓刑的犯罪人的行为,并负责监管被判刑人履行法院责令的义务。

(二)缓刑制度的适用规则

缓刑适用的根据,是在不实际执行所判处刑罚,但对被判刑人规定适当权利限制并对其进行特定形式监督的条件下,犯罪人得以改造的现实可能性。缓刑的实现,应当是将改造被判刑人的可能性变成现实性的过程。[②] 俄现行刑事立法第 73 条第 1 款明确规定,如果在判处劳动改造、限制军职、军纪营管束或 8 年以下剥夺自由刑时,认为被判刑人不实际服刑也可能得以改造,则可以判处缓刑。与此同时,第 73 条规定了不得适用缓刑的若干情况。

(1)对未满 14 周岁的未成年人实施性侵犯罪的被判刑人不得适用缓刑。根据本条"附注"规定的内容,本条中所规定的对不满 14 周岁的未成年人实施性侵害的犯罪,是指《俄罗斯联邦刑法典》第 131-135 条、第 240 条、第 241 条、第 242-1 条、第 242-2 条规定的犯罪,即对不满 14 周岁的未成年人实施强奸、暴力性行为、强迫性行为、与未满 14 周岁的人实施性交或其他性行为、猥亵,以及引诱卖淫、组织卖淫、制作或传播含有未成年人淫秽图像的材料或物品、利用未成年人制作淫秽材料或物品行为的被判刑刑人,不得适用缓刑。

(2)对实施《俄罗斯联邦刑法典》第 205 条第 1 款,第 205-1 条第 1、2 款,第 205-2 条,第 205 条第 2 款,第 205-5 条,第 206 条,第 360 条第 1-3 款所规定的涉暴恐性质的犯罪行为,不得适用缓刑。

(3)因故意犯罪判处缓刑而在考验期内又实施重罪或特别重罪的,或者因故意犯罪服刑期间获得假释而在假释后刑罚未服完期间又实施重罪或特别重罪的被判刑人,不得适用缓刑。

(4)对危险累犯或特别危险累犯不得适用缓刑。

---

① Уголовное право. Часть Общая. Часть Особенная: учебник / Под общ. ред. Л. Д. Гаухмана, Л. М. Колодкина, С. В. Максимова. М.: Юриспруденция, 1999.

② Пронников В. В. Условное осуждение и его правовые последствия: Дис… канд. юрид. наук. Омск, 2002. С. 6.

法院判处缓刑的根据,是所实施犯罪的社会危害性的性质和程度,以及犯罪人的人身特性,其中包括从轻情节和从重情节。法院在判处缓刑时,应当规定考验期,并且在考验期内的被判刑人应当以自己的行为证明自己得以改造。在判处1年以下剥夺自由刑或更轻的刑种时,考验期不得少于6个月并且不得超过3年,而在判处超过1年剥夺自由刑时,考验期不得小于6个月并且不得超过5年。考验期自刑事判决生效之日起算,自刑事判决宣判之日起已经过去的时间计入考验期(俄刑法第73条第3款)。在判处军纪营管束缓刑时,考验期应当在判决宣告之日所剩余的兵役期内予以确定(第73条第3-1款)。

在判处缓刑时,可以适用附加刑(第73条第4款)。此外,法院在判处缓刑时,应当结合被判刑人的年龄、劳动能力和健康状况判处其履行特定的法定义务(具体的法定义务规定在第73条第5款,前文有述,此不赘述)。被判处缓刑的犯罪人,其监管任务由被授权的国家专门机构执行,而对于军人的监管,则由其所属部队或军事机关的指挥部负责。在考验期内,根据对被判刑人履行监管职责的机构的提请,可以全部或部分撤销或者增加原来对被判刑人规定的义务(第73条第7款)。

(三)撤销缓刑或延长考验期

《俄罗斯联邦刑法典》第74条规定了赋予法院有权变更之前的有罪判决中所裁定的缓刑考验期的程序形式,其具体内容如下。

(1)因被判刑人得以改造而撤销缓刑。

(2)延长考验期。

(3)因被判刑人未能得以改造而撤销缓刑。

上述每个裁定的作出,俄现行刑法都规定了相应的法定条件。

第一,如果考验期届满前被判刑人以自己的行为证明其已经得到改造,依照法院裁定的数额(全部或部分)赔偿犯罪所造成的损害,法院可以根据对被判刑人行为实行监管的机构的提请,作出撤销缓刑及被判刑人前科的裁定。此种情况下的缓刑撤销,只能在法定的考验期过半后才能进行。

第二,如果被判缓刑的人逃避履行法院责令其履行的义务,不依照法院裁定的数额(全部或部分)赔偿犯罪所造成的损害,或者在考验期内破坏公共秩序并因此而被追究行政责任的,则法院可以根据监管机构的提请,延长考验期,但延长期限不得超过1年。

第三,如果考验期内被判缓刑的人多次因破坏公共秩序而被追究行政责任,或者多次不履行法院责令其履行的义务,或者被判刑人故意藏匿而逃避监管的,法院可以根据负责监管被判刑人机构的提请,作出撤销缓刑并执行法院刑事判决所处刑罚的裁定。

第四,如果被判刑人在缓刑考验期内实施过失犯罪、故意轻罪或中等重罪的,则是否撤销或保留缓刑由法院裁定。如果法院裁定应当撤销缓刑,则应当依照俄刑法第70条规定处刑。

第五,如果被判刑人在考验期内实施重罪或特别重罪的,法院应当撤销缓刑并依照俄刑法第70条的规定判处刑罚。

第六,如果前述第四、五项所涉及的犯罪是在关于缓刑的刑事判决生效前实施的,则也应当适用此两项规定,并且在此种情形下对新罪的司法审判只能在有关缓刑的刑事判决生效之后进行。

二、未成年人特别量刑制度

(一)未成年人刑事责任适用的一般规则

根据俄罗斯联邦内务部的数据,在俄境内所侦破的犯罪中,每20个犯罪中就有一例是未成年人实施的或是未成年人参与实施的犯罪,未成年人犯罪在所有犯罪中的比率超过5%,即俄罗斯每年发生的未成年人犯罪有63,000-65,000起。[①] 可见,俄罗斯社会未成年人犯罪还是比较突出的社会问题。俄罗斯国家在防控未成年人犯罪方面采取了经济、教育和法律等各种手段,当然也包括刑法手段。刑法在防控未成年人犯罪的治理体系中并非占主要地位,但其作为社会应对未成年人犯罪的被迫反应却发挥着重要作用。

俄罗斯现行刑事立法以专章(《俄罗斯联邦刑法典》第14章)的形式集中规定了未成年人的刑事责任问题。根据俄现行刑法第87条第1款的规定,本章规定中的"未成年人",是指实施犯罪时年满14周岁,但不满18周岁的自然人(包括俄罗斯联邦公民、外国公民和无国籍人)。未成年人刑事责任追究的根据是俄刑事立法的一般规定,但需要考虑未成年人的自身特点,即未成年人因心理生理发育、年龄和社会经验等方面尚欠成熟,因此无法充分评估自己行为的特点。刑法在规定未成年人刑事责任时,应当遵循人道原则,并且在解决与其相关的刑事法律问题时应当充分考虑这样一些内容:达到刑事责任年龄情况下刑法规制的可罚性社会危害行为范围的确定;未满18周岁的人实施犯罪的定罪问题、量刑问题;免除刑事责任等一系列问题;在其他条件均等的条件下,未成年人承担的刑事责任要轻于成年人在类似场合所实施犯罪的刑事责任。

刑事责任年龄的概念在前述"犯罪主体"一章中已经予以明确阐释,这里需要强调的是,《俄罗斯联邦刑法典》第20条对未成年人区分了两个年龄段:已满14周岁未满16周岁的未成年人应当为其实施的俄刑法第20条第2款规定的犯罪行为承担刑事责任;已满16周岁未满18周岁的未成年人,则应当为除了只有成年人才是适格主体的犯罪以外的所有其他犯罪承担刑事责任。这里所说的只有成年人才能成为犯罪主体的犯罪,是指俄刑事立法明确规定的某些犯罪,比如《俄罗斯联邦

---

① Состояние преступности в России// http: mvd. ru/press-center/statistics/.

刑法典》第 134 条、第 135 条、第 150 条、第 151 条、第 157 条第 2 款、第 228-1 条第 4 款第 3 项、第 242 条、第 242-2 条第 2 款规定的“与未满 16 周岁的人实施性交和其他性质性行为罪”“猥亵罪”“引诱未成年人实施犯罪”“引诱未成年人实施反社会行为罪”“不支付无劳动能力父母赡养费罪”“年满 18 周岁的人对未成年人实施的非法生产、销售或寄送麻醉品或其同类物品以及非法销售或寄送含有麻醉品、精神药品的植物及植物组成部分罪”“在未成年人中传播淫秽材料或物品或者引诱未成年人参与淫秽材料或物品传播罪”“利用未成年人制作淫秽材料或物品罪”等罪名。因为这些犯罪的主体均应是年满 18 周岁的人，所以不满 18 周岁的未成年人不构成此类犯罪行为的适格主体。

基于现实生活中未成年人所实施的团伙犯罪数量居高不下，并且其中往往是与成年人的结伙犯罪，俄刑事立法第 150 条明确规定了引诱未成年人实施犯罪行为的刑事责任。[①] 如果成年人引诱实施犯罪的对象是达到刑事责任年龄、具有刑事责任能力的未成年人，而此成年人又作为实行犯亲自参与犯罪实施的，则他的行为应当依照俄刑法分则相应条款所规定的犯罪与俄刑法第 150 条规定的引诱未成年实施犯罪进行数罪并罚；如果实施犯罪的提议源于未成年人，并且成年人参与共同实施了社会危害行为，则成年人将依照共犯制度的一般规则承担刑事责任。

未成年人刑事责任的特点，还体现于立法者在界定累犯时关于青少年所实施犯罪及其人身特性予以评价的特别路径，即根据《俄罗斯联邦刑法典》第 18 条第 4 款的规定，在认定累犯时不将年满 18 周岁之前实施犯罪的前科计算在内。[②] 此外，犯罪人是未成年人还是俄刑法中明文规定的法定从轻处罚情节（《俄罗斯联邦刑法典》第 61 条第 1 款第 2 项）。

（二）未成年犯罪人的刑罚适用特点

俄罗斯刑法并没有对未成年人的刑罚目的与成年人予以区分并进行单独规定，但俄学界一般认为，这并不意味着有关未成年人的特殊刑罚目的不存在，因为

---

① 即在不应当负刑事责任的未成年人实施犯罪的情况下，引诱此未成年人实施犯罪的人（包括成年人和有刑事责任能力的未成年人）依照俄刑法第 33 条第 2 款的规定，以间接正犯的主体身份对所实施行为承担刑事责任。如果已达到刑事责任年龄的未成年人按照成年人的建议实施了犯罪，则成年人的行为应当依照俄刑法第 150 条所规定的“引诱未成年人实施犯罪”以及规定教唆犯刑事责任的刑事立法规范承担相应的刑事责任。参见 п. 42 Постановления Пленума Верховного суда РФ от 1 февраля 2011 г. № 1《О судебной практике применения законодательства, регламентирующего особенности уголовной ответственности несовершеннолетних》// Бюллетень Верховного суда РФ. 2011. № 4. С. 9。

② 参见 Определение Судебной коллегии по уголовным делам Верховного суда РФ от 21 октября 1999 г. по делу Р. // Бюллетень Верховного суда РФ. 2000. № 7. С. 11; Постановление Президиума Верховного суда РФ по делу А. // Бюллетень Верховного суда РФ. 2008. № 2. С. 27; Обзор надзорной практики Судебной коллегии по уголовным делам Верховного суда РФ за второе полугодие 2009 года // Бюллетень Верховного суда РФ. 2010. № 7. С. 28; Определение Судебной коллегии по уголовным делам Верховного суда РФ от 19 июня 2012 г. № 56-Д 12-17 по делу Х. // Бюллетень Верховного суда РФ. 2012. № 1. С. 12。

未成年人具有个性多变、人格未完全形成以及可塑性等特点，这就要求特别建构适合于青少年改造的，相对合理、公正的量刑和行刑制度，以利于未成年犯罪人的矫治。特别是对那些初次实施过失犯罪、轻罪，甚至初次实施某些中等重罪的未成年人，除了要达到预防新罪、恢复社会公正和改造的目的外，最根本的任务和使命应当是通过矫治使未成年人能够在未来形成抗拒反社会犯罪行为的坚定态度，并且通过教育感化措施使其懂得去尊重作为社会最高价值的个体的人、他人的财产和劳动成果，培养其遵守基本的行为规则。此种教育刑目的理念，直接影响俄刑法中作为惩罚措施的刑罚的适用范围和尺度，这主要体现于针对未成年人所适用刑罚的限制性规定方面。

根据《俄罗斯联邦刑法典》第 88 条的规定，能够对未成年人判处的刑罚种类有：罚金、剥夺从事特定活动的权利、强制性社会公益劳动、劳动改造、限制自由刑和剥夺特定期限自由刑。由此可见，不允许针对未成年人适用俄刑法第 44 条规定的其他刑种，即不得适用剥夺担任特定职务的权利；剥夺专门称号、军衔或荣誉称号、职衔和国家奖励；限制军职；强制劳动；拘役；军纪营管束；终身剥夺自由刑和死刑。与此同时，即使是可以对未成年人判处的刑罚，其适用的限度也低于同等条件的成年人。俄现行刑事立法对于未成年犯罪人在刑罚适用和量刑方面的特殊规定主要体现在以下几个方面。

(1)罚金刑。法院对未成年人判处罚金的数额为 1000 卢布以上 50000 卢布以下或者数额为被判刑人 2 周以上 6 个月以下的工资或其他收入。与此同时，对未成年人判处的罚金，可以根据法院的决定及其父母或其他法定代理人的同意而由后者代为缴纳。

(2)强制性社会公益劳动刑。法院对未成年人判处的强制性社会公益劳动，应当是未成年人力所能及的工作，期限为 40 小时以上 160 小时以下，未成年人应在学习或主要工作之余执行。此外，未满 15 岁的未成年人执行该种刑罚的持续时间，每天不得超过 2 小时，而年满 15 周岁不满 16 周岁的未成年人，则每天不得超过 3 小时。

(3)劳动改造刑。法院判处未成年人的劳动改造刑的期限，应当是 1 年以下。

(4)限制自由刑。对未成年人作为主刑适用的限制自由刑，期限应当是 2 个月以上 2 年以下。

(5)剥夺自由刑。法院对年满 16 周岁之前实施犯罪的未成年人判处剥夺自由刑时，期限不得超过 6 年；对年满 16 周岁之前实施特别重罪的未成年人以及其他未成年人，法院判处剥夺自由刑的期限不得超过 10 年，并且被判刑的未成年人应当在教养营服刑；对于年满 16 周岁之前初次实施轻罪或中等重罪的未成年人以及初次实施轻罪的其他未成年人，法院不得判处剥夺自由刑；法院在对实施重罪或特别重罪的未成年人判处剥夺自由刑时，刑期应当是俄刑法分则相应条款所规定刑罚的最低限减半。

(6)特殊量刑制度。法院在对未成年人量刑时,应当将俄刑法第 60 条规定的法定从轻处罚情节与其他从轻和从重处罚情节一并予以考虑,此外,还应当考虑未成年人生活和教育条件、心理发育水平、其他个人特点以及年长的人对他的影响。

(7)特殊缓刑制度。如果法院在对未成年犯罪人判处缓刑后,其在缓刑考验期内又实施了非特别重罪的新罪,则法院根据案情和犯罪人的人身特性可以再次作出缓刑的裁定,同时规定新的考验期,并责令再次被判处缓刑的未成年人履行俄刑法第 73 条第 5 款规定的某些义务。

(8)假释制度的特别规定。对于在未成年时因实施轻罪、中等重罪或重罪而被判处剥夺自由刑的,在服完法院所处刑期的 1/3 即可适用假释;因特别重罪而被判处剥夺自由刑的,在服完法院所判处刑期的 2/3 即可适用假释。

(9)时效期的特别规定。俄刑法第 78 条和第 83 条所规定的追诉效与行刑时效届满而免除刑事责任的规定,在适用于未成年人时时效届满的期限予以相应地减半。

(10)前科制度的特别规定。对于未满 18 周岁实施犯罪的人,俄刑法第 86 条第 3 款所规定的前科消灭的期限应予以缩短,其分别为:所判处刑罚轻于剥夺自由刑的,则服满或执行刑罚后经过 6 个月前科消灭;因轻罪或中等重罪而服剥夺自由刑的,刑满后经过 1 年前科消灭;因重罪或特别重罪而服剥夺自由刑的,刑满后经过 3 年前科即告消灭。

(三)未成年人特别免责制度

根据俄刑法第 90 条的规定,对实施轻罪或中等重罪的未成年人,如果认为通过适用强制性教育感化措施可以使其得到矫正,则可以免除刑事责任(第 1 款)。其中,对未成年人适用的强制性教育感化措施包括以下方面:

(1)警告,即向未成年人说明其行为所造成的损害以及俄刑法规定的再次实施犯罪的后果。

(2)交给父母或代替父母的人或者专门国家机构予以监管。

(3)责令弥补所造成的损害,即根据未成年人的财产状况和他所具有的相应劳动技能责令其对被害人的损失予以赔偿。

(4)对未成年人的闲暇时间进行限制并且对未成年人的行为规定特殊要求,即禁止未成年人前往某些场所,禁止采用某种休闲方式,其中包括与驾驶机动车有关的方式,限制其在一天的特定时间之后离家,未经专门国家机构的许可不得前往其他地区;可以要求未成年人返回教育机构或在专门国家机构的帮助下进行就业安置,以及其他限制性要求(第 90 条第 2 款、第 91 条第 4 款)。

根据俄刑事立法的规定,法院可以对未成年人同时处以若干种强制性教育感化措施。此外,俄刑法对未成年人适用监管措施以及限制性措施规定了期限,即实施轻罪的,为1个月以上2年以下;实施中等重罪的,为6个月以上3年以下(第90条第3款)。如果未成年人出现多次不执行强制性教育感化措施的情况,则可以根据专门国家机构的提请撤销此种措施,并移送相关材料以追究未成年人的刑事责任(第90条第4款)。

(四)未成年犯罪人特别免刑制度

俄罗斯刑法基于人道原则,对未成年犯罪人规定了一系列免除刑罚的规则,主要体现为以下几个方面。

(1)轻罪和中等重罪的免刑。法院在对实施轻罪或中等重罪的未成年人裁量刑罚时,可以免除其刑罚,而适用俄刑法第90条第2款规定的强制性教育感化措施。

(2)中等重罪和重罪而应判处剥夺自由刑的未成年人的免刑。法院在对因实施中等重罪或重罪的未成年人判处剥夺自由刑时,可以免除其刑罚,并且将其安置到封闭型专门教学教养机构进行矫治。安置期限可以一直持续至被安置的未成年人年满18周岁之时,但不得超过3年。如果法院认为未成年人不再需要继续留在此封闭机构或者发现未成年人患有妨碍其在此类机构教养和学习的,则可以在规定期限届满之前终止适用这一措施。

如果未成年人逃避在前述封闭型机构学习,则法院有权将其重新安置于该机构,其安置期限与未成年人逃避的时间相同;如果法院认为需要对未成年人继续适用这一措施,也可以延长其在该机构学习的期限直至法院规定的期限届满;如果必须要完成相应教学计划或完成职业培训,则只有经未成年人本人申请才允许延长在封闭机构的安置时间。

俄刑法还对第二种免刑制度规定了限制适用条件,即实施俄刑法分则某些条款所规定犯罪的未成年人不得适用此种免除刑罚的规定。这些条文包括:第111条第1、2款,第117条第2款,第122条第3款,第126条第1款,第127条第3款,第131条第2款,第132条第2款,第158条第4款,第161条第2款,第162条第1、2款,第163条第2款,第205条第1款,第205-1条第1款,第205-3条,第205-4条第2款,第205-5条第2款,第206条第1款,第208条第2款,第210条第2款,第211条第1款,第223条第2、3款,第226条第1、2款,第228-1条第1款,第229条第1、2款,第360条。

这里还需要指出的是,根据俄刑法关于未成年人刑事责任和刑罚的特别规定,在特殊条件下,法院可以考虑所实施行为的性质及个人的人身特性而适用于年满18岁不满20岁时实施犯罪的人,但不得将他们安置在封闭型专门教学教养机构或教养营。

三、其他特别量刑制度

(一)陪审员裁决从宽处罚的特殊量刑

根据俄刑法第65条规定,如果陪审员认为某人有罪,但又值得从宽处罚的案件,法院所判处刑罚的期限或数额不得超过相应犯罪法定最严厉刑种的最高刑期或数额的 2/3;如果俄刑法分则相应条款规定有死刑或终身剥夺自由刑的,则此两种刑罚不得适用,法院只能在刑法分则相应条款规定的限度内判处刑罚。

除此之外,对于陪审员裁决有罪但值得从宽处罚的人量刑时,不再考虑从重处罚情节。同时,由陪审员作出从宽处罚裁定的案件,如果存在数罪并罚或数个判决合并处刑的情况,则刑罚的种类、期限或数额依照俄刑法第 69 条和第 70 条的规则予以处理。

(二)累犯的特殊量刑制度

俄罗斯现行刑事立法第 68 条规定了累犯的量刑规则,其内容主要体现为以下几个方面。

第一,法院在对累犯、危险累犯和特别危险累犯量刑时,应当考虑该累犯以前所实施犯罪的社会危害性的性质和程度,以及之前对其判处的刑罚未成功达到改造目的的情况,同时也要考虑其所实施新罪的社会危害性的性质和程度。

第二,法院在对任何类型累犯量刑时,其所判处的刑期均不得低于对其所实施犯罪规定的最严厉刑种的最高刑期的 1/3,同时也不得超出俄刑法分则相应条款所规定的法定刑限度。

第三,法院在对任何类型的累犯量刑时,如果认定其具备俄刑法第 61 条规定的法定从轻处罚情节,则对该累犯判处的刑期可以低于其所实施犯罪法定刑最重刑种的 1/3,但应当在俄刑法分则相应条款所规定制裁的限度内判处。如果该累犯具备俄刑法第 64 条规定的法定减轻处罚情节,则法院可以判处其所实施犯罪对应法定刑更轻的刑种。

(三)吸毒成瘾犯罪人的特别量刑规则

根据俄刑法第 72-1 条的规定,对于被认定为吸毒成瘾的被判刑人,如果对其所适用的主刑是罚金、剥夺担任特定职务或从事特定活动、强制性社会公益劳动、劳动改造或限制自由刑的,法院可以责令被判刑人进行戒毒治疗、医疗性康复和(或)社会性康复治疗。其中,对戒毒治疗和康复治疗履行监督职责的是俄罗斯联邦刑事执行机关下属的相应部门,后者应当根据相关的联邦行政机关制定的法定程序履行其监管职责。

第十三章　免责制度

第一节　免责制度概述

免除刑事责任制度，简称免责制度，是指在具备了法律明确规定的根据和条件的情况下，免予追究行为人刑事责任的刑法制度。俄罗斯现行刑法第 11 章以及分则相应规范均有关于免责制度的规定，比如《俄罗斯联邦刑法典》第 206 条“劫持人质罪”的“附注”中就规定：如果行为人能够主动或者按照当局的要求释放人质，并且其行为中也不含有其他犯罪构成的，则免除行为人的刑事责任。

应当说，免除刑事责任作为一项刑法制度，是俄学界最具争议的问题之一，其中，最富争议的问题，是俄学界在刑事责任的概念方面并没有形成统一立场。尽管刑事责任概念在俄现行刑事立法中多次出现，但俄罗斯刑法学界关于“刑事责任”的定义仍然存在较大争议。最为常用的定义，是将刑事责任理解为“一种法律责任，其基本内容是国家机关因行为人实施犯罪而对其适用的措施”。[①] 申言之，免除刑事责任，其实质上是国家放弃对实施犯罪的人进行刑事遣责，此种情形下所涉及的其他法律关系，比如与所实施犯罪相关的民事法律关系，要求予以单独解决。与此同时，免除刑事责任也并不意味着在行为人所实施的行为中不具备犯罪构成以及行为人没有罪过。

如前所述，俄学界在“免除刑事责任”概念的界定方面存在不同主张，比如，有学者认为，免除刑事责任是指国家放弃对实施犯罪的行为人进行刑事追诉和判罪；还有学者将免除刑事责任界定为“行为人感知刑事法律影响的能力不予实现（进一步

---

① Уголовная ответственность // Большой юридический словарь / Под ред. А. Я. Сухарева. М. , 2007.

实现)”。[1] 另有学者认为,虽然有关免除刑事责任概念的前述界定,都从不同侧面体现了此种刑法制度自身所固有的某种特性,但并没有揭示出此概念的本质所在,基于此,他们认为应当将免除刑事责任界定为“国家放弃对罪犯权利和自由的刑事法律限制”。[2] 因此,俄学界一般认为,免除刑事责任作为一项刑法制度,是确定放弃国家公开(官方)判罪的法律根据和事实条件的规范总和,即指的是对被免除刑事责任的人不再适用国家强制措施的问题。俄罗斯当代刑法中免责制度的理念,从整体上讲,其构建的根据是:执法者明确认定实施了犯罪行为的人已经消除了其之前所实施行为社会危害性的事实,因此,不对其予以定罪判刑其也可以得到改造。[3] 由此可见,俄刑事立法之所以规定免责这样的刑法制度,主要是立法者对行为人实施犯罪后的行为赋予了特殊意义。俄罗斯现行刑事法律规定的具体免责制度体现为以下几种。

(1)因积极悔过而免除刑事责任(《俄罗斯联邦刑法典》第 75 条)。

(2)因与被害人和解而免除刑事责任(第 76 条)。

(3)因赔偿损失而免除刑事责任(第 76-1 条)。

(4)因科处司法罚金而免除刑事责任(第 76-2 条)。

(5)因时效届满而免除刑事责任(第 78 条)。

(6)因《俄罗斯联邦刑法典》分则条文特别规定的其他社会有益行为而免除刑事责任(比如,俄刑法第 205、206 条以及其他条文中的相关规定)。

除了前述所列的免除刑事责任立法规定外,俄刑法中还规定了一种与实施社会有益行为不直接相关的免责制度,即《俄罗斯联邦刑法典》第 84 条和第 85 条规定的大赦和特赦制度,此两种赦免制度既是免责再度,同时也是免刑制度。

俄刑法中免责制度的适用,必须具备法定的根据和条件,其中的法定根据是指俄刑事法律明确规定的作出相应裁定的法律理由。这里的条件,意指免责制度根据得以实现所应当具备的情状总和。如果将这里的“根据”看成是免责的客观情节,则“条件”就属于主观情节范畴,而立法者正是在考虑前述情节的基础上,才得以确定行为人不再具有社会危害性并且不适用刑法措施也可得以改造。此种情况下,我们不能得出这样的结论,即所有条件合并在一起即可构成免责的某种根据,也就是说,不能将免责的根据和条件混为一谈。实际上,任何一种免责制度适用的必要前提,是行为人实施犯罪的确凿事实,而免责的根据则是《俄罗斯联邦刑法典》第 11 章规定的内容。

---

① Сверчков В. В. Концептуальные основы решения проблем освобождения от уголовной ответственности: Автореф. дис. ... д-ра юрид. наук. Н. Новгород, 2008.

② Уголовное право России. Общая часть: Учебник / Под ред. В. П. Ревина. -М.: Юстицинформ. 2016. С. 428.

③ Ендольцева А. В. Институт освобождения от уголовной ответственности: теоретические, законодательные и правоприменительные проблемы: Дис. ... д-ра юрид. наук. М., 2005.

免除刑事责任适用的条件分为两种：其一，所有免责制度都具备的共同条件；其二，每种具体免责制度所独具的特别条件。免责制度适用的共同条件包括以下几个方面。

(1)实施了刑法所禁止并以刑罚相威胁的行为。

(2)所实施行为中具备特定犯罪的全部构成要件，即具备刑事责任根据(《俄罗斯联邦刑法典》第 8 条)。

(3)具备承担刑事责任所要求的一般条件，即行为人是达到俄刑法所规定的年龄并具有刑事责任能力的自然人(《俄罗斯联邦刑法典》第 19 条)。

(4)初次实施犯罪。

从前述免责制度适用一般条件所涵盖的内容可以看出，因缺乏适用根据的不予追究行为人刑事责任的情况(其中包括无刑事责任能力、犯罪中止、正当行为)，并不属于俄刑法中所规定的免责制度范畴。

《俄罗斯联邦刑法典》第 11 章关于负责制度规范的适用程序，规定在俄罗斯联邦最高法院于 2013 年 6 月 27 日出台的第 19 号《关于法院适用免除刑事责任根据和条件立法规定全体会议决议》(以下简称《19 号决议》)。此部决议对初次实施犯罪作为俄刑法第 75 条、第 76 条、第 76-1 条所规定的免责一般条件的行为人的范围进行了阐释，即根据《19 号决议》第 2 项的规定，此类行为人是指：

(1)实施了一个或几个犯罪(无论所实施犯罪的定性触犯的是俄刑法中的一个条文、条文中的一个条款还是几个条文)，并且行为人之前未曾因其中任何一个犯罪而被定罪处罚过。

(2)行为人在实施新罪时，针对他的前一个判决尚未发生法律效力。

(3)行为人实施新罪时，针对他的前一个判决已经发生法律效力，但在新罪实施前行为人具备撤销追究其刑事责任之法律后果的情节(比如前一有罪判决的行刑时效届满而免予服刑的情况，或者前科消灭或被撤销的情形)。

(4)前一项判决已经生效，但在审判时该行为人被判罪行为的有罪性已经消除。

(5)之前被免除过刑事责任的行为人。

免责制度适用的特别条件包含以下几种情况。

(1)惩罚型条件和权利恢复型条件。惩罚型条件，指的是对被免除刑事责任的行为人施加刑法规定的特定义务(《俄罗斯联邦刑法典》第 90 条专门针对未成年人规定的“强制性教育感化措施”)；权利恢复型条件，是指行为人因实施俄刑法所规定的特定的有益于社会的行为而被免除其刑事责任的情况。

(2)客观条件和主观条件。客观条件是指俄刑法规定的免除刑事责任根据的适用范围，即指的是《俄罗斯联邦刑法典》第 75 条和第 76 条规定的实施轻罪和中等重罪的情况或者第 76-1 条规定的若干具体罪名；主观条件则指的是要求实施犯罪的人做出特定行为,以表明其具有积极悔过的心理,其中包括自首、与被害人和解、赔偿损失等行为。

这里还需要指出的是,俄刑法中的“免除刑事责任条件”与“附条件免除刑事责任”中的“条件”是两个不同概念。俄学界一般将免责制度区分为两种:附条件免责制度(或称暂时负责制度)和绝对免责制度(或称之为完全免责制度)。此种划分的依据源于俄刑事实体法的规定,即以是否对被免除刑事责任的行为人施加特定义务为前提。若适用的是附条件免责制度,则行为人应当在法院所规定的期限内自愿履行法律规定的特定义务。俄罗斯现行刑法规定了两种附条件免责制度:其一,针对他国的外交代表及享有豁免权的其他公民的免责制度(《俄罗斯联邦刑法典》第 11 条第 4 款);其二,俄刑法第 90 条规定的针对那些适用强制性教育感化措施的未成年人的免责制度。

附条件免除刑事责任的裁决可以被撤销而重新追究行为人的刑事责任,这是此种免责制度与完全免责制度之间的区别所在,而在其他适用根据上,此两种免责制度是相同的。

第二节 一般免责制度

一、因积极悔过而免除刑事责任

因积极悔过而免除刑事责任的根据规定在《俄罗斯联邦刑法典》第 75 条,是俄罗斯现行刑事立法的新增规定。所谓积极悔过,是指实施犯罪的行为人积极自愿地实施特定行为,旨在防止、消除或降低其行为所造成的实际损害后果,以及为执法机关侦破犯罪予以协助。《俄罗斯联邦刑法典》第 75 条第 1 款中所规定的“积极悔过”,其目的是使行为人在实施犯罪后能够主动自首、协助揭露犯罪、赔偿所造成的损失或以其他方式弥补因犯罪而造成的损害,从而因其积极悔过而不再具有社会危害性。从此条刑法规范表述上可以得出结论:只有具备本条款规定的所有行为,才能证明行为人具备积极悔过情节。《俄罗斯联邦刑事诉讼法典》第 28 条规定的因积极悔过而终止刑事案件的诉讼程序也对此进行了佐证,即根据俄刑诉法规定,在具备《俄罗斯联邦刑法典》第 75 条规定的情形下,法官、检察官,以及取得检方同意的调查人员和刑侦人员,有权终止针对实施了轻罪或中等重罪的嫌疑人或被告人的刑事追诉。

俄刑法第 75 条规定的“自首”,意指实施了犯罪行为的人自愿到职能机关(预审机关、机构、检察院或者法院)真诚认罪。自首的主体有两种:其一,其自知还未被相关职能机关列为犯罪嫌疑人或被告人的行为人;其二,已经被指控,但处于通缉状态的被告人或被判刑人。根据《俄罗斯联邦刑事诉讼法典》第 142 条的规定，自首是指行为人自愿投案，其自动投案的方式可以是口头的，也可以是书面形式的。口头投案的，根据俄刑诉法第 141 条第 3 款规定的程序予以接收并记入受理备忘录，由自首人和负责调查和制作备忘录的调查人员、检察官或法官签字确认。因此，自首往往是行为人个人向职能机关的投案。在解决行为人已"不再具有社会危害性"的问题上，则必须考虑行为人实施犯罪后的所有行为特征及其人身特性。由此可见，即使行为人有认罪情节，但并没有实施本规范所规定的行为，则不能认定是"积极悔过"。如果实施了犯罪的行为人以自己全部行为竭尽全力地协助办案机关厘清刑事案件的所有情节，则应当认定具备了"协助揭露和侦破犯罪"的法定免责条件。俄刑法第 75 条第 1 款中使用的"损失"概念，是指可以用实物赔偿（其中包括用其他财产赔偿已经损毁的财产、对被损坏的财产进行修理或校正）或者以金钱赔偿的财产损害（包括赔偿损毁或损坏财产的费用、医疗费用）等。申言之，"赔偿所造成的损失"，意指行为人尽可能地自愿恢复因其所实施的犯罪行为给受害人权益造成的损害。俄刑法第 75 条规定的"弥补损害"，是指对被害人进行精神损害赔偿、为其提供帮助以及采取旨在恢复因犯罪而受侵害的被害人权利和合法利益。"弥补损害"与"赔偿损失"一样，也要求行为人是自愿的并且是犯罪后实施的行为，反之则构成犯罪中止。

《19 号决议》阐明，适用此免责根据的前提条件是行为人实施了《俄罗斯联邦刑法典》第 75 条第 1 款所规定的所有行为，或者行为人基于客观实际情况实施了所能够实施的其中部分行为。比如，如果行为人在犯罪当场即被拘捕，则行为人便没有向执法机关自首的可能，但是若行为人被拘捕后积极协助揭露和调查犯罪、赔偿和（或）弥补损害，则是以另外一种方式证明行为人具有积极悔过的情节，此种情况下执法机关只有在能够认定行为人因此而不再具有社会危害性的条件下，才可以因行为人的积极悔过而免除其刑事责任。俄罗斯刑事诉讼立法还对适用此免责制度规定了另外一个条件，即根据俄刑诉法第 28 条的规定，应当将终止刑事追诉的理由及其反对此裁定的权利向犯罪嫌疑人（或被告人）阐明。如果实施犯罪的人对此提出反对意见，则不得依据《俄罗斯联邦刑法典》第 75 条第 1 款的规定终止刑事案件。因此，依照俄刑法第 75 条第 1 款的规定免除刑事责任的根据可以概括如下。

（1）行为人实施的是轻罪或中等重罪。

（2）行为人符合积极悔过特征的必要标准并因此能够证明行为人不再具有社会危害性。

（3）对实施轻罪或中等重罪而具备积极悔过情节的特定行为人适用刑事追诉制度是不合理的。

（4）实施了犯罪的行为人同意免除其刑事责任的裁定。

如果《俄罗斯联邦刑法典》分则相应条文以“附注”的形式对此有特别规定的，则对于轻罪或中等重罪免除刑事责任的适用，应当遵循这些附注规则，此种情形下不要求再满足俄刑法第 75 条第 1 款所规定的一般免责条件。相应地，在无法适用分则“附注”规定条件的情况下，并不排除俄刑法第 75 条第 1 款所规定的免责事由的适用，即如果此种情形下的行为人具备此款规范所规定的条件，并且因此而不再具有社会危害性的，则可以免除其刑事责任。比如，行为人实施了《俄罗斯联邦刑法典》第 222 条第 1 款所规定的犯罪，因武器已卖出而无法主动交出，但行为人有自首情节并且还积极协助该罪的调查和侦破活动，则可以免除行为人的刑事责任。①

如果行为人所实施的是轻罪或中等重罪范畴之外的犯罪（实施重罪或特别重罪的情况），同时具备俄刑法第 75 条第 1 款所规定情节的，则只有在《俄罗斯联邦刑法典》分则相应条款有特别规定的情况下，才能免除刑事责任（《俄罗斯联邦刑法典》第 75 条第 2 款）。比如，《俄罗斯联邦刑法典》第 208 条规定的“组建或参加非法武装队伍罪”属于重罪和特别重罪范畴，但本条的“附注”中规定：“初次实施本条所规定犯罪的人，主动终止参加非法武装队伍和交出武器，如果其行为不包含其他犯罪构成的，则免除刑事责任”。可见，俄刑法第 75 条第 2 款所规定的免除刑事责任的根据体现为以下几个方面。

（1）行为人的积极悔过行为表明，即使不对其适用刑事追诉措施其也可以得到改造。

（2）在行为人所实施的行为与可能造成更严重后果之间存在一定的间隔，此间行为人“恢复理智”、真诚悔过并且防止更严重后果的发生，此类情形下免责制度的适用是合目的性的。

（3）行为人没有实施可能追究其刑事责任的其他犯罪行为。

二、因与被害人和解而免除刑事责任

根据《俄罗斯联邦刑法典》第 76 条的规定，初次实施轻罪或中等重罪的人，如果他与被害人和解并弥补给被害人造成的损害，则可以免除其刑事责任。因此，此种免责制度实现的前提是，需要刑事法律关系参加者履行若干前提条件，其中的两个条件已经明确地规定于俄刑法第 75 条第 1 款，即行为人是初次实施犯罪；所实施的犯罪属于轻罪或中等重罪的范畴。另外两个条件则体现为：实施犯罪的行为人与被害之间达成和解；行为人弥补其所实施的犯罪对被害人所造成的损害。

俄罗斯刑事法领域中的被害人概念，由刑事诉讼法予以规定，即根据《俄罗斯联邦刑事诉讼法典》第 42 条第 1 款的规定，刑事被害人是指犯罪对其造成身体损

---

① 《俄罗斯联邦刑法典》第 222 条规定的罪名是“非法获得、移交、销售、保管、运送或携带武器、武器主要部件、弹药罪”，本条“附注”规定：“主动交出本条所列物品的人，免除本条规定的刑事责任……”

害、财产损害、精神损害的自然人，或者犯罪对其财产和商业信誉造成损害的法人。这里需要强调两点：首先，和解所适用的犯罪只能是对自然人或法人私人利益的侵犯；其次，和解制度原则上不适用于所实施犯罪侵犯公共利益（国家、社会以及其他刑法所保护客体）的情况，无论所实施犯罪是否为轻罪或中等重罪，也无论此种情形下刑事法律关系的参与人是否为私人人士。比如，《俄罗斯联邦刑法典》第285条第1款规定的"滥用职权罪"和第286条的"逾越职权罪"即属于第二种情况：如果实施此两种罪造成公民或组织的权利和合法利益的损害，因为此种损害在此两罪中属于次要地位并且此两罪的被害人也没有权利支配此种刑事法律关系，所以实施此两罪的行为人即使弥补了被害人的损害，也不属于本条所规定的"和解"，而只能将其看作是从轻处罚情节（《俄罗斯联邦刑法典》第61条第1款第10项规定的法定从轻处罚情节）。

所谓"和解"，是指被害人因与行为人达成和解协议而不再提起追究犯罪人刑事责任的刑事起诉，或者提请终止该刑事案件。"弥补损害"，根据《19号决议》的规定，意指赔偿损失或者采取其他措施使得受到犯罪侵害的被害人的权利和合法利益得以恢复，此种情况下的弥补损害的方式应当具有合法性，并且不能损害第三人权利，赔偿数额的多少则由被害人决定。

如果是多人实施犯罪的情况，则可以被免除刑事责任的只能是这些人当中与被害人达成和解并弥补所造成损害的那部分人；如果由于实施某一犯罪而出现多个被害人的情况，则只要与其中一个被害人没有达成和解，便不能依照俄刑法第76条规定的法定理由而免除刑事责任。此外，俄刑法第76条所规定的免除刑事责任的刑法规定具有选择性质，因为本规范需要执法者通盘考虑所实施犯罪的事实情节而酌量适用。换言之，只有在法官认为因被害人与犯罪人和解得以恢复社会公正，并且被害人本人同意的情况下，法院才能作出不予以司法干预的决定，即法官认定此种情形下再进行司法干预，则会偏离刑法适用的正当性目的。

三、因时效届满而免除刑事责任

因时效届满而免除刑事责任制度规定于《俄罗斯联邦刑法典》第78条，其原初的学说基础是这样一个公理，即在很长一段时间后再追究犯罪人的刑事责任是缺乏合理性的，因为迟到的司法审判和有罪判决，并不会达到执行刑罚所追求的恢复社会公正和预防实施新罪的目的。

俄罗斯现行刑事立法关于时效制度的规定，依据的是所实施犯罪行为的严重性程度，即自实施犯罪之时起经过下列期限，则免除犯罪人的刑事责任。

（1）实施轻罪的，经过2年。

（2）实施中等重罪的，经过6年。

（3）实施重罪是的，经过10年。

(4)实施特别重罪的,经过 15 年。

俄刑法第 78 条第 2 款又规定,时效期自实施犯罪之时起算,到法院判决生效之时止。实施犯罪的时间,明确地规定在《俄罗斯联邦刑法典》第 9 条第 2 款,即实施犯罪的时间就是实施社会危害行为之日,而与发生后果的时间无关。如果犯罪人在时效届满之前又实施新罪的,则每一犯罪的时效期单独计算,即行为人实施新罪并不能中断前罪时效期的计算。

如果实施犯罪的人逃避侦查或审判,或者逃避交纳俄刑法第 76-2 条判处的司法罚金的,则时效中止,此种情况下的时效期,自该人被拘捕或自首时恢复计算(《俄罗斯联邦刑法典》第 78 条第 3 款)。

俄刑法还明确规定了时效届满免责制度适用的例外情形,即第 78 条第 4 款规定的限制条件和第 5 款规定的完全不适用时效免责制度的情况。根据该条第 4 款的规定,对实施了应判处死刑或终身剥夺自由刑犯罪的人,适用时效期的问题由法院决定,如果法院认为不能因时效届满而免除其刑事责任,则仍须适用死刑或终身剥夺自由刑。这里所规定的对于此类犯罪作出相应裁定,是赋予法院的权利,而非法院的义务。完全不适用时效免责制度的情况,明确规定于俄刑法第 78 条第 5 款,即对实施某些特定犯罪的人,不适用时效期的规定①。

第三节　特别免责制度

一、经济活动领域犯罪特殊免责制度

经济活动领域犯罪案件的免责制度,是俄罗斯现行刑事立法中的新规定,即《俄罗斯联邦刑法典》第 76-1 条规定的内容。本条是 2011 年 12 月 7 日的第 420 号《联邦法律》新增加的刑事立法规定,但本条中的某些规定此前在俄刑法分则相应条款中既已存在,比如《俄罗斯联邦刑法典》第 184 条、第 199 条、第 199-1 条"附注"的内容。其中,第 199 条"附注 2"即规定:"初次实施本条所规定犯罪的人,如果该人或由于该人的过错而交纳保险费的组织,足额交纳未交纳部分和相应的罚款以及依照俄罗斯联邦生产事故和职业病强制社会保险立法规定数额的罚金,

---

① 这些犯罪包括:恐怖主义行为罪(第 205 条),帮助恐怖主义活动罪(第 205-1 条),参加恐怖主义活动培训罪(第 205-3 条),组织和参加恐怖主义集团罪(第 205-4 条),组织和参加恐怖主义组织活动罪(第 205-5 条),劫持人质罪(第 206 条第 3、4 款),劫持航空器、船舶或铁路运输车辆罪(第 211 条第 4 款),策划、准备、发动或进行侵略战争罪(第 353 条),使用禁用的战争手段和方法罪(第 356 条),种族灭绝罪(第 357 条),生态灭绝罪(第 358 条),伴有恐怖主义活动因素的侵害国务活动家或社会活动家生命罪(第 277 条),暴力夺取政权或暴力掌握政权罪(第 278 条),武装暴乱罪(第 279 条)和袭击受国际保护的人员或机构罪(第 360 条)。

则免除刑事责任。”

《俄罗斯联邦刑法典》第 76-1 条第 1 款针对实施税务犯罪的行为人，规定了免除其刑事责任的条件：其一，初次实施俄刑法第 198 条至第 199-1 条、第 199-3 条、第 199-4 条所规定的犯罪的；[①]其二，全额赔偿了犯罪对俄罗斯国家财政预算体系造成的损失。2013 年 6 月 27 日出台的《决议》对本条规定的适用程序作了详细的司法解释，其中，对《俄罗斯联邦刑法典》第 198 条至第 199-4 条中所规定的“给俄罗斯联邦财政体系造成损失”的规定进行了明确阐释。本条中所规定的“全额赔偿”的支付应当发生在初审法院作出开庭决定前，支付款项的内容包括：拖欠的由税务机关作出的已经生效的追责决定中所规定的数额、相应的滞纳金、《俄罗斯联邦税法典》所规定数额的罚款。此司法解释是在分析《俄罗斯联邦刑事诉讼法典》相应规定的基础上作出的。基于此，如果是赔偿部分损失的情况，或是全部赔偿行为发生在初审法院确定开庭后的情况，则只能认定为从轻处罚情节，而不能免除行为人的刑事责任。

《俄罗斯联邦刑法典》第 76-1 条第 2 款规定的免除刑事责任制度，其适用应当同时满足以下四个条件。

（1）实施的犯罪应当是本款所规定的犯罪。第 76-1 条第 2 款明确列举了此种负责制度适用的具体罪名，它们是：侵犯著作权和邻接权罪（第 146 条第 1 款），侵犯发明权和专利权罪（第 147 条第 1 款），经营诈骗罪（第 159 条第 5-7 款），贷款诈骗罪（第 159-1 条第 1 款），骗取款项罪（第 159-2 条第 1 款），电子支付诈骗罪（第 159-3 条和 1 款），保险诈骗罪（第 159-5 条第 1 款），计算机信息领域诈骗罪（第 159-6 条第 1 款），侵占罪（第 160 条第 1 款），以欺骗或滥用信任手段造成财产损失罪（第 165 条第 1 款），伪造土地测绘文件罪（第 170-2 条第 1 款），非法经营罪（第 171 条第 1 款），生产、购买、保管、运送或销售无标识商品或产品和（或）俄罗斯联邦立法规定信息的商品或产品罪（第 171-1 条第 1、1-1 款），非法从事银行活动罪（第 172 条第 1 款），非法取得贷款罪（第 177 条），恶意逃避清偿信贷债务罪（第 177 条），限制竞争罪（第 178 条第 1 款），非法使用商标、标识罪（第 180 条第 1-3 款），发行有价证券舞弊罪（第 185 条第 1、2 款），恶意披露或不披露有价证券信息罪（第 185-1 条），违反有价证券权利登记程序罪（第 185-2 条第 1 款），操控市场罪（第 185-3 条第 1 款），妨碍实现或非法限制有价证券持有人权利罪（第 185-4 条），非法利用内部信息罪（第 185-6 条），非法贩运珍贵宝石、贵重金属

① 《俄罗斯联邦刑法典》第 198 条规定的罪名是“自然人逃避交纳税费和作为保险费交纳人逃避交纳保险费罪”、第 199 条的罪名是“单位逃避交纳税费和作为保险费交纳人逃避交纳应交纳保险费罪”、第 199-1 条的罪名是“不履行代扣找缴人职责罪”、第 191-3 条的罪名是“自然人投保人逃避向国家预算外基金交纳生产事故和职业病强制社会保险费罪”、第 199-4 条的罪名是“投保单位逃避向国家预算外基金交纳生产事故和职业病强制社会保险费罪”。

罪(第 191 条),违反向国家移交贵重金属和宝石规则罪(第 192 条),不履行返还外汇或俄罗斯货币义务罪(第 193 条第 1、1-1 款),逃避交纳关税罪(第 194 条第 1、2 款),不正当破产罪(第 195 条),蓄意破产罪(第 196 条),虚假破产罪(第 197 条),隐瞒单位或个体经营者应征收税费和保险费的资金或财产罪(第 199-2 条)。

(2)前述所列犯罪应当是初次实施的。

(3)必须要赔偿因实施前述所列犯罪而给公民、组织或国家造成的损失。

(4)必须要向联邦预算上交特定数额的赔偿金。

俄刑法第 76-1 条第 2 款所规定的免除刑事责任,其适用条件中的赔偿损失以及向联邦预算上缴的赔偿金,必须均是足额赔偿和缴纳。

《俄罗斯联邦刑法典》第 76-1 条第 3 款规定的免责情况,是本条第 1、2 款规定内容的例外,即第 3 款免责制度的适用,无须向被害人赔偿损失,也无须向联邦预算上缴赔偿金。具体而言,根据俄刑法第 76-1 条第 3 款的规定,下列情况免除行为人的刑事责任:"如果发现该人在 2015 年 1 月 1 日前或到 2019 年 1 月 1 日前实施含有本法典第 193 条,第 194 条第 1、2 款,第 198 条,第 199 条,第 199-1 条,第 199-2 条所规定犯罪要件的行为,而该人是申报人,或者在其依照自然人自愿申报资产和银行账户(存款)和修订俄罗斯联邦某些立法的联邦法律提交的专门申报中含有相关信息的人,而如果这些行为与取得(取得来源的形成)、使用或处分财产和相关专门申报中含有所控制的外国公司有关,和(或)与开立账户和(或)资金列入有关专门申报中所含账户(存款)有关,在这种情况下不适用本条第 1 款和第 2 款规定中关于赔偿损失、向联邦预算上交赔偿金额和所得收入的规定。"

在实施了经济领域内轻罪或中等重罪的情况下,如果行为人没有全部或全额履行《俄罗斯联邦刑法典》第 76-1 条所规定的行为,则无论是依照本条文,还是依照第 75 条和第 76 条的规定,此举都会成为免除刑事责任制度实施的阻碍。因此,经济活动领域的犯罪案件,从其免除刑事责任成立条件看,可以被视为一种特殊类型的"积极悔过"。

二、科处司法罚金的免责制度

《俄罗斯联邦刑法典》第 76-2 条规定了以科处司法罚金的方式免除刑事责任的制度,即如果行为人是初次实施轻罪或中等重罪,并且赔偿了损失或以其他方式弥补了犯罪所造成的损害,则法院可以裁定免除其刑事责任而科处司法罚金。

以科处司法罚金的方式免除刑事责任制度的适用,应当同时具备以下三个条件:第一,符合犯罪构成要件的行为当是首次实施的;第二,所实施的犯罪应当是轻罪或中等重罪;第三,犯罪人赔偿了被害人的损失或以其他方式弥补了犯罪所造成的损害。

科处司法罚金免责制度具有选择性质，即法官可以裁量决定，或者根据经调查机构负责人同意而由调查人员提交的申请或经检察官同意而由预审人员提交的申请进行审议，并且根据审议结果，同时依照《俄罗斯联邦刑法典》第76-2条的规定而终止刑事案件或终止对实施犯罪的嫌疑人或被告人的刑事调查。

第十四章　免刑制度

第一节　免刑制度概述

俄罗斯现行刑事立法规定了各种不同的免刑制度，比如行刑时效届满而免除刑罚（《俄罗斯联邦刑法典》第 83 条）、假释制度（第 79 条）、易科制度（第 80 条）等。因行刑时效届满而免除刑罚，其适用的根据应当是实施犯罪的人社会危害性实质降低，无须执行刑罚也可以实现刑罚目的；假释制度和易科制度的适用根据，是被判刑人以自己的正面行为证明其改造已经达到一定效果，从而不再需要全部服完剩余的刑期（指假释情况）或者适用更轻缓刑罚也完全可以达到改造效果（指易科情况）；因形势变迁而免除刑罚，其适用根据则是行为人或其所实施的犯罪不再具有社会危害性的情况。除了前述免刑制度外，俄刑法还规定因某种特殊情况出现而免予服刑的情况，比如因疾病而免刑（第 81 条）、因被判刑人有幼年子女或被判刑人是毒瘾病人而延期服刑。后两种免刑制度分别规定在《俄罗斯联邦刑法典》第 82 条和第 82-1 条。此外，俄刑法第 84 条和第 85 条还分别规定了大赦和特赦制度，第 10 条是有关因适用有排除行为人有罪或减轻刑罚的法律规定而免除刑罚的情况。因此，俄学界一般将刑法中的免刑制度区分为以下几种。

（1）假释制度（《俄罗斯联邦刑法典》第 79 条）。

（2）因形势变迁而免除刑罚制度（第 80-1 条）。

（3）因疾病而免除刑罚制度（第 81 条）。

（4）延期服刑制度（第 82 条）。

（5）特殊延期服刑制度——因被判刑人是毒瘾病人而延期服刑（第 82-1 条）。

（6）因行刑时效届满而免除刑罚制度（第 83 条）。

（7）因排除行为有罪性或减轻刑罚的新刑法的通过而免除

刑罚(第10条)。

(8)因羁押期计入刑期而免除刑罚,即如果被判刑人在法庭审理前受到羁押,而主刑为罚金、剥夺担任特定职务或从事特定活动的权利刑的,则法院应考虑羁押期而减轻刑罚或免于服刑(第72条第5款)。

(9)缓刑制度(第73条),根据俄部分学者的立场,俄刑法第73条所规定的缓刑制度,实际上是免除犯罪人实际服刑的一种特殊形式的免刑制度,其体现着刑罚的人道化、个别化以及刑罚不可避免原则。

(10)因适用强制性教育感化措施而免除未成年人的刑罚(第92条)。

(11)易科制度(第80条)——将未服完的刑种改判较轻刑种的一种刑罚适用制度,俄学界一般将其纳入特殊免刑制度范畴。

俄刑法中的免刑制度分为附条件的免刑和绝对免刑。绝对免刑制度的适用,不对被免刑人附加任何要求,只要符合规定条件,即予以免刑,比如因行刑时效届满而免刑、易科制度、军人因疾病而免刑(第81条第3款)以及因形势变迁而免刑。所谓附条件免刑制度,指对被免刑的行为人施加一定要求,如果不完成此特定要求,则应当撤销免刑,即被判刑人应当服所判处的刑罚或者服完尚未服满的刑期,比如假释制度、延期服刑制度。

俄罗斯刑法规定的免刑制度,兼具社会和法律双重意义。其社会意义主要体现为以其他措施替代刑罚以达到防控犯罪的目的,即最大限度地发挥教育感化手段、组织手段和法律手段(这里指的是非刑法手段)在改造被判刑人方面的正面作用,使得家庭氛围、日常生活和劳动环境对被免刑者产生正面影响,从而有利于被免刑者诚信、善良品格的形成。正确适用免刑制度还具有预防意义,因为这将对被免刑者的心理产生积极影响,有助于帮助他们克服其人身特性方面的那些诸如易怒、多疑、渴望报复的负面人格特征。此外,免刑制度的即时适用,还有利于被免刑者家庭的稳定、改善其物质生活状况,在一定程度上避免对其子女的不良影响,而对于那些具有专业特长的人适用免刑制度,还会在俄罗斯社会经济建设事业中起到积极、正面的作用。

免刑制度作为一种刑法制度,其当然具有特定法律意义。免刑制度本身即是人道原则、刑事惩罚经济性原则以及预防犯罪的实际体现,此其一;免刑制度的适用将会引发特定法律后果,此其二。如果被免刑者因免刑制度的适用而被认为不具有前科,则其之前所实施犯罪的一切法律后果即告终止;如果被免刑者是有前科的人,在此前科消灭之前他所实施类似犯罪或相同种类的犯罪行为,则是将所实施行为认定为累犯的根据(《俄罗斯联邦刑法典》有特别规定的情况)。如果被免刑的行为人又实施新罪,则会影响刑罚种类和尺度的裁量以及后续免除刑事责任和免除刑罚制度适用问题的裁定。比如,根据《俄罗斯联邦刑法典》第79条第3款第3项的规定,对于以前曾被假释,而依照本条第7款规定的根据撤销假释的(其中包括实施新罪的情形)，则对其再适用假释的条件是必须服满2/3以上的刑期。此外，免刑制度的适用还会对其他法律问题的解决产生影响，比如，假释的事实，在对被判剥夺自由刑罪犯释放后确定对其实施行政监督事项时必须予以考虑；[①]俄刑法还对适用免刑制度的行为人规定了特殊的前科消灭制度，即根据俄刑法第86条第4款的规定，如果被判刑人按法律规定的程序被假释或者被易科为较轻刑种的，则其前科消灭的期限根据实际服完刑期自免于服主刑和附加刑之时起算。

根据俄现行刑事立法的规定，如果行为人在实施犯罪之后患上精神疾病，致使其不能意识自己行为(作为或不作为)的实际性质和社会危害性或者不能控制自己行为的人，则免除其刑罚，而对于正在服刑的罪犯突发精神病且具备前述法定情形的，也免予其继续服刑，法院可以对此类人判处医疗性强制措施(第81条第1款)。

第二节　免刑制度类型化特征

一、假释制度

假释是俄罗斯司法实践中最普遍适用的一种免刑制度，比如，2012年俄罗斯仅区一级法院就受理了17.48万件提请假释的案件(2011年的数量为19.08万件)。[②] 假释制度的适用，要求被假释者的行为符合法定条件，比如，假释期内不得因实施破坏社会秩序的行为而受到行政处罚、必须履行法院责令其履行的义务、不得实施可以撤销假释的新罪。

假释制度的适用根据是，被判刑人的改造达到了足够高的程度，从而使法院认为全部服完所判处刑罚是不合目的性的。假释的适用对象是正在服军纪营管束、强制劳动刑或剥夺自由刑的人。被判刑人得以改造，则表明他不再具有社会危害性的人身特征，这首先体现于被判刑人表现出“良好行为”及其“诚实的劳动态度”。与此同时，法院关于被判刑人成功得以改造的结论，应该基于对他在两个服刑期间行为的深入分析，而不是仅仅考虑提交适用假释申请进行审议之前与其直接相关联的那段时间内的表现。[③] 所谓“良好行为”，首先指的是没有违反服刑制度、遵守改造机构管理要求、参与允许被判刑人从事的社会组织工作、协助管理部

---

① п. 4 Постановления Пленума Верховного суда РФ от 27 июня 2013 г. № 22《О применении судами законодательства при рассмотрении дел об административном надзоре》// Российская газета. 2013. 5 июля.

② Обзор судебной практики о деятельности федеральных судов общей юрисдикции и мировых судей в 2012 г. Судебный департамент при Верховном суде РФ. М. , 2013 г.

③ Определение Судебной коллегии по уголовным делам Верховного суда РФ от 12 апреля 2012 г. № 3-D12-3 по делу Г. // Бюллетень Верховного суда РФ. 2012. № 10. С. 8-9.

门维持秩序、定期上课、受过奖励。“诚实的劳动态度”，意指被判刑人在服刑期间自愿工作、完成生产任务、遵守劳动纪律、努力掌握业务技能等。在确定被判刑人改造程度的问题上，除了考虑他的良好行为和诚实工作态度以外，还应当注重考察那些体现被判刑人人身特性的情况，比如，被判刑人赔偿被害人损失的情况、①承认自己有罪以及认可所判处刑罚的公正性，以及被判刑人是否决心与其有罪的过去决裂并且在服刑后开始守法的诚信生活。法院在裁定是否予以假释时，还应当考虑某些其他情况，比如假释后被判刑人的居住地、其家庭或将与其共同居住的亲属信息、他有可能就业的单位以及单位领导的态度等。法院掌握这些信息后可以更好地分析被判刑人的人身特性，更合理地预测被判刑人获得自由后的行为，为假释后的行为人有针对性地提供帮助，为假释犯人确定相关国家专门机关的监督机制以及有效地对其开展后续的教育感化工作。

综上，假释制度的适用，要求法院必须对所呈交的材料进行深入、全面的研究和分析，以避免出现因错误适用假释而使被假释者又重新犯罪的情况。与此同时，如果被判刑人的确能够证明其已完全得以改造，法院也不能毫无根据地不予假释，即法院无权根据法律没有规定的条件而不予假释，比如，被判刑人之前有过前科、所判处的刑罚较为轻缓、被判刑人在改造机构服刑时间较短等，均不能成为法院不予假释的根据。②

适用假释的决定由被判刑人服刑地所属的法院作出。提请假释的申请程序由《俄罗斯联邦刑事诉讼法典》第 175 条规定。可能适用假释的被判刑人本人及其律师(法定代理人)，均有权向法院提交假释申请。申请中应当包含能够证明被判刑人不需要再进行改造，即无须服完全部刑期的信息。这些信息能够证明被判刑人在之前的服刑期间部分或全部赔偿了所造成的损失或者以其他方式弥补了因犯罪所造成的损害，并对其所实施的行为积极悔过，以及其他能够证明被判刑人得以改造的证明材料。假释申请应当由被判刑人通过其服刑机关或机构的行政部门进行提交。刑罚执行机构或机关行政部门在收到被判刑人提交的假释申请 10 天内，连同被判刑人的表现材料一起提交法院③。患有不排除刑事责任的性变态(恋童癖)且年满 18 周岁的人、对不满 14 周岁的未成年人实施性侵害犯罪的被判刑人，在提交的假释申请中应当载明适用医疗性强制措施及被判刑人对于治疗所持态度方面的信息，同时在向法院提交的假释申请材料中，还应当一并呈交治疗医生的意见。如果法院拒绝作出假释裁定，则再次向法院提交假释申请的时间，应当是在法院前

---

① Михайлов А. Условно-досрочное освобождение // Законность. 2005. № 10. С. 29.

② П. 6 Постановления Пленума Верховного суда РФ от 21 апреля 2009 г. № 8《О судебной практике условно-досрочного освобождения от отбывания наказания, замены неотбытой части наказания более мягким видом наказания》// Бюллетень Верховного суда РФ. 2009. № 7. С. 3.

③ 被判刑人表现材料中应当包含被判刑人的行为表现、其服刑期间对待学习和劳动的态度、被判刑人对其所实施行为的态度，以及行政部门关于假释的意见。

次作出拒绝假释申请之日起 6 个月之后(《俄罗斯联邦刑事诉讼法典》第 175 条)。

被判刑人服刑达到法定期限,是假释制度适用的必要前提(或者称为假释的形式根据)。根据《俄罗斯联邦刑法典》第 79 条第 3 款的规定,被判刑人在实际服满以下刑期之后才得适用假释。

(1)因轻罪或中等重罪被判刑的,不少于刑期的 1/3。

(2)因重罪被判刑的,不少于刑期的 1/2。

(3)因特别重罪被判刑的,不少于刑期的 2/3;以前曾被假释,而依照本条第 7 款规定的根据被撤销假释的,不少于刑期的 2/3。

(4)因对未成年人实施性侵害的,以及实施与麻醉品、精神药品及其前体非法流通有关的重罪和特别重罪的,以及实施本法典第 205 条、第 205-1 条、第 205-2 条、第 205-3 条、第 205-4 条、第 205-5 条、第 210 条和第 361 条规定犯罪的,不得少于刑期的 3/4。

从前述所列规定可以看出,俄罗斯现行刑事立法与之前的 1960 年《苏俄刑法典》之间的区别在于:没有因为被判刑人所实施犯罪的性质、前科数量以及服刑人员法律地位的特殊性而对此类人禁止适用假释。

根据《俄罗斯联邦刑法典》第 79 条第 4 款的规定,对被判处剥夺自由刑的被判刑人,其实际服满剥夺自由刑的刑期不得少于 6 个月。由此可以得出,强制劳动刑和军纪营管束刑的实际服刑期限可以是 6 个月以下。

这里必须强调的是,根据俄罗斯现行刑法的规定,在具备上述所列的法定根据和条件下适用假释,是法院的义务,而非其权利。这在《俄罗斯联邦刑法典》第 79 条第 1 款就有明确体现,即"正在服军纪营管束、强制劳动或剥夺自由刑的人……则应当假释"。本条规定中的"应当"即意味着法院在被判刑人具备相应根据和条件的情况下必须作出假释裁定。与此同时,对于被判处终身剥夺自由刑的被判刑人,假释制度的适用则是法院的权利,即根据俄刑法第 79 条第 5 款的规定,正在服终身剥夺自由刑的人,如果法院认为他不需要继续服此种刑罚并且已经服满不少于 25 年的剥夺自由刑,则可以得到假释。俄刑事立法在这里的表述用的是"可以",所以,具备前述条件,法院有权决定是否对被判刑人适用假释。此外,对服终身剥夺自由刑的人,只有近 3 年内被判刑人没有恶意违反法定的服刑程序,才能适用假释。如果被判刑人在终身剥夺自由刑的服刑期间又实施新的重罪或特别重罪的,则不得假释。对于终身剥夺自由刑的服刑人员,如果法院驳回其假释申请的,则其重新提交假释申请的时间,不得早于法院驳回前假释申请之日起三年。

这里需要注意的是,如果因对被判刑人适用大赦、特赦或根据法院裁决而减刑的,则适用假释时已服完刑期的计算依照减刑后的刑期。法院在审议针对未满 14 岁未成年人实施性侵犯罪的被判刑人所提交的假释申请时,应当考虑针对此被判刑人所作的司法精神病学鉴定结果。在对被判刑人适用假释时,可以全部或部分免除服附加刑。

法院在适用假释时,可以要求被判刑人在假释期内履行特定义务。这里的义务与《俄罗斯联邦刑法典》第 73 条第 5 款规定的缓刑期间的义务相同。对被假释人员的监管由被授权的专门国家机关进行,而对军人则由部队或机关的指挥部负责。

如果在假释期内被假释人员遵守了所有行为规定,则法院所判处刑罚被认定为全部执行完毕,而前科消灭的期限根据实际服完的刑期自免于服主刑和附加刑之时起算,而非根据原判刑之刑期结束之时起算(《俄罗斯联邦刑法典》第 86 条第 4 款)。

《俄罗斯联邦刑法典》第 79 条第 7 款用了 3 项内容规定了撤销假释的条件。

(1)如果被判刑人实施了破坏社会秩序的行为(如轻微滋事行为、醉酒状态出现在公共场合、实施了有辱人类尊严和社会道德的行为等)并因而受到行政处罚,或者恶意逃避履行法院在适用假释时责令他履行的义务,以及恶意逃避法院判处的医疗性强制措施的,则法院可以根据第 79 条第 6 款所规定机关的报告作出裁定,撤销假释且执行尚未服完的那部分刑罚。

(2)如果被判刑人在假释期内实施了过失犯罪或中等重罪,则法院决定是否撤销假释,如果法院作出撤销假释的裁定,则法院应当依照俄刑法第 70 条的规定对其定罪处刑。

(3)如果被判刑人在假释期内实施了重罪或特别重罪,则法院应当撤销假释并根据俄刑法第 70 条的规定予以定罪处刑。

根据俄罗斯刑事诉讼法的规定,如果前述被撤销假释的人员被送交法律规定的改造机构服刑,则他们可以在法院作出撤销假释裁定之日起一年后再次提出假释申请。

二、易科制度

俄罗斯现行刑事立法第 80 条规定了替代为较轻刑种应当具备的法定条件,即易科制度。也就是说,如果被判刑人符合《俄罗斯联邦刑法典》第 80 条的规定,则免予服原判刑罚,而剩余刑期改判轻于原判刑罚的刑种。

易科制度,在其适用的根据、条件和程度等方面均与假释制度相似,但同时又具有自己的特征,因为易科制度与假释制度虽然同属于免除刑罚制度的范畴,但二者都是独立的刑法制度。如果说假释是免除被判刑人继续服满剩余刑期,则在易科制度下只是将被判刑人的剩余刑期改判为较轻刑种,并不是提前释放被判刑人。因此,易科制度的根据是有别于假释制度的。假释制度的适用根据,是被判刑人已经得到改造,若让其服满整个刑期则是不合目的性的,而易科制度的根据则是被判刑人仍然处于接受改造的过程当中,即其并未完全得以改造,而只要适用比所判刑罚较轻的刑种便足以达到彻底改造被判刑人的目的。《俄罗斯联邦刑事诉讼法典》第 175 条第 3 款的规定也间接地佐证了前述立场,即根据本款规定,易科只适用于那些具有“正面特征的被判刑人”。

根据俄现行刑事立法的规定,易科适用的对象是被判处军纪营管束刑、强制劳动刑或剥夺自由刑的被判刑人员,据此,被判处其他刑种的被判刑人是不能适用易科制度的。此外,易科的适用需要具备某些具体的法定条件,即被判处剥夺自由刑的人,在实际服满以下刑期后,其未服完的刑期才可以被改判为较轻刑种。

(1)因实施轻罪或中等重罪而被判刑的,不少于原判刑期的 1/3。若是剥夺自由刑改判强制劳动刑的,则不得少原判刑期的 1/4。

(2)因实施重罪被判刑的,不少于原判刑期的 1/2。[①]

(3)因实施特别重罪被判刑的,不少于原判刑期的 2/3。[②]

(4)因对未成年人实施性侵行为而被判刑的,或者实施俄刑法第 210 条规定犯罪[组建、参加犯罪集团(犯罪组织)罪]的,则不得少于原判刑期的 3/4。对不满 14 岁的未成年人实施性侵犯罪的被判刑人,不得少于原判刑期的 4/5。

实际服完的刑期包括法院判决生效前被判刑人被羁押的时间,即原判刑罚为军纪营管束刑的,则羁押 1 日折抵刑期 1 日;原判刑罚为强制劳动刑的,则羁押 1 日折抵刑期 2 日。若原判刑罚是剥夺自由刑的,则羁押记入剥夺自由刑期的方式分为三种情形:其一,若被判刑人是在监狱的严格管束制度或特别严格管束制度下服刑的,则羁押 1 日折抵刑期 1 日;其二,若被判刑人是在教养营或普通管束制度的改造营服刑的,则羁押 1 日折抵刑期 1 日半;其三,若被判刑人是在改造村服刑的,则羁押 1 日折抵刑期 2 日。此外,对于在教养营严格服刑条件下服剥夺自由刑或在改造营普通管束制度下服剥夺自由刑的人,依照《俄罗斯联邦刑事执行法》对被判刑人适用处罚措施时,需在处罚隔离室或纪律隔离室或单人监号服刑的,则羁押 1 日均折抵刑期 1 日。

若被判刑人具备以下情形的,则无论其原判刑种如何,其中包括原判刑期为可以适用易科制度的三种刑罚,均适用羁押 1 日折抵刑期 1 日的算法。

(1)特别危险的累犯。

(2)因实施俄刑法第 205 条至第 205-5 条,第 206-5 第 3、4 款,第 208 条,第 209 条,第 211 条第 4 款,第 228 条第 2、3 款,第 228-1 条,第 229 条,第 275 条,第 276 条和第 361 条所规定犯罪被判刑的人。

(3)实施俄刑法第 277-279 条和第 360 条犯罪,同时伴有恐怖活动的被判刑人(《俄罗斯联邦刑法典》第 72 条第 3 款)。

与假释制度相比较而言,法院在易科制度的裁定程序上有所不同。可能适用

① 若是剥夺自由刑改判强制劳动刑的,则不得少于原判刑期的 1/3。

② 若是剥夺自由刑改判强制劳动刑的,则不得少于原判刑期的 1/2。

易科的被判刑人及其律师(法定代表人),有权向法院提交关于将剩余刑期改判为较轻刑种的申请,此申请应当由被判刑人通过负责执行刑罚的机关或机构的行政部门提交。根据《俄罗斯联邦刑事诉讼法典》第 113 条第 4 款的规定,相关行政部门应当在收到前述申请的 10 天内,连同有关被判刑人的平时表现材料[①]一起提交法院。年满 18 周岁的成年人对不满 14 周岁的未成年人实施性侵犯罪的,如果司法精神鉴定机关出具的鉴定意见认定被判刑人患有不排除刑事责任的性变态(恋童癖)的,则提交给法院的被判刑人个人材料中还应当附有对其适用医疗性措施的情况以及被判刑人对治疗所持态度的说明,同时,还应当将治疗医生的意见附随易科申请材料一并提交给法院。

法院在作出以较轻刑种替代被判刑人原判刑罚剩余刑期的裁定时,可以同时作出全部或部分免除被判刑人免予服附加刑的决定。在对年满 18 岁的成年人对不满 14 岁的未成年人实施性侵犯罪的易科请求或建议进行裁定时,法院应当考虑对被判刑人的司法精神鉴定结果。

在法院作出不予易科较轻刑种的裁定的情况下,再次受理相应易科建议的,应当是在上次作出不予易科裁定作出 6 个月以后。法院作出不予假释裁定的,并不影响法院接收关于易科的建议。根据《俄罗斯联邦刑法典》第 80 条第 3 款的规定,法院在将未服完刑罚期限改判较轻刑种时,可以依照俄刑法第 44 条规定,在每一刑种的法定限度内选择任何一种更轻的刑种,但依照本条第 2 款将剥夺自由刑改判为强制劳动刑的情形除外。这里需要强调的是,在对强制劳动刑、军纪营管束刑或剥夺自由刑改判较轻刑种时,不能改判为只能附加适用的附加刑刑种,比如剥夺职衔、军衔或荣誉称号和国家奖励刑,因为俄罗斯刑法中规定的易科制度只能是以较轻主刑刑种替代原判刑罚,即“主刑易主刑”的模式。此外,也不能以缓刑替代原判刑罚,即作为替代刑的刑罚也必须是实刑,而缓刑并非刑罚种类,只是附条件地免除被判刑人实际服刑的一种刑法制度。

俄刑法中以较轻刑种替代原判刑罚的易科制度,相较于假释制度而言,是一种无条件的免刑制度,即法院一旦裁定适用易科制度,便不能因被判刑人又实施新罪而撤销。如果被判刑人适用易科制度后又实施新罪的,则就其实施新罪所应判处的刑罚与易科后刑种所剩余刑期,依照俄刑法第 70 条的规定对数个判决合并处刑。

在适用易科制度而改判为较轻刑种的情况下,前科消灭的期限根据被判刑人实际服完的刑期自免于服主刑和附加刑之时起算(《俄罗斯联邦刑法典》第 86 条第 4 款)。如果原判刑罚是剥夺自由刑,在服刑期间依照俄刑法第 80 条的规定易科为限制自由刑的,而被判刑人在适用易科制度后逃避服刑的,则法院根据刑事执

---

① 在被判刑人的表现材料中,应当包含他(她)在整个服刑期间的行为表现、对学习和劳动的态度、被判刑人对自己所实施行为的态度及其对被害人所造成的损失予以赔偿或弥补的情况。

行监察机关的建议，可以作出以剥夺自由刑替代限制自由刑的裁定（《俄罗斯联邦刑事诉讼法典》第 58 条第 5 款）。①

三、延期服刑制度

延期服刑制度，是俄罗斯刑法规定的一种独具特色的免刑制度，包括两种类型：一是针对孕妇或是有未成年子女需要抚养的被判刑人所适用的一般延期服刑制度；二是专门针对毒瘾病人规定的特殊延期服刑制度。

（一）孕妇、有未成年子女需要抚养的被判刑人的延期服刑

《俄罗斯联邦刑法典》第 82 条规定了一般延期服刑制度，其适用的根据是针对怀孕的妇女或者有年幼子女的妇女以及有年幼子女且是单亲的男性被判刑人，如果让其实际服刑，则有违刑罚目的的，况且也很少有适合于关押孕妇或是有幼年子女的妇女的监所。当然，也可以对此类被判刑妇女进行隔离关押，但这显然有违人道化原则且不利于幼年子女的成长。此外，如果被判刑的母亲能够和自己的孩子在一起并且能够时刻关怀自己的孩子，则其改造效果要好于将其关押在监所中服刑的效果。

考虑到儿童的自身利益，俄立法者还将延期服刑制度适用于有未满 14 周岁幼年子女且为单亲的男性被判刑人。根据俄刑事立法原意，孩子的成长最好是有家长的陪伴，哪怕其家长是罪犯，总比将孩子放在孤独院或其他儿童救助机构要好得多。此外，如果让作为单亲父亲的被判刑人能够和自己的孩子共同生活，则更有利于让被判刑人意识到自己对子女所肩负的责任，能够让他们有更多的机会关心自己孩子的成长，这样，才有可能使得被判刑人彻底地与自己有罪的过去决裂，从而改头换面、修正自己的行为。

上述所列的内容均可以理解为俄现行刑事立法关于延期服刑制度规定的理由和目的，与此同时，根据《俄罗斯联邦刑法典》第 82 条的规定，延期服刑制度的适用应当符合下列要求。

（1）被判刑妇女适用延期服刑应当具备这样两个条件：其一，被判刑的妇女处于怀孕期或是被判刑的妇女有未满 14 周岁的幼年子女（有一个幼年子女即可）；其二，具有被判刑的事实存在，但因对不满 14 周岁的未成年人实施性侵害而被判处限制自由刑或剥夺自由刑的，或者实施了侵害人身的重罪和特别重罪而被判处超过 5 年剥夺自由刑的除外，与此同时，如果被判刑的妇女是因实施俄刑法第 205 条，第 205-1 条，第 205-2 条，第 205-3 条，第 205-4 条，第 205-5 条，第 206 条第 3、4 款，第 211 条第 4 款，第 361 条规定的犯罪以及实施第 277 条、第 278 条、第 279

① П. 7 Постановления Пленума Верховного суда РФ от 20 декабря 2011 г. № 21《О практике применения судами законодательства об исполнении приговора》// Бюллетень Верховного суда РФ. 2012. № 2. С. 3.

条和第360条所规定且伴有恐怖主义活动的犯罪而被判刑的,也不得对其适用延期服刑制度。

(2)被判刑男子适用延期服刑应当具备这样三个条件:其一,被判刑人有未满14周岁的幼年子女;其二,被判刑人是幼年子女的单亲父亲;其三,有被判刑的事实存在,其例外情况同前述被判刑妇女适用延期服刑的限制规定。

俄刑法中所规定的延期服刑制度,同样适用于有收养幼年子女的情况。与此同时,俄刑事法律并没有对处于孕期和被判刑妇女的年龄进行明确规定,因此,延期服刑制度也可以适用于应当在教养营内服刑的怀孕的未成年女孩。对被判处剥夺自由刑的妇女可以适用延期服刑,而无论孕期长短。如果被处强制性社会公益劳动、劳动改造、强制劳动的妇女处于临盆期,则被判刑人有权向法院提出从裁定之日起至整个孕期和产期的延期服刑的申请(《俄罗斯联邦刑事执行法典》第175条)。

法院在根据《俄罗斯联邦刑法典》第82条的规定作出对被判刑人适用延期服刑的裁定时,应当考虑刑罚执行机关行政部门关于延期服刑的意见、被判刑人的特征、被判刑人亲属是否同意接收被判刑人及其幼年子女,或者被判刑人本人是否有住房和与幼年子女生活所必要条件的信息、关于有幼年子女的相关证明(或者被判刑妇女怀孕的医院证明),以及被判刑人的个人档案中所包含的其他信息。在此种情况下,还应当考虑被判刑人被采取强制措施前的生活条件、其在服刑期间的行为表现以及能够体现被判刑人在实施犯罪前后人身特性的所有其他个人特征。[①] 延期服刑裁定的作出,可以是在法庭审理刑事案件时,也可以是在被判刑人服刑期间。改造机构行政部门应当在被判刑人抵达居住地后的3日内,获取被判刑人抵达居住地所属刑事执行监察部门的登记信息。刑事执行监察部门应当对被判刑人进行登记并且对其后续行为进行监督。

根据《俄罗斯联邦刑法典》第82条第2款的规定,如果被判刑人拒不抚养子女,或者在对延期服刑人员的行为进行监管的机关警告后继续逃避教养子女的(或者被判刑妇女在没有获取相关医疗证明的情况故意终止妊娠的),法院可以根据该机关的报告撤销延期服刑并将被判刑人押送至法院刑事判决所判处的场所服刑。

根据《俄罗斯联邦刑法典》第82条第3款和《俄罗斯联邦刑事执行法典》第178条第4款的规定,在子女年满14周岁或者不幸夭折的情况下,法院应当根据被判刑人居住地所属刑事执行监察部门关于被判刑人所实施犯罪社会危害性的性质和程度及其行为表现,以及被判刑人对孩子教养的态度和已服刑期与未服刑期情况的报告,作出如下裁定。

---

① п. 25 Постановления Пленума Верховного суда РФ от 21 апреля 2009 г. № 8《О судебной практике условно-досрочного освобождения от отбывания наказания, замены неотбытой части наказания более мягким видом наказания》(с изм. от 23 декабря 2010 г.) // БВС РФ. 2011. № 2. С. 12.

其一,免除被判刑人的服刑或者免除其剩余部分刑罚并撤销前科。

其二,将剩余部分刑罚改判为较轻的刑种。

如果在子女年满14岁之前延期服刑的期限等于所判处的刑期,而对延期服刑人员进行监管的机关认为被判刑人遵守延期服刑的条件并且已得到改造,则法院可以根据该机关的报告作出裁定,缩短延期服刑的期限和免除被判刑人服刑或免除剩余部分刑罚的服刑,同时撤销前科(《俄罗斯联邦刑法典》第82条第4款)。如果被判刑人在延期服刑期间又犯新罪,则法院应当依照俄刑法第70条规定对其进行处刑(俄刑法第82条第5款)。

（二）毒瘾病人的延期服刑

作为一种特殊延期服刑制度,针对毒瘾病人的延期服刑制度是2011年12月7日出台的第420号《关于修订俄罗斯联邦刑法典和俄罗斯联邦其他立法法案的联邦法律》[①]正式纳入俄现行刑事立法规定的,即《俄罗斯联邦刑法典》第82-1条。俄立法机关之所以针对毒瘾病人专门规定延期服刑制度,主要是为了探索有效遏制毒瘾和非法贩毒行为在俄罗斯联邦境内蔓延的制度。根据俄罗斯缉毒部门的数据,此条刑事立法规定出台前后,俄罗斯长期或偶尔吸毒的人达800多万人。[②] 根据俄罗斯立法机关的立法原意,之所以进行此种特殊规定,是有必要给那些实施与贩毒相关的不太严重犯罪且有毒瘾的被判刑人悔过自新的机会,以使他们能够改变自己的生活方式,接受治疗并且对其适用不与社会隔离的医疗和社会康复措施。如果此种措施得以成功实现,则被判刑人就能够摆脱毒瘾、停止其反社会生活方式,并因此对其自身改造和预防其再犯新罪产生正面影响。

俄刑法中所规定的此种特殊延期服刑制度,主要针对的是那些初次实施轻罪且有毒瘾而被判处剥夺自由刑的被判刑人,并且这些人必须要自愿接受戒毒治疗和医疗—社会康复措施。此种延期服刑的判处是法院的权利,而非法院的义务。

俄现行刑事立法(第82-1条第1款)明确规定了对毒瘾病人适用延期服刑的必备条件。

其一,必须是因实施俄刑法第228条第1款、第231条第1款和第233条所规定犯罪而被判刑的人。其中,第228条第1款规定的内容是“不以销售为目的而非取得、保存、运送、制造、加工麻醉品、精神药品或其同类物,以及非法取得、保存、运送含有麻醉品或精神药品的植物或其组成部分,数量较大”的行为;第231条第1款规定的是“非法种植含有麻醉物、精神药物或其前体的植物,数量巨大”的行为;第233条规定的是“非法开具或伪造取得麻醉品或精神药品处方或其他文件”的行为。

---

① СЗ РФ. 2011. № 50. Ст. 7362.

② Егоров И. Кокаин меняет курс // Российская газета. 2012. 4 июля.

其二,前述所列犯罪行为必须是初次实施,即初犯。

其三,被判刑人是毒瘾病人。

其四,被判刑人希望自愿接受戒毒、医学专门康复治疗和社会康复措施。

如果被判刑人具备上述所列条件,则法院可以裁定延期执行对其所判处的剥夺自由刑,直至戒毒和医学专门康复治疗结束,但此种情形下延期服刑的期限不能超过5年。这里的“医疗—社会康复治疗”,是指对被判刑人适用医疗措施、心理学措施以及教育、法律和社会措施,旨在恢复被判刑人的身体、心理、精神健康以及正常社会心理,使其能够摆脱毒品回归正常人的生活。[①] 法院对毒瘾病人适用延期服刑的裁定,可以是在法庭审理作出判决之时作出,也可以是被判刑人服刑期间作出。法院作出的延期服刑裁定,由被判刑人居住地所属的刑事执行监察机关执行,法院裁定副本应当送达该监管机构(《俄罗斯联邦刑事执行法典》第178-1条第2款)。

改造机关行政部门在收到法院关于延期服刑的裁定后释放被判刑人,且该执行机关应当在被判刑人抵达居住地三日内向被判刑人获取当地刑事执行监察部门的登记信息。被判刑人居住地所属的刑事执行监察机关应当对被判刑人进行登记,并且负责对其行为和戒毒情况以及医疗—社会康复情况进行监管。如果被判刑人拒不接受戒毒治疗或拒绝医学康复或社会康复治疗的,或者在负责对被判刑人行为实施监管的机关发出警告后仍逃避治疗的,则法院根据该机关的报告撤销延期服刑,并将被判刑人押送到法院刑事判决所指定的场所服刑(《俄罗斯联邦刑法典》第82-1条第2款)。此外,如果被判刑人在延期服刑期间又犯新罪的,则法院撤销延期服刑,依照俄刑法第70条的规定对其处刑,并将被判刑人押送至法院判决所指定的场所服刑。

经过戒毒、医疗专门康复治疗和社会康复措施后,如果客观事实证明被判刑人康复后缓解期已满2年,则法院完全免除被判刑人服刑或免除其服剩余的部分刑期。

四、其他免刑制度

(一)因形势变迁而免刑

因形势变迁而免除刑罚制度是2003年12月8日通过的第162号《联邦法律》[②]对俄现行刑事立法的补充规定,即俄现行刑事立法第80-1条的规定。因此项免刑制度的引入,《俄罗斯联邦刑法典》原第77条关于“因形势变迁而免除刑事责任”的规定随之失效。

---

① п. 33 Стратегии государственной антинаркотической политики Российской Федерации до 2020 г. (утв. Указом Президента РФ от 9 июня 2010 г. № 690) // Российская газета. 2010. 15 июня.

② СЗ РФ. 2003. № 50. Ст. 4848.

根据《俄罗斯联邦刑法典》第 80-1 条的规定,对于初次实施轻罪或中等重罪的人,如果能够确定由于形势变化而使得该行为人或其所实施的犯罪不再具有社会危害性,则法院免除其刑罚处罚。由此可见,本条所规定的免除刑罚的种类有两种:其一,因形势变化而使得实施犯罪的行为人不再具有社会危害性,因此而免除其刑罚;其二,因形势变化而使得行为人所实施的行为不再具有社会危害性,从而免除刑罚。本条所规定的实施犯罪的行为人不再具有社会危害性与行为本身不再具有社会危害性,在这里是作为免除刑罚的选择性根据而存在的。

因形势变化而免除实施犯罪的行为人的刑罚,应当具备以下两个条件。

第一,行为人应当是初次实施犯罪。这便意味着本条规定不能适用于有未撤销前科或前科未消灭的行为人,也不能适用于那些正在被调查或审判或者逃避对其之前所实施犯罪的调查或审判的行为人。

第二,行为人所实施的犯罪应当属于轻罪(俄刑法第 15 条第 2 款)或中等重罪(俄刑法第 15 条第 3 款)的范畴。其中,俄现行刑事立法所规定的属于中等重罪的罪名主要有:母亲杀死新生儿犯罪(俄刑法第 106 条)、激情杀人罪(第 107 条第 2 款)、过失致二人以下死亡罪(第 109 条第 3 款)、迫使他人自杀罪(第 110 条)、具有从重处罚情节的故意中等严重损害他人健康罪(第 112 条第 2 款)、传染艾滋病罪(第 122 条第 2、4 款)、利用奴隶劳动罪(第 127-2 条第 1 款)、盗窃罪(第 158 条第 2 款)、诈骗罪(第 159 条第 2 款)、数额特别巨大的企业活动领域诈骗罪(第 159-4 条第 3 款)、侵占罪(第 160 条第 2 款)、抢夺罪(第 161 条第 1 款)、敲诈勒索罪(第 163 条第 1 款)。

所实施行为不再具有社会危害性之"形势变迁",指的是发生在犯罪人意志之外的社会生活中重要的政治、经济、社会、道德、生态等领域的变化,这些变化不仅使得特定行为,而且使某些相似类别的犯罪均不再具有社会危害性。比如,苏联卫国战争时期实行的口粮卡制度,在卫国战争结束后便取消了,所以卫国战争后再实施盗窃口粮卡的行为就不再具有社会危害性。俄罗斯司法实践表明,形势变迁还可以体现为某个特定地方或时间作为特定行为构成犯罪所必须具备的必要要件,而当发生某个特定事件而使其完全丧失犯罪要件属性的情况。比如,因突发性森林火灾而烧毁大量林木,从而使得在发生此自然灾害前砍伐此处林木构成犯罪的行为不再具有社会危害性的情况。此类形势变迁情况还可能发生于故意损坏财产犯罪的情形下,比如某行为人故意毁坏了属于市政住房基金的财产,如果过了一段时间地方当局作出拆除被损坏的住宅楼的决定,则之前实施的故意毁坏财物的行为便不再具有社会危害性,因此而免除行为人的刑罚。

俄刑法中规定的作为免刑制度的形势变迁,其发生范围可以是俄罗斯联邦范围内或各联邦主体境内,也可能发生在某个地区、居民区、组织、机关、企业,甚至于居民住房的空间范围内。俄刑法中规定的因形势变迁而使得行为不再具有社会危害性,并不意味着不存在追究刑事责任和判处刑罚的根据。尽管在法院因形势变迁而免除行为人刑罚时行为不再具有社会危害性,但行为在其实施时仍然是被认定为犯罪的,因此,仍然保留着追究刑事责任及其后续适用刑罚的根据。这里所说的情形,并不是《俄罗斯联邦刑法典》第 14 条第 2 款所规定的“情节显著轻微”的情形,因为这里所讲的行为并不属于“情节显著轻微”的范畴。因此,为了正确适用《俄罗斯联邦刑法典》第 80-1 条所规定的刑法规范,重要的是应当确定形势变迁的具体体现,以及它的影响是否足以使行为不再具有社会危害性。

使得实施犯罪的行为人不再具有社会危害性的“形势变迁”,指的是犯罪人的生活和日常活动中所发生的、能够对犯罪人人身特性产生正当影响、消除促使其实施犯罪的情状、排除行为人再犯新罪可能性的变化。比如,有轨电车的司机是一位单亲妈妈,由于其违反普通规则而导致车上一名乘客受重伤,此事件发生后电车司机赔偿了被害人的治疗费用,之后又根据她本人的要求被调到调度员的岗位工作;再如,一个参与团伙盗窃并在其中起从犯作用的未成年人的父母,因担心受到成年犯罪团伙成员的报复,同时也为了切断儿子与犯罪圈成员之间的联系,使其不再受那些人的负面影响,从而带着儿子搬到另外一座城市居住。这两个例子都从根本上改变了犯罪人的生活环境,并且为其开始新生活而创造了条件,在此两种情形下导致犯罪人实施犯罪的不良品质已经不复存在或者已经降至足以使法院作出免除其刑罚的程度。

因形势变迁而免除刑罚制度的适用,具有绝对性和终局性,因为俄罗斯法律没有对此种情形下行为人的免刑再附加规定任何其他额外条件。

(二)因疾病而免刑

在免除实施犯罪的行为人之刑罚的所有情形中,因行为人身患疾病的免刑情况在其中占有特殊地位。行为人身患重大疾病,直接导致刑罚及其适用其他改造措施的目的不能实现,因此也无须再对其判处刑罚,从而浪费有限的司法资源。

俄罗斯现行刑事立法关于因疾病而免除刑罚的制度规定在其第 81 条,其中,本条第 1 款规定:“在实施犯罪之后发生精神病致使其不能意识自己行为(作为或不作为)的实际性质和社会危害性或者不能控制自己行为的人,免除刑罚,而对于正在服刑的人,则免予继续服刑。法院可以对此类行为人判处医疗性强制措施”。本款规定的适用对象,实际上是实施犯罪后处于无刑事责任能力状态的人(《俄罗斯联邦刑法典》第 21 条),而如果精神病是发生在实施社会危害行为期间,则因犯罪主体不适格而不产生刑事责任问题。

《俄罗斯联邦刑法典》第 81 条第 1 款所规定的、与实施犯罪后患精神病相关的免刑情况体现为以下两种情形。

其一,精神病发生在法院作出判决前的情况。此种情形下对于实施犯罪的行为人,法院根据司法医学鉴定结论证明行为人的确患有使其不能意识自己行为(作为或不作为)的实际性质和社会危害性或不能控制自己行为的精神病的,则法院作出免予处刑或免予服刑的裁定。①

其二,被判刑人服刑期间患上精神病的情况。此种情形下关于被判刑人是否患有精神病的问题,由精神科医生委员会(医疗委)作出决定,此医疗委所作出的决定应当载明被判刑人不能意识自己行为(作为或不作为)的实际性质和社会危害性或者不能控制自己行为的情况是当下发生的情况,而不是实施犯罪时行为人的精神状况。②

患上阻碍其服刑的精神病的被判刑人或者其法定代表人,有权根据《俄罗斯联邦刑法典》第 81 条的规定,向法院提交免除被判刑人继续服刑的申请,此申请应当由被判刑人或其法定代表人通过负责执行刑罚的机关或机构的行政部门进行提交;若被判刑人本人或其法定代表人不能单独向法院提交此申请的,则由刑罚执行机关或机构的主管领导向法院提交免予服刑的报告。在提交申请和报告时,还应当同时提交医委会的鉴定结论和被判刑人的档案(《俄罗斯联邦刑事执行法典》第 175 条第 5 款)。

是否因患精神病而免除被判刑人刑罚,与所实施犯罪的严重性程度、是否有前科以及刑罚轻重均没有必要联系,因为对于不能认识且不能控制自己行为的人来说,通过适用刑罚而达到改造的目的是毫无意义可言的。俄现行刑法中所规定的因患精神病而免除刑罚的前述两种情形,法院均有权裁定对行为人判处医疗性强制措施(《俄罗斯联邦刑法典》第 97-104 条的规定)。

《俄罗斯联邦刑法典》第 81 条第 2 款的规定,针对的是那些实施犯罪后罹患使之难以服刑的其他严重疾病的人,法院可以免予其服刑。可见,该款所规定的免予服刑的根据是实施犯罪的人因患有严重疾病,而不是该条第 1 款规定的精神病。该款所规定的、能够成为免除被判刑人刑罚的疾病类型,在 2004 年 2 月 6 日出台的第 54 号《俄罗斯联邦政府决议》中以列举的方式进行了明确规定。这些疾病包括:结核病(进行性双侧纤维化肺结核、慢性全面胸膜炎等);肿瘤(淋巴和血组织恶性肿瘤、急性白血病、慢性红细胞增多、晚期等);内分泌疾病(1 型糖尿病;胰岛素依赖,胰岛素剂量超过 60 单位/24 小时);脑下垂体衰竭(西蒙斯病)等;循环器官疾病(第三阶段的心脏疾病、第三阶段的先天性心脏病、高血压疾病等)等。③

法院在裁定是否免除被判刑人刑罚时,除了其患有严重疾病外,还需要考虑被

① Постановление Президиума Верховного суда РФ № 82п2002пр. р по делу Моржухиной // Бюллетень Верховного суда РФ. 2002. № 12. С. 9–10.

② Постановление Президиума Верховного суда РФ № 82п2002пр. р по делу Моржухиной // Бюллетень Верховного суда РФ. 2002. № 12. С. 9 –10.

③ Постановление Правительства РФ № 54 от 6 февраля 2004 г.《О медицинском освидетельствовании осужденных, представляемых к освобождению от отбывания наказания в связи с болезнью》// СЗ РФ. 2004. № 7. Ст. 524.

判刑人所具备的其他情节:所实施犯罪的社会危害性的程度和性质、人身特性、已服刑期限、被判刑人的身体状况是否还可能实施新罪、刑罚执行期间的行为表现、改造程度等。[①] 显然,如果因实施重罪或特别重罪而多次被判刑的罪犯恶意违反改造机构的规章制度,那么即使他患有严重疾病,也不应当适用免刑制度,而必须在服刑机构进行治疗。[②]

如果被判刑人患有使其难以继续服刑的其他类型严重疾病,则有权根据《俄罗斯联邦刑法典》第 81 条的规定向法院提交免除其继续服刑的申请。有关免予继续服刑的申请,被判刑人应当通过负责其刑罚执行的机构或机关的行政部门提交给法院,同时,应当将医疗委或医学—社会鉴定机构出具的鉴定意见及被判刑人的档案与免刑申请一起提交法院(《俄罗斯联邦刑事执行法典》第 175 条第 6 款)。此外,被判处强制性社会公益劳动或劳动改造的被判刑人,被认定为一级残疾的,以及被判处强制劳动且被认定为一级或二级残疾的,则被判刑人有权向法院提交免予继续服刑的申请。

这里需要指出的是,《俄罗斯联邦刑法典》第 81 条第 1、2 款所规定的因患精神病或其他严重疾病而免除刑罚,并非绝对的免刑,因为根据俄刑法第 81 条第 4 款的规定,如果这些人康复时俄刑法第 78 条和第 83 条规定的时效期尚未届满的,则他们仍需承担相应的刑事责任和刑罚。

根据《俄罗斯联邦刑法典》第 81 条第 3 款的规定,正在服拘役、军纪营管束刑的军人,在患有使之不再适于服兵役的疾病时,可以免予其继续服刑,未服完的刑罚可以改判为较轻的刑种。可见,本款规定的免刑理由,是军人被判刑人因罹患疾病而不再适合服兵役的情况。根据军事医学规范法案的规定,这里所说的疾病在和平时期主要包括血液系统疾病(贫血、粒细胞缺乏症、造血细胞病等)、肺结核、胸膜炎和胸内淋巴结、支气管哮喘、高血压、腹腔疾病、恶性肿瘤、关节疾病、肌肉疾病、感染性疾病、过敏性疾病,等等。

如果被判刑军人具备上述所列条件,则可以完全免予继续服刑或者将剩余刑期改判为较轻刑种。根据俄通说立场,对于在服役期间,包括在服刑期间表现积极的军人,应当完全免予继续服刑,而对于那些表现消极的军人,则应当改判为较轻刑种。[③] 对于罹患使其不再适于服兵役疾病的军人,法院必须要作出免予其继续服刑的裁定,而且此裁定是终局裁定,即使被免予服刑者后来又实施新罪或是其作出其他不适法行为的,也不能撤销免刑裁定。

---

① Обзор судебной практики Верховного суда РФ за 4-ый квартал 2011 г. // Бюллетень Верховного суда РФ. 2012. № 6. С. 35.

② Близкую авторам позицию по этому вопросу занимает В. Мальцев (Мальцев В. Освобождение от наказания в связи с иной тяжелой болезнью // Законность. 2005. № 4. С. 46).

③ Комментарий к Уголовному кодексу Российской Федерации. М. : Вердикт, 1996. С. 130.

(三)因行刑时效届满而免刑

因行刑时效届满而免予服刑制度规定于《俄罗斯联邦刑法典》第 83 条,即由于法院有罪判决的执行时间超过了刑法所规定的期限,因而法院的有罪判决不再执行并且行为人免予服刑的情况。与此同时,根据《俄罗斯联邦刑法典》第 86 条第 2 款的规定,因行刑时效届满而免予服刑的人,是被认定为没有前科的人。

通常情况下,实际刑罚执行的开始在时间上与法院所作出判决的生效时间是一致的。根据《俄罗斯联邦刑事诉讼法典》第 390 条的规定,如果在上诉期间双方均没有提起上诉的,则初审法院的判决应在上诉期限届满时生效;上诉审法院的判决自宣告之日起生效,并且只能根据《俄罗斯联邦刑事诉讼法典》第 47-1 条、第 48-1 条和第 49 条规定的程序进行审查。

在根据上诉审程序提起上诉的情况下,判决在上诉审法院作出裁决之日起生效,除非上诉审法院将刑事案件移交重审或将刑事案件退回检察院补充调查。初审法院在判决生效之日起 3 日内或刑事案件由上诉法院退回之日起 3 日内申请执行判决。但是,在某些情况下法院的有罪判决可能由于各种原因而没有执行,比如,因被判刑人长期患病而难以执行刑罚,或者由于被判刑人恶意逃避刑罚的执行、发生自然灾害、因法警疏忽而丢失司法文件等情况,从而导致法院所判处刑罚没有即时得以执行。基于此,俄罗斯刑法规定了一种特殊的行刑时效制度,即若行刑时效届满,则被判刑人免予服刑。俄罗斯刑法之所规定行刑时效制度,主要是考虑到被判刑人在特定期限届满之时,其已不再具有人身危险性或其人身危险性已极大降低,而此时再对其适用刑罚,则与刑罚目的不相符。

根据俄现行刑事立法的规定,如果法院的有罪判决自生效之日起经过以下期限没有执行,则被判刑人免予服刑:

(1)因轻罪而被判刑的,经过 2 年;

(2)因中等重罪被判刑的,经过 6 年;

(3)因重罪被判刑的,经过 10 年;

(4)因特别重罪被判刑的,经过 15 年。

若俄刑法第 83 条第 1 款中所规定的期限届满,则法院作出的有罪判决便不再执行。如果在法定期限届满之时判决实际上并没有执行,则意味着有罪判决的时效期已经届满,而无论判决执行的阶段如何。[①] 有罪判决时效届满的唯一例外情况,是被判刑人逃避服刑。根据《俄罗斯联邦刑法典》第 83 条第 2 款的规定,如果被判刑人逃避服刑,则时效期的计算中断。此种情形下,时效期自被判刑人被拘捕或被判刑人自首之时起恢复计算;被判刑人逃避服刑之前已过去的时效期,应计算

---

① Определение № 1-005-38 по делу Туробова Судебной коллегии по уголовным делам Верховного суда РФ / Обзор судебной практики Верховного суда РФ за 3-ий квартал 2005 г. // Бюллетень Верховного суда Российской Федерации. 2006. № 3. С. 15.

在内。这里所说的“逃避服刑”,是指为逃避服刑而经常改变工作地点和居住地、搬到其他居民区、变更身份文件、更名改姓等。

如果被判刑人延期服刑,则时效期的计算中止。在这种情况下,自延期服刑的期限终止之时起时效期恢复计算,或者自撤销延期服刑之时起恢复计算,但俄刑法第 82 条第 3、4 款和第 82-1 条第 3 款规定情形除外,即根据法定条件完全免除被判刑人服刑的情形是不存在行刑时效中止的。如果被判刑人在行刑时效届满前又实施新罪的,则不中止前罪时效的计算。此种情形下新、旧两罪的时间平行计算,即对于前罪按照行刑时效的期限计算,后罪则按追诉时效计算(被判刑人实施的新罪尚未被追究刑事责任的情况)。

因行刑时效届满而免予服刑的决定,只能由法院根据《俄罗斯联邦刑法典》第 83 条的规定以裁定的方式作出(《俄罗斯联邦刑事诉讼法典》第 397 条第 9 款)。与此同时,行刑时效届满免予服刑制度的适用,是法院的义务,而非法院的权利。根据俄罗斯刑诉法第 399 条第 1 款第 2 项的规定,因行刑时效届满而免予服刑的问题,由法院根据被判刑人提交的申请进行审查。根据 2013 年 2 月 5 日俄罗斯最高法院出台的第 25-012-26 号《刑事案件审委会决定》中所规定的内容,因行刑时效届满而免予服刑的申请,只有被判刑人本人有权提出,并且俄罗斯法律没有规定可以由被判刑人通过委托授权的形式委托他人代为提交。[①] 此外,法院所作出的因行刑时效届满而免予被判刑人服刑的裁定,是无条件的并且具有终局性,即此种裁定是不可撤销的。

《俄罗斯联邦刑法典》第 83 条第 3 款规定了被判处死刑或终身剥夺自由刑的人适用行刑时效的问题,此种情形下的行刑时效问题由法院决定。法院在作出是否适用时效期时,应当考虑这样一些因素:所实施犯罪的社会危害性的性质和程度,是否具有从轻、从重处罚情节,逃避所判处刑罚的时间长短和逃避方式,被判刑人的人身特征及其行为表现(是否有实施新罪的情况)。如果法院认为不可以适用时效期的,则此两种刑罚应改判为剥夺特定期限的自由刑。

《俄罗斯联邦刑法典》第 83 条第 4 款还规定了不能适用行刑时效的情况,即如果被判刑人实施的是涉恐怖主义犯罪或是侵害人类和平与安全犯罪的,则不能适用此种时效规定。此类犯罪主要是指《俄罗斯联邦刑法典》第 205 条,第 205-1 条,第 205-2 条,第 205-3 条,第 205-4 条,第 205-5 条,第 206 条第 3、4 款,第 211 条第 4 款,第 353 条,第 356 条,第 357 条,第 358 条和第 361 条规定的犯罪,以及实施第 277 条、第 278 条、第 279 条和第 360 条所规定的且伴有恐怖主义活动的犯罪。

---

① Бюллетень Верховного суда РФ. 2013. № 6. С. 11.

第三节　前科制度

俄罗斯联邦内务部官网的犯罪统计数据显示,2014 年俄罗斯境内官方共登记了 216.64 万起犯罪,当中的 53.7%犯罪的行为人是之前有过犯罪经历的人,而且其中的危险累犯和特别危险累犯所占的比率较前一年呈上升态势。[①] 与此同时,根据俄罗斯联邦司法实务部门的数据,俄罗斯联邦法院于 2013 年以判决执行程序共审核 69.9 万件案件材料(2012 年的数据为 79.3 万件),其中的 1.86 万个案件根据俄刑诉法第 400 条规定被撤销前科,在全部审核案件中占比 0.9%;2012 年法院裁定撤销前科的案件数与比率分别为 1.67 万件与 0.8%。俄罗斯联邦最高法院公布的数据显示:2008—2012 年法院裁定提前撤销前科的服刑人员数量分别为:2008 年为 14,883 人;2009 年为 13,059 人;2010 年为 12,893 人;2011 年为 4204 人;2012 年为 6701 人。[②] 由此可见,前科制度在俄罗斯刑事司法实务当中的适用率还是相当高的。

一、俄罗斯前科制度概述

根据俄学界通说,前科是因实施犯罪而被判刑的事实引起的、行为人所处的一种不利法律状态。根据俄现行刑事立法的规定,因实施犯罪而被判刑的人,自法院的有罪判决生效之日起,至前科消灭或撤销之时止,认为有前科(《俄罗斯联邦刑法典》第 86 条第 1 款)。被判刑人的整个服刑期间和服刑后或刑罚执行的法定期限之内,是前科状态存续时间。申言之,前科的法定期限分为两部分:一是服主刑及附加刑期间;二是服刑期满后的若干时间。被判缓刑的人,前科存在于缓刑考验期内并随着缓刑考验期满而随之消灭(《俄罗斯联邦刑法典》第 86 条第 3 款第 1 项)。若犯罪人具备免除刑罚的法定条件,则不认为有前科(《俄罗斯联邦刑法典》第 86 条第 2 款)。

前科消灭和前科撤销是俄刑法规定的两类终止前科的法定路径。前科消灭的条件如下。

(1)被判缓刑的人,缓刑考验期满即意味着前科消灭。

(2)被判处比剥夺自由刑更轻刑种的人,服刑期满后过 1 年前科消灭。

(3)因轻罪或中等重罪被判处剥夺自由刑的人,服刑期满后过 3 年前科消灭。

---

① См.: Ефремова В. А. Актуальные вопросы погашения и снятия судимости в уголовном праве Российской Федерации // Актуальные вопросы борьбы с преступлениями. 2016 № 1. С. 83.

② См.: Статистические отчеты Судебного департамента при Верховном Суде РФ // Судебный департамент при Верховном Суде РФ. URL: http://www.cdep.ru/.

(4)因重罪而被判处剥夺自由刑的人,服刑期满后过 8 年前科消灭。

(5)因特别重罪被判处剥夺自由刑的人,服刑期满后过 10 年前科消灭。

(6)若被判刑人依照法定程序适用假释或易科的,则前科消灭的期限根据其实际服完的刑期自免于服主刑和附加刑之时起算。

前科撤销是另一种终止前科的法定路径。前科撤销有两种方式:其一,通过法院裁定予以撤销,即若被判刑人在服刑期满之后各方面表现良好,则法院便可以基于他个人申请而提前撤销前科(《俄罗斯联邦刑法典》第 86 条第 5 款);其二,以大赦令或特赦令撤销前科(《俄罗斯联邦刑法典》第 84 条第 2 款)。

前科消灭或撤销后,一般会产生两种后果:一是道义层面的后果;二是法律层面的后果。其中,法律上的后果又可以进一步区分为刑事法律后果和一般法律后果。[①] 所谓道义上的后果,意指普通公民心理通常会对实施犯罪的事实予以否定性评价,从而对被判刑人产生警惕和不信任态度。此种道义上的后果对于那些因被判刑而有前科的人而言是相当不利的,其影响是双重的:既会增加其释放后适应社会的困难,同时也会对其后续寻找合适工作产生特别负面的作用。

前科的一般法律后果体现于两个方面:一方面是前科对于从业领域的限制作用,即俄罗斯某些部门法明确规定了从业禁止的条件。例如,禁止有前科的人担任检察官、法官、律师和警察;若存在贪利性犯罪前科,则禁止其担任政府部门涉物资分配的工作;若是因实施严重犯罪或特别严重犯罪而有前科的人,则严格禁止其从事教育系统的工作 (《俄罗斯联邦劳动法典》第 331 条);禁止因故意犯罪而有前科的从事空乘人员工作(《俄罗斯联邦航空法典》第 52 条第 3 款);因实施故意侵害他人生命或健康犯罪而有前科的人,依法剥夺其收养权(《俄罗斯联邦家庭法典》第 127 条第 1 款),等等。另一方面是因实施某些特定犯罪而有前科的人,对其实行专门的行政监督领域的限制性措施,例如,触犯此类罪名而有前科的人,剥夺其获得武器持有许可的权利,以及应征服兵役等相应权利。

前科的刑事法律后果主要体现为这样几个方面:其一,因实施犯罪而有过前科的人,不能适用俄现行刑法第 75、76 条有关免除刑事责任的规定;其二,因实施故意犯罪而有前科,是构成俄刑法所规定"累犯"成立的法定条件(《俄罗斯联邦刑法典》第 18 条);其三,前科还可能会对被判刑人的服刑机构类型产生影响;等等。

根据《俄罗斯联邦刑法典》第 86 条第 6 款的规定,"前科消灭或撤销后,本法典规定的与前科相关的一切法律后果随之消灭"。此款之现行规定,是俄现行刑事立法适用过程中予以修订的结果,其修订前的立法表述为"前科消灭或撤销后,与前科相关的一切法律后果随之消灭"。

---

① См.: Уголовное право России. Часть Общая и Особенная: учебник / под ред. А. В. Бриллиантова. -2-е изд., перераб. И доп. -Москва: Проспект, 2016. С. 292.

二、前科的概念与本质属性

（一）前科概念

俄刑法学界关于前科概念的界定存在几种不同立场，其中具有代表性的有：法律后果说、法律事实说、法律状态说。

持法律后果说立场的学者主要有扎戈罗德尼科夫（Н. И. Загородников）、塔尔哈诺夫（И. А. Тарханов）、马尔科夫（В. П. Малков）等。此派学者一般将前科界定为"法律所规定的承受定罪判刑之否定后果"①；"前科是行为人被判处一定刑罚措施的事实所引起的刑事法律负担，以及由此而引发的针对行为人的一系列法定的、具有一般社会性质与法律性质的不利后果"②。

主张法律事实说的主要是以波尼亚托夫斯基（Т. Г. Понятовская）、绍塔耶娃（Г. Х. Шаутаева）为代表的学者。他们认为，前科是"行为人因实施犯罪而被官方认定的、产生某种法律后果的判罪事实"③；"前科是指具备因实施犯罪而被判罪的事实，法院据此以国家的名义对被判刑人的行为予以否定的道德、政治评价，并基于行为人对社会和国家具有社会危害性而需要将其置于国家监督之下，直至确保改造结果的完全实现"④；"前科是指行为人因实施犯罪而被判处的、能够引起某种刑事法律性质后果和一般法律性质后果的、具有期限性的法律事实"⑤。

法律状态说的代表学者有叶拉克辛（В. В. Ераксин）、波母恰洛夫（Л. Ф. Помчалов）、特卡切夫斯基（Ю. М. Ткачевский）、果林娜（В. В. Голина）、泽里多夫（С. И. Зельдов）、乌里扬诺夫（А. В. Ульянов）。他们认为，前科是"法律所规定的、能够引起某种刑事法律后果和一般法律后果的、因实施犯罪行为而被法院判处一定刑罚措施的判罪事实所引起的行为人所处的法律状态"⑥；前科"是因实施犯罪而被判罪的事实引起的行为人所处的法律状态"⑦；前科是"因行为人实施犯罪而

---

① См.：Загородников Н. И. Советское уголовное право. Общая и Особенная части. М.：Юрид. лит.，1975. С. 223.

② См.：Уголовное право России. Общая часть：учебник / по ре. В. П. Малкова，Ф. Р. Сундурова. Казань：Изд-во Казан. ун-та，1994. С. 405.

③ См.：Курс советского уголовного права. Т. 3：Часть Общая. Наказание / А，А，Пионтковский，Н，А，Стручков，П. С. Ромашкин и др. М.：Наука，1970. С. 310；Уголоный кодекс Российской Федерации：науч. -практ. Коммент. /под ред. Л. Л. Кругликова，Э. С. Тенчова. Ярославль：Влад，1994. 175.

④ См.：Малков В. П. Повторность преступлений（Понятие и уголовно - правовое значение）. Казань：Изд-во Казан. Ун-та，1970. С. 54.

⑤ См.：Понятовская Т. Г.，Шаутаева Г. Х. Правовое значение судимости：монография. Ижевск：Детектив-информ，2003. С. 19，20.

⑥ См.：Ераксин В. В.，Помчалов Л. Ф. Погашение и снятие судимости в советском уголовном праве. М.：Изд - во Моск. ун - та，1963. С. 15；Курс уголовного права. Общая часть. Т. 2. Учение о наказании：учебник для вузов / под ред. Н. Ф. Кузнецовой，И. М. Тяжковой. М.：ЗЕРЦАЛО. 1999. С. 279.

⑦ См.：Советское уголовное право. Общая часть. М.：Юрид. лит.，1977. С. 457.

被法院判处具体刑罚措施并引起某种法定的一般法性质和刑法性质后果的法律状态,是敦促刑罚目的实现的法律手段”①;前科是“法院基于行为人实施犯罪而判处某种刑罚措施的事实所形成的行为人所处的法律状态”②;前科是“行为人因实施犯罪而被法院判处发生法律效力之实际刑罚的有罪判决所产生的一种法律状态,此种法律状态在法律规定的条件下,甚至于在服刑之后可能引起针对行为人的刑事法律后果以及某些一般法律性质的限制性规定”③。

俄刑法学界在前科概念的界定上之所以存在不同立场,主要是因为前科作为一种法律现象,其本身即具有特别复杂且多面的属性。俄罗斯有关前科内涵的官方正式解释最先出现于《俄罗斯联邦宪法法院决议》第 1.2 项。④

（二）前科的本质属性

俄罗斯学界与司法实务界在前科本质属性内涵的界定方面也存在不同主张。其中,具有代表性的立场有:前科之刑罚实质要素说和前科独立说。

前科之刑罚实质要素说的主要代表学者有:库兹涅佐娃（Н. Ф. Кузнецова）、祖布科娃（В. И. Зубкова）、尼科诺夫（В. А. Никонов）和诺伊（И. С. Ной）。库兹涅佐娃教授基于对刑罚概念的系统、深入分析认为,“更多的论据证明前科是刑罚的要件”⑤。祖布科娃认为,前科的本质属性主要体现为其是对被判刑人员、服刑人员或者服刑期满被释放人员的若干权利的限制,因此,她主张前科应当是刑罚处罚所专门具有的显著标志。⑥ 尼科诺夫指出,“前科,就其实质内涵而言,并不是针对犯罪人适用的某种独立法律规制措施,而是由于行为人实施犯罪产生的某种必然后果,其是刑罚的重要构成要素”⑦。诺伊则从刑罚处罚的本质出发,认为前科即

---

① См.: Голина В. В. Погашение и снятие судимости по советскому уголовному праву. Харьков: Изд-во Харьков. ун-та, 1979. С. 9.

② См.: Зельдов С. И. Уголовно-правовые последствия судимости: учеб. пособие. Орджоникидзе, 1986. С. 3.

③ См.: Ульянов А. В. Судимость и правовые последствия ее реализации: автореф. дис. ... канд. юри. наук. М., 2006. С. 4.

④ См.: Постановление Конституционного Суда РФ от 19 марта 2003 г. №3-П // Собрание законодательства РФ. 2003. №14. Ст. 1302. 即“前科是法院因行为人实施犯罪而依法判处刑罚的事实所引起的、在其再次实施犯罪时引发相应刑事法律后果的某种法律状态;如果行为人有未消灭或未被撤销的前科,则会引起某种特殊的、基于刑事法律调整而形成于行为人与国家之间的公法关系,这种法律关系在此行为人实施新罪的时候将成为评判其人身及所实施犯罪而具有较高社会危害性并因此而应当适用更严厉刑事责任措施的根据”。

⑤ См.: Курс уголовного права. Общая часть. Т. 2. Учение о наказании: учебник для вузов / под ред. Н. Ф. Кузнецовой, И. М. Тяжковой. М.: ЗЕРЦАЛО. 1999. С. 10.

⑥ См.: Зубкова В. И. Уголовное наказание и его социальная роль: теория и практика. М.: НОРМА. 2002. С. 51.

⑦ См.: Никонов В. А. Уголовное наказание. Поиск истины. Тюмень: Юрид. ин-т МВД России. 2000. 13.

是一种不可避免的刑罚处罚后果。①

持前科独立说的代表学者是米茨克维奇（А. Ф. Мицкевич）。他认为，前科实质上是与刑事责任和刑罚之间具有密切联系的独立现象，而且前科自身并不是刑罚的构成要素。该学者还专门对前科与刑罚的实质内涵之区别进行了相应阐释，他指出：第一，所实施犯罪以及犯罪人的人身特性，并非源于前科之权利限制的性质与范围的决定性因素；第二，被判处延期服刑或者缓刑的犯罪人同样有前科的存在，但就其法律属而言，该两种刑法规制措施并非属于严格意义上的刑罚；第三，根据《俄罗斯联邦刑法典》第74条第2款的规定，前科的期限在此特定情形下可以通过法院的裁定予以延长，而此种情况不会出现于法院处刑过程中，这便意味着前科不可以是刑罚的组成部分；第四，前科可以存在于刑罚执行期限之外，但此种情况下构成前科内涵的限制性规定则同样适用于刑罚执行期间以及服刑完毕之后。② 换言之，前科不会因刑罚实际执行完毕即终止，而是在其期限结束之前持续发生"效力"。此外，某些刑种中所包含的惩罚性要素，实质上有别于前科内涵的权利限制内容的，因此，持此种立场的学者得出，前科是一种独立现象，而非刑罚的实质构成要素。

三、前科的法律属性

（一）前科与刑事责任之间的关系

刑事责任是刑法学的重要范畴之一。俄罗斯刑法学界在刑事责任概念界定、其产生和终止时间的理解上均存在一定程度的争议。③ 在刑事责任概念界定方面，俄学界一般认为，刑事责任是"实施犯罪的人所应当承担的刑事立法制裁框架内所

---

① См.：Ной И. С. Вопросы теории наказания в советском уголовном праве. Саратов. Изд-во Сарат. уни-та. 1962. С. 125.

② См.：Мицкевич А. Ф. Уголовное наказание：понятие, цели и механизмы действия. СПб.：Юрид. центр Пресс, 2005. С. 23-25.

③ 俄学界在刑事责任概念界定上还存在各种不同主张，分别认为刑事责任是："产生于违法者与国家之间的法律关系（惩罚性的刑事法律关系）"；"刑事法律关系主体的权利与义务的实现是刑事法律关系、刑事诉讼法律关系与劳动改造法律关系的实现"；"实施了犯罪的人遭受（承担）规制措施的责难"；国家以判决与附随刑罚或其他刑法性质措施的方式对行为和行为人的谴责"；"在具备刑事法律根据的情况下，行为人能够感知的主观的（内部的、心理的）和（或）客观的（外部的、社会的）认同性或谴责性的影响"；等等。详见：Ткачевский Ю. М. Уголовная ответственность // Уголовное право. 1999 №3. С. 18；Дуюнов В. К. Механизм уголовно-правового воздействия：теоретичекие основы и практика реализации автореф. дис … д-ра юрид. Наук. М.，2001. С. 12；Журавлев М.，Журавлева Е. Понятие уголовной ответственности и форма ее реализации // Уголовное право. 2005. № 3. С. 28；Брайнин Я. М. Уголовная ответственность и ее основания в советском уголовном праве. М.，1963. С. 25；Тащилин М.，Гоило Н. Уголовная ответственность и формы ее реализации // Уголовное право. 2004. № 4. С. 54；Карпушин М. П.，Курляндский В. И. Уголовная ответственность и состав преступления. М.，1974. С. 39；Стручков Н. А. Уголовная ответстбенность и ее реализация в борьбе с преступностью. Саратов，1978. С. 51；Кропачев Н. М.，Прохоров В. С. Мезанизм уголовно-правового регулирования：Уголовная ответственность：учеб. Пособие. СПб.：Изд-во Санкт-Петербург. гос. ун-та，2000. С. 44；Сверчков В. В. Концептуальные основы решения пробем освооождения от уголовной ответственности：автореф. Дис … д-ра. Юрид. наук. Н. Новгород，2008. С. 7。

规定的、具有剥夺性质或权利限制属性的强制措施”①。

俄罗斯学界关于刑事责任概念的不同界定，其实是从不同视角对于作为复杂社会现象的刑事责任进行了较为全面的阐释。显而易见，刑事责任除了与衍生某种刑事法律关系的犯罪实施事实之间关系密切，同时还从公法的角度对实施犯罪的行为人及其所实施的危害社会行为予以否定性评价（谴责），而该否定性评价则在法院的有罪判决以及适用于犯罪人的其他刑法性质措施中得以体现。

俄学界在“刑事责任产生时间”的问题上也是存在争议的，其通说立场一般认为，刑事责任的产生时间即是法院有罪判决的生效时间。②在刑事责任终止时间问题上，也同样存在不同主张。有学者认为刑事责任终止于刑罚处罚开始的时间，③同时也有学者认为，前科消灭或撤销之时才意味着刑事责任的终止。④ 此外，还有学者还指出，刑事责任终止时间应当是针对犯罪人所判处的刑罚及其前科刑事法律后果或者其他刑法性质措施的结束时间。⑤

基于前述有关刑事责任实现方式存在的不同立场，有学者认为刑事责任的终止时间应当考虑所适用刑法措施本身是否伴随前科：若伴有前科方面的规定，则刑事责任应当止于前科消灭或撤销之时；否则，刑事责任应当止于所适用刑法措施执行完毕之时。⑥ 持此种立场的代表学者是库兹涅佐娃⑦、塔希林和果季洛⑧。

---

① См.：Кругликов Л. Л.，Васильевский А. В. Дифференциация ответственности в уголовном праве. СПб.：Юрид. Центр Прес，2002. С. 34.

② 此种主张之所以成为俄学界通说，主要是因为此种主张不仅能够全面反映《俄罗斯联邦宪法》第 49 条第 1 款有关只有通过法院审判才能追究责任的原则性规定，而且也明确体现出刑法中的罪过原则，即《俄罗斯联邦刑法典》第 5 条规定的“只有实施社会危害行为（作为或不作为），并确定因其罪过而发生社会危害后果的人，才应承担刑事责任”。

③ См.：Журавлев М.，Журавлева Е. Понятие уголовной ответственности и форма ее реализации // Уголовное право. 2005. № 3. С. 31.

④ См.：Кропачев Н. М.，Прохоров В. С. Мезанизм уголовно-правового регулирования：Уголовная ответственность：учеб. Пособие. СПб.：Изд-во Санкт-Петербург. гос. ун-та，2000. С. 45；Кругликов Л. Л.，Васильевский А. В. Дифференциация ответственности в уголовном праве. СПб.：Юрид. Центр Прес，2002. С. 44.

⑤ 还有学者认为，“刑事责任止于刑事法律措施实现之时，或者前科消灭，抑或追究刑事责任的时效届满之时”，参见 Сверчков В. В. Концептуальные основы решения пробем освоождения от уголовной ответственности：автореф. дис…д-ра. Юрид. наук. Н. Новгород，2008. С. 8；Тащилин М.，Гоило Н. Уголовная ответственность и формы ее реализации // Уголовное право. 2004. № 4. С. 54。

⑥ См.：Шаутаева Р. Х. Судимость как форма реализации уголовной ответственности // Вестник удмурткого университета. 2010. Вып. 2. С. 104.

⑦ 库兹涅佐娃教授认为，刑事责任可以体现为这样两种形式：（1）无实刑的判罪（通过对犯罪人判罪、谴责他的行为和前科予以实现）；（2）有实刑的判罪（判罪、服刑和前科的实现路径）。См.：Курс уголовного права. Общая часть. Т. 2. Учение о преступлении：учебник для вузов / под ред. Н. Ф. Кузнецовой，И. М. Тяжковой. М.：ЗЕРЦАЛО. 1999. С. 192.

⑧ 塔希林（М. Тащилин）和果季洛（Н. Годило）将刑事责任实现方式区分为五种：（1）采取刑事诉讼强制措施；（2）采取免除刑罚的刑法性质措施；（3）判处刑罚；（4）服刑；（5）前科。См.：Тащилин М.，Гоило Н. Уголовная ответственность и формы ее реализации // Уголовное право. 2004. № 4. С. 54.

对上述立场持反对意见的学者则认为,“前科是刑事责任的法律后果,而不是刑事责任内容”①。然而,该主张和俄罗斯现行刑事立法有关前科的规定并不相符。② 从《俄罗斯联邦刑法典》第 86 条关于前科制度的规定内容看,前科承担的并非刑事责任后果的角色,而是刑事责任实现的一种独立方式,它对于某些特定行为人的定罪判刑以及刑罚持续时间的长短起着决定作用。③ 此外,作为刑事责任实现方式的前科,在《俄罗斯联邦刑法典》所规定的各刑法制度中发挥着不同的作用。④

前科作为一种特殊法律制度,其内容不仅限于具有刑法性质的限制性规定,同时也兼具了俄罗斯其他部门法中体现的一般法性质的限制属性。

(二)前科的刑事法律属性

一般认为,前科的刑事法律属性主要体现于《俄罗斯联邦刑法典》第 86 条。⑤ 然而,通过对《俄罗斯联邦刑法典》总则立法规范进行全面、系统分析,则发现前述刑事立法规定并没有穷尽前科所具有的全部刑事法律意义,因为前科除了俄现行刑法第 86 条的规定内容,还对刑法调整框架内若干其他问题的解决产生重要影响,其具体体现如下。

---

① 茹拉夫廖夫(М. Журавлев)与茹拉夫廖娃(Е. Журавлева)的合著中将刑事责任实现方式分为:适用刑罚;强制性教育措施;刑事责任免除制度与刑罚免除制度。他们反对将前科归于刑事责任实现方式之列。См.: Журавлев М., Журавлева Е. Понятие уголовной ответственности и форма ее реализации // Уголовное право. 2005. № 3. С. 29-31.

② 因为根据《俄罗斯联邦刑法典》第 86 条第 1 款的规定,前科作为一种法律状态,自法院的有罪判决生效之日起持续至前科消灭或撤销之时止。在前科整个期限持续时间内,犯罪人承受着一般法意义上的剥夺与限制和刑事法律性质的剥夺与限制。

③ 正如俄罗斯学者涅切普连科(А. А. Нечепуренко)所言,前科是“刑事责任的属性特征与主要实现方式,基于此,可以在对实施犯罪的人适用刑事强制措施的过程中,使得社会正义中非常重要的衡平理念得以实现”。См.: Нечепуренко А. А. Основы правового статуса личности и институт судимости // Конституционные основы уголовного права. Материалы I Всероссийского конгресса по уголовному праву, посвященного 10-летию Уголовного кодекса РФ. М.: ТК Велби, 2006. С. 425.

④ 前科在俄罗斯联邦现行刑事立法规定中体现为这样几种情况:(1)法院作出的发生法律效力的具有量刑因素(根据《俄罗斯联邦刑法典》第 73、82 条的规定实际服刑或延期服刑)的有罪判决中的针对行为人定罪判刑的事实;(2)基于定罪与判处具体刑罚的事实而决定的行为人所处的法律状态(地位);(3)对被判刑人实施的后犯罪进行社会法律监督的法律根据。

⑤ 《俄罗斯联邦刑法典》第 86 条规定:因实施犯罪而被判刑的人,自法院的有罪判决生效之日起至前科消灭或撤销之时止,被认为有前科。在认定累犯时和在判处刑罚时,均应依照本法典的规定考虑前科。在联邦法律规定的情况下和依照联邦法律规定的程序发生其他法律后果(第 1 款);被免除刑罚的人,被认为没有前科(第 2 款)。在下列情况下前科消灭:(1)被判处缓刑的人,考验期届满;(2)被判处比剥夺自由刑更轻刑种的人,服刑期满或执行刑罚后过 1 年;(3)因轻罪或中等严重的犯罪被判处剥夺自由刑的人,服刑期满后过 3 年;(4)因重罪而被判处剥夺自由刑的人,服刑期满后过 8 年;(5)因特别重罪被判处剥夺自由刑的人,服刑期满后过 10 年(第 3 款);如果被判刑人按照法律规定的程序被提前免于服刑或者未服满部分的刑罚改判较轻的刑种,则消灭前科的期限根据实际服完的刑期自免于服主刑和附加刑之时起计算(第 4 款);如果被判刑人在服刑期满之后表现良好,并赔偿了犯罪所造成的损害,则法院可以根据他本人的请求在前科消灭的期限届满之前撤销前科(第 5 款);前科消灭或撤销后,本法典规定的与前科有关的一切法律后果便不复存在(第 6 款)。

(1)前科是俄现行刑事立法第17条[①]所规定数罪之构成的障碍因素。当然,俄刑法第69条第5款[②]所规定的情况除外。

(2)前科是认定累犯的法定根据[③],其中包括《俄罗斯联邦刑法典》第63条第1款第1项所规定的“从重处罚情”中的累犯认定。

(3)前科是法院判处附加刑“剥夺专门称号、军衔或荣誉称号、职衔和国家奖励”时,认定被告人身特性应当考量的因素[④]。

(4)如果合同制列兵和军士因实施普通刑事犯罪而以军纪营管束替代剥夺自由刑的,则前科是法院认定被告人人身属性时考量的因素[⑤]。

(5)前科是俄刑法第58条所规定的针对被判处剥夺自由刑的犯罪人适用不同性质改造机构时应当考量的要素。

(6)前科是《俄罗斯联邦刑法典》第60条所规定的量刑原则适用过程中,对被告人的人身特性进行考察时应当考虑的因素[⑥]。

(7)前科是法院对于特殊量刑规则予以适用时应当考量的因素[⑦]。

(8)前科是法院判处缓刑时对被告人人身危险性认定时需要考量的因素(《俄罗斯联邦刑法典》第73条)。

(9)前科是《俄罗斯联邦刑法典》第75、76条所规定的“免除刑事责任”成立的阻碍因素。

(10)前科是《俄罗斯联邦刑法典》第79条第3款第3项所规定的假释适用时应当考量的因素。

(11)前科是《俄罗斯联邦刑法典》第80-1条所规定的因情势变迁而免除刑罚的阻碍因素。

---

① 根据《俄罗斯联邦刑法典》第17条的规定,作为多数犯罪种类(вид множественности преступлений)之一的数罪(совокупность преступлений),是指“实施两个以上犯罪,而犯罪人未因其中任何一个被判刑”的罪数形态。也就是说,如果其中有一罪被判刑而有前科,则该罪则不可能再成为数罪的构成要素。

② 根据《俄罗斯联邦刑法典》第69条第5款的规定,如果在法院对案件作出判决之后又确认被判刑人在法院作出判决之前犯有其他罪行的,按照数罪并罚论处。

③ 《俄罗斯联邦刑法典》第18条第1款规定:“因实施故意犯罪而有前科的人又实施故意犯罪的,是累犯。”

④ 《俄罗斯联邦刑法典》第48条规定:“对严重犯罪或特别严重犯罪处刑时,法院可以考虑犯罪人的人身,剥夺其专门称号、军衔或荣誉称号、职衔和国家奖励。”

⑤ 《俄罗斯联邦刑法典》第55条第1款规定:“对应征服兵役的军人,可以判处军纪营管束,对依照合同服役的列兵和军士,如果他们在法院作出刑事判决之时尚未服满法定应征兵役的期限,也可以判处军纪营管束。在本法典分则相应条款对军职罪规定的情况下,以及犯罪的性质和犯罪人人身能够证明可以用相同期限的军纪营管束替代不超过2年剥夺自由刑时,可以判处军纪营管束,期限为3个月以上2年以下。”

⑥ 《俄罗斯联邦刑法典》第60条第3款规定:“在量刑时应考虑犯罪社会危害性的性质和程度以及犯罪人的人身,包括减轻刑罚和加重刑罚的情节……”

⑦ 这里指《俄罗斯联邦刑法典》第62条“在有减轻情节情况下的处刑”、第67条“共同犯罪的量刑”、第68条“数罪并罚”的规定。

(12)前科是《俄罗斯联邦刑法典》第 84、85 条规定的大赦和特赦适用时应当考量的因素。

(13)前科是对未成年犯罪人处刑时应当考量的因素①。

综上,《俄罗斯联邦刑法典》总则诸多规范的适用均与前科制度密切相关,而俄刑法第 86 条第 1 款关于"……在认定累犯和判处刑罚时,均应依照本法典的规定考虑前科"的规定,其实并不未完全体现前科这一刑法制度所具有的刑事法律意义。基于此,有学者提出将此款规定修改为"……在本法典总则规范所确定的规定范畴内考虑前科"②。

(三)前科的一般法律属性

前科制度所具有的一般法律属性,主要体现于俄罗斯联邦其他部门法所规定的与前科相关的某些限制性规定中。具体而言,若俄罗斯公民处于前科未消灭或未撤销的状况下,则其权利会受到如下限制。

(1)无权在中央和市政部门任职③。

(2)不能任职法官④,也不能担任律师⑤。

(3)无权担任俄罗斯联邦社会事务协会理事⑥。

(4)无权参选和担任陪审员⑦,也无权任职仲裁陪审员⑧。

(5)不能承担监护人或受托人的角色⑨,也无权成为收养人⑩。

---

①　前科是对未成年被判刑人判处剥夺自由刑时的考量要素(《俄罗斯联邦刑法典》第 88 条第 6 款),同时也是在解决有关被判处缓刑的未成年被判刑人,在考验期内又实施不属于特别严重犯罪的新罪而再次适用缓刑的问题时应当考量的因素(《俄罗斯联邦刑法典》第 88 条第 6-2 款)。此外,年满 18 周岁不满 20 周岁未成年人实施犯罪而追究刑事责任与适用刑罚时,在对其适用特别规定的情形下,前科是应当考量的要素(《俄罗斯联邦刑法典》第 96 条)。

②　Понятовская Т. Г., Шаутаева Г. Х. Правовое значение судимости: монография. Ижевск: Детектив-информ, 2003. С. 52 - 53. 转引自: Шаутаева Р. Х. Судимость как форма реализации уголовной ответственности // Вестник удмурткого университета. 2010. Вып. 2. С. 106。

③　参见 1991 年 4 月 18 日公布实施的第 1026-Ⅰ号俄罗斯联邦《警察法》第 19 条第 2 款;1992 年 1 月 17 日公布实施的《俄罗斯联邦检察院法》第 40-1 条第 2 款;1997 年 7 月 21 日公布实施的第 114 号联邦法律《俄罗斯联邦海关法》等。

④　参见 1992 年 6 月 26 日公布的第 3132-Ⅰ号《俄罗斯联邦法官地位法》第 4 条第 1 款第 2 项。

⑤　参见 2002 年 5 月 31 日公布实施的第 63 号联邦法律《俄罗斯联邦律师活动与律师法》第 9 条第 2 款第 2 项。

⑥　参见 2005 年 4 月 4 日公布实施的第 32 号联邦法律《俄罗斯联邦社会事务协会法》。

⑦　参见 2004 年 8 月 20 日公布实施的第 113 号联邦法律《俄罗斯联邦普通管辖法院陪审员法》第 3 条第 2 款第 2 项。

⑧　参见 2001 年 5 月 30 日公布实施的第 70 号联邦法律《俄罗斯联邦各主体仲裁法院仲裁陪审员法》第 2 条第 2 款第 1 项。

⑨　根据《俄罗斯联邦民法典》第 35 条第 2 款的规定,因实施故意侵害他人生命或健康犯罪的被判过刑的人,不能被指定为监护人或受托人。

⑩　参见《俄罗斯联邦家庭法典》第 127 条第 1 款第 10 项。

（6）无权应召服兵役①，也无权申领武器持有许可证②。

（7）无权从事与国家秘密相关的工作③。

（8）由于实施重罪、特别重罪或者极端主义犯罪而被判过刑的人，没有被选举权④，也不允许其从事教育领域的工作⑤。

综上，从俄罗斯现行各部门立法的规定看，对于那些有前科，甚至是前科消灭或撤销后的人而言，不仅刑法对其权利予以限制性规定，而且其他部门立法也对其规定了相当广泛的权利限制，后者即指的是前科之一般法律意义，或者称为前科一般法律后果。《俄罗斯联邦宪法》第 55 条第 3 款对此种权利限制存在的立法根据予以了明确规定⑥。申言之，俄罗斯立法机关有权根据宪法，对某些特殊领域的从业人员规定特别要求，即俄罗斯各部门法是可以针对那些从事特殊意义工作的人员规定某种限制性从业条件的。可见，俄罗斯各部门法有关前科一般法律属性的规定，实际上大大超出了俄刑法规制范畴所涵盖的前科的其他法律后果。也就是说，前科即使已经消灭或被撤销，其仍然也可能成为除刑法之外的、其他部门法所调整社会关系过程中用以限制公民权利的法定根据。

---

① 参见 1998 年 3 月 28 日公布的第 53 号联邦法律《军人职责与兵役》第 23 条第 3 款第 2 项。

② 参见 1996 年 12 月 13 日公布实施的第 150 号联邦法律《武器法》第 13 条第 15 款。

③ 参见 1993 年 7 月 21 日公布的第 5485-Ⅰ号法律《国家秘密法》第 22 条。

④ 参见 2002 年 6 月 12 日公布实施的第 7 号联邦法律《俄罗斯联邦人民选举权与全民公决权基本保障法》第 4 条第 3-1 款第 1、2 项。

⑤ 参见《俄罗斯联邦劳动法》第 331 条第 2 款的规定。

⑥ 本款规定的内容是："人和公民的权利和自由，只能在捍卫宪法制度基础、人的道德、健康、权利和合法利益、保证国防和国家安全所必要的限度内，由联邦法律予以限制。"

第十五章 保安处分制度

第一节 医疗性强制措施

一、医疗性强制措施概念、适用根据和目的

从《俄罗斯联邦刑法典》第六编规定的内容看,医疗性强制措施不是刑罚种类,而归属于其他刑法性质措施之列,即属于保安处分措施。

强制性医疗措施的概念,在2011年4月7日俄罗斯联邦最高法院出台的"关于法院适用医疗性强制措施实践"的第6号《全体会议决议》(以下简称《六号决议》)中进行了明确界定。根据《六号决议》第2项的规定,医疗性强制措施,是指对于在无刑事责任能力状态下实施刑法所规定的社会危害行为或者是在犯罪后罹患精神病的犯罪人,不能对其处刑或执行刑罚的人,以及实施了犯罪并具患有不排除刑事责任能力的精神病人,在这些人因精神病可能造成其他重大损害,或者对本人或他人构成危险的情况下适用的一种保安处分措施。

医疗性强制措施,作为一种刑法性质措施,直接受俄罗斯联邦刑事立法的调整,并且在内容方面与刑罚措施存在某些相似之处:其一,都属于国家强制措施的范畴,即无论是刑罚,还是医疗性强制措施,都是法院对所实施的犯罪或俄刑法分则规范所规定的社会危害行为所判处的国家强制措施;其二,都是违背行为人意愿的、旨在剥夺或限制其权利和自由的刑法规制措施;其三,这些措施的执行均以国家的强制力作保障。与此同时,医疗性强制措施与刑罚之间存在着明显的区分,这主要体现于各自的法律根据和事实根据的不同。如果说法院判决是处刑的法律根据,则医疗性强制措施的法律根据则是以法院的裁定形式作出的。此外,医疗性强制措施裁定的事实根据主要体现为以下

几个方面。

其一,行为人患有对自己或他人有危险或者可能造成其他损害的精神病。

其二,行为人实施了犯罪或者实施了刑法所禁止的社会危害行为(后者指客观层面的社会危害行为)。

其三,必须对行为人罹患的精神病进行治疗。

基于医疗性强制措施与刑罚在概念界定及其内涵要旨方面的不同,可以认为医疗性强制措施的适用目的与刑罚适用的目的也具有显著差异。显而易见,适用医疗性强制措施,所追求的并非适用刑罚所要达到的诸如实现社会公正和改造被判刑人的目的,并且刑罚的预防目的对于无刑事责任能力的人来讲,也是无法实现预防其实施新罪的。因此,根据《俄罗斯联邦刑法典》第 98 条的规定,适用医疗性强制性措施的主要目的有两种:其一,治疗和改善《俄罗斯联邦刑法典》第 97 条第 1 款所规定行为人的精神状态;其二,预防他们再次实施刑法所规定的社会危害行为。可见,医疗性强制措施在限制公民的宪法权利和自由层面,是与刑罚具有明显的相似之处。基于此,俄立法者详细规定了医疗性强制措施的适用根据,即根据《俄罗斯联邦刑法典》第 97 条第 1 款的规定,法院可以裁定对下列人员适用医疗性强制措施。

(1)在无刑事责任能力状态下实施了俄刑法规定的社会危害行为的人,即此行为人在实施犯罪时,是不能够认识自己行为(作为或不作为)的实际性质和社会危害性,或者因患有慢性精神病、间歇性精神病、痴呆或其他精神疾病而不能控制自己的行为。此类行为人应当承担刑事责任(《俄罗斯联邦刑法典》第 21 条第 1 款)。

(2)行为人在犯罪实施后患上精神病,并因此而导致其无法认识自己行为(作为或不作为)的实际性质和社会危害性或者不能控制自己的行为,从而不可能实现对此类行为人进行处刑或执行刑罚。根据法院裁定,对此类行为人免予处刑或免予服刑(《俄罗斯联邦刑法典》第 81 条第 1 款)。如果此类行为人康复后具备了承担刑事责任和刑罚的能力,而其所实施的社会危害行为尚未超过俄刑法第 78 条和第 83 条所规定的时效(追诉时效或行刑时效)的,则应当对其进行定罪量刑或行刑。

(3)患有不排除刑事责任能力的精神病人实施犯罪的。

(4)超过 18 周岁且患有不排除刑事责任能力之恋童癖的行为人,对不满 14 周岁的人实施性侵犯罪,即实施了《俄罗斯联邦刑法典》第 131-135、240、241、241-1 条和第 241-2 条规定的犯罪。

适用强制性医疗措施的根据具有双重属性,这便要求构建相应的适用程序,即需要刑法、刑事执行法和医疗性质立法的共同调整。无论医疗性强制措施适用于哪类法定对象,均需要医疗性质立法的调整,因此,俄罗斯最高法院于 2011 年出台的《六号决议》对此进行了明确的司法解释,即在解决医疗性强制措施的适用问题时,必须遵守下列法律中的立法规定。

(1)1993年7月22日第5487-1号《俄罗斯联邦公共卫生保护立法纲要》。①

(2)1992年7月2日第3185-1号《俄罗斯联邦精神病治疗及其公民权利保障法》(2014年10月14日修订)。②

(3)2001年5月31日第73-FZ号《俄罗斯联邦国家司法鉴定活动法》。③

(4) 2009年5月7日第92-FZ号《确保重症监护专门精神病医院保护法》(2014年10月22日修订)。④

除了上述所列国家层面的基本立法外,对医疗性强制措施的适用进行调整的法案还包括:2004年2月6日的第54号《关于因疾病而呈请免予服刑的被判刑人体检证明》的俄罗斯联邦政府法令;⑤俄罗斯联邦卫生和社会发展部与俄罗斯联邦司法部于2005年10月17日联合发布的第640/190号《关于为在剥夺自由刑服刑场所和监禁地服刑人员组织医疗救助程序的命令》。⑥ 如果医疗性强制措施的适用是与刑罚执行同步进行的,则还需要刑事执行立法的调整。

如前所述,法院作出适用医疗性强制措施裁定所依据的标准之一,是行为人具有社会危害性,因此,对于《俄罗斯联邦刑法典》第97条第1款规定所涉及的行为人,如果其在精神状态方面不具有危险性的,则法院可以根据卫生保健立法规定的程序,向联邦当局的卫生部门或各联邦主体当局所属卫生部门提供必要材料,以解决此类人员在提供精神病治疗的医疗组织进行治疗或将其送往为精神病患者提供社会服务福利机构的问题。申言之,对于那些虽然患有精神病,但就其精神状态而言不具有社会危险性的行为人,是不能够对其适用作为其他刑法性质措施(保安处分措施)的医疗性强制措施的,而只能将相关必要材料送交相应的卫生保健机构,以解决此类人员的后续治疗问题。至于行为人是否具有社会危险性以及是否需要

---

① Основы законодательства Российской Федерации об охране здоровья граждан от 22 июля 1993 г. № 5487-1.

② Закон Российской Федерации от 2 июля 1992 г. № 3185-1 (в ред. от 14 октября 2014 г.)《О психиатрической помощи и гарантиях прав граждан при ее оказании》.

③ Федерального закона от 31 мая 2001 г. № 73-ФЗ《О государственной судебно-экспертной деятельности в Российской Федерации》.

④ Федерального закона от 7 мая 2009 г. № 92-ФЗ (ред. от 22 октября 2014 г.)《Об обеспечении охраны психиатрических больниц (стационаров) специализированного типа с интенсивным наблюдением》.

⑤ Постановленин Правительства Российской Федерации от 6 февраля 2004 г. № 54《О медицинском освидетельствовании осужденных, представляемых к освобождению от отбывания наказания в связи с болезнью》.

⑥ Приказ Министерства здравоохранения и социального развития Российской Федерации и Министерства юстиции Российской Федерации от 17 октября 2005 Принудительные меры медицинского характера г. № 640/190《О порядке организации медицинской помощи лицам, отбывающим наказание в местах лишения свободы и заключенным под стражу》.

对其适用医疗性强制措施的问题,由法院根据司法精神病鉴定结论予以裁定。

二、医疗性强制措施的种类

《俄罗斯联邦刑法典》第 99 条明确列举了医疗性强制措施的种类,即根据此条规定,法院可以裁定以下类型的医疗性强制措施。

(1)强制监管并接受精神科医生门诊治疗。

(2)在提供精神病住院治疗的普通型医疗机构进行强制治疗。

(3)在提供精神病住院治疗的专门型医疗机构进行强制治疗。

(4)在提供精神病住院治疗的具备重症监护条件的专门型医疗机构进行强制治疗。

如前所述,医疗性强制措施的适用类型,只能由法院指定。法院在作出所适用的医疗性强制措施裁定时,应当以司法精神病学的鉴定结果或司法麻醉学的鉴定结论为依据。

针对有刑事责任能力状态下实施犯罪,但同时需要对不排除刑事责任能力的精神病进行治疗的被判刑人,其中包括年龄超过 18 岁对不满 14 岁的人实施性侵犯罪并患有不排除刑事责任能力的恋童癖的被判刑人,法院在对其判处刑罚的同时可以判处适用医疗性强制措施。下面我们就俄现行刑事立法所规定的医疗性强制措施进行详细阐释。

《俄罗斯联邦刑法典》第 100 条规定了判处强制监管和在精神科医生门诊进行治疗之医疗性强制措施的法定根据(理由),即如果根据行为人的精神状态不需要在精神病医疗机构(汉语语境中的精神病医院)住院进行治疗的,则适用在精神科医生门诊进行治疗和强制监管措施。在精神病医疗机构进行住院治疗的强制措施的适用条件,规定在《俄罗斯联邦刑法典》第 101 条:本条第 1 款规定了在精神病医疗机构进行住院治疗的强制措施适用的一般条件,即如果根据行为人所患精神病的性质,只能在精神病医疗机构进行治疗、护理和监管的,则可以判处其在精神病医院住院治疗的医疗性强制措施。与此同时,俄罗斯立法者还明确规定了在精神病医院进行住院治疗这一医疗性强制措施适用的特殊规则,即将精神病医院区分为三种类型:一是普通型精神病医院;二是专门型精神病医院;三是重症监护型精神病医院。对于患有不同程度精神病的被判刑人,判处其在不同类型精神病医院进行住院治疗。具体而言,如果根据行为人的精神状态,如果需要住院治疗但不需要加强监管的人,可以判处在普通型精神病医院进行住院治疗;如果需要进行经常性监管的行为人,则可以判处在专门型精神病医院进行住院治疗;如果行为人的精神状态对其本人和他人构成特别危险且需要进行经常性加强监管的,则可以判处在重症监护型精神病医院住院进行强制医疗。

除了前述规定外,《俄罗斯联邦刑法典》第 104 条还规定了一种特殊类型的医疗性强制措施,即与刑罚执行合并适用的医疗性强制措施。此种医疗性强制措施的适用对象,是有刑事责任能力状态下实施犯罪,但需要对不排除刑事责任能力的精神病进行治疗并在剥夺自由刑服刑地服刑的被判刑人,以及被判处其他刑种而在提供精神病门诊治疗的卫生保健医疗机构进行强制治疗的行为人。如果被判刑人精神状态发生变化而需要住院治疗的,则应依照卫生保健领域立法规定的程序和根据(理由)将被判刑人安置到精神病医院进行住院治疗或者安置到其他医疗机构进行治疗。

根据俄罗斯《精神病诊疗及诊疗期间公民权利保障法》第 13 条第 2 款的规定,根据法院所作出的适用医疗性强制措施的裁定而在精神病医院进行住院治疗的行为人,享有本法第 37 条所规定的如下权利。

第一,有权直接向主治医生或诊疗部门负责人了解有关治疗、观察、出院以及对其他权利进行监管的相关情况。

第二,有权向代议机关和行政当局、检察院、法院、国家法律局(如果有的话)以及律师提出投诉或申请,而不受审查程序的监控。

第三,有权与律师、国家法律局工作人员、牧师进行单独会面。

第四,在不违反医疗机构内部规定的情况下,可以参加宗教仪式、遵守宗教教规,其中包括禁食、拥有宗教用具和宗教文献。

第五,有权订阅报纸和杂志。

第六,有权接受普通教育,其中包括适应性教育计划。

第七,如果病人从事生产劳动,则有权获得与其他公民同等的劳动报酬。

根据诊疗部负责人或主治医生为病人或他人的健康或安全着想所提出的建议,可以对上述所列的、在精神病医院住院治疗的病人所享有的某些权利予以一定的限制:比如,不受审查的通信权利;收发邮包、汇款的权利;使用电话的权利;接待来访者的权利;购买生活必需品的权利。如果在精神病医院住院治疗期间的行为人被认定为无劳动能力,则根据俄罗斯联邦强制性社会保险立法的规定,他们有权依法领取养恤金和福利金。此外,对于此类被判刑人在精神病医院进行住院治疗的时间,应当计入其本人的服刑期;若被判刑人不再需要继续在上述医疗机构治疗时,则依照卫生保健领域立法规定的程序办理出院;法院根据刑罚执行机关的报告并根据精神病医生委员会的诊断结论,终止被判刑人在刑罚执行期间适用的医疗性强制措施(《俄罗斯联邦刑法典》第 104 条第 3、4 款)。

三、医疗性强制措施的延长、变更和终止问题

适用医疗性强制措施的目的,是治疗患有精神病的被判刑人,以减少或消除其对社会可能产生的危险性,基于此,便不可能事先确定此类行为人在医疗机构的治疗期限。因此,该种强制措施从法院判处时起,一直持续到病人的健康状况恢复到

其精神状态得以改善并且对其本人或他人不再具有社会危害性的程度,才可能考虑变更强制医疗性措施类型,甚至完全取消医疗性强制措施的适用。

俄罗斯刑法规定了精神病强制医疗期限的延长条件。尽管法院无权决定行为人在精神病医院住院的确定期限,但通过分析俄刑事立法的相关规定,可以推出这样的结论:强制医疗的最短期限不可能少于6个月,而如果行为人的精神状态没有得到显著改善,则法院应当作出延长强制治疗的裁定。

《俄罗斯联邦刑法典》第102条明确规定了医疗性强制措施适用的延长、变更和终止的法定情形,即医疗性强制措施适用的延长、变更和终止,由法院根据精神病院行政部门的报告,或根据对医疗性强制措施适用进行监督的刑事执行监察部门的报告,同时依据精神病医生委员会的诊断结论进行裁定(本条第1款)。对被判处医疗性强制措施的人,每6个月由精神病医生委员会至少进行一次例行检查,以便解决是否应当向法院提出终止或变更此种措施的问题。如果治疗过程中主治医生认为必须变更医疗性强制措施或者终止其适用,则根据主治医生的提议以及本人、其法定代理人和(或)其近亲属的申请,对此行为人进行检查。该申请应当通过进行强制治疗机构的行政部门或对适用医疗性强制措施进行监督的刑事监察部门予以呈交,此申请的呈交不受最后一次检查时间的限制。如果没有根据认为应当终止或变更医疗性强制措施,则进行强制治疗的医疗机构行政部门或实行监督的刑事监察部门应当向法院提交延长强制治疗的意见,在开始强制治疗之时起满6个月可以进行第一次延长,之后的强制治疗则每年予以延长(本条第2款)。如果因犯罪人的精神状态发生变化而没有必要再适用法院所判处的医疗性强制措施,或者需要判处其他种类医疗性强制措施的,法院可以变更或终止医疗性强制措施的适用。如果法院裁定终止在精神病医院进行强制治疗,则法院可以将与该人治疗相关的资料移送联邦卫生行政机关或者联邦主体所属的卫生行政机关,以便依照卫生保健立法规定的程序,解决其在精神病治疗机构或是安置其到社会服务性住院机构的问题。

如果实施犯罪后罹患精神病的人经过强制医疗得以痊愈,则在对其处刑或恢复执行刑罚时,在医疗机构进行强制治疗的时间应当计入刑期,即行为人在精神病医院住院治疗1日折抵剥夺自由刑1日(《俄罗斯联邦刑法典》第103条)。如果所适用的医疗性强制措施长于法院判决所确定刑期的,则前科消灭的期限从所判处刑罚期限届满之日起算,而不是从行为人从精神病院恢复健康出院时起算。

第二节 没收财产制度

一、没收财产制度概述

1996年《俄罗斯联邦刑法典》在颁行之初，将没收财产作为刑种规定于本法典第44条“刑罚种类”第7项，后被2003年12月8日出台的第162号联邦法律废除，之后又于2006年7月27日的第153号联邦法律以其他刑法性质措施（保安处分措施）的方式被重新纳入俄罗斯刑法典，即以单独一章的形式（《俄罗斯联邦刑法典》第15-1章）规定于俄现行刑事立法中，本章规定于2007年1月1日起生效。

没收财产作为一种法律制度，自古有之，其中，罗马法中就有关于没收财产归国库的规定。在俄罗斯刑事立法发展历程中的帝俄时代，就曾有过将土地及依附其上的农奴予以没收方面的规定。① 苏联时期的刑事立法也规定了没收财产制度并且此种刑罚在当时的司法实践中适用得相当广泛，尤其是20世纪80年代末则更为凸显，其适用比率几近10%。②

根据《俄罗斯联邦刑法典》第104-1条的规定，没收财产是依照法院的有罪判决将本条所规定财产强制性地无偿收归国有。俄刑法第104-1条所规定的没收财产制度，不同于之前作为刑种的没收财产刑，它其实是一种刑法性质措施（我们所理解的保安处分），其旨在赔偿犯罪所造成的损失并且预防行为人将来实施贪利性犯罪或者其他类型犯罪。根据第104-1条的规定，此种没收财产制度所涉及的没收对象包括以下几类。

（1）实施本条第1项规定犯罪所取得的金钱、贵重物品和其他财产。

（2）实施本条第1项规定犯罪所得而衍生的金钱、贵重物品和其他财产。

（3）用于或准备用于资助恐怖主义、极端主义活动、有组织团伙、非法武装队伍、犯罪集团（犯罪 组织）的金钱、贵重物品或其他财产。

（4）属于被告人的、用于实施犯罪的工具、设备和其他物品。

不得没收的财产包括：（1）具有其他合法所有人的金钱、贵重物品、其他财产和收入；（2）合法途径取得的金钱、贵重物品、其他财产和收入。如果所没收的财产或收入属于没收不能的情况，则按照应当没收的财产或收入的比例解决没收财产问

---

① Таганцев Н. С. Русское уголовное право. Часть Общая. Т. 2. СПб. , 1902. С. 268.

② Российское уголовное право. Общая часть: учебник / Под ред. В. Н. Кудрявцева, А. В. Наумова. М. : Спарк, 1977. С. 290.

题。[①] 如果应当没收的金钱、贵重物品、其他财产或收入发生了变体，其中包括通过民事法律交易将这些没收对象转移给其他人个或组织的情况，则根据俄罗斯刑法的规定处理。若发生移转后的对象已经不适合以其自然存在的方式予以没收，则可以没收与其同等价值的金钱。通过犯罪所取得的金钱和其他贵重物品，应当返还给物品的真正主人（《俄罗斯联邦刑事诉讼法典》第 81 条第 3 款第 4 项）。此类没收在俄罗斯学界称为特别没收。[②] 如果犯罪人除了俄刑法第 104-1 条、第 104-2 条所列的应当没收的财产外，没有其他可供追过的财产，则应当用前述财产赔偿合法所有人的损失，而将剩余部分收归国有。[③] 作为保安处分措施的没收财产，其没收对象只能是犯罪人个人所有的财产，不能是其他人所有的财产。

根据俄罗斯刑事立法原意，没收财产制度的设置主要是为了剥夺犯罪分子非法获得的金钱、贵重物品和其他财产，以便摧毁恐怖主义、极端主义和有组织犯罪得以存在的经济基础，并最终达到预防实施新罪的目的。此外，没收的对象还包括属于被告人所有的、用于实施犯罪的工具、设备和其他物品。与此同时，应当指出的是，没收财产制度作为刑事责任追究的补充手段，其实质是被法院判定有罪的犯罪人对于特定财产所拥有的所有权的强制终止。没收财产制度，作为一种刑法措施（保安处分措施），其适用的目的不仅体现为将财产返还其合法所有人，而且还包括赔偿对合法所有人所造成的损失，即在保护位阶层面，对于合法所有人财产权的保护要优先于国家利益。如果被判刑人将属于没收范围的财产移转给其他人或组织，而受让人是善意取得该财产的，即后者并不知道或者不应当知道其所受让的财产是犯罪所得，则该财产不应当属于被没收财产之列。[④] 因此，俄现行刑事立法明确规定了没收财产的类型和条件，并且详细地规定了可予以没收财产所涉及的具体罪名。没收财产制度作为犯罪的刑事法律后果，其客观上承载着刑罚和刑事责任的部分功能，但它并不是刑罚和刑事责任得以实现的一种独立形式。[⑤] 没收财产制度作为刑法性质措施，其具体特点体现为以下几个方面。

（1）没收财产制度不是刑事责任实现的独立形式。

（2）没收财产制度同样也不是可选择性的刑罚措施，但其往往与刑罚相结合，即它既可以与主刑相结合，也可以和附加刑相结合而予以适用。

（3）在适用缓刑、对怀孕妇女和有幼年子女的妇女适用延期服刑的刑法性质措施时，可以同时判处没收财产。

---

① Кирилова Н. Аренда имущества, закрепленного за государственными (муниципальными) учреждениями // Хозяйство и право. 2010. № 28. С. 24.

② УПК РФ // СЗ РФ. 2001. № 52. Ст. 81 (с изм. на 5 октября 2014 г.).

③ Пудовочкин Ю. Учение о преступлении. М., 2010. С. 158.

④ Уголовное право России. Часть Особенная / Отв. ред. Л. Л. Кругликов. СПб., 2014. С. 117.

⑤ Мельникова М. Г. Конфискация имущества как мера уголовно-правового обременения: правовая природа и законодательная регламентация // Общество и право. 2010. № 4. С. 37.

(4)没收财产制度可以看作是一种限制被判刑人财产权利的刑法性质措施。与此同时,必须指出的是,俄现行刑事立法关于可以适用没收财产的罪名清单中所列举的罪名并不完善,例如,《俄罗斯联邦刑法典》第104-1条的规定中并不包括洗钱罪等应当适用没收财产制度的犯罪类型。

没收财产作为一种法律手段,其可以起到防控有组织犯罪发生的作用,同时在切断国际犯罪和跨国犯罪的筹资渠道方面效果凸显。此外,没收财产制度的适用,有利于弥补犯罪所造成的不利后果,可以用所没收的财产对被害人的损失予以赔偿。根据《俄罗斯联邦刑事诉讼法典》第73条第1款第8项的规定,适用没收财产这一刑法性质措施的前提,是要证明应当没收的财产是用于或准备用于犯罪工具或者用于资助恐怖主义、有组织团伙、非法武装队伍、犯罪集团等犯罪组织的财产。

在适用没收财产措施时,应当考虑该财产的来源和路径,其适用的目的和性质,以及合法所有人(受害人)财产权利的优先受偿权和善意取得人的合法权利。① 如前所述,1996年《俄罗斯联邦刑法典》颁行之初,没收财产是作为刑种予以规定的,此种立法模式一直持续至2003年。《俄罗斯联邦刑法典》原第52条所规定的没收财产刑,是由2003年12月8日出台的第162号《联邦法律》废除的。彼时的没收财产刑是专门针对贪利性的重罪和特别重罪规定的一种附加刑,并且只有在俄刑法分则相应条文有专门规定的情形下,法院才可以将没收财产刑作为附加刑予以判处。当时的没收财产刑在某些侵财型犯罪(比如盗窃罪、抢夺罪、抢劫罪)、敲诈勒索罪、非法从事银行活动罪等的法定刑中有规定,其中,对于某些犯罪而言,没收财产刑是作为必须适用的附加刑予以规定的,比如《俄罗斯联邦刑法典》第162条"抢劫罪"的第2、3款规定的具有加重责任构成的犯罪,但在多数情况下它作为可选择性刑罚予以适用。《俄罗斯联邦刑法典》第52条规定的没收财产刑(现已被废除)还分为全部没收和部分没收,其与我们国家现行刑事立法所规定的没收财产刑相类似,此不赘述。

二、没收财产制度适用的程序和条件

在《俄罗斯联邦刑法典》第104-1条的规定中,含有对关于犯罪所得产生收入的没收。此项规定只适用于2007年1月1日之后产生的法律关系。基于犯罪所得财产用于或可能用于实施更大规模犯罪活动的考虑,则应当对其予以没收。此项刑法性质措施的适用根据,是基于国家利益的考量,并以防止继续实施犯罪活动为宗旨。没收财产制度的适用,体现为对犯罪人因从事犯罪活动所得收入的无偿剥夺,这不仅符合恢复社会公正的刑罚目的,而且可以阻断犯罪分子实施新罪的条件。

---

① Найденко В. Н. Конфискация имущества как правовой инструмент противодействия этнонациональному экстремизму // Журнал российского права. 2010. № 1. С. 26.

根据《俄罗斯联邦刑法典》第104-3条的规定,在适用没收财产时,首先应当解决向合法所有人赔偿损失的问题。[①] 在俄司法实践中,还经常会发生实施犯罪所得财产和(或)利用该财产取得的收入并入合法财产的情况,此种情形下应当没收与所并入财产或财产收入的价值相当的那部分。如果被判刑人已经将犯罪所得和(或)犯罪所得收益移转给其他人(组织)的,若接收财产的人知道或者应当知道该财产是犯罪所得,则应当予以没收。如果应当予以没收的特定物品,由于使用、变卖或其他原因而在法院作出没收该物品的判决时已经没收不能,则法院应当作出没收与该物品价值相当之金钱的判决。如果被判刑人没有能力缴纳代替前述所列物品中特定物品应予以没收的金钱,或者缴纳数额不足,则法院应当作出没收与应没收物品价值相等或相当的其他财产的判决,但依照俄罗斯刑事诉讼立法的规定不能追偿的财产除外。

三、没收财产制度适用的罪名范畴

《俄罗斯联邦刑法典》第104-1条,对于作为刑法性质措施的没收财产制度所适用的犯罪种类进行了限制性规定,共涉及70多个罪名。俄罗斯现行刑事立法所规定的没收财产制度适用的对象,除了属于被告人实施犯罪的工具、设备和其他物品以及用于准备或用于资助恐怖主义、极端主义活动、有组织团伙、非法武装队伍、犯罪集团的金钱、贵重物品或其他财产外,其主要涉及的是俄刑法第104-1条第1款第1、2项所规定的犯罪所得及其犯罪所得产生的收益。

《俄罗斯联邦刑法典》第104-1条第1、2项规定所涉及的具体罪名包括如下几类。

(1)侵害人身权利类犯罪:故意杀人罪(《俄罗斯联邦刑法典》第105条第2款),故意严重损害他人健康罪(第111条第2-4款),绑架罪(第126条第2款),贩卖人口罪(第127-1条),利用奴隶劳动罪(第127-2条),妨碍行使选举权或妨碍选举委员会工作罪(第141条第2款),破坏候选人竞选委员会、选举联合会、全民公决倡议小组、全民公决参加人其他团体的财政拨款程序罪(第141-1条),伪造选举证件、全民公决证件罪(第142条第2款),不支付工资、养老金、奖学金、补助金和其他款项罪(第145-1条,出于贪利动机),侵犯著作权和邻接权罪(第146条),侵犯发明权和专利权罪(第147条),偷换婴儿罪(第153条,出于贪利动机)、非法收养罪(第154条,出于贪利动机),泄露收养秘密罪(第155条,出于贪利动机)。

(2)经济领域犯罪:生产、购买、保管、运送或销售无标识和(或)俄罗斯联邦立法规定信息的商品或产品罪(第171-1条),非法组织和参加赌博罪(第171-2

---

① 即如果犯罪人除了俄刑法第104-1第1、2款所列财产外没有其他可供追索的财产,则应当用前述财产赔偿合法所有人的损失,而剩余部分收归国家所有。

条),非法生产和(或)贩卖酒精、酒精类产品和含酒精产品罪(第171-3条),非法零售酒精产品和含酒精产品罪(第171-4条),洗钱罪(第174、174-1条),非法获取和泄露商业秘密、税务机密或银行秘密信息罪(第183条),非法影响正式体育比赛结果或商业性文娱竞赛结果罪(第184条第3、4款),伪造货币或有价证券或保管、运送、销售伪造的货币或有价证券罪(第186条),非法贩卖支付工具罪(第187条),非法出口或交付可用于制造大规模杀伤性武器、军事装备和军事技术的原料、材料、设备、工艺、科技情报和非法完成该种工作(提供服务)罪(第189条),以销售为目的购买、保存、运送、加工或销售明知非法采伐的木材罪(第191-1条),国防订货领域滥用权力罪(第201-1条),商业贿买罪(第204条第5-8款)。

(3)危害公共安全和社会秩序的犯罪:恐怖主义行动罪(第205条),协助恐怖主义活动罪(第205-1条),公开号召进行恐怖主义活动、公开为恐怖主义辩护或宣传恐怖主义罪(第205-2条),参加恐怖主义活动培训罪(第205-3条),组织、参加恐怖主义集团罪(第205-4条),组织、参加恐怖主义组织活动罪(第205-5条),劫持人质罪(第206条),组织、参加非法武装队伍罪(第208条),武装匪帮罪(第209条),组织、参加犯罪集团(犯罪组织)罪(第210条),聚众骚乱罪(第212条),非法取得、移交、销售、保管、运送或携带武器、武器主要部件、弹药罪(第222条),海盗罪(第227条),非法生产、销售或寄送麻醉品、精神药品以及非法销售或寄送含有麻醉品、精神药品的植物及植物组成部分罪(第228-1条),违反麻醉品或精神药品流通规则罪(第228-2条第2款),非法生产、销售或寄送麻醉品、精神药品前体以及非法销售或寄送含有麻醉品、精神药品前体的植物及植物组成部分罪(第228-4条),盗窃、勒索麻醉品或精神药品以及含有麻醉品或精神药品的植物或植物组成部分罪(第229条),非法种植含有麻醉品或精神药品或其前体的植物罪(第231条),开办或经营服用麻醉品、精神药品或其同类物的窝点或多次为这种窝点提供场所罪(第232条),非法倒卖烈性物质或剧毒物质罪(第234条),非法生产药品或医疗制品罪(第235-1条),流通伪造的质量低劣且未注册的药品、医疗制品以及伪造的生物活性添加剂罪(第238-1条),引诱卖淫罪(第240条),组织卖淫罪(第241条),非法制作或传播淫秽材料或物品罪(第242条),制作和流通含有未成年人淫秽图像的材料或物品罪(第242-1条),非法狩猎和贩卖珍稀动物资源、水生生物资源罪(第258-1条)。

(4)侵犯国家政权的犯罪:背叛国家罪(第275条),间谍罪(第276条),侵害国务活动家或社会活动家生命罪(第277条),暴力夺取政权或暴力掌握政权罪(第278条),武装暴乱罪(第279条),叛乱罪(第281条),组建极端主义集团罪(第282-1条),组织极端主义集团活动罪(第282-2条),资助极端主义活动罪(第282-3条),非法获取国家秘密罪(第283-1条),滥用职权罪(第285条),国防采购领域滥用职权罪(第285-4条),受贿罪(第290条),侵害审判人员或审前调查人员生命罪(第295条),伪证罪(第307条),拒绝作证罪(第308条),收买或强迫他人作伪证罪(第309条),伪造、制作 或销售伪造的官方文件罪(第327条第5、6款)。

(5)破坏人类和平和安全的犯罪:研制、生产、储存、购买或销售大规模杀伤性武器罪(第355条),利用雇佣军罪(第359条第3款),国际恐怖主义行动罪(第361条)。

除了上述所列罪名的犯罪所得及其收益属于没收财产对象范畴,《俄罗斯联邦刑法典》第200-1条、第200-2条、第226-1条和第229-1条所规定的非法穿越欧亚经济共同体关税联盟边界或在其成员国边界走私特定物品的各具体罪名,其所涉及的犯罪所得及犯罪所得收益,也属于没收财产的对象物。

四、没收财产制度的立法宗旨

根据俄罗斯立法者的逻辑,没收财产的目的不应当符合刑罚的目的,因为它属于其他刑法性质措施之列。基于俄罗斯现行刑事立法关于没收财产在《俄罗斯联邦刑法典》总则规范中的体例安排(将没收财产制度规定在“其他刑法性质措施”一编),则没收财产的目的更多地应当与医疗性强制措施的立法目的相类似,因此其立法宗旨应当是实现《俄罗斯联邦刑法典》第2条第1款所规定的刑法目的。然而,就没收财产制度自身内涵而言,其在立法目的方面与刑罚和医疗性强制措施之间都具有某些共同特征,但刑罚本身所具有某些属性却是没收财产制度所不具备的,比如没收财产制度无论如何都不可以具有改造被判刑人的功能(此为俄罗斯刑罚目的之一)。原因有两种:其一,应当予以没收的财产或者属于行为人非法所有,或者是行为人用于实施犯罪活动,这便使这部分财产无法转化为国家收入;其二,行为人在获得犯罪工具或其他犯罪物品或者将财产用于实现其他犯罪目的时,他其实是在冒险,因为行为人认识到若这些财产被发现则会被没收。

俄罗斯刑法中所规定的刑罚,除了上述论及的“改造被判刑人”的目的之外,还包括恢复社会公正和预防犯罪的目的。此后两种刑罚目的,则是没收财产制度可以实现的,但我们这里所说的没收财产制度已不是俄刑事立法之前作为刑种规定的没收财产刑,而是作为其他刑法性质措施(保安处分措施)的没收财产,即就其法律属性和内涵而言,俄现行刑事立法中的没收财产制度当属保安处分措施之列。相应地,俄罗斯现行刑事立法中所规定的没收财产制度,与俄刑法所规定的另一种保安处分措施——医疗性强制措施之间具有共同的目的,即预防被判刑人再实施新罪。

综上所述,没收财产制度适用的目的之一,应当是将被破坏的社会关系恢复到犯罪前状态。应当说,没收财产是恢复已被破坏社会关系的一种有效手段。行为人实施犯罪,既破坏了原有的社会关系机制,同时又在实施犯罪过程中获取了财产,而这些财产后续将可能会被行为人用于实施其他犯罪,或者用于资助恐怖主义活动或有组织团伙或任何其他非法武装组织、犯罪集团,即按照俄专家的说法,此种情形呈现的是一种违法状态。[①] 在这种情况下,没收财产措施便可以发挥其自身所具有效用,即被犯罪破坏的社会关系可以通过没收犯罪所得的财产,或是将其返还合法所有人的方式得以恢复。因此,《俄罗斯联邦刑法典》第 104-1 条所规定的没收财产,其实质上对被违反刑法所破坏的社会关系的恢复。没收财产制度的另一个宗旨,是预防犯罪,此处的预防对象既包括犯罪人本人,也指可能利用这些犯罪所得或犯罪工具而实施新罪的其他人。由此可见,俄现行刑事立法所规定的没收财产制度,其本身所固有的目的属性有两种:其一,恢复危害行为实施前既已存在的社会状态;其二,预防新罪的实施。

---

① Комментарий к УК РФ / Под ред. Ю. И. Скуратова, В. М. Лебедева. М. , 2010. С. 256.

余　论

俄罗斯不同历史时期的刑法学者立足于当时的刑事立法规定，对犯罪论体系、刑罚论体系以及其刑法总则制度进行了不同程度的研究。19 世纪中下叶，随着留学德国、法国等国学者的陆续归国，他们将当时欧洲先进的犯罪构成学说以及刑罚理念与制度体系带入俄国，促进了当时俄罗斯刑法总则制度的发展与完善。这一时期的代表性著作有斯巴索维奇的《刑法教科书》（1863 年）、季斯甲科夫斯基的《普通刑法基础教程》（1891 年）和塔甘采夫的《俄罗斯刑法》（1902 年）。虽然苏俄时期的刑法学研究受到当局意识形态的影响，但当时的刑法学者在刑法制度及相关理论的研究方面并未停滞不前，他们对刑法总则制度中的犯罪构成理论、刑事责任等问题都进行了相当深入的研究。这一时期研究刑法总则制度及相关理论的代表著作有孟沙金的《苏联刑法总论》（1950 年）、特拉伊宁的《犯罪构成的一般学说》（1957 年）和皮昂特科夫斯基的《苏联刑法科学史》（1978 年）等。当代俄罗斯联邦研究刑法总则制度的学者很多，他们在刑法的非意识形态化、承认全人类价值优先等方面取得了长足性进步，在解决刑法内部规范之间存在的冲突与矛盾、刑法与《俄罗斯联邦宪法》、国内刑事立法与所签署国际公约与条约所产生义务之间的协调统一方面取得了骄人成绩。其中，最具代表性著作是库兹涅佐娃的《俄罗斯刑法教程》（1999 年）、纳乌莫夫的《俄罗斯刑法学》（2004 年）、拉罗格的《俄罗斯联邦刑法》（2014 年）等。

国外学者对于俄罗斯刑法的研究仅限于苏联解体前“社会主义法系”背景下或“共产主义文献”语境中的刑法制度规范，对苏联解体后刑法制度的研究基本缺失。然而，当下的俄罗斯正在寻求“法治国家”之路，其理论路径与社会结构转型相互回应。俄罗斯刑法学者与司法实务界人士在探索俄罗斯“刑治转型”路径进程当中,立足于其帝俄、苏俄时期所积淀的深厚刑法理论基础与制度模式,构建了比较完备的俄罗斯联邦刑法总则制度体系,其中的诸多制度设计与刑法理念的创造与发展,既独具特色又顺应全球化发展趋势,值得各国刑法学者深入研究和借鉴。

本书主要研究的问题包括:俄罗斯刑法原则及其建构基础;犯罪构成理论及其与其他刑法制度规范之间的关系;犯罪分级制度及其法定化价值;刑事责任免除制度及其建构理念;刑罚免除制度及其建构理念;前科及前科消灭制度的人道化价值取向;未成年人、妇女与老年人的特殊刑法保障制度;累犯制度、延期服刑与行刑时效制度;刑罚“双轨制”以及刑罚阶梯制度;等等。所有这些刑法制度均内化于俄罗斯现行刑事立法规范当中,俄罗斯刑法由总则六编共 15 章(1-15 章)构成。俄罗斯刑法总则制度在体系结构方面体现出以下几个特点。

(1)刑法基本原则是刑法总则制度规范体系的灵魂,而公平正义理念的追求与实现当属刑法总则制度建构的应然内涵。俄罗斯现行刑事立法明文规定了五大刑法基本原则,即法制原则(我国刑法中的罪刑法定原则)、公民在法律面前一律平等原则(相当于我国刑法中的适用刑法人人平等原则)、罪过原则、公平正义原则和人道原则。

(2)《俄罗斯联邦刑法典》以单章的形式分别规定了“免除刑事责任”和“免除刑罚”的法定情形。其第 11 章第 75 条至第 78 条明确规定了四种免除刑事责任的法定情形,即因积极悔过免除刑事责任、因与被害人和解免除刑事责任、因形势变迁免除刑事责任 (失效)、因时效届满免除刑事责任。与此同时,第 12 章的第 79 条至第 83 条又单独规定了六种免除刑罚的法定情形,其中包括假释、将未服完刑罚改判较轻刑种、因情势变迁免除刑罚、因疾病免除刑罚、孕妇和有幼年子女的妇女(单亲男子)延期服刑、因法院有罪判决的时效届满而免于服刑。

(3)俄罗斯刑法以单独一编的内容规定了未成年的刑事责任问题。即第五编共用了 10 条规范(也就是第 14 章第 87 条至第 96 条)对未成年人刑事责任及量刑、科处的刑种、教育感化措施、刑罚的免除、专门针对未成年人的假释、时效等制度进行了非常具体的规定。

(4)俄罗斯刑法中正当行为所涵盖的内容相对宽泛。俄联邦刑法第 8 章的题目是“排除行为有罪性情节”,即我国刑法中所讲的“正当行为”。俄刑事立法明确规定了六种排除违法性和有责性的法定事由。①

(5)俄罗斯刑法关于刑事制裁的规定采双轨制模式,即刑罚(主刑、附加刑)与非刑罚性质的强制措施(保安处分措施)并用。其第六编第 97 条至第 104 条详细规定了“医疗性强制措施”、第 104-1 条则规定了“没收财产制度”。俄罗斯现行刑

① 即俄刑法第 37 条至第 42 条规定的正当防卫、拘捕犯罪人造成损害、紧急避险、身体或心理受到强制、合理风险、执行命令或指令。

事立法所规定的没收财产制度属于保安处分措施之列，其没收范围仅限于犯罪分子实施犯罪所使用的工具以及犯罪所得及其收益，并不包含犯罪人个人所有的合法财产。

通过本书对于俄刑法总则制度的系统研究和分析，可以将当代俄罗斯刑法理念概括为这样四个方面：以人为本的价值取向、民主化和人道化原则、国际化、现实适应性。

(1)以人为本的价值取向，即承认人是文明世界中的最高社会价值(以人为本)。这一理念在俄刑法典的总则[①]和分则[②]的规范中都有所体现。

(2)俄现行刑事立法坚决贯彻民主化和人道主义原则。[③] 申言之，俄罗斯刑法典依据的原则是：行为是否构成犯罪，以及是否应受刑罚处罚或发生其他法律后果，只能由刑法予以规定，不允许类推适用刑事法律、不允许客观归罪。对犯罪人适用的刑罚和其他刑法感化措施，都应当与犯罪的性质和社会危害性的程度、实施犯罪的情节和犯罪人的人身特性相当，其目的应当是恢复社会公正、改造犯罪人和预防新罪，并且刑罚不得以造成身体痛苦或侮辱人格为目的。

(3)俄罗斯刑法承认国际条约相对于国内法的优先地位。这一理念在俄刑法典的总则和分则中都有体现：根据其总则第1条第2款的规定：俄罗斯刑事立法的根据即是"《俄罗斯联邦宪法》和公认的国际法原则和准则"。其分则第34章"破坏人类和平和安全的犯罪"包含了诸如侵略、雇佣军队、种族灭绝、生态灭绝等国际公约中所规定行为的刑事责任。

(4)俄罗斯刑事立法力求与国内的犯罪现状相适应。刑事立法改革应当立足于认真考察现实的和可预测的犯罪趋势、犯罪结构、新的犯罪种类、罪犯的数量等基础之上。俄罗斯各类犯罪的统计数据会定期在俄罗斯内务部以及其他部门的官网上公布，这就为各类犯罪的实证研究提供了可靠的数据资料。通过实证研究得出的结论可以为立法改革提供具体支撑。这是一个良性互动过程。

本书在梳理与探析俄罗斯刑法总则制度体系的纵深发展及其伴随其中的各种理论界说的基础上，深入研究俄罗斯刑法总则领域各具体刑法制度及其背后所蕴含的理念，以期借鉴其有益要素，或在立足国情的基础上，为我国刑法总则制度体系的进一步发展提供几点参考。

---

① 俄刑法总则第2条规定："本法典的任务是，保护人和公民的权利和自由、保护财产权、维护社会秩序和公共安全、保护环境、捍卫俄罗斯的宪法制度，以防犯罪行为的侵害，保障人类的和平和安全和预防犯罪"。

② 俄刑法分则的结构正是基于这一理念，按照法律保护客体的重要性进行构架的，即认为刑法保护的顺序安排应当是"个人—社会—国家"。因此，其分则一开始不再是关于国事罪的规定，而是"侵犯人身的犯罪"(分则第一编，法典总第七编)。

③ 根据《俄罗斯联邦刑法典》第3条至第7条的规定，这些原则包括法制原则、公民在法律面前一律平等的原则、罪过原则、公正原则和人道原则。

参考文献

1. Абдурахманова А. А. Проблемы института судимости в уголовном праве России: Автореф. дис. … канд. юрид. наук. Махачкала, 2005.

2. Аветисян С. С. Соучастие в преступлениях со специальным составом. М. , 2004.

3. Агзамов И. М. Условное осуждение. Проблемы правовой регламентации и исполнения: Дис. … канд. юрид. наук. М. , 2005.

4. Агзамов И. М. Концептуальные идеи развития института условного неприменения наказания // 《Черные дыры》 в российском законодательстве: юридический журнал. 2010. № 5.

5. Агзамов И. М. Условное осуждение как разновидность условного неприменения уголовного наказания // Исторические, философские, политические и юридические науки, культурология и искусствоведение. Вопросы теории и практики: в 2-х ч. Ч. 1. Тамбов: Грамота, 2012.

6. Александров А. Н. О правовых аспектах предупреждения преступности несовершеннолетних // Уголовно - правовые, уголовно-процессуальные и криминалистические проблемы в деятельности следственных подразделений правоохранительных органов. Материалы Всероссийской конференции курсантов, слушателей, студентов, адъюнктов и аспирантов. -Челябинск, 2007.

7. Алексеев Н. С. , Смирнов В. Г. , Шаргородский М. Д. Основание уголовной ответственности по советскому уголовному праву // Правоведение. 1961. № 2.

8. Алексеев С. С. Общая теория социалистического права. Свердловск, 1963.

9. Алексеев С. С. Общая теория права: курс лекций: в 2 т. М.: Юрид. лит., 1981. Т. 1.

10. Алексеев С. С. Право: азбука –теория –философия: Опыт комплексного исследования. М., 1999.

11. Алексеев И. Н. Условное осуждение в уголовном праве России: Дис. … канд. юрид. наук. Саратов, 2004.

12. Алексеев А. И., Овчинский В. С., Побегайло Э. Ф. Российская уголовная политика: преодоление кризиса. М.: Норма, 2006.

13. Анисимов П. В. Теория государства и права: учебник / под ред. П. В. Анисимова. М.: ЦОКР МВД, 2005.

14. Антимонов Б. С. Значение вины потерпевшего рпи гражданском правонарушении. М., 1950.

15. Арендаренко А. В. Принцип социальной справедливости в системе уголовного права Российской Федерации // КонсультантПлюс.

16. Арендаренко А. В. Указ. соч.

17. Аристотель. Этика. Политика. Риторика. Поэтика. Категории / Аристотель. Минск. 1998.

18. Арутюнов А. А. Институт соучастия: исторический экскурс //Российский следователь. –2002. № 5.

19. Арутюнов А. А. Соучастие в преступлении по уголовному праву Российской Федерации: дисс. … д–ра юрид. наук: 12. 00. 08. М., 2006.

20. Арутюнов А. А. Соучастие в преступлении. М., 2013.

21. Арутюнов А. А. Указ. соч.

22. Арямов А. А. Назначение уголовного наказания судом. Челябинск, 1999.

23. Бабаев В. К. Теория государства и права: учебник/под ред. В. К. Бабаева. М., 2003.

24. Бабий Н. А. Множественность лиц в преступлении и проблемы учения о соучастии. М., 2013.

25. Баулин Ю. В. право граждан на задержание преступника. Харьков, 1986.

26. Баулин Ю. В. Обстоятельства, исключающие преступность деяния. Харьков, 1991.

27. Бажанов М. И. Назначение наказания по совокупности преступлений и

совокупности приговоров. Харьков, 1977.

28. Бажанов М. И. Проблемы совершенствования Общей части Уголовного кодекса. М., 1975.

29. Байтин М. И. О принципах и функциях права: новые моменты // Правоведение. 2000. № 3.

30. Балеев С. А. Форма соучастия в преступлении: понятие и классификация / Ученые записки казанского государственного университета. Гуманитарные наука. 2010. Т. 152. кн. 4.

31. Баранков Н. В. Посредственное исполнение преступления: автореф. дис. ... канд. юрид. наук. СПб., 2001.

32. Баранков Н. В. Указ. соч.

33. Безверхов А. Г. Имущественные преступления. Самара: Изд-во Самарск. Ун-т, 2002.

34. Беккариа Ч. О преступлениях и наказаниях. М., 1995.

35. Бельгарова Н. В. Условное осуждение: законодательный, теоретический аспекты и вопросы исполнения: по материалам Ставропольского края: Дис ... канд. юрид. наук. Пятигорск, 2008.

36. Белогриц-Котляревский Л. С. Учебник русского уголовного права. Части Общая и Особенная. Киев, 1903.

37. Беляев Н. А., М. И. Ковалев. Советское уголовное право. Общая часть / под ред. Н. А. Беляева, М. И. Ковалева. М.: Юрид. лит., 1977.

38. Беляев Н. А. Уголовно-правовая политика и пути ее реализации. Л., 1986.

39. Беляев Н. А. Избранные труды. СПб.: Юрид. центр Пресс, 2003.

40. Бердический Ф. Ю. Уголовная ответственность медицинского персонала за нарушение профессиональных обязанностей. М., 1970.

41. Берлин А. А. О необходимой обороне. Ярославль, 1911.

42. Бернер А. Учебник уголовного права. Т. 1. Общая часть. СПб., 1865.

43. Бибик О. К вопросу о наказуемости как признаку преступления // Уголовное право. 2008. № 4.

44. Благов Е. В. Применение специальных начал назначения уголовного наказания. М., 2007.

45. Благов Е. В. Применение общих начал назначения уголовного наказания: монография. М., 2013.

46. Блинников В. А. Система обстоятельств, исключающих преступность

деяния, в уголовном праве России: Автореф. дис. … д-ра юрид. наук. Нижний Новгород, 2002.

47. Блум М. И. Некоторые вопросы необходимой обороны // Учен. Зап. Латв. Гос. Ун-та. М. П. Стучки. Рига, 1962. Т. 44.

48. Бойко А. И. Система и структура уголовного права. В 3 т. Т. 1. Системология и структурализм в современной познавательной культуре. Ростов-на-Дону, 2007.

49. Бойко А. И. Теория принципов уголовно-го права // Уголовное право. 2005. № 4.

50. Бойцов А. И. Преступления против собственности. СПб. , 2002.

51. Борисенко Е. А. Назначение наказания при множественности преступлений (ст. 68,69 УК РФ): дис. … канд. юрид. наук. Краснодар, 2006.

52. Боровых Л. В. Проблемы возраста в механизме уголовноправового регулирования. Автореф. дисс. … канд. юрид. наук. -Екатеринбург, 1993.

53. Бородин С. В. Преступления против жизни. М. , 1999.

54. Бородин С. В. Квалификация убийства по действующему законодательству. М. , 1966.

55. Бородулин А. И. Методические и тактические основы расследования убийств, совершаемых наемными лицами: Автореф. дисс. … канд. юрид. наук. М. , 1996.

56. Бохан А. П. , Петршева Н. В. Соучастие в неосторожном преступлении: миф или реальность? // Lex Russica. 2016 № 5.

57. Бражник Ф. Множественность преступлений -отражение их совокупной общественной опасности // Уголовное право. 2000. № 3.

58. Брайнин Я. М. Уголовная ответственность и ее основание в советском уголовном праве. М. : Госюриздат, 1963.

59. Бриллиантов А. В. Уголовное право России. Части Общая и Особенная / Под ред. А. В. Бриллиантова. М. , 2008.

60. Бриллиантов А. В. Уголовное право России. Части Общая и Особенная: учебник / под ред. А. В. Бриллиантова. -2-е изд. , перераб. И доп. Москва: Проспект, 2016.

61. Будзинский С. Начала уголовного права. Варшава. 1870. //Allpravo. Ru-2005/. Книга 2. Преступление. Глава I. О преступлении вообще. Отделение 3. Состав преступления.

62. Бура Н. А. Функции общественного правосознания. Киев: Наукова

думка, 1986.

63. Бурдужук Е. Н. Социально – психологический аспект уголовной ответственности несовершеннолетних //Новое уголовное законодательство России: проблемы теории и практики. Сборник статей. – Тюмень: Изд – во Тюменского юрид. ин–та МВД России, 1999.

64. Бурчак Ф. Г. Учение о соучастии по советскому праву. Киев, 1969.

65. Бурчак Ф. Г. Соучастие: социальные, криминологические и правовые проблемы. –Киев: Виша шк., 1986.

66. Бушуев Г. В. Социальная и уголовно–правовая оценка причинения вреда преступнику при задержании. Горький, 1976.

67. Бушуев Г. В. Указ. Соч.

68. Вавилов Л. В., Мухамедьянов Н. О. практике возмещения ущерба жертвам преступлений // Следователь. 1998. № 1.

69. Васильев А. М. Правовые категории. М., 1976.

70. Васильев А. М. О правовых идеях–принципах // Советское государство и право. 1975. № 3.

71. Васильев И. М. Наказание по советскому уголовному праву: учеб. пособие. М.: Типография им. Воровского, 1970.

72. Васильева Е. Г. Формы множественности по действующему уголовному законодательству: дис. … канд. юрид. наук. Ставрополь, 2005.

73. Васильевский А. В. Дифференциация уголовной ответственности и наказания за неоконченное преступление // Юрид. техника и вопр. Дифференциации ответственности в уголовном праве и процессе / под ре. Л. Л. Кругликова. Ярославль, 1998.

74. Векленко С. В. Понятие, сущность, содержание и формы вины в уголовном праве. Омск, 2002.

75. Велиев С. А. Принципы назначения наказания. СПб., 2004.

76. Велиев С. А., Савенков А. В. Индивидуализация уголовного наказания. 2–е изд. М., 2010.

77. Верина Г. Ограничение свободы как вид уголовного наказания в свете законодательных новелл // Уголовное право. 2010. № 5.

78. Веселов Е. Г. Физическое или психическое принуждение как обстоятельство, исключающее преступность деяния: дис. … канд. юрид. наук. Краснодар, 2002.

79. Ветров Н. И., Ляпунов Ю. И. Уголовное право. Общая часть / Под ред. Н. И. Ветрова, Ю. И. Ляпунова. М., 1997.

80. Винокуров В. Н. Правомерное причинение вреда в состоянии крайней необходимости: монография. Красноярск: Сибир. Юрид. ин-т МВД России, 2001.

81. Виттенберг Г. Б. Развитие основных принципов советского уголовного права в новом Уголовом кодексе РСФСР / Г. Б. Виттенберг // Правоведение. 1962. № 4.

82. Возжанникова И. Г. рецидив как вид множественности преступлений: монография / отв. Ред. А. И. Чучаев. М. : Контракт, 2014.

83. Волженкин Б. В. Уголовная ответственность юридических лиц. СПб. , 1998.

84. Волженкин Б. В. Оценка состояния Уголовного кодекса Российской Федерации и перспективная характеристика законодательной деятельности. Издательство: ЛексЭст Место издания: Москва Количество страниц: 9-12 Год издания: 2004 г.

85. Волженкин Б. В. Развитие российской науки уголовного права // Энциклопедия уголовного права. Т. 1. Понятие уголовного права. СПб. , 2005.

86. Волошин В. , Третьяк М. Определение момента окончания хищения // Уголовное право. 2007. № 3.

87. Волошин В. , Третьяк М. Указ. Соч.

88. Воронин В. Н. Законность как принцип назначения наказания: качественный, количественный и процедурный элементы // Юридический вестник ДГУ. 2014. № 2.

89. Воронин В. Н. Индивидуализация наказания: монография. М. , 2017.

90. Ворошилин Е. В. , Кригер Г. А. Субъективная сторона преступления. М. , 1987.

91. Вязов А. Л. Принцип справедливости в современном российском праве и правоприменении (теоретико-правовое исследование): Автореф. дис. ... канд. юрид. наук. М. , 2001.

92. Гаверов Г. С. Общие начала наказания по советскому уголовному праву. - Иркутск, 1976.

93. Гаврилов Б. Я. Современная уголовная политика России: цифры и факты // Велби, Проспект, 2008.

94. Галактионов С. А. Принцип справедливости: дис. ... канд. юрид. наук. Рязань, 2003.

95. Галиакбаров Р. Р. Квалификация групповых преступлений. М. , 1980.

96. Галиакбаров Р. Р. Квалификация многосубъектных преступлений без признаков соучастия. Хабаровск. 1987.

97. Галиакбаров Р. Р. Уголовное право. Общая часть. Краснодар, 1999, 2005.

98. Галиакбаров Р. Р. Борьба с групповыми преступлениями. Вопросы квалификации. Краснодар, 2000.

99. Галиакбаров Р., Ефимов М., Фролов В. Множественность преступных деяний как институт советского уголовного права // Советская юстиция. 1967. № 2.

100. Гальперин И. М. Уголовная политика и уголовное законодательство // Основные направления борьбы с преступностью. М., 1975.

101. Гамкрелидзе О. К. Соисполнительство и посредственное исполнительство по советскому уголовному праву: автореф. дис. ... канд. юрид. наук. Тбилиси, 1973.

102. Гарбатович Д. А. Руководящие разъяснения Пленума Верховного Суда Российской Федерации как условие эффективности уголовно-правовых норм (на примере квалификации преступления, совершенного организованной группой) // Российский судья. 2015. № 3.

103. Гегель Г. В. Ф. Политические произведения / Г. В. Ф. Гегель. М., 1978.

104. Гегель. Г. В. Ф. Философия права / Г. В. Ф. Гегель. М., 1990.

105. Георгиевский Э. В. Общее понятие преступного в истории уголовного права России: терминологическое многообразие // Государство и право. 2008. № 4.

106. Гильперин И. М., Мельникова Ю. Б. Дополнительные наказания. М., 1981.

107. Голина В. В. Погашение и снятие судимости по советскому уголовному праву. Харьков: Изд-во Харьков. ун-та, 1979.

108. Гонтарь И. Я. Неоконченное преступление: критические размышления// Адвокат. 2011. № 5.

109. Горелик А. С. Назначение наказания по совокупности преступлений. - Красноярск, 1975.

110. Горелик А. С. Реализация принципа справедливости в правилах назначения наказания // Уголовное право. 2001. № 1.

111. Горобцов В. И. Актуальные проблемы теории борьбы с преступностью и правоприменительная практика: Межвузовский сборник научных трудов.

Красноярск, 2000.

112. Гравина А. А. Институт судимости и ее правовые последствия // Журнал российского права, 2015. № 5.

113. Грамматчиков М. В. Судимость: исторический, уголовно-правовой и уголовно - исполнительный аспекты: Автореф. дис. ... канд. юрид. наук. Красноярск, 2002.

114. Гребенкин Ф. Б. Понятие, признаки и виды мер уголовно-правового характера // Системность в уголовном праве: Материалы II Российского конгресса уголовного права. М., 2007.

115. Гребцов О. В. Уголовная политика современной России и предупреждение преступности. Автореф. дис. ...канд. юрид. наук. СПб., 2000.

116. Грефрат Б. О месте принципов в системе современного международного права // Правоведение. 1969. № 2.

117. Гринберг М. С. Преступления против общественной безопасности: Учеб. Пособие. Свердловск. 1974.

118. Гринберг М. С. Понятие и виды соучастия в неосторожном преступлении // Вестник Омского ун-та. Серия《Право》. 2008. № 2.

119. Гринь М. В. Неоконченное преступление: дис. ... канд. юрид. наук. Краснодар, 2003.

120. Гришаев П. И., Кригер Г. А. Соучастие по уголовному праву. М., 1959.

121. Гришаев П. И., Кригер Г. А. Указ. соч.

122. Гришаев П. И., Малахов И. П. Некоторые вопросы учения о соучастии по советскому уголовному праву. -Л., 1957.

123. Гришко А. Я., Потапов А. М. Амнистия. Помилование. Судимость. М., 2009.

124. Гумбольдт В. Ф. О пределах государственной деятельности / пер. с нем. Челябинск, 2009.

125. Дагель П. С. Проблемы вины в советском уголовном праве // Учен. зап. ДВГУ. 1968. Вып. 21.

126. Дагель П. С. Множественность преступлений. Владивосток, 1969.

127. Дагель П. С. Принципы советского уголовного права // Советское государство и право. 1972. № 3.

128. Дагель П. С., Котов Д. П. Субъективная сторона преступления и ее установление. Воронеж, 1974.

129. Дагель П. С. Проблемы советской уголовной политики. Владивосток, 1982.

130. Дагель П. С. Условия установления уголовной наказуемости // Правоведение. 1975. № 4.

131. Демидов Ю. А. Основные принципы советского уголовного права / Ю. А. Демидов // Вопросы борьбы с преступностью. М. , 1969.

132. Денисов Ю. Д. Освобождение от наказания в связи с изменением обстановки: Автореф. дис. … канд. юрид. наук. Владивосток, 2007.

133. Джекебаев У. С. , Судакова Р. Н. , Шапинова С. А. и др. Криминологические и уголовно－правовые проблемы наказания. Алма－Ата, 1989.

134. Дмитренко А. П. Пределы правомерности права на необходимую оборону. Ставрополь, 2000.

135. Долгова А. И. Здоровье нации и национальная безопасность как приминологическая проблемы. М. , 1995.

136. Донец Е. В. причинение вреда при задеражании лица, совершившего преступление в процессе отбывания наказания в виде лишения свободы: дис. … канд. юрид. наук. Рязань: Акад. Права и управления Минюста России, 2004.

137. Донец Е. В. Указ. Соч.

138. Досаева Г. С. Проблемы квалификации множественности преступлений// полицейская и следственная деятельность. 2014. № 3.

139. Дударь Н. Н. Общие начала назначения наказания: дис. … канд. юрид. наук. М. , 2004.

140. Дурманов Н. Д. Стадии совершения преступления по советскому уголовному праву. М. , 1955.

141. Дуюнов В. К. Наказание в уголовном праве России －принуждение или кара? // Государство и право. －М. , 1997. № 11.

142. Дуюнов В. К. Механизм уголовно－правового воздействия: теоретичекие основы и практика реализации автореф. дис … д－ра юрид. Наук. М. , 2001.

143. Дюрягин И. Я. Применение норм советского права. Свердловск, 1973.

144. Егоров И. Кокаин меняет курс // Российская газета. 2012. 4 июля.

145. Елинский В. В. Конституционные основания криминалтизации общественно опасных деяний в свете решений Коннституционного Суда России // Российский следователь. 2010. № 17.

146. Елинский А. В. Неуголовно－правовые последствия прежней судимости

в свете решений Конституционного Суда РФ // Журнал российского права. 2010. № 7.

147. Ендольцева А. В. Институт освобождения от уголовной ответственности: теоретические, законодательные и правоприменительные проблемы: Автореф. дис. … д-ра юрид. наук. М., 2005.

148. Епифанова Е. В. Становление и развитие института соучастия в преступлении в России. Краснодар, 2003.

149. Ераксин В. В., Помчалов Л. Ф. Погашение и снятие судимости в советском уголовном праве. М.: Изд-во Моск. ун-та, 1963.

150. Ермакова Л. Д. Понятие соучастия // Энциклопедия уголовного права. Т. 6: Соучастие в преступлении. СПб., 2007.

151. Есаков Г. Квалификация совместного совершения преступления с лицом, не подлежащим уголовной ответственности: новый поворот в судебной практике // Уголовное право. 2011. № 2.

152. Есаков Г. А. Англо - американское уголовное право: эволюция и современное состояние Общей части. М., 2007.

153. Есаков Г. А. Указ. соч.

154. Ефремова В. А. Актуальные вопросы погашения и снятия судимости в уголовном праве Российской Федерации // Актуальные вопросы борьбы с преступлениями. 2016. № 1.

155. Жалинский А. Э. О понимании уголовного права // Право и политика. 2006. № 5.

156. Жалинский А. Э. Уголовное право в ожидании перемен: теоретико - инструментальный анализ. М., 2008.

157. Жалинский А. Э. Комментарий к Уголовному кодексу Российской Федерации / отв. ред. А. Э. Жалинский. М., 2010.

158. Жалинский А. Э. Уголовное право: учебник: в 3 т. Т. 1: Общая часть. Гл. 10. Отдельные признаки преступления / под общ. ред. А. Э. Жалинского. М., 2011.

159. Жидких И. В. Реализация принципов уголовного права в общих началах назначения наказания: дис. … канд. юрид. наук. Ростов-на Дону, 2007.

160. Жидких К. В. К вопросу о законодательном определении принципа справедливости // Вестник Адыгейского государственного университета. Серия 1: Регионоведение: философия, история, социология, юриспруденция, политология, культурология. 2007.

161. Жук М. С. Теоретические проблемы. Исследования институтов. Общей части уголовного. Права // LEX RUSSICA. 2014. № 1.

162. Журавлев М. , Журавлева Е. Понятие уголовной ответственности и форма ее реализации // Уголовное право. 2005. № 3.

163. Загородников Н. И. Принципы советского социалистического права / Н. И. Загородников // Советское государство и право. 1966. № 5.

164. Загородников Н. И. Советское уголовное право. Общая и Особенная части. М. : Юрид. лит. , 1975.

165. Загородников Н. И. , Стручков Н. А. Направление изучения советского уголовного права // Советское государство и право. 1981. № 7.

166. Загородников Н. И. Указ. Соч.

167. Зажицкий В. И. Правовые принципы в законодательстве Российской Федерации // Государство и право. 1996. № 11.

168. Захарова С. С. обоснованный риск в уголовном праве РФ: дис. … канд. юрид. наук. Рязань: Акад. Права и управления ФСИН России, 2005.

169. Звечаровский И. Э. Меры уголовно-правового характера: понятие, система, виды // Законность. 1999. № 3.

170. Звечаровский И. Э. Современное уголовное право России: понятие, принципы, политика. СПб. : Изд-во《Юридический центр Пресс》, 2001.

171. Звечаровский И. Э. Добровольный отказ от доведения преступления до конца. СПб: Изд-во Р. Асланова《Юридический центр Пресс》, 2008.

172. Здравомыслов С. В. Уголовное право. Общая часть: учебник / Под ред. Б. В. Здравомыслова. М. : Юридическая литература, 1994, 1996 и 1999.

173. Здравомыслов С. В. Уголовное право Российской Федерации / под ред. С. В. Здравомыслова. М. , 2000.

174. Зелинский А. Ф. Квалификация преступлений, предусмотренных одной и той же статьей УК // Советская юстиция. 1974. № 4.

175. Зельдов С. И. Освобождение от наказания и его отбывания. М. , 1982.

176. Зельдов С. И. Уголовно-правовые последствия судимости: учеб. пособие. Орджоникидзе, 1986.

177. Землюков С. В. Уголовно-правовые проблемы преступного вреда. Новосибирск, 1991.

178. Землюков С. В. Понятие и содержание мер уголовно-правового характера // Государство и право на рубеже веков (материалы Всероссийской конференции). М. , 2001.

179. Землюкова. Барнаул: Изд-во Алтайск. Ун-та, 2005.

180. Зивс С. Л. Источники права. М. , 1981.

181. Злобин Г. А. Основания и принципы уголовно-правового запрета // Советское государство и право. 1980. № 1.

182. Злобин Г. А. Виновное вменение в историческом аспекте // Уголовное право в борьбе с преступностью. М. , 1981.

183. Зубкова В. И. Уголовное наказание и его социальная роль: теория и практика. М. : НОРМА. 2002.

184. Иванов Н. Г. Понятие и формы соучастия в советском уголовном праве. - Саратов: Издательство Саратовского государственного университета, 1991.

185. Иванов Н. Г. Постановление Пленума Верховного Суда РФ《О судебной практике по делам об убийстве (ст. 105 УК РФ)》. Критический взгляд // Уголовное право. 2000.

186. Иванов Н. Г. Модельный уголовный кодекс. Общая часть. Опус N 1. М. , 2003.

187. Иванов В. Д. Предупреждение и пресечение преступлений на различных стадиях их проявления. Ростов н/Д. 2000.

188. Иванов А. Б. Институт причинения вреда при задержании лица, совершившего преступление: автореф. Дис. … канд. юрид. наук. М. , 2000.

189. Иванов Р. Л. О понятии принципов права // Вестник Омского университета. 1996. Вып. 2.

190. Иванов С. А. Понятие, основные характеристики и показатели вины в уголовном праве России. Ставрополь, 2005.

191. Ивченко О. С. Проблемы мотива и цели убийства в уголовном праве России: дис. … канд. юрид. наук. М. , 2002.

192. Игнатов А. Н. , Красиков Ю. А. Уголовное право России. Т. 1: Общая часть / Отв. ред. А. Н. Игнатов, Ю. А. Красиков. М. , 1998.

193. Игнатов А. Н. О понятии вины в уголовном праве // Законы России: опыт, анализ, практика. Ежемесячный правовой журнал. - М. : Изд. Дом "Буквовед", 2007, № 3.

194. Игнатов А. Н. и др. Уголовное право России. Учебник для вузов. В 2-х томах. Т. 1. Общая часть /от. ред. А. Н. Игнатов; Ю. А. Красиков. —М. : Издательство НОРМА, 2000.

195. Игошев К. Е. Правонарушения и ответственность несовершеннолетних.

–Свердловск, 1973.

196. Илиджев А. А. Назначение наказания за преступление, совершенное в соучастии: Дис. … канд. юрид. наук. –Казань, 2004.

197. Исаев И. А. История государства и права России: Учебник для юридических вузов. 3–е изд., перераб. и доп. М., 1996.

198. Ищенко А. В. Назначение наказания по Уголовному кодексу Российской Федерации: научно–практическое пособие. М., 2002.

199. Кадников Н. Г. Классификация преступлений по уголовному праву России: дис. …докт. юрид. наук. М., 2000.

200. Казак В. Задержание преступника и крайняя необходимость // Сов. Юстиция. 1982. № 4.

201. Казимирчук В. П. Социальный механизм действия права // Советское государство и право. 1970. № 10.

202. Калинкин С. Обратная сила уголовного закона и принцип ответственности // Журнал Российского права. 2008. № 1.

203. Калмыков П. Д. Учебник уголовного права: Часть общая / П. Д. Калмыков. СПб. 1866.

204. Канубриков В. А. Принцип законности в уголовном праве России: теоретические и правоприменительные проблемы: автореф. дис. … канд. юрид. наук: Волгоград, 2011.

205. Капинус О. С. Актуальные проблемы уголовного права: курс лекций / Под ред. О. С. Капинус; Академия генеральной прокуратуры Российской Федерации. М.: Проспект, 2016.

206. Капинус О. С. Убийства: мотивы и цели. М., 2004.

207. Карлов В. П. Формы соучастия: Автореф. дис. … канд. юрид. наук. –Самора, 2004.

208. Карпец И. И. Индивидуализация наказания в советском уголовном праве: автореф. Дис. … д–ра юрид. наук. Л., 1963.

209. Карпец И. И. Индивидуализация наказания в советском уголовном праве. –М.: Юрид. лит., 1961.

210. Карпец И. И. Наказание. Социальные, правовые и криминологические проблемы. М., 1973.

211. Карпушин М. П., Курляндский В. И. Уголовная ответственность и состав преступления. М., 1974.

212. Кауфман М. А. Пробелы в уголовном праве: понятие, причины,

способы преодоления. М. : Юрлитинформ, 2007.

213. Кашепов В. П. Развитие уголовного законодательства Российской Федерации: учеб. -практ. пособие / отв. ред. В. П. Кашепов. М. , 2007.

214. Келина С. Г. Обстоятельства, исключающие преступность деяния: понятие и виды // Уголовное право. 1999. № 3.

215. Келина С. Г. "Иные меры уголовно-правового характера" как институт уголовного права // Уголовное право: стратегия развития в XXI веке: Материалы Четвертой международ. научн. -практ. конф. М. , 2007.

216. Келина С. Г. , Кудрявцев В. Н. Принципы советского уголовного права. М. : Наука, 1988.

217. Келина С. Г. , Кудрявцев В. Н. Указ. соч.

218. Кенни К. Основы уголовного права. М. , 1949.

219. Кибальник А. Г. , Соломоненко И. Г. Практический курс уголовного права России. Ставрополь, 2001.

220. Кирилова Н. Аренда имущества, закрепленного за государственными (муниципальными) учреждениями // Хозяйство и право. 2010. № 28.

221. Кириллов В. И. , Старченко А. А. Логика: Учеб. для юрид. вузов. М. , 1998 и 2004.

222. Кириллов В. И. , Старченко А. А. Указ. соч.

223. Кириченко В. Ф. Необходимая оборона и задержание преступленика // Сов. Милиция. 1966. № 11.

224. Кириченко В. Ф. Значение ошибки по советскому уголовному праву. М. , 1952.

225. Киселева М. Назначение наказания в виде ограничения свободы // Уголовное право. 2013. № 1.

226. Кистяковский А. Ф. Элементарный учебник общего уголовного права. Т. 1. Общая часть. Киев, 1875 и 1891.

227. Кияйкин Д. В. Принцип законности в уголовном праве. Дисс. канд. юрид. наук. М. , 2001.

228. Кливер И. Разграничение продолжаемых и повторных преступлений // Сов. Юстиция. 1979. № 5.

229. Клименко Ю. А. Правила квалификации преступлений, совершенных в соучастии // Уголовное право и криминология. 2017 № 4.

230. Клименко Ю. А. О юридической природе соучастия в преступлении // Актуальные проблемы российского права № 4.

231. Ковалев М. И. К вопросу о понятии соучастия в советском уголовном праве // Правоведение. 1959. № 4.

232. Ковалев М. И. Соучастие в преступлении. Свердловск, 1960.

233. Ковалев М. И. Понятие и признаки преступления и их значение для квалификации. Свердловск, 1977.

234. Ковалев М. А. , Васьков П. Т. Указ. соч.

235. Ковалев М. И. Соучастие в преступлении. – Екатеринбург: Изд – во УрГЮА, 1999.

236. Ковалев М. И. , Воронин Ю. А. Криминология и уголовная политика: учеб. пособие. Свердловск: Изд–во Свердл. юрид. ин–та, 1980.

237. Коган В. М. Принципы советского уголовного права // XXVII съезд КПСС и укрепление законности и правопорядка. М. , 1987.

238. Козаченко И. Я. Уголовное право. Общая часть: учеб. Для вузов / отв. ред. И. Я. козаченко, З. А. Незнамова. М. , 1997.

239. Козаченко И. Я. Уголовное право. Общая часть: учебник / отв. ред. И. Я. Козаченко. М. , 2008.

240. Козаченко И. Я. , Новоселов Г. П. Уголовное право. Общая часть: учебник для бакалавров / И. Я. Козаченко, Г. П. Новоселов. М. :Юрайт, 2014.

241. Козлов А. П. Новое уголовное законодательство по УК РФ 1996 года. Понятие преступления. Соучастие. Назначение наказания. Красноярск, 1997.

242. Козлов А. П. Понятие преступления. СПб. , 2004.

243. Козлов А. П. Указ. Соч.

244. Козлихин И. Ю. Позитивизм и естественноое право / И. Ю. Козлихин// Государство и право. 2000. № 3.

245. Козлов А. П. Соучастие: традиции и реальность. –СПб. : Издательство 《Юридический центр Пресс》, 2001.

246. Козлов А. П. Единичные преступления: понятие, классификация, квалификация. Красноярск, 2007.

247. Козлов А. П. , Севастьянов А. П. Единичные и множественные преступления. СПб. : Юрид. центр Пресс, 2011.

248. Козюбра Н. И. Социалистическое право и общественное сознание. Киев, 1979.

249. Колодкин Л. М. ,Максимов С. В. Уголовное право. Часть Общая. Часть Особенная: учебник / Под общ. ред. Л. Д. Гаухмана, Л. М. Колодкина, С. В. Максимова. М. : Юриспруденция, 1999.

250. Колоколов Г. О. соучастии в преступлении (о соучастии вообще и о подстрекательстве в частности). М. , 1881.

251. Колоколов Г. К. учению о покушении. М. , 1884.

252. Колоколов Г. Е. Уголовное право: Лекции. -М. : Юрид. лит. , 1896.

253. Колоскова И. Ю. Насильственная преступность несовершеннолетних: Автореф. дисс.... канд. юрид. наук. -М. ,1995.

254. Комаров С. А. Общая теория государства и права. М. : Юрайт, 1998.

255. Комиссаров В. С. Российское уголовное право. Общая часть / Под ред. В. С. Комиссарова. СПб. : Питер, 2005.

256. Комиссаров В. С. , Крылова Н. Е. , Тяжкова И. М. Уголовное право Российской Федерации. Общая часть: учебник / под ред. В. С. Комиссарова, Н. Е. Крыловой, И. М. Тяжковой. М. , 2012.

257. Кондалов А. Н. Условное осуждение и механизмы его обеспечения: Дис ... канд. юрид. наук. Казань, 2000.

258. Коржанский Н. И. Объект и предмет уголовно-правовой охраны. М. : Академия МВД СССР, 1980.

259. Коробеев А. И. Советская уголовно-правовая политика. Владивосток, 1987.

260. Коробеев А. И. Российское уголовное право: курс лекций. Т. 1. преступление / под ред. А. И. Коробеева. Владивосток, 1999.

261. Коробеев А. И. Полный курс уголовного права: в 5 т. / под ред. А. И. Коробеева. Т. I: Преступление и наказание. СПб. , 2008.

262. Коробеев А. И. Убийство с целью скрыть другое преступление или облегчить его совершение // Категория 《цель》 в уголовном, уголовно - исполнительном праве и криминологии: материалы IV Российского конгресса уголовного права, состоявшегося 28-29 мая 2009 г. М. : Проспект, 2009.

263. Коробицин И. В. Причинение вреда при задержании лица, совершившего преступление, как обстоятельство, исключающее преступность деяния: дис. ... канд. юрид. наук. М. , 2002.

264. Коршиков И. В. Принцип гуманизма в уголовном праве Российской Федерации: дис. ... канд. юрид. наук. Саратов, 1999.

265. Кострова М. Б. О совершенствование языкового выражения категории 《преступление》 в уголовном законе // Проблемы совершенствования и применения законодательства о борьбе с преступностью. Ч. I. Уфа, РИО БашГУ, 2004.

266. Краев Д. Ю. Убийство с целью скрвть другое преступление или облегчить его совершение (п.《к》ч. 2 ст. 105 УК РФ) // Криминалист. 2012. № 2.

267. Красиков Ю. А. Множественность преступлений (понятие, виды, наказуемость). М., 1998.

268. Крашенинников Н. А. История государства и права зарубежных стран. Т. 2. / под ред. Н. А. Крашенинникова. М.: Издательство Норма, 2007.

269. Кремнев К., Миненок М. Квалификация продолжаемых и повторных хищений // Сов. Юстиция. 1990. № 10.

270. Кривенков О. В. Общие начала назначения наказания по российскому уголовному праву: Дис. … канд. юрид. наук. М., 2001.

271. Криволапов Г. Г. множественность преступлений (неоднократность, совокупность, рецидив). М., 1997.

272. Кригер Г. А. Соучастие по советскому уголовному праву. – М.: Госюриздат, 1959.

273. Кригер Г. А. Условное осуждение и роль общественности в его применении. М., 1963.

274. Кригер Г. А. Квалификация хищений социалистического имущества. М., 1974.

275. Кригер Г. А. Принципы советского уголовного права // Демократия и право развитого социалистического общества: Материалы всесоюз. науч. конф. / Под ред. А. И. Денисова, Г. В. Иванова, Г. А. Кригера. М., 1975.

276. Кригер Г. А. Место принципов советского уголовного права в системе принципов права // Советское государство и право. 1981. № 2.

277. Кропачев Н. М. Общие начала применения мер ответственности за преступления // Вопросы уголовной политики. Красноярск, 1991.

278. Кропачев Н. М., Прохоров В. С. Мезанизм уголовно – правового регулирования: Уголовная ответственность: учеб. Пособие. СПб.: Изд – во Санкт–Петербург. гос. ун–та, 2000.

279. Кропачев Н. М., Волженкин Б. В., Орехов В. В. Уголовное право России. Общая часть / Под ред. Н. М. Кропачева, Б. В. Волженкина, В. В. Орехова. СПб., 2006.

280. Кругликов Л. Л. Уголоный кодекс Российской Федерации: науч. – практ. Коммент. /под ред. Л. Л. Кругликова, Э. С. Тенчова. Ярославль: Влад, 1994.

281. Кругликов Л. Л. Проблемы теории уголовного права: Избранные статьи (1982–1999 гг.). Ярославль, 1999.

282. Кругликов Л. Л. Уголовное право России. Часть Общая/Под ред. Л. Д. Кругликова. М., 1999.

283. Кругликов Л. Л., Васильевский А. В. Дифференциация ответственности в уголовном праве. СПб.: Юрид. Центр Прес, 2002.

284. Кругликов Л. Л. Уголовное право России. Часть Особенная / Отв. ред. Л. Л. Кругликов. СПб., 2014.

285. Крылова Н. Е. Основные черты нового Уголовного кодекса Франции. М., 1996.

286. Крылова Н. Е., Серебренникова А. В. Уголовное право зарубежных стран (Англии, США, Франции, Германии). М., 1998.

287. Крысин Л. П. Толковый словарь иноязычных слов. М., 1998.

288. Круских В. Е. Энциклопедический юридческий словарь / под общ. ред. В. Е. Круских. 2-е изд. М., 1999.

289. Кудрявцев В. Н., Никифоров Б. С. Ограничение прав по проекту основных начал уголовного законодательства Союза ССР и Союзных Республик // Советское государство и право. 1958. № 7.

290. Кудрявцев В. Н. Объективная сторона преступления. М., 1960.

291. Кудрявцев В. Н. Теоретические основы квалификации преступлений. М., 1963.

292. Кудрявцев В. Н. Противоправное бездействие и причинная связь. Изд-во《наука》, М., 1967.

293. Кудрявцев В. Н. Причинность в криминологии. М., 1968.

294. Кудрявцев В. Н. Общая теория квалификации преступлений. М.: Юридическая литература, 1972.

295. Кудрявцев В. Н. Причины правонарушений. М., 1976.

296. Кудрявцев В. Н., Келина С. Г. О принципах советского уголовного права // Проблемы советского уголовного права // Проблемы советской уголовной политики: межвуз. тематич. сб. -Владивосток, 1985.

297. Кудрявцев В. Н., Келина С. Г. Уголовный закон. Опыт теоретического моделирования / отв. ред. В. Н. Кудрявцев и С. Г. Келина. М.: Наука, 1987.

298. Кудрявцев В. Н., Наумов А. В. Курс российского уголовного права. Общая часть / под ред. В. Н. Кудрявцева, А. В. Наумова. М., 2001.

299. Кудрявцев В. Н. Курс российского уголовное права. М.: Спартак,

2001.

300. Кузнецов А. В. Уголовное право и личность. –М. , 1977.

301. Кузнецова Н. Ф. Ответственность за приготовление к преступлению и покушение на преступление по советскому уголовному праву. М. , 1958.

302. Кузнецова Н. Ф. Значение правовых последствий для уголовной ответственности. М. , 1958.

303. Кузнецова Н. Ф. Преступление и преступность. М. : Изд – во Московского университета. 1969.

304. Кузнецова Н. Ф. Новый Уголовный кодекс России // Юридический мир. 1997. № 3.

305. Кузнецова Н. Ф. Квалификация сложных составов преступлений // Уголовное право. 2000. № 1.

306. Кузнецова Н. Ф. , Тяжкова И. М. Курс уголовного права. Общая часть. Том 1. Учение о преступлении / Под ред. Н. Ф. Кузнецовой, И. М. Тяжковой. М. , 2002.

307. Куликов Е. А. Мера уголовного наказания за преступление в соучастии. Общие критерии определения: монография. Саарбрюккен, 2013.

308. Курбанов А. О. Социально – правовая сущность преступления и категории преступлений по уголовному праву России: дис. … канд. юрид. наук. М. , 2006.

309. Курганов С. И. Меры уголовно – правового характера // Уголовное право. 2007. № 2.

310. Курляндский В. И. Уголовная политика, дифференциация и индивидуализация уголовной ответственности // Основные направления борьбы с преступностью. М. , 1975.

311. Лазарев В. В. Социально–психологические аспекты применения права. Казань, 1982.

312. Лазарев В. В. , Липень С. С. Теория государства и права. М. : изд–во 《Спарк》: 1998.

313. Ласточкина Р. Н. Явная несправедливость наказания как основание к отмене или изменению приговора. –Казань, 1983.

314. Лафарг П. Сочинения / П. Лафарг. М. , Л. , 1931. Т. 3.

315. Ледях И. Новый Уголовный кодекс РФ и международные стандарты по правам человека // Российская юстиция. 1997. № 1.

316. Лесниевски–Костарева Т. А. Дифференциация уголовной ответственности.

Теория и законодательная практика. –М. , 1998.

317. Лившиц Р. З. Теория права. М. , 1994.

318. Львова Е. Ю. Социальная и юридическая сущность преступления: Вопросы теории: дис. … канд. юрид. наук. М. , 2003.

319. Лобанова Л. В. Целевое усмотрение и экономия мер уголовной репрессии как принципа уголовного права // Уголовно-правовые, пенитенциарные принципы и их реализация: правотворческий, правоприменительный уровни. – Саратов: Изд-во ГОУ ВПО《Саратовская государственная академия права》, 2005. Ч. 1.

320. Логинов Е. Л. , Мельников А. Б. Деятельность международных криминальных структур корпоратив ного типа как фактор дестабилизации экономического развития в условиях рыночной экономики. Краснодар, 2000.

321. Логинов Е. Л. Криминальные операции в российских и зарубежных корпорациях: Учебное пособие. М. , 2005.

322. Лопашенко Н. А. Принципы кодификации уголовно-правовых норм. Саратов, 1989.

323. Лопашенко Н. А. Основы уголовно-правового воздействия. –СПб. : Издательство《Юридический Центр Пресс》, 2004.

324. Лопашенко Н. А. Общая часть уголовного права: состояние законодательства и научной мысли / под ред. Н. А. Лопашенко. СПб. , 2009.

325. Лопашенко Н. А. Посягательства на собственность: монография. М. , 2012.

326. Лопашенко Н. А. Вопросы Общей части уголовного права в теории и правоприменительной деятельности Республики Мордовия: монография / под ред. Н. А. Лопашенко. Саранск, 2014.

327. Лопашенко Н. А. Указ. соч.

328. Лукашева Е. А. Социалистическое правосознание и законность. М. : Юрид. лит. , 1973.

329. Лунеев В. В. Субъективное вменение. М. , 2000.

330. Луньков Д. А. Посредственное причинение вреда: уголовно-правовые и криминологические аспекты: дис. … канд. юрид. наук. Екатеринбург, 2013.

331. Луньков Д. А. Место и название института посредственного причинения вреда требуют уточнения // Российский юридический журнал. 2011. № 5.

332. Лякуб П. О покушении на преступление. СПб. , 1866.

333. Ляпунов Ю. Квалификация составных (сложных) преступлений //

Соц. Законность. 1982. № 1.

334. Ляпунов Ю. Реформа уголовного законодательства и пробелы права // Сов. Юстиция. 1989. № 3.

335. Лясс Н. В. Стадии преступной деятельности по советскому уголовному праву: автореф. Дис. ... канд. юрид. наук. Л. , 1952.

336. Лясс Н. В. Нормативная теория в современном буржуазном уголовном праве. Л. , 1963.

337. Лясс Н. В. Проблемы вины и уголовной ответственности в современных буржуазных теориях. Л. , 1977.

338. Макрецова А. А. Принципы гражданского права переходного периода: Дис. ... канд. юрид. наук. М. , 1996.

339. Малинин В. Б. , Парфенов А. Ф. Объективная сторона преступления. СПб. : Издательство Юридического института (Санкт-Петербург), 2004.

340. Малинин В. Б. Энциклопедия уголовного права. Т. 3: Понятие преступления / под ред. В. Б. Малинина. СПб. , 2005.

341. Малинин В. Б. Энциклопедия уголовного права: в 35 т. Т. 9. Назначение наказания / отв. ред. В. Б. Малинин. СПб. , 2008.

342. Малиновский В. В. Комментарий к Уголовному кодексу Российской Федерации для работников прокуратуры (постатейный). 2 - е изд. , исправленное, дополненное и переработанное / отв. Ред. юрид. Наук В. В. Малиновский; науч. Ред. проф. А. И. Чучаев. -М. :《Контракт》, 2015.

343. Мальков В. П. Субъективные основания уголовной ответственности // Государство и право. 1995. № 1.

344. Мальцев В. В. Проблема уголовно - правовой оценки общественно опасных последствий. Саратов, 1989.

345. Мальцев В. В. Принципы уголовного законодательства и общественно опасное поведение // Государство и право, 1997. № 2.

346. Мальцев В. В. Введение в уголовное право. Волгоград, 2000.

347. Мальцев В. В. Принципы уголовного права. Волгоград, 2001.

348. Мальцев В. В. Принципы уголовного права и их реализация в правоприменительной деятельности. СПб. , 2004.

349. Мальцев В. В. Наказание и проблемы его назначения в уголовном праве: монография. Волгоград, 2007.

350. Мальцев В. В. Принципы уголовного права в законодательстве и философско-правовых учениях // Публичное и частное право, 2009. Вып. 2.

351. Малков В. П. Повторность преступлений (понятие и уголовно-правовое значение). Казань, 1970.

352. Мальцев Н. Н. Равенство и гуманизм как принципы уголовного законодательства // Правоведение. 1995. № 2.

353. Малков В. П. Совокупность преступлений (вопросы квалификации и назначения наказания). Казань, 1974.

354. Малков В. П. Множественность преступлений и ее формы по советскому уголовному праву. Казань: Изд-во Казанского университета, 1982.

355. Малков В. П. Уголовное право России. Общая часть: учебник / по ре. В. П. Малкова, Ф. Р. Сундурова. Казань: Изд-во Казан. ун-та, 1994.

356. Малков В. П., Тимершин Х. А. Множественность преступлений. Уфа, 1995.

357. Малков В. П., Чернова Т. Г. Совокупность приговоров и применение наказания: вопросы законодаетльного регулирования, теории и практики. Казань, 2003.

358. Малков В. К вопросу о фомах и видах множественности преступлений по уголовному праву / Уголовное право. 2009. № 1.

359. Малков В. Указ. Соч.

360. Маньковский Б. С. Проблема ответственности в уголовном праве. М.-Л., 1949.

361. Маньковский Б. С. Указ. соч.

362. Маркунцов С. А. Уголовно-правовой запрет: теоретический аспект / под науч. ред. А. Э. Жалинского. —М., 2007.

363. Маркунцов С. А. Запрещенность и наказуемость как самостоятельные признаки преступления // Академический юридический журнал. 2012. № 4.

364. Марогулова И. Л. Законодательное регулировании амнистии и помилования: генезис, сущность, теория, правоприменение: Автореф. дис. ... д-ра юрид. наук. М., 1999.

365. Матузов Н. И. Социалистическое право и коммунистическая мораль и их взаимодействие. Саратов, 1969.

366. Маршенов А. Ю. Развитие института судимости в уголовном праве Российской Федерации: Автореф. дис. ... канд. юрид. наук. Ростов-на-Дону, 2002.

367. Мельникова М. Г. Конфискация имущества как мера уголовно-правового обременения: правовая природа и законодательная регламентация //

Общество и право. 2010. № 4.

368. Матушевский Р. Г. Уголовное право. Общая часть / Р. Г. Матушевский. М. : А-Приор, 2009.

369. Меньшагин В. Д. , Дурманов Н. Д. , Кригер Г. А. Советское уголовное право. Общая часть: учебник / под ред. В. Д. Меньшагина, Н. Д. Дурманова, Г. А. Кригера. М. : Изд-во МГУ, 1969.

370. Меркурьев В. В. , Юрманов И. В. , Ермаков С. В. Обстоятельства, исключающие преступность деяния в деятельности сотрудников органов врутренних дел: пособие. Владимир, 2003.

371. Милюков С. Ф. Российское уголовное законодательство: опыт критического анализа. -СПб. , 2000.

372. Миненов Д. М. Формы соучастия в новом Уголовном кодексе России // Актуальные проблемы уголовного права, процесса и криминалистики. - Калининград, 1998.

373. Михайленко П. П. Уголовное право Украины. Общая часть. Киев. 1995.

374. Михайлов А. Условно-досрочное освобождение // Законность. 2005. № 10.

375. Михайлов К. В. Уголовно - правовой институт освобождения от наказания. М. , 2008.

376. Михеев Р. И. , Корчагин А. Г. , шевченко А. С. Уголовная ответственность юридических лиц: за и против. Владивосток, 1999.

377. Мицкевич А. Ф. Уголовное наказание: понятие, цели и механизмы действия. СПб, : Юрид. центр Пресс, 2005.

378. Молчанов В. Д. Актуальные проблемы уголовного права. Общая часть / отв. Ред. А. И. Роарог. М. , 2015.

379. Мондохонов А. Н. Формы соучастия в преступной деятельности: Дис. …к анд. юрид. наук. -М. , 2005.

380. Набиев И. Г. Принципы назначения наказания: автореф. дис. … канд. юрид. наук. -Казань, 2004.

381. Навроцький В. О. Теоретичні проблеми кримінально - правової кваліфікації. Київ, 1999.

382. Нагорный Р. С. Смертная казнь: принципы гуманизма и справедливости // КонсультантПлюс.

383. Нажимов В. П. О системе принципов организации и деятельности советского уголовного суда. Калининград, 1970.

384. Назаренко Г. В. Вина в уголовном праве. Орел, 1996.

385. Назаренко Г. В. , Ситникова А. И. Указ. Соч.

386. Найденко В. Н. Конфискация имущества как правовой инструмент противодействия этнонациональному экстремизму // Журнал российского права. 2010. № 1.

387. Налетов И. З. Указ. соч.

388. Наумов А. В. Совокупность в насильственных состаных преступлениях // Сов. Юстиция. 1973. № 1.

389. Наумов А. В. Принципы советского уголовного права / А. В. Наумов // Советское уголовное право: Общая часть / Под ред. Г. А. Кригера, Н. Ф. Кузнецовой, Ю. М. Ткачевского. М. , 1988.

390. Наумов А. В. Реализация уголовного права и деятельность следователя / А. В. Наумов. Влолград. 1983.

391. Наумов А. В. Российское уголовное право. Общая часть. М. , 1996 и 2000.

392. Наумов А. В. Российское уголовное право: Курс лекций: В 2 т. Т. 1: Общая часть. 3-е изд. , перераб. и доп. М. , 2004.

393. Наумов А. В. Российское уголовное право. Курс лекций. Т. 2. Особенная часть. М. , 2004.

394. Наумов А. В. Российское уголовное право. Курс лекций. В 3 т. Т. 1. Общая часть. М. , 2007.

395. Наумов А. В. Преступление и наказание в истории России. В 2 ч. Ч. I. М. , 2014.

396. Нейман И. Начальные основания уголовного права. СПб. , 1814.

397. Непомнящая Т. В. Назначение уголовного наказания: общие начала, принципы, критерии: Учеб. пособие. Омск, 2003.

398. Нерсесян В. А. Ответственность за неосторожные преступные деяния в свете научно-технической революции: автореф. дис. … канд. юрид. наук. М. , 1983.

399. Нерсесян В. Уголовная ответственность сопричинителей вреда по неосторожности // Российская юстиция. 1999. № 10.

400. Нечепуренко А. А. Основы правового статуса личности и институт судимости // Конституционные основы уголовного права. Материалы I Всероссийского конгресса по уголовному праву, посвященного 10-летию Уголовного кодекса РФ. М. : ТК Велби, 2006.

401. Никифоров Б. С. Объект преступления по советскому уголовному праву. М. , 1960.

402. Никонов В. А. Уголовно-правовая характеристика института задеражания// Уголовно-правовые и криминологические меры предупреждения преступлений. Омск, 1986.

403. Никонов В. А. Уголовное наказание. Поиск истины. Тюмень: Юрид. ин-т МВД России. 2000.

404. Никулин С. И. Комментарий к Уголовному кодексу Российской Федерации с постатейными материалами и судебной практикой / под ред. С. И. Никулина. М. , 2002.

405. Новоселов Г. Л. Уголовное наказание: понятие, виды, назначение. Екатеринбург, 1994.

406. Новоселов Г. П. Понятие соучастия и признак совместности участия // Российский юридический журнал. 2012. № 6.

407. Ной И. С. Вопросы теории наказания в советском уголовном праве. Саратов. Изд-во Сарат. уни-та. 1962.

408. Ной И. С. Сущность и функции уголовного наказания в советском государстве. Саратов, 1973.

409. Ображиев К. В. Проблемы совокупности приговоров в уголовном праве. Ставрополь: СФ КЮИ МВД РФ.

410. Ображиев К. В. Юридическая природа совокупности приговоров // Тр. Юрид. фак. Ставропольск. Юрид. ун-та. Вып. 3. Ставрополь: СГУ, 2003.

411. Олейник О. В. Принцип законности и гарантии его реализации в уголовном праве Российской Федерации: автореф. дис. … канд. юрид. наук. Рязань, 2003.

412. Ожегов С. И. , Шведова Н. Ю. Толковый словарь русского языка. М. , 1993.

413. Ожегов С. И. Указ. Соч.

414. Орехов В. В. Необходимая оборона и иные обстоятельства, исключающие преступность деяния. СПб. Юрид. центр Пресс, 2003.

415. Орехов В. В. Уеаз. Соч.

416. Орешкина Т. Физическое или психическое принуждение как обстоятельство, исключающее преступность деяния // Уголвоное право. 2000. № 1.

417. Осокин Р. Б. , Курсаев А. В. Влияние смягчающих или отягчающих наказание обстоятельств, относящихся к личности исполнителя, на ответственность

других соучастников // Российский следователь. 2011. № 8.

418. Павлухин А. Н. , Рыжов Р. С. , Эриашвили Н. Д. Виды и ответственность соучастников преступления: монография / под ред. А. Н. Павлухина. М. , 2007.

419. Паньков И. В. Концептуальная и логическая характеристика вины в уголовном праве // Современное право. 2007. № 10.

420. Пархоменко С. В. Деяния, преступность которых исключается в силу социальной полезности и необходимости. СПб. , 2004.

421. Пашин С. Понимание преступления. // Криминология. 2000, №3.

422. Пеньков Е. М. Социальные нормы –регуляторы поведения личности. Некоторые вопросы методологии и теории. М. : Мысль, 1972.

423. Петин И. А. Проблемы криминализации: реальные и виртуальные // Российский следователь. 2009. № 21.

424. Петражицкий Л. И. Теория права и государства в связи с теорией нравственности. СПб. , 1907.

425. Петрашев В. Н. Уголовное право. Общая часть / под ред. В. Н. Петрашева. М. , 1999.

426. Петухов Р. Б. Множественность преступлений по Уголовному кодексу Российской Федерации: дис. … канд. юрид. наук. М. , 1999.

427. Печников Н. П. Категории преступлений и их уголовно – правовое значение: курс лекций / под ред. Н. П. Печников. Тамбов: Издательство тамб. гос. техн. ун–та, 2007.

428. Пионтковсский А. А. Уголовное право. Общая часть/Под ред. А. А. Пионтковский. М. , 1948.

429. Пионтковский А. А. Против извращения понятия вины по социалистическому уголовному праву // Соц. законность. 1952. № 2.

430. Пионковский А. А. Основные вопросы уголовного права в проекте основных начал уголовного законодательства Союза ССР и Союзных Республик // Советское государство и право. 1958. № 9.

431. Пионтковский А. А. Учение о преступлении. М, 1961.

432. Пионтковсский А. А. Курс советского уголовного права: часть общая / под ред. А. А. Пионтковского. М. : Наука, 1970.

433. Пионтковский А. А. Указ. соч.

434. Питецкий В. К вопросу о степени вины в уголвном праве // Уголовное право. 2006. № 436. Питецкий В. Сужение косвенного умысла расширяет уголовноправовую репрессию // Российская юстиция. 1999. № 5.

435. Платон. Законы / Плотон. М. , 1999.

436. Плотников А. И. Уголовное право России. Общая часть: учебник для бакалавров /отв. ред. А. И. Плотников. -Оренбург: ООО ИПК《Университет》, 2016.

437. Побегайло Э. Ф. О юридической сущности действия, направленных к задержанию преступника // Вопр. Укрепления соц. Законности и правопорядка: Тр. Воронеж. ун-та. Воронеж, 1970. Т. 88.

438. Побегайло Э. Ф. Энциклопедия уголовного права. Т. 7: Обстоятельства, исключающие преступность деяния. Изд. Проф. Малинина. СПб: СПб ГКА, 2007.

439. Познышев С. В. Основные начала науки уголовного права. Общая часть уголовного права. М. , 1912.

440. Познышев С. В. Уголовное право. Дополнение ко 2-м выпускам Общей части. Вып. 1. М. , 1909.

441. Покровский И. Ф. Формирование правосознания личности: автореф. дис. ... д-ра юрид. наук. Л. , 1971.

442. Понятовская Т. Г. , Шаутаева Г. Х. Правовое значение судимости: монография. Ижевск: Детектив-информ, 2003.

443. Попов А. Н. Принцип справедливости в уголовном праве: Дис. ... канд. юрид. наук. СПб. , 1993.

444. Попов А. Н. Обстоятельства, исключающие преступность деяния. СПб. , 1998.

445. Попков В. Д. Гуманизм советского права. М. , 1972.

446. Пронников В. В. Условное осуждение и его правовые последствия: Дис... канд. юрид. наук. Омск, 2002.

447. Прохоров В. С. Вопросы теории соучастия в советской уголовно -правовой литературе // Правоведение. 1962. № 2.

448. Прохоров В. С. Объективная сторона преступления// Курс советского уголовного права/Под ред. Н. А. Беляева, М. Д. Шаргородского. Т. 1. Общая часть. М. , 1968.

449. Прохоров В. С. Уголовное право России (Общая часть). СПб. , 2006.

450. Проценко С. В. О приготовлении к преступлению // Рос. Следователь. 2012. № 10.

451. Пудовочкин Ю. Е. Учение о преступлении: избр. Лекции. М. , 2010.

452. Пудовочкин Ю. Е. , Пирвагидов С. С. Указ. соч.

453. Пудовочкин Ю. Е. Уголовная ответственность: понятие, проблемы реализации и половозрастной дифференциации /Под науч. ред. Ю. Е. Пудовочкина. - М. , 2006.

454. Пудовочкин Ю. Е. Меры уголовно - правового характера: проблемы теории и законодательной регламентации // Криминологический журнал. 2006. N 2(10).

455. Пудовочкин Ю. Е. , Пирвагидов С. С. Понятие, принципы и источники уголовного права: сравнительно-правовой анализ законодательства России и стран Содружества Независимых Государств. СПб. , 2003.

456. Пунигов А. С. К вопросу о понятии " мер уголовно - правового характера" // Уголовное право: стратегия развития в XXI веке: Материалы Четвертой международ. научн. -практ. конф. М. , 2007.

457. Путин В. В. Какую Россию мы строим / В. В. Путин // Рос. Газета. 2000. 11 июля.

458. Рарог А. И. Вина в советском уголовном праве. Саратов, 1987.

459. Рарог А. И. Уголовное право. Общая часть / под ред. проф. А. И. Рарога. М. , 1997, 2004 и 2009.

460. Рарог А. И. , Есаков Г. А. Понимание Верховным Судом РФ《группы лиц》соответствует принципу справедливости // Российская юстиция. 2002. № 1.

461. Рарог А. И. Квалификация преступлений по субъективным признакам. Санкт-Петербург, 2003.

462. Рарог А. И. , Иногамовой-Хегай Л. В. , Чучаев А. И. Уголовное право. Общая часть: учебник / под ред. Л. В. Иногамовой-Хегай, А. И. Рарога, А. И. Чучаева. —М. , 2008.

463. Рарог А. И. Комментарий к Уголовному кодексу Российской федерации (постатейный). 7-е изд. , перераб. и доп. / Отв. Ред. А. И. Рарог. М. , 2011.

464. Рарог А. И. Уголовное право России. Части Общая и Особенная: учебник / М. П. Журавлев [и др.]; под ред. А. И. Рарога. -7-е изд. , перераб. И доп. -Москва: Проспект, 2012.

465. Ратовский Н. В. О покушении на преступление. Казань, 1842.

466. Ревин В. П. Российское уголовное право. Общая часть: учебник / Под ред. В. П. Ревина. М. : Юстицинформ, 2010 и 2016.

467. Редин М. П. Преступления по степени их завершенности в российском праве (понятие, система преступлений, ответственность, концепция совершенствования законодательства): автореф. Дис. ... канд. юрид. наук.

Саратов, 2005.

468. Редин М. П. Преступления по степени их завершенности. М. , 2006.

469. Решетников Ф. М. Уголовное право буржуазных стран: Вып 2. М. , 1966.

470. Решетников Ф. М. Указ. соч.

471. Решетников А. Ю. Покушение на преступление: проблемы квалификации и наказуемость. Тверь, 2008. С. 76.

472. Розенберг Д. Н. О понятии имущественных преступлений в советском уголовном праве (объект и предмет посягательства). Харьков, 1948. Вып. 3.

473. Розенко С. В. Формы и виды организованной преступной деятельности: Автореф. дис. ... канд. юрид. наук. -Екатеринбург, 2001.

474. Розенталь М. М. Философский словарь / Под ред. М. М. Розенталя. М. , 1972.

475. Сабитов Т. Р. История принципов уголовного права: методологический аспект // Вестник НГУ. Серия: Право. 2006.

476. Сабитов Т. Р. Значение принципов уголовного права в деятельности правоохранительных органов по борьбе с преступностью // Юридическая наука и правоохранительная практика. 2012. № 2.

477. Сабитов Р. А. Теория и практика уголовно-правовой квалификации: науч. -практ. Пособие. М. : Юрлитинформ, 2013.

478. Сабо И. Социалистическое право. -М. , 1964.

479. Савельев Д. Легализовать ответственность за групповой способ совершения преступления // Российская юстиция. 2001. № 12.

480. Савинов В. Н. Об уголовно-правовой регламентации вины и ее форм // Категориальный аппарат уголовного права и процесса. Ярославль, 1993.

481. Сайто К. Японское уголовное право//Современное зарубежное уголовное право. М. , 1997. Т. 1.

482. Самоценко И. С. О применении вреда противоправным бездействием// Учен. зап. ВИЮН. М. , 1963. Вып. 17.

483. Самандаров Ф. Ю. Уголовное право. Общая часть: учебник. 2002.

484. Сараев Н. В. Об эффективности профилактических мер общественно опасного поведения малолетних //Юрист-Правоведъ. -№1. -Ростов-н/Д. , 2007.

485. Сафонов В. Н. Организованное вымогательство: уголовно-правовой и криминологический анализ. СПб. , 2000.

486. Сахаров А. Б. Некоторые вопросы соучастия и прикосновенности в связи с кодификацией уголовного законодательства // Советское государство и право. 1958. № 9.

487. Сверчков В. В. Концептуальные основы решения проблем освобождения от уголовной ответственности: Автореф. дис. … д-ра юрид. наук. Н. Новгород, 2008.

488. Семенова И. С. Принцип равенства перед законом в уголовном праве Российской Федерации: Автореф. дис. … канд. юрид. наук. Саратов, 2004.

489. Семернева Н. К. Квалификация преступлений (части Общая и Особенная). М. -Екатеринбург, 2010.

490. Сермавбрин К. Н. Уголовная ответственность за создание, руководство и участие в преступлной организации: Автореф. дис. … канд. юрид. наук. -М., 2002.

491. Сидирякова М. В. Назначение наказания участникам групповых преступлений: автореф. дисс. … канд. юрид. наук: 12. 00. 08. Самара, 2003.

492. Сидоренко Э. Л. Отрицительное поведение потерпевшего и уголовный закон. СПб., 2003.

493. Ситковская О. Д. Психология уголовной ответственности. -М., 1998.

494. Сичинава И. Р. Причинение вреда при задержании лица, совершившего преступление (уголовно-правовые аспекты): дис. … юрид. наук. Ростов Н/Д, 2002.

495. Скляров С. В. Вина и мотивы преступного поведения. СПб., 2004.

496. Скурко Е. В. Правовые принципы в правовой системе, системе права и системе законодательства: теория и практика // Пра воведение. 2006. № 2.

497. Смирнов О. В. Соотношение норм и принципов в советском праве // Советское государство и право. 1977. № 2.

498. Семенов П. Г. Проблема причинной связи в советском уголовном праве//Учен. зап. ВИЮН. М., 1958. Вып. 8.

499. Сергеевский Н. Д. О значении причинной связи в уголоном праве: Исслед. Н. Д. Сергеевского. [Вып. 1-2]. -Ярославль: типо-лит. Г. Фальк, 1880.

500. Сергеевский Н. Д. Русское уголовное право. Часть Общая: пособие к лекциям, 1910.

501. Скуратов Ю. И., Лебедев В. М. Комментарий к УК РФ / Под общ. ред. Ю. И. Скуратова, В. М. Лебедева. М.: ИНФРА-М; НОРМА, 1996.

502. Слуцкий И. И. обстоятельства, исключающие уголовную ответственность.

Л. : Изд-во ЛГУ, 1956.

503. Слуцкий И. И. Указ. Соч.

504. Смирнов О. В. Основные принципы советского трудового права. М. , 1977.

505. Соболев В. В. Основание и дифференциация ответственности соучастников преступления: Автореф. дис. … канд. юрид. наук. -Краснодар, 2000.

506. Соктоев З. Учет принципов и оснований криминализации при конструировании уголовно-правовых норм // Законность. 2008. № 3.

507. Соловьев А. Д. Вопросы применения наказания по советскому уголовному праву. М. , 1968.

508. Соловьев А. Н. Понятие преступления. Теоретические, законодательные и правоприменительные аспекты: дис. … канд. юрид. наук. Волгоград: Волгоградская академия МВД РФ, 2000.

509. Сорокин В. П. Принцип равенства граждан перед законом сквозь призму принципа гуманизма в уголовном праве // Юридический мир. 2012. № 4.

510. Спасович В. Учебник уголовного права / В. Спасович. СПб. , 1863. Т. 1.

511. Становский М. Понятие продолжаемого преступления // Рос юстиция. 1995. № 11.

512. Становский М. Н. Назначение наказания. СПб. : Юрид. центр Пресс, 1999.

513. Степалин В. П. Комментарий к постановлению Пленума Верховного Суда Российской Федерации о необходимой обороне // Уголовный процесс. 2012. № 11.

514. Строгович М. С. Курс советского уголовного процесса. М. , 1968. Т. 1.

515. Стручков Н. А. Советское исправительно - трудовое право. Общая часть. М. ,1963.

516. Стручков Н. А. Уголовная ответственность и ее реализация в борьбе с преступностью. Саратов, 1978.

517. Стручков Н. А. Курс исправительно-трудового права. Проблемы общей части. М. : Юридическая литература, 1984.

518. Сухарев А. Я. Уголовная ответственность // Большой юридический словарь / Под ред. А. Я. Сухарева. М. , 2007.

519. Таганцев Н. С. Курс русского уголовного права. Часть Общая. Кн. 1: Учение о преступлении. СПб. ,1878 и 1880.

520. Таганцев Н. С. Русское уголовное право. Лекции. Часть общая. Т. 1.

СПб. , 1902.

521. Таганцев И. С. Уголовное уложение 22 марта 1903 года / издано Н. С. Таганцевым. СПб. , 1904.

522. Таганцев И. С. Уложение о наказаниях уголовных и исправительных 1885 года / издано Н. С. Таганцевым. -Петроград, 1916.

523. Таганцев И. С. Русское уголовное право. Лекции. Часть Общая: В 2 т. Т. 1. М. , 1994.

524. Таева Н. Е. К вопросу о конституционности норм, ограничивающих пассивное избирательное право граждан, осужденных когда-либо к лишению свобобы за совершение тяжких и (или) особо тяжких преступления // Актуальные проблемы российского права. 2013. № 9.

525. Тайбаков А. Соопричастность при неосторожной форме вины // Законность. 2000. № 6.

526. Талан М. , Тарханов И. Посредничество во взяточничестве в уголовном праве России // Уголовное право. 2013. № 5.

527. Тащилин М. , Гоило Н. Уголовная ответственность и формы ее реализации // Уголовное право. 2004. № 4.

528. Тельнов П. Ф. Ответственность за соучастие в преступлении. М. , 1974.

529. Тер-Акопов А. А. Бездействие как форма преступного поведения. М. : Юридическая литература, 1980.

530. Тер-Акопов А. А. Уголовная политика Российской Федерации: учеб. Пособие. М. , 1999.

531. Тер-Акопов А. А. Ответственность за нарушение специальных правил поведения. М. , 1995.

532. Тер-Акопов А. А. Преступление и проблемы нефизической причинности в уголовном праве. М. , 2003.

533. Тимейко Г. В. Причинная связь и проблема ответственности при бездействии. //Вопросы уголовного права. М. , 1966.

534. Тимейко Г. В. Общее учение об объективной стороне преступления. Ростов н/Д, 1977.

535. Тимершин Х. А. Множественность преступлений (понятие, социальная сущность и правовое значение). Уфа, 1995.

536. Тишкевич И. С. Приготовление и покушение по советскому уголовному праву (понятие и наказуемость). М. , 1958.

537. Тишкевич И. С. Совокупность преступлений (вопросы квалификации)

Правоведение. 1979. № 1.

538. Тишкевич И. С. Оборона от общественно опасного посягательства и меры по задержанию преступника: автореф. Дис. … д-ра юрид. наук. Минск, 1969.

539. Ткачевкий Ю. М. Задержание преступника // Сов. Уголовное право. Общая часть / под ред. Г. А. Куринова, Ю. М. ткачевский. М. , 1981.

540. Ткачевский Ю. М. Уголовная ответственность // Уголовное право. 1999. №3.

541. Трайнин А. Специальные вопросы учения о соучастии // Уч. записки ВИЮН. 1940. Вып. 1.

542. Трайнин А. Н. Учение о соучастии. -М. : Юрид. лит. , 1941.

543. Трайнин А. Н. Состав преступления по советскому уголовному праву. М. , 1951.

544. Трайнин А. Н. Общее учение о составе преступления. М. : Госюриздат, 1957.

545. Трайнин А. Н. Некоторые вопросы учения о соучастии // Соц. законность. 1957. № 2.

546. Трайнин А. Н. Избранные труды. по уголовному праву. -СПб. : Юрид. центр Пресс, 2004.

547. Трухин А. М. Социальнопсихологическая природа 《неосознанной》 неосторожности // Проблемы уголовной ответственности и наказания. Красноярск, 1995.

548. Тяжкова И. М. Неосторожные преступления с использованием источников повышенной опасности. СПб. , 2002.

549. Тяжкова И. М. Указ. соч.

550. Угрехелидзе М. Г. Проблема неосторожной вины в уголовном праве. Тбилиси, 1976.

551. Улицкий С. Институт соучастия в судебной практике //Законность. -2005. -№ 11.

552. Ульянов А. В. Судимость и правовые последствия ее реализации: автореф. дис. …канд. юри. наук. М. , 2006.

553. Урчуков В. М. Совокупность приговоров по российскому уголовному праву: дис. … канд. юрид. наук. Ставрополь, 2008.

554. Устинова Т. Д. Вопросы совершенствования уголовной ответственности за приготовление к совершению преступления // Теоретические и практические

проблемы нового уголовного законодательства. М. , 1985.

555. Устинов В. С. Уголовное право России в схемах и определениях. Н. Новгород, 1998.

556. Утевский Б. С. Вина в советском уголовном праве. М. , 1950.

557. Ушаков А. В. Групповое преступление и смежные с ним формы преступной деятельности. –М. :Юрид. лит. , 1988.

558. Фарбер И. Е. Правосознание как форма общественного сознания. М. : Юрид. лит. , 1963.

559. Федорова А. Н. Правонарушение и юридическая ответственность по Русской Правде: автореферат дис. ... канд. юрид. наук. Казань, 2005.

560. Федоров М. И. Понятие объекта преступления по советскому уголовному праву. Кн. 2.

561. Федотов А. В. Виды причнной связи между деянием и наступившими вредными последствиями//Журнал российского права. 2001. №12.

562. Фельдштейн Г. С. Природа умысла. М. , 1898.

563. Фефелов П. А. Понятие и система принципов советского уголовного права / Высш. школа МВД СССР. Свердл. отд–ние. –Свердловск: Сред. –Урал. кн. изд–во, 1970.

564. Фефелов П. А. Уголовно–правовой механизм и проблема специфических принципов // Проблемы совершенствования законодательства по укреплению правопорядка и усилению борьбы с правонарушениями: Межвуз. сб. науч. тр. / Под ред. Р. Р. Галиакбарова, М. И. Ковалева, И. Я. Козаченко и др. Свердловск, 1982.

565. Фефелов П. А. Принципы советского уголовного права/П. А. Фефелов // Правоведение. 1989. №2.

566. Филимонов В. Д. Принципы уголовного права. М. : АО 《Центр ЮрИнфоР》, 2002.

567. Флетчер Дж. , Наумов А. В. Основные концепции современного уголовного права. –М. : Наука, 1998.

568. Фойницкий. Конспект по уголовному праву и процессу, составленный по лекциям профессорового, Случевского, Сергеевского и других. Одесса, 1898.

569. Фролов Е. А. , Галиакбаров Р. Р. Множественность преступных деяний как институт советского уголовного права. Свердловск, 1967.

570. Харитонова И. Р. Неосторожное сопричинение в советском уголовном

праве: автореф. дис. ... канд. юрид. наук. Свердловск. 1985.

571. Хачатуров Р. Л. Истичники права. Сер. Юриспруденция / Сост. Р. Л. Хачатуров. Тольятти: ВуиТ, 2000. Вып. 13. С. 7.

572. Хейфец И. Я. Указ. соч.

573. Хейфец И. Я. Подстрекательство к преступлению. М. , 1914.

574. Церетели Т. В. Причинная связь в уголовном праве. Тбилиси. 1957; М. , 1963.

575. Чекалин А. А. Комментарий к Уголовному кодексу Российской Федерации / Отв. ред. А. А. Чекалина. –М. , 2002.

576. Черданцев А. Ф. Системообразующие связи права // Советское государство и право. 1974. № 8.

577. Чередниченко Е. Е. Принципы уголовного законодательства: понятие, система, проблемы законодательной регламентации: монография. М. : Волтерс Клувер, 2007.

578. Черненко Т. Г. Множественность преступлений по российскому уголовному праву: дис. ... д-ра юрид. наук. Кемерово, 2001.

579. Чернокозинская С. В. Приготовление к преступлению: понятие, основания и принципы приминализации, влияние на квалификацию преступления и наказание: дис. ... канд. юрид. наук. Саратов, 2005.

580. Чечель Г. И. Доктринальные и законодательные понятия в современном уголовном праве России: учебное пособие в 7 т. Т. 4 (О) / Под науч. ред. д-ра юрид. наук, профессора Г. И. Чечеля. Ростов н/Д, 2014.

581. Шавгулидзе Т. Г. Основание правомерности по советскому уголовному праву. Тбилиси, 1962.

582. Шавгулидзе Т. Г. Указ. Соч.

583. Шаргородский М. Д. Некоторые вопросы причинной связи в теории права//Советское государство и право. 1956. №7.

584. Шаргородский М. Д. Некоторые вопросы учения о соучастии // Правоведение. 1960. №.

585. Шаргородский М. Д. Наказание, его цели и эффективность. Л. : ЛГУ, 1973.

586. Шаргородский М. Д. Указ. соч.

587. Шаргородский М. Д. Избранные труды по уголовному праву. –СПб. : Юрид. центр Пресс, 2003.

588. Шаргородский М. Д. Избранные труды. СПб. , 2004.

589. Шарипов Т. Ш. Условное осуждение: Автореф. дис. … канд. юрид. наук. М. , 1992.

590. Шатов С. А. Соучастие в преступлении: учебное пособие. СПб. , 2012.

591. Шаутаева Г. Х. Судимость в уголовном праве России и ее правовое значение: Автореф. дис. … канд. юрид. наук. Ижевск, 2000.

592. Шаутаева Р. Х. Судимость как форма реализации уголовной ответственности // Вестник удмурткого университета. 2010. Вып. 2.

593. Шептулин А. П. Указ. соч.

594. Шеслер А. В. Уголовно – правовые средства борьбы с групповой преступностью. Красноярск, 1999.

595. Шеслер А. В. Соучастие в преступлении: учеб. пособие / А. В. Шеслер. – Тюмень, 2007.

596. Шеслер А. В. Перспективы совершенствования уголовно – правовых норм о соучастии в преступлении // Lex Russica. 2015. № 6.

597. Шигина Н. В. Отражение интересов субъектов уголовного права и субъектов уголовно–правовых отношений в Уголовном кодексе РФ: монография. Владимир: Сервис–Принт, 2008.

598. Шишов О. Ф. Становление и развитие науки уголовного права в СССР. Проблемы Общей части (1917–1936 гг.). Учебное пособие. –М. : ВНИИ МВД СССР, 1981.

599. Шкредова Э. Г. Множественность преступлений в современной доктрине: понятие и признаки // Журн. Рос. Права. 2014. № 10.

600. Шнейдер М. А. Соучастие в преступлении. М. , 1962.

601. Шулина И. А. Организованное убийство (уголовно – правовая и криминологическая характеристика)./ Под ред. В. С. Прохорова. – СПб. : Нестор, 2002.

602. Шоткинов С. А. Принципы уголовного права Российской Федерации: понятие, система // Актуальные проблемы общественной безопасности: Тезисы всерос. научн. –практ. конф. Иркутск, 1996.

603. Щедрин Н. В. , Кылина О. М. Российское уголовное право в контексте доктринальных моделей построения уголовно–правовых санкций // Криминологический журнал Байкальского государственного университета экономики и права. 2008. N 3.

604. Щедрин Н. В. , Востоков А. А. Указ. соч.

605. Щедрин Н. В. , Востоков А. А. Уголовная ответственность юридических

лиц или иные меры уголовноправового характера в отношении организаций // Уголовное право. 2009. № 1.

606. Щепельков В. Ф. Уголовный закон: преодоление противоречий и неполноты. М. : Издательство《Юрлитинформ》, 2003.

607. Эстрин А. Я. Уголовный кодекс и《Руководящие начала》по уголовному праву РСФСР // Еженедельник советской юстиции. –1922. –№ 3.

608. Юшков Ю. Н. Назначение наказания по совокупности преступлений и приговоров. М. , 1975.

609. Ююкина М. В. Противоречия, связанные с реализацией принципа гуманизма при назначении наказания в отношении несовершеннолетних // Вестник Тамбовского университета, Серия《Гуманитарные науки》. Выпуск 4 (44) Тамбов, 2006.

610. Явич Л. С. Право развитого социалистического общества (сущность и принципы). М. , 1978.

611. Якимов О. Ю. Легализация (отмывание) доходов, приобретенных преступным путем: уголовно-правовые и уголовно-политические проблемы / Под ред. Н. А. Лопашенко. —СПб. , 2005.

612. Яковлев А. М. Социальные функции процесса криминологизации // Советскоегосударство и право. 1980. № 2.

613. Яковлев А. М. Принцип социальной справедливости и основания уголовной ответственности / А. М. Яковлев // Советское государство и право. 1982. № 3.

614. Яковлева Л. В. Институт освобождения от наказания в российском уголовном праве. М. , 2002.

615. Якушин В. А. Субъективное вменение и его значение в уголовном праве. Тольятти, 1998.

616. Яни П. С. Новое постановление Пленума Верховного Суда о взяточничестве // Законность. 2013. № 12.

617. Янина И. Ю. О правомерности регламентирования посредственного причинения в рамках главы 7《Соучастие в преступлении》Уголоного кодекса Российской Федарации // Актуальные проблемы российского права. 2016. № 6 (67).

618. Янковский Д. А. Совершенствование правил назначения наказания за преступление, совершенное в соучастии // Пробелы в российском законодательстве. 2015. № 4.

619. Ярмыш Н. Н. Указ. соч.

620. Яшинова Н. Ф. Вопросы назначения наказания при совокупности преступлений по советскому уголовному праву: Афтореф. дис. … канд. юрид. наук. Харьков, 1951.

621. 庞冬梅:《俄罗斯犯罪构成理论研究》,中国人民大学出版社 2013 年版。